国家新闻出版广电总局
首届向全国推荐中华优秀传统文化普及图书

孔子家语通解

杨朝明 宋立林 主编

齊魯書社

图书在版编目(CIP)数据

孔子家语通解／杨朝明，宋立林主编．—济南：齐鲁书社，2013.11（2024.6重印）
ISBN 978-7-5333-3104-7

Ⅰ.①孔… Ⅱ.①杨… ②宋… Ⅲ.①儒家 ②《孔子家语》—研究 Ⅳ.①B222.25

中国版本图书馆CIP数据核字(2013)第289792号

孔子家语通解
杨朝明 宋立林 主编

主管单位	山东出版传媒股份有限公司
出版发行	齊魯書社
社　　址	济南市市中区舜耕路517号
邮　　编	250003
网　　址	www.qlss.com.cn
电子邮箱	qilupress@126.com
营销中心	(0531)82098521　82098519　82098517
印　　刷	山东临沂新华印刷物流集团有限责任公司
开　　本	720mm×1020mm　1/16
印　　张	40
插　　页	3
字　　数	559千
版　　次	2013年11月第1版
印　　次	2024年6月第9次印刷
标准书号	ISBN 978-7-5333-3104-7
定　　价	**89.00元**

序

李学勤

曲阜师范大学杨朝明教授主编的这部《孔子家语通解》的出版，正好顺应了当前学术界要求深入研究《家语》的趋势。

大家了解，《孔子家语》一书曾为《汉书·艺文志》著录，在其《六艺略》中排次《论语》之后，且有二十七卷之多。然而到唐代，颜师古为《汉书》撰注，提出志文里的《家语》"非今所有《家语》"，于是《家语》的真伪问题成为学术史上一大公案。

颜师古说的"今所有《家语》"，即通行至今的传世本，有曹魏时王肃的注，不过颜氏所说含义有些模糊。汉代的《家语》"非"后来传世的《家语》，究竟是如何"非"法？传世本是不是全伪，与汉代的本子有怎样的关系？并没有交代清楚。

同出于唐世的孔颖达《礼记正义》有一种比较明确的说法。《礼记·乐记》云："昔者舜作五弦之琴以歌《南风》。"郑玄注称"其辞未闻"。王肃作《圣证论》批评郑玄，引用了《尸子》和《家语》的《南风》歌辞。孔疏则引马昭的话，说："《家语》王肃所增加，非郑所见。"这是认为传世本《家语》有王肃窜入的部分，与宋以下多数学者主张《家语》全伪尚有不同。

清代《四库全书总目提要》引宋王柏《家语考》，以传世本《家语》系王肃自取《左传》、《国语》、《荀》、《孟》、二戴《记》割裂织成，"反覆考证，其出于肃手无疑。特其流传已久，且遗文轶事，往往多见于其中，故自唐以来，知其伪而不能废也"。全伪之说于是成为定谳。直到上世纪30年代，世界书局编印《诸子集成》，在其"刊行旨趣"中仍说《家语》"属后人伪撰"，摈弃不录。

当时也还有个别学者持不同意见，例如作《孔子家语疏证》的陈士珂。陈氏为湖北蕲水人，号琢轩。据其同族陈诗于嘉庆二十三年（公元1818年）给《疏证》写的序，陈士珂在乾隆五十八年（公元1793年）因事经过蕲州（今湖北蕲春），陈诗问陈士珂关于《家语》的事："是书也，子朱子于《四书章句集注》尝屡引之，而颜监注《汉书·艺文志》，则以为'非今所有《家语》'，或者以为王肃增加，近之宗汉学者遂置不道，其果然乎？"陈士珂说："夫事必两证而后是非明，小颜既未见安国旧本，即安知今本之非是乎？且子观周末汉初诸子，其称述孔子之言类多彼此互见，损益成文，甚至有问答之词主名各别，如《南华》重言之比，而溢美溢恶时时有之，然其书并行，至于今不废，何独于是编而疑之也？"陈氏《疏证》即以传世本《家语》为主，将其他文献互见的附于各章之后，便于读者比较，对于今天我们探讨《家语》，仍然极为有用。可是陈氏的观点，并不为多数学者接受。

重新考虑有关问题的契机，是近年两批西汉竹简的发现。一批出土于1973年发掘的河北定县八角廊40号墓，墓主推定为西汉晚期的中山怀王刘修，简中一种整理组定名为《儒家者言》（定县汉墓竹简整理组：《〈儒家者言〉释文》，载《文物》1981年第8期），保存有二十七章。另一批1977年发现在安徽阜阳双古堆1号墓，墓主是西汉早期汝阴侯夏侯灶，简中一种整理者也称之为《儒家者言》（韩自强：《阜阳汉简〈周易〉研究》，附录一《阜阳西汉汝阴侯墓一号木牍〈儒家者言〉章题》，上海古籍出版社2004年版），这实际是一件目录木牍，上有四十七个章题，不少可与定县八角廊简对照。1987年，我曾有题为《竹简〈家语〉与汉魏孔氏家学》的小文（李学勤：《竹简〈家语〉与汉魏孔氏家学》，载《孔子研究》1987年第2期；又收入《李学勤集》，黑龙江教育出版社1989年版），以为这两者的性质相类，内容均以孔子及其弟子言行为主，且多和《说苑》、《新序》及传世本《家语》关联，应该都是《家语》的原型。

不少学者在研究新发现的简帛佚籍时，参考传世文献，对比之下，觉察到《家语》特有的优长之处，从而刮目相看，提出有必要重新研究《家语》。然而，和其他若干长期被列为伪书的古籍一样，《家语》缺少精校佳注，不利于进一步工作的进行。

如杨朝明教授所说,《孔子家语通解》这部书是“在坚持学术性第一的原则下,充分考虑现状,进行序说、分段、注释、翻译以适应更多的读者,进而有利于推动孔子、早期儒学和中国‘元典’文化的研究”。相信这部书问世以后,更多学者会来集中研究和讨论《家语》,《家语》的内容性质、成书过程、学术价值等问题,都将逐次得到大家的共识。

2004 年 10 月 29 日

于清华大学思想文化研究所

代前言:《孔子家语》的成书与可靠性研究

杨朝明

《孔子家语》是专门记录孔子及孔门弟子思想言行的著作。该书汇集了孔子的大量言论,再现了孔子与弟子、时人谈论问题的许多场景,还有经过整理的孔子家世、生平、事迹以及孔子弟子的材料。与《论语》相比,该书内容丰富,具体生动,首尾完备。只是该书长期遭受冷落,被视为"伪书"弃而不用!值得欣慰的是,地下文献的发现与研究,使这部宝贵的典籍终于重见天日。有学者对该书进行了很好的探讨,发现其中的记载极为珍贵,认为该书属于"孟子以前遗物,绝非后人伪造所成",从而"轰然打破"了原来的"成见"①。与包括《论语》在内的众多文献相比,该书完全称得上"孔子研究第一书"。但是,对这样一部重要典籍,仍有许多学者存有种种疑虑,许多传统看法仍具有很大影响。为此,本文谨对《孔子家语》的成书与可靠性问题试加梳理研究,不妥之处,敬请教正!

一、《孔子家语》的材料来源与成书

《孔子家语》记录了孔子的言语事迹,可是,这样一部重要著作,为何命运如此多舛?欲弄清此问题,应首先了解该书的材料来源,了解其流传与成书过程。

(一)《孔子家语》的材料来源

今本《孔子家语》附有汉孔安国的序文,根据孔安国序,《家语》为"当时公卿士大夫及七十二弟子所谘访交相对问言语也。既而诸弟子各自记其所问焉,与《论语》《孝经》并时。弟子取其正实而切事者,别出为《论语》,其余则都集录之,名之曰《孔子家语》"。根据我们的研究,孔安国的说法应该没有问题。

孔子在世之时，长期从事教育活动。那时，在与孔子的交流过程中，弟子都有随时记录和整理孔子言语的习惯，比如，《论语·卫灵公》所记“子张书诸绅”。其实，孔子弟子对孔子的言论都会及时进行记录和整理。《孔子家语》中这样的例子很多，比如：

子张既闻孔子斯言，遂退而记之。(《入官》)

子夏蹶然而起，负墙而立，曰：“弟子敢不志之！”(《论礼》)

冉有跪然免席，曰：“言则美矣！求未之闻。”退而记之。(《五刑解》)

子贡以告孔子。子曰：“小子识之：苛政猛于暴虎。”(《正论解》)

孔子闻之，曰：“弟子志之：季氏之妇，可谓不过矣。”(《正论解》)

一方面，孔子弟子将孔子的嘉语善言主动加以记录。另一方面，孔子遇到一些重要问题，也常提醒弟子注意、记住。

在上引材料中，“志”“识”都有“记”之意。如《礼记·礼运》记孔子曰：“大道之行也，与三代之英，丘未之逮也，而有志焉。”其中的“志”，在《孔子家语》的《礼运》篇中作“记”。《礼运》篇中，不论“记”还是“志”，都有“记载”“记录”“志书”之义，朱彬《礼记训纂》即引刘台拱解此字曰：“志，识记之书。”

在孔子弟子记录老师言行这一方面，尤其值得注意的是《孔子家语·七十二弟子解》中的有关记载：

叔仲会，鲁人，字子期，少孔子五十岁。与孔琁年相比。每孺子之执笔记事于夫子，二人迭侍左右。孟武伯见孔子而问曰：“此二孺子之幼也于学，岂能识于壮哉？”孔子曰：“然！少成则若性也，习惯若自然也。”

这说明当时有专人负责记载孔子言行。可见记载夫子事迹的《论语》《家语》等书应该是孔门弟子的实录。

在与孔子的交流中，弟子们学到了很多东西，可以想见，不少弟子都有自己整理保存的有关记录。那么，这些材料是什么时候汇聚起来的，又是怎样汇聚起来的？

关于《论语》的成书时代,学界有过许多较好的研究,综合学界的研究,结合新出土材料进行探讨,《论语》应该是孔子裔孙子思最终主持编纂而成②。在此基础上,我们进而推断《家语》的编纂,也一定与子思有重要的联系。有一细节值得注意,即孔子去世后,孔子的众弟子似乎难以承受失去老师所带来的迷茫,他们曾经因为同门有若"似孔子",而推举他代替老师。但好像没多久,有若因为毕竟不是老师,不能完满地回答同门的提问而遭到否定。这也透露了孔子弟子在孔子去世后的分化。大约与此同时,编纂孔子遗言的提议也已经被提上议事日程。据分析,在此及稍后的一段时期内,最有资格、有能力,又有号召力的孔门后学就是曾子与孔子裔孙子思,《孔子家语》最终成于子思的领纂当无问题。③

这里牵涉到一个重要问题,就是《孔子家语》为何被称为"家语",该书的最初形态如何? 有人以为"家语"的名称是后来才有的,我们认为未必如此。

《家语》孔安国序谈到了荀子入秦所带书籍,其中没有"孔子家语"的名字,而称为"孔子之语及诸国事、七十二弟子之言";再说到秦始皇焚书时,才又冠以"孔子家语"之名。于是有人认为本来没有"孔子家语"之名。后来,该书曾经流散,几经周折,孔序说是"与诸国事及七十二子辞妄相错杂"。直到最后,孔安国重新得到,分门别类,撰集成四十四篇的《家语》。在后孔安国序中,也没有说先秦已有《家语》;子襄壁藏诸书有《家语》,清人孙志祖引徐鲲说指出:"此'家语'二字后人妄加也。"今也有人认为,孔衍奏言两次讲到孔安国"集录《孔氏家语》""又撰次《孔子家语》",可见孔衍也认为《家语》是由孔安国编成的,"家语"的名字可能与他有关。

其实,这样的推断是难以讲通的。荀子入秦所带书籍不止一种,没有提及《孔子家语》的书名非常正常,这与战国时期《家语》已经成书的说法并不抵触。《家语·孔序》和孔衍奏言都说孔安国和《家语》有密切关系,这当然没有问题。但如果说孔安国之前并没有《家语》一书,看来难以成立。孔安国所编撰的《家语》在汉代一直没有流行,但《汉书·艺文志》将《家语》列为“论语类”十二家之一,这说明《孔子家语》的名字应该早已有之。

其实《孔子家语》的名字在《史记·孔子世家》中已经透露了端倪。按照司马迁的描述,孔子去世后,“孔子家”成为诸生演习讲礼的场所,成为弟子后学缅怀、追思恩师的场所。其中记载说:

> **鲁世世相传以岁时奉祠孔子冢,而诸儒亦讲礼乡饮、大射于孔子冢。孔子冢大一顷。故所居堂、弟子内,后世因庙……**

有学者指出,其中后两处“冢”应为“家”之误,后两处“孔子冢”都应当作“孔子家”④。这与后面所说的“诸生以时习礼其家”正相对应,因为乡饮、大射之礼也不能在“冢”上举行。

弟子后学住进孔子原来的居堂中,除了按时举行礼仪,他们还将各自整理保存的孔子的“讲课记录”汇聚到一起。我们可以想象,随着孔子的逝世,弟子后学失去了恩师,也失去了自己精神的寄托,因此,他们便汇聚孔子言论,集中孔子学说,最终在孔子裔孙子思的主持下,共同编辑了《孔子家语》。

《说文解字》说:“语,论也。”《广雅》说:“语,言也。”“孔子家语”应该就是“孔子家”的论说集或言论集,也是在“孔子家”中编辑而成的论说集、言论集,不难理解,《孔子家语》与《论语》在内容性质上完全相同。

(二)《孔子家语》的早期流传

孔子弟子将各自记录整理的有关孔子的材料汇聚“集录”在一起,这应当就是《孔子家语》的原型。很明显,在以后的日子里,这个较为完全的“集录”本会有不少儒家弟子后学进行传抄,从而流行开来。

在《家语》的孔序中,孔安国较为清楚地描述了《家语》的流传情况,其中几个比较重要的环节如下:

第一,战国之世,孟子、荀卿守习儒学,《孔子家语》可能传本不一。“孔子既没而微言绝,七十二弟子终而大义乖,六国之世,儒道分散,游说之士各以巧意而为枝叶,唯孟轲、孙卿守其所习。”

第二,荀卿入秦,以“孔子之语及诸国事、七十二弟子之言凡百余篇”献秦昭王,《家语》由此传入秦国;又由于种种原因,后来始皇焚书时《家语》得以幸免。在孔安国看来,先秦虽有不少《家语》材料在流传,也一定会有不少人在传习《家语》,但荀卿毕竟"守其所习",而且,将《家语》传到秦国并且使之流传到汉朝,都是荀卿的功劳。这样,就保证了《家语》材料的"纯正",避免了"游说之士各以巧意而为枝叶"的影响。

第三,刘邦灭秦时,"悉敛得之,皆载于二尺竹简,多有古文字",后为吕后取而藏之。吕氏被诛亡以后,《家语》散入民间,遂出现了《家语》的多种本子。《后序》曰:"好事者或各以意增损其言,故使同是一事而辄异辞。"

孔安国所言"悉敛得之",说明汉灭秦时所得到的《孔子家语》是一全本。他还说这些材料"皆载于二尺竹简,多有古文字",这些描述,非亲见者难以言之。孔安国见到这些竹简是没有问题的,因为从汉朝得到这些材料,到吕后得到这批材料,再到他本人那个时期,这些材料一直是在流传着的。

第四,汉景帝末年募求天下礼书,那时,京师士大夫皆送官,得吕氏所传《家语》,不过,这些材料"与诸国事及七十二子辞妄相错杂","与《曲礼》众篇乱简合而藏之秘府"。

这里透露出来的信息十分重要。汉景帝末年募求礼书时,官府中一定集中了不少《孔子家语》的材料,也就是说,在景帝时,秘府已经有了《孔子家语》一书。当然,这部《家语》(或这些《家语》材料)还存在着不少问题,因为这些可能已经不单纯是《家语》的竹简,而是与其他相关记载"妄相错杂"。

(三)孔安国写定《孔子家语》

在西汉秘府中,《孔子家语》虽有收藏,但因为与其他材料混乱地存放在一起,仅由"掌书"负责掌管而已,因此,一定会严重影响到该书的利用。正因如此,后来才出现了两个问题:第一,官家图书中的《孔子家语》后来没有流传下来;第二,孔安国想方设法重新整理了《孔子家语》。

据《汉书·艺文志》,西汉秘府中的《孔子家语》有二十七卷,虽然这些材料可能后来还曾经有人使用,但因为该书存在一定的问题,所以当孔安国的孙子孔衍奏请将安国整理后的《家语》立于学官时，刘向本人也是同意的。再到后来，曾经收藏在秘府中的这些《家语》材料还可能被整理传抄过，不过，最终可能还是不及孔安国整理的本子而归于亡佚。

汉武帝元封年间(前110—前105年)，孔安国在京师为官。作为孔子后裔，他了解到《孔子家语》在秘府中的状况，很担心“先人之典辞将遂泯灭”，于是，他设法得到这些材料，抄录整理，“撰集”而成为四十四篇的《孔子家语》。这部著作流传至今，这便是我们今天所看到的《家语》本子。

孔安国叙述自己“撰集”《家语》的经过说：

> **因诸公卿士大夫，私以人事，募求其副，悉得之，乃以事类相次，撰集为四十四篇。又有《曾子问礼》一篇，自别属《曾子问》，故不复录。其诸弟子书所称引孔子之言者，本不存乎《家语》，亦以其已自有所传也，是以皆不取也，将来君子不可不鉴。**

孔安国通过私人关系取得了《家语》的材料，进行整理。他搜求材料，明确说是“悉得之”，看来，这些《家语》材料应该是比较完备的。在此基础上，他按照事情的类别进行编次，分为四十四篇。从今本《家语》看，各篇之间既有内在逻辑联系，也有重新编次的痕迹。

比如，本书以《相鲁》为第一篇，从孔子仕鲁开始；接着是《始诛》，记孔子为大司寇时事；第三篇《王言解》乃孔子与曾子的对话，这不仅仅是因为子思为曾子弟子，就像《论语》中曾子的地位显得非常特殊一样，《孔子家语》因为子思师事曾子，而格外重视曾子的言论，更重要的是，孔子倡言王道，该篇所谓“王言”，乃是记述孔子的“王”天下之言。在前三篇之后，第一卷中的各篇都是孔子回答诸侯国国君，主要是鲁哀公的谈话；然后，各篇才记述孔子与弟子们的论说。后面依照内容的不同而有所区分，如在第八卷中，将冠礼、庙制、音乐等归在一起，显然有一定考虑。在基本排列完有关材料后，第九卷将孔子弟子、孔子家世、孔子临终情况分别单篇叙述，又将孔子的一些零散言论作为“正论”列为一卷。最后一卷三篇都是孔子与弟子关于《曲礼》的问答。这种逻辑联系或许可以由《四库全

书总目提要》的一条记载得到某种程度的证明。据《四库全书总目提要》所收清人姜兆锡的十卷本《家语正义》:

> 是书首列至圣年表正讹,其四十四篇之次,则从葛鼏本。以《正论》与三《问礼》篇为卷九,以《本姓》、《终记》与《七十二弟子》篇为卷十。

这种始于《相鲁》迄于《终记解》《七十二弟子解》的篇目次第与今本不同,因而该版本的《家语》显得更像是以从政为主题的孔子传,因而更具体系性,但是今本次第说明《正论》及《曲礼》三篇或许应是《家语》附录。⑤

孔安国对原来的材料进行编次时,毕竟有些不好归属,所以在今本《家语》中不难看到本应不属同篇的材料被归到了一起。他的重新编次,当然已经与最初时期的次序不同。但是,不论其编次如何,他都是尽力使这些材料的顺序符合一定逻辑。毫无疑问,孔安国的编次是对《家语》的再加工过程,但可以肯定的是,他一定会尽力保存《家语》材料之真,也就是说,尽管他进行了重新编次的工作,该书材料的真实性并不受到影响。

还有一点,孔安国说到吕氏被诛亡后,《孔子家语》散在民间,从而使《家语》出现了"同是一事而辄异辞"的现象,这显然是"好事者或各以意增损其言"所造成的。这应当是孔安国在整理编次《家语》时发现的问题。我们推测,他就一定会在"录副"时有所考虑,有所去取抉择。很显然,孔安国不仅为我们保留了孔子与早期儒学研究的宝贵材料,而且进行了认真的分析梳理,他对于《孔子家语》的整理功不可没!

二、《孔子家语》的家传、注解与"伪书"问题

谈《孔子家语》,不能不谈该书的真伪之争。长期以来,《家语》被视为"伪书"的典型代表,严重影响了该书的研究和利用。

《家语》"伪书"说的形成,与其成书与流传问题紧密相连。今本《家语》经孔安国写定后,经历了一个家传的过程,后来,三国时期的王肃得到

该书,并为此书作注,使该书开始流行。然而,由于今本《家语》之外可能还有原来官府的所谓《家语》本子存在,而且,经过孔安国的整理,舍弃了其中有关的一些材料,比如他曾经提到的"《曾子问礼》一篇""诸弟子书所称引孔子之言"等,这些材料被人作为《家语》进行使用,从而影响到了后代学者对今本《家语》的认识。于是,后来有人认为《家语》存在严重问题,再到后来,《家语》居然成了"伪书",人们不是以为孔安国"作伪",就是认为王肃"作伪"。清代以后,由于疑古思潮的严重影响,《孔子家语》作为"赝品",在有的学者心目中已经简直不值一提,而以《家语》为真,认为应当认真对待该书的声音,几乎完全被疑古大潮所湮没。

(一)《孔子家语》的孔氏家传

在汉武帝时期,孔安国虽然为官于朝,按照乃孙孔衍所说,他也是"以经学为名,以儒雅为官,赞明道义,见称前朝",但是,他写定《孔子家语》,主观目的在于保存"先人之典辞",带有"私"的性质。所以,尽管他在编次《家语》上下了很大功夫,但从其写定,直到三国王肃之时,在三四百年的时间里,《家语》一直是作为家传图书而存在。

汉代,今本《家语》仅仅作为家传本流传,一个最重要证据便是其不像被编入《礼记》《大戴礼记》等书中的材料那样,动辄就避汉讳,不像大小戴《礼记》那样带有明显的汉人编辑的痕迹。

在《四库全书》中,《孔子家语》本属于御题影宋钞本,乃毛晋汲古阁收藏的本子。在该版本的后面,不仅有孔安国《孔子家语》的《后序》,而且有孔安国后人所撰《后序》,这两篇序文将孔安国以后《家语》在汉代的家传情况介绍得比较详细。

需要辨明的是,不少学者误解孔安国后人所撰《后序》,认为其中的记载自相矛盾,由此怀疑该文的可靠性。人们的误解主要是关于《孔子家语》是否出于孔壁,有关情况序文中是这样说的:

> 子襄以好经书博学,畏秦法峻急,乃壁藏其家语《孝经》、《尚书》及《论语》于夫子之旧堂壁中。……天汉后,鲁恭王坏夫子故宅,得壁中《诗》《书》,悉以归子国。子国乃考论古今文字,撰众师之义,为

《古文论语训》十一篇、《孝经传》二篇、《尚书传》五十八篇,皆所得壁中科斗本也。又集录《孔氏家语》为四十四篇……

序文在下面引述孔衍奏言的时候又说:

时鲁恭王坏孔子故宅,得古文科斗《尚书》《孝经》《论语》,世人莫有能言者,安国为之今文,读而训传其义。又撰次《孔子家语》。

人们看到序文中"乃壁藏其家语《孝经》、《尚书》及《论语》于夫子之旧堂壁中",以为"家语"就是《孔子家语》,其实,此处所言的"家语"乃是"孔子家的言语论说书籍"的一个泛称,包括被壁藏的"《孝经》、《尚书》及《论语》"之类的所有材料。序文中并没说子襄壁藏的书籍中有《孔子家语》。这与《汉书·艺文志》《汉书·鲁恭王传》等材料中的相关记载完全一致。

孔安国曾经整理孔壁藏书,但在两篇序文中,都同样没有说他整理的书籍包括《孔子家语》。孔安国序文明确叙述《家语》的流传过程,丝毫没有说它与孔壁有什么联系。在孔安国后人的序文中,也同样都是将孔安国整理孔壁藏书与"集录"或"撰次"《家语》分开来说的。

孔安国后人的序文到底出于何人之手,由于材料缺乏,已经很难知晓,但其中所叙述的有关情况是值得充分重视的。该序首叙从孔子到安国十二世的孔氏世系,又全文引述安国之孙孔衍给汉成帝的上书。无论是序文的介绍还是孔衍的上书,都称孔安国整理《孔子家语》以后,该书并没有献出来呈交朝廷。

据介绍,孔安国整理《家语》后,由于遇到巫蛊事件,未来得及呈献。不久,安国被调离京师,后来去世,此事就被搁置下来,这便是安国后人序文中所说的"寝不施行"。后来,汉成帝诏刘向校定众书,忽视了孔安国校订的各书,遂使这些书籍仍然"各废不行于时",其中自然包括《孔子家语》,所以,孔衍希望朝廷能够将这些重要的典籍材料"记录别见",他上书汉成帝说:

光禄大夫向以为其时所未施之,故《尚书》则不记于《别录》,《论语》则不使名家也。臣窃惜之。且百家章句,无不毕记,况孔子家古

> 文正实而疑之哉！又戴圣近世小儒，以《曲礼》不足，而乃取《孔子家语》杂乱者，及子思、孟轲、孙卿之书以裨益之，总名曰《礼记》。今尚见其已在《礼记》者，则便除《家语》之本篇，是为灭其原而存其末也，不亦难乎？臣之愚，以为宜如此为例，皆记录别见，故敢冒昧以闻。

孔衍认为孔安国所抄录的《家语》，本来“皆载于二尺竹简，多有古文字”，虽然“为其时所未施之”，但戴德、戴圣在自己编辑的《大戴礼记》《礼记》中，收录了《家语》的材料，于是，人们反而不知道《家语》而仅仅知道他们编辑的书籍了。其实孔衍奏言的“今尚见其已在《礼记》者”一句，在明代学者梅鼎祚的《西汉文纪》中作“今向见其已在《礼记》者”，“向”即刘向，这就是说，刘向在校对秘府所藏《家语》材料时，因为其中有“已在《礼记》者”，于是便“灭其原而存其末”，因此，孔衍才在奏言中对刘向的做法表示不满，从“奏上，天子许之”的态度看来，孔衍所奏并非虚言。⑥

可惜的是，孔衍奏言虽得到了汉成帝的允许，但还没有来得及最终研究确定，成帝就一命呜呼。与之同时，掌管校书的刘向也因病去世，其最终结果还是“遂不果立”。

认真品味两篇序文，综观整个过程，不难看出，无论孔安国还是孔衍，他们都是希望《家语》能够立于学官，流行于世，但是，由于非常巧合的种种变故，《家语》在汉代始终都是以家学的形式流传。安国之后，《孔子家语》传到了其孙孔衍，孔衍希望朝廷“记录别见”未成，《家语》自然继续家传。孔衍之后，有人作了包括了孔衍“奏言”的《孔子家语》后序，此人显然也是《家语》的传承之人。那么，这篇序文出于何人？在序文中，作者直接引述了孔衍“奏言”，而孔衍只提到刘向，其中也并没有补述刘歆等人如何看待《家语》。根据序文的语气、表述，不难推测此人距离孔衍不远，他即使不是孔衍的同一辈人，也是他的不远的后辈。

直到三国时，《家语》家传的历史才由于孔子二十二世孙孔猛将之献给王肃而结束。王肃《孔子家语序》说：“孔子二十二世孙有孔猛者，家有其先人之书。昔相从学，顷还家，方取已来。”按照这个说法，在王肃注解《家语》之前，孔氏家藏的这本《孔子家语》一直没有能够流行于世。幸好孔猛为王肃弟子,而书中所言与王肃所论“有若重规叠矩”,《孔子家语》才在王肃整理之后流行起来,这都证明此前孔安国所整理的本子仅仅具有孔氏家传本的形式。

(二)王肃注解《孔子家语》

今本《家语》在孔安国写定后,经过两汉时期的家传过程,终于在三国魏王肃之时公布于世。作为经学家,王肃的观点有一些与当时流行的郑玄之学不同。孔子二十二世孙孔猛从师于王肃,他将家传的《孔子家语》拿给王肃看,而王肃看到这些材料与自己的学说暗合,且可以作为驳正郑学的根据,王肃不希望这些材料复归于无闻,于是为该书作注,使之行世。王肃为《家语》作注,是《孔子家语》正式研究的开端,王注也就成为《家语》的第一个注本,他为今本(孔安国本)《家语》的流行做出了特殊贡献。

王肃反对郑学,绝非故意标新立异。但在王肃时代,世人已经对他多有误解,对此,王肃说:“自肃成童,始志于学,而学郑氏学矣。然寻文责实,考其上下,义理不安,违错者多,是以夺而易之。然世未明其款情,而谓其苟驳前师,以见异于前人。”事实上,到三国之时,郑学已经显露出了弊端,尤其是其烦琐与神秘性的弊病,已经与时代不合,因此,“魏晋之际,清谈前期反郑之说蔚起,蒋济尝难郑玄《礼记注祭法》(《魏志》卷十四《蒋济传》裴注引),王粲有难郑玄《尚书》事(《颜氏家训·勉学篇》,又参阅《困学纪闻》卷二),虞翻奏郑玄解《尚书》违失(《吴志》卷十二《虞翻传》注引《翻别传》)”⑦,在这些反对郑玄的学者中,王肃不过是比较有影响的罢了。

学术总是在不断发展前进。当年,郑玄会通古今,遍注群经,对经学的发展做出了重要贡献,从而奠定了他在经学史上的重要地位。到王肃时期,郑学已经风行五十多年,其缺失陆续呈现,在此背景下,王肃起而纠正郑玄之失。王肃说:“予岂好难哉?予不得已也。圣人之门,方壅不通,孔氏之路,枳棘充焉,岂得不开而辟之哉?”王肃与郑玄在学术上的分歧焦点,《晋书·礼志上》中有明确记载:“三年之丧,郑云二十七月,王云二十五月。改葬之服,郑云服缌三月,王云葬讫而除。继母出嫁,郑云皆服,王云从乎继寄育乃为之服。无服之殇,郑云子生一月哭之一日,王云以哭之日易服之月。如此者甚众。”当然,他们之间的分歧并不止此。

王肃反对郑玄,一是撰《圣证论》“以讥短玄”,一是撰《尚书驳议》《毛诗义驳》《毛诗问难》《毛诗奏事》以难郑,一是借《孔子家语》以驳斥郑玄。在驳难郑玄过程中,《家语》可以说是“一把利剑”,其“杀伤力”可想而知。对此,王肃也不讳言,他对于自己能够得到孔氏家传的《孔子家语》也是喜出望外的。他说:

> 孔子二十二世孙有孔猛者,家有其先人之书。昔相从学,顷还家,方取已来。与予所论,有若重规叠矩。昔仲尼曰:“文王既没,文不在兹乎?天之将丧斯文也,后死者不得与于斯文也。天之未丧斯文也,匡人其如予何!”言天丧斯文,故令己传斯文于天下。今或者天未欲乱斯文,故令从予学,而予从猛得斯论,以明相与孔氏之无违也。

不言而喻,一种新的学术思想要在原来影响很大的学术思潮中诞生,需要经过一个艰难的奋争过程,王肃处在这样的过程中,竟然有关于孔子的新的材料可以证成己说,不难理解王肃一定会兴奋不已。所以王肃说:“斯皆圣人实事之论,而恐其将绝,故特为解,以贻好事之君子。”王肃遂倾力为《家语》作注。

值得特别注意的是,王肃在《家语注》中还多处指正《家语》的错误。据统计,在《家语注》中,王肃对《家语》记载表示怀疑或对其进行错误勘正的共有19处。如《王言解》,原文为“千步而井,三井而埒”,王肃据前后文注曰:“此说里数,不可以言井,井自方里之名,疑此误。”又如《六本》:“见荣声期行乎郕之野”,王肃注:“声,宜为启,或曰荣益期也。”⑧如此等等,王肃的客观态度于此可见一斑。

(三)今本《家语》的流传与研究

王肃以前,《孔子家语》虽然没有受到汉代朝廷的重视,未立于学官,但是该书并没有什么可以怀疑之处。事实上,历代都有儒生、藏书家珍视《孔子家语》,看到该书非同寻常的价值,并且还有学者细致研究该书,呼吁重视《孔子家语》。然而,与之同时,在王肃注本问世以后的历代流传与研究之中,陆续出笼了对该书的怀疑、指责乃至认定其为“伪书”的观点。其实,这些观点的出现都有其特定的学术思潮背景,认真分析种种怀疑、否定《孔子家语》的观点,其结论都难以成立。

首先,马昭声称王肃“增加”《家语》。

王肃反对郑玄,属于经学内部的自我变革,他并非“一意”反郑。王学上承两汉经学,下启魏晋玄学,顺应了理性发展的趋势,其所具有的过渡性恰恰是其价值所在。

王肃注解《孔子家语》以行世,此本甫出,郑玄后学马昭就立刻攻击王肃增加了《家语》,始给今本《家语》蒙上了一层阴影:

> 《礼记·乐记》:“舜作五弦之琴以歌《南风》。”郑注:“南风,长养之风也,以言父母之长养己,其辞未闻。”孔颖达疏:“案《圣证论》引《尸子》及《家语》难郑云:‘昔者舜弹五弦之琴,其辞曰:“南风之熏兮,可以解吾民之愠兮。南风之时兮,可以阜吾民之财兮。”郑云“其辞未闻”,失其义也。’今案马昭云:‘《家语》王肃所增加,非郑所见。’又‘《尸子》杂说,不可取证正经,故言“未闻”也。’”⑨

马昭云:“《家语》王肃所增加,非郑所见。”《通典》卷九十一还引马昭曰:“《孔子家语》之言,固所未信。”

这是《家语》伪书论者常常引证的材料,其实,“其辞未闻”对郑玄来说是事实,王肃引《尸子》《家语》给出《南风》歌词也是事实。如果说《家语》中的部分内容是王肃蓄意增加,但是《尸子》在《汉书·艺文志》中记载明确,虽位列杂家,亦乃先秦古籍,其融会诸家实为时代潮流,怎能说“《尸子》杂说,不可取证正经”呢?关键是“没有人证明《尸子》也是王肃伪造”!⑩虽然有学者提到《隋书·经籍志》载《尸子》二十卷、目一卷,注云:“梁十九卷,其九篇亡,魏黄初中续。”由此认为《南风》歌词所在的《绰子》应在续作之列。⑪实际这无关宏旨,因为即使《尸子》的部分篇章是魏黄初续作,但至少应承认不是王肃所作。

至于认为从《尸子》到《家语》,王肃又加上“南风之时兮,可以阜吾民之财兮”一句驳郑,则显示了某种成见,也似乎低估了王肃。既然郑玄是“其辞未闻”,王肃据《尸子》驳郑就足够了,何必自己再加一句以致画蛇添足？清钱馥由马昭之言论断王肃在《家语》原来二十七篇的基础上增加了十七篇，认为篇卷无别，则属无端臆测[12]。历史上虽有以篇为卷的事例，钱馥却是以王肃改造《家语》为前提而论，当然不足为据。至此，可以清楚地看到，由马昭肇始的王肃伪造《家语》说的基础已不存在。古人以所谓"证据确凿"引用的马昭之语，不过是出于门户之见的臆测。

《礼记·乐记》疏所引马昭的话可以理解为《孔子家语》后出，所谓"王肃所增加"未必一定是王肃所"伪作"，所以马昭后来又说"非郑所见"。但无论如何，马昭的观点对后来的影响不可低估，所谓"增加说"历代都有人相信，有人由此认为王肃在注《家语》时增加了本来没有的东西以反对郑学，并且一直持续至今。作为郑玄的后学，马昭想方设法维护郑玄是可以理解的。但是，马昭所说《家语》"非郑所见"确是事实，而"王肃所增加""固所未信"则纯属推测之语。

后世许多学者接受王肃"伪作"《家语》乃至更多的著作，其认识的起点也都是一个，那就是王肃"反对郑玄"。称王肃反郑固无大错，但说王肃"故意与郑玄作对"就未必准确。然而，持此看法的大有人在。例如，孙钦善先生在其《中国古文献学史》中明确认定王肃在古文献学上有两个特点：一是专与郑学作对，得失兼有；一是多造伪书[13]。而此论代表了相当多人的看法。

可是，有学者研究了汉末以来的学术史，指出那时的主要倾向乃是"唯义是从"，因此，郑玄便于今古文择善而从，不专主一家。后世学者多谓王肃存心与郑学作对，其实，郑学、王学有不少相同的见解。如果是存心作对，两者相同的见解又如何解释呢？在反郑学的人看来，郑学是"远本离直"的，所以王肃认为自己是在"拨乱反正"。王肃所受的学术影响基本上都是反郑学阵营的，耳濡目染之际自然而然就形成与郑学如此多的歧异，后人因为王学与郑学歧异较多，而认定王肃是存心立异，显然不当。[14]实际上，汉末以来所倡导的独立思考倾向，在王肃注解《孔子家语》的态度上已明显地体现出来，所以他才"撰经礼，申明其义，及朝论制度，皆据所见而言"。

在王肃所注解的其他书籍中,有一些是与《家语》记载不同的,如《家语·郊问》记载孔子主张鲁惟一郊。而《礼记·郊特牲》孔颖达疏曰:“鲁之郊祭,师说不同:崔氏、皇氏用王肃之说,以鲁冬至郊天,而建寅之月又郊以祈谷。”《家语》与王肃观点截然不同。又如庙制,《家语·庙制》曰:“天子立七庙,三昭三穆,与太祖之庙七。”郑玄认为天子七庙,太祖庙一,文王、武王庙各一,亦即二祧,亲庙四,合而为七庙。王肃在《圣证论》中,以为二祧者为高祖之父,高祖之祖。加上太祖及四亲庙为七庙。文王、武王之庙在七庙之外。⑮按王肃说,则天子应有九庙。这显然与《家语》记载不一致,如果王肃“伪造”或“增删”《家语》而专与郑玄作对,他为什么还要假造对自己论点不利的材料?他何不将《家语》中十分不利于自己的关键材料直接删除?

在学术上,马昭可能有自己的一些个性或偏见,汉末以来虽然主流倾向是“唯义是从”,但马昭或许是个例外。有学者指出:“马昭是很强烈地维护师道尊严的人,但更准确地说马昭是为了维护师严而非为了维护道尊。如果真要维护道尊的话,就应该平心静气地承认王肃所驳正中郑注之失,而不应该巧设诡辞,百般弥缝。从这一点上说,马昭所论距离‘惟义是从’‘惟义所在’是很遥远的。”⑯同为郑玄后学高足,就有人更为客观,例如,魏博士田琼就依据《孔子家语》以议礼,如果大家都怀疑《家语》,相信王肃注解《家语》是为了攻击郑学而肆意增加内容,田琼肯定不会引用《家语》。

清代还有人提出了另外的疑问:如果不是有问题,那王肃为何不将这么一部重要的著作奏立学官呢?难道王肃心中有鬼,担心事情败露?范家相就这样认为,他说:“今《家语》出于魏明帝之时,其(指王肃)所作《尚书》、《诗》、《三礼》、《论语》及《易传》皆立于学官,而《家语》独未经奏上。设此四十四篇果出于孔氏,岂肯不表章之以闻于朝,毋亦有鉴于张霸之伪书而有所不敢耶?”⑰这很有些“欲加之罪,何患无辞”的意味。这么重要的书籍,孔子后裔数次努力,多次希望奏上都没有成功,怎么王肃之时就不能有其他的原因,为什么就意味着王肃作伪呢?如果说王肃只是担心事情败露,那么他为此书作注后依然使该书流行开来,这与“表章之以闻于朝”而“立于学官”又有什么不同呢?

不论王肃对《孔子家语》“伪造”还是“增删”,就应当属于王肃与作为他的弟子的孔猛“共同作案”。试想,作为一位有影响的学者,王肃难道会愚蠢或者无耻到这样的地步?难道他为了攻难郑玄,就甘愿做出这样的事情?他就不怕作为孔子后裔的孔猛或者孔氏后人揭出事情的真相?

看来,不仅王肃“伪造”或者“增删”《家语》的说法难以成立,马昭所谓《孔子家语》为王肃“增加”的说法,也没有充分的根据可以认定其是指王肃随意增加了《孔子家语》的内容。

第二,颜师古注云“非今所有《家语》”。

王肃注解《孔子家语》后,这个四十四篇的《家语》本子便流行开来,因此,在隋、唐二代的正史中著录的《孔子家语》都是王肃的注本。在唐代,《孔子家语》是否还有其他的本子,却是一个具有争议的问题,因为唐初颜师古似乎看到过王肃注本以外的《家语》本子,他在《汉书·艺文志》的“《孔子家语》二十七卷”下注曰:“非今所有《家语》。”颜注告诉我们:唐代的《孔子家语》与汉代的不同。颜师古为什么说《汉书·艺文志》二十七卷本的《孔子家语》是“非今所有《家语》”呢?依据是什么?颜师古并没有提出更详尽的说明。

对于颜师古的说法,后人有不同说解:

一是认为颜师古没有搞清楚篇卷的分合问题,认为《汉书·艺文志》二十七卷本的《孔子家语》应该就是今本。

二是认为颜师古的说法没有根据,他的看法只是他的臆测而已。

三是认为颜师古一定看到了靠得住的《孔子家语》,从而认为这可以证明王肃注本属于“伪书”。

关于第一种看法,需要注意的是颜师古已经明确地说“非今所有”。从《汉书·艺文志》所载的二十七卷,到《隋书·经籍志》所记二十一卷,其间虽然只是“七”与“一”的区别,但《隋书·经籍志》毕竟又明确地说是这个二十一卷本是“王肃解”。对于《孔子家语》的卷数,诸多学者认为唐以前均为二十七卷,唐以后合并为十卷。《隋书·经籍志》著录为“二十一卷”,“一”应为“七”之误[18]。但考于古籍,“一”“七”混误的情况极少,从音韵和训诂方面来看它们也不易混误。

历史上,由于古书书写材料的变化,古书传抄过程中卷帙的分合是十分正常的现象。一般说来,随着书写材料不断进步,每卷所包括的内容增大,一部书的卷数往往有所减少。《孔子家语》王肃注本由《隋书·经籍志》的二十一卷到《旧唐书·经籍志》《新唐书·艺文志》《宋史·艺文志》等史志著录的十卷,其原因可能正是如此。而从《汉书·艺文志》的“二十七卷”到《隋书·经籍志》“二十一卷”情况则与之不同。

关于第二种说法,以颜师古为臆测,恐亦为臆测。时至唐代,书籍的流传恐怕已经与秦汉之际的情况有所不同。从先秦古文到西汉时期写定今文,在不少书籍的古今比较中很容易看出,“各以意增损其言”,“同是一事而辄异辞”的情况不难见到,而对于文字的整饰、写定之时进行意义训释的更为普遍。所以,同为一书,也可能存在字句的不同。颜师古的时候,恐怕已经不是这样,更何况是“二十七卷”与“二十一卷”之间的区别。作为一位博学的学者,颜师古所言不应当是空穴来风,在确实难以弄清楚的情况下,我们不宜匆忙下结论。

关于第三种说法,依照常理,如果颜师古能够看到不同于王肃注本的《孔子家语》,史志之中应该有所著录,而事实上,除了《汉书·艺文志》,其他史志无一记载这个“二十七卷”的本子。至于颜师古说到有别于王肃注本的《家语》内容或者材料,这种可能性是存在的。因为以前曾经有秘府藏本存在,而且与颜师古大致同时期的司马贞《史记索隐》所引《家语》内容,今传本就或有或无,也说明了《家语》流传的一些问题。

但是,有一个事实必须注意,那就是司马贞《索隐》所引《家语》大致与今本相同。该书共引《家语》67 条,其中,与今本《家语》相异者共 19 条,为今本《家语》所无的共 4 条,其余除《孔子世家》关于孔子家世记载所引《家语》与今本《家语·本姓解》略有差异之外,则基本上都是因字词传抄而产生的不同,如《仲尼弟子列传》叙“公冶长”引《家语》曰:“鲁人,名苌。”今本《家语》记为:“鲁人,字子长。”在流传过程中,《家语》或有衍缺,或以经文窜入正文,这属于古籍流传过程中的常见现象。看来以此作为王肃注本属于"伪书"的证据,并没有太大说服力。

但是,第三种说法的客观影响很大。由于颜师古的说法,人们便由此而怀疑王肃及其所作的注文。如宋代章如愚撰《群书考索》,在卷十中引《中兴馆阁书目》曰:"按班固《艺文志》:《孔子家语》二十七篇。颜注云:非今所有《家语》。则以肃之所注者在可疑也。"

既然以上三种认识都存在一定问题,那么真相到底如何?我们认为,颜师古所言一定有他的根据,他可能至少发现了一定的线索,所以他才认定《汉书·艺文志》所著录的本子"非今所有《家语》"。今考《汉书·艺文志》,《家语》被著录于"论语类"十二家中,这十二家分别是:

《论语》古二十一篇。

《齐》二十二篇。

《鲁》二十篇,《传》十九篇。

《齐说》二十九篇。

《鲁夏侯说》二十一篇。

《鲁安昌侯说》二十一篇。

《鲁王骏说》二十篇。

《燕传说》三卷。

《议奏》十八篇。

《孔子家语》二十七卷。

《孔子三朝》七篇。

《孔子徒人图法》二卷。

《汉书·艺文志》载此十二家凡二百二十九篇。旧说"篇卷合一",假设以上"卷"均为"篇",数字相加得二百一十二"篇",较总篇数少十七篇,可知班固对"'论语类'十二家"的记载定然区分了篇卷。以上十二家中仅《燕传说》、《孔子徒人图法》和《孔子家语》三家以"卷"为单位,因此这十七篇应该就分属于这三家。如果这十七篇全部属于《家语》,那么二十七卷本的《家语》就应该有四十四篇,然而由《汉书·艺文志》的著录情况可知

《家语》篇数必然小于四十四。以上量化考察充分说明《汉书·艺文志》所载《家语》应少于四十四篇。这实际上证明了《家语》孔安国序的说法,即认定了孔安国以前已经有《孔子家语》的存在。[19]我们推测,《汉书·艺文志》的"二十七卷"本《家语》,应该是与孔安国四十四篇本不同的另一本子,这是刘向等人所著录的藏于秘府的官本,只是这个官本可能比较粗疏,远远不及孔安国本。

当初,孔安国整理编次《孔子家语》,虽然只是以家传的形式流传,但是,他所依据的材料一直藏在秘府。正如孔安国在《孔子家语后序》中所说:

> **孝景皇帝末年,募求天下礼书,于时士大夫皆送官,得吕氏之所传《孔子家语》,而与诸国事及七十二子辞妄相错杂,不可得知,以付掌书,与《曲礼》众篇乱简合而藏之秘府。**

在这里,有两点是非常明确的:其一,这批材料数量不少。因为"士大夫皆送官",一个"皆"字很能说明问题。其二,这批材料很是杂乱。《家语》属于古文,没有单独存放,居然还"与诸国事及七十二子辞妄相错杂",本来就难以厘清的一堆乱简,竟然又被"掌书"的官吏搞得更乱,"与《曲礼》众篇乱简合而藏之"。藏在秘府的这些材料,孔安国不仅看到了、得到了,并且"求其副,悉得之"。孔安国全部得到后,"以事类相次",进行了一番别择去取的工作,那么他的四十四篇本《家语》应该是他自己"撰集"的结果,秘府本肯定不会是这样的面貌。相对于秘府中的材料,孔安国的本子在数量上少了很多,因为经过他的分析研究,既有"不复录"的内容,也有"皆不取"的部分。

但是,刘向等人在整理秘府中的古书时,面对这一批十分杂乱的材料,并没有像孔安国那样进行细致整理,最大的可能是,他们首先进行了粗略的分类,然后将这批混有"诸国事及七十二子辞"的《家语》材料,根据"已在《礼记》者""便除《家语》之本篇"的执行标准,整理、编辑成了二十七卷本的《孔子家语》。这样,官本的《孔子家语》篇数虽然未必超过孔安国本的四十四篇,但是在内容上有不少超出了今本《家语》。而由于魏晋时期的《魏中经簿》等书目湮没无闻,因此《隋书·经籍志》著录的二十一卷本《家语》便成为今天所能见到的孔安国本《家语》被著录的最早记载。其证据就是《隋书·经籍志》所载的二十一卷本《家语》为王肃注本。

虽然以上的判断有一定的推测成分,但有一点可以肯定,那就是这批材料曾散乱不整、杂乱无章。正是由于这个原因,孔安国才对它们编次、撰集;也是由于这个原因,刘向仅简单整理便进行了“灭其原而存其末”的工作,所以汉代没有列于学官,而刘向在《说苑》等书中使用了其中的材料;还是由于这个原因,在王肃注解的二十一卷本《孔子家语》问世后,这个所谓的“二十七卷”本便归于无闻。这样,颜师古所说“非今所有《家语》”也就不难理解了。⑳

第三,王柏以王肃“杂取”各书割裂织成。

尽管马昭、颜师古等人的说法影响到了后人对《家语》的看法,但他们谁也没有认为王肃伪造了《孔子家语》。正式提出王肃伪造说的是宋代的王柏。他说:“今之《家语》十卷,凡四十有四篇,意王肃杂取《左传》、《国语》、《荀》、《孟》、二《戴》之绪余,混乱精粗,割裂前后,织而成之,托以安国之名……”㉑从此以后,王肃伪造说便开始流行开来。

据王柏自己的说法,他是在读朱熹《中庸集注》时,曾经以《家语》证《中庸》,发现所谓两者相校,“有缺有衍”,于是产生怀疑,并对朱熹关于《家语》的看法也产生疑问。朱熹认为《家语》“虽记得不纯,却是当时书”,又说“其书虽多疵,然非肃所作”㉒,于是,王柏找来《家语》进行研究,他研究的结果却认为“有大可疑”。

我们曾经就今本《孔子家语》与现存于《礼记》中的《中庸》进行比较。今本《中庸》有一部分见于《孔子家语》,即朱熹所分章的《中庸》第二十章除了“博学之”以后一小部分外的前面大部,与《家语》卷四中的《哀公问政》篇基本相同。我们认为,实际情况应当是,戴圣编辑《礼记》时,将《哀公问政》的内容纳入了《中庸》。㉓

朱熹已经指出了二者的关联,他在注解《中庸》时说:“《孔子家语》亦载此章,而其文尤详。”他还说:“‘博学之’以下,《家语》无之,意彼有阙文,抑此或子思所补文也欤!”㉔不过,朱夫子专注于今本《中庸》的义理,对于《家语》与《中庸》的内容互见,并没有继续追问。将《家语·哀公问政》与《礼记·中庸》的相应部分对比,可以说明孔衍奏言不虚。实际上,《家语》与《礼记》众多的相应部分都是如此,如果不带有偏见或先入之见,一定看不出所谓《家语》杂取《礼记》的痕迹。[25]事实正好相反,其他文献中的许多材料都来自《家语》,至少能看出《家语》比《礼记》更为古朴。事实上,《大戴礼记》等许多与《孔子家语》相关的内容同样如此。例如,在相关部分中,《家语》的“爵其能”“举废邦”在《礼记》中分别被改成了“尊其位”“举废国”,这样的改动不难理解。

汉代,“非刘氏不王”,只有极少数异姓功臣封侯,封赐爵位是一个敏感的话题,根本谈不上什么“爵其能”,《礼记》编者改其为“尊其位”,在当时则无不可。至于“举废邦”变成“举废国”,自然是为了避高祖刘邦的名讳。戴圣编订《礼记》,哪里能够允许“废邦”二字赫然存于礼书之中。

从对比研究中,我们发现《礼记》的编订毫无疑问在《孔子家语》之后,这与前述《家语》的成书与流传完全吻合。从这样的结论看,王柏所谓“杂取”“二《戴》之绪余”,“混乱精粗,割裂前后,织而成之”的说法实在无从谈起。

王柏提出《家语》伪书说,迎合了当时疑经、疑古的思潮,其实也与他自己的学术个性有关。清人对他评价说:

> 柏好妄逞私臆,窜乱古经。《诗》三百篇,重为删定;《书》之周《诰》殷《盘》,皆昌言排击,无所忌惮,殊不可以为训。……后虽折节学问,以镕炼其气质,而好高务异之意,仍时时不能自遏。故当其挺而横决,至于敢攻孔子手定之经。其诗文虽刻意收敛,务使比附于理,而强就绳尺,时露有心牵缀之迹,终不似濂溪诸儒深醇和粹,自然合道也。[26]

王柏研究《家语》正是这种作风。他尊重朱熹,但怀疑其所说的“《家语》为先秦古书”是其“初年之论”,他认为朱熹那时还没有机会深入思考,所以在《中庸集注》中才说了那样的话。王柏认为《家语》的窜乱不止一次,实际上是一而再,再而三,他说:“《家语》之书,洙泗之嫡传也,不幸经五变矣：一变于秦，再变于汉，三变于大戴，四变于小戴，五变于王肃。洙泗之流风余韵，寂然不复存。”他不明白今本《家语》成书与流传的真相，更没认真对照研究，反认为“以今《家语》正《中庸》，终恐有所未安”。他还主观地认为，凭朱熹晚年的论述，时间既久，其对《家语》的看法“未必不改”。

王柏对《家语》的所谓“考”其实没有任何切实的证据，如其自述：“意王肃杂取《左传》、《国语》、《荀》、《孟》、二《戴》之绪余，混乱精粗，割裂前后，织而成之……”原来他的结论是他自己凭空想出来的。可是，就是他“意”出的这个结论，对后世产生了较大影响。例如，明代何孟春似乎就接受了王柏的高见，他说：“安国及向之旧，至肃凡几变，而今重乱而失真矣。”何孟春尤为不信今本《家语》，与王柏的看法有相通之处。

第四，四库馆臣以为“伪而不能废”。

王柏所谓的“割裂”说在清代影响很大。四库馆臣的说法可为代表。《四库全书总目提要·子部一·儒家类一》的《孔子家语》提要中叙说了有关争论：

> （宋）王柏《家语考》曰：四十四篇之《家语》，乃王肃自取《左传》、《国语》、《荀》、《孟》、二戴《记》，割裂织成之。孔衍之《序》，亦王肃自为也。独史绳祖《学斋占毕》曰：“《大戴》一书，虽列之十四经，然其书大抵杂取《家语》之书，分析而为篇目，其《公冠篇》载成王冠，祝辞内有‘先帝’及‘陛下’字，周初岂曾有此！《家语》止称‘王’字，当以《家语》为正”云云。今考“陛下离显先帝之光曜”已下，篇内已明云“孝昭冠辞”，绳祖误连为祝雍之言，殊未之考。盖王肃袭取《公冠篇》为《冠颂》，已误合“孝昭冠辞”于“成王冠辞”，故删去“先帝”“陛下”字。窜改“王”字。《家语》袭《大戴》，非《大戴》袭《家语》。就此一条，亦其明证。其割裂他书亦往往类此。反覆考证，其出于肃手无疑。特其流传已久，且遗文轶事，往往多见于其中，故自唐以来，知其伪而不能废也。

四库馆臣所谓“割裂他书”，与王柏的说法如出一辙。在他们的论述中，其核心的论证只有一个，即《家语》袭取《大戴》，这就是他们举出的所谓“明证”。但是，经过认真研究，这个证据难以成立。

四库馆臣批评史绳祖,其实是他们自己没有细考。当然,史绳祖所言也有偏颇,《大戴礼记》虽然杂取《家语》之书,但《公冠篇》中的所谓“先帝”“陛下”等等确非《家语》本有,而属于《大戴礼记》编者加入的“孝昭冠辞”。而《四库全书总目提要》以《家语》袭《大戴礼记》,谓王肃袭取《公冠篇》为《冠颂》,已误合“孝昭冠辞”于“成王冠辞”,王肃删去“先帝”“陛下”等字。其实,《家语》根本没有所谓“孝昭冠辞”,四库馆臣连最起码的材料比对工作都没有做,竟然批评史绳祖的说法“殊未之考”! 很显然,他们是带着《孔子家语》“出于肃手无疑”的先入之见进行评判和议论问题的。

汉代学者编辑《大戴礼记》时,将《家语》等书与其他材料汇集起来,然后进行了一些编辑加工,在《大戴礼记》中,反而看不出《家语》等书原貌。这与《礼记》取材于《家语》一样,同样也是“灭其原而存其末”的行为。加之《家语》伪书说的极大影响,便造成了《孔子家语》和《大戴礼记》材料孰为本末理解上的严重混乱。例如,有学者研究《大戴礼记》而排斥《家语》,而《大戴礼记》改编《家语》时“多有不善,属辞不能明白”,致使在解说《大戴礼记》时不得不穿凿附会,曲为之说。清代学者王聘珍就是如此。例如,有的篇章中,《家语》的话意义明确,但《大戴礼记》颇令人费解。王聘珍只能曲为解释,虽有可通,但与孔子本意已经大相径庭。[27]

四库馆臣所说《孔子家语》“不能废”是没有问题的。事实上,历代不得不重视《家语》者大有人在,在某种意义上可以说是代不乏人,连四库馆臣在编辑《四库全书简明目录》时,仍然将《孔子家语》置于“儒家类”的前面。他们解释说:“《家语》,虽名见《汉志》,而书则久佚。今本盖即王肃所依托以攻驳郑学。马昭诸儒已论之详矣。然肃虽作伪,实亦割裂诸书所载孔子逸事,缀缉成篇,大义微言,亦往往而在,故编儒家之书者,终以为首焉。”[28]

不过,四库馆臣所谓“自唐以来,知其伪”有些言过其实。三国时马昭的话固然导致了人们对《家语》的怀疑,但他并没有以《家语》为伪。唐代编撰的《隋书·经籍志》还进一步表明了对《家语》的看法:“《论语》者,孔子弟子所录。孔子既叙六经,讲于洙、泗之上,门徒三千,达者七十。

其与夫子应答,及私相讲肄,言合于道,或书之于绅,或事之无厌。仲尼既没,遂缉而论之,谓之《论语》。……其《孔丛》《家语》,并孔氏所传仲尼之旨。"《家语》与《论语》性质相同,这与孔安国的看法完全一致。

唐中叶开始出现疑经现象,但主要是怀疑汉唐的经学注疏,以突破旧的注疏传统。考察唐代学术,可发现当时研究《家语》的学者并没有人认为是王肃伪造。前面说到,颜师古所谓"非今所有《家语》"不等于说"今之《孔子家语》是伪书",《孔子家语》被当时诸多学者所引用,张守节的《史记正义》,特别是司马贞《史记索隐》大量引用《家语》。这都说明人们没有把《家语》作伪书看待。

唐代官方的《五经正义》《史记》唐人注解等广泛引用《家语》,显示了一些著名学者对《家语》重要文献价值的认同。颜师古所说"非今所有《家语》",并非对今本表示怀疑。可能是受马昭"《家语》王肃所增加"评论的影响,疑古先驱刘知几曾说《孔子家语》"受嗤当代"[29]。

宋代以后,疑古思潮涌动,自王柏之后,《孔子家语》为"伪书"的说法逐渐扩大,到明清时期,《家语》的地位可谓一落千丈,其书不真的看法竟然盛行开来。

从唐至明,以《孔子家语》为"伪"的人并不算多,但由于这种看法迎合了宋以后兴起的疑古思潮,《孔子家语》"伪书"说的影响显得很大。例如,明代何孟春曾补注《家语》,共八卷四十四篇,何孟春说孔安国本"世远不复得",他也没有见过宋版的王肃注本,所补注的也非颜师古所说的唐本,而是元人王广谋的《新刊标题句解孔子家语》本。他虽然相信孔衍上书,但认为《孔安国序》出于王肃伪造,因此他干脆在《孔安国序》前加上了"魏王肃序"的名字,并引马昭的观点来支持自己的判断。清儒多袭何氏之说。

清代持《家语》"伪书"说的学者中,影响较大的是范家相、孙志祖等人。范家相撰《家语证伪》,他将与《孔子家语》相通、相近、相同的材料逐一比类,放在一起,意在证明《家语》是伪书,并根据今本《家语》"每事必有所出",而断言其为割裂他书而成。孙志祖撰《家语疏证》六卷,也认为王肃伪造《家语》,认为:“王肃作《圣证论》以攻康成,又伪撰《家语》,饰其说以欺世。因博集群书,凡肃所剽窃者,皆疏通证明之……”㉚他的《家语疏证》影响很大,陈鳣、梁玉绳都推崇此书,梁氏认为孙志祖“讨本寻原,划讹辨谬,发昔人未发之覆”,陈鳣甚至称其为捕盗者“获得真臧(赃)”㉛。

虽然以《家语》为“伪”的学者大有人在,但认同其书的人依然不少。针对《家语》为“伪书”的观点,也有学者力辩其真。在宋代,朱熹、晁公武、叶适等人就都认为《孔子家语》是靠得住的著作。叶适说得很精到:“《家语》四十四篇,虽孔安国撰次,按《后序》,实孔氏诸弟子旧所集录,与《论语》《孝经》并时,取其正实而切事者别为《论语》,其余则都集录,名曰《孔子家语》。”又说:“《家语》汉初已流布人间,又经安国撰定。”㉜元朝,马端临《文献通考》记载:“《孔子家语》十卷,王肃注。”㉝表明当时传流着十卷本的《家语》。马端临在《通考》中还著录了《家语》孔安国序、孔衍奏言、王肃序、晁氏说、《朱子语录》、《与吕伯恭书》等几条材料,而这些都属于认同《孔子家语》一书价值的观点,表明了马端临的倾向。陆治是明代继何孟春之后《孔子家语》的又一重要补校者,他首先认为《家语》得以流传,王肃功不可没,并且考证了《孔安国后序》确实出自孔安国,非王肃伪作。他还说:“肃之于猛,猛之于安国,安国之于恭王,其相次授受皆为事实。”㉞

尽管明清两代疑古思潮的影响逐渐增强,但仍有不少学者看到《家语》的价值。在这些学者当中,做出重要贡献者应属清人陈士珂。他作《孔子家语疏证》,不作主观判断,而是广泛搜求,给读者客观的材料。他所用的方法与范家相相同,但得出的结论与之迥异。其族人陈诗为该书作序,陈士珂推重《孔子家语》,也推重这样的研究方法。陈士珂认为“事必两证而后是非明”,他说:“予观周末汉初诸子,其称述孔子之言,类多彼此互见,损益成文,甚至有问答之词主名各别,如《南华》重言之比,而溢美溢恶时时有之,然其书并行,至于今不废,何独于是编而疑之也?”㉟从而认定今本《家语》乃是真本。

很有意思的是，孙志祖的《家语疏证》虽然有人极力称赞，但也有人持不同态度，例如同为其书作序的钱馥就是如此。钱馥并不认同孙志祖等人的研究结论。钱馥认为王肃是在原有的二十七卷的基础上增加了十七篇，其看法显然是受到马昭所谓“王肃所增加”之说的影响，此说自然存在问题，但钱馥毕竟不能同意王肃伪造整部《家语》的说法。

看来，四库馆臣所说的“不能废”是历史的真实，但其真正原因应该是其书不伪。一般说来，其书既不能废，原因不外有二：一是其书为真，二是书虽不真而材料不伪。按照历来“伪书”说者对《家语》的看法，他们无非是受到了《家语》“割裂”众书之说的影响，而前已经指出，这种所谓“割裂”说经不起推敲，由此，“书虽不真而材料不伪”之类的观点就难以成立，所以《家语》不伪是完全可以肯定的。

（四）疑古思潮与《孔子家语》

在对《孔子家语》的理解、认识与研究中，它始终与中国学术的一个重要思潮相联系，这就是“疑古”。

疑古思潮可谓源远流长，有人追溯疑古学者，认为可以上推到东汉王充。唐代刘知几则明确提出了疑古的概念。在《史通》之中，刘知几撰有《疑古》《惑经》等篇，对一些儒家经传提出疑问。他也曾经谈到《孔子家语》：“孔门之著述也，《论语》专述言辞，《家语》兼陈事业。”[36]还说：“《世本》辨姓，著自周室；《家语》载言，传诸孔氏。”[37]虽也有《家语》“画虎不成，反类犬也”“其书受嗤当代”[38]这样的话，但是他没有怀疑《家语》为伪。

宋代，疑古思潮勃兴，出现了皮锡瑞《经学历史》中所谓的“经学变古时代”。他们不仅怀疑与批评汉唐传注，而且怀疑并考辨传世经典。事实上，宋代疑古涉及学术的很多方面，而以经学怀疑最为突出，甚至兴起了疑经改经之风。

有学者对宋代的疑古思潮进行研究，指出整个宋代疑古思潮有一个从滥觞、全面展开到深化的过程，到了晚宋，疑古成为经学思潮的重要内容，这时期，一部分学者走向考据之学，主张实事求是，另一部分学者可以称为唯理派,以理衡经,以理疑经,以己意为理,疑古势必走向肆无忌惮,这以王柏等学者为代表[39]。王柏是提出《家语》"伪书"说的第一人,他曾经对《尚书》《诗经》篇目也作过较大的改动或删削,受到后人批评。王柏关于《家语》为王肃"割裂织成"的说法,无疑与宋代疑古思潮的推动有重要关联。宋代疑古思潮的影响是极其深远的,明清时期,一些学者承其绪余,将疑古不断推向高潮。

近代以来的疑古思潮,顾颉刚先生毫无疑问是典型代表。顾先生的一个重要"理论"就是"层累地造成的古史说"。有学者指出,"层累造成说"有一个相当突出的特质,那就是顾先生把"层累"看成是有意造伪的结果,而不是自然累积而成的。这是康有为《新学伪经考》和《孔子改制考》所造成的影响。而康有为的这两部书也不是平地特起的,乃清代今文学长期发展的结果。所以,有学者认识到:廖平、康有为、崔适的疑古活动都出现在近代反传统运动尚未爆发前,而且是由强烈的尊孔卫道意图逼出了那样大规模的疑古思想,但到后来,他们的疑古成果被反传统的疑古健将所继承,爆发了古史辨运动[40]。

就《孔子家语》而言,顾先生的观点也很有代表性。1928 年到 1929 年,他在中山大学期间曾撰有《孔子研究讲义》,讲义的《按语》集中体现了他对《孔子家语》的看法。对于清朝学者的《家语》研究,顾先生的倾向性十分明显,他在所编《按语》中列"参考书",关于《孔子家语》,他除了列有《家语》本子,并且注明"此书为王肃伪作,但系辑集古书而成"外,还列有孙志祖《家语疏证》、范家相的《家语证伪》,且说明"以上二书辨《家语》之伪"。可是,标榜"研究"、做"超然者"的顾先生,在整个的《孔子研究讲义》之中,却只字不提陈士珂及其《孔子家语疏证》,好像陈士珂和他的著作根本不存在一样。顾先生的《孔子研究讲义按语》[41]给人的印象是,这时期的疑古辨伪几乎达到了"失控状态"。

顾先生对《家语》的印象正如他自己所说的,此书虽为记载孔子之专书,却无任何取信之价值。既然该书是极其典型的伪书,在学术上"未曾发生影响",那么此书连"痛加攻击之必要"也没有。今本《家语》既伪,那么《家语》“三序”自然靠不住，顾先生认为：“王肃伪作《家语》，赖以欺人者在其所伪造之孔安国序及孔衍表。”因此，前人有疑其有问题者，自然就属于“精心”的辨析，完全可以成为考订古籍的样板了。在顾先生那里，《家语》就是“伪书之中尤其伪者”，于是他对《家语》便不再细究，认为“《家语》出于西汉人伪造，至王肃又别伪一本”。可是，今本到底如何，好像他本人也拿不准，所以一会儿说，“今之所传之《家语》实王肃学说支配下之孔子记载”“为王肃伪作”，一会儿又说，“今日之本则又非王肃之旧，可谓赝中有赝”。

顾先生希望用“客观的态度来研究孔子”，“不存计算功利的念头”，从而去寻得“真”的孔子，剥去后来各个时代为孔子披上的“外衣”。他认为自己是以一位“超然者”的身份出现的。但实际上，人文学科的研究哪里会有纯粹意义上的“超然者”？在顾先生心目中，孔子的本真仅是“君子”而已，他希望自己的研究能够恢复孔子的本真，使“各时代人替孔子加上的伟大都还给各时代”，只是顾先生有不少都“还”错了对象。

自今日视之，顾先生所辨不当已不难判定。从整个《按语》看，顾先生喜欢酣畅淋漓的怀疑和“辨伪”，只是嫌人“辨伪”不足，“缺乏批评精神”。顾先生已经在自己的思路上刹不住车，一旦发现“伪迹”，就不再反转过来考虑。例如，范家相判定《家语》三序为伪，顾先生还认为其考订未尽，因为《史记》谓孔安国早卒，而王肃后序乃言“年六十卒于家”，“岂年六十犹可云‘早卒’乎！”顾先生为了说《家语》为伪，不得不承认王肃“弥缝甚工”；而在这里，他指出的却是一个极低级的“错误”。他不再去想：难道王肃如此之愚，他能细密地伪作整部《家语》，为什么还会在这里露出马脚？

三、出土文献与《孔子家语》价值再认识

纵观《孔子家语》两千多年流传、研究史，我们竟难以找到真正能够证明该书之伪的任何可靠证据。但是，由于缺乏新材料，一些相关典籍又

随着疑古思潮的逐步高涨陆续被打入了伪书的行列,没有了证据,就失去了继续探讨的前提,《家语》伪书说几乎成为铁案,讨论其书之真就越来越缺少空间。值得欣慰的是,上个世纪70年代以来,早期思想文献陆续出土问世,学者们得以重新研究该书。

(一)出土文献与《孔子家语》研究

在许多人指摘《孔子家语》之"伪"的同时,也有人清醒地意识到该书的价值,或部分地理解到该书成书的真相。对于疑古之过,很多学者也已经加以指出。

令人欣慰的是,二十多年来,学术界不仅"进一步的研究"已经展开,更有大批"有价值的考古材料出现"。这些材料,就是近三十年来陆续问世的简牍帛书。对这些新材料的整理与研究,为中国古代文化典籍的认识和研究带来了极大改观,"就古籍辨伪而言,竹简帛书出土所带来的震撼,恐怕与古史辨派新说的震撼不相伯仲;因为古史辨学派为古籍真伪带来'石破天惊'的新说,而竹简帛书却为这些新说带来'冷酷无情'的否决,尽管这些否决不是全面的。在竹简帛书严峻的考验下,许多被过去学者判定为伪造的古籍,都纷纷平反翻身"[42]。

《孔子家语》研究冲破疑古"坚冰的封冻"也是借助了新的简牍材料。这些材料启发人们重新认识《家语》的材料来源、编撰、《家语》与孔安国的关系、"王肃伪造《家语》"说等重大学术问题。直接给《家语》研究带来新契机、新局面的材料主要有:河北定县八角廊汉墓竹简、安徽阜阳双古堆汉墓木牍、上海博物馆藏战国楚竹书、英藏敦煌写本等。

河北定县八角廊汉墓竹简

1973年,河北定县八角廊汉墓出土了一批竹简,整理定名为《儒家者言》。这部书的绝大多数内容散见于先秦和西汉时期的一些著作中,特别是与《孔子家语》有密切的关联。[43]较早看到《儒家者言》材料的学者认为它"是一部和《论语》很有关系的儒家的著作",与《孔子家语》关系密切,《家语》的真伪应再讨论[44]。

李学勤先生对这批材料进行了研究,他认为《儒家者言》"可称为竹简本《家语》”,开启了重新认识《孔子家语》的先声。李先生从竹简和《论语》的关系来论证出土简牍与《家语》的关系,认为《儒家者言》与《论语》同出一墓,印证了《汉书・艺文志》把《家语》放在“论语类”的记载,说明二者关系之密切。这也同时印证了《家语》孔安国序的一些说法。

孔安国整理《孔子家语》,基本上把自己认为属于《家语》的材料全部获取,包括颜师古所言“非今所有”、后人“未见”的个别材料,或者就是孔安国以为本不属于《家语》因而“不取”“不录”的一小部分,其他材料基本已被今本《家语》囊括其中。学者们认定定县竹简《儒家者言》与《孔子家语》有一定的联系,这是应当没有问题的,但以为《孔子家语》的材料就来源于这批竹简,恐怕未必合适。

《儒家者言》在性质上与《家语》相同,但其中有不少今本《家语》不见的材料,这也是后人怀疑《家语》的重要原因。我们认为,《儒家者言》的一些材料不见于《家语》十分正常,这并不能证明《家语》为后世编辑而成。当年,孔安国编辑《家语》时,他并没有像二戴编辑《礼记》那样,时时处处有所顾忌,一定不能有忤汉代时政。㊺孔安国的强烈动机或目的显然是为了避免其“先人之典辞将遂泯灭”,似乎并没有材料证明像他的孙子那样希望“记录别见”“冒昧以闻”。他非常希望这些材料能够完整地保存下来。于是,他将秘府所藏“募求其副”,并且认为自己“悉得之”。

但是,《汉书・艺文志》著录的《家语》有二十七卷,在内容上应当超出孔安国整理的本子很多,因此,刘向看到的有关材料可能会多出孔安国的《孔子家语》,也正因为如此,定县竹简《儒家者言》有的材料可以见于《说苑》而今本《家语》未必有,如果是这样,孔安国是否真的全部得到了有关材料还存在疑问。即使孔安国已经全部得到了相关材料,也有不少没有被编辑到《孔子家语》中。关于这一点,孔安国本人已经交代得很清楚,他在《孔子家语》序文中说:除了《曾子问礼》一篇,“其诸弟子书所称引孔子之言者”,他认为“本不存乎《家语》”,故“皆不取”。孔安国还强调说:“将来君子不可不鉴。”可是,遗憾的是,孔安国所说的这些“诸弟子书”,目前也都已经无从见到。

安徽阜阳双古堆汉墓木牍

1977 年,安徽阜阳双古堆 1 号汉墓出土了三块木牍,其中以 1 号木牍保存最完好,正反两面写字,每面皆分为上、中、下三栏,现存章题 47 个,其中一个字迹模糊无法释读[46]。这些章题绝大部分可以在传世的文献中找到相应的内容。特别是 1 号木牍的 46 个章题中,绝大多数和孔子及其门人有关,这很容易让人们联想到,如此集中地将孔子和他的学生的言论事迹汇集在一起,很像《孔子家语》的体例。

由于与定县汉墓竹简的材料相通,鉴于定县这批竹简已经被定名为《儒家者言》,而阜阳木牍没有标出自己的名字,有学者遂直接称之为《儒家者言》[47]。这当然同样也有问题。

从阜阳木牍的文字中,人们首先思考了其与《家语》的关系。整理者认为:“旧说以为《孔子家语》,王肃伪作,今阜阳汉简木牍证明早在西汉初期,已有类似的书籍。”[48]有学者把阜阳木牍章题与《家语》《说苑》《荀子》《孟子》《晏子春秋》《韩诗外传》进行比较、校勘,通过论证分析 1 号木牍第 29 号章题“曾子问曰□子送之”,认为《家语》所记内容渊源有自,并与阜阳双古堆 1 号木牍关系密切;通过考证第 42 号章题“中尼曰史鰌有君子之道三”,认为“1 号木牍应是一本单独的书,从内容上看,应是思孟学派记录孔子及其门人言行的著作,其时间应当在《荀子》之前”[49]。

阜阳双古堆 1 号木牍内容重要,其书出现时间很早。简牍内容广泛见于《家语》,无疑是研究《家语》成书问题最为直接的宝贵材料。在竹简的介绍中,整理者明确地说:“(1 号木牍)正、背两面各分三行书写,今存篇题四十六条,内容多与孔子及其门人有关,如‘子曰北方有兽’‘孔子临河而叹’‘卫人醢子路’等等。这些篇题的内容大多能在今本《孔子家语》中见到。”因此,他们推想:“这些简牍应当就是孔序所说的‘百余篇’中的一部分,它们在文帝中已‘散在人间’——在诸侯王府内辗转传抄,后来到景帝末被送进了秘府。刘向编《说苑》《新序》,用的是这一批材料;孔安国编《家语》用的也是这一批材料。”[50]显然,这样的推想很有道理！

据介绍，阜阳双古堆1号汉墓的墓主是西汉第二代汝阴侯夏侯灶。夏侯灶是西汉开国功臣夏侯婴之子，卒于文帝十五年（前165年）。因此，“阜阳汉简的下限不得晚于这一年，大抵为汉初遗物”[51]。而据孔安国的《家语》序文，《家语》在流传过程中有散落到民间的一个过程，这才使得“士大夫”拥有了《孔子家语》的材料，阜阳双古堆1号汉墓出土的木牍，应该属于这时期《家语》“散在人间”后传抄而成。

上海博物馆藏战国楚竹书

如果说定县汉墓竹简帮助人们开启了新时期《家语》研究的大门，阜阳汉墓木牍使人们看到了《家语》的章题，那么，上海博物馆藏战国楚竹书的问世，则使战国时期《家语》的“真容”实实在在地呈现在了世人面前。

在上博竹书中，有一篇被定名为《民之父母》[52]的文献，该篇与《孔子家语》的《论礼》相同。又因为该篇同时见于《礼记》的《孔子闲居》，所以，在上博竹书《民之父母》公布以前，我们曾经据此讨论过竹书、《礼记·孔子闲居》与《孔子家语》的先后关系。那时，我们指出：“《礼记》编成在西汉时期，上博楚简的该篇早于《礼记》自无问题。将现今知道的两支竹简与《礼记》的《孔子闲居》在使用虚词方面进行对照，似乎也透露了楚简较早的信息。如楚简‘何如斯可谓民之父母’，《孔子闲居》后缀有‘矣’字；楚简的‘民之父母乎必达于礼乐之原’，《孔子闲居》前面有发语词‘夫’字。语气词的使用，西汉时期应当高于战国之时。用语言比较法为古文献断代，这是不少学者用过的方法。上博楚简该篇公布后进行通篇统计比较，恐怕更能说明问题。”[53]

现在，我们已经能够完整地看到上博竹书中的该篇。通过三篇语句异同的比较，发现《民之父母》与《礼记·孔子闲居》的区别在于后者使用语气词较多，有显著的修饰成分。上博竹书出于南方战国时期的楚墓，这属于那时传入楚地的《家语》传本。从整体上看上博竹书，这批应该出于同一墓葬的材料，应是当时流传到楚国的思想文献的选编，因而与《礼记》选编儒家文献具有同样的性质,所以,上博竹书《民之父母》也有文字的修饰成分。如果认真比较,不难看出,作为文献选编本,无论《礼记》还是上博竹书,它们在传抄中都会有语句的修饰与改动。

再如,将记述同一内容的《孔子家语·论礼》、《礼记·孔子闲居》、上博竹书《民之父母》之相关文句进行比较,我们发现在大多情况下,《家语》往往显得更为完整、古朴,一般还有事情的原委交代。从整体看,还是应该承认经过孔安国整理的今本《家语》更为近真。

《民之父母》《论礼》《孔子闲居》三者同为一篇,却又不是同一传本的事实,说明《孔子家语》绝非后人"割裂"而成。最令人震撼的,自然是上博竹书《民之父母》的问世。战国中期,该篇已经传至南方楚地,并且它与那么一大批思想文献同出一墓,这在疑古思潮盛行的年代里,这样令人难以置信的事实,一定会令许多人目瞪口呆。但它毕竟是活生生的现实,上博竹书《民之父母》一篇的发现,真筒实货摆在了大家的面前,人们不能不相信战国时期《孔子家语》的单篇已经流传很广。

庞朴先生曾经研究了上博竹书《民之父母》中的"五至三无"之说,并且深入思考了包括《孔子家语》成书问题在内的许多学术问题。他说:"以前我们多相信,《家语》乃王肃伪作,杂抄自《礼记》等书,《礼记》乃汉儒纂辑,非先秦旧籍,去圣久远,不足凭信。具体到'民之父母'一节,则认为,其五至三无之说,特别是'三无'之无,明显属于道家思想,绝非儒家者言,可以一望而知。现在上博藏简《民之父母》篇的再世,轰然打破了我们这个成见。对照竹简,冷静地重读《孔子家语·论礼》和《礼记·孔子闲居》,不能不承认,它们确系孟子以前遗物,绝非后人伪造所成。"[54]

上博竹书《民之父母》的问世,其价值自然是多方面的。《孔子家语》与其他文献的相通,如果深入探讨,早期儒学研究一定会真正出现一个全新的局面。比如,庞朴先生还有几句话能够深深打动人心,这就是当他"吃惊"地看到极似道家的语言竟然出于"孔子"之口时,他说:"过去我们可以推说这是伪作,现在显然没有这等方便可捞了,因为竹简具在。面对竹的事实,我们不能不改弦更张,温故知新,清理成见,重新认识。"这种

“竹”的事实，与“铁”的事实无异。我们认为，庞朴先生所说成见的“轰然打破”，可以作为“《孔子家语》伪书案”最后终结的标志，因为学者以前主要在文献比较的层面上进行了研究，庞朴先生则主要是从思想比较的层面上认定《家语》“确系孟子以前遗物”。两方面有共同的认识，证据应当成立。

英藏敦煌写本《孔子家语》

近年来，一批流失海外的古籍、文物渐渐得以重见天日。在这批重要的古籍、文物中，英藏敦煌写本《孔子家语》是十分引人注目的。它编号为S1891，现残存73行，其中前两行存在残损的情况。王重民先生在《敦煌古籍叙录》[55]中最早介绍了该写本的情况。据王先生介绍，这73行文字跨越了今本《家语》的两篇，即《郊问》和《五刑解》两篇，分别为《郊问》的篇末部分，写本共存12行，其余为《五刑解》，而且《五刑解》全篇完整，有篇题为“五刑解第卅”。篇题下同一行内，还题有“孔子家语”和“王氏注”的字样。正文中的注解格式为在正文的同一行内用双行小字注释，与今天看到的四部丛刊本《孔子家语》完全相同。

在写本的一系列特征中，最引人注意的，应当是在《五刑解》一篇末存有“家语卷十”的字样。另据介绍，黄永武博士的《敦煌宝藏》一书中收录的该写本背面还注有“家语传十”的字样。这就说明了《家语》在其长期的流传过程中存在着篇卷分合的问题。而且《五刑解》在今本《家语》中，位列第三十篇，与写本的位置相同；此外，写本《五刑解》与今本《家语·五刑解》的内容一致，文字大同小异。总而言之，正是因为写本具有这些特点，所以证明了今本《家语》的真实可信。而写本《五刑解》末的“家语卷十”的字样表明至少在初唐时期，《家语》还存在有一个分卷多于今本《家语》的版本。考察史志目录，这个多于十卷本的《家语》应该就是二十七卷本或二十一卷本。联系到《五刑解》一篇在这些版本中的内容是一致的这个显而易见的事实，我们不能不承认无论是十卷本还是二十七卷、二十一卷本的《孔子家语》都是真实可信的。

而且，王重民先生注意到了写本的避讳的问题，他发现写本的“民”

字并没有避讳,很显然,写本写定的时间应该早于唐朝太宗年间(627—649年)。因此,王先生据此认定该写本大概应为六朝时的古籍。这样看来,对于唐代颜师古所谓的"非今所有《家语》"的说法,我们也应该重新考虑其意义了。

(二)《孔子家语》存在的问题

《孔子家语》不是伪书,自然不是说该书没有任何问题,只是这些问题与该书不可靠是完全不同的两回事。它的成书与流传过程,已经告诉了我们一些信息,使我们应当明确以下几个方面的问题:

第一,该书可能有孔子弟子整理时的"润色"。

从理论上讲,流传下来的中国古代文化典籍绝大多数都会有后人"润色"的因素包含其中,"六经"如此,孔子遗说更是如此。从解释学的角度看,任何著作的编辑都有编辑者的思想包含其中,因此,即使像具有"正实而切事"特点的《论语》也一定蕴含有孔子后学编撰者的理念。在这样的意义上,我们当然可以利用汉代成书的著作研究"汉代的孔子",但是,这并不一定意味着汉代整理或者编辑而成的著作就不能研究"春秋时期的孔子"。

《孔子家语》中的材料最初出于孔子弟子,在某种程度上,也一定表现了"孔子弟子心目中的孔子"。孔安国曾说:今本《家语》属于七十二子"各自记其所问"而来,显然,《家语》经过了他们"各共叙述首尾,加之润色"的过程,这当然没有问题。问题在于,他们的"润色"是否改变了孔子表述的原意。不难理解,在主观上,孔子弟子都会尽可能地保存孔子思想本真。因此他们才会在孔子论说之后马上"退而记之"。如此说来,孔子弟子对《家语》材料"各共叙述首尾",进行"润色",无非是为了使自己的记述更为准确,不至偏离。

当然,孔子弟子各有差异,他们在思想上甚至也会有一定的距离,因此,《家语》各篇才会"其材或有优劣"。各篇的不同,表现在有的篇章有"属文下辞,往往颇有浮说,烦而不要"的现象。毫无疑问,这是《孔子家语》存在的一个问题。不过,毕竟不是各篇都充斥着"烦而不要"的"浮说”。从作为思想史研究史料的角度看,《孔子家语》这种古朴的面貌,恰恰衬托了它的重要价值。

对孔子遗说材料的怀疑很早就出现了。还在孔子裔孙子思的时候,人们就对子思所记述的孔子遗说的可靠性表示了质疑。鲁穆公对子思说:“子之书所记夫子之言,或以谓子之辞。”对此,子思回答说:“臣所记臣祖之言,或亲闻之者,有闻之于人者,虽非正其辞,然犹不失其意焉。且君之所疑者何?”按照子思的说法,他记录孔子言语目的在于表述孔子的原意,即使不是孔子的原原本本的表述,但“不失其意”,不应当怀疑。所以子思对鲁穆公说:“无非,所以得臣祖之意也。就如君言,以为臣之辞。臣之辞无非,则亦所宜贵矣。事既不然,又何疑焉?”[56]

与子思不同,孔子弟子所记应当主要出于“亲闻”,这比子思著作中还有“闻之于人者”显得更为“纯粹”,《孔子家语》同样也“实自夫子本旨”。我们认为,“实自夫子本旨”正符合大量孔子遗说的实际情况,也的确是《孔子家语》材料的实情。

第二,该书可能有后人传抄过程中的“增损”。

在研究《家语》的学者之中,虽然已经很少有人再相信所谓的《家语》伪书说,但以为该书经过了后人的“改动”或“添加”者还有不少。那么,做出这些“小动作”的是谁?有的认为是孔安国,有的认为是王肃,可是,到目前为止,还没有真正具有说服力的证据能够证明是他们进行了有意的改动。

但是,这并不是说《家语》经孔子弟子整理后再也没有经过任何的改动,在传抄过程中,对《家语》文字进行“增损”的情况是存在的,关于这一点,孔安国的《后序》已说明。按照他的说法,在其之前,《家语》经过了多次辗转流传,其间定有篇卷的分合,个别文字的变动也在所难免,在这个过程中,至少有两点值得注意:

其一,“孔子既没而微言绝,七十二弟子终而大义乖,六国之世,儒道分散,游说之士各以巧意而为枝叶,唯孟轲、孙卿守其所习。”

其二,吕氏被诛亡以后,《家语》散入民间,“好事者或各以意增损其言,故使同是一事而辄异辞”。

战国时期儒学流行很广,人们在传抄时难免有个别字词的更动。比如,上博竹书《民之父母》,就属于传习者传到楚地的《家语》材料。西汉秘府中收藏者也可能有除了荀卿所传《家语》以外的相关材料,比如,孔安国所说与《家语》“错杂”在一起的那些所谓“诸国事及七十二子辞”等。后来,《家语》曾经分散到了民间,这时期可能传抄更广,随意性更大。我们比较今本《家语·论礼》、上博竹书《民之父母》、《礼记·孔子闲居》,就能发现“以巧意而为枝叶”的现象。事实上,《孔子家语》与《礼记》《大戴礼记》等多有相应篇章,将相应者进行对读,就更能够理解这种现象比较普遍,以至于还有个别“同是一事而辄异辞”的情况。

另外,今本《家语》材料,在汉高祖灭秦刚刚得到时,本来“皆载于二尺竹简,多有古文字”,人们的传抄有一个改“古文”为“今文”的过程,这都会增加《家语》被人们“增损”的可能性。

需要指出的是,战国时期《家语》虽然有的本子有些“枝叶”,但今之传本传自荀卿,荀子的本子因其“守其所习”会“枝叶”较少。后来流失到民间又复聚之于朝廷的材料中,虽然被“增损”的现象比较普遍,但孔安国毕竟发现了问题,可以想见,对其中的材料他也应当有所比较选择,只是,要完全剔除这些“好事者”的“增损”并不可能。

实际上,古书的流传过程一般都不是凝固不变的。李学勤先生曾经谈到,一些古书,特别是那些世人爱读的古书,常常会出现学者加以增补,内容加多的现象;还有,古人传流书籍系为实用,并不专为保存古本。有时见古书文字艰深费解,就用易懂的同义字取代难字。[57]这样,古书本子的一定变化非常正常,人们“增损”《家语》之类的做法,在古书中是常有的情形。

第三,该书可能有孔安国整理材料时的误排。

孔安国得到的这批材料,并不是集中而单纯的《家语》,它们虽然原本都属于《家语》,但该书字数众多,而且已经散乱,不少肯定都是单独的篇章。面对这批材料,孔安国首先是进行拣选,然后进行“撰集”,从而

“以事类相次”。“集录”这些材料容易,排比次序却非易事。首先,这些材料很多内容相近,比如,其中有许多篇属于鲁国国君与孔子的问答,又有许多篇都是孔子弟子与孔子的对话,那么,这些材料的先后如何排列?其次,不少材料都已经散乱,即使同为一篇的材料,孔安国看到的也不一定完整。所以,在《孔子家语》中,明显可以看出有的篇章应该本非一篇。

(三)《孔子家语》的重要价值

综观《孔子家语》的研究,我们看出该书在历代流传、研究的状况与当时的学术主流密切相联,《孔子家语》流传、研究史,就是一部中国学术史的缩影。特别是《家语》在宋代疑古思潮兴起以后至今命运的起伏跌宕,密切契合了各代的学术潮流。

就像任何事物的发展变化都具有一定的规律那样,历代对《家语》的认识也具有内在的逻辑线索。在经历了对《家语》的怀疑乃至否定之后,经过了慎重研究,特别是由于新材料的辅助证明,《家语》成书的真相与学术价值终于被揭示出来,孔子儒学研究终于获得了长期失落的宝贵材料。

《家语》伪书案的终结,为历史文献的研究方法提供了重要借鉴,也是历代学者研究得失的一次很好检验。朱子说《家语》“是当时书”,所言极是!只要认真比较今本《家语》与材料相同、相通的有关典籍,就不难发现其极其宝贵的价值。例如,将《家语》与大、小戴《礼记》等进行比勘,《家语》就立即显现出自己的优越性来。凡是对《家语》认真研究过的学者一般都认可其重要的文献价值。有学者说:“《孔子家语》保存了一大批比较原始的文献资料,有许多地方明显地胜于其它(他)相关古籍,具有重要的版本、校勘价值。”[58]“笔者近来研究《家语》,发现该书的价值,实在不可低估,在孔子研究方面,此书的价值并不在《论语》之下。”[59]《家语》由于内容庞大,该书价值之高出乎我们的想象,如果说《论语》是“孔子语录”,《孔子家语》则相当于“孔子选集”。

对于《家语》与《论语》的关系,学者们的研究已经印证了孔安国《后序》的说法。孔安国说,《论语》具有“正实而切事”的特点,它是从众多材料中选辑出来的孔子语录,《孔子家语》成书在《论语》之后,具有材料汇编的性质,《家语》中甚至有引述《论语》的现象。因此,比之《论语》的“纯正”,《家语》要显得“驳杂”。胡平生说得好:“绝大多数攻击王肃伪撰《家语》的书,都是这样先自己划定某种圣人言行的‘神圣模式’,凡有不合‘模式’的文字则必打成伪作。”[60]如果说真有一个“神圣模式”的话,那么它一定与《论语》的“纯正”有关。不少学者研究问题,往往不顾《论语》有特定的选材标准,而以“《论语》未见”为理由,否定一些孔子言行的存在,其偏颇显而易见。

还有一种看法,认为“论语”的“论”,有“选择”“别择”的意思。清朱骏声《说文通训定声·屯部》曰:“论,叚借为抡。”《国语·齐语》“权节其用,论比其材”韦昭注:“论,择也。”《荀子·王霸》“君者,论一相,陈一法,明一指,以兼覆之,兼照之,以观其盛者也”杨倞注:“论,选择也。”如果《论语》书名的“论”为选择之意,则《论语》应该是选自“孔子家”之“语”中的材料,是则《孔子家语》的价值不难察见。

受疑古思潮影响,历史上有不少人认为《家语》思想不纯、文辞粗陋,其实这不是带着“有色眼镜看问题”的偏见,就是没有认真观察比较的妄言。关于《家语》的文辞,清人崔述《洙泗考信录》有曰:“取所采之书,与《家语》比而观之,则其(按:指《家语》)所增损改易者,文必冗弱,辞必浅陋,远不如其本书,甚或失其本来之旨。”[61]其实,如果认真对比,就不难发现崔述所论以王肃“杂取众书”伪造《家语》为前提,其论断有极为强烈的主观推定色彩,是完全不符合实际的。我们通过对读《家语》与互见者所能得出的结论常是互有优劣,实际上更多情况是《家语》要优于他书。[62]

在疑古思潮的影响下,有些学者虽没有专门研究《家语》,没有看到《家语》不伪的事实,却发现了《家语》的重要价值,因而在相关的研究中不能对其视而不见,不得不引用该书的材料作为旁证,这便如清朝四库馆臣所谓“知其伪而不能废”,如李启谦先生在谈论孔门弟子研究的材料运用问题时所说:“有时在可信的书中,也有记载失实的地方……相反,被称为‘伪书’的《孔子家语》所记的很多内容……则都是可信的。”[63]新的材料终于促使人们思考了最为根本的问题:难道人们弃之如敝屣般的摒弃

《家语》是合理的？难道在那么早的年代，这样长长数万字大书真的出于后人的伪托？为什么历史上还有那么多的人不断地强调该书的价值？

当我们回头再看《孔子家语》时，我们不能不惊叹其丰富的内容！儒家典籍有“四书五经”的提法，如果加上《家语》，儒家最为紧要的典籍可有“五书五经”。《家语》不仅是专门的孔子儒学的记录，而且在规模上也超过了儒家“四书”中的任何一部。与《论语》的简略相比，《家语》有完整的场面；与《大学》《中庸》作为专题论文相比，《家语》中的思想更为全面；《史记》记录了孔子事迹，但《家语》的记录时代更早，内容更多，更加准确。孔子的思想博大精深，要准确地理解孔子，要真正走近孔子，决不能舍弃《家语》，《家语》可以当之无愧地被称为“孔子研究第一书”！

注释：

① 庞朴：《话说“五至三无”》，载《文史哲》2004 年第 1 期。

② 杨朝明：《新出竹书与〈论语〉成书问题再认识》，载《中国哲学史》2003 年第 3 期。又见黄怀信等主编：《儒家文献研究》，齐鲁书社 2004 年版。

③ 杨朝明：《孔门师徒与原始儒家学派的构成》，载《出土文献与儒家学术研究》，台湾古籍出版社 2007 年版，第 177—208 页。

④ 韩兆琦《史记笺证》曰：“按：句中‘冢’字应作‘家’”。引阎若璩曰：“‘诸儒讲礼乡饮大射于孔子冢’，误写作‘冢’，此‘家’字与赞曰‘以时习礼其家’合。”又引郭嵩焘曰：“此‘冢’字应作‘家’。”（《史记笺证》，江西人民出版社 2004 年版，第 3272 页）此外，王叔岷《史记斠证》等也有此说。

⑤⑥⑲⑳ 魏玮：《〈孔子家语〉“三序”研究》，曲阜师范大学孔子文化学院 2009 年硕士学位论文。

⑦ 贺昌群：《魏晋清谈思想初论》，商务印书馆 1999 年版，第 20 页。

⑧ 王政之：《王肃〈孔子家语〉注研究》，曲阜师范大学孔子文化学院 2006 年硕士学位论文，第 25—26 页。

⑨ 李学勤主编：《礼记正义》（《十三经注疏》，标点本），北京大学出版社 1999 年版，第 1099 页。

⑩ 胡平生：《阜阳双古堆汉简与〈孔子家语〉》，载《国学研究（第七卷）》，北京大

学出版社 2000 年版,第 527 页。

⑪ 王承略:《论〈孔子家语〉的真伪及其文献价值》,载《烟台师范学院学报》(哲学社会科学版)2001 年第 3 期。

⑫〔清〕钱馥:《孔子家语疏证序》,载〔清〕孙志祖撰《家语疏证》,式训堂丛书本。

⑬ 孙钦善:《中国古文献学史》,中华书局 1994 年版,第 119—220 页。

⑭ 王志平:《中国学术史 · 三国魏晋南北朝卷》上册,江西教育出版社 2001 年版,第 142—144 页。

⑮〔三国魏〕王肃:《圣证论》,载〔清〕马国翰辑《玉函山房辑佚书》,上海古籍出版社 1990 年版,第 208—209 页。

⑯ 王志平:《中国学术史 · 三国两晋南北朝卷》上册,江西教育出版社 2001 年版,第 147 页。

⑰〔清〕范家相:《读家语札记》,载《家语证伪》,会稽徐氏铸学斋本,清光绪十五年。

⑱ 周洪才:《孔子故里著述考》,齐鲁书社 2004 年版,第 306 页。

㉑〔宋〕王柏:《家语考》,载《鲁斋集》(四库全书本,卷 1186),上海古籍出版社 1989 年版,卷九。

㉒〔宋〕朱熹:《战国汉唐诸子》,载〔宋〕黎靖德编《朱子语类》,中华书局 1986 年版,卷一百三十七, 第 3252 页。

㉓ 杨朝明:《〈中庸〉成书问题新探》,载山东师范大学齐鲁文化研究中心编《齐鲁文化研究(第三辑)》,山东文艺出版社 2004 年版。

㉔〔宋〕朱熹:《中庸章句集注》,中华书局 1983 年版,第 32 页。

㉕ 笔者曾为敝校专门史(思想史)专业研究生开列《中国思想史专题及史料选读》研究参考题,将《礼记》《大戴礼记》与《家语》的相应部分进行比较,由此观察文字差异及其透露出来的文献因革信息,大家的结论基本一致。

㉖《四库全书总目 · 集部 · 别集类十七》《鲁斋集》提要,上海古籍出版社 1989 年版,卷 1186, 第 1—2 页。

㉗ 杨朝明:《读〈孔子家语〉札记》,载《文史哲》2006 年第 4 期。

㉘《四库全书简明目录 · 卷九 · 子部一 · 儒家类》,上海古籍出版社 1985 年版。

㉙㊳〔唐〕刘知几:《史通 · 内篇 · 六家》。

㉚〔清〕赵尔巽:《清史稿 · 儒林列传二》,中华书局 1977 年版。

㉛〔清〕陈鳣:《家语疏证序》,载孙志祖撰《家语疏证》(丛书集成初编本),中华书局1991年版。

㉜〔宋〕叶适:《习学记言序目》,中华书局1977年版,第231—232页。

㉝〔元〕马端临:《文献通考·经籍考十一》,四库全书本。

㉞〔明〕陆治补校:《孔子家语》,明隆庆六年刻本。

㉟〔清〕陈诗:《孔子家语疏证序》,载〔清〕陈士珂辑《孔子家语疏证》(丛书集成初编本),中华书局1985年版。

㊱〔唐〕刘知几:《史通·外篇·疑古》。

㊲〔唐〕刘知几:《史通·内篇·杂述》。

㊴ 杨世文:《宋代疑古思潮研究》,载全国哲学社会科学规划办公室编《国家社科基金项目成果选介汇编(第一辑)》,中国人民大学出版社2004年版。

㊵ 王泛森:《古史辨运动的兴起》,载《允晨丛刊》第十三,台北允晨文化实业股份有限公司1987年版,第294页。

㊶ 顾颉刚:《孔子研究讲义按语》,载《中国典籍与文化论丛(第七辑)》,北京大学出版社2002年版。

㊷ 郑良树:《论古籍辨伪的名称及其意义(代序)》,载《诸子著作年代考》,北京图书馆出版社2001年版,第3页。

㊸ 有关情况可以参看河北省文物研究所:《河北定县40号汉墓发掘简报》,载《文物》1981年第8期;国家文物局古文献研究室、河北省博物馆、河北省文物研究所定县汉墓竹简整理组:《定县40号汉墓出土竹简简介》,载《文物》1981年第8期。

㊹ 何直刚:《〈儒家者言〉略说》,载《文物》1981年第8期。

㊺ 杨朝明:《读〈孔子家语〉札记》,载《文史哲》2006年第4期。

㊻ 有关情况可参考国家文物局古文献研究室、安徽省阜阳地区博物馆阜阳汉简整理组:《阜阳汉简简介》,载《文物》1983年第2期;胡平生:《阜阳双古堆汉简与〈孔子家语〉》,载《国学研究(第七卷)》,北京大学出版社2000年版。

㊼ 韩自强:《阜阳汉简〈周易〉研究》(附:《儒家者言》章题、《春秋事语》章题及相关竹简),上海古籍出版社2004年版,第155页。

㊽㊿51 国家文物局古文献研究室、安徽省阜阳地区博物馆阜阳汉简整理组:《阜阳汉简简介》,载《文物》1983年第2期。

㊾ 朱渊清:《阜阳双古堆1号木牍札记二则》,载《齐鲁学刊》2002年第4期。

52 马承源主编:《上海博物馆藏战国楚竹书(二)》,上海古籍出版社 2002 年版。

53 杨朝明:《〈礼记·孔子闲居〉与〈孔子家语〉》,载《儒家文献与早期儒学研究》,齐鲁书社 2002 年版,第 266 页。

54 庞朴:《话说“五至三无”》,载《文史哲》2004 年第 1 期。

55 王重民:《敦煌古籍叙录》,中华书局 1979 年版。

56《孔丛子·公仪》。

57 李学勤:《对古书的反思》,载《当代学者自选文库·李学勤卷》,安徽教育出版社 1999 年版,第 15—21 页。

58 王承略:《论〈孔子家语〉的真伪及其文献价值》,载《烟台师范学院学报》(哲学社会科学版)2001 年第 3 期。

59 杨朝明:《〈孔子家语·执辔〉篇与孔子的治国思想》,载《儒家文献与早期儒学研究》,齐鲁书社 2002 年版,第 274 页。

60 胡平生:《阜阳双古堆汉简与〈孔子家语〉》,载《国学研究(第七卷)》,北京大学出版社 2000 年版,第 531 页。

61〔清〕崔述:《洙泗考信录》(丛书集成初编本,卷一),中华书局 1991 年版,第 3 页。

62 详见杨朝明:《读〈孔子家语〉札记》,载《文史哲》2006 年第 4 期;《〈孔子家语·执辔〉篇与孔子的治国思想》,载《儒家文献与早期儒学研究》,齐鲁书社 2002 年版,第 274 页。

63 李启谦:《孔门弟子研究·前言》,齐鲁书社 1987 年版。

凡例

◎本《通解》以商务印书馆《四部丛刊》影印明黄鲁曾覆宋本为底本，以简体字横排。

◎本《通解》以下列版本参校：

1. 中华书局据明毛氏汲古阁本排印之《四部备要》本，简称“备要本”；

2. 上海古籍出版社影印文渊阁《四库全书》本，简称“四库本”；

3. 同文书局石印影宋抄本《孔子家语》，简称“同文本”；

4. 刘氏玉海堂覆宋本《孔子家语》，简称“玉海堂本”；

5.〔清〕陈士珂辑：《孔子家语疏证》，商务印书馆 1940 年版，上海书店《国学基本丛书》1987 年复印本，简称“陈本”。

6.〔明〕何孟春：《孔子家语注》，明正德十六年圣府永明书院刻本，简称“何本”。

7.〔明〕陆治校补：《孔子家语》，明隆庆六年徐锡祚刻本，简称“陆本”。

◎本《通解》参考文献：

1.《孔子——周秦汉唐文献集》之《孔子家语》，复旦大学出版社 1990 年版，简称“文献集本”；

2. 廖名春、邹新明校点：《孔子家语》，辽宁教育出版社之“新世纪万有文库”本 1997 年版，简称“新万有文库本”；

3. 刘乐贤编著：《孔子家语》，中国传统文化读本，燕山出版社 1995 年版，简称“燕山本”；

4.〔清〕孙志祖：《家语疏证》，中华书局《丛书集成初编》据式训堂丛书排印本；

5.〔清〕范家相:《家语证伪》,《续修四库全书》影印光绪十五年会稽徐氏铸学斋刊本;

6. 张涛注译:《孔子家语注译》,三秦出版社 1998 年版。

7. 何志华、朱国藩编著:《唐宋类书征引〈孔子家语〉资料汇编　唐宋类书征引〈韩诗外传〉资料汇编》,香港中文大学中国文化研究所2008 年版。

◎《孔子家语》与其他文献相同、相通处,通解时适当参酌。

◎底本明显之误字,据参校本径改,在注释中说明。

◎底本脱文衍字,据参校本补删,在注释中说明。

◎底本中的古体、异体字,径改为规范简体字。

◎本书代前言叙述《孔子家语》的成书、材料来源等相关问题及其价值,交代本书撰述的有关情况。

◎正文每篇之前以“序说”概说全篇,以帮助读者理解全文,为继续研究提供便利,而后按段落分别由“原文”“注释”“通解”各部分组成。

◎他人创见性成果,均予以注明。

◎《孔子家语》原文中的生僻字,在注释中以汉语拼音注音。

目录

卷第四

卷第五

卷第六

卷第七

卷第八

卷第九

卷第十

附　录

卷第一

相鲁第一

［序说］

本篇以“相鲁”为篇题。“相”有辅助、帮助之意，也有主持礼仪的意思。本篇依次记录了孔子在中都宰、司空、大司寇等不同职位上的经历。本篇记述了孔子执政于鲁国期间的政绩，显示了孔子卓越的政治才能。

孔子初仕，秉政中都，在那里大力推行教化，一年之后达到理想的效果，使各地诸侯纷纷效仿。孔子改任司空后，“别五土之性，而物各得其所生之宜”，还趁机劝导季桓子，把别葬的昭公同诸先公的坟墓沟合为一处，既维护了礼制，又掩盖季桓子的父亲季平子的“不臣”，从而也维护了君权礼制。

孔子最辉煌的政绩是夹谷之会和隳三都。孔子洞察毫末，提出“有文事者，必有武备；有武事者，必有文备”，显示了他已具备政治家的才干。两国会盟时，孔子更有出色表现。面对强横的齐国，孔子既智且勇，不卑不亢，坚持以礼制行事，维护了鲁国的尊严和国家利益，迫使齐景公返还长期侵占的鲁国土地。隳三都之举更在于推行政化，以强公室，弱私家，尊君卑臣。孔子的这一举动，体现了他一贯的“君君臣臣”的政治思想。

实际上，作为一位杰出的政治家，孔子处在鲁国三桓当政时期，“无道”的鲁国却使孔子无从进一步施展自己的执政才能。

本篇的记述可以与《左传》等参照，对《史记·孔子世家》

影响较大。各种材料相互综合,可以更好地研究孔子的生平事迹。

[原文]

孔子初仕,为中都宰①,制为养生送死之节:长幼异食②,强弱异任③,男女别涂④,路无拾遗,器不雕伪⑤。为四寸之棺、五寸之椁⑥,因丘陵为坟,不封不树⑦。行之一年,而西方之诸侯则焉⑧。

定公⑨谓孔子曰:"学子此法以治鲁国,何如?"孔子对曰:"虽天下可乎,何但鲁国而已哉!"于是二年,定公以为司空⑩。乃别五土⑪之性,而物各得其所生之宜,咸得厥所。

先时,季氏葬昭公于墓道之南⑫。孔子沟而合诸墓⑬焉。谓季桓子⑭曰:"贬君以彰己罪,非礼也。今合之,所以揜⑮夫子⑯之不臣。"由司空为鲁大司寇⑰,设法而不用,无奸⑱民。

[注释]

① 中都宰:中都的地方长官。中都,春秋时鲁邑,今山东汶上西。周时把有宗庙或先君神主的城叫都,没有的叫邑。宰,古代官吏的通称。郑玄《周礼目录》:"宰者,官也。"这里指地方长官。此记载又见于《左传》定公元年、《礼记·檀弓上》、《史记·孔子世家》。 ② 长幼异食:王肃注:"如礼,年五十异食也。"即指人到了五十岁后,其食物越来越好,以示尊老。 ③ 强弱异任:王肃注:"任,谓力作之事。各从所任,不用弱也。" ④ 男女别涂:男子与女子走路分左右。《吕氏春秋·先识览·乐成》:"男子行乎途右,女子行乎途左。"涂,通"途",道路。 ⑤ 器不雕伪:王肃注:"无文饰雕画,不诈伪。" ⑥ 椁(guǒ):套在棺材外面的大棺材。下葬有无椁是身份和财富的体现。王肃注:"以木为椁。" ⑦ 不封不树:不聚土成坟,不种植松柏。不封,王肃注:"不聚土以起坟者也。"不树,王肃注:"不树松柏。" ⑧ 西方之诸侯则焉:王肃注:"鲁国在东,故西方诸侯皆法则。"西方,《史记·孔

子世家》作“四方”。则,效法。 ⑨ 定公:即鲁定公,名宋,昭公之弟,继昭公为鲁君,在位 15 年(前 509—前 495 年)。 ⑩ 司空:负责土地管理和工程建设的长官。 ⑪ 五土:五种土地。王肃注:“五土之性,一曰山林,二曰川泽,三曰丘陵,四曰坟衍,五曰原隰。” ⑫ 先时,季氏葬昭公于墓道之南:王肃注:“季平子逐昭公,死于乾侯,平子别而葬之,贬之,不令近先公也。” ⑬ 沟而合诸墓:把昭公和鲁国诸先公的墓地沟合为一处。 ⑭ 桓子:王肃注:“桓子,平子之子。”继承平子之位而执政鲁国。 ⑮ 揜(yǎn):通“掩”,掩藏,遮蔽。 ⑯ 夫子:古时对老年男子的尊称,这里指季桓子的父亲季平子。 ⑰ 大司寇:掌管司法、刑狱、纠察和社会治安的长官,下设小司寇。周代为六卿之一,春秋列国也多设此职。 ⑱ 奸:通“干”,干扰,扰乱。

[通解] 孔子从政做了中都的长官,制订了养生送死的礼节:不同年龄的人享有不同的食物;强壮不同的人分配不同的任务;男女行路各走一边;东西掉在路上,没有人捡了据为己有;制作器物不刻意文饰雕画;安葬死者时用四寸厚的棺,五寸厚的椁;凭依丘陵为坟;不聚土成坟,墓地不种植松柏。实行一年之后,西方各诸侯国都引为法则。

鲁定公对孔子说:“学习先生的方法来治理整个鲁国,怎么样呢?”孔子回答说:“即使治理天下也是可以的,何况只是一个鲁国呢!”这之后的第二年,定公让孔子担任司空一职。孔子区别五种类型的土地,生养不同的物产,万物都获得了最适宜生长的条件,各得其所。

早先季平子把昭公埋葬在鲁国先公墓区的南面,孔子把昭公和诸先公的墓地沟合为一处,对季桓子说:“贬抑君主,同时还显示自己的罪过,是不合礼制的。现在把墓地合为一处,是为了掩饰令尊不合臣子的行为。”孔子又由司空升为大司寇,制订了法令却无需使用,不侵扰百姓。

［原文］

定公与齐侯会于夹谷[1]，孔子摄相事[2]，曰：“臣闻有文事者，必有武备；有武事者，必有文备。古者诸侯并出疆，必具官[3]以从，请具左右司马[4]。”定公从之。

至会所，为坛位，土阶三等，以遇礼[5]相见，揖让而登，献酢[6]既毕，齐使莱人以兵鼓谚[7]，劫[8]定公。孔子历阶而进，以公退，曰：“士以兵之[9]！吾两君为好，裔夷之俘，敢以兵乱之[10]，非齐君所以命诸侯也。裔不谋夏，夷不乱华，俘不干盟，兵不偪[11]好，于神为不祥，于德为愆[12]义，于人为失礼，君必不然。”齐侯心怍[13]，麾[14]而避之。有顷，齐奏宫中之乐，俳优侏儒[15]戏于前。孔子趋进，历阶而上，不尽一等，曰：“匹夫荧侮[16]诸侯者，罪应诛，请右司马速加刑焉。”于是斩侏儒，手足异处。齐侯惧，有惭色。

将盟，齐人加载书[17]曰：“齐师出境，而不以兵车三百乘从我者，有如此盟[18]。”孔子使兹无还[19]对曰：“而不返我汶阳之田，吾以供命者，亦如之。”齐侯将设享礼，孔子谓梁丘据[20]曰：“齐鲁之故，吾子何不闻焉？事既成矣，而又享之，是勤执事[21]。且牺象[22]不出门，嘉乐不野合[23]。享而既具，是弃礼。若其不具，是用秕稗[24]。用秕稗君辱，弃礼名恶，子盍图之！夫享，所以昭德也。不昭，不如其已。”乃不果[25]享。

齐侯归，责其群臣曰：“鲁以君子道辅其君，而子独以夷狄道教寡人[26]，使得罪。”于是乃归所侵鲁之四邑及汶阳之田[27]。

[注释] ① 定公与齐侯会于夹谷：齐侯，齐国国君，这里指齐景公。会，盟会，会盟。夹谷，古地名，春秋齐地，其故地在今山东莱芜市夹谷峪。齐鲁夹谷之会可参看《左传》定公十年。此记载略见于《春秋穀梁传》《史记·孔子世家》。 ② 摄相事：兼任为国君主持礼仪的事情。摄，代理，兼任。相，主持礼仪的人，在重大场合为国君典礼，一般由世卿大夫担任。 ③ 具官：配置相应的官员。《说文》："具，供置也。" ④ 司马：掌管军政和军赋的长官。 ⑤ 遇礼：王肃注："会遇之礼，礼之简略者也。" ⑥ 献酢（zuò）：宾主互相敬酒。主人敬客人为献，客人用酒回敬主人为酢。 ⑦ 齐使莱人以兵鼓谚（zào）：莱人，王肃注："齐人东夷。"兵，兵器。鼓谚，古代出战时擂鼓呐喊。谚，通"噪"，大声喧哗。王肃注："雷鼓曰谚。" ⑧ 劫：威胁，威逼。《说文》："劫，人欲去，以力胁止曰劫。" ⑨ 士以兵之：《左传》作"士兵之"，士兵们拿起武器战斗之意。 ⑩ 裔夷之俘，敢以兵乱之：裔夷之俘，指莱人。王肃注："裔，边裔。夷，夷狄。俘，军所获虏也。言此三者何敢以兵乱两君之好也。"莱国在公元前567年为齐所灭。裔，中原之外的边远地区。夷，边远地区的少数民族。裔夷与华夏对称。 ⑪ 偪：通"逼"，威胁，强迫。 ⑫ 愆（qiān）：违背。《说文》："愆，过也。"此处引申为违反、违背。 ⑬ 怍（zuò）：惭愧。 ⑭ 麾（huī）：同"挥"，挥手。本义为古代供指挥用的旌旗。 ⑮ 俳（pái）优侏儒：俳优，演滑稽戏杂耍的艺人。《说文》："俳亦曰优，曰倡。"侏儒，身材异常短小者，此指侏儒中充任优伶、乐师者。 ⑯ 荧侮：荧，迷惑。侮，轻慢。 ⑰ 载书：盟书，会盟时订立的誓约文件，有时又简称为"载"或"书"。 ⑱ 有如此盟：以此盟书为证。有如，古人誓词中常用词。 ⑲ 兹无还：王肃注："鲁大夫也。" ⑳ 梁丘据：齐国大夫。王肃注："梁丘据旧闻齐鲁之故事。" ㉑ 勤执事：辛劳办事的官员。勤，《说文》："勤，劳也。"此为使动用法。执事，官员，有时也代指对方。 ㉒ 牺象：指酒具。王肃注："作牺牛及象于其背为樽。" ㉓ 野合：在旷野演奏音乐。 ㉔ 秕（bǐ）稗（bài）：王肃注："秕，谷之不成者。稗，草之似谷者。"此处用以比喻没有价值的或无用的东西。 ㉕ 果：实现。 ㉖ 寡人：寡德之人。古代天子、诸侯的自谦之词。 ㉗ 鲁之四邑及汶阳之田：王

肃注:“四邑,郓、欢、龟、阴也。洙有汶阳之田,本鲁界。”四库本王注作:“四邑,郓、欢、龟、阴之地也。汶阳之田,本鲁界。”

[通解]

鲁定公与齐景公在夹谷会盟,孔子担当为定公相礼的任务。之前,孔子对定公说:“臣听说有文事时必须要有武备,有武事时也必须要有文备。古时诸侯离开疆土,出行在外,一定配备必要的官员随行,请带上左右司马。”定公听从了孔子的建议。

到了会盟的地方,堆起土坛,有土做的台阶三级。定公与齐景公以诸侯之间的会遇之礼相见,行揖让之礼后登上土坛。相互敬酒以后,齐国指使莱人持兵器喧哗、鼓噪,企图威逼定公。孔子一步一个台阶,迅速地登上土坛,带着定公退回,并说:“士兵们,拿起武器来战斗!我们两国国君在此友好会盟,裔夷之俘竟敢动武捣乱!齐国国君不应该是这样号令诸侯的。边远地区不能图谋中国,夷狄之族不能扰乱华夏,俘虏不能冲犯盟会,军队不能威逼友好,这样做于神灵是不祥的,于德行是违背的,于人是失礼的,齐侯一定不是要这样做吧。”齐景公感到惭愧,挥手让莱人避开。过了一会儿,齐国一方奏起宫廷音乐,俳优、侏儒在坛前表演歌舞杂技等。孔子快步上前,一步一个台阶,站在中间的台阶上说:“平民敢有迷惑、侮辱诸侯的,其罪当斩,请右司马立刻行刑。”于是斩杀了侏儒,手足异处。齐侯有所畏惧,面露惭愧之色。

将要盟誓的时候,齐国人在盟书上写道:“齐国军队出境作战,鲁国不能以三百辆战车随行,有此盟书为证来受惩。”孔子让兹无还在盟书中反击说:“如果齐国不归还我们的汶阳,却要我们满足齐国的要求,也以此盟书为证来受罚。”齐侯将要设宴享之礼款待定公。孔子对齐国大夫梁丘据说:“齐、鲁传统的礼节,先生难道不知道吗?事情已经完成了,而又设宴享之礼,是徒然辛苦你们办事的官员。况且,牺尊、象尊等酒具是不出宫门的,宫廷音乐也是不能在旷野演奏的。如果在此举行宴享之礼并一切齐备,是背弃礼仪;如果举行宴享之礼而又简单从事,就如同使用轻贱的秕稗代替谷物一样不郑重。使用轻贱的秕稗,是侮辱君主,背弃礼仪也会名誉扫地,先生为什么不慎重考虑一下呢!所谓宴享之礼,是为了昭明德行的,不能昭明德行,就不如停止吧。"于是就没有举行宴会。

齐景公回去以后责备群臣说:"鲁国的臣属以君子之道辅佐他们的君主,而你们偏偏以夷狄之道辅助我,以至得罪了鲁国。"于是就归还了以前侵占鲁国的四个城邑和汶阳之地。

［原文］

孔子言于定公曰:"家不藏甲①,邑无百雉之城②,古之制也。今三家③过制,请皆损之。"乃使季氏宰仲由④隳三都⑤。叔孙不得意于季氏⑥,因⑦费宰公山弗扰率费人以袭鲁。孔子以公与季孙、叔孙、孟孙入于季氏之宫,登武子之台。费人攻之,及台侧,孔子命申句须、乐颀勒⑧士众下伐之,费人北,遂隳三都之城⑨。强公室,弱私家,尊君卑臣,政化大行。

初⑩,鲁之贩羊有沈犹氏者,常朝饮其羊以诈市人;有公慎氏者,妻淫不制⑪;有慎溃氏,奢侈逾法;鲁之鬻⑫六畜者,饰之以储⑬价。及孔子之为政也,则沈犹氏不敢朝饮其羊,公慎氏出其妻,慎溃氏越境而徙,三月,则鬻牛马者不储价,卖羊豚者不加饰。男女行者别其涂,道不拾遗,男尚忠信,女尚贞顺。四方客至于邑,不求有司⑭,皆如归焉⑮。

［注释］

① 家不藏甲:卿大夫不能私自拥有武器军队。王肃注:"卿大夫称

家。甲，铠也。"此记载又见于《左传》定公十二年。 ② 百雉之城：王肃注："高丈长丈曰堵，三堵曰雉。"城，都邑四周的城垣，一般分两重，里为城，外为郭。城字单举时，包含城与郭。 ③ 三家：季孙、叔孙、孟孙三家。他们都是春秋初鲁桓公的后裔，又称"三桓"。三大家族在春秋后期发展壮大，长期把持鲁国政权，其中又以季氏势力最大，实际执掌鲁国政权。 ④ 仲由：孔子弟子。字子路，鲁国卞（今山东泗水）人，以勇敢和政事著称，时为季氏家臣，后死于卫国内乱。 ⑤ 隳（huī）三都：毁坏三家的都城。隳，毁。三都，指季孙氏之费、叔孙氏之郈、孟孙氏之成。 ⑥ 叔孙不得意于季氏：叔孙，指叔孙辄，为叔孙氏家族庶子。季氏，据《左传》应为"叔孙氏"。 ⑦ 因：依靠，凭借。 ⑧ 勒：统帅。 ⑨ 遂隳三都之城：据《左传》《史记》，费、郈被毁，而孟孙氏之成却不了了之，与此记载相左。 ⑩ 初：早先，原先。 ⑪ 不制：制止不了。制，裁决，决断。 ⑫ 鬻（yù）：卖，出售。 ⑬ 储价：诳人的价格。亦作"储贾"。储，夸大，欺诳。 ⑭ 不求有司：不求官吏。有司，古代设官分职，各有专司，故称有司。王肃注："有司常供其职，客不求而有司存焉。" ⑮ 皆如归焉：王肃注："言如归家，无所乏也。"

［通解］

孔子对定公说："卿大夫不能私自拥有武器、军队，封邑的城墙不能超过百雉，这是自古以来的制度。现在三家都逾越了制度规定，请您全部给以削减。"于是命令季氏的家臣仲由损毁三家都邑的城墙。此时，叔孙辄在季孙氏（应为叔孙氏）家族中不得志，就依靠费邑的长官公山弗扰发动了叛乱，带领着费人进攻鲁都。孔子带领定公与季孙氏、叔孙氏、孟孙氏进入季氏的宫室，登上武子之台。费人进攻武子之台，到台边时，孔子命令申句须、乐颀率领士兵下台讨伐，费人大败。于是就拆毁了三家都城的城墙，强大了公室，削弱了卿大夫的势力，君尊臣卑，各安其位，良好的政治教化遍及鲁国。

原先，鲁国有个叫沈犹氏的羊贩，常常在早晨给要出卖的羊饮水，以诓骗买羊的人；有个叫公慎氏的人，妻子淫乱却制止不了；有个慎溃氏，生活奢侈又无视法令；鲁国卖六畜的人，也修饰六畜以抬高物价。到孔子当政的时候，沈犹氏早晨不敢再给羊饮水，公慎氏休掉了他淫乱的妻子，慎溃氏迁离了鲁国。过了三个月，卖牛马的不再哄抬物价，卖猪羊的也不再修饰牲畜。男子与女子行路分开而不相碰，行人遗失的物品没有人据为己有，男子崇尚忠信，女子力求贞顺。四方的宾客到了鲁国，也无须向当地政府官员申诉什么，就像是回到了自己家里。

始诛第二

［序说］

本篇由两个故事组成。前者记述有关孔子诛杀少正卯的事情，后者记述有关孔子处理父子争讼的事情。两则故事意义关联，较为系统地反映了孔子的政治教化思想。因前者有“夫子为政而始诛”之语，故以“始诛”名篇。

孔子诛杀少正卯有无其事，学术界存在较大争议。在文献记载中，除《孔子家语》外，较早记录该事的还有《荀子·宥坐》篇，其后，《史记》《淮南子》《说苑》《论衡》等也有与《家语》一致的说法。但是，自南宋开始，此事的真实性开始受到质疑，朱熹认为此事“《论语》所不载，子思、孟子所不言……乃独荀况言之。是必齐、鲁陋儒，愤圣人之失职，故为此说，以夸其权耳”。其后的阎若璩、崔述等也支持这样的观点，因为孔子向来主张以德服人，反对刑杀，如《论语》曰：“季康子问政于孔子，曰：‘如杀无道以就有道，何如？’孔子曰：‘子为政，焉用杀！’”据此，人们认为“此盖申韩之徒言刑名者，诬圣人以自饰，必非孔子之事”。

除了由于所谓“元典不载”而被认为是后人伪造之外，历来学者们对孔子诛杀少正卯存在不少疑问，总括起来，主要是基于两点：第一，孔子诛杀少正卯的理由是“五恶”，而这都属于“意识形态”范畴，并无其他确实罪状；第二，以春秋政治中处置大夫的惯例和孔子执政实听命于季氏的身份，难以专杀大夫。

与上述观点相反，郭克煜先生等所著的《鲁国史》（人民出版社1994年版）认为孔子诛杀少正卯当有其事。因为《春秋》《左传》《论语》《孟子》等书的性质与《孔子家语》等书不同，其撰述体例各有取舍，《论语》等书不载之事未必没有发生；孔子一贯主张“为政以德”，反对“齐之以刑”，乃是与“齐之以礼”相比较而言，孔子并不排斥刑杀，在《左传》的记载中，孔子就是主张“宽猛相济”的；春秋时代擅杀大夫实际上早已司空见惯。此时鲁国内乱，孔子临危受命，以卿位的大司寇身份诛杀少正卯是完全有可能的。

我们认为，孔子诛杀少正卯之事应有所本，确有其事，郭克煜先生等《鲁国史》的说法很有道理。在本篇中，孔子就明确表达了“不教以孝而听其狱，是杀不辜”的教化观念，主张“必教而后刑”，“其有邪民不从化者，然后待之以刑”。实际上，《论语》中也有类似表述，如孔子说“不教而杀谓之虐；不戒视成谓之暴；慢令致期谓之贼”。孔子的一贯主张是“德主刑辅”，正如《家语》的《刑政》篇中所言：“圣人之治化也，必刑政相参焉。太上以德教民，而以礼齐之；其次以政焉导民，以刑禁之，刑不刑也。化之弗变，导之弗从，伤义以败俗，于是乎用刑矣。”孔子的行为与他的思想应该是一致的。

[原文]

孔子为鲁司寇，摄行相事[1]，有喜色。

仲由问曰："由闻君子祸至不惧，福至不喜。今夫子得位而喜，何也？"

孔子曰："然，有是言也。不曰'乐以贵下人'乎？"于是朝政七日而诛乱政大夫少正卯，戮之于两观[2]之下，尸于朝三日。子贡[3]进曰："夫少正卯，鲁之闻人[4]也，今夫子为政而始诛之，或者为失乎？"

孔子曰："居，吾语汝以其故。天下有大恶者五，而窃盗不与[5]焉。一曰心逆而险[6]，二曰行僻而坚[7]，三曰言伪而辩[8]，四曰记丑而博[9]，五曰顺非而泽[10]。此五者，有一于人，则不免君子之诛。而少正卯皆兼有之：其居处足以撮[11]徒成党，其谈说足以饰褒荣众[12]，其强御足以反是独立[13]。此乃人之奸雄者也，不可以不除。夫殷汤诛尹谐[14]、文王诛潘正[15]、周公诛管蔡[16]、太公诛华士[17]、管仲诛付乙[18]、子产诛史何[19]，是此七子皆异世而同诛者，以七子异世而同恶，故不可赦也。《诗》云：'忧心悄悄，愠于群小[20]'，小人成群，斯足忧矣。"

[注释]

① 摄行相事：指担任为国君典礼的工作。摄，代理，兼任。此记载又见于《尹文子・大道下》《荀子・宥坐》《说苑・指武》。 ② 两观：宫门前两边的望楼。王肃注："两观，阙名。" ③ 子贡：孔子弟子。卫国人，姓端木，名赐，字子贡，又作"子赣"，以言语见长，机智多谋，外交才能突出，并极富经商才能，孔子周游列国时出资相助。孔子去世后，弟子们守墓三年，而子贡结庐守墓六年。 ④ 闻人：为人所知的人。闻，闻名，出名。 ⑤ 窃盗不与：窃盗不在其中。与，参与，在其中。 ⑥ 心逆而险：思想悖逆而险恶。 ⑦ 行僻而坚：行为邪僻而坚

定。 ⑧ 言伪而辩：言论错误而雄辩。 ⑨ 记丑而博：记述非义的事物并十分广博。王肃注："丑谓非义。" ⑩ 顺非而泽：纵容过失而为之文饰。顺，遂也。泽，文过。 ⑪ 撮（cuō）：聚合，聚拢。王肃注："撮，聚。" ⑫ 饰衺荣众：衺，原作"褒"，据《荀子·宥坐》应为"饰邪荣众"，今从四库本作"衺"。衺，同"邪"。与《荀子》合。荣，通"荧"，迷惑。四库本、备要本作"荧""莹"。 ⑬ 反是独立：违反原则而按照自己的意志行事。 ⑭ 殷汤诛尹谐：殷汤即商朝开国君主商汤。诛尹谐事不详。 ⑮ 文王诛潘正：文王即周文王，周武王的父亲，以贤明著称，为西方诸侯之长，称西伯，生前奠定了周武王灭商的基础。诛潘正事不详。 ⑯ 周公诛管蔡：周公即周公旦，姬姓，名旦，周文王的第三子，周朝创立者周武王的弟弟，西周著名政治家、军事家，在辅助周武王灭商的战争中功勋卓著。武王死后文王庶子管叔、蔡叔联合商纣子武庚叛乱，被周公击败，管叔、武庚被杀，蔡叔被流放，周公完成了辅助成王平叛定国的大业。相传今《周礼》为周公所作。 ⑰ 太公诛华士：太公，姓姜，名尚，俗称姜太公、姜子牙，因封地又叫吕尚，在助周武王灭商战争中居功至伟，始封齐国。诛华士事不详。王肃注："士之为人虚伪，亦（四库本作'以'，当从）聚党也。而韩非谓华士耕而后食，凿井而饮，信其如此，而太公诛之，岂所以谓太公者哉？" ⑱ 管仲诛付乙：管仲，名夷吾，春秋初期齐国人，辅佐齐桓公励精图治、变法图强，成为春秋的第一个霸主。诛付乙事不详。 ⑲ 子产诛史何：子产，姓公孙，名侨，春秋时期著名的政治家，曾长期执政郑国，略长于孔子。诛史何，《荀子》作"诛邓析、史付"，但是《左传》定公九年载驷歂杀邓析。邓析是当时著名的刑名学家。史何及史付事不详。 ⑳ 忧心悄悄，愠于群小：忧虑重重难除掉，成群小人太可恼！语出《诗·邶风·柏舟》。

［通解］

孔子当了鲁国的大司寇，还兼任了为国君相礼的职务，脸上常有喜悦之色。

仲由问孔子："仲由听说君子祸患到了不害怕，福禄来了不欢喜。现在您因为得到了高官厚禄而显得非常愉悦,这是为什么呢?”

孔子说:“是的,有这样的说法,但不是还有‘身处高位以谦虚对待下人为乐’的说法吗?”于是当政七天便诛杀了扰乱政务的大夫少正卯,在宫门前行刑,并陈尸朝廷三天。子贡向孔子进言说:“少正卯在鲁国也是知名的人物,现在您刚开始当政就先杀了他,或许是不恰当的吧?”

孔子说:“坐下来,我告诉你为什么要杀掉他。天下大逆不道的恶行有五种,而盗窃并不在其中:一是思想悖逆而险恶,二是行为邪僻而坚定,三是言论错误而雄辩,四是记述非义的事物并十分广博,五是纵容过失而又为之文饰。一个人只要具有这五种思想行为的一种,就免不了君子的惩罚,而少正卯兼而有之:其活动的地方足以聚徒成群,结党营私;其言谈话语足以粉饰邪恶,迷惑众人;其桀骜不驯足以自成一派,叛乱朝廷。他是人中的奸雄啊,不可以不除掉。当初殷汤诛杀尹谐,文王诛杀潘正,周公诛杀管叔、蔡叔,太公诛杀华士,管仲诛杀付乙,子产诛杀史何,这七人处在不同的时代却同样被诛杀,是因为他们虽处在不同的时代,罪恶却是相同的,因此都是不可以赦免的。《诗》中说:‘忧虑重重难除掉,成群小人太可恼!’小人成群,这太令人担忧了!”

［原文］

孔子为鲁大司寇,有父子讼者,夫子同狴[1]执之,三月不别[2]。其父请止,夫子赦之焉。季孙闻之不悦,曰:“司寇欺余。曩[3]告余曰:‘国家必先以孝。’余今戮一不孝以教民孝,不亦可乎?而又赦,何哉?”冉有[4]以告孔子。

子喟然叹曰:“呜呼!上失其道而杀其下,非理也。不教以孝而听其狱，是杀不辜。三军大败，不可斩也；狱犴⑤不治，不可刑也。何者？上教之不行，罪不在民故也。夫慢令谨诛⑥，贼⑦也；征敛无时，暴也；不试责成，虐也⑧。政无此三者，然后刑可即也。《书》云：‘义刑义杀，勿庸以即汝心，惟曰未有慎事⑨。’言必教而后刑也。既陈道德，以先服之⑩；而犹不可，尚贤以劝之；又不可，即废之；又不可，而后以威惮之。若是三年，而百姓正矣。其有邪民不从化者，然后待之以刑，则民咸知罪矣。《诗》云：‘天子是毗，俾民不迷⑪。’是以威厉而不试，刑错⑫而不用。今世则不然，乱其教，繁其刑，使民迷惑而陷⑬焉，又从而制之，故刑弥繁，而盗不胜也。夫三尺之限⑭，空车不能登者，何哉？峻故也。百仞之山，重载陟焉⑮，何哉？陵迟⑯故也。今世俗之陵迟久矣，虽有刑法，民能勿逾乎？”

［注释］　① 狴（bì）：牢狱。本为兽名，因常画狴于狱门上，故用作牢狱的代称。此记载又见于《荀子・宥坐》、《韩诗外传》卷三、《说苑・政理》。　② 别：审理。　③ 曩：以往，从前，过去。　④ 冉有：孔子弟子。即冉求，字子有。鲁国人，长于政事，时为季氏家臣。　⑤ 狱犴（àn）：古代乡亭的牢狱，引申为狱讼之事，亦作“犴狱”或“岸狱”。
⑥ 慢令谨诛：法令松弛，却处罚严厉。慢，《说文》：“慢，惰也。”这里是松弛之意。谨，严格，严谨，这里是严厉之意。诛，四库本讹为“昧”。
⑦ 贼：残害，伤害。《荀子・修身》：“害良为贼。”　⑧ 不试责成，虐也：试，盖为“诫”字之讹。《论语・尧曰》：“不戒视成谓之暴。”《群书治要》引《家语》正作“诫”。　⑨ 义刑义杀，勿庸以即汝心，惟曰未有慎事：王肃注：“庸，用也。即，就也。刑杀（杀，原作‘教’，据四库本改）皆当以义，勿用以就汝心之所安。当谨之（之，四库本无），自谓未有顺事，且陈道德以服之，以无刑杀而后为顺，是先教而后刑也。”语出《书・康

诰》,文字略有出入。 ⑩ 既陈道德,以先服之:先以道德教化的方法推行民间,自己首先身体力行。 ⑪ 天子是毗(pí),俾(bǐ)民不迷:王肃注:“毗,辅也。俾,使也。言师尹当毗辅天子,使民不迷。”语出《诗·小雅·节南山》。 ⑫ 错:同“措”,设置。 ⑬ 陷:本义为坠入、掉进。这里是指因违反法令而陷入牢狱。 ⑭ 限:阻隔或门槛。《荀子·宥坐》作“岸”。 ⑮ 重载陟焉:重载,古代称装满辎重等货物,也指装满货物的车。陟,由低处向高处走,攀登。 ⑯ 陵迟:王肃注:“陵迟,犹陂池也。”指斜坡和缓,逐步上升。下一“陵迟”,比喻事物逐渐发生变化,尤其向坏的或差的方向逐渐发展。

[通解]

孔子担任鲁国的大司寇时,有父子二人前来诉讼,孔子把他们关在一个牢房里,三个月不予审理。其中的父亲请求中止诉讼,孔子允许了,放了他们。季孙氏听说了这件事很不高兴,说:“司寇欺骗我。从前他告诉我说:‘治理国家、管理家族,必须先提倡孝道。’我今天杀掉一个不孝的人来教导民众严守孝道,不也是可以的吗?司寇却又把他赦免了,为什么呢?”冉有把季氏的话告诉了孔子。

孔子感叹地说:“唉!处在执政高位的人不行治国大道,却要杀掉有过失的老百姓,是不合理的。不能教育民众遵行孝道却审理他们违反孝道的案子,是屠杀无辜的人。三军大败,是不能斩杀将士的;狱讼之事管理不善,不能轻易动用刑罚。为什么呢?在上位的人推行教化不力,罪责不在老百姓的缘故呀。法令松弛,却处罚严厉,这是残害百姓;随意征收赋役,这是残暴百姓;不经申诫便责令成功,这是虐暴百姓。政治上没有这三种情况,才可以施行刑罚。《书》中说:‘刑罚要以义为本,不可随心所欲,总是有不合自己心意的事情的。’说的就是教化为先,刑罚为后。先以道德教化的方法推行于民间,自己首先要身体力行以使百姓信服;如果这样还不行,再以尊崇贤人的方法勉励百姓;如果这样还不行,就废黜无能之辈;如果还是不行,才可以用教令的威势使百姓忌惮。如此进行三年,百姓就步入正途了。如有奸邪之徒不听从教化,再以刑罚对待这种人,那么,百姓就都知道什么是犯罪行为了。《诗》中说:‘尽力辅佐天子,百姓心里不迷。’因此,无须威势惮压,也无须刑罚施加。当今之世不是这样,教化淆乱,刑罚繁多,只能使百姓更加迷惑而触犯刑罚,如此再加以遏止,所以就出现了刑罚越多越禁止不了犯罪的情况。三尺的高度,空载的车子不能越过,为什么呢?这是陡峭的缘故。百仞高的山岭,重载的车子可以翻越,为什么呢?这是由于山岭倾斜延缓。今天的社会风气败坏已久,即使有刑法的存在,百姓又怎能不违反呢?”

王言解第三

［序说］

王道政治是孔子心目中的理想政治,本篇通过孔子与弟子曾子的对话,记述了孔子的王道言论。篇中有孔子所说“吾以王言之”,又有曾子所问“何谓王之言”,故以“王言”名篇。所谓“王言”,即关于王道的言论。

本篇是有关孔子政治理想的重要文献。在论述中,孔子“祖述尧舜,宪章文武”,他借助前代帝王事迹,描绘了自己心目中的理想政治面貌,并将前代王者之道提炼为“内修七教,外行三至”。孔子认为:“凡上者,民之表也,表正则何物不正?”要求君主首先应该修身立己,以德治国,实现统治者的美德与适宜政治措施的结合，君主做到了“爱人”“知贤”“官能”，就可以达到“内修七教而上不劳，外行三至而财不费”的客观效果，这种“不劳不费”的“明王”之道，是早期儒家“无为而治”政治理想的具体化。“无为而治”是我国上古社会一种由来已久的理想政治模式，儒家继承并继续阐发了“无为而治”的思想。如《论语·卫灵公》记孔子说：“无为而治者其舜也与？夫何为哉？恭己正南面而已。”只是，到了汉初，经学化的儒学与当时流行的黄老思想形成对立，儒家逐渐放弃了王道思想中的无为概念，“无为而治”竟被后人认为是道家的标志性概念。

该篇又见于《大戴礼记》，《大戴礼记》作《主言》。“王言”“主言”一字之差，引起后人的争论。清朝前期的王聘珍长期研习《大戴礼记》，作《大戴礼记解诂》十三卷，《目录》一卷。他以《大戴礼记》为尊，反对依据他书如《孔子家语》等增删《大戴礼记》的字句。对古籍本文随意“增删改易”的做法自不可取，但他认为该篇本为“主言”，《孔子家语》由王肃“私定”，而改作“王言”。所以他反对依据《家语》而改称“王言”，认为这种做法是“俗儒”之为。清末，孙诒让作《大戴礼记斠补》，认为《大戴礼记》作“主言”应当改正。

其实，将两篇对读，很容易看出《大戴礼记》的改编痕迹。在《大戴礼记》中，《家语》中作“王”的字几乎都被改为“主”，但篇中有“朝觐于王”，一个“王”字透露两篇的关联。孔子忠君尊王，倡导王道思想，《家语》该篇谈论“不出户牖而化天下”的“王”，是本来应该作“王”，而非“主”。在先秦儒家那里，王、霸相对，篇中所言“明王之道”就是通常所说的“王道”。戴德处西汉后期，而整个西汉的前期，中央与藩王的关系一直是政治的主线，一会儿封王置藩，一会儿又削藩平乱。开始，异姓诸王曾经拥兵自重，专制一方；后来，刘邦所封的同姓王也自为法令，僭越礼制，不仅对朝廷态度傲慢，甚至公开举兵叛乱。到汉武帝时期,他依然不得不将一部分精力倾注到打击地方割据势力,解决诸侯王的问题上面。戴德改“王”为“主”,很可能与之有关。

当初,孔子弟子撰集《孔子家语》,根据自己的记录而“叙述首尾”,从中可以看出孔门师徒往复问对时的一些具体情景。戴圣重编后,删除了此类记载,而将重点放在了表述孔子思想的内容方面。对于这些,戴圣也作了进一步的润色和加工。与《家语》相比,《大戴礼记》该篇的不同主要是整齐句子、修饰语词,排斥《家语》往往造成不应有的错误。如《家语·王言解》谈论“上下相亲”,曰:“上之亲下也,如手足之于腹心;下之亲上也,如幼子之于慈母矣。”而《大戴礼记·主言》却变成“上之亲下也如腹心,则下之亲上也如保子之见慈母也”。《家语》两个分句本为并列的关系,改编后成了因果关系。在这里,《大戴礼记》的“保子”就是《家语》的“幼子”,这里的“保”与“葆”“褓”通,“保子”的意思为“襁褓之子”。有意思的是,王聘珍排斥《家语》,解“保”曰“养也”,失离了本义。经过此类的改编、解诂,只会离开“夫子本旨”越来越远。

在《大戴礼记解诂·目录》中,王聘珍云:“王肃私定《孔子家语》,盗窃此(《主言》)篇,改作《王言》,俗儒反据肃书,改窜本经。”对读两篇本文,不难发现,正是王氏本人主仆颠倒,婢作夫人,诚可谓孔衍所说“灭其原而存其末”。

[原文]

孔子闲居①,曾参②侍。

孔子曰:“参乎!今之君子③,唯士与大夫之言可闻也。至于君子之言者,希也。於乎!吾以王言之,其不出户牖④而化⑤天下。”

曾子起,下席而对曰:“敢问何谓王之言?”

孔子不应。曾子曰:“侍夫子之闲也,难对,是以敢问。”

孔子又不应。曾子肃然而惧,抠衣⑥而退,负席⑦而立。

有顷,孔子叹息,顾谓曾子曰:“参,汝可语明王之道与?”

曾子曰:“非敢以为足也,请因所闻而学焉。”

子曰:“居,吾语汝。夫道者,所以明德也;德者,所以尊道也。是以非德道不尊,非道德不明。虽有国之良马,不以其道服⑧乘之,不可以⑨道里。虽有博地众民,不以其道治之,不可以致霸王。是故昔者明王内修七教,外行三至。七教修然后可以守,三至行然后可以征。明王之道,其守也,则必折冲⑩千里之外;其征也⑪,则必还师衽席⑫之上。故曰内修七教而上不劳,外行三至而财不费。此之谓明王之道也。”

曾子曰:“不劳不费之谓明王,可得闻乎?”

孔子曰:“昔者帝舜,左禹而右皋陶⑬,不下席而天下治。夫如此,何上之劳乎?政之不平,君之患也;令之不行,臣之罪也。若乃十一而税,用民之力,岁不过三日,入山泽以其时而无征,关讥市鄽皆不收赋⑭,此则生财之路,而明王节之,何财之费乎?”

曾子曰:“敢问何谓七教?”

孔子曰:“上敬老则下益孝,上尊齿⑮则下益悌,上乐施则下益宽,上亲贤则下择友,上好德则下不隐,上恶贪则下耻争,上廉让则下耻节,此之谓七教。七教者,治民之本也。政教定,则本正也。凡上者,民之表⑯也,表正则何物不正?是故人君先立仁于己,然后大夫忠而士信,民敦俗璞⑰,男悫⑱而女贞,六者,教之致也!布诸天下四方而不窕⑲,纳诸寻常⑳之室而不塞,等之以礼,立之以义,行之以顺,则民之弃恶,如汤之灌雪焉。"

[注释] ① 孔子闲居:孔子,原作"曾子",据四库本、备要本改。闲居,闲暇之时。《三礼目录》:"退避曰闲居。"指赋闲在家。 ② 曾参:孔子弟子,鲁国人,字子舆,以孝行著称。 ③ 今之君子:指从政、在上位者。此四字含贬义,习见于古籍。 ④ 户牖(yǒu):门和窗户。户,单扇门。牖,窗户。《老子》:"不窥牖,见天道。" ⑤ 化:教化。《说文》:"化,教行也。" ⑥ 抠衣:提起衣服的前襟,表示对人的尊敬。抠,抓,提。 ⑦ 席:盖为"序"之误。《大戴礼记·主言》及姜兆锡《家语正义》作"序"。序,指堂的东南墙。 ⑧ 服:使用。 ⑨ 以:四库本此字后有"取"字。 ⑩ 折冲:克敌制胜。冲,挫退敌方的冲锋战车。

⑪ 也:原脱,据四库本等补。 ⑫ 还师衽席:指平安还师。衽席,卧具。 ⑬ 皋(gāo)陶(yáo):舜的大臣。 ⑭ 关讥市廛(chán)皆不收赋:王肃注:"讥,呵也。讥异服,识异言,及市廛皆不赋税,古之法也。"讥,呵察,稽查,盘问。廛,市场中供商人存放货物的房舍。 ⑮ 齿:指人的年龄。尊齿,以年龄序列排列尊卑先后。 ⑯ 表:标准。 ⑰ 璞(pú):未雕琢过的玉石,或指包藏着玉的石头,比喻人的天真状态。四库本、备要本作"朴"。 ⑱ 悫(què):恭谨,厚道,朴实。 ⑲ 窕(tiǎo):间隙,未充满。原作"怨",据同文本、陈本及《大戴礼记》改。 ⑳ 寻常:古代的长度单位。寻,八尺。常,一丈六尺。《小尔雅·广度》:"寻,舒两肱也,倍寻谓之常。"

[通解] 孔子闲居在家,曾参陪侍。

孔子说:"曾参!现在的国君只可以听到士与大夫的一般

言论,至于治国安天下的君子之言,听到的就很少了。唉!我用王道言论相告,会使在上位的人足不出户而化行天下。”

曾子站起来,离开坐席,回答孔子说:“冒昧地问一句,什么是王道言论?”

孔子不回答。曾子说:“现在正赶上您在家闲居,我对此难以理解,所以才冒昧地问您。”

孔子还是不回答。曾子十分惶恐,提起衣襟向后退,背对座位站立。

一会儿,孔子长叹一声,回头对曾子说:“曾参,可以同你谈论圣王之道的问题吗?”

曾子说:“我不敢以为自己有能力同您谈论这个问题,还是让我根据您所讲的来学习吧。”

孔子说:“坐下来,我告诉你。道义是用来彰明德行的,德行是用来尊崇道义的。所以,没有德行,道义就得不到尊崇;没有道义,德行就得不到彰明。即使有全国最好的马匹,如果不以正确的方法驾驭,一定是寸步难行。即使国土广阔,人口众多,如果不以正确的统治方法治理,也难以实现王霸之业。因此,过去的圣明君主对内修行七教,对外实行三至。七教的工作做好了,可以守卫国家;三至的目标实现了,可以对外征讨。圣明君主的治国之道,如果用以守卫国家,那一定能却敌于千里之外;如果用以对外征讨,那也一定可以平安还师。因此可以说,对内能够推行七教,君主就不会劳顿;对外能够实行三至,国家也不会耗费财富。这就是圣明君主的治国之道。”

曾子说:“君主不劳顿、国家也不耗费财富而叫做圣明君主的治国之道,您能告诉我其中的道理吗?”

孔子说:“过去,舜帝有禹和皋陶辅佐,不出屋门而天下大治,这样君主有什么劳顿呢?政事得不到治理,是君主的忧患；教令得不到贯彻，是臣子的罪过。如果采取赋税收取十分之一，用民力役一年不超过三天，按季节让百姓进入山川渔猎而不征税，关卡、市场只是检查而不收取赋税的方法，这些都是国家扩大财源的途径，圣明君主节制使用，财富怎么会耗费不支呢？”

曾子说：“请问什么是‘七教’呢？”

孔子说：“在上位的人尊敬老人，那么百姓会更加孝顺父母；在上位的人以年龄序列排列尊卑先后，百姓对年长于自己的人也会更加恭敬；在上位的人乐善好施，百姓也会更加仁慈宽厚；在上位的人亲近贤人，百姓也会选择品行端正的朋友；在上位的人推崇德行，百姓就不会隐居不仕；在上位的人憎恶贪婪，百姓就会以争夺为耻；在上位的人清廉礼让，百姓也会以不讲礼节为耻，这就是七种教化。这七种教化，是治理民众的根本啊。如果确定了这种政治教化的基本原则，那么治理国家的根本就端正了。因为在上位的人是百姓的标准啊，标准端正，什么事物不能端正呢？所以，君主首先要身体力行，施行仁道，如此大夫忠诚而士讲信义，百姓忠厚，风俗淳朴，男子讲求忠诚而女子力求贞顺。实现了这六个方面就达到教化的最高境界了！可以推广到天下四方，无所不至；可以遍及于百姓之家，无所阻塞，以礼制来区别它的贯彻实施，以信义作为它的实行基础，以和顺作为它的推行方式，那么，百姓摒弃恶行就如同热水浇灌积雪使之溶化一样容易了。”

［原文］

曾子曰：“道则至矣，弟子不足以明之。”

孔子曰：“参以为姑[①]止乎？又有焉。昔者明王之治民也有法[②]，必裂地以封之，分属以理之，然后贤民无所隐，暴民无所伏。使有司日省而时考之，进用贤良，退贬不肖[3]，然则贤者悦而不肖者惧。哀鳏寡[4]，养孤独[5]，恤贫穷，诱[6]孝悌，选才能。此七者修，则四海之内无刑民矣。上之亲下也，如手足之于腹心[7]；下之亲上也，如幼子之于慈母矣。上下相亲如此，故令则从，施则行，民怀其德，近者悦服[8]，远者来附[9]，政之致也。夫布[10]指知寸，布手知尺，舒肘知寻，斯不远之则也。周制三百步为里，千步而[11]井，三井而埒[12]，埒三而矩，五十里而都，封百里而有国，乃为稸积资聚[13]焉，恤行者之有亡[14]。是以蛮夷诸夏，虽衣冠不同，言语不合，莫不来宾[15]。故曰'无市而民不乏，无刑而民不乱'。田猎罩弋[16]，非以盈宫室也；征敛百姓，非以盈府库也。惨怛[17]以补不足，礼节以损有余，多信而寡貌[18]，其礼可守，其言可覆[19]，其迹可履。如饥而食[20]，如渴而饮，民之信之，如寒暑之必验。故视远若迩，非道迩也，见明德也。是故兵革不动而威，用利不施而亲，万民怀其惠。此之谓明王之守，折冲千里之外者也。"

曾子曰："敢问何谓三至？"

孔子曰："至礼不让而天下治，至赏不费而天下士悦，至乐无声而天下民和。明王笃行三至，故天下之君可得而知，天下之士可得而臣，天下之民可得而用。"

曾子曰："敢问此义何谓？"

孔子曰："古者明王必尽知天下良士之名，既知其名，又知其实，又知其数及其所在焉。然后因天下之爵以尊之，此之谓至礼不让而天下治。因天下之禄以富天下之士，此之谓至赏不费而天下之士悦。如此则天下之名誉[21]兴焉，此之谓至乐无声而天下之民和。故曰：'所谓天下之至仁者，能合天下之至亲也；所谓天下之至明者，能举天下之至贤者也。'此三者咸通，然后可以征。是故仁者莫大乎爱人，智者莫大乎知贤，贤政者莫大乎官能[22]。有土之君修此三者，则四海之内供命而已矣。夫明王之所征，必道之所废者也。是故诛其君而改其政，吊[23]其民而不夺其财。故明王之政，犹时雨之降，降至则民悦矣。是故行施弥博，得亲弥众。此之谓还师衽席之上[24]。"

［注释］

① 姑：姑且，暂且。这里是仅此之意。　② 有法："有"字据《大戴礼记·主言》及《群书治要》补。　③ 不肖：才智低劣的人或品行不端的人。　④ 鳏（guān）寡：老而无妻和无夫的孤苦之人。《孟子·梁惠王下》："老而无妻曰鳏，老而无夫曰寡。"　⑤ 孤独：无子和无父的孤苦之人。《孟子·梁惠王下》："老而无子曰独，幼而无父曰孤。"　⑥ 诱：教导，引导，劝导。《广韵》："诱，引也。"　⑦ 腹心：四库本此后有"矣"字。　⑧ 悦服：心悦诚服。悦，高兴，愉快。　⑨ 远者来附：边远的民众主动归附。　⑩ 布：铺开，散开，分布。　⑪ 而：原作"为"，据四库本、备要本改。　⑫ 埒（liè）：本义为矮墙，场地四周的土围墙，这里指地域单位。王肃注："此说里数，不可以言井，井自方里之名，疑此误。"　⑬ 稸积资聚：稸，同"蓄"，积蓄。原作"福"，据备要本、陈本改。聚，原作"求"，四库本讹为"裘"，据备要本、陈本改。

⑭ 行者之有亡：行者，出行在外的人。有亡，财富的多寡。之，原脱，据四库本补。　⑮ 莫不来宾：没有不来归顺服从的。宾，服从，归服。

⑯ 田猎罩弋：罩，捕鱼的竹笼。弋，系有绳子的箭，用来射鸟。王肃注："罩，掩网。弋，缴射。"　⑰ 憯怛（dá）：悲痛，伤痛。憯，四库本作

"懆"。 ⑱ 貌:人为的外貌,指与内心不符的外表掩饰。 ⑲ 覆:贯彻,履行。四库本作"复"。 ⑳ 如饥而食:四库本无。 ㉑ 名誉:此前原有"民"字,四库本有"明"字,据陈本及文意,删。 ㉒ 贤政者莫大乎官能:贤,疑为衍字。官能,以有能之士为官。官,任官。 ㉓ 吊:抚慰,慰恤。 ㉔ 还师衽席之上:王肃注:"言安然而无忧。"

[通解]

曾子说:"王道政治真是出神入化了,只是弟子还不是十分明白。"

孔子说:"曾参,你以为仅此而已吗? 还有其他方面呢。过去的圣明君主治理人民,还按照礼制划分不同的封地,委派官吏治理他们,因此,贤德的人无所退隐,凶悍的人无所隐藏。经常视察、考察地方官吏的所作所为,进用贤德俊才,废黜无德庸才,这样贤德的人愉悦而无德的小人畏惧。哀怜无依无靠的鳏寡之人,抚养无父和无子的孤苦之人,救济贫穷无助的人,引导百姓孝亲尊长,选拔才能之士。如果一个国家这七个方面的工作做好了,就不会有触犯法令的百姓了。这样,在上位的人亲近百姓,如同手足对于腹心一样;百姓亲近在上位的人,也如同幼子对于慈母一样。上下如此相亲,政令就得到遵从,措施也得以通行,百姓怀念着上面的德行,近处的人们心悦诚服,远方的人们也慕名归附,这是政治的最高境界了。伸出手指知道一寸的长度,伸开手掌知道一尺的长度,舒展胳臂知道一寻的长度,这都是身边的法则。按照周朝制度,以三百步为里,一千步为井,三井为埒,三埒为矩,方圆五十里可以建立都邑,方圆一百里可以建立国家,以此积聚物资、财富,体恤出行在外的人的贫富之别。因此,无论是蛮夷之邦还是中原诸国,即使是衣冠不同,言语不合,也没有不来归附朝拜的。所以才有'没有市场,百姓却不会匮乏;没有刑罚,百姓也不混乱'的说法。捕鱼打猎不是为了充盈宫室,征收赋税不是为了充实库府。以伤痛之心对待百姓的物质匮乏,以礼节制度防止公私的奢侈糜烂,对百姓多一些诚信,少一些表面形式,这样,制订的礼制就能遵守,说出的话就能履行,做过的事也可以效法遵循。如同饥饿了要吃饭,口渴了要喝水一样,百姓信任在上位的人,如同寒暑季节一定能得到检验一样必然。因此,君主虽然不在百姓身边,但是百姓时时感觉到君主的存在,这不是百姓空间上与国君靠近,而是因为百姓领略到了国君的教化,感受到了君主的圣明德行。所以,圣明君主兵戈不动而威风凛凛,奖赏不用而百姓亲附,天下的百姓感念着君主的仁德与恩惠。这就是所谓的圣明君主的职守,是能却敌于千里之外。"

曾子问:"请问什么是'三至'呢?"

孔子说:"最高境界的礼制无须讲求谦让而天下治理得井井有条;最高层次的奖赏用不着耗费而天下的士人喜悦;最美妙的音乐此处无声胜有声,能够实现天下百姓的和睦相处。圣明君主力行'三至',那么,作为君主就会天下闻名,天下的仁人志士就会称臣服从,天下的百姓就会为己所用。"

曾子说:"请问其中的道理是什么呢?"

孔子说:"古代的圣明君主必定要知道天下贤德士人的名字,不但要知道他们的名字,还要知道他们的实际才能、行为方式以及他们的所在地区。然后利用天下的爵位尊崇他们,这叫做最高境界的礼制无须讲求谦让而天下治理得井井有条。凭借天下的各种俸禄使贤德士人生活富足,这就是最高层次的奖赏用不着耗费而使天下的士人喜悦。这样,天下的人必然尽力追求名誉和声望,这就是此处无声胜有声的最美妙音乐,能够实现天下百姓的和睦相处。所以说:'天下最仁德的人一定能团结天下最亲近的人,天下最贤明的人一定能举荐天下最有才能的人。'这三种最高的境界达到了,君主就可以对外征讨了。因此,对君主来说,仁德最重要的方面在于爱护百姓,智慧最重要的方面在于了解贤才,而为政最重要的方面在于任用贤才。如果拥有国土的君主做到了这三点,那么天下四方的人都会拥戴他而甘愿听从差遣。这是因为,圣明君主所征伐的对象,一定是废弃道义、礼法荒废的国家,所以才诛杀它的国君,改变它的混乱政治,抚慰它的百姓而不掠夺他们的财物。因此,圣明君主的贤明政治,如同天降时雨,落下来百姓就高兴。因此,德政教化施行越广泛,越能得到更多的百姓亲附。这就是所谓的出征的军队平安还师。”

大婚解第四

[序说]

“大婚”是指天子、诸侯的婚姻事宜,乃是相对于平民百姓的普通婚姻而言的。本篇记孔子与鲁哀公的对话,以“大婚”问题为核心,故以名篇。

在春秋宗法社会中,天子、诸侯等贵族的婚姻不仅是氏族的内部事务,也是国家政治生活中的重要事件。孔子与哀公的谈话中着力阐述了“大婚”对国家政治生活的重大影响。从论述的逻辑上看,孔子由人道逐步深入而论及大婚:人道—政—爱人—礼—敬—大婚。从这里不难看出,孔子思考问题的终点仍然是如何治理社会、管理民众。

在继承和发扬传统宗法观念的基础上,孔子从人道应该合于天道的高度出发,全面论述了诸侯婚姻的重要意义。他首先指出:“天地不合,万物不生。大婚,万世之嗣也。”认为诸侯的婚配既是合于天道的人道行为，也是国家政治延续的根本所在，并最后得出“仁人之事亲也如事天，事天如事亲”的天人合一的论断，使人间的伦理法则与天道自然达到和谐统一，为宗法伦理政治建立了坚实的形上基础。事实上，孔子这里强调指出诸侯婚姻的天道根源，正是出自孔子本人对人间政治伦理的高度重视。孔子的此类论述，不过是为了明确“政者，正也。君为正，则百姓从而正”的主题，其落脚点还是在于君主品德的培养，体现了孔子对君主人格品质的一贯要求。

本篇也见于《礼记·哀公问》《大戴礼记·哀公问于孔子》，可参阅。

［原文］

孔子侍坐于哀公①。公问曰：“敢问人道②孰为大？”

孔子愀然作色③而对曰：“君及此言也，百姓之惠也，固臣敢无辞而对④。人道政为大。夫政者，正也。君为正，则百姓从而正矣。君之所为，百姓之所从。君不为正，百姓何所从乎？”

公曰：“敢问为政如之何？”

孔子对曰：“夫妇别，男女亲⑤，君臣信。三者正，则庶物⑥从之。”

公曰：“寡人虽无能也，愿知所以行三者之道。可得闻乎？”

孔子对曰：“古之政，爱人为大。所以治爱人，礼为大。所以治礼，敬为大。敬之至矣，大婚为大。大婚至矣。大婚既至，冕而亲迎⑦。亲迎者，敬之也。是故君子兴敬为亲，舍敬则是遗亲也。弗亲弗敬，弗尊也。爱与敬，其政之本与！”

公曰："寡人愿有言也，然冕而亲迎，不已重乎？"

孔子愀然作色而对曰："合二姓之好，以继先圣之后，以为天下宗庙社稷之主。君何谓已重焉⑧？"

公曰："寡人实固⑨，不固安得闻此言乎！寡人欲问，不能为辞，请少进⑩。"

孔子曰："天地不合，万物不生。大婚，万世之嗣⑪也。君何谓已重焉？"孔子遂言曰："内以治宗庙之礼，足以配天地之神⑫；出以治直言之礼，以立上下之敬⑬。物耻则足以振之⑭，国耻足以兴之⑮。故为政先乎礼，礼，其政之本与！"孔子遂言曰："昔三代明王⑯，必敬妻子也，盖有道焉。妻也者，亲之主也；子也者，亲之后也，敢不敬与？是故君子无不敬。敬也者，敬身为大。身也者，亲之支⑰也，敢不敬与？不敬其身，是伤其亲；伤其亲⑱，是伤本也；伤其本，则支从之而亡。三者，百姓之象⑲也。身以及身，子以及子，妃以及妃⑳。君以修此三者，则大化忾乎天下㉑矣。昔太王之道㉒也如此，国家顺矣。"

［注释］ ① 公：鲁哀公，因为曾经外逃于越国，也称出公。名蒋，又作将，定公之子，在位 27 年（前 494—前 468 年）。 ② 人道：人间之道。古代常以人道与天道对应，认为人道应合于天道。 ③ 愀（qiǎo）然作色：愀然，神色变得严肃或不愉快。作色，改变脸色。 ④ 固臣敢无辞而对：固，犹"故"，因此。无辞，不予推辞。 ⑤ 男女亲：据《礼记》《大戴礼记》，应为"父子亲"。 ⑥ 庶物：其他众多的事物。庶，众多。 ⑦ 大婚既至，冕而亲迎：帝王的婚姻最为重要，因此要戴着礼帽亲自迎接。冕，古代帝王、诸侯及卿大夫所戴的礼帽。丛刊本无"大婚既至"四字，据陈本等补。四库本无"亲迎"二字。 ⑧ 天下宗庙

社稷之主。君何谓已重焉：王肃注："鲁，周公之后，得郊天，故言以为天下之主也。"其实，虽然有鲁国以周公之后得享郊天之礼的说法，但历代鲁公未必敢以天下之主自居。焉，及下文"焉"，四库本、同文本皆作"乎"。 ⑨ 固：没有见识。王肃注："鄙、陋。" ⑩ 少进：慢慢地作进一步的阐述。少，同"稍"，逐渐。 ⑪ 万世之嗣：意谓婚姻是延续后世的重大事情。 ⑫ 内以治宗庙之礼，足以配天地之神：王肃注："言宗庙，天地神之次。" ⑬ 出以治直言之礼，以立上下之敬：王肃注："夫妇正则始（始，四库本作'固'）可以治正，言礼矣；身正然可以正人者也。"四库本"以"前有"足"字。 ⑭ 物耻则足以振之：王肃注："耻事不知礼，足以振救之。" ⑮ 国耻足以兴之：王肃注："耻国不知，足以兴起者也。"同文本"足"前有"则"字。 ⑯ 三代明王：指夏、商、周三代的圣明君主。 ⑰ 支：支系，支脉。四库本作"枝"。 ⑱ 伤其亲：四库本、同文本无此三字。 ⑲ 百姓之象：王肃注："言百姓之所法而行。"象，取法，效法。 ⑳ 妃：泛指妻子。《说文》："妃，匹也。" ㉑ 大化忾（xì）乎天下：至善的教化通行于天下。忾，遍及，充满。王肃注："忾，满。" ㉒ 太王之道：太王，即古公亶父。商朝时周族的著名领袖，周文王的祖父。王肃注："太王出亦姜女，入亦姜女，国无鳏民。爱其身以及人之身，爱其子以及人之子，故曰太王之道。"

［通解］

孔子在哀公身边陪侍。哀公问孔子说："请问人道中最重要的是什么？"

孔子十分严肃地说："您能谈到这个问题真是百姓的福分，因此我只能不加推辞地回答了。人道中最重要的是政治。政治，就是要达到'正'。只要君主能做到'正'，那么老百姓就能跟从做到'正'。君主的所作所为，是百姓学习的对象。君主不能做到'正'，百姓跟从君主能学习什么呢？"

哀公说："请问怎样治理政事？"

孔子回答说："夫妇之间区别尊卑，父子之间要讲亲情，君臣之间要讲信义。这三个方面能做到'正'，那么其他事物也就会相应合理了。”

哀公说：“我虽然没有什么才能，还是希望知道怎样才能做好这三个方面。您能告诉我吗？”

孔子回答说：“古人治理政事，‘爱人’是最重要的；要做到‘爱人’，遵守礼制是最重要的；要实现遵守礼制的目的，庄敬的态度是最重要的；而最高的庄敬表现在天子、诸侯的婚姻中。天子、诸侯娶亲之时，要身穿礼服亲自迎接新妇。之所以要亲自迎接，是为了对新妇表示庄敬。因此，君子庄敬是为了表示亲情，放弃庄敬就是遗弃亲情。没有亲情、没有庄敬，就没有尊重。爱与敬，应该就是治理政事的根本吧！”

哀公说：“我心里有句话想说，就是天子、诸侯穿上礼服亲自迎接，礼节是不是太隆重了呢？”

孔子十分严肃地回答说：“婚姻是两个家族的美满结合，以延续祖先的后嗣，而后嗣将成为天下、宗庙和国家的主人。您为什么说礼节太重了呢？”

哀公说：“我实在是见识浅薄。如果不是见识浅薄，怎么能听到您这番话呢？我还想进一步请教您，但不知道说什么，请慢慢地讲述。”

孔子说：“天地不能相合，万物就不能生长。天子、诸侯的婚姻，是延续万代的大事。您怎么说礼节太重了呢？”孔子于是说：“夫妇双方在家族内部主持宗庙的祭祀之礼，可以匹配天地神明；对外搞好国家的政治礼教，可以确立君臣上下的恭简庄敬。行政举措失当之处礼制能够匡救，国家面临耻辱时礼制可以扭转时局。因此治理政事礼制是第一位的大事，礼制，应该就是政治的根本吧！”孔子接着说：“过去夏、商、周的圣明君王，一定要敬重自己的妻儿，这里面是有道理的。妻子是照料家族血亲的主妇，儿子是家族血亲的后代，怎么可以不敬重呢？因此君子没有不敬重的。敬重之中，敬重自身应该是最重要的。自身是家族延续的承担者,怎能不敬重呢?不敬重自身,就是伤害家族的血亲;伤害家族的血亲,就是伤害了家族的根本;伤害了家族的根本,那么,家族的支脉也将跟从灭绝。国君在这三个方面的表现正是百姓所要效法的。从自己想到百姓,从自己的儿子想到百姓的儿子,从自己的妻子想到百姓的妻子。国君做好这三个方面,那么至善的教化就能通行于天下。过去太王的治国之道就是这样的,整个国家也就团结和睦了。"

[原文]

公曰:"敢问何谓敬身?"

孔子对曰:"君子过言①则民作辞,过行则民作则。言不过辞,动不过则,百姓恭敬以从命。若是则可谓能敬其身,敬其身②则能成其亲矣。"

公曰:"何谓成其亲?"

孔子对曰:"君子者也,人之成名③也。百姓与名,谓之君子,则是成其亲为君而为其子也。"孔子遂言曰:"爱政而不能爱人,则不能成其身;不能成其身,则不能安其土;不能安其土,则不能乐天④。"

公曰:"敢问何能成身?"

孔子对曰:"夫其行已不过乎物⑤,谓之成身,不过乎⑥,合天道也。"

公曰:"君子何贵乎天道也?"

孔子曰:"贵其不已也。如日月东西相从而不已也,是天道也;不闭而能久⑦,是天道也;无为而物成,是天道也;已成而明之,是天道也。"

公曰:"寡人且愚冥,幸烦子之于心⑧。"

孔子蹴然⑨避席而对曰:"仁人不过乎物,孝子不过乎亲。是故仁人之事亲也如事天，事天如事亲，此谓孝子成身。"

公曰："寡人既闻如此言，无如后罪何[10]？"

孔子对曰："君之[11]及此言，是臣之福也。"

［注释］ ①过言：不恰当的言辞。过，过错。 ②敬其身：原无，据四库本、同文本补。 ③君子者也，人之成（shèng）名：成，通"盛"。成名，尊显的名称。也，四库本作"乃"。 ④乐天：乐于顺应天道。天，王肃注："天道也。"四库本、同文本此后有"不能乐天，则不成其身"一句。 ⑤行己不过乎物：处世行事遵从事物发展的自然法则。⑥乎：同文本后有"物"字。 ⑦不闭而能久：王肃注："不闭常通而能久，言无极。" ⑧幸烦子之于心：王肃注："欲烦孔子议识其心所能行也。" ⑨蹴（cù）然：迅速的样子。蹴，踏，踢。 ⑩无如后罪何：如果将来有了过错，那该怎么办呢？ ⑪之：原作"子"，据四库本、备要本、同文本改。

［通解］ 哀公说："请问什么是'敬重自身'？"

孔子回答说："君子即使言语不当，百姓仍会奉为信条；即使行为不当，百姓也将奉为法则。因此，如果君子言行得当，百姓就能恭敬地听从号令。这样就可以说是能敬重自身，能敬重自身，也就能成就他的父母了。"

哀公说："什么叫做'成就他的父母'呢？"

孔子回答说："君子是一个崇高的名称，是百姓送给的一种称号，叫做君之子，这样就成就了他的父亲为君，而他是君之子。"孔子接着说："注重治理政事却不能爱人，就不能成就自身；不能成就自身，就不能安于故土；不能安于故土，就不能乐从天道。"

哀公说："请问如何才能'成就自身'呢？"

孔子回答说："立身行事合乎事物的固有法则，叫做成就自身。不逾越事物的固有法则,是与天道相合的。”

哀公说:“君子为什么要尊崇天道呢?”

孔子说:“尊崇天道的运动不止。就像日月东西相从循环不止,是天道的表现;运行无阻而永不止息,是天道的表现;无所作为而万物生成,是天道的表现;万物生成之后又予以彰明,是天道的表现。”

哀公说:“我糊涂不能明白,请为我作进一步的阐释。”

孔子迅速站起来,离开坐席,回答说:“仁德的人做事不逾越事物的固有法则,孝子行事不超过父母的限度。因此,仁德的人侍奉父母如同遵从天道,遵从天道也如同侍奉父母,这就叫做孝子成就自身。”

哀公说:“我已经听了您这一番谈论,以后有了过失怎么办呢?”

孔子回答说:“您能说出这番话,正是臣下的福分。”

儒行解第五

[序说]

本篇通过孔子回答鲁哀公的问题论述儒者的德行,故名为《儒行》。

何为“儒”?“儒者”有什么特征?其社会行为乃至生活起居、言行举止又怎样?对于这些问题,历来存在不同看法。“儒”之名称较早出现于《周礼》《论语》等典籍中,东汉许慎《说文解字》说:“儒,柔也,术士之称,从人,需声。”这就是说,“儒”是柔弱的“术士”。近代以来,学者们进行了多方探讨,如胡适、郭沫若等都曾发表各自的不同见解。章太炎在所著《原儒》中把“儒”从广义的一切方术之士进而界定为狭义的“祖述尧舜,宪章文武,宗师仲尼”之人。

对于“儒”,春秋末年的人们已经存在不同看法乃至误解。那时,鲁国多儒,据《庄子·田子方》记载,鲁哀公曾说“举鲁国而儒服”;《史记·游侠列传》则说“鲁人皆以儒教”。但在孔子看来,真正的“儒”应当具有高洁的德行,这便是孔子告诫自己弟子的,要做“君子儒”,不要做“小人儒”。

全文通过孔子回答哀公的问题,表现了他心目中理想的“儒者”形象、“儒者”风范和“儒者”人格。孔子通过叙说儒者的自立、容貌、备预、近人情、特立、刚毅、为士、忧思、宽裕、规为、交友、尊让等,把自己所认同的特立独行、卓尔不群、宽厚仁义、恭敬谦让、严于律己的儒者形象栩栩如生地刻画出来。

在孔子的论说中,他把柔弱的“儒”和杀身成仁的士并合在一起,这就是他心目中“仁以为己任”“己欲立而立人”“己欲达而达人”,既恭敬谦让又刚毅进取的儒者人格。篇中有许多赞扬儒者品行的名言警句,这些都可以与《论语》《中庸》等儒家经典相互对照。例如,“儒有不宝金玉,而忠信以为宝;不祈土地,而仁义以为土地;不求多积,多文以为富”,类似于《论语》中“君子谋道不谋食,忧道不忧贫”。本篇的“博学而不穷,笃行而不倦”,也可与《中庸》中“博学之、审问之、慎思之、明辨之、笃行之”相对应。这凸显了《家语》的宝贵价值,说明《家语》亟待进一步发掘、利用。孔子的这些论述既是孔子自身人格的写照,也被后世儒者视为处世准绳。《儒行》篇对于今人修身养性、完善人格也不无裨益。

本篇又被收入《礼记》,两者小有不同,当系《礼记》编者加工的结果。

［原文］

孔子在卫①，冉求②言于季孙③曰："国有圣人而不能用，欲以求治④，是犹却步而欲求及前人⑤，不可得已。今孔子在卫，卫将用之。己有才而以资⑥邻国，难以言智也。请以重币迎之⑦。"季孙以告哀公，公从之。

［注释］

① 卫：春秋国名。周武王弟康叔封地，其统治范围在今河北南部和河南北部一带。 ② 冉求：孔子学生。姓冉，名求，字子有。有才艺，以政事著称。 ③ 季孙：此处指季孙肥，即季康子。鲁哀公时的正卿。 ④ 治：此处指政治清明安定，与"乱"相对。一说为"管理""疏理"，误。 ⑤ 却步而欲求及前人：却步，往后退，倒退着走。及，赶上。前人，走在前面的人。 ⑥ 资：供给，资助。 ⑦ 重币迎之：重币，重金，厚礼。币，通常释为财物、货币，误。这里是聘物之意，《左传》成公二年"使介反币"杜预注："币，聘物。"迎，引进，接待，迎接。迎，同文本作"延"，四库本作"求"。

［通解］

孔子在卫国时，冉有对季孙氏说："国家有圣贤之人却不能加以任用，这样想求得社会的清明安定，就好像人往后退，却想赶上前面的人，是不可能实现的。现在孔子在卫国，卫国将要委以重任。自己国家有人才却用以供给邻国，这很难说得上是明智的举动。请您用丰厚的聘礼把孔子迎接回来。"季孙氏把冉求的建议禀告给哀公，哀公听从了这一建议。

［原文］

孔子既至舍①，哀公馆焉②。公自阼阶③，孔子宾阶④，升⑤堂立侍。公曰："夫子之服，其儒服与？"孔子对曰："丘少居鲁，衣逢掖之衣⑥。长居宋，冠章甫之冠⑦。丘闻之，君子之学也博，其服以乡⑧，丘未知其为儒服也。"

公曰："敢问儒行⑨？"孔子曰："略言之，则不能终其物;悉数之,则留更仆未可以对[10]。"

[注释]

① 既至舍:到了住的馆舍以后。既,……以后。舍,宾舍,馆舍。 ② 哀公馆焉:王肃注:"就孔子舍。"馆,此处用作动词,到馆舍之意。《仪礼·聘礼》"公馆宾"胡培翚正义引敖氏云:"馆者,就其馆之称也。"与此王肃注相合。 ③ 阼(zuò)阶:东面的台阶,主人所立之地。 ④ 宾阶:西阶。宾主相见,客人走西面的台阶,主人走东面的台阶。《仪礼·乡饮酒》:"主人阼阶上……宾西阶上。" ⑤ 升:登,登上。 ⑥ 衣逢掖之衣:王肃注:"深衣之褎大也。"即宽袖之衣,古代儒者所服。前"衣"做动词用,身穿,身着。逢,宽大。掖,肘腋,胳肢窝。后作"腋"。 ⑦ 章甫之冠:商代流行的一种黑布帽子,周代宋人沿用。章甫,或作"章父"。 ⑧ 乡:王肃注:"随其乡也。"即入乡随俗。 ⑨ 儒行:儒者的行为。 ⑩ 留更仆未可以对:更,原无,据四库本、同文本、《礼记·儒行》及王肃注补。王肃注:"留,久也。仆,太仆。君燕朝则正位,掌傧相。更衣之(衣之,四库本作'之者',当是),为久将倦,使之相代者也。"更,更换。这里极言时间之长。

[通解]

孔子回到鲁国后住在馆舍里,鲁哀公到孔子住的馆舍造访。哀公从大堂东边的台阶走上去,孔子从西侧的台阶走上去。然后登上厅堂,孔子站着陪侍着哀公。哀公问孔子:"先生您穿的衣服,是儒者的衣服吗?"孔子回答说:"我小时候居住在鲁国,穿的是衣袖宽大的衣服。长大以后曾居住在宋国,戴的是殷朝流行的章甫帽。我听说,君子的学问要广博,穿衣服也要入乡随俗,我不知道什么是儒者的衣服。"

鲁哀公问道:"请您讲一讲儒者的行为,可以吗?"孔子回答说:"简单地讲这一问题,就不可能把事情说清楚、完整,但要全部细说,需要很长的时间,讲到侍御的人换班,也难以讲完。"

[原文]

哀公命席①。孔子侍坐，曰："儒有席上之珍②以待聘，夙夜强学③以待问，怀忠信以待举④，力行以待取⑤。其自立有如此者。

"儒有衣冠中⑥，动作顺⑦，其大让如慢⑧，小让如伪。大则如威⑨，小则如愧⑩，难进而易退⑪，粥粥⑫若无能也。其容貌有如此者。

"儒有居处齐难⑬，其起坐恭敬，言必诚信，行必忠正，道涂不争险易之利⑭，冬夏不争阴阳之和⑮，爱其死以有待也⑯，养其身以有为也。其备预有如此者。

"儒有不宝⑰金玉，而忠信以为宝；不祈⑱土地，而仁义以为土地；不求多积，多文以为富。难得而易禄⑲也，易禄而难畜⑳也。非时不见㉑，不亦难得乎？非义不合，不亦难畜乎？先劳而后禄，不亦易禄乎？其近人情有如此者。

"儒有委之以财货而不贪㉒，淹㉓之以乐好而不淫㉔，劫之以众而不惧，阻之以兵而不慑㉕。见利不亏其义，见死不更其守。㉖往者不悔，来者不豫㉗，过言不再㉘，流言不极㉙，不断其威㉚，不习其谋㉛。其特立有如此者。

[注释]

① 命席：命人设坐席。　② 席上之珍：王肃注："席上之珍，能铺陈先王之道以为政治。"席，铺地的草垫。珍，宝玉，比喻具有美善的才德，犹席上之有珍，此处指君主所珍重的先王之道。后以"席珍待聘"作为怀才待用的同义语。　③ 夙夜强学：不分昼夜地努力学习。夙夜，朝夕，日夜。夙，早晨。强，勉力，勤勉。　④ 待举：等待举荐任用。　⑤ 力行以待取：王肃注："力行仁义道德以待人取。"　⑥ 中：不偏不倚，无过不及；适中，不异于众，不流于俗。　⑦ 顺(shèn)：通

"慎",谨慎。《易·升·象传》"君子以顺德"陆德明释文:"顺,本又作慎。"同文本即作"慎"。　⑧ 大让如慢:对大事推让不受,好像很傲慢。大让,指辞让高官厚禄。下文"小让"指辞让酒食等小事。慢,王肃注:"慢,简略也。"　⑨ 大则如威:做大事十分谨慎,再三权衡,好像心怀畏惧。　⑩ 小则如愧:做小事不草率,好像心怀愧疚。　⑪ 难进而易退:指儒者对进取十分谨慎,却易于退让。　⑫ 粥(yù)粥:卑谦的样子。《礼记·儒行》陆德明释文曰:"粥,徐本作鬻。章六反,卑谦貌。"　⑬ 齐(zhāi)难:王肃注:"齐庄可畏难也。"《诗·大雅·思齐》陆德明释文曰:"齐,庄也。"即严肃谨慎而常人难以做到。齐,通"斋"。

⑭ 道涂不争险易之利:儒者在路途上行走,不与别人争着走平坦易走的地方。涂,通"途"。　⑮ 阴阳之和:冬暖夏凉,此处意谓不与别人争冬暖夏凉的地方。　⑯ 爱其死以有待也:意谓珍爱自己的生命以等待时机的到来。死,生命。《吕氏春秋·怀宠》"以救民之死"高诱注:"死,命也。"　⑰ 不宝:不珍重,不珍爱。宝,以……为宝,意动用法。　⑱ 祈:谋求。《礼记·郊特牲》"祭有祈焉"郑玄注:"祈,犹求也。"　⑲ 禄:俸禄,此处为动词,意为赐予俸禄。　⑳ 难畜:难以招揽蓄养。畜,养也。《易·师·象传》"君子以容民畜众"陆德明释文引王肃注:"畜,养也。"　㉑ 非时不见(xiàn):意谓不到适当的时候儒者不会出现。　㉒ 儒有委之以财货而不贪:意谓儒者不贪图别人的钱财物品。委,交给。财货,四库本、同文本作"货财",与《礼记》同。

㉓ 淹:浸渍,浸泡。《大戴礼记·文王官人》"淹之以利"王聘珍注:"淹,浸渍之。"　㉔ 淫:放恣,过而无度。一说为淫乱、邪淫,误。㉕ 阻之以兵而不慑:王肃注:"阻,难也。以兵为之难。"阻,四库本、《礼记》作"沮"。慑,恐惧,害怕。　㉖ 同文本此下有"鸷虫攫搏,不程其勇,引重鼎,不程其力"四句。《礼记》同。　㉗ 豫:通"预",考虑,顾虑。　㉘ 过言不再:王肃注:"不再过言。"即错误的话不说第二遍。再,两次。　㉙ 流言不极:王肃注:"流言相毁,不穷极也。"不极,不穷极,不追究起源,不刨根问底。　㉚ 不断其威:王肃注:"常严庄也。"即始终保持尊严庄重。　㉛ 不习其谋:王肃注:"不豫习其谋虑。"即不刻意去掌握某种权术谋略。

[通解] 鲁哀公命人为孔子安排了座位。孔子坐下陪着哀公,说:“有的儒者能陈述君主珍视的先王之道以等待聘用,有的能不分昼夜努力学习以等待别人的请教,有的心怀忠信来等待别人的荐举,有的能力行仁德以等待别人的录用。儒者修身自立有这样的。

“有的儒者穿戴适中,从不标新立异,行为谨慎而从容。他们辞让高官厚禄时直截了当,好像很傲慢;辞让酒食这样的小事时始辞终受,好像很虚伪;做大事时考虑再三,好像心怀畏惧;做小事时也不草率,好像心怀愧疚。他们难于进取,却易于退让,表现出一副柔弱谦恭而无能的样子。儒者的外在形象有这样子的。

“有的儒者日常起居,严肃庄重而一般人难以做到,他们坐立都表现出恭敬之态,说话讲求信用,行为不偏不倚、忠诚正派,在道路上不与别人争平坦易走的地方,冬天不与别人争暖和的地方,夏天也不与人争凉快的地方,爱惜自己的生命以等待时机的到来,保养自己的身体以期有所作为。儒者做事预先有所准备有像这样子的。

“有的儒者不把金玉当做珍宝,而把忠诚守信当做珍宝;不求占有土地,而把仁义当做土地;不奢望多积财富,而把多学的文化知识当做财富。他们为人公正,难以得到,却在赐予俸禄时容易满足;易于满足于所赐予的俸禄,却难以罗致。不到适当的时候他们不会出现,岂不是很难得到吗?不义之事不合作,岂不是难以罗致吗?先效劳而后受禄,岂不是很容易满足俸禄吗?儒者待人接物近于人情有这样的。

“有的儒者不去贪图别人送给的钱财物品,不会沉溺于玩乐之中,即使有很多人来威迫,他也不会畏惧,用武力来为难恐吓，他也不会害怕。见利不忘义，面对生命危险不改变自己的操守。做过的事情不追悔，未来的事情不疑虑，错误的话不说两次，对听到的流言蜚语不去追根问底，始终保持威严，但不预习权术谋略。儒者立身独特有这样的。

［原文］

“儒有可亲而不可劫①，可近而不可迫②，可杀而不可辱。其居处不过③，其饮食不溽④。其过失可微辩⑤而不可面数⑥也。其刚毅有如此者。

“儒有忠信以为甲胄⑦，礼义以为干橹⑧，戴仁而行，抱德而处。虽有暴政，不更其所⑨。其自立有如此者。

“儒有一亩之宫⑩，环堵之室⑪，荜门圭窬⑫，蓬户瓮牖⑬，易衣而出⑭，并日而食⑮。上答之，不敢以疑⑯；上不答之，不敢以谄。其为士⑰有如此者。

“儒有今人以居，古人以稽⑱。今世行之，后世以为楷⑲。若不逢世，上所不受，下所不推，诡谄之民有比党而危之⑳，身可危也，其志不可夺也。虽危起居，犹竟信其志，乃不忘百姓之病也㉑。其忧思有如此者。

“儒有博学而不穷㉒，笃行而不倦，幽居而不淫㉓，上通而不困㉔。礼必以和，优游以法㉕，慕贤而容众㉖，毁方而瓦合㉗。其宽裕有如此者。

［注释］

① 劫：迫，威逼。《淮南子·精神》“则不可劫以死生”高诱注：“劫，迫也。” ② 迫：胁迫。 ③ 其居处不过：指儒者的居所不奢华。 ④ 溽（rù）：浓厚。《礼记·儒行》孔颖达疏：“溽之言欲也，即浓厚也。” ⑤ 微辩：隐约而委婉地提醒。 ⑥ 面数（shǔ）：当面数说。 ⑦ 甲胄：铠甲和头盔。 ⑧ 干（gān）橹（lǔ）：盾牌。干，小盾。

橹，大盾。　⑨ 虽有暴政，不更其所：意谓即使面对暴虐的统治，也不更改自己所尊奉的信念。　⑩ 一亩之宫：占地一亩的宅院。亩，土地面积单位量词，周制，小亩为长宽各十步。“一亩”言面积之小。宫，房屋。古者无论贵贱所居处所皆得称宫，至秦汉以后乃定为至尊所居之称。　⑪ 环堵之室：王肃注：“方丈曰堵。一堵，言其小也。”环，周围，东西南北四周。　⑫ 荜（bì）门圭窬（yú）：王肃注：“荜门，荆竹织门也。圭窬，穿墙为之，如圭也。”即小户也。荜，同“筚”，荆条竹木之属。四库本、同文本“荜”作“筚”。圭，玉器，长条形，上锐下方。窬，本义为穿木户，此处指凿垣以为户。　⑬ 蓬户瓮牖（yǒu）：王肃注：“以编蓬为户，破瓮为牖也。”蓬，蓬草。　⑭ 易衣而出：王肃注：“更相易衣而后可以出。”　⑮ 并日而食：王肃注：“并一日之粮以为一食也。”意谓食物匮乏。　⑯ 上答之，不敢以疑：王肃注：“君用之，不敢疑贰事君也。”　⑰ 士：出仕者。四库本、同文本作“仕”，与《礼记》合。⑱ 畲：相合，一致。王肃注：“稽，同。”《礼记·儒行》作“稽”。⑲ 楷：王肃注：“法也。”　⑳ 诡谄之民有比党而危之：意谓谗言谄媚之徒相互勾结起来陷害他。比，勾结。党，结党。　㉑ 虽危起居，犹竟信（shēn）其志，乃不忘百姓之病也：王肃注：“起居，犹动静也。竟，终也。言身虽危，动静，犹终身不忘百姓。”信，四库本作“身”，皆通“伸”，伸展，实现。病，疾苦。　㉒ 穷：息，停止。　㉓ 幽居而不淫：意谓独处时也不放纵自己。幽居，谓独处之时。淫，谓放恣、放纵。　㉔ 上通而不困：意谓通达于上的时候也不被金钱、地位等名利所困。上通，仕途通达于君主。　㉕ 优游以法：悠闲之时也按照法度行事。㉖ 慕贤而容众：仰慕贤能之才而又能容纳众人。　㉗ 毁方而瓦合：王肃注：“去己之大圭角，下与众人小和。”即指在一些次要问题上不标新立异，而与众人一致。《礼记·儒行》孔颖达疏：“方，谓物之方正，有圭角锋芒也。瓦合，谓瓦器破而相合也。言儒者身虽方正，毁屈己之方正，下同凡众，如破去圭角与瓦器相合也。”

［通解］　“有的儒者可以亲近而不可以胁迫，可以接近而不可以威逼，可以杀掉而不可以侮辱。他们的居处不奢华，饮食不丰

厚。他们的过失可以委婉地提醒,不可以当面数落。儒者的刚强坚毅有这样的。

“有的儒者把忠诚信义作为盔甲,把礼仪当做盾牌。信守仁义去行事,心怀美德与人相处。即使面对暴虐的统治,也不改变自己的信念。儒者追求自立有这样子的。

“有的儒者居室占地仅一亩,房屋周围只有一堵宽,正门用荆竹编成,旁门只是穿墙而成的圭形小洞,房门则用蓬草编成,破瓮镶入墙壁就成了窗子。全家只有一件像样的衣服,外出需要轮流换穿。一天的粮食仅够一顿食用。君主采纳自己的建议而加以提拔时,不敢以贰心事君;君主不能采纳自己的建议和提拔自己时,也不敢谄媚求进。儒者做官、入仕清廉奉公的态度有这样的。

“有的儒者与今人一起居住,而与古人的意趣相合。儒者今世的行为,却被后世奉为楷模。如果没赶上政治清明的好时代,上边没有人接受,下边没有人推荐,诡诈献媚的人拉帮结派加以陷害,这样只能是危害他们的身体,却不能改变他们的志向。尽管日常生活受到困扰,他们还是要一展心志,而且也没有忘记老百姓的疾苦。儒者的忧国思民有这样的。

“有的儒者知识广博而学无止境,坚持德行而不厌倦。独处时不放纵自己,仕途通达时也不为名利所困。施礼必按照中和的原则,不出仕为官的悠闲之时也按照法律规定行事。仰慕贤人而又能容纳百姓,有时甚至如同圭玉毁掉棱角而与瓦砾相合那样屈己从众。儒者的宽容大度有这样的。

[原文]

“儒有内称不避亲[①],外举不避怨。程功积事,不求厚禄[②]。推贤达能[③],不望其报。君得其志,民赖其德。苟利国家,不求富贵。其举贤援[④]能有如此者。

“儒有澡身浴德⑤，陈言而伏⑥，静言而正之⑦，而上下不知也⑧，默而翘之，又不急为也⑨。不临深而为高，不加少而为多⑩。世治不轻，世乱不沮⑪。同己不与，异己不非⑫。其特立独行⑬有如此者。

“儒有上不臣天子，下不事诸侯，慎静尚宽，底厉廉隅⑭，强毅以与人⑮，博学以知服⑯。虽以分国，视之如锱铢⑰，弗肯臣仕。其规为⑱有如此者。

“儒有合志同方⑲，营道同术，并立则乐⑳，相下不厌㉑，久别则闻流言不信，义同而进，不同而退。其交友有如此者。

“夫温良者，仁之本也；慎敬者，仁之地也；宽裕者，仁之作㉒也；逊接㉓者，仁之能也；礼节者，仁之貌也；言谈者，仁之文也；歌乐者，仁之和也；分散者，仁之施也。儒皆兼此而有之，犹且不敢言仁也。其尊让㉔有如此者。

［注释］ ① 内称不避亲：称，举，举荐，推举。避，及下“避”字，同文本作“辟”，与《礼记》合。　② 程功积事，不求厚禄：王肃注：“程，犹效也。言功效而已，不求厚禄也。”　③ 达能：使贤能的人得到任用。达，引进，荐达。　④ 援：此处为引、引进。一说为援助、资助，误。

⑤ 澡身浴德：王肃注：“常自洁净其身，沐浴于德行也。”　⑥ 陈言而伏：王肃注：“陈言于君，不望其报也。”伏，闭而不出。　⑦ 静言而正之：王肃注：“言事君清净，因事而正之。”言，据《礼记》为衍文。静，同文本无。　⑧ 而上下不知也：王肃注：“君不知。”上，国君。下，据《礼记》为衍文。下，同文本无。　⑨ 默而翘之，又不急为也：王肃注：“默而翘发之。不急为，所以为不为。”翘，启发。此句《礼记》作：“静而正之，上弗知也，麤（粗）而翘之，又不急为也。”急为，同文本作“为急”。　⑩ 不临深而为高，不加少而为多：王肃注：“言不因势

位自矜庄。”加，逾越，过。 ⑪ 世治不轻，世乱不沮：王肃注：“不自轻，不自沮。”意谓社会安定、群贤并处时，不轻视自己；世道混乱、志向不能实现时，也不沮丧。沮，沮丧，消沉。 ⑫ 同己不与，异己不非：不和志向、政见相同的人营私结党，也不随意诋毁与自己志向、政见不同的人。 ⑬ 特立独行：谓志行高洁，有主见，不随波逐流。 ⑭ 底厉廉隅（yú）：磨炼自己讲气节的端方品行。底厉，同“砥砺”，磨石，引申为磨炼、磨砺。备要本、同文本作“砥砺”，四库本作“砥厉”。廉隅，棱角，比喻端方不苟的行为、品性。 ⑮ 强毅以与人：刚强坚毅而又善与人交，广交朋友。 ⑯ 博学以知服：服，服膺。同文本此后有“近文章”三字。 ⑰ 视之如锱铢：王肃注：“视之轻如锱铢。八两为锱。”即比喻微不足道的东西。之，同文本无。 ⑱ 规为：行为准则。规，规矩，准则。 ⑲ 同方：同一法则。方，法则，犹法也。《后汉书·桓谭传》“天下知方”李贤注：“方，为法则。” ⑳ 并立则乐：指朋友彼此有建树，双方都会为此而高兴。 ㉑ 相下不厌：指地位互有上下时也不相互厌倦、嫌弃。 ㉒ 作：王肃注：“动作。” ㉓ 逊接：接人待物谦逊而亲切。 ㉔ 尊让：谓尊敬于物，卑让于人，即恭敬谦让之意。尊，恭敬。让，卑谦。

［通解］

“有的儒者荐举人才，对内不避亲属，对外不避与自己有仇怨的人。度量功德，积累政绩，不是为了谋求更高的爵位。推举贤人，荐进能人，不是为了获取回报。君主能够依靠他们的志向实现自己的抱负，老百姓能够依靠他们的宽厚仁德生活得更好。儒者只求有利于国家，并不是为了贪图荣华富贵。儒者推举贤能的风格有这样的。

“有的儒者沐浴身心于道德之中，陈述自己的建议而谦恭地等待君主采纳。安静不躁而谨守正道，君主有过失则委婉地加以提醒。如果君主还不理解就略加启发，也不操之过急。不会因为面临地位卑下的人而自视清高，也不会因为超过能力小的人而自以为功劳多，过分炫耀自己。天下太平，群贤并处，不轻视自己；时局混乱，坚守正道而不沮丧。不和与自己政见相同的人结党营私，也不随意诋毁与自己政见相异的人。儒者的特立独行、卓尔不群有这样的。

“有的儒者上不做天子的臣下，下不做诸侯的官吏。谨慎安静而崇尚宽厚，磨炼自己端方而有气节的品行，刚强坚毅而善与人交，广泛地学习各种知识，以便知道自己应该做什么。即使把国家分封给他，他也视之为轻微小事，不肯去做别人的臣属。儒者的行为准则有这样的。

“有的儒者交朋友，要求兴趣一致，遵循同一法则，研究道义有相同的方法。彼此有建树都感到高兴，而地位互有上下也不彼此厌弃。久不相见，听到流言蜚语也不相信。他们的行为本乎方正，建立在道义之上。志向相同就与之交往，志向不同就退而疏远。儒者交朋友的态度有这样的。

“温和善良是仁的根本，恭敬谨慎是仁的基础，宽宏大量是仁的兴作，谦逊地待人接物是仁的功用，礼节是仁的外表，言谈是仁的文采，歌舞音乐是仁的谐和，分财散物是仁的施行。儒者兼有这几种美德，尚且不敢轻易地说自己做到仁。儒者的恭敬谦让有这样的。

［原文］

“儒有不陨获①于贫贱，不充诎②于富贵，不溷君王，不累长上，不闵有司，故曰儒③。今人之名儒也妄④，常以儒相诟疾⑤。”

哀公既得闻此言也，言加信，行加敬，曰：“终殁吾世⑥，弗敢复以儒为戏矣。”

［注释］

① 陨获：王肃注：“陨获，忧闷不安之貌。” ② 充诎（qū）：喜失节貌。王肃注：“充诎，踊跃参扰之貌。” ③ 不溷（hùn）君王，不累长上，不闵（mǐn）有司，故曰儒：王肃注：“溷，辱。闵，疾。言不为君长所辱病。儒者，中和之名。”溷，四库本作“慁”，与《礼记》同。 ④ 妄：原

作“忘”，据四库本、备要本、同文本改，意为虚妄不实。 ⑤ 诟疾：王肃注：“诟辱。”即辱骂、讽刺。 ⑥ 终殁吾世：我这一辈子，我这一生。殁，死，结束。四库本作“没”。

［通解］

“儒者不因贫贱而愁闷不安，不因富贵而得意忘形，不因君主的侮辱、长官的负累、官吏的刁难而违背自己原有的志向，所以称为儒。而今人们对儒的理解是虚妄不实的，常常把儒者作为讥讽侮辱的对象。”

鲁哀公听了这番话以后，说话更加诚恳守信，行为更加恭敬，而且说：“我这一生，再也不敢拿儒者开玩笑了。”

问礼第六

［序说］

本篇分为两部分，分别是鲁哀公和孔子弟子言偃与孔子的对话，因为二人都是向孔子问礼，故本篇以“问礼”名篇。

无论是回答鲁哀公问礼，还是回答言偃的问礼，孔子都谈到了礼的重要性，把礼与人伦社会的密切关联提高到了无以复加的地步。孔子指出，礼是事奉天地神灵的法度，是处理君臣、男女、父子、兄弟等关系的准则，还是教化百姓的最好工具。所以，孔子认为君子应该极其重视礼。

孔子在回答言偃的问题时，还谈到了对“礼之初”的认识，对于今人研究礼的起源与最初发展有重要价值。孔子说：“夫礼初也，始于饮食。太古之时，燔黍擘豚，汙樽抔饮，蒉桴土鼓，犹可以致敬鬼神。”显而易见，孔子认为礼起源于祭祀，即礼起源于宗教，这与《说文解字》所谓“礼，履也，所以事神致福也”完全一致。学术界认为，盛玉以奉神人的器物谓之“豊”，推之而奉神人之酒醴亦谓之“醴”，进而又推之，奉神人之事通谓之礼。还有学者认为上古五礼之中仅有祭礼，冠礼、婚礼、丧礼全部包括在祭礼内。可见，人类社会最初可能仅有祭礼，随着社会的发展，其他的礼才渐次出现。

本篇第一部分孔子与哀公对话又见于《礼记·哀公问》《大戴礼记·哀公问于孔子》。第二部分孔子与言偃对话又见于《礼记·礼运》。与二戴《礼记》相比，本文所记话语连贯，语义完整，保存文字古意较多。如本篇“古之明王，行礼也如此”，而《礼记》则作“今之君子，行礼也如此”，周代的“王”为天下共主，而西汉的“王”是汉朝天子分封的诸侯。汉朝出现了藩王乱政，有迹象显示，汉人编辑先秦书籍，往往对“王”字比较敏感。再如“丘也鄙人”，《礼记》《大戴礼记》皆为“丘也小人”。从《论语》所记孔子对“小人”的评价看，孔子一般不会自称“小人”。因此，该处本来应该作“鄙人”，而非“小人”，《礼记》《大戴礼记》作“丘也小人”，显然是汉人改动的结果。“鄙人”乃是孔子自谦。

［原文］

哀公问于孔子曰：“大礼①何如？子之言礼，何其尊②也！”孔子对曰：“丘也鄙人③，不足以知大礼也。”

公曰：“吾子④言焉！”孔子曰：“丘闻之，民之所以生者，礼为大。非礼则无以节事天地之神焉⑤；非礼则无以辩⑥君臣、上下、长幼之位⑦焉；非礼则无以别男女、父子、兄弟、婚姻、亲族、疏数⑧之交焉。是故君子此之为⑨尊敬，然后以其所能教顺百姓，不废其会节[10]。既有成事，而后治其文章黼黻[11]，以别尊卑、上下之等。其顺之也，而后言其丧祭[12]之纪[13]、宗庙之序[14]，品[15]其牺牲[16]，设其豕腊[17]，修其岁时[18]，以敬其祭祀，别其亲疏，序其昭穆[19]，而后宗族会醼[20]。即安其居，以缀恩义[21]，卑其宫室，节其服御[22]，车不雕玑[23]，器不彫镂[24]，食不二味[25]，心不淫志[26]，以与万[27]民同利。古之明王，行礼也如此。"

公曰："今之君子，胡莫之行也？"孔子对曰："今之君子，好利无厌[28]，淫行[29]不倦，荒怠慢游[30]，固[31]民是尽，以遂其心，以怨其政[32]。忤其众，以伐有道。求得当欲，不以其所[33]；虐杀刑诛，不以其治。夫昔之用民者由前[34]，今之用民者由后[35]。是即今之君子莫能为礼也。"

［注释］ ① 大礼：隆重的礼仪。 ② 尊：王肃注："尊犹重也。" ③ 鄙人：浅陋卑下的人。这里是孔子自谦之辞。 ④ 吾子：犹言"我的先生"。 ⑤ 非礼则无以节事天地之神焉：王肃注："祭以事天地之神，皆以礼为仪节。"节事，按照礼制规定的仪节加以祭祀。 ⑥ 辩：通"辨"，辨别，辨明。四库本作"辨"，与《礼记》合。 ⑦ 位：职位，地位。《易·系辞上》："贵而无位，高而无名，贤人在下位而无辅。" ⑧ 数（cù）：密。《孟子·梁惠王上》："数罟不入洿池。"赵岐注："数罟，密网也；密细之网，所以捕小鱼鳖者也。"《论语·里仁》："朋友数，斯疏矣。"刘宝楠正义引吴嘉宾说："数者，昵之至于密焉者也。" ⑨ 此之为：四库本作"此为之"，《礼记》作"以此之为"。 ⑩ 以其所能教顺百姓，不废其会节：王肃注："所能，谓礼也。会，谓男女之会。节，谓亲疏之节也。"四库本于"不废"前有"所能"，当为衍字。 ⑪ 文章黼（fǔ）黻（fú）：文章，车服旌旗等。《左传》隐公五年："昭文章，明贵贱。"杜预注："车服旌旗。"黼黻，古代礼服上所绣的花纹，这里代指礼服。

《书·益稷》:"藻、火、粉米、黼、黻、绨绣。"孔传:"黼若斧形,黻为两已相背。"《考工记·画缋》:"画缋之事……白与黑谓之黼,黑与青谓之黻。"同文本此前有"雕镂"二字。　⑫ 丧祭:《释名·释丧制》:"丧祭曰奠。"广义上,祭皆谓之奠。狭义上,未葬之祭谓奠,而把葬后之祭叫做丧祭。　⑬ 纪:法度,准则。　⑭ 序:顺序,次序。　⑮ 品:品评,区分。　⑯ 牺牲:古时祭祀用牲的通称。色纯为"牺",体全为"牲"。《周礼·地官·牧人》:"凡祭祀,共其牺牲。"《左传》庄公十年:"牺牲玉帛,弗敢加也,必以信。"　⑰ 豕(shǐ)腊(xī):祭祀用的腌制干猪肉。豕,猪。腊,干肉。《大戴礼记·哀公问于孔子》:"备其鼎俎,设其豕腊。"孔广森补注曰:"干兽也。"　⑱ 岁时:每年一定的季节或时间。古人有按季节祭祀的习俗。　⑲ 昭穆:古代宗法制度,宗庙次序,始祖庙居中,以下父、子(祖、父)递为昭穆,左为昭,右为穆,子孙祭祀时也按这种规定排列行礼。此处指宗庙的辈分。　⑳ 醼(yàn):同"宴",宴饮。　㉑ 以缀恩义:这样可以连结同族的亲情关系。缀,联系,沟通。　㉒ 节其服御:节省日常用度。服御,服饰车马器用之类。　㉓ 雕玑:器物上镂刻成凹凸线状的花纹。　㉔ 彫镂:雕刻花纹。彫,同"雕",原讹为"彤",据备要本改,四库本作"刻",与二戴《礼记》同。　㉕ 食不二味:指饮食简单,不求滋味之美。　㉖ 心不淫志:指内心没有过多的欲望。淫,过甚。　㉗ 万:四库本无,二戴《礼记》亦无。　㉘ 厌:满足。　㉙ 淫行:邪行,放纵的行为。　㉚ 荒怠慢游:纵逸怠惰,放荡游乐。　㉛ 固:必,一定,务求。　㉜ 以怨其政:指招致百姓对这种政治的仇恨。四库本"政"后有"以"字。

㉝ 求得当欲,不以其所:王肃注:"言苟求得当其欲而已。"当,称,符合。所,道,方式。　㉞ 由前:王肃注:"用上所言。"　㉟ 由后:王肃注:"用下所言。"

[通解]

鲁哀公问孔子说:"隆重的礼仪是什么样子的?您在谈到礼的时候,把它看得多重要啊!"孔子回答道:"孔丘我是个浅陋卑下的人,还没有能力了解隆重的礼仪。"

哀公说:“您还是说说吧。”孔子说:“我听说,人们赖以生存的事物中,礼仪是最重要的。没有礼,就无法按礼制规定的仪节祭祀天地神灵;没有礼,就无法区分君臣、上下、长幼的不同地位;没有礼,就无法辨别男女、父子、兄弟、婚姻、亲族、远近亲疏的相互关系。所以,君子把礼看得极为重要,然后又用自己所能做到的事情来教化引导百姓,使他们不会在男女婚配、亲疏交往中把礼节搞错。到礼的教化卓有成效之后,再用车服旌旗等器物和礼服来区别尊卑、上下的等级关系。这些关系理顺之后,才谈得上丧葬、祭祀的原则,宗庙排列的顺序,分别置办祭祀用的牺牲,摆设祭神、祭祖用的干肉,确定合适的时节,以便恭敬地举行祭祀,区别血缘关系的远近,排列好亲属的位次,然后整个宗族会聚欢宴。人们都安于接受自己所处的地位,从而融合同族间的亲情关系。住低矮简陋的宫室,节制服饰车马等日常用度。车子不加雕饰,器具不镂刻花纹,饮食简单,从不要两道菜,心中没有过分的欲望,从而得以与百姓共享利益。古时的圣明君王,就是这样遵行礼制的。”

哀公问道:“现在的君子,为什么没有人这样做呢?”孔子回答说:“现在的君子,贪图私利没有满足,行为放纵没有倦意,纵逸怠惰到处游荡,一定要使百姓财竭力尽才罢休,以此来满足自己的私欲,同时也招致了百姓对这种政治的仇恨。违背族众的意愿,侵伐信守道义的国家。只求个人的欲望得到满足,为此不择手段;实行暴虐的刑罚诛杀,不按照法度办事。从前统治百姓的人用的是前面所说的方法,现在统治百姓的人用的是后面所说的方法。现在的君子不能修明礼教就是这个道理。”

[原文]

言偃问曰:“夫子之极言①礼也,可得而闻乎?”

孔子言："我欲观夏道[2]，是故之[3]杞[4]，而不足征[5]也，吾得《夏时》[6]焉。我欲观殷道，是故之宋[7]，而不足征也，吾得《乾坤》[8]焉。《乾坤》之义，《夏时》之等[9]，吾以此观之。

"夫礼初也，始于饮食。太古[10]之时，燔黍擘豚[11]，汙樽抔饮[12]，蒉桴土鼓[13]，犹可以致敬鬼神[14]。及其死也，升屋而号，告曰：'高[15]！某复[16]！'然后饮腥苴熟[17]。形体则降，魂气则上[18]，是谓天望而地藏[19]也。故生者南向，死者北首[20]，皆从其初也。

"昔之王者，未有宫室，冬则居营窟，夏则居橧巢[21]。未有火化[22]，食草木之实、鸟兽之肉，饮其血，茹[23]其毛。未有丝麻，衣其羽皮[24]。后圣有作[25]，然后修火之利，范金[26]合土[27]，以为宫室、户牖。以炮以燔[28]，以烹以炙[29]，以为醴酪[30]。治其丝麻，以为布帛。以养生送死[31]，以事鬼神。故玄酒在室[32]，醴醆[33]在户，粢醍[34]在堂，澄酒[35]在下。陈其牺牲，备其鼎俎[36]，列其琴、瑟、管、磬、钟、鼓[37]，以降上神[38]与其先祖，以正君臣[39]，以笃父子，以睦兄弟，以齐上下，夫妇有所。是谓承天之祐[40]。作其祝号[41]，玄酒以祭，荐[42]其血毛，腥其俎，熟其殽[43]。越席以坐[44]，疏布以幂[45]。衣其浣帛[46]，醴醆以献，荐其燔炙。君与夫人交献[47]，以嘉魂魄[48]。然后退而合烹[49]，体[50]其犬豕牛羊，实[51]其簠簋[52]笾豆[53]铏[54]羹，祝以孝告[55]，嘏以慈告[56]，是为大祥[57]。此礼之大成也。"

［注释］　① 极言：极力主张，说得很重要。　② 道：法则，规律。此处指礼制习俗。原无，据四库本、同文本及《礼记》补。　③ 之：到，去。④ 杞（qǐ）：王肃注："夏后封于杞也。"杞国，周初所封。姒姓，相传开

国君主是夏禹后裔东楼公。初都雍丘(今河南杞县),后东迁至今山东新泰境内,公元前445年为楚所灭。 ⑤ 征:证,验证。王肃注:“征,成。” ⑥ 得《夏时》:王肃注:“于四时之正。正,夏数,得天之(原讹为‘心’,据四库本改)中。”《夏时》,或以为夏代历书,其书存者有《夏小正》,收入《大戴礼记》中。 ⑦ 宋:王肃注:“殷后封宋。”宋国,子姓,周初所封。开国君主是商纣的庶兄微子启。周公平定武庚的叛乱后,把商的旧都周围地区分封给了微子,建都商丘(今河南商丘南)。 ⑧《乾坤》:王肃注:“乾,天。坤,地。得天地阴阳之书。”按,《礼记》作“《坤乾》”,是。商易曰《归藏》,首坤,次乾,故曰《坤乾》。然据王注,《家语》其时已作“乾坤”,故存疑。 ⑨《乾坤》之义,《夏时》之等:意谓《乾坤》《夏时》所体现的阴阳变化思想和礼的区分等次。 ⑩ 太古:远古,上古。 ⑪ 燔(fán)黍擘(bò)豚:王肃注:“古未有釜甑,释(四库本作‘燔’)米擗肉,加于烧石之上而食之。”燔,烤。黍,一种粮食作物,子去皮后叫黄米,煮熟后有黏性。擘,假借为“焷”,架在火上烤。豚,小猪,也泛指猪。 ⑫ 汙(wā)樽(zūn)抔(póu)饮:王肃注:“凿地(地,四库本作‘池’)为樽,以手饮之也。”汙,掘地。樽,古代的盛酒器具。抔,手捧。抔,原作“杯”,据备要本、四库本改。 ⑬ 蒉(kuài)桴(fú)土鼓:束扎草茎做鼓槌,敲打土做成的鼓作为礼乐。蒉,据《礼记·礼运》郑玄注,蒉,当为凷(kuài),声之误也。凷即块,亦是土的意思。桴,鼓槌。四库本无此四字。 ⑭ 犹可以致敬鬼神:王肃注:“神飨德,不求备物也。” ⑮ 高:通“皋”,嗥,呼而告之。犹“啊”“哎”等呼号的声音。 ⑯ 某复:古人为刚咽气的亲人招魂的习俗,即登上屋顶大声呼喊。 ⑰ 饮腥苴(jū)熟:王肃注:“始死,含以珠贝。将葬,苞苴以遣,奠以送之。”腥,指生的东西,如珠贝等。苴,苞苴,用蒲包包东西。熟,指熟食。 ⑱ 形体则降,魂气则上:古人认为人死后尸体埋入地下,灵魂升天。 ⑲ 天望而地藏:王肃注:“魂气升而在天,形体藏而在地。” ⑳ 故生者南向,死者北首:古人认为南方属阳,故活者的人以南为尊;北方属阴,故死人下葬头要朝北。 ㉑ 冬则居营窟,夏则居橧(zēng)巢:王肃注:“掘地而居,谓之营窟。有柴谓橧,在树曰巢。”橧巢,聚柴薪造成的巢形居处。橧,原作“橹”,据备要本、四库本等改。

㉒ 火化：用火使食物变熟。 ㉓ 茹(rú)：吃，吞咽。或本有王肃注："毛未尽而食曰茹。"从刊本、备要本、四库本皆无。 ㉔ 衣其羽皮：穿禽兽的羽毛皮革。 ㉕ 后圣有作：后来有圣人出现。 ㉖ 范金：王肃注："冶金为器，用刑范也。"用模子浇铸金属器皿。范，四库本讹为"冶"。 ㉗ 合土：王肃注："合和以作瓦物。"调和泥土烧制砖瓦。 ㉘ 以炮(páo)以燔：王肃注："毛曰炮，加火曰燔也。"炮，将带毛的牲体涂泥置于火上烧烤。 ㉙ 以烹以炙：王肃注："煮之曰烹，炮之曰炙。" ㉚ 以为醴(lǐ)酪(lào)：王肃注："醴，醴酒。酪，浆酢。"醴，甜酒。酪，一种含酸味的调味品。 ㉛ 养生送死：供养活着的人，为死去的人送葬。 ㉜ 玄酒在室：王肃注："玄酒，水也。言尚古在略近。"太古无酒，以水为酒，又因其色黑，故谓之玄酒。室内在北，地位最尊，故把玄酒摆在室内。 ㉝ 醴醆 (zhǎn)：王肃注："醴，盎齐也。五齐，二曰醴齐，三曰盎齐。"古时酒按其清浊和厚薄分为五等，叫"五齐"。《周礼·天官·酒正》："辨五齐之名：一曰泛齐，二曰醴齐，三曰盎齐，四曰缇(醍)齐，五曰沈齐。"醆 ，白色浊酒。 ㉞ 粢(jì)醍(tǐ)：一种较清的浅红色酒，为醍齐。 ㉟ 澄酒：一种清酒，为沈齐，于五齐中最清。 ㊱ 鼎俎：鼎和俎。祭祀宴享时陈置牲体或其他食物的礼器。鼎为青铜制品，圆形，三足两耳，也有长方四足的。俎为木制，漆饰。

㊲ 琴、瑟、管、磬、钟、鼓：指礼乐器物。瑟，一种拨弦乐器。磬，古代乐器，用石、玉或金属为材料，形状如规，悬挂于架上，击之而鸣。此句后同文本有"以其祝嘏"四字。 ㊳ 上神：王肃注："上神，天神。" ㊴ 以正君臣：以此摆正君臣之间的上下关系。 ㊵ 祐：保佑，旧指天神等的佑助。《易·大有》："自天祐之，吉无不利。"四库本、备要本、同文本作"祜"。 ㊶ 祝号：王肃注："牺牲、玉帛，祝辞皆美(美，从刊本、四库本皆作'异'，据备要本改)，为之号也。"即祝辞中特别加美的名号。除牺牲、玉帛外，神鬼皆有美号，如称神为"皇天上帝"，称鬼为"皇祖"。 ㊷ 荐：进献。 ㊸ 腥其俎，熟其殽(yáo)：王肃注："言虽有所熟，犹有所腥。腥本不忘古也。"殽，通"肴"，煮熟的鱼肉。 ㊹ 越席以坐：王肃注："翦蒲席也。"翦，通"践"。蒲席，蒲草织成的草席。古代习俗，主人主妇要踩踏蒲席走上坐席。 ㊺ 疏布以幂(mì)：王肃

注:“幂,覆酒巾也。质,故用疏也。”疏布,粗麻布。幂,覆盖,罩。《周礼·天官·幂人》:“祭祀,以疏布巾幂八尊,以画布巾幂六彝。”,幂,同文本作“罩”。　㊻ 衣其浣(huàn)帛:王肃注:“练染以为祭服。”衣,穿。浣帛,新织的绸衣。　㊼ 交献:交替进献。　㊽ 以嘉魂魄:王肃注:“嘉,善,乐也。”此句同文本后有“是谓合莫”四字。　㊾ 合烹:王肃注:“合其烹熟之礼,无复腥也。”把半生不熟的祭品合在一起烹煮。　㊿ 体:王肃注:“体,解其牲体而荐之。”　51 实:装满。　52 簠(fǔ)簋(guǐ):王肃注:“受黍稷之器也。”即两种盛黍稷稻粱的礼器,簠方形,簋圆形。　53 笾(biān)豆:王肃注:“竹曰笾,木曰豆。”笾和豆是古代祭祀和宴会时盛食品的两种礼器。笾用竹制,盛果脯等。豆用木制,也有用铜或陶制的,形似高脚盘,盛齑酱等。　54 铏(xíng):王肃注:“铏,所以盛羹也。”即盛羹及菜的器皿。　55 祝以孝告:王肃注:“祝通孝子语于先祖。”祝,谓祝辞。　56 嘏(gǔ,又读 jiǎ)以慈告:王肃注:“嘏传先祖语于孝子。”嘏,谓嘏辞。《诗·鲁颂·閟宫》:“天赐公纯嘏,眉寿保鲁。”郑玄笺:“受福曰嘏。”　57 祥:王肃注:“祥,善。”

[通解]　言偃问孔子说:“先生您把礼说得极为重要,可以讲给我们听听吗?”

孔子说:“我曾想了解夏代的礼制,因而到杞国去,但因年代久远已无法考证了,我在那里只得到了他们的历书《夏时》。我曾想了解殷代的礼制,所以前往宋国,但也已无法考证了,我在那里只得到他们的易书《乾坤》。我从《乾坤》中看到阴阳变化的道理,从《夏时》中看到时令周转的顺序,进而推测夏殷两朝礼制的区分等次,并从中推出了礼制的起源。

“最初的礼产生于饮食活动中。远古时代,人们只懂得把黍米用火烤熟,把猪肉放到火上烧熟,在地上掘坑盛水当酒樽,用双手捧着当酒杯来喝,用陶土烧成鼓槌,敲打用陶土烧成的鼓,虽然这样简陋,仍可以向鬼神表达敬意。到他们死的时候,活着的人登上屋顶,对着天空大声喊:‘哎!某某你回来呀！'他们这样做了以后，就把生珠贝等放到死者的口中举行饭含之礼，再包些熟食下葬。死者的形体埋入地下，魂气则升入天空，所以招魂时仰望天空而尸体则埋入地下。南方属阳，所以活着的人以南方为尊，北方属阴，所以死者入葬时头朝北方。这都是遵从最初样子的做法。

"从前先代君王没有宫室，冬天居住在地窟里，夏天则用柴草搭成住处或直接住在树上。当时还不知道用火使食物变熟，只能生吃草木的果实，生吃鸟兽的肉，喝它们的血，有时连毛一块吞下去。当时也没有丝织品和麻布，只能穿鸟羽和兽皮。后来有圣人出现，才开始知道利用火的好处。用模子浇铸金属器皿，调和泥土烧制砖瓦，用来建造宫室和门窗，又用火烧烤和烹煮食物，酿制出甜味的酒和含酸味的浆醋。加工丝麻，织成麻布和丝绸。用这些东西来供养生者和安葬死者，并且用来祭祀鬼神。因为遵从原始的做法，所以祭祀时要把清水放在地位最尊的室内北窗下，甜味的醴酒和白色混浊的醆酒放在室内靠近门户的地方，较清的浅红色的醍酒放在行礼的堂上，而最清的澄酒则放在堂下。同时陈列祭祀的牺牲，备办盛放煮熟牲体的铜鼎和肉几。安排好琴、瑟、管、磬、钟、鼓，以迎接上神和先祖灵魂的降临，并由此端正君臣大义，增厚父子亲情，和睦兄弟的情意，整齐尊卑上下的心志，夫妇各自有其应处的位置。这就是所谓承奉了上天的福佑。制作祝辞中的名号，用清水来祭祀，进献刚宰杀的牺牲的血和毛，再献上几案上的生肉和半熟的牲体。踏着蒲席，端着用粗麻布覆盖的酒樽，穿着新织的绸衣，献上醴酒和醆酒，献上烤肉，主人和主妇一前一后地交替进献，以使祖先的神灵得到欢悦。然后退下，将堂上撤下的进献过的牲体和未进献过的牲体合在一起煮熟，将煮熟了的狗、猪、牛、羊的牲体分解开，簠、簋盛满粮食，笾、豆盛满果脯和肉酱，带菜肉汤则盛入铏中，以用来飨尸及招待本族的人。祝告辞把主人的孝心告诉给先祖的神灵,致福辞则把先祖神灵的慈爱转达给主人,这样做才可以叫做大祥。祭礼到此就圆满结束了。”

五仪解第七

[序说]

本篇所记述的全部是孔子回答哀公的问话,因首记孔子论述人分为庸人、士人、君子、贤人和圣人五仪(即五等),并详述了五仪的不同标准,故以“五仪”名篇。

孔子积极关注现实政治,提倡仁、礼结合,主张修身与为政的内在统一,本篇关于治国取士和立身处世之道的论述就是对这一思想的具体阐发,体现了孔子“内圣外王”“修齐治平”的思想。孔子回答哀公取人之法的发问,反映出孔子的人才观。在五仪之教的推行上,孔子认为君主应当见微知著,居安思危。孔子主张“朝廷有礼,上下其亲”,与“道之以德,齐之以礼”完全一致。在谈及国家的存亡祸福时,孔子认为“存亡祸福皆己而已,天灾地妖不能加也”,并以纣王和太戊为例进行说明,这表明他虽然还未完全摆脱天命思想的羁绊,但已经更注重人事,更主张尽人事以待天命。

该文还涉及立身处世之道,孔子阐释“君子不博”,体现了他重仁德、求善道的思想;他回答“智者寿乎?仁者寿乎?”反映了儒家伦理思想的中庸观念。不难看出,孔子心目中的理想人格是坚持中庸之道的仁、智统一的君子。

儒家以修身为本,但不限于“修己”,还要推己及人,成己成物，由仁学到仁政，把自身道德修养作为治国、平天下的起点，同时又把治国、平天下作为自身道德修养的归宿，这体现出儒家的“内圣外王”“修齐治平”的思想，如将本篇与《王言解》《大婚解》等篇章结合研究，会对这一思想有更为深刻的理解。篇中的“夫君者，舟也；庶人者，水也。水所以载舟，亦所以覆舟”是对儒家仁政思想的生动诠释，它深刻地揭示了君主与臣民之间的政治伦理关系。这一政论警句经荀子发扬光大，为后世学者及政治家所重视和借鉴，对中国古代政治伦理思想的发展产生了积极而深远的影响。

本篇材料还散见于《荀子》《大戴礼记》《新序》《韩诗外传》《说苑》等典籍。本篇中的许多材料可以与相关儒家典籍联系起来考察，例如，篇中的“生今之世，志古之道”与《中庸》中孔子的相关言论，孔子对“圣人”的论述与《易传》的有关内容等，这样会更为全面地理解孔子思想，更能清晰地认识《家语》的价值。

[原文]

哀公①问于孔子曰：“寡人欲论②鲁国之士③，与之为治，敢④问如何取之？”孔子对曰：“生今之世，志⑤古之道；居⑥今之俗，服古之服⑦。舍此而为非者⑧，不亦鲜乎？”曰：“然则章甫绚履⑨，绅带缙笏⑩者，皆贤人也。”孔子曰：“不必然也。丘之所言，非此之谓也。夫端衣玄裳，冕而乘轩者，则志不在于食荤⑪；斩衰菅菲⑫，杖而歠粥者⑬，则志不在于酒肉。‘生今之世，志古之道；居今之俗，服古之服’，谓此类也。”

公曰：“善哉！尽此而已乎？”孔子曰：“人有五仪⑭：有庸人，有士人，有君子，有贤人，有圣人。

审[15]此五者，则治道毕[16]矣。”

公曰：“敢问何如斯可谓之庸人[17]？”孔子曰：“所谓庸人者，心不存慎终之规[18]，口不吐训格[19]之言，不择贤以托[20]其身，不力行以自定[21]。见小暗大，而不知所务[22]；从物如流[23]，不知其所执[24]，此则庸人也。”

公曰：“何谓士人？”孔子曰：“所谓士人者，心有所定，计有所守。虽不能尽道术[25]之本，必有率[26]也；虽不能备百善之美，必有处[27]也。是故知不务多，必审其所知；言不务多，必审其所谓[28]；行不务多，必审其所由[29]。智既知之，言既道之[30]，行既由之，则若性命之形骸之不可易也[31]。富贵不足以益，贫贱不足以损。此则士人也。”

公曰：“何谓君子？”孔子曰：“所谓君子者，言必忠信而心不怨[32]，仁义在身而色无伐[33]，思虑通明而辞不专[34]。笃[35]行信道，自强不息，油然若将可越而终不可及者[36]。此则君子也[37]。”

公曰：“何谓贤人？”孔子曰：“所谓贤人者，德不逾闲[38]，行中规绳[39]，言足以法于天下而不伤于身[40]，道足以化于百姓而不伤于本[41]。富则天下无宛[42]财，施则天下不病[43]贫。此则贤者[44]也。”

公曰：“何谓圣人？”孔子曰：“所谓圣者，德合于天地[45]，变通无方[46]，穷万事之终始[47]，协庶品之自然[48]，敷[49]其大道而遂成情性。明并[50]日月，化行若神。下民不知其德，睹者不识其邻[51]。此谓圣人也。”

［注释］ ① 哀公：鲁国国君，名将，姬姓。此记载又见于《荀子·哀公》《大戴礼记·哀公问五仪》《新序·杂事四》。 ② 论（lún）：通“抡”，选择。 ③ 士：指具有某种品质或才能的人。 ④ 敢：谦辞，冒昧的意思。 ⑤ 志：倾慕，追慕。《论语·为政》“吾十有五而志于学”皇疏：“志者，在心向慕之谓也。”王先谦《荀子集解》：“记，识也。”恐非。 ⑥ 居：处于某种地位或情况。 ⑦ 服古之服：王先谦注：“犹若夫子服逢掖之衣，章甫之冠也。”《大戴礼记》云：“古之服，儒服也。” ⑧ 舍（shè）此而为非者：处于上述行为而不是人才的。 ⑨ 章甫绚（qú）履：王肃注：“章甫，冠也。绚履，履头有钩饰也。”《儒行解》：“丘少居鲁，衣逢掖之衣。长居宋，冠章甫之冠。”绚履，郑玄注：“绚之言拘也。以为行戒，状如刀衣鼻，在履头。” ⑩ 绅带缙笏（hù）：王肃注：“绅，大带。缙，插也。笏，所以执书思对命。”缙，四库本、备要本、同文本作“搢”。笏，朝笏。《礼记·玉藻》：“笏，度二尺有六寸，其中博三寸，其杀六分而去一。” ⑪ 夫端衣玄裳，冕而乘轩者，则志不在于食荤：王肃注：“端衣玄裳，斋服也。轩，轩车。荤，辛菜也。”《周礼·春官·司服》郑玄注：“端者，取其正也。衣袂，皆二尺二寸而属幅，是广袤等也。”《礼记·郊特牲》：“斋之玄也，以阴幽思也。”冕，丧冠，一说祭服。荤，四库本作“焄（xūn）”，辛菜，指葱韭之类。王先谦《荀子集解》：“端衣玄裳，冕而乘路，所以祭也，故志不在于食荤。” ⑫ 斩衰（cuī）菅菲：斩衰，古代最重的丧服。用粗而生的麻布制成，左右和下边不缝，子对父、臣对君斩衰三年。《仪礼·丧服》曰：“斩者何？不缉也。”郑玄注：“上曰衰，下曰裳。”菅菲，菅履。菅，原作“管”，据四库本、备要本改。菲，一作“扉”。夏曰扉，周曰履。 ⑬ 杖而歠（chuò）粥：杖，服丧所用的丧杖。歠，通“啜”。歠粥，喝粥。《丧服传》云：“啜粥，朝一溢米，夕一溢米。” ⑭ 仪：等次。参见《周礼·大司徒》：“五曰以仪辨等。” ⑮ 审：明。 ⑯ 毕：尽，尽在其中之意。 ⑰ 敢问何如斯可谓之庸人：同文本“谓”前无“可”字。 ⑱ 慎终之规：慎终，指行事谨慎始终如一。如《礼记·表记》：“慎始而敬终。”规，《说文》：“规，有法度也，从夫从见。” ⑲ 格：王肃注：“格，法。” ⑳ 托：依托。 ㉑ 定：有所止。 ㉒ 而不知所务：务，致力，做。同文本“不”前无“而”字。

㉓ 流:流移。 ㉔ 执:执守。 ㉕ 道术:此指治国的原则和方法。 ㉖ 率:遵循。王肃注:“率,犹行也。”恐非。 ㉗ 处:居处,引申为执守。 ㉘ 言不务多,必审其所谓:王肃注:“所务者,谓言之要也。”又《荀子·哀公》王先谦集解:“止于辨明事而已矣。”审,《说文》:“审,悉也,知审谛也。” ㉙ 由:从。 ㉚ 智既知之,言既道之:王肃注:“得其要也。”智,同文本作“知”。 ㉛ 则若性命之形骸之不可易也:形骸,形体。易,以他物移易。 ㉜ 怨:王肃注:“怨,咎。”《荀子·哀公》此处作“德”。 ㉝ 色无伐:王肃注:“无伐善之色也。”伐,夸矜。 ㉞ 专:自以为是。 ㉟ 笃:坚定,笃厚。参见《论语·子张》“信道不笃”。一说“纯”,见《礼记·儒行》“笃行而不倦”孔颖达疏。 ㊱ 油然若将可越而终不可及者:王肃注:“油然,不进之貌也。越,过也。”王先谦《荀子集解》:“所谓‘瞻之在前,忽焉在后’。”及,赶上。 ㊲ 此则君子也:四库本、同文本“君子”前无“此则”二字。

㊳ 逾闲:王肃注:“闲,法。”逾闲,逾越法度。 ㊴ 行中(zhòng)规绳:中,符合。规绳,规矩,绳墨,这里比喻法度。 ㊵ 言足以法于天下而不伤于身:王肃注:“言满天下无口过也。”《荀子·哀公》王先谦集解:“所谓‘言满天下无口过,行满天下无怨恶。’”伤,害。 ㊶ 本:王肃注:“本,亦身。”又《大戴礼记·哀公问五仪》王聘珍解诂:“本谓本性。不伤于本,谓行己有法,而非矫揉以失其性。” ㊷ 宛(yuàn):王肃注:“宛,积也。古字,亦或作此,故或误不着草矣。”备要本王注“古字”作“古作菀”。同文本王注则曰:“宛,古作苑,私积也。德惠而天下化之,不独富也。”宛,当作“苑”,通“蕴”,郁积。 ㊸ 病:担忧。 ㊹ 贤者:《说文》:“贤,多才。”四库本、同文本此前无“则”字。 ㊺ 德合于天地:《易·乾·文言》曰:“夫大人者,与天地合其德,与日月合其明。”合,齐,符合。 ㊻ 变通无方:统物通变。无方,无常。又《礼记·檀弓上》:“左右就养无方。” ㊼ 穷万事之终始:穷,推究。终始,指事物发展的规律。 ㊽ 协庶品之自然:协,和。庶品,万物。

㊾ 敷:布。 ㊿ 并:齐。 51 邻:王肃注:“邻,以喻界畔也。”近邻,身边的人。

［通解］　鲁哀公向孔子问道："我想选拔鲁国的人才，同他们一起治理国家，请问怎样去选择呢？"孔子回答说："生活在当今时代，而倾慕古人的道术；居处于当代习俗，而穿着古代的衣服。这样做了而非人才的，不是很少见吗？"哀公说："这么说，那些头戴章甫之冠，脚穿有钩饰的鞋子，腰束大带，插着朝笏的人，都是贤人了。"孔子说："不一定是这样。我刚才所说的，不是指这些。那些身穿黑色斋服，头戴礼帽，乘坐轩车的人，心思不在辛菜上；身穿丧服，脚着丧鞋，手拄丧杖而喝稀粥的人，心思不在酒肉上。'生活在当今时代，而倾慕古人的道术；居处于当代习俗，而穿着古代的衣服'，说的就是这种人。"

哀公说："说得好！这样就可以了吗？"孔子说："人可以分为五等：有庸人，有士人，有君子，有贤人，有圣人。能辨别这五种人，那么治国之道就尽在其中了。"

哀公说："请问怎么样可称作庸人？"孔子说："所谓庸人，心里没有自始至终谨慎行事的规诫，口中说不出可奉为法度的话语，不选择贤人使自身有所依托，不力行道艺使自身有所归宿。小事明白而大事糊涂，不知道该干什么；凡事随波逐流，不明白应执守什么。这样就称作庸人。"

哀公说："什么叫做士人呢？"孔子说："所谓士人，心里有坚定的信念，制定的计划坚持执行。即使不能完全精通治国原则，也一定有所遵循；即使不能做到尽善尽美，也一定有所执守。所以知识不求广博，一定要知道所掌握的是否准确无误；言语不求多说，一定要知道所说的是否有理有据；事情不求多做，一定要知道所作所为是否遵循事理。知识已经是准确无误的，说话已经是有理有据的，行动已经是遵循事理的，那就像自身的性命身体一样不可以被他物所代替。富贵不足以使他增加什么，贫贱也不足以使他减少什么。这样就叫做士人。"

哀公说："什么叫做君子呢？"孔子说："所谓君子，出言一定忠诚守信而心里无怨咎，自己施行仁义而面无夸耀之色，思虑通达明智而言辞并不自以为是。笃厚坚定地施行所信守的道义，自强不息，态度舒迟，好像很快就能被超过的样子而最终却无法企及。这样的人就是君子。"

哀公问："什么叫做贤人呢？"孔子说："所谓贤人，施德不逾越法度，行事符合准则，言论足以为天下表率而又不会招惹灾祸，其学说、主张足以教化百姓而不戕害自己的本性。自己富有了，天下人就可以不积私财；广施德泽，使天下人不担忧贫困。这样的人就是贤人。"

哀公问："什么叫做圣人呢？"孔子说："所谓圣人，德行与天地之道相合，统物通变，推究万事的发展规律，协调万物的自然本性，广布大道从而成就万物的情性。他与日月齐辉，化行天下如同神明，百姓不知道他的德行，见到他的人也识别不出他与一般人的区别。这样的人就是圣人。"

［原文］

公曰："善哉！非子之贤，则寡人不得闻此言也。虽然，寡人生于深宫之内，长于妇人之手，未尝知哀，未尝知忧，未尝知劳，未尝知惧，未尝知危，恐不足以行五仪之教，若何？"孔子对曰："如君之言，已知之矣。则丘亦无所闻焉。①"

公曰："非吾子，寡人无以启其心，吾子言也。"孔子曰："君入庙，如右②，登自阼阶③，仰视榱桷④，俯察几筵⑤，其器皆存，而不睹其人。君以此思哀，则哀可知矣。昧爽夙兴⑥，正其衣冠，平旦⑦视朝，虑其危难，一物失理，乱亡之端⑧。君以此思忧，则忧可知矣。日出听政，至于中冥⑨，诸侯子孙⑩，往来为宾,行礼揖让,慎其威仪[11]。君以此思劳,则劳亦可知矣。缅然[12]长思,出于四门,周章远望[13],睹亡国之墟,必将有数焉[14]。君以此思惧,则惧可知矣。夫君者,舟也;庶人者,水也。水所以载舟,亦所以覆舟。君以此思危,则危可知矣。君既明此五者,又少留意于五仪之事,则于政治何有失矣?”

［注释］

① 如君之言,已知之矣。则丘亦无所闻焉:王肃注:“君如此言,已为知之。故无所复言,谦以诱进哀公矣。”闻,使之闻,告知。 ② 君入庙,如右:原“君”后有“子”字,据同文本及文意删。右,这里指门内东边。 ③ 阼阶:东阶,主人所登降之阶。 ④ 榱(cuī)桷(jué):屋椽。 ⑤ 几筵:几席,为祭祀的席位,后泛指灵座为几筵。几,原作“机”,据四库本改。 ⑥ 昧爽夙兴:王肃注:“爽,明也。昧明,始明也。夙,早。兴,起。”昧爽,拂晓,黎明。 ⑦ 平旦:天刚亮的时候。 ⑧ 端:端绪,缘由。 ⑨ 中冥:王肃注:“中,日中。冥,昳中。”昳(dié),日过午偏斜。 ⑩ 诸侯子孙:指从别国逃亡到鲁而致仕的诸侯子孙。 ⑪ 威仪:指在祭享等典礼中的仪节。 ⑫ 缅然:忧闷的样子。 ⑬ 周章远望:周章,惶惧的样子。远望,同文本作“远视”。 ⑭ 睹亡国之墟,必将有数焉:王肃注:“言亡国故墟,非但一。”

［通解］

哀公说:“说得好!要不是您贤明,我就听不到这番话了。即便如此,我出生在深宫之中,长养于妇人之手,不曾知道什么是悲哀,什么是忧虑,什么是劳苦,什么是恐惧,什么是危险,恐怕还不足以推行关于人分五等的教化,怎么办呢?”孔子回答道:“照您所说的这些,已经算是知道怎么办了。我也没什么要告知您的了。”

哀公说:“要不是您,我的心智就不能受到启迪,请您说吧。”孔子说:“君主进入宗庙,向东走,从东阶而上,抬头看屋顶的椽子,低头看陈设的几席,那些器物都在,却看不到故去的先祖了。国君从这里想到悲哀,就可以知道什么是悲哀了。初晓时分就早起,端衣正冠,天刚亮就临朝听政,思虑治国的危难,一件事情处理不当,就会成为国家动乱以至灭亡的端绪。国君从这里忧虑,也就可以知道什么是忧虑了。日出就处理政事,直到太阳西斜,从别国逃亡奔鲁的诸侯子孙做您的宾客,行礼揖让,各种仪节都很谨慎。国君从这里想到劳苦,也就知道什么是劳苦了。怀着忧闷长思的心情走出城门,彷徨四顾,极目远望,所看到的亡国故墟一定会有很多。国君从这里去思虑恐惧,就会知道什么是恐惧了。国君是舟,百姓是水,水可以负载舟,也可以使舟覆没。国君从这里思考危险,就知道什么是危险了。国君明白这五种情况后,再稍微留意一下有关五等人的问题,那在政治上还会有什么过失呢?"

[原文]

哀公问于孔子曰:"请问取人之法。"孔子对曰:"事任于官①,无取捷捷②,无取钳钳③,无取啍啍④。捷捷,贪也⑤;钳钳,乱也;啍啍,诞⑥也。故弓调而后求劲焉,马服而后求良焉,士必悫而后求智能者焉。不悫而多能,譬之豺狼不可迩⑦。"

[注释]

① 事任于官:王肃注:"言各当以其所能之事任于官。"此记载又见于《荀子·哀公》、《韩诗外传》卷四、《说苑·尊贤》。 ② 捷捷:花言巧语,参见《诗·小雅·巷伯》"捷捷幡幡"。 ③ 钳钳:王肃注:"钳钳,妄对,不谨诚。" ④ 啍(zhūn)啍:王肃注:"啍啍,多言。"啍,通"谆"。 ⑤ 捷捷,贪也:王肃注:"捷捷而不已(已,四库本无)食,所以为贪也。" ⑥ 诞:王肃注:"诞,欺诈也。" ⑦ 不悫而多能,譬之豺狼不可迩:王肃注:"言人无智者,虽不(不,原作'性',据备要本、同文本改)悫信,不能为大恶。不悫信而有智,然后乃可畏也。"悫,诚实谨慎。迩,近。

[通解] 哀公向孔子问道:“请问您选取人才的原则是什么?”孔子回答道:“各取所能而任命以相应的官职,不要选取花言巧语的人,不要选取妄言乱语的人,不要选取多言多语的人。花言巧语的人会贪得无厌,妄言乱语的人会扰乱是非,多言多语的人会欺诈寡信。所以弓箭要调好之后再求其强劲,马匹要驯服之后再求其精良,士人要诚谨之后再求其才能。不诚谨却又多才干,就如同豺狼一样不可接近。”

[原文] 哀公问于孔子曰:“寡人欲吾国小而能守,大则攻,其道如何?”孔子对曰:“使①君朝廷有礼,上下相②亲,天下百姓皆君之民,将谁攻之?苟违③此道,民畔④如归,皆君之仇也,将与谁守⑤?”公曰:“善哉!”于是废山泽⑥之禁,弛⑦关市之税,以惠百姓。

[注释] ① 使:假如,如果。此记载又见于《说苑·指武》。 ② 相:四库本、同文本作“和”。 ③ 违:原作“为”,据四库本、备要本、同文本改。 ④ 畔:通“叛”。 ⑤ 守:同文本此前有“其”字。 ⑥ 山泽:四库本作“泽梁”。 ⑦ 弛:废除。

[通解] 哀公向孔子问道:“我想让我国国势弱小时能防守,国势强大时能攻伐,有什么办法吗?”孔子回答说:“如果您的朝廷遵守礼制,君臣之间相敬相亲,天下的百姓都是您的臣民,谁还会来攻伐呢?如果违背了这一原则,百姓纷纷叛离各有所归,都是您的仇敌,您还同谁一起防守呢?”哀公说:“说得好!”于是废除了禁入山林川泽的各项政令,取消了市场关卡的税敛,使百姓得到实惠。

[原文]

哀公问于孔子曰："吾闻君子不博①，有之乎？"孔子曰："有之。"公曰："何为？"对曰："为其有二乘②。"公曰："有二乘，则何为不博？"子曰："为其兼行恶道也③。"哀公惧焉。

有间，复问曰："若是乎？君之恶恶道至甚也④。"孔子曰："君子之恶恶道不甚，则好善道亦不甚，好善道不甚，则百姓之亲上亦不甚。《诗》云：'未见君子，忧心惙惙。亦既见止，亦既觏止，我心则悦。⑤'《诗》之好善道甚也如此。"公曰："美哉！夫君子成人之善，不成人之恶。微⑥吾子言焉，吾弗之闻也。"

[注释]

① 博：古代一种两人对局的棋戏。此记载又见于《说苑·君道》。 ② 为其有二乘（chéng）："有"字原脱，据四库本、同文本及下文补。二乘，指二人相互侵凌争胜。乘，凌。 ③ 兼行恶道也：王肃注："此具博三十六道也。"恶道，邪道。 ④ 君之恶恶道至甚也：同文本"君"后有"子"字，四库本"之"作"子"。 ⑤ 未见君子，忧心惙（chuò）惙。亦既见止，亦既觏（gòu）止，我心则悦：语出《诗·召南·草虫》。惙惙，忧愁的样子。觏，遇见。止，同"之"。悦，同文本作"说"。 ⑥ 微：如果没有，表假设。

[通解]

哀公向孔子问道："我听说君子不下棋，有这回事吗？"孔子说："有这回事。"哀公说："为什么呢？"回答说："因为二人下棋时相互搏杀争胜。"哀公说："相互搏杀争胜为什么就不下棋呢？"孔子说："因为争胜的同时会走邪道。"哀公不禁心生恐惧。

过了一会儿，哀公又问道："真像这样吗？那么君子对邪路是深恶痛绝的了。"孔子说："君子对邪路的厌恶如果不十分强烈，那么对正路的称道也就不十分强烈，对正路的称道不强烈，那么百姓对统治者的亲近之情也就不强烈。《诗》云：'没有见到君子，忧心忡忡。等到见了君子，等到遇上君子，满心欢喜。'《诗》对正路的称道也像这样强烈啊！"哀公说："说得好！君子成全别人的好事，不促成别人的坏事。没有您这番话，我就不能听到这些道理。"

［原文］

哀公问于孔子曰："夫国家之存亡祸福，信[1]有天命，非唯人也。"孔子对曰："存亡祸福皆己而已，天灾地妖不能加也[2]。"

公曰："善！吾子之言[3]，岂有其事乎？"孔子曰："昔者殷王帝辛[4]之世，有雀生大鸟于城隅焉，占之，曰：'凡以小生大，则国家必王而名必昌[5]。'于是帝辛介雀之德[6]，不修国政，亢暴[7]无极，朝臣莫救[8]，外寇乃至，殷国以亡。此即以己逆天时，诡[9]福反为祸者也。又其先世殷王太戊[10]之时，道缺法圮[11]，以致夭蘖[12]。桑穀[13]于朝，七日大拱[14]，占之者曰：'桑穀野木而不合[15]生朝，意者[16]国亡乎！'太戊恐骇，侧身[17]修行，思先王之政，明养[18]民之道。三年之后，远方慕义，重译[19]至者，十有六国。此即以己逆天时，得祸为福者也。故天灾地妖，所以儆[20]人主者也；寤梦征怪[21]，所以儆人臣者也。灾妖不胜善政，寤梦不胜善行，能知此者，至治之极也，唯明王达此。"

公曰："寡人不鄙固此，亦不得闻君子之教也。"

［注释］

① 信：确实。此记载又见于《说苑·敬慎》。　② 天灾地妖不能加也：天灾地妖，《左传》宣公十五年："天反时为灾，地反物为妖。"加，改

变。 ③ 吾子之言:同文本作“吾子言之”。 ④ 帝辛:王肃注:“帝纣。” ⑤ 国家必王(wàng)而名必昌:王,称王。昌,显。同文本后“必”字作“益”。 ⑥ 介雀之德:王肃注:“介,助也。以雀之德为助也。” ⑦ 亢暴:极其残暴。亢,极度,过甚。 ⑧ 救:阻止。 ⑨ 诡:违逆。 ⑩ 太戊:商王名,太庚之子,任用伊陟、巫咸等人使商朝复兴。同文本作“大戊”。 ⑪ 圮(pǐ):毁,坏。 ⑫ 夭蘖:指物类反常的情况。夭,通“妖”,同文本即作“妖”。蘖,通“孽”,谓蘖木斩而复生。 ⑬ 桑榖(gǔ):榖,楮(chú)木。古时以桑、榖二木生于朝为不祥之兆。四库本此后有“生”字。 ⑭ 拱:两手合围。 ⑮ 合:应该,应当。 ⑯ 意者:表猜测。大概,恐怕。 ⑰ 侧身:表恐惧不安。侧,倾侧。 ⑱ 养:教化。 ⑲ 重(chóng)译:更译其言,辗转来朝。译,传四夷之语。 ⑳ 儆:王肃注:“儆,戒。” ㉑ 寤(wù)梦征怪:寤,《说文》:“寐觉而有信曰寤。”征,信,验。

[通解] 哀公向孔子请教说:“国家的存亡祸福,确实是由天命注定的,不是只凭人力能左右的。”孔子回答说:“存亡祸福,都源于自身罢了,反时反常的现象并不能改变国家的命运。”

哀公说:“说得好! 您所说的难道有事实根据吗?”孔子说:“从前商纣王统治时期,有只小鸟在城墙角生了一只大鸟。占卜后说:‘凡是以小生大,那国家一定会称王于天下,而声名一定会显赫。’于是纣王凭借卜辞中小鸟会带来福祉的预言而不理朝政,残暴无比。朝臣不能阻止他,外敌于是前来攻伐,殷朝因此而灭亡。这就是因为自己违逆天时,使上天的福祉变为灾祸的事例。还有他的先祖殷王太戊统治时代,道统缺废,法纪毁坏,以致出现树木生长反常的现象。桑、楮在朝堂上长出,七天就有两手合拢那么粗了。占卜它的人说:‘桑、楮是野生的树木,不应生长在朝堂,恐怕是国家要灭亡了吧!’太戊惧怕异常,诚惶诚恐地修习自己的德行,思虑先王的政道,昭明教化百姓的举措。三年之后,远方的国家倾慕他的道义,通过使者辗转传译来朝拜的国家多达十六个。这就是因为自己改变天时,将祸兆变为福祉的事例。所以天降灾异、地生妖孽是用来儆戒人主的;各种梦异和怪诞的征兆,是用来警戒人臣的。灾异妖孽胜不过清明的政治,不好的梦兆胜不过良好的品行。能明白这个道理,就达到了天下大治,只有贤明的君主才能实现。"

哀公说:"我如果不是这般庸鄙固陋,也就不能听到您这番教诲了。"

[原文]

哀公问于孔子曰:"智者寿乎?仁者寿乎?"孔子对曰:"然,人有三死,而非其命也,行己①自取也。夫寝处不时②,饮食不节,逸劳过度者,疾共杀之;居下位而上干③其君,嗜欲无厌④而求不止者,刑共杀之;以少犯⑤众,以弱侮⑥强,忿怒不类⑦,动不量力者,兵共杀之。此三者,死非命也,人自取之。若夫智士仁人,将身⑧有节,动静以义,喜怒以时,无害其性,虽得寿焉,不亦可⑨乎?"

[注释]

① 行己:使自己。同文本"己"前无"行"字。此记载又见于《韩诗外传》卷一、《说苑·杂言》、《文子·符言》。 ② 寝处不时:指生活起居没有规律。 ③ 干:冒犯。 ④ 嗜欲无厌:嗜,指特殊的爱好。厌,满足。 ⑤ 犯:侵犯。 ⑥ 侮:侮慢。 ⑦ 类:法,这里指合乎礼法。《荀子·大略》"多言而类"杨倞注:"谓皆当其类而无乖越。"《左传》宣公十七年"喜怒以类者鲜"杨伯峻注:"类,法也。喜怒合乎礼法者,曰以类,不然,便为不类。" ⑧ 将身:行事。王肃注:"将,行。" ⑨ 可:四库本、同文本作"宜"。

[通解]

哀公向孔子问道:"聪明的人长寿吗?仁义的人长寿吗?"

孔子回答说:“是这样。人有三种死亡并非命中注定,而是咎由自取。起居没有规律,饮食不加节制,安逸或劳累过度,就会疾病丛生而丧命;身居下位却冒犯君主,嗜好欲望贪得无厌,索求不止的人,各种刑罚会使他丧生;以少数侵犯多数,以弱者侮慢强者,忿怒不合礼法,做事不自量力,各种兵器会令他丧命。这三种死法都不是命中注定的,而是人自己招致的。像那些智士仁人,行事有所节制,居处行动合乎时宜,喜怒适时而止,不戕害自己的性情,即使能够长寿,不也是应该的吗?”

卷第二

致思第八

[序说]

本篇主要记载孔子和孔子弟子颜回、子路、子贡、子羔、曾子等人的言行。本篇第一章记孔子游于农山，命弟子们“于斯致思”，谈论志向，遂以“致思”（同文本作“观思”）名篇。

本篇各章从不同角度选材，却都体现了孔子对人物、时事和生活的深邃思考。孔子与弟子“农山言志”，对颜回的治国思想赞许有加，表现了孔子的政治理想；孔子与子路论治蒲，认为为政要以德服民；孔子接受鲁人之食和楚人之鱼，表现了孔子对“仁人”的深层理解；孔子批评子路草率与民“箪食壶浆”以行仁，表明孔子思想中“仁”的践行与政治的紧密联系；孔子称赞季羔执法“思仁恕”，实质上是主张赋予“法”以“仁”的内涵；孔子赞美文王、武王，阐释了“正其身”和“正天下”的关系。另外，孔子认为曾子“善安身”、表扬子路的孝行、希望弟子记住丘吾子的“三失”、说子夏“甚吝于财”等，对孔子思想研究有重要价值。

孔子爱好学问，故以“内学外饰”训导其子孔鲤；孔子推重道德，故以“水且犹可以忠信成身亲之”来教育弟子；孔子礼遇程子，则体现了他的好贤尊贤。正因为道的实行需要一定的客观条件，所以孔子对季孙氏和南宫敬叔“贶财”表示认可；基于对春秋大势有深刻的洞察，故孔子能由童谣知楚王将得萍实而为霸。孔子告诉子贡“死者有知与无知，非今之急”，代表了原始儒家的生死观；孔子批评子贡赎鲁人却“辞而不取金”，则涉及“圣人之教”的内涵。

相比较而言，“孔子论管仲”一节，在理解上或许有一定的难度。由于对管仲所作所为是否合乎“仁人之道”非常困惑，子路就此请教孔子。对于管仲，孔子显然颇为熟悉和了解。孔子很少以“圣”与“仁”许人，却高度评价管仲，认为其人“仁也”。为什么呢？将本篇与《论语·宪问》篇结合起来考察，可能更容易理解。《宪问》记：“子路曰：‘桓公杀公子纠，召忽死之，管仲不死。’曰：‘未仁乎？’子曰：‘桓公九合诸侯，不以兵车，管仲之力也。’”又记：“子贡曰：‘管仲非仁者与？桓公杀公子纠，不能死，又相之。’子曰：‘管仲相桓公，霸诸侯，一匡天下，民到于今受其赐。微管仲，吾其被发左衽矣。岂若匹夫匹妇之为谅也，自经于沟渎而莫之知也？’”管仲对春秋历史的进程产生了重大影响，孔子对此有深刻认识。试想如果管仲像召忽那样为公子纠死掉，也就没有后来的“一匡天下”的历史伟业了。在孔子看来，管仲“通于变”，转而辅佐齐桓公，泽及后世，这正是仁人的作为。由此，我们应该对本篇孔子论管仲有更深刻的认识，从中可以看出孔子的理想和抱负。

本篇的价值是多方面的。例如，孔子与《尚书》的关系、《古文尚书》的真伪等问题，历来存有极大争议。本篇中，孔子与子贡论治民之道，强调态度要慎重乃至畏惧，要遵循“以道导之”的方法，说“懔懔焉若持腐索之扞马”，此语应当与《古文尚书·五子之歌》之“予临兆民，懔乎若朽索之驭六马，为人上者，奈何不敬”有重要关联，值得引起足够重视。

本篇材料又多见于其他相关文献，以本篇为基础进行比较研究，会发现更多的有关原始儒学的学术信息。

[原文]

孔子北游于农山①，子路、子贡、颜渊侍侧②。

孔子四望，喟然而叹曰："于斯致思③，无所不至④矣。二三子各言尔志，吾将择焉。"

子路进曰："由愿得白羽⑤若月，赤羽⑥若日，钟鼓之音上震于天，旍旗⑦缤纷下蟠⑧于地。由当⑨一队而敌之，必也攘⑩地千里，搴旗执聝⑪。唯由能之，使二子者从我焉。"夫子曰："勇哉！"

子贡复进曰："赐愿使齐、楚合战于漭瀁⑫之野，两垒相望，尘埃相接，挺刃交兵。赐著缟衣白冠⑬，陈说其间，推论利害，释⑭国之患。唯赐能之，使夫二子者从我焉。"夫子曰："辩⑮哉！"

颜回退而不对。孔子曰："回，来！汝奚⑯独无愿乎？"颜回对曰："文武之事，则二子者既言之矣，回何云焉？"孔子曰："虽然⑰，各言尔志也，小子言之。"对曰："回闻薰、莸⑱不同器而藏，尧、桀⑲不共国而治，以其类异也。回愿得明王圣主辅相⑳之，敷其五教㉑，导之以礼乐，使民城郭不修，沟池不越㉒，铸剑戟以为农器，放牛马于原薮㉓，室家无离旷㉔之思，千岁无战斗之患。则由无所施其勇，而赐无所用其辩矣。"夫子凛然曰："美哉德也！"

子路抗手㉕而对曰："夫子何选㉖焉？"孔子曰："不伤财，不害民，不繁词㉗，则颜氏之子㉘有矣。"

［注释］

① 农山：山名，在鲁国北部。此记载又见于《韩诗外传》卷九、《说苑·指武》。 ② 侍侧：在旁边陪着。 ③ 致思：集中注意力思考。 ④ 无所不至：什么都可以思考。王肃注："言思无所不至。" ⑤ 白羽：古代军中主帅所执的指挥旗。羽，旌旗。 ⑥ 赤羽：红色的旗帜。 ⑦ 旍（jīng）旗：旌旗。 ⑧ 蟠：曲折盘绕。王肃注："蟠，委。" ⑨ 当（dàng）：主领，率领。 ⑩ 攘（rǎng）：夺取，占

领。王肃注:“攘,却。” ⑪ 搴(qiān)旗执聝(guó):拔取敌人军旗,割取敌人的左耳,用以计数报功。王肃注:“搴,取也,取敌之旍旗。聝,截耳也,以效获也。”聝,四库本、同文本作“馘”。 ⑫ 漭(mǎng)瀁(yǎng):宽广辽阔。王肃注:“漭瀁,广大之类。” ⑬ 著(zhuó)缟(gǎo)衣白冠:著,穿戴。缟衣,白色的丝绢衣服。王肃注:“兵,凶事,故白冠服也。” ⑭ 释:解除。 ⑮ 辩:有口才,善言辞。 ⑯ 奚:为什么,因何缘故。 ⑰ 虽然:即使这样。四库本此前“孔子曰”三字脱。 ⑱ 薰(xūn)、莸(yóu):薰,古书上指一种有香味的草。莸,古书上指一种有臭味的草。王肃注:“薰,香。莸,臭。” ⑲ 尧、桀:尧,传说中上古贤君陶唐氏之号。桀,夏朝末代君主,暴君。 ⑳ 辅相:辅佐,帮助。 ㉑ 敷其五教:敷,敷施。五教,五种教化。王肃注:“敷,布也。五教,父义、母慈、兄友、弟恭、子孝也。” ㉒ 沟池不越:王肃注:“言无逾越沟池。”音误。越,据王念孙《广雅疏证》,读为“掘”。 ㉓ 原薮(sǒu):王肃注:“广平曰原,泽无水曰薮也。” ㉔ 离旷:指丈夫不在家,妻子独处。 ㉕ 抗手:举手行礼。 ㉖ 选:选择。 ㉗ 不繁词:不用说太多的话。 ㉘ 颜氏之子:指颜回。

[通解]

孔子到鲁国北部游览,登上农山山顶,弟子子路、子贡、颜渊在旁边陪着。孔子四下远望,很感叹地说:“在这个地方静心深入思考,什么都可以想到。你们可以谈谈自己的志向,我将从中作出选择。”

子路走向前说:“我愿意秉持像月亮一样洁白的帅旗,挥动像早晨的太阳一样鲜红的战旗,让撞击钟鼓的声音响彻云天,让旌旗迎风飘扬。我率领一队人马与敌人作战,一定能攻占敌人的土地千里,拔取敌军的军旗,割取敌人的左耳计数报功。这一点只有我仲由能做到,老师你就让这两个人跟着我吧。”孔子说:“真是勇敢啊!”

子贡又走向前说:“我希望让齐、楚两国在宽广辽阔的原野上交战,两军营垒遥遥相望,军队激起的尘土飞扬,士兵们手持兵器英勇作战。我穿着白色的衣冠,在两国之间奔走劝告,陈说各种利害,以解除国家的外患。这只有我能做得到,老师你就让这两个人跟着我吧。”孔子说:“真是有口才啊!”

颜回退在后面不作回答。孔子说:“颜回,过来!为什么只有你不谈一下自己的志向呢?”颜回回答说:“文武两方面的事,两人已经说过了,颜回我还说什么呢?”孔子说:“即使这样,各人也要说说自己的志向,你就说吧。”颜回回答说:“听说薰草和莸草不在同一个器物里面藏放,尧和桀不能共同治理一个国家,是因为他们不是同类。我希望能辅佐贤明的君主,布施父义、母慈、兄友、弟恭、子孝这五种教化。用礼乐教导民众,让百姓不用去修建城墙,不用去挖掘沟渠,将刀枪剑戟熔铸成农具,在原野湖畔放牧牛马,夫妇没有分别的思念苦痛,天下永远没有战争的灾难。这样仲由就没有地方施展他的勇敢,而端木赐也没有地方发挥他的口才了。”孔子非常严肃地说:“真是美好的德行啊!”

子路举手行礼问道:“老师您将怎样选择呢?”孔子说:“不耗费钱财,不危害百姓,不用说太多的话,这样来治理国家,只有颜回能做得到。”

[原文]

鲁有俭啬①者,瓦鬲②煮食,食之,自谓其美,盛之土型之器③,以进孔子。孔子受之,欢然而悦,如受大牢之馈④。子路曰:“瓦甂⑤,陋器也;煮食,薄膳⑥也。夫子何喜之如此乎?”子曰:“夫好谏者思其君,食美者念其亲。吾非以馔具⑦之为厚,以其食厚而我思⑧焉。”

[注释]

① 俭啬:节俭吝啬。此记载又见于《说苑·反质》。 ② 瓦鬲(lì):王肃注:“瓦釜。”即一种陶制炊具。 ③ 土型之器:王肃注:“瓦

瓿。”即一种陶制的瓦罐。型，铸造器物的模子，用泥做的叫型。　④如受大牢之馈：祭祀时牛、羊、猪皆备，称为太牢。大，同“太”。王肃注：“牛、羊、豕。馈，遗（原作‘馈’，据四库本改）也。”　⑤瓦甂（biān）：小瓦盆。　⑥薄膳：平淡无味的饭食。　⑦馔（zhuàn）具：盛食物的器具。　⑧我思：即思我，想起了我。

［通解］

鲁国有一个节俭吝啬的人，用陶制炊具烧煮食物，熟了一尝，自己认为味道非常鲜美，就用小瓦罐盛好，进献给孔子。孔子接受了这些食物，非常高兴，好像接受了用作太牢的牛、羊、猪这样的馈赠。子路问道：“小瓦罐是简陋的盛饭用的器具，煮出来的饭食也平淡无味。老师您为什么如此高兴呢？”孔子说：“喜欢进谏的人总是想着自己的国君，吃美味的人总想起自己的父母。我看重的并不是盛食物的器具的好坏，而是他吃到好食物的时候想起来让我尝尝的这种心情。”

［原文］

孔子之楚，而有渔者[①]而献鱼焉，孔子不受。渔者曰：“天暑市[②]远，无所鬻[③]也。思虑弃之粪壤[④]，不如献之君子，故敢以进焉。”于是夫子再拜受之，使弟子扫地，将以享祭[⑤]。门人曰：“彼将弃之，而夫子以祭之，何也？”孔子曰：“吾闻诸，惜其腐馀[⑥]而欲以务施者，仁人之偶[⑦]也。恶[⑧]有受仁人之馈，而无祭者乎？”

［注释］

①渔者：打鱼的人。四库本“渔”及下“渔”字皆作“鲌”。此记载又见于《说苑·贵德》。　②市：卖鱼的市场。　③鬻：卖，出售。　④粪壤：粪土。　⑤享祭：祭祀。　⑥馀：据《文选·风赋》李善注引《家语》，《太平御览》卷八三三引《家语》俱作“馀”，当为形之误也。腐，同文本作“务”。　⑦偶：同伴，同类。　⑧恶（wū）：古同“乌”，疑问词，哪里，怎么。

［通解］　孔子到楚国去，有一个打鱼的人要献给他一些鱼，孔子表示不能接受。打鱼的人说："天气很热，卖鱼的市场又太远，没有地方去卖鱼。考虑与其扔到粪土里去，不如献给像您这样的君子，所以我才敢把这些鱼冒昧地进献给您。"听了这些话，孔子拜了再拜才接受了这些鱼，让弟子把地打扫干净，准备举行祭祀。弟子们问："这些鱼差点被那个打鱼的人扔掉，老师您却要用这些鱼举行祭祀，为什么呢？"孔子说："我听说因怜惜食物腐烂而把它送给别人，这是仁人的同类。哪里有接受仁人的馈赠，而不举行祭祀的呢？"

［原文］　季羔为卫之士师，刖人之足①。俄而，卫有蒯聩之乱②，季羔逃之，走郭门。刖者守门焉，谓季羔曰："彼有缺③。"季羔曰："君子不逾④。"又曰："彼有窦⑤。"季羔曰："君子不隧⑥。"又曰："于此有室。"季羔乃入焉。既而追者罢，季羔⑦将去，谓刖者曰⑧："吾不能亏⑨主之法而亲刖子之足矣⑩。今吾在难，此正子之报怨之时，而逃我者三，何故哉？"刖者曰："断足，固我之罪，无可奈何。曩者君治臣以法令，先人后臣，欲臣之免也，臣知之⑪；狱决罪定，临当论刑，君愀然不乐，见君颜色，臣又知之。君岂私臣哉？天生君子，其道固然。此臣之所以悦君也。"孔子闻之曰："善哉为吏，其用法一也。思仁恕则树德，加严暴则树怨，公⑫以行之，其子羔乎？"

［注释］　① 季羔为卫之士师，刖（yuè）人之足：季羔，即高柴，字子羔，孔子弟子。士师，王肃注："狱官。"刖人之足，砍断人的脚，是古代的一种酷刑。此记载又见于《韩非子·外储说左下》《说苑·至公》。　② 蒯

聩之乱：发生于春秋末年卫国的一次动乱。王肃注："初，卫灵公太子蒯聩得罪，出奔晋。灵公卒，立其子辄，蒯聩自晋袭卫。时子羔、子路并仕于卫也。" ③ 缺：城墙的缺口。 ④ 逾：跳墙。 ⑤ 窦：洞孔。 ⑥ 隧：从洞口爬出去。王肃注："隧，从窦出。" ⑦ 季羔：同文本作"羔"。 ⑧ 曰：原脱，据同文本补。 ⑨ 亏：破坏。 ⑩ 矣：四库本、同文本无。 ⑪ 之：据何本等补。 ⑫ 公：公正无私。

［通解］

季羔担任卫国的狱官，给一个人判了刖足之刑。过了不久，卫国发生了蒯聩之乱。季羔准备逃走，跑到了卫国都城门口。正好是那个受刖刑的人守城门，他告诉季羔说："那边有个缺口。"季羔说："君子不跳墙。"他又说："那边有个洞口。"季羔说："君子不从洞口里钻。"又说："这里有间房子。"季羔就进去了。不久，追捕季羔的人因没有发现他就走了，季羔将要离去，对受刖刑的人说："过去我因为不能破坏国君的法令，所以亲自下令砍断了你的脚。现在我处在危难之际，这正是你报复怨恨的时候，而你提供给我三种逃脱的办法，这是为什么呢？"受刖刑的人说："被砍掉脚是我罪有应得，这是无可奈何的事情。以前你依据法律审理我的案子，下令先审理别人的再审理我的，这是想延长时间了解案情，希望我能免于罪罚，这是我知道的；案子审理完了，刑罚确定了，到了行刑的时候，你显得非常忧戚，一点都不高兴，看到你的脸色，我又明白了。你哪里对我存在私自偏心呢？那些天生的君子，为人之道本来就是这样。这是我之所以欣赏您的原因。"孔子听说了后说："季羔真是善于做官啊，在审理案情的时候坚持使用同样的法度。常思仁义宽恕之心就会树立恩德，而用刑严酷暴虐就会树立怨仇，能够公正无私地执行法度的，也就是子羔吧！"

［原文］

孔子曰："季孙之赐我粟千钟也，而交益亲[1]；

自南宫敬叔之乘我车也，而道加行②。故道虽贵，必有时③而后重，有势④而后行。微夫二子之贶⑤财，则丘之道殆将废矣。”

［注释］ ① 季孙之赐我粟千钟也，而交益亲：王肃注：“得季孙千钟之粟以施与众，而交益亲。”季孙，季孙氏，即季康子，名肥。交，交往的人，朋友。益亲，更加亲密。根据《说苑》及行文语气，“季孙”前面应有一“自”字。此记载又见于《说苑·杂言》。 ② 道加行：主张更好地得到推广。王肃注：“孔子欲见老聃而西观周，敬叔言于鲁君，给孔子车马，问礼于老子。孔子历观郊庙，自周而还，弟子四方来习也。” ③ 时：时机。 ④ 势：条件。 ⑤ 贶（kuàng）：赐，赠送。

［通解］ 孔子说：“季孙氏送我千钟粮食，我又把它转送给了交往的朋友，从这以后我和朋友的交往更加亲密了。自从南宫敬叔帮我得到乘坐的车子后，我的思想学说可以更好地推行了。因此，思想主张虽然重要，必须在得到有利的时机后才能被看重，得到有利的条件后才能得以推行。如果没有两人送我财物，那么我的思想主张就会因得不到推行而几乎被废弃了。”

［原文］ 孔子曰：“王者有似乎春秋，文王以王季为父，以太任为母，以太姒为妃，以武王、周公为子，以太颠、闳夭为臣，其本美矣①。武王正其身以正其国，正其国以正天下，伐无道，刑②有罪，一动③而天下正，其事成矣。春秋致其时④而万物皆及，王者致其道⑤而万民皆治，周公载己行化⑥，而天下顺之，其诚至矣。”

［注释］ ① 王者有似乎春秋……其本美矣：此句讲文王具备了称王的各种条件。能称王的人像万物的生长季节一样正确。王肃注：“正其本而万物皆正。”文王，即周文王，姬姓，名昌，西周王朝的奠基者。王季，周先

王，姬姓，名季历，周文王的父亲。太任，周王季之妃，周文王的母亲。太姒，周文王之妃，生子周武王、周公等人。武王，周武王，姬姓，名发，周文王的第二子，西周王朝的建立者。周公，周文王之子，周武王之弟，姬姓，名旦，西周初年杰出的政治家。太颠、闳夭，二人是辅佐周文王的大臣。乎，四库本作“于”。本，根基，根本。美，好。此记载又见于《说苑·君道》。 ② 刑：惩罚，惩治。 ③ 一动：自身一行动。 ④ 致其时：季节按一定的规律转换。 ⑤ 致其道：遵循一定的道理进行统治。 ⑥ 载己行化：王肃注：“载亦行矣，言行己以行化，其身正，不令而行也。”

［通解］

孔子说：“能称王的人就好像万物生长的季节一样正确，文王有王季做父亲，有太任做母亲，有太姒做夫人，有武王、周公做儿子，有太颠、闳夭做大臣，所以他的根基是很好的。周武王首先使自身有了很高的修养，然后使自己的国家得到了好的治理，然后使天下得到了好的整治，以此来讨伐暴虐无道的国家，惩罚有罪的人，所以自身一行动天下就得到了治理，功业就成功了。春夏秋冬按照正常的规律运转，那么万物的生长就会正常；做王的人遵循一定的道理做事情，那么百姓便能得到有效的治理。周公以身作则来教化天下百姓，天下百姓就都归顺了他，他的诚心应该是已经达到最高境界了。”

［原文］

曾子曰：“入是国也，言信①于群臣，而留可也；行忠于卿大夫，则仕可也；泽施于百姓，则富②可也。”孔子曰：“参之言此，可谓善安身③矣。”

［注释］

① 信：信任，相信。此记载又见于《说苑·谈丛》。 ② 富：《说苑》作“安”。 ③ 安身：立身。

［通解］

曾子说：“进入一个国家，如果该国国君的言论能被众多的大臣相信，那么他就可以留下来；如果该国国君的行为被卿大夫们认为是讲求忠信，那么他就可以在这个国家做官了；如果该国国君的恩泽施行于老百姓，那么他就可以在这里求富。”孔子说：“曾参说这些话，表明他善于立身了。”

［原文］

子路为蒲宰，为水备，与其民修沟渎①。以民之劳烦苦也，人与之一箪②食、一壶浆。孔子闻之，使子贡止之。子路忿然不悦，往见孔子，曰：“由也以暴雨将至，恐有水灾，故与民修沟洫③以备之。而民多匮饿④者，是以箪食壶浆而与之。夫子使赐止之，是夫子止由之行仁也。夫子以仁教而禁其行，由不受也。”孔子曰：“汝以民为饿也，何不白于君，发仓廪以赈之⑤？而私以尔食馈之，是汝明君之无惠，而见己之德美矣。汝速已则可，不则汝之见⑥罪必矣。”

［注释］

① 子路为蒲宰，为水备，与其民修沟渎：蒲，蒲邑，地名，在今河南长垣县境内。宰，地方官。为水备，为了防备大水。沟渎，沟渠，水渠。此记载又见于《说苑·臣术》。 ② 箪：古代盛饭的圆形竹器。王肃注：“箪，笥。”四库本此前无“一”字。 ③ 沟洫：沟渠。 ④ 匮饿：因缺粮而饥饿。 ⑤ 发仓廪以赈之：仓廪，粮仓。赈，救济，赈济。⑥ 见：表示被动，相当于“被”。

［通解］

子路做蒲邑的地方官，为了防备大水，就率领蒲邑的民众修建沟渠。因为百姓的劳动繁重而且辛苦，子路就发给每人一箪饭食、一壶汤水。孔子听了这件事，就派子贡去阻止子路。子路很不高兴，就去拜见孔子，说：“仲由我因为暴雨将要来了，担心有大水灾，所以就率领民众修理沟渠以作防备。但是民众因缺少粮食忍受饥饿，所以就发给他们每人一箪饭食、一壶汤水。老师您让端木赐制止我，这是老师阻止仲由施行仁德。老师用仁德教育弟子而禁止弟子施行它，仲由没有办法接受。”孔子说：“你认为民众饥饿，为何不向国君报告，请求发放粮仓的粮食救济他们呢？你私自以自己的食物救济民众，这是你想向民众表明国君没有恩惠，而显示自己的德行之美。你赶快停止这件事还可以，否则你将一定被治罪。”

［原文］

子路问于孔子曰：“管仲[①]之为人何如？”子曰：“仁也[②]。”子路曰：“昔管仲说襄公，公不受，是不辩也[③]；欲立公子纠而不能，是不智也[④]；家残于齐而无忧色，是不慈也[⑤]；桎梏而居槛车，无惭心，是无丑也[⑥]；事所射之君，是不贞也[⑦]；召忽死之，管仲不死，是不忠也。仁人之道，固若是乎？”孔子曰：“管仲说襄公，襄公不受，公之暗[⑧]也；欲立子纠而不能，不遇时[⑨]也；家残于齐而无忧色，是知权命[⑩]也；桎梏而无惭心，自裁审[⑪]也；事所射之君，通于变[⑫]也；不死子纠，量轻重也。夫子纠未成君，管仲未成臣。管仲才度[⑬]义，管仲不死束缚而立功名，未可非也；召忽虽死，过与取仁，未足多也[⑭]。”

［注释］

① 管仲：名夷吾，春秋时齐国政治家和改革家，辅佐齐桓公成为春秋霸主。此记载又见于《说苑·善说》。 ② 仁也：王肃注：“得仁道也。” ③ 昔管仲说（shuì）襄公，公不受，是不辩也：襄公，齐襄公，名诸儿，骄淫奢侈，被臣下所杀。辩，有口才，善言辞。 ④ 欲立公子纠而不能，是不智也：王肃注：“齐襄立无常，鲍叔牙曰：‘君使民慢，乱将作矣。’奉公子小白出奔莒。公孙无知杀襄公。管夷吾、召忽奉公子纠奔鲁，齐人杀无知。鲁伐齐，纳子纠。小白自莒先入，是为桓公。公乃杀子

纠，召忽死之也。”智，智慧，聪明。 ⑤ 家残于齐而无忧色，是不慈也：家残于齐，管仲曾离开齐国到外国求仕，期间父母在齐国因罪被杀。慈，慈爱。 ⑥ 桎梏而居槛（jiàn）车，无惭心，是无丑也：桎梏，原指拘系犯人的脚镣、手铐，此处指戴着脚镣、手铐而被拘禁。槛车，四周设有栅栏的囚车，用以押解犯人。无丑，王肃注：“言无耻恶之心。” ⑦ 事所射之君，是不贞也：所射之君，指齐桓公（公子小白），管仲曾经欲刺杀而射中公子小白带钩。贞，忠贞。 ⑧ 暗：昏暗无道。 ⑨ 时：好的机会。 ⑩ 知权命：谓审度时命。 ⑪ 自裁审：自己善于裁断审查。 ⑫ 变：权变，变化。 ⑬ 才度：裁度。才，通“裁”。 ⑭ 召（shào）忽虽死，过与取仁，未足多也：召忽，齐国大夫，和管仲共同辅佐公子纠，后随公子纠奔于鲁国。过，太过分。多，称赞。与，备要本、同文本作“于”。

［通解］ 子路向孔子问道：“管仲的为人是怎么样的呢？”孔子说：“是一个有仁德的人。”子路说：“过去管仲劝谏襄公，襄公不接受，这是管仲没有口才；想立公子纠为国君而没能做到，这是他没有智谋；父母家人在齐国因罪被杀，却没有忧伤的神色，这是他没有慈爱的胸怀；戴着脚镣、手铐被关在囚车里，而没有羞惭的表情，这是没有耻恶之心；转而为臣侍奉他曾经想射杀的齐桓公，是不忠贞；召忽为公子纠而死，而管仲没有为之而死，这是不忠心。做仁人的方法，难道真的是这样吗？”孔子说：“管仲劝谏齐襄公，襄公没有接受，这是齐襄公的昏暗无道；想立公子纠而不能做到，这是没有遇到好的时机；父母家人在齐国因罪被杀，却没有忧伤的神色，这是懂得审度时命；戴着脚镣、手铐被关在囚车里，而没有羞惭的表情，这是因为自己裁断慎重；改事齐桓公，这是因为懂得及时变通；不为公子纠而死，这是会权衡生死的轻重。公子纠没有成为国君，管仲没有成为公子纠的臣。管仲裁度了如何做是合宜的，他没

有死于囚禁却建立了功名，这是无可非议的；召忽虽然为公子纠而死，但为了追求仁德做得太过分了，并不值得称赞。”

［原文］

孔子适齐，中路闻哭者之声，其音甚哀。孔子谓其仆曰：“此哭哀则哀矣，然非丧者之哀①矣。”驱而前，少进，见有异人焉，拥镰带索，哭音不衰②。孔子下车，追而问曰：“子何人也？”对曰：“吾，丘吾子也。”曰：“子今非丧之所，奚哭之悲也？”丘吾子曰：“吾有三失，晚而自觉，悔之何及？”曰：“三失可得闻乎？愿子告吾，无隐也。”丘吾子曰：“吾少时好学，周遍天下，后还，丧吾亲，是一失也；长事齐君，君骄奢失士，臣节不遂③，是二失也；吾平生厚交，而今皆离绝，是三失也。夫树欲静而风不停，子欲养而亲不待。往而不来者，年也；不可再见者，亲也。请从此辞。”遂投水而死。孔子曰：“小子识之！斯足为戒矣。”自是弟子辞归养亲者十有三。

［注释］

① 丧者之哀：死了亲人的那种哀痛。此记载又见于《韩诗外传》卷九、《说苑·敬慎》。 ② 驱而前，少进，见有异人焉，拥镰带索，哭音不衰：本句描述孔子见到奇人的情景。异人，奇异的人，怪人。拥，执，拿。索，原作“素”，据四库本、同文本改。音，原作“者”，据同文本改。衰，原作“哀”，据四库本、同文本改。 ③ 遂：顺利实现。

［通解］

孔子到齐国去，在路上听到有哭声，声音非常的哀伤。孔子告诉学生们说：“这哭声哀伤倒是哀伤，但不是死去亲人的那种哀伤。”驱车向前，没有多远，见有一位怪人，拿着镰刀和绳子，不停地哭泣。孔子下了车，追上他问道：“您尊姓大名？”他回答说：“我，丘吾子。”孔子说：“你又不是在举行丧礼的地方，为什么哭得那么悲伤呢？”丘吾子说：“我一生有三个大的过失，到了晚年才醒悟，后悔哪里来得及呢？”孔子说：“我可以听听这三种过失吗？希望您能告诉我，不要隐瞒。”丘吾子说：“我年青的时候爱好学习，求学遍及四方，后来回来，我的父母却都已经去世了，这是我的第一个大的过失；我年长的时候做齐国国君的臣下，国君骄傲奢侈失去臣下的拥护，我没有全尽臣节，这是我的第二个大的过失；我一生重视交朋友，但现在他们都离开了我，和我断绝了关系，这是我的第三个大的过失。树想静下来而风却不停地吹，做子女的想奉养父母而他们却等不到那一天。流逝了再也不会回来的，是岁月；永远不可能再见到的，是去世的父母。请让我们从此诀别吧。”于是他就投水死了。孔子说：“你们这些学生记住丘吾子的这些话！这些教训完全可以引起你们的警戒了。”从这以后，弟子们告别老师回家奉养父母的有十三人。

［原文］

孔子谓伯鱼①曰：“鲤乎，吾闻可以与人终日不倦者，其唯学②焉！其容体不足观也③，其勇力不足惮也，其先祖不足称也，其族姓不足道也。终而有大名，以显闻四方、流声后裔者，岂非学之效也④？故君子不可以不学，其容不可以不饬，不饬无类，无类失亲，失亲不忠，不忠失礼，失礼不立⑤。夫远而有光者，饬也；近而愈明者，学也。譬之污池，水潦注焉，萑苇生焉，虽或以观之，孰知其源乎⑥？”

［注释］

① 伯鱼：即孔鲤，孔子之子。此记载又见于《尚书大传》、《韩诗外传》卷六、《说苑·建本》。 ② 学：学习。 ③ 其容体不足观也：容体，容貌形体。观，炫耀。 ④ 终而有大名，以显闻四方、流声后裔者，岂非学之效也：此句讲学习的作用。声，名声。效，功效。 ⑤ 故

君子不可以不学……失礼不立：此句讲君子不注意学习和修饰容貌的危害。饬，通“饰”，修饰。不饬无类，无类失亲，王肃注：“类，宜为貌。惟不饬，故无貌。礼貌矜庄，然后亲爱可久，故曰无类失亲也。”失亲不忠，王肃注：“情不相亲，则无忠诚。”不忠失礼，王肃注：“礼以忠信为本。”失礼不立，王肃注：“非礼则无以立。” ⑥譬之污（wā）池，水潦（lǎo）注焉，萑（huán）苇生焉，虽或以观之，孰知其源乎：王肃注：“源，泉源也。水潦注于池而生萑苇，观者谁知其非源泉乎？以言学者虽从外入，及其用之，人谁知其非从此出也者乎？”污池，水池。水潦，积水。萑苇，两种芦类植物。萑，原作“藿”，据备要本、同文本改。

［通解］

孔子对伯鱼说：“鲤呀，我听说可以整天使人不知厌倦的，恐怕也只有学习吧！一个人容貌形体是不值得向人炫耀的，勇猛气力是不能让人害怕的，祖先是不值得向人称道的，宗族姓氏是不值得谈论的。最后有好的名声，扬名四方，流芳后世，难道不是学习的功效吗？所以君子不能不学习，容貌不能不修饰。不修饰就没有好的容貌举止，没有好的容貌举止别人就不会亲近，失去了彼此的亲近就会失去忠信，没有忠信就失去了礼，失去了礼就失去了立身的基础。让人远看起来有光彩的，是修饰容貌的结果；让人靠近感到更加聪明睿智的，是学习的作用。就好像一个水池，有雨水流到里面，苇草丛生，虽然有人来观看，可谁又知道它的源头呢？”

［原文］

子路见于孔子曰：“负重涉远，不择地而休；家贫亲老，不择禄而仕。昔者由也事二亲之时，常食藜藿之实①，为亲负米百里之外。亲殁②之后，南游于楚，从车百乘，积粟万钟，累茵③而坐，列鼎而食，愿欲食藜藿，为亲负米，不可复得也。枯鱼衔索，几何不蠹④？二亲之寿，忽若过隙。”孔子曰：“由也事亲，可谓生事尽力，死事尽思者也。”

［注释］ ① 藜(lí)藿(huò)之实：这里指粗劣的饭菜。藜，一种野菜，亦称灰菜，嫩叶可吃。藿，豆叶。实，同文本作“食”。此记载又见于《说苑·建本》。 ② 殁(mò)：去世。 ③ 茵：坐垫。 ④ 蠹：蛀蚀，为蛀虫所坏。

［通解］ 子路拜见孔子说：“如果背负着很重的东西，但要走很远的路，就不会只选择好的地方才休息；如果家中贫穷，父母年老需要赡养，就不会只选择高的俸禄才做官。过去仲由侍奉父母的时候，常吃粗劣的饭菜，为父母到百里之外的地方去背米。父母去世以后，我南下楚国做官，随从的车辆有百乘之多，积蓄的粮食有万钟之多，坐的垫子有好几层，排开大鼎吃饭，但是我想吃粗劣的饭菜，为父母背米，已经没有机会了。枯鱼干串在绳子上，离生蠹虫还会远吗？父母的寿命，恍若白驹过隙。”孔子说：“仲由侍奉父母，可以说父母在世的时候竭尽了全力，去世以后倾尽了哀思。”

［原文］ 孔子之郯，遭程子于涂，倾盖而语，终日，甚相亲①。顾②谓子路曰：“取束帛以赠③先生。”子路屑然④对曰：“由闻之，士不中间⑤见，女嫁无媒，君子不以交，礼也。”有间，又顾谓子路。子路又对如初。孔子曰：“由，《诗》不云乎：‘有美一人，清扬宛兮。邂逅相遇，适我愿兮。⑥’今程子，天下贤士也。于斯不赠，则终身弗能见也。小子行之！”

［注释］ ① 孔子之郯(Tán)，遭程子于涂，倾盖而语，终日，甚相亲：此句讲孔子在路上遇到程子亲密交谈的情景。郯，春秋时为鲁之属国，在今山东郯城北。王肃注：“郯，国名也，少昊之后，吾之本县也（四库本作‘所封之国也’）。郯子达礼，孔子故往谘问焉。”程子，当时贤达之士，具体

不详。涂，同“途”，路上。倾盖，王肃注：“倾盖，驻车。”车上的伞盖相互倾靠，指两辆车子停放在一起。此记载又见于《韩诗外传》卷二、《说苑·尊贤》。　②顾：回头。　③取束帛以赠：束，丝帛的计量单位，陆德明《经典释文》引《子夏传》云：“五匹为束。”帛，丝织品，用于馈赠的礼物。　④屑然：恭敬的样子。《玉篇·尸部》：“屑，敬也。”　⑤中间：介绍人。王肃注：“中间，谓绍（绍，原讹为‘始’，据四库本改）介也。”　⑥有美一人，清扬宛兮。邂逅相遇，适我愿兮：语出《诗·郑风·野有蔓草》。王肃注：“清扬，眉目之间也。宛然，美也。幽期而会，令愿也。”清扬，眉目清秀。宛，今本《毛诗》作“婉”，美好。邂逅，不期而遇。适，正，恰好。

［通解］

孔子到郯国去，在路上遇到了程子，便将车子停在一起谈话，一直到天黑，显得非常亲密。孔子回头对子路说：“取一束帛来送给先生。”子路恭敬地回答说：“仲由听说，士人没有介绍人就互相见面，女子没有媒人就嫁到丈夫家，君子是不跟这样的人交往的，这是礼的规定。”过了一段时间，孔子又回头对子路说。子路还是像开始那样答复。孔子说：“由，《诗》不是说：‘有美女一人，清秀妩媚啊。不期而遇，正适我意啊。’今天面前的程先生，是天下有名的贤达之士。在这个时候不送给他礼物，那终生也很难见到他了。你还是按我的话去做吧。”

［原文］

孔子自卫反鲁，息驾于河梁而观焉①。有悬水三十仞，圜流九十里，鱼鳖不能导，鼋鼍不能居②。有一丈夫，方将厉③之。孔子使人并涯④止之曰：“此悬水三十仞，圜流九十里，鱼鳖鼋鼍不能居也，意者难可济也⑤。”丈夫不以措意⑥，遂渡而出。孔子问之，曰：“子巧⑦乎？有道术乎？所以能入而出者，何也？”丈夫对曰：“始吾之入也，先以忠信；及吾之出也，又从以忠信。忠信措⑧吾躯于波流，而吾不敢以用私⑨，所以能入而复出也。”孔子谓弟子曰：“二三子识之，水且犹可以忠信成身⑩亲之，而况于人乎？”

［注释］

① 息驾于河梁而观焉：在桥上停车观赏河上的风景。息驾，停车。河梁，河上的桥梁。王肃注：“河水无梁，庄周书说孔子于闾（闾，四库本作‘吕’）梁，言事者通渭水为河也。”此记载又见于《说苑·杂言》《列子·说符》。 ② 有悬水三十仞，圜流九十里，鱼鳖不能导，鼋（yuán）鼍（tuó）不能居：此句讲河中激流的深急。悬水，瀑布。仞，王肃注：“八尺曰仞。悬二十四丈者也。”圜流，旋腾的河水。王肃注：“圜流，回流也，水深急则然。”导，游走。王肃注：“导，行。”同文本作“道”。鼋鼍，这里偏指鼍。鼋，大鳖。鼍，鳄鱼。 ③ 厉：游渡。王肃注：“厉，渡。” ④ 并（bàng）涯：走近河岸边。并，通“傍”。 ⑤ 意者难可济也：想来应该很难通过。意者，推想。济，通过，渡过。 ⑥ 措意：在意，放在心上。《说文·手部》：“措，置也。” ⑦ 巧：技巧。原脱，据同文本补。四库本无“子”字。 ⑧ 措：置，放。 ⑨ 私：私心。 ⑩ 成身：道德真实，具备于身。成，读为“诚”。

［通解］

孔子从卫国返回鲁国，在桥上停车观赏河上的风景。河上的瀑布高达三十仞，旋转回流的水达九十里长，鱼鳖不能游走，鳄鱼不能停留。有一位壮年男子，正要从那里游渡过河。孔子派人走近河岸边加以阻止说：“这瀑布高三十仞，下面回旋的水流达九十里长，鱼、大鳖、鳄鱼都不能停留，想来应该很难通过。”这名男子不以为然，于是游渡，竟然成功地从对岸水边游出来。孔子问他，说：“你有特别的技巧吗？有高明的道术吗？能自如地出入于水中，为什么呢？”这名男子说：“开始我游入水中的时候，胸中首先充满忠信；等到我游出水中的时候，又跟以忠信。忠信托着我的身躯在急水湍流中平稳前进，而我不敢怀着私心，所以能自如地出入于水中。”孔子告诉弟子说：“你们记住，用忠信诚于身可以用来亲近水，更不要说亲近人？”

[原文]

孔子将行，雨而无盖①。门人曰：“商②也有之。”孔子曰：“商之为人也，甚吝③于财。吾闻与人交，推④其长者，违⑤其短者，故能久也。”

[注释]

① 盖：车子上的伞盖。此记载又见于《说苑·杂言》。 ② 商：王肃注：“子夏名也。”子夏，孔子弟子，姓卜，名商。 ③ 吝（lìn）：吝啬。王肃注：“吝，啬甚也。” ④ 推：推重。 ⑤ 违：避免。

[通解]

孔子将要出行，雨下起来车子却没有伞盖。门人曰：“卜商有伞盖。”孔子曰：“卜商为人，非常吝惜钱财。我听说与人交往，要推重他的长处，避开他的短处，这样交往才能长久。”

[原文]

楚王渡江①，江中有物大如斗，圆而赤，直触②王舟。舟人取之。王大怪之，遍问群臣，莫之能识。王使使聘于鲁③，问于孔子。子曰：“此所谓萍实④者也，可剖而食之，吉祥也，唯霸者为能获焉。”使者反⑤。王遂食之，大美。久之，使来，以告鲁大夫。大夫因子游问曰：“夫子何以知其然乎？”曰：“吾昔之郑，过乎陈之野，闻童谣曰：‘楚王渡江得萍实，大如斗，赤如日，剖而食之甜如蜜。’此是楚王之应⑥也，吾是以知之。”

[注释]

① 楚王渡江：楚王，四库本作“楚昭王”，与《说苑》合。江，长江。此记载又见于《说苑·辨物》。此记载不见于同文本。 ② 触：撞，碰。 ③ 王使使聘于鲁：王派使者访问鲁国。使使，派使者。聘，诸侯之间互派使节问候。 ④ 萍实：萍草的果实。王肃注：“萍，水草

也。” ⑤ 反：同“返”，返回。四库本作“返”。 ⑥ 应：应验。

［通解］

楚王渡长江的时候，江中有个怪物像斗那样大，圆状、红色，径直向王舟碰过来。船夫把它取上来。楚王对此感到很奇怪，问遍了大臣，都不认识。王派使者访问鲁国，就这件事向孔子请教。孔子说：“这就是所谓的萍草的果实，可以剖开而食，是吉祥物，只有能称霸的国君才能获得。”使者回到楚国告诉楚王。楚王于是将萍草的果实剖开吃了，味道非常鲜美。很久以后，楚国的使者又来鲁国访问，并把这件事情告诉了鲁国大夫。大夫通过子游请教孔子：“先生怎么知道是这样的呢？”孔子回答说：“我曾经到郑国去，经过陈国都城的郊外，听童谣说：‘楚王渡过长江得萍草的果实，大得像斗一样，红得像太阳，剖开吃掉它甜得像蜜一样。’这次楚王真的应验了，所以我能知道这件事。”

［原文］

子贡问于孔子曰：“死者有知乎？将[①]无知乎？”子曰：“吾欲言死之有知，将恐孝子顺孙妨生以送死[②]；吾欲言死之无知，将恐不孝之子弃其亲而不葬。赐欲[③]知死者有知与无知，非今之急，后自知之。”

子贡问治民于孔子。子曰：“懔懔焉若持腐索之扞马[④]。”子贡曰：“何其畏也？”孔子曰：“夫通达御之皆人也，以道导之，则吾畜也[⑤]；不以道导之，则吾仇也。如之何其无畏也？”

鲁国之法，赎人臣妾于诸侯者，皆取金于府[⑥]。子贡赎之，辞而不取金。孔子闻之曰：“赐失之矣。夫圣人之举事也，可以移风易俗，而教导可以施之于百姓,非独适身⑦之行也。今鲁国富者寡而贫者众,赎人受金则为不廉,则何以相赎乎? 自今以后,鲁人不复赎人于诸侯。”

[注释] ① 将:或者,还是。此记载又见于《吕氏春秋·察微》《淮南子·齐俗》《淮南子·道应》《说苑·辨物》《说苑·政理》。 ② 吾欲言死之有知,将恐孝子顺孙妨生以送死:我想说死人有知觉,又担心孝子顺孙伤害自己的生命来葬送死者。将,又。妨,妨害,伤害。 ③ 欲:前原衍一“不”字,据行文语气并参照备要本、同文本删。 ④ 懔(lǐn)懔焉若持腐索之扞(hàn)马:懔懔焉,王肃注:“懔懔,戒惧之貌。”即谨慎恐惧的样子。腐索,腐朽的马缰绳。扞,御。扞马,王肃注:“扞马,突马。”《古文尚书·五子之歌》有“懔乎若朽索之驭六马”句。 ⑤ 夫通达御之皆人也,以道导之,则吾畜也:驾车御马能否顺畅通达皆取决于人,用正确的方法引导它,它就会听我的话。通达,通畅,顺达。御,御马。之,原脱,据四库本、同文本补。 ⑥ 鲁国之法,赎人臣妾于诸侯者,皆取金于府:按照鲁国法律的规定,从其他诸侯国赎回做奴仆的鲁国人,都可以从鲁国府库里领取金钱。赎,赎买。臣妾,奴仆。府,府库,官府储存财物等重要物品的仓库。 ⑦ 适身:适合自身。

[通解] 子贡问孔子说:“死者有知觉呢,还是没有知觉呢?”孔子回答说:“我想说死人有知觉,又担心孝子顺孙伤害自己的生命来葬送死者;我想说死人没有知觉,又担心不孝顺的子孙遗弃亲人而不埋葬。赐你想知道死者有无知觉,这并不是现在急着要解决的问题,以后你自己会知道的。”

子贡向孔子请教治民的道理。孔子说:“要谨慎恐惧,好像用腐朽的马缰索御马一样。”子贡问道:“为什么要那样恐惧呢?”孔子说:“驾车御马能否顺畅通达皆取决于人,用正确的方法引导它,它就会听我的话;不用正确的方法引导它,它就是我的仇敌。这样哪能没有畏惧呢?”

按照鲁国法律的规定,从其他诸侯国赎回做奴仆的鲁国人,都可以从鲁国府库里领取钱财。子贡赎回了奴仆,却推辞而不领取钱财。孔子听说了这件事,说:“这是端木赐的过失啊。圣人做一件事,可以通过它移风易俗,而且可用来教化开导百姓,并非只是适合自身的行为。现在鲁国富人少而穷人多,如果因为赎人从府库领取钱财就是不廉洁,那么用什么来赎人呢?从今以后,鲁国人不再能从其他诸侯国那里赎回人了。”

[原文]

子路治蒲,请见于孔子曰:“由愿受教于夫子。”子曰:“蒲其如何?”对曰:“邑多壮士,又难治也。”子曰:“然,吾语尔,恭而敬,可以摄①勇;宽而正,可以怀②强;爱而恕,可以容困③;温而断,可以抑④奸。如此而加之以忠洁⑤,则正⑥不难矣。”

[注释]

① 摄:通“慑”,慑服。此记载又见于《史记·仲尼弟子列传》《说苑·政理》。 ② 怀:怀柔。 ③ 容困:王肃注:“言爱恕者能容困穷。”容,容纳。困,困穷。 ④ 抑:制服。 ⑤ 以忠洁:据《太平御览》卷二六六引《家语》补。 ⑥ 正:通“政”,治理。

[通解]

子路治理蒲邑,请求拜见孔子,说:“仲由我希望从老师这里得到教诲。”孔子问道:“蒲邑的情况如何呢?”子路回答说:“蒲邑这个地方有很多勇士,难以治理。”孔子说:“如果这样的话,那么我告诉你,对人谦恭尊敬,就可以慑服那些勇士;为人宽厚而正直,就可以怀柔强悍的人;对待人仁爱而宽恕,可以容纳困穷的人;处事温和而又果断,可以制服奸邪的人。如此再加上忠诚不贪,那么治理蒲邑就不困难了。”

三恕第九

［序说］

本篇由十一章组成，主要记述孔子论述修身、治国的有关言论。因第一章中论述君子之“三恕”问题，故以“三恕”名篇。

本篇是研究孔子政治思想和修身思想的宝贵资料。其中，孔子提到君子有“三恕”，以此论述君臣、孝悌之礼。提出君子的“三思”，涉及修身学习、教育后人、仁义好施等内容。《论语·季氏》篇记载了孔子曾经说过的“九思”：“视思明，听思聪，色思温，貌思恭，言思忠，事思敬，疑思问，忿思难，见得思义。”可见，孔子非常注重“思”在“修己安人”上的重要性。孔子以后，曾子、子思、孟子继承了孔子内省修身的思路。《三恕》篇提到“三思”之内容，是贯穿君子一生的修身工夫，是对君子修身自觉性的总要求。

孔子善于利用事物的特性来认识社会人生。例如，欹器是古代先民用来汲水的陶器，孔子用欹器汲水的特性来论述“谦受益，满招损”之理。古代贤君置欹器于已侧，为“宥坐”之器，以此警戒自己。水是人们日用之物，水蕴含着丰富的人生哲理。孔子观“东流之水”，深刻揭示乐水之德。他认为水生生不息，具有恩惠苍生的仁爱、遵循规则的道义、勇敢坚韧的意志等德行。老子也重视“水之德”，但是以老子为首的道家学者主要阐发了水柔弱的特性，而孔子、儒家则重视水蕴含的仁义德行，发掘水积极有为的特性。

该篇最后所说“国无道，隐之可也；国有道，则衮冕而执玉”，表现了孔子对投身政治与保持知识分子气节的一贯看法。郭店楚简《穷达以时》篇显露的“时遇”思想与此处体现的思想主旨一致。

本篇大部分内容见于《荀子》，此外还散见于《淮南子》《韩诗外传》《说苑》《晏子春秋》。见于《荀子》共八章，分别分布于《法行》《宥坐》《子道》，这三篇在《荀子》书中顺次相连。《宥坐》征引的内容除了“孔子曰：吾有所耻”章外，从行文风格看，都是孔子以器物为喻，论说修身治国的道理。“欹器”“东流之水”“鲁庙之北堂”在孔子心目中都具备了灵性和德行，表明孔子具有仁爱万物的思想情怀。宋代张载提出“民胞物与”的思想，盖得孔子、儒学之主旨。《子道》征引的三篇皆为弟子问孔子修养“仁”“智”“孝”“忠”的问题。把《三恕》与《荀子》比较，不难看出《荀子》各篇比《三恕》结构更加严整，中心思想也较为明显。所以，《三恕》篇的材料可能更为质朴。

［原文］

孔子曰：“君子有三恕①。有君不能事，有臣而求其使，非恕也；有亲不能孝，有子而求其报，非恕也；有兄不能敬，有弟而求其顺，非恕也。士能明于三恕之本，则可谓端身②矣。”

［注释］

① 恕：如心为恕，即推己及人之意。《说文》：“恕，仁也。”《论语·卫灵公》：“子贡问曰：‘有一言而可以终身行之者乎？’子曰：‘其恕乎！己所不欲，勿施于人。’”此记载又见于《荀子·法行》。 ② 端身：《广雅·释诂一》：“端，正也。”端身即正身。“士能……端身矣”一句，同文本无。

［通解］

孔子说：“君子在三种情况下应当做到‘恕’。有君主不能去侍奉，有臣下却要役使他们，这不是恕；有至亲不能去孝敬，有子女却要他们报答自己，这不是恕；有兄长不能去尊敬，有弟弟却要求他们柔顺，这不是恕。士人能够明了这三种

‘恕’的根本本质，可以说就能做到使自身端正了。”

［原文］

孔子曰：“君子有三思①，不可不察②也。少而不学，长无能也；老而不教，死莫之思③也；有而不施④，穷莫之救也。故君子少思其长则务⑤学，老思其死则务教，有思其穷则务施。”

［注释］

① 思：思索，考虑。此记载又见于《荀子・法行》。 ② 察：明察，知晓。 ③ 思：怀念，思念。 ④ 施：施舍。 ⑤ 务：致力于。

［通解］

孔子说：“君子在三种情况下应该多加思索，不能不明察：少年的时候不好好学习，长大以后就无所作为；年老的时候不担负教化的职责，死后就不会有人怀念；富有的时候不施舍，穷困之时就不会有人救助。所以，君子少年时能想到年长后的事情，就会致力于学习；年老的时候能想到死后的事情，就会热心教化；富有的时候能想到穷困之时的情况，就会注重施舍。”

［原文］

伯常骞问于孔子曰：“骞固周国之贱吏也①，不自以不肖，将北面②以事君子。敢问正道宜行，不容于世③；隐道宜行，然亦不忍④。今欲身亦不穷，道亦不隐，为之有道乎？”孔子曰：“善哉子之问也！自丘之闻，未有若吾子所问辩且说⑤也。丘尝闻君子之言道矣，听者无察，则道不入⑥；奇伟不稽，则道不信⑦。又尝闻君子之言事矣，制无度量⑧，则事不成；其政晓察，则民不保⑨。又尝闻君子之言志矣，罡折者不终⑩，径易者则数伤⑪，浩倨者则不亲⑫，就利者则无不弊⑬。又尝闻养世⑭之君子矣，从轻勿为先，从重勿为后⑮，见像而勿强⑯，陈道而勿佛⑰。此四者，丘之所闻也。”

［注释］

① 骞固周国之贱吏也：《晏子春秋集释》卷第四：“柏常骞去周之齐，见晏子曰：‘骞，周室之贱史也。’”孙星衍云：“《家语》作‘伯常骞问于孔子曰’。‘史’，《家语》作‘吏’，非。”此记载略见于《晏子春秋·内篇问丁》，内容为“柏常骞去周之齐，见晏子曰”。　② 北面：古代臣属、晚辈面朝北，恭谦地行敬拜之礼。　③ 正道宜行，不容于世：王肃注：“正道宜行，而出莫之能贵，故行之则不容于世。”　④ 隐道宜行，然亦不忍：王肃注：“世乱则隐道为行，然亦不忍为隐事。”　⑤ 辩且说：思辨和论证在理。王肃注：“辩当其理，得其说矣。”辩、说，古代的逻辑名词，指思辨和论证，《荀子·正名》：“实不喻然后命，命不喻然后期，期不喻然后说，说不喻然后辩。”　⑥ 听者无察，则道不入：王肃注：“言听者不明察，道则不能入也。”　⑦ 奇伟不稽，则道不信：奇伟，奇特怪异。稽，考。王肃注：“稽，考也。听道者不能考校奇伟，则道不见信，此言苟非其人，道不虚行。”　⑧ 度量：本义指计量长短、容积、轻重的统称，此处引申为标准。　⑨ 其政晓察，则民不保：晓察，明察，此处指近乎苛刻的明察。王肃注：“保，安也。政大（大，同文本作‘太’）晓了分察，则民不安矣。”　⑩ 罡（gāng）折者不终：罡折，刚正不阿，敢于当面指摘人的过失。不终，不能寿终。王肃注：“罡则折矣，不终其性命矣。”罡，四库本、同文本作“刚”。　⑪ 径易者则数伤：轻易改变志节的人屡屡损害道义。王肃注：“径，轻也。志轻则数伤于义矣。”　⑫ 浩倨者则不亲：王肃注：“浩倨，简略不恭。如是则不亲矣。”　⑬ 就利者则无不弊：王肃注：“言好利者不可久也。”　⑭ 养世：安身处世。　⑮ 从轻勿为先，从重勿为后：王肃注：“赴忧患，从劳苦，轻者宜为后，重者宜为先，养世者也。”　⑯ 见（xiàn）像而勿强：推行法令不能强制。王肃注：“像，法也。见法而已，不以强世也。”见，介绍，推行。《墨子·公输》：“见我于王。”像，榜样，法式。《楚辞·九歌·橘颂》：“年岁虽小，可师长兮，行比伯夷，置以为像兮。”王逸注：“像，法也。”　⑰ 陈道而勿佛（bèi）：陈道，陈述道义。佛，通“悖”。王肃注：“佛，诡也。陈道而已，不与世相诡违也。”

［通解］ 伯常骞请教孔子说："我本来是周王室的下级官吏，自认还不算太差，准备向君子请教，拜他为师。向您请教：如果遵循道义原则使行事合宜，但是不为世道所容；如果隐藏道义使行为合乎时宜，又不忍心。现在我想既使自己不困窘，又不采用隐居的方式，有办法做到吗？"孔子说："你提的问题太好了！据我的见闻，还没谁像你这样提的问题既富有思辨又论说在理的。我曾听说君子讲授道义，听者如果不认真思考，道义就不可能被接受；如果讲的是一些无法考证而奇特怪异的事，道义就不可能被相信。又曾听说君子论证国家大事，制度上没有一定的标准，国家就治理不好；为政过于苛刻，百姓又会感到不安。我还曾听说君子谈论志节，刚强不阿的人往往不能寿终，轻易改变志节的人屡屡损害道义，傲慢不恭的人不会有人亲近，一味追求个人利益的人最后没有不败落的。我还听说善于安身处世的君子，遇到忧患和劳苦的事情，轻微的不争先，重大的不落后，推行法令不强迫世人接受，陈述道义不违逆于世。这四种情况，都是我所听说的。"

［原文］ 孔子观于鲁桓公①之庙，有欹器②焉。夫子问于守庙者曰："此谓何器？"对曰："此盖为宥坐之器③。"孔子曰："吾闻宥坐之器，虚则欹，中④则正，满则覆。明君以为至诫⑤，故常置之于坐侧。"顾⑥谓弟子曰："试注水焉。"乃注之水，中则正，满则覆。夫子喟然⑦叹曰："呜呼！夫物恶有满而不覆哉？"

子路进曰："敢问持满有道乎？"子曰："聪明睿智⑧，守之以愚；功被⑨天下，守之以让；勇力振世，守之以怯⑩；富有四海，守之以谦。此所谓损之又损之之道⑪也。"

［注释］ ① 鲁桓公：春秋时期鲁国国君，名允，一作轨，在位 18 年（前 711—前 694 年）。此记载又见于《荀子·宥坐》、《韩诗外传》卷三、《淮南子·道应》、《说苑·敬慎》。 ② 欹（qī）器：倾斜易覆的器具。古代指改装过的汲水陶罐。王肃注："欹，倾。" ③ 宥（yòu）坐之器：指君主座位右边放置的欹器，用来警戒君主，要以宽厚仁爱之心为政。宥，同"右"。 ④ 中：适中，合适。 ⑤ 至诫：深诫。 ⑥ 顾：回头。 ⑦ 喟（kuì）然：叹气的样子。 ⑧ 智：四库本作"知"。 ⑨ 被：及，遍及。见《书·尧典》"允恭克让，光被四表"蔡沈集传。 ⑩ 怯：四库本讹为"法"。 ⑪ 损之又损之之道：损，减损。《说文》："损，减也。"《墨子》："损，偏去也。" 损之又损之，指日去其华伪以归于淳朴无为，引申为尽可能节省或谦抑。《老子》："为学日益，为道日损，损之又损，以至于无为。"《晋书·宣帝纪》："盛满者道家之所忌，四时犹有推移，吾何德以堪之。损之又损之，庶可以免乎！"指尽可能地谦抑是保持盈满的方法。

［通解］ 孔子率弟子到祭祀鲁桓公的宗庙里观礼，见到一件倾斜的器皿。孔子问守庙人："这是什么器物？"守庙人回答说："这大概就是宥坐之器。"孔子说："我听说宥坐之器空的时候倾斜，水装得适中就垂直端正，水灌满后就会倾覆。圣明的君主深以为戒，所以常常把它放置在座位右边。"孔子回头对弟子们说："灌上水试试看。"于是，弟子们将水加入欹器，当水不多不少时，欹器端正垂直，把水加满时，欹器就倾覆了。孔子感叹地说："唉！事物哪有盈满了而不倾覆的呢？"

子路上前问道："请问有没有既能保持盈满，又能不倾覆的方法？"孔子说："聪明智慧，就用愚笨来持守；功勋遍及天下，就用辞让来持守；勇力闻达于世，就用怯懦来持守；富有四海之财，就用谦和来持守。这就是所说的用尽可能谦抑来保持盈满的办法。"

［原文］

孔子观于东流之水。子贡问曰："君子所见大水必观焉，何也？"孔子曰①："以其不息，且遍与诸生②而不为也，夫水似乎德：其流也，则卑下，倨拘必修其理，此似义③；浩浩④乎无屈尽⑤之期，此似道；流行赴百仞之溪而不惧，此似勇；至量必平之，此似法；盛而不求概⑥，此似正；绰约⑦微达，此似察；发源必东，此似志；以出以入，万物就以化洁，此似善化也。水之德有若此，是故君子见必观焉。"

［注释］

① 孔子曰：原作"孔子对曰"，四库本无"对"字，揆诸古代语言用法，"对曰"为下对上，此宜去"对"字，故删。此记载又见于《荀子·宥坐》《说苑·杂言》。 ② 遍与诸生：诸生，各种生物。王肃注："遍与诸生者，物得水而后生，水不与生而又不德也。" ③ 倨（jù）拘（gōu）必修其理，此似义：拘，原作"邑"，据备要本、同文本改。倨拘，也作"倨句"，器物弯曲的形状角度。曲度较小的叫倨，大的叫拘。修，循，遵循。《管子·九守》："修名而督实，按实而定名。"修，四库本、同文本作"循"。此，原无，据四库本、同文本及上下句式补。 ④ 浩浩：水盛大之貌。 ⑤ 屈（jué）尽：竭尽，穷尽。 ⑥ 概：量米粟时刮平斗斛用的木板。量米粟时，放在斗斛上刮平，不使过满。此为刮平、修平，不使过量之意。 ⑦ 绰约：柔弱的样子。

［通解］

孔子正在观察东流的河水，子贡问道："君子对所见到的大水，一定会仔细观察，这是何故？"孔子回答说："因为水流动不息，它的恩惠普遍地施于天下苍生，却又显得无所作为。水就好像有德性似的：它流动时，就奔向低洼之处，即使弯弯曲曲，也必然遵循着这一原理，这种品性像'义'；它浩浩荡荡，没有穷竭的时候，这种品性像'道'；它可以流行各处，即使流赴百仞溪谷而无所畏惧，这种品性像'勇'；注入到一定的水量，自身本性就能达到平均，这种品性像'法'；盈满时无须刮去，自身就不会满了再装,这种品性像‘正’;本性柔弱却多么细微的地方都能达到,这种品性像‘察’;发源以后必然奔流向东,这种品性像‘志’;既有流入又有流出的,万物靠它趋向新鲜洁净,这种品性像善教化。水具有如此的德性,因此君子见到一定要认真观察。”

[原文]

子贡观于鲁庙之北堂,出而问于孔子曰:“向①也赐观于太庙之堂,未既辍②,还瞻北盖,皆断焉③,彼将有说④耶?匠过之也?”孔子曰:“太庙之堂,官致⑤良工之匠,匠致良材,尽其功巧,盖贵久⑥矣。尚有说也⑦。”

[注释]

① 向:以前。此记载又见于《荀子·宥坐》。 ② 辍:王肃注:“辍,止。” ③ 还瞻北盖,皆断焉:王肃注:“观北面之盖,断绝也。” ④ 说:道理。 ⑤ 官致:官,原作“宫”,据四库本、备要本、同文本改。致,招引,搜求。 ⑥ 久:据范本等,当为“文”字之讹。文,文饰,美观。 ⑦ 尚有说也:王肃注:“尚,犹必也。言必有说。”

[通解]

子贡参观鲁国太庙的北堂,出来后问孔子说:“刚才我参观太庙的北堂,快要参观完了的时候,回头看看北面的门,发现都是用断开的木料做成的。那是蕴含特定的道理,还是工匠失误弄断的呢?”孔子说:“修造太庙的厅堂时,官府搜求工艺高超的工匠,工匠搜求上好的木材,极尽其功力和技巧,是为了追求美观。这里必然有一定的道理。”

[原文]

孔子曰:“吾有所耻①,有所鄙,有所殆②。夫幼而不能强学,老而无以教,吾耻之;去其乡,事君而达,卒遇故人,曾无旧言③,吾鄙之;与小人处而不能亲贤,吾殆之④。”

[注释]

① 耻:原作“齿”,备要本、四库本、《荀子》作“耻”,今从诸本改。此记载又见于《荀子·宥坐》。 ② 殆:危险。 ③ 事君而达,卒(cù)遇故人,曾无旧言:卒,突然,偶尔。旧言,叙旧的话。王肃注:“事君而达,得志于君,而见故人,曾无旧言,是弃其平生之旧交而无进之之心者乎。” ④ 与小人处而不能亲贤,吾殆之:王肃注:“殆,危也。夫疏贤而近小人,是危亡之道也。”

[通解]

孔子说:“我有认为耻辱的事情,有认为浅薄的事情,有认为危险的事情。年幼时不能勤奋学习,年老时无法教诲别人,我认为这是耻辱;离开故乡,侍奉君主而发达了,偶尔遇见老友,竟然不谈论往事,忘记旧情,我认为这是浅薄;只和小人混在一起却不去亲近贤人,我认为这已经很危险了。”

[原文]

子路见于孔子①。孔子曰:“智者若何?仁者若何?”子路对曰:“智者使人知己,仁者使人爱己。”子曰:“可谓士矣。”

子路出,子贡入。问亦如之。子贡对曰:“智者知人,仁者爱人。”子曰:“可谓士矣。”

子贡出,颜回入。问亦如之。对曰:“智者自知,仁者自爱。”子曰:“可谓士君子矣。”

[注释]

① 此记载又见于《荀子·子道》。

[通解]

子路被孔子召见。孔子问他:“智者应该是什么样?仁者应该是什么样?”子路回答:“智者应该能使别人了解自己,仁者应该能使别人爱护自己。”孔子说:“你可以称得上是士了。”

子路出来,子贡进去。孔子问他同样的问题。子贡回答:

“智者应该懂得了解别人，仁者应该懂得爱护别人。”孔子说：“你也可以称得上是士了。”

子贡出来，颜回进去。孔子还是问他同样的问题。颜回回答：“智者应该自己了解自己，仁者应该自己爱惜自己。”孔子说：“你可以称得上是一个士中君子了。”

［原文］

子贡问于孔子曰：“子从父命，孝乎①；臣从君命，贞乎。奚疑焉？”孔子曰：“鄙哉赐！汝不识也。昔者明王万乘之国，有争臣七人，则主无过举②；千乘之国，有争臣五人③，则社稷不危也；百乘之家，有争臣三人④，则禄位不替⑤；父有争子，不陷无礼；士有争友，不行不义⑥。故子从父命，奚讵⑦为孝？臣从君命，奚讵为贞？夫能审其所从⑧，之谓孝，之谓贞矣。”

［注释］

① 孝乎：原无“乎”字，据同文本补。此记载又见于《荀子·子道》。

② 万乘之国，有争臣七人，则主无过举：王肃注：“天子有三公四辅，主谏争，以救其过失也。四辅，前曰疑，后曰丞，左曰辅，右曰弼也。”争臣，指能直言谏君、规劝君主过失的大臣。争，同“诤”，直言规劝。《说苑·臣术》：“有能尽言于君，用则留之，不用则去之，谓之谏；用则可生，不用则死，谓之诤。” ③ 千乘之国，有争臣五人：王肃注：“诸侯有三卿，股肱之臣有内外者也，故有五人焉。” ④ 百乘之家，有争臣三人：王肃注：“大夫之臣，有室老、家相、邑宰，凡三人，能以义谏诤。” ⑤ 替：废弃，废除，代替。 ⑥ 士有争友，不行不义：王肃注：“士虽有臣，既微且陋，不能以义匡其君，故须朋友之谏争于己，然后不义之事不得行之者也。” ⑦ 奚讵：亦作“奚距”，岂，难道。 ⑧ 审其所从：王肃注：“当详审所宜从与不。”

［通解］

子贡请教孔子说：“儿子顺从父亲的命令，就是孝顺；臣下顺从君主的命令，就是忠贞。这有什么可怀疑的？”孔子说：“太浅薄了，端木赐！你不了解啊！从前在圣明的君王统领下的兵车万乘的国家，有谏诤之臣七人，君主就不会有过失的举动；兵车千乘的诸侯国家，有谏诤之臣五人，江山就不会有危机；兵车百乘的大夫之家，有谏诤之臣三人，俸禄、爵位就不会被废弃、代替；父亲有敢于谏诤的儿子，就不至于陷入不守礼法的境地；士人有善于谏诤的朋友，就不会再干出不道义的事情。因此，儿子顺从父命，难道就是孝顺，臣下顺从君命，难道就是忠贞吗？能够认真考虑明白自己所以顺从的道理，这才称得上真孝顺、真忠贞。”

［原文］

子路盛服见于孔子①。子曰：“由，是倨倨②者，何也？夫江始出于岷山③，其源可以滥觞④；及其至于江津⑤，不舫舟⑥，不避风，则不可以涉。非唯下流水多耶。今尔衣服既盛，颜色充盈⑦，天下且孰肯以非告汝乎？”

子路趋⑧而出，改服而入，盖自若也。子曰：“由，志之！吾告汝：奋于言者华⑨，奋于行者伐⑩，夫色智而有能者，小人也。故君子知之曰知⑪，言之要也；不能曰不能，行之至也。言要则智，行至则仁。既仁且智，恶不足哉？”

［注释］

① 盛服：整齐华丽的衣服。此记载又见于《荀子·子道》、《韩诗外传》卷三、《说苑·杂言》。 ② 倨倨：无思虑、神色傲慢的样子。 ③ 岷山：在今四川省松潘北。古人认为岷山是长江的发源地。《书·禹贡》：“岷山导江。”实际上，岷山为岷江的发源地。 ④ 滥觞：浮起酒杯，比喻事情的开始。觞，酒杯。王肃注：“觞可以盛酒，言其微。” ⑤ 江津：江边渡口。 ⑥ 舫舟：并合两艘小船来载人。 ⑦ 充

盈:自满,骄傲。 ⑧ 趋:《说文》:“走也。”按,疾行曰趋,疾趋曰走。 ⑨ 奋于言者华:奋,骄矜,矜夸。王肃注:“自矜奋于言者,华而无实。” ⑩ 奋于行者伐:伐,自吹自擂,夸耀自己。王肃注:“自矜奋行者,是自伐。” ⑪ 知:知道。原作“智”,据同文本改。

[通解] 子路穿着华丽的衣服拜见孔子。孔子问道:“仲由,你这样神气傲慢,为什么呢?长江发源于岷山,它源头的水流只能浮起酒杯;当它流到江边有渡口的地方时,不合并小船,不避开大风,人们就无法渡过江面。不只是因为下游水多。现在你衣着华美,神色傲慢,那么天下有谁肯把你的错误告诉你呢?”

子路快步走出去,换了衣服又进来,表情显得非常自然。孔子说:“仲由,记住!我告诉你:言语矜夸的人往往华而不实,行为骄傲的人往往自我夸耀,外表看起来十分聪明、很有能力的往往是小人。因此,君子知道的就说知道,这是言谈的要领;不能做的就说不能做,这是行为的最高准则。言谈合于要领,就是明智,行为合于最高准则,就是仁爱。既仁爱又明智,还有什么不足之处呢?”

[原文] 子路问于孔子曰:“有人于此,披褐而怀玉①,何如?”子曰:“国无道,隐之可也;国有道,则衮冕而执玉②。”

[注释] ① 披褐而怀玉:王肃注:“褐,毛布衣。”褐,指粗布或粗布衣,最早用葛、兽毛,后通常指大麻、兽毛的粗加工品,古时贫贱人穿。怀玉,谓怀抱仁德。《老子》:“知我者希,则我者贵,是以圣人披褐怀玉。”披,四库本作“被”。 ② 衮(gǔn)冕而执玉:王肃注:“衮冕,文衣盛饰。”衮冕,衮衣和冕,古代帝王与上公的礼服和礼冠,借指登朝入仕。执玉,手捧玉圭,古代以不同形制的玉圭区分爵位,因而以“执玉”代称仕宦。

［通解］

子路问孔子说："如今有这样的人，身怀才智而不显露于外，如同穿着粗布衣服，却怀揣着宝玉，这样做怎么样？"孔子说："国家政治昏暗，隐居起来是可以的；国家政治清明，就应该登朝入仕实现自己的仁德理想。"

好生第十

［序说］

本篇共由十八章组成，主要记录孔子对古代史事的评论，以此阐发孔子的政治思想。因为首章谈论舜之为君，"其政好生而恶杀"，故以"好生"名篇。

本篇涉及儒家"六经"中的《周易》《春秋》《诗经》，为研究孔子与六经的关系提供了重要佐证。比如，孔子与《周易》的关系是中国学术史的大问题。随着长沙马王堆帛书、郭店楚简、上海博物馆竹书等地下简帛的不断涌现，孔子与《周易》的密切关系得到越来越多的证明。该篇"孔子常自筮其卦"章，是孔子亲自占卜，进而论述《周易》卦象的明证。本篇中引《诗》、论《诗》共六处，诗句均见于《毛诗》。本篇"小辩害义，小言破道"一章，孔子评论《关雎》和《鹿鸣》两篇有君子之义，又可以与其他文献互证，如《孔丛子·记义》篇便记载孔子论《诗》说："于《鹿鸣》见君臣之有礼也。"有关孔子与《春秋》的关系，在本篇"孔子读史"一章有明确的体现。孔子对楚庄王恢复陈国政权之事大加赞赏，明确体现了孔子"君君臣臣"的政治思想。

孔子继承了古代先王的优秀思想文化,“祖述尧舜,宪章文武”,追随周公。本篇首先提到孔子对舜好生之德的评论,盛赞舜的为政功绩和德行。本篇还以较长篇幅叙述了周族的起源、迁徙、崛起的过程,对后稷、公刘等人的仁德给予很高的评价。另外,文中涉及《豳风·鸱鸮》一诗,对周公的历史功绩予以高度评价。

综观孔子的思想演变,到了晚年,他对《周易》发生了特别浓厚的兴趣,对于心性之学和天道观有了独到体认。值得注意的是,本篇提到孔子论述心性之学,“君子以心导耳目”。而孔子之孙子思尤其擅长心性之学的探讨,郭店楚简《性自命出》篇是子思论心性的专文,《五行》篇则是心性通达于天道的具体体现。《五行》就有与《好生》篇“君子以心导耳目”相近的论述。孔子对舜好生之德的盛赞,对《周易》的研究,都表明孔子对天道有深刻的理解。

本篇材料丰富,其价值自然也表现在许多方面,除了研究孔子思想的来源,研究孔子与“六经”的关系,对孔子本人为政方式及其思想风貌也有展现,如“孔子为鲁司寇,断狱讼”章,体现了孔子善于听从众人意见,并不独断专行;“哀公问曰:‘绅、委、章甫,有益于仁乎’”章,表现了孔子对外在装束与内心感受之间关系的理解。如此等等,不一而足。

本篇记载又散见于《荀子》《吕氏春秋》《礼记》《说苑》等书,尤以见于《说苑》者居多。

[原文]

鲁哀公问于孔子曰:“昔者舜冠何冠乎?”孔子不对。

公曰:“寡人有问于子,而子无言,何也?”

对曰:“以君之问不先其大者,故方思所以为对。”

公曰：“其大何乎？”

孔子曰：“舜之为君也，其政好生而恶杀，其任授贤而替不肖，德若天地而静虚，化若四时而变物，是以四海承风，畅于异类[①]，凤翔麟至，鸟兽驯[②]德，无他也，好生故也。君舍此道而冠冕是问，是以缓对。”

［注释］

① 异类：王肃注：“异类，四方之夷狄也。”此记载又见于《荀子·哀公》。 ② 驯：王肃注：“驯，顺。”

［通解］

鲁哀公问孔子说：“从前舜戴什么样的帽子？”孔子没有回答。

哀公说：“我有问题问您，您却不说话，这是为何？”

孔子答道：“因为君主您提问题不是先从重要的开始提，所以刚才正考虑应该怎样回答您。”

哀公问道：“什么是重要的问题呢？”

孔子回答说：“舜做君主的时候，他为政爱惜生灵、不嗜杀戮，他任命官职，授予贤明之士而摒弃不肖之徒，德行如天地运转而虚静无欲，教化如四时交替而孕育万物。因此，天下之人普遍接受舜的教化，并通达于四方异族，凤凰飞翔集聚，麒麟也纷纷到来，连鸟兽也顺从德化。出现这种现象没有别的原因，就是由于舜爱惜生灵的缘故。君主您放弃这个大道理却询问冠冕之类的小事，所以我才回答得慢了。”

［原文］

孔子读史，至楚复陈[①]，喟然叹曰：“贤哉楚王[②]！轻千乘之国而重一言之信。匪[③]申叔[④]之信，不能达其义；匪庄王之贤，不能受其训。”

[注释]　① 楚复陈：王肃注："陈夏徵舒杀其君，楚庄王讨之，因陈取之，而申叔时谏，庄王从之，还复陈。"夏徵舒，陈大夫，因遭到灵公侮辱而怒杀之。此记载又见于《左传》宣公十年。　② 楚王：指楚庄王，楚穆王之子，春秋时楚国国君。名旅（一作吕、侣），整顿内政、兴修水利，使国势大盛。曾陈兵周郊，派人询问象征天子权威的九鼎的轻重，先后使鲁、宋、郑、陈等国归附，春秋五霸之一。　③ 匪：通"非"，不，不是，没有。

④ 申叔：即申叔时，楚国大夫。

[通解]　孔子读史书，当读到楚国恢复陈国政权一节时，感叹地说："楚庄王真是贤明啊！把拥有兵车千乘的一个国家看得很轻，而看重一句话的信誉。没有申叔时的坚守信誉，就无法促成楚庄王实行道义；没有楚庄王的贤明，也不能接受申叔时的劝谏。"

[原文]　孔子常自筮其卦①，得《贲》②焉，愀然有不平之状。子张③进曰："师闻卜者得《贲》卦，吉也。而夫子之色有不平，何也？"孔子对④曰："以其离⑤耶。在《周易》，山下有火谓之《贲》⑥，非正色之卦也。夫质也，黑白宜正焉⑦。今得贲⑧，非吾兆也。吾闻丹漆不文，白玉不雕。何也？质有余，不受饰故也。"

[注释]　① 常自筮其卦：常，通"尝"，曾经。一般释为"经常"，误。《荀子·天论》："夫日月之有蚀，风雨之不时，怪星之党见，是无世而不常有之。"王先谦集解："《群书治要》常作尝，是也。"《史记·高祖本纪》："高祖常繇咸阳，纵观，观秦皇帝。"此记载又见于《吕氏春秋·壹行》《说苑·反质》。　②《贲（bì）》：卦名。《易》六十四卦之一。卦象为离下艮上。

③ 子张：孔子弟子。姓颛孙，名师，字子张。陈国人。　④ 对：下答上之问曰对。此宜删。　⑤ 离：据《太平御览》卷七二八引《家

语》，当作“杂”。杂(雜)与离(離)形近而讹。 ⑥ 山下有火谓之《贲》：王肃注：“离下艮上(原作‘离上艮下’，误，据四库本改)，离为火，艮为山。”今本《易·贲·象传》：“山下有火，贲。” ⑦ 黑白宜正焉：四库本作“白宜正白，黑宜正黑”，与《说苑》文近同。 ⑧ 贲：通“斑”，颜色斑杂不纯。王肃注：“贲，饰。”《易·贲》：“贲如濡如。”傅氏云：“贲，古斑字，文章貌。”

[通解] 孔子曾经自己占筮，一次筮得《贲》卦，于是神色严肃，出现不平和的面色了。子张上前问道：“我听说占筮者筮得《贲》卦，是吉祥之兆。而夫子面露不平静的神色，这是为何？”孔子说：“因为它杂乱不纯。在《周易》中，山下有火为《贲》卦，不是颜色纯正的卦象。就本质而言，黑色、白色应当是纯正的颜色。现在我筮得色彩斑驳的卦象，并不是吉祥之兆。我听说红漆不用文饰，白玉不用雕琢，为什么呢？这是因为它本质就很好了，不用再接受任何修饰的缘故。”

[原文] **孔子曰：“吾于《甘棠》①，见宗庙之敬②甚矣。思其人，必爱其树；尊其人，必敬其位，道也。”**

[注释] ①《甘棠》：《诗·召南》中的一篇。王肃注：“邵(四库本作‘召’)伯听讼于甘棠，爱其树，作《甘棠》之诗也。”甘棠，也称杜梨、棠梨，因其枝干高大，古代常种植于社(古时听诉讼、断是非及敬神的地方)前，而称社木。据传，召伯曾在社前听讼断狱，公正无私，当时人们感念他，便颂唱这首诗歌，倡导爱护召伯社前的树木。此记载又见于《说苑·贵德》。 ② 敬：四库本、同文本后有“也”字。

[通解] 孔子说：“我通过《甘棠》这首诗，可以看出宗庙之中人们对祖先极大的敬慕之情。想念一个人，必定爱惜他曾驻足过的树木；尊敬一个人，必定敬慕他停留过的地方，这是合乎道义的。”

［原文］

子路戎服[①]见于孔子，拔剑而舞之，曰："古之君子，以剑自卫乎？"孔子曰："古之君子，忠以为质，仁以为卫，不出环堵[②]之室，而知千里之外，有不善则以忠化之，侵暴则以仁固[③]之，何持剑乎？"子路曰："由乃今闻此言。请摄齐以受教[④]。"

［注释］

① 戎服：军服。此处意为穿着军服。此记载又见于《说苑・贵德》。 ② 堵：墙壁。 ③ 固：据《太平御览》卷三四二引《家语》当作"圉"。圉，通"御"，抵御。 ④ 摄齐（zī）以受教：摄，牵曳，提起。齐，古代指长衣下部的缉边，后泛指长衣的下摆。王肃注："齐，裳下缉也。受教者摄齐升堂。"《论语・乡党》："摄齐升堂，鞠躬如也。"何晏集解引孔安国曰："衣下曰齐。摄齐者，抠衣也。"

［通解］

子路身穿军服去拜见孔子，拔出宝剑并舞了起来，对孔子说："古代的君子也用剑自卫吗？"孔子说："古代君子以忠诚为特质，用仁爱来护卫，不出房间就能知道千里之外的事情，有对自己不友善的人，便以忠诚感化他，对待对自己进行的侵犯欺凌，就用仁爱来抵御他，为何一定要用剑呢？"子路说："仲由我今天才听到这样一番话。请允许我再次郑重地行礼，拜先生为师，接受您的教诲。"

［原文］

楚恭王出游，亡乌嗥之弓[①]，左右请求之。王曰："止，楚王失弓，楚人得之，又何求之！"孔子闻之，曰[②]："惜乎其不大也，不曰人遗弓，人得之而已，何必楚也。"

［注释］

① 楚恭王出游，亡乌嗥（háo）之弓：王肃注："良弓之名。"（丛刊本王注在章末，曰："王，恭王。弓，乌嗥之良弓。"今据四库本改）楚恭王，原脱"恭"字，据四库本、同文本补。楚恭王，即楚共王，名审，春秋时楚

国国君，在位31年（前590—前560年）。乌嗥之，原脱，据四库本、同文本补。此记载又见于《说苑·至公》。 ② 曰：原脱，据陈本补。

[通解]

楚恭王外出游猎，丢失了良弓，侍从请求找回来。楚王说："不要找了，楚王丢了弓，楚人会把它拾起来，又何必寻找呢？"孔子闻知此事，说："可惜楚王的心胸还不算阔大，他不是说，有人丢了弓，肯定会有人拣走罢了，为什么非得是楚国人呢？"

[原文]

孔子为鲁司寇，断狱讼①，皆进众议者而问之，曰："子以为奚若？某以为何若？"皆曰云云如是，然后夫子曰："当从某子，几是②。"

[注释]

① 断狱讼：断，判决，判罪。狱讼，诉讼的事情或案件。《周礼·地官·大司徒》："凡万民之不服教而有狱讼者，与有地治者听而断之，其附于刑者归于士。"郑玄注："争罪曰狱，争财曰讼。"贾公彦疏："狱讼相对，故狱为争罪，讼为争财。若狱讼不相对，则争财亦为狱。"此记载又见《说苑·至公》。 ② 几是：王肃注："近也。重狱事，故与众议之。"

[通解]

孔子做了鲁国的司寇，审理案件时，都要邀请许多参与议论的人，向他们咨询，说："你认为怎么样？某某以为如何？"大家都纷纷发表见解，说应该这样那样，然后孔子说："应该听从某人的建议，大概应当是对的了。"

[原文]

孔子问漆雕凭①曰："子事臧文仲、武仲及孺子容②，此三大夫孰贤？"对曰："臧氏家有守龟③焉，名曰蔡。文仲三年而为一兆④，武仲三年而为二兆，孺子容三年而为三兆。凭从此之见，若问三人之贤

与不贤，所未敢识也。”孔子曰：“君子哉，漆雕氏之子！其言人之美也，隐而显；言人之过也，微而著。智而不能及，明而不能见，孰克如此[⑤]？”

［注释］　① 漆雕凭：不见于其他先秦古书。《七十二弟子解第三十八》提到孔子的三个弟子漆雕开、漆雕从、漆雕侈。按文意，漆雕凭可能为孔子弟子。此记载又见于《说苑·权谋》。　② 事臧文仲、武仲及孺子容：事，当作“视”。《墨子·非命中》“内之不能善视其亲戚”，孙诒让《墨子间诂》引毕沅：“事，一本作视。”臧文仲，即臧孙辰，春秋时鲁国大夫。武仲，即臧孙纥，文仲之孙。孺子容，其名不见于先秦其他古书记载，或为武仲之后。　③ 守龟：天子诸侯、卿大夫占卜之龟，杨伯峻《春秋左传注》昭公五年注曰：“似天子、诸侯之龟曰守龟。”　④ 兆：本义为卜兆，龟甲烧后的裂纹，以此判断吉凶。此处泛指占卜。　⑤ 智而不能及，明而不能见，孰克如此：王肃注：“克，能也。而宜为如也。”《说苑·权谋》此节最后一句作：“故智不能及，明不能见，得无数卜乎?”

［通解］　孔子问漆雕凭说：“你看臧文仲、武仲及孺子容，这三位大夫哪个是贤人?”漆雕凭回答说：“臧氏家中有一只用来占卜的龟，名叫蔡。文仲三年用它才占卜了一次，武仲三年占卜了二次，孺子容三年竟然占卜了三次。我对此有自己的见解，但如果要问三人哪个贤德哪个不贤德，我不敢贸然判断。”

孔子说：“漆雕氏的后代真是君子啊！他说别人的长处时，表述含蓄却能使意思明晰；他说别人的过失时，表述细微却能使意思不隐晦。那些有智慧却达不到，有眼光却不能发现的人，谁能做到这样呢?”

［原文］　鲁公索氏将祭而亡其牲[①]。孔子闻之，曰：“公索氏不及二年将亡。”后一年而亡。门人问曰：“昔公索氏亡其祭牲，而夫子曰不及二年必亡。今过期

而亡，夫子何以知其然②？”孔子③曰：“夫祭者，孝子所以自尽于其亲。将祭而亡其牲，则其余所亡者多矣。若此而不亡者，未之有也。”

［注释］ ① 牲：供祭祀、盟誓和食用的家畜，这里特指供祭祀用的家畜。《周礼·地官·闾师》：“凡庶民不畜者，祭无牲。”《左传》桓公六年“不以畜牲”孔颖达疏：“牲、畜一物，养之则为畜，共用则为牲。”此记载又见于《说苑·权谋》。 ② 而夫子曰……知其然：四库本、同文本作“而夫子知其将亡，何也”。 ③ 孔子：四库本、同文本无此二字。

［通解］ 鲁国公索氏正要祭祀的时候，祭祀用的牲畜却丢了。孔子听说此事，说：“公索氏不到两年就会衰亡。”过了一年以后，公索氏果然败亡了。孔子弟子问他：“从前公索氏丢失了用来祭祀的牲畜，您说用不了两年，他必定衰亡。如今才过了一年，公索氏果然败亡了，先生根据什么知道一定会发生这样的事？”孔子说：“祭祀，是孝子竭心尽力供奉先祖亲人的仪式。将要祭祀却把要用的牲畜弄丢了，那么其余丢失的东西就会更多了。像这样如果还不灭亡，是从来没有的现象。”

［原文］ 虞、芮①二国争田而讼，连年不决。乃相谓曰：“西伯仁也②，盍往质之③？”入其境，则耕者让畔④，行者让路⑤；入其朝，士让为大夫，大夫让为⑥卿。虞、芮之君曰：“嘻！吾侪⑦小人也，不可以履君子之庭⑧。”遂⑨自相与而退，咸以所争之田为闲田也⑩。孔子曰：“以此观之，文王之道，其不可加焉。不令而从，不教而听，至矣哉！”

［注释］ ① 虞、芮(ruì)：商末周初诸侯国。虞在今山西平陆北，芮在今陕西大荔朝邑城南。此记载又见于《诗·大雅·绵》毛传、《尚书大传》、《说苑·君道》。 ② 西伯仁也：王肃注：“西伯，文王。”“仁”字后四库

本、同文本有“人”字。 ③ 盍往质之：王肃注：“盍，何不。质，正也。” ④ 畔：田界。 ⑤ 四库本、同文本此后有“入其邑，男女异路，斑白不提挈”之句。 ⑥ 为：原作“于”，据四库本、同文本改。 ⑦ 侪(chái)：同辈，同类的人。王肃注：“侪，等。” ⑧ 履君子之庭：原作“入君子之朝”，今据四库本、同文本改。 ⑨ 遂：原作“远”，据四库本、备要本、同文本改。 ⑩ 也：四库本、同文本作“矣”。

［通解］

虞、芮两国因争夺田地而打起了官司，连续多年没有结果，于是相互提出：“西伯是有仁德的人，为什么不去请他给主持公道呢？”当他们进入西伯直接管辖的地区，就看到耕地的人互相推让田界，走路的人互相让道；到了西伯的朝廷，又看到士人互相推让做大夫，大夫彼此推让做卿。虞、芮两国国君说：“唉！我等真是小人啊，怎么能踏入君子的朝堂呢。”于是各自互相推让着回去，都把原先有争议的田地作为无人耕种的空闲地对待。孔子说：“从这件事来看，文王的道德，已经到了无以复加的地步了。不用下达命令人们就能顺从，不用进行教化人们就能听从，真是达到至高无上的境界了。”

［原文］

曾子曰：“狎①甚则相简②，庄甚则不亲。是故君子之狎足以交欢，其庄足以成礼。”孔子闻斯言也，曰：“二三子志之，孰谓参也不知礼乎③！”

［注释］

① 狎(xiá)：亲近，接近。此记载又见于《说苑·谈丛》。 ② 简：轻贱，怠慢。 ③ 孰谓参也不知礼乎：四库本、同文本作“孰为参也不知礼也”。

［通解］

曾子说：“过分亲近就会显得轻贱，过分庄重就显得不亲热。所以，君子应该做到，亲近，只要能结交朋友并取得对方的欢心就足够了；庄重，只要能保持礼仪就足够了。”孔子听到曾子的话，说："你们要记住这些话，谁说曾参不懂礼制呀！"

［原文］

哀公问曰："绅、委、章甫①，有益于仁乎？"孔子作色而对曰："君胡然焉？衰麻苴杖②者，志不存乎乐，非耳弗闻，服使然也；黼黻衮冕③者，容不亵慢④，非性矜庄，服使然也；介胄执戈者，无退懦之气，非体纯猛，服使然也。且臣闻之，好肆不守折⑤，而长者不为市⑥。窃⑦夫其有益与无益，君子所以知。"

［注释］

① 绅、委、章甫：王肃注："委，委貌。章甫，冠名也。"绅，古代士大夫束于腰间，一头下垂的大带。委貌，周之冠。章甫，商代的一种冠，后来用以称儒者之冠。此记载又见《荀子·哀公》。 ② 衰(cuī)麻苴杖：衰麻，古代的丧服，用粗麻布制成，披在胸前、缠于头部和腰间。苴杖，古代孝子居父丧时所用的竹杖，也称哭丧棒。 ③ 黼黻衮冕：黼黻，古代礼服所绣的花纹，也泛指花纹和有文采。衮冕，衮衣和冕，古代帝王与上公的礼服和礼冠。黻，四库本、同文本作"绂"。 ④ 亵慢：举止不庄重。亵，原作"袭"，据四库本、同文本改。 ⑤ 好肆不守折(shé)：王肃注："言市弗能为廉，好肆不守折也。"肆，指商业活动。折，折本，亏损。 ⑥ 长者不为市：王肃注："言长者之行，则不为市买之事。" ⑦ 窃：王肃注："窃，宜为察。"恐误。窃，私下认为。

［通解］

鲁哀公向孔子询问说："各种礼制用的大带、委貌、章甫等衣冠，有益于仁政吗？"孔子突然变了脸色，回答道："君主为什么这样问呢？身穿丧服、手执丧杖的人，心思不在音乐上，并不是耳朵听不见，而是因为身上穿的丧服使他这样；身穿华丽礼服、头戴礼冠的人，容貌举止庄重，这并不是本性矜持端庄，而是因为身上穿的礼服使他这样；身着铠甲、手持兵器的人，毫无退缩、怯懦的样子，并不是他本身纯正勇猛，而是身上穿的军服使他这样。而且,我还听说,善于经商的人不会做亏本的生意,忠厚长者不会去做买卖。我私下认为,有益与无益,君子是可以分辨的。”

[原文] 孔子谓子路曰:“见长者而不尽其辞①,虽有风雨,吾不能入其门矣。故君子以其所能敬人,小人反是。”

[注释] ① 尽其辞:把话说完。

[通解] 孔子对子路说:“见到忠厚的长者,还没把该说的话说完,即使遇上风雨,我也不能进入他的家门。所以君子尽自己的能力来敬重别人,小人正好与这相反。”

[原文] 孔子谓子路曰:“君子以心导耳目,立义以为勇;小人以耳目导心,不愻①以为勇。故曰退之而不怨,先之斯可从已②。”

[注释] ① 愻(xùn):同“逊”,驯顺。 ② 退之而不怨,先之斯可从已:王肃注:“言人退之不怨,先之则可从,足以为师也。”

[通解] 孔子对子路说:“君子用心志引导耳目,把宣扬施行道义作为勇敢;小人用耳目引导心,把不驯服当做勇敢。所以说君子被屏退也不抱怨,让他带头也能做好表率,使别人能跟着他做。”

[原文] 孔子曰:“君子有①三患。未之闻,患不得闻;既得闻之,患弗得学;既得学之,患弗能行。有其德②而无其言,君子耻之;有其言而无其行,君子耻

之;既得之,而又失之,君子耻之;地有余[③],民不足,君子耻之;众寡均而人功倍己焉,君子耻之[④]。”

［注释］

① 有:原无“有”字,据四库本、同文本补。此记载又见于《礼记·杂记下》。 ② 德:据《礼记·杂记下》《说苑·说丛》,当作“位”。 ③ 余:四库本、同文本脱。下有“而”字。 ④ 众寡均而人功倍己焉,君子耻之:王肃注:“凡兴功业,多少与人同,而功殊倍己,故耻之也。”

［通解］

孔子说:“君子有三种情况值得忧虑。没有听说的知识,担心无法听到;已经听说的,担心没法学到;已经学到的知识,担心无法付诸行动。身居其位而无所进言,君子应该感到羞愧;言语能够表达清楚而没法付诸实施,君子应该感到羞愧;通过努力得到的而又失去,君子应该感到羞愧;田地有余,而拥有的百姓不够多,君子应该感到羞愧;领导的百姓人数多少一样,而他人取得的功绩是自己的数倍,君子应该感到羞愧。”

［原文］

鲁人有独处室者,邻之嫠[①]妇亦独处一室。夜,暴风雨至,嫠妇室坏,趋而托焉。鲁人闭户而不纳,嫠妇自牖[②]与之言:“何[③]不仁而不纳我乎?”鲁人曰:“吾闻男女不六十不同居[④],今子幼,吾亦幼,是以不敢纳尔也。”妇人曰:“子何不如柳下惠[⑤]然?妪不逮门之女[⑥],国人不称其乱。”鲁人曰:“柳下惠则可,吾固不可。吾将以吾之不可,学柳下惠之可。”孔子闻之曰:“善哉!欲学柳下惠者,未有似于此者。期于至善,而不袭其为,可谓智乎!”

［注释］

① 嫠:通“嫠”。王肃注:“嫠,寡妇也。”此记载又见《诗·小雅·巷伯》毛传。 ② 牖:窗户。 ③ 何:四库本、同文本此前有“子”字。

④ 男女不六十不同居：四库本作“男子不六十不间居”，同文本作“男女不六十不闲居”。作“间”是。间，杂也。 ⑤ 柳下惠：即展禽，春秋时鲁国大夫，早孔子一百余年，食邑在柳下（今山东新泰），私谥曰惠，故名。 ⑥ 妪（yǔ）不逮门之女：怀抱没能赶上走出郭门的女子。妪，妪伏，鸟类以体伏卵，使之孵化，此指以体相温。逮，赶上，来得及。原作“建”，据四库本、同文本改。相传柳下惠夜宿郭门，有女子没有赶上时间走出郭门，而与柳下惠同宿。柳下惠恐其冻坏，置之于怀，至晓不为乱。

［通解］

鲁国有个人单独住在一间屋子里，邻居家的寡妇也独处一室。一天夜里，风雨交加，寡妇的房子被毁坏，便跑去要求借宿。鲁国那个人关上自己的房门不接纳她。寡妇通过窗户对他说：“为什么你这样不讲仁义，不让我进去？”那人说：“我听说男女不到六十岁不能杂处一室。而现在你这么年轻，我也年轻，所以我不敢让你进来。”寡妇说：“你为什么不像柳下惠那样？他怀抱没有赶上时间走出郭门的女子，而鲁国上下却不说他淫乱。”那人说：“柳下惠能做到，而我却不行。我准备用我做不到的事情效仿柳下惠能够做到的事情。”孔子听闻此事，说：“太好了！想要学习柳下惠，还从没有像这种做法的。追求至善的境界，但不盲目照搬前人的做法，这可以说是明智的了！”

［原文］

孔子曰：“小辩①害义，小言②破道。《关雎》兴于鸟③，而君子美之，取其雄雌之有别；《鹿鸣》④兴于兽，而君子大之，取其得食而相呼。若以鸟兽之名嫌之，固不可行也。”

［注释］

① 小辩：辩说琐碎小事。《荀子·非相》：“小辩不如见端，见端不如见本分。小辩而察，见端而明，本分而理。”杨倞注：“小辩谓辩说小

事。” ② 小言：不合乎大道的言论。《庄子·齐物论》：“大言炎炎，小言詹詹。”成玄英疏：“儒墨小言，滞于兢辩，徒有词费，无益教方。” ③《关雎》兴于鸟：《关雎》，《诗·周南》的第一篇。关，关关，象声词，鸟鸣声。雎，即雎鸠，一种水鸟，俗称鱼鹰。兴，一种文学写作手法，即托物起兴。 ④《鹿鸣》：《诗·小雅》的第一篇。

［通解］ 孔子说：“对琐碎小事的辩说会损害大义，无关宏旨的言论破坏大道。《关雎》诗篇以鸟起兴，君子却认为它具有美感，是由于雎鸟雌雄分别有序；《鹿鸣》用兽起兴，君子却认为它非常重要，是由于鹿得到美食后互相招呼。如果因为这些诗以鸟兽取名而嫌弃它们，一定是行不通的。”

［原文］ 孔子谓子路曰：“君子而强气[①]，而不得其死；小人而强气，则刑戮荐蓁[②]。《豳诗》曰：‘殆天之未阴雨，彻彼桑土，绸缪牖户[③]，今汝下民，或敢侮余[④]。’”孔子曰：“能治国家之如此，虽欲侮之，岂可得乎？周自后稷[⑤]，积行累功，以有爵土，公刘[⑥]重之以仁。及至大王亶甫[⑦]，敦以德让，其树根置本，备豫远矣。初，大王都豳[⑧]，翟[⑨]人侵之。事之以皮币[⑩]，不得免焉；事之以珠玉，不得免焉。于是属耆老[⑪]而告之：‘所欲吾土地。吾闻之，君子不以所养而害人。二三子何患乎无君？’遂独与大姜[⑫]去之，逾梁山[⑬]，邑于岐山之下[⑭]。豳人曰：‘仁人之君，不可失也。’从之如归市[⑮]焉。天之与[⑯]周，民之去殷，久矣，若此而不能王[⑰]天下，未之有也。武庚[⑱]恶能侮？《鄁诗》[⑲]曰：‘执辔如组，两骖如儛[⑳]。’”孔子曰：“为此诗者，其知政乎！夫为组者，总纰[㉑]于此，

成文于彼。言其动于近,行于远也。执此法以御民,岂不化乎?《竿旄》之忠告[22],至矣哉!”

[注释] ① 强(jiàng)气:桀骜不驯。 ② 荐蓁(zhēn):同“荐臻”,连续不断地到来,一再遇到。《墨子·尚同中》:“飘风苦雨,荐臻而至者,此天之降罚也。”荐,再,又,接连。四库本、同文本作“荐臻”。 ③ 殆天之未阴雨,彻彼桑土,绸缪(móu)牖户:语出《诗·豳风·鸱鸮》。王肃注:“殆,及也。彻,剥也。桑土,桑根也。鸱鸮天未雨剥取桑根,以缠绵其牖户,喻我国家积累之功,乃难成之若此(若此,原作‘苦者’,误,据四库本、备要本、同文本改)也。”绸缪,紧密缠缚的样子。后人以“未雨绸缪”形容事前做好准备工作。 ④ 今汝下民,或敢侮余:语出《诗·豳风·鸱鸮》。王肃注:“今者,周公时。言我先王致此大功至艰,而下民敢侵侮我周道。谓管蔡之属不可不遏绝之,以存周室者也。” ⑤ 后稷:周族始祖,名弃。善于农业生产,曾为尧舜时农官。 ⑥ 公刘:周族领袖。传为后稷曾孙。 ⑦ 大王亶(dǎn)甫:即古公亶父。传为后稷十二代孙,周文王的祖父。 ⑧ 豳(Bīn):在今陕西彬县东北。

⑨ 翟(dí):通“狄”,活动在我国北方地区的少数民族。四库本作“狄”。 ⑩ 皮币:毛皮和布帛。 ⑪ 属(zhǔ)耆(qí)老:属,召集。耆老,年长而有声望者。 ⑫ 大姜:即太姜,古公亶父之妻,太伯、仲雍、王季之母。 ⑬ 梁山:在今陕西乾县西北。 ⑭ 邑于岐山之下:邑,修建城邑。岐山,在今陕西宝鸡境内。 ⑮ 归市:赶集市。

⑯ 与:帮助。 ⑰ 王:称王统治天下。原无,据陈本补。 ⑱ 武庚:王肃注:“武庚,纣子,名禄父。与管叔共为乱也。” ⑲《鄭诗》:鄭,“郑”之本字。语出《郑风》,故“鄭”应为“郑”之误。 ⑳ 执辔如组,两骖(cān)如儛:语出《诗·郑风·大叔于田》。王肃注:“骖之以服,和调中节。”辔,马缰绳。组,丝织的带子。骖,周代马车四马同驾为常,外边两马为骖,中间两马为服。儛,今本《毛诗》作“舞”,同。 ㉑ 总纰(pī):总,聚合,汇集。纰,指丝织物稀疏。总,原作“䅗(zǒng)”,据四库本、备要本改。而同文本作“惣”。 ㉒《竿旄》之忠告:王肃注:“《竿旄》之诗者,乐乎善道告人,取喻于素丝良马,如组纰之义。”《竿旄》,《诗·鄘风》中的一篇。竿,今本《毛诗》作“干”,同。

［通解］

孔子对子路说：“君子如果桀骜不驯，就不可能得以善终；小人桀骜不驯，刑罚和杀戮就会接连降临。《豳诗》上说：‘趁着天还没下雨，急剥桑根把巢筑，尤其缠好门窗户。如今树下这些人，谁还敢来欺侮我！’”孔子说：“能够像这样治理国家，即使有人想欺辱他，难道可能做到吗？周朝自后稷以来，修积德行、勤累功绩，从而拥有爵位和土地，公刘更用仁义来推动。到周太公亶甫时期，进一步用德行和礼让来加强，他树立了立国的根本，有长远的准备和预见。当初，太王建都于豳地，狄族人来侵犯，于是送给他们毛皮和布帛，没能避免被侵犯；送给他们珠宝、美玉，也没能免除被侵犯。于是太公召集当地的长老，告诉他们：‘狄人想要的是我们的土地。我听说，君子不会为了养育人的土地而使百姓遭受祸害。你们哪用担心没有君主呢？’于是单独和太姜一起离开，翻越梁山，在岐山下建起新的城邑。豳地的百姓说：‘这是一位对百姓仁德的君主，我们不能失去他。’于是人们追随太王，好像赶集一样纷纷而去。上天帮助周朝，百姓与殷朝离心离德由来已久。像这样如果还不能统治天下，那是没有的。武庚怎么能够欺辱他呢？《郑风》说：‘手握缰绳如同编织丝带，条理分明；两旁马儿奔驰像舞蹈，有条不紊。’”孔子说：“作这首诗的人，确实很懂得为政的道理啊！织丝带的人，这头汇聚稀疏的丝缕，那头却织成了各色锦绣花纹。这是说在近处有行动，却能影响到深远之处。掌握这个方法用来驾驭百姓，怎么能不化育天下呢？《竿旄》的忠告，达到最高境界了啊！”

卷第三

观周第十一

[序说]

本篇以“观周”为篇题，记述了孔子到当时的文化中心东周洛邑参观访问的情况。

春秋末期，周王室“天下共主”的地位虽然已经一去不复返，对各诸侯国失去了政治上的控制力，但是，它毕竟还保存着周朝长期积淀的礼制文化精髓。因此，孔子不远千里，考察东周文化，并问礼于在洛邑担任史官的老子。

孔子在洛邑广泛参观游历了东周的宗庙、明堂等国家重要政治设施，流露出对周朝政治制度的无限向往，也极大地增强了他对周初著名政治家周公的倾心仰慕。他拜见苌弘，交流了音乐知识，更从老子那儿得到良多教益，由此，孔子“道弥尊矣”，慕名从学的人越来越多。据说，“远方弟子之进，盖三千焉”，他的学问与事业都获得了长足进展。

本篇保留了孔子的先祖世系等一些珍贵资料，可与《左传》《史记》等参照阅读，对研究孔子生平和思想有重要价值。本篇中的《金人铭》部分文句又见于今本《老子》。由于《老子》在战国时期经历过不断增补的过程，因此，《金人铭》对研究早期儒、道关系也具有重要价值。

[原文]

孔子谓南宫敬叔①曰：“吾闻老聃②博古知今，通礼乐之原，明道德之归，则吾师也。今将往矣。”对曰：“谨受命。”遂言于鲁君曰：“臣受先臣③之命云，‘孔子，圣人[4]之后也，灭于宋[5]，其祖弗父何始有国而授厉公[6]，及正考父，佐戴、武、宣[7]，三命[8]兹益恭。故其鼎铭[9]曰：“一命而偻，再命而伛，三命而俯[10]，循墙而走，亦莫余敢侮。饘于是，粥于是，以餬其口[11]。”其恭俭也若此。臧孙纥[12]有言：“圣人之后，若不当世[13]，则必有明德[14]而达者焉。”孔子少而好礼，其将在矣[15]。’属臣曰：‘汝必师之。’今孔子将适周，观先王之遗制，考礼乐之所极，斯大业也，君盍以乘资之？臣请与往。”公曰：“诺。”与孔子车一乘，马二匹，竖子[16]侍御。敬叔与俱至周。

问礼于老聃，访乐于苌弘[17]，历郊社之所[18]，考明堂之则[19]，察庙朝之度[20]。于是喟然曰：“吾乃今知周公之圣，与周之所以王也。”

及去周，老子送之，曰：“吾闻富贵者送人以财，仁者送人以言。吾虽不能富贵，而窃仁者之号，请送子以言乎：凡当今之士，聪明深察而近于死者，好讥议人者也；博辩闳达而危其身[21]，好发人之恶者也。无以有己为人子者[22]，无以恶己为人臣者[23]。”孔子曰：“敬奉教。”自周反鲁，道弥尊矣。远方弟子之进，盖三千焉。

［注释］ ① 南宫敬叔：王肃注：“敬叔，孟僖子子也。”鲁国贵族孟僖子的儿子，受父嘱而师从于孔子。此记载又见于《左传》昭公七年、《史记·孔子世家》。 ② 老聃（dān）：即老子，春秋晚期周朝史官，著名思想家，道家学派创始人，《老子》一书集中体现了他的思想。王肃注：“老聃，老子，博古知今而好道。” ③ 先臣：王肃注：“先臣，僖子。”即南宫敬叔之父。 ④ 圣人：王肃注：“圣人，殷汤。”汤为殷商开国之君，宋为殷商之后，孔子先祖为宋国公族，故称孔子为圣人之后。 ⑤ 灭

于宋：孔子的六世祖孔父嘉之妻貌美，宋国的华督杀害孔父嘉，夺其妻，孔父嘉后人为避祸而奔鲁。王肃注："孔子之先，去宋奔鲁，故曰灭于宋也。" ⑥ 弗父何始有国而授厉公：王肃注："弗父何，缗公世子，厉公兄也，让国以授厉公。《春秋传》曰：以有宋而授厉公宜。始，始也（'始，始也'，四库本作'有者，始有也'，而无'宜'字。同文本作'始，始有也'），始有宋也。"授，四库本、同文本作"受"。 ⑦ 正考父，佐戴、武、宣：王肃注："正考父，何之曾孙也。戴、武、宣，三公也。" ⑧ 三命：王肃注："考父士一命，其大夫再命，卿三命是也（四库本作'命为士，一命；命为大夫，再命；命为卿，三命是也'）。"命数表示地位的高低差异。正考父为三命之卿，已是非常尊显。 ⑨ 鼎铭：王肃注："臣有功德，君命铭之于其宗庙之鼎也。" ⑩ 一命而偻（lǚ），再命而伛（yǔ），三命而俯：偻、伛，都是弯腰之意。俯，弯腰屈身，表示更加谦虚、恭敬。王肃注："伛恭于偻，俯恭于伛。" ⑪ 饘（zhān）于是，粥于是，以餬其口：饘，稠粥。餬，"糊"之异体。工肃注："饘，糜也。为糜粥于此鼎，言至俭也。" ⑫ 臧孙纥（hé）：王肃注："纥，臧武仲。"为臧文仲之孙，鲁国大夫。 ⑬ 圣人之后，若不当世：王肃注："弗父何，殷汤之后而不继世为宋君。" ⑭ 德：原作"君"，据四库本、备要本、同文本改。

⑮ 其将在矣：王肃注："将在孔子。" ⑯ 竖子：原作"竖其"，据四库本、备要本、同文本改。指僮仆。 ⑰ 苌（cháng）弘：王肃注："弘，周大夫。"精通音乐，后在政治斗争中为周室所杀。 ⑱ 郊社之所：周王祭天地之处。郊，冬至日祭天于南郊，社，夏至日祭地于北郊，合称"郊社"。鲁国承周公之后，得享天子之礼，也有郊社之礼。 ⑲ 明堂之则：明堂，周天子宣明政教之处，也作为祭祀、选贤、纳谏、庆赏、教学或其他国家重大事务的活动场所。则，王肃注："法也。" ⑳ 庙朝之度：王肃注："宗庙、朝廷之法度也。" ㉑ 身：王肃注："身，父母有之（有之，四库本作'之有'）也。" ㉒ 无以有己为人子者：即"为人子者无以有己"，做儿子的不应该使父母时刻挂念自己。 ㉓ 无以恶己为人臣者：即"为人臣者无以恶己"，做臣下的不应该让君主憎恶自己。王肃注："言听则仕，不用则退，保身全行，臣之节也。"《史记·孔子世家》作"为人臣者无以有己"。

［通解］

孔子对南宫敬叔说:“我听说老聃博古知今,懂得礼乐的根本,明了道德的宗旨,他就是我的老师了。现在我要去拜访他。”南宫敬叔回答说:“谨从您的吩咐。”于是进见鲁国国君昭公说:“我曾领受我父亲的遗命,遗命中说:‘孔子是圣人的后代,家族在宋国灭绝了。他的十世祖弗父何本来享有宋国的继承权,但是让给了他的弟弟宋厉公。他的七世祖正考父辅佐了宋国戴、武、宣三代国君,在享有三命的爵禄后却越发恭谨。他自己的鼎上铭文说:“一命低头曲背,二命弯腰躬身,三命俯身躬背,沿着墙快步小跑,也没有人敢侮辱我。稠粥在这里烧煮,稀粥在这里烧煮,都是为了糊口而已。”他的恭俭庄敬就是这样。臧孙纥曾经说过:“圣人的后代如果不能做国君,那么必定有明德而显达的。”孔子少年时代就喜好学习礼制,显达的人恐怕就是孔子了。’嘱咐我说:‘你一定要拜他为师。’现在孔子将要访问宗周,学习先王遗留的政教制度,考察礼乐文化的最高境界,这是一项重大的事业啊,您为什么不以车马资助他呢?我请求与他一同去。”昭公说:“行。”给了孔子一辆车、两匹马,以及僮仆和驾车的人。敬叔与孔子一同到了宗周。

孔子向老聃学习了礼制,与苌弘交流了音乐知识,游历了郊社之所,考察了宗周的明堂制度,了解了宗周的宗庙、朝廷的法度。孔子感慨地说:“我现在终于知道周公之所以圣明和周之所以取得天下的原因了。”

到孔子离开宗周的时候,老子为孔子送行说:“我听说在送行的时候,富贵的人送给人钱财,仁德的人送给人箴言。我不是富贵的人,姑且冒用仁者的称号,让我送给你几句话吧:大凡当今的士人君子,聪明智能,认识深刻,却陷入危险而濒临死亡境地，是喜好讥讽、议论别人的缘故；博学雄辩，胸怀大志，却自身陷入危难境地，是喜好揭露、昭示别人隐恶的缘故。作为儿子不应该让父母惦记自己，作为臣下不应该使君主憎恶自己。”孔子说：“谨从您的教诲。”从宗周返回了鲁国，孔子道术更加被尊崇，远近来求学的弟子大约有三千人。

［原文］

孔子观乎明堂，睹四门墉①有尧舜之容②、桀纣之象，而各有善恶之状、兴废之诫焉。又有周公相成王，抱之负斧扆③，南面以朝诸侯之图焉。孔子徘徊而望之，谓从者曰：“此周之④所以盛也。夫明镜所以察形，往古者所以知今。人主不务袭迹于其所以安存，而忽怠⑤所以危亡，是犹未有以异于却走而欲求及前人⑥也，岂不惑哉！”

孔子观周，遂入太祖后稷之庙。庙堂右阶之前，有金人⑦焉。三缄⑧其口，而铭其背曰：“古之慎言人也，戒之哉！无多言，多言多败；无多事，多事多患。安乐必戒，无所行悔⑨。勿谓何伤，其祸将长；勿谓何害，其祸将大；勿谓不闻，神将伺人⑩。焰焰不灭，炎炎若何⑪？涓涓不壅，终为江河；绵绵不绝，或成网罗⑫；毫末不札，将寻斧柯⑬。诚能慎之，福之根也。口是何伤⑭？祸之门也。强梁⑮者不得其死，好胜者必遇其敌。盗憎主人，民怨其上。君子知天下之不可上也，故下之；知众人之不可先也，故后之。温恭慎德，使人慕之；执雌持下，人莫逾之。人皆趋彼，我独守此；人皆或之⑯，我独不徙。内藏我智，不示人技。我虽尊高，人弗我害，谁能于此？江海虽左，长于百川，以其卑也[17]。天道无亲，而能下人。戒之哉！”

孔子既读斯文也，顾谓弟子曰：“小子识之[18]！此言实而中，情而信。《诗》曰：‘战战兢兢，如临深渊，如履薄冰[19]。’行身如此，岂以口过患哉？”

孔子见老聃而问焉，曰：“甚矣，道之于今难行也。吾比[20]执道，而今委质[21]以求当世之君，而弗受也。道于今难行也。”老子曰：“夫说者流[22]于辩，听者乱于辞，如此二者，则道不可以忘[23]也。”

［注释］

① 门墉(yōng)：门口的墙壁。《说文》：“墉，城垣也。”此记载又见于《说苑·敬慎》《说苑·反质》。　② 之容：四库本、同文本作“与”。　③ 负斧扆(yǐ)：负，背对。斧扆，古代宫殿内设在门和窗之间的大屏风。　④ 之：四库本、同文本作“公”。　⑤ 忽怠：轻慢，轻视。四库本、同文本作“急急”。　⑥ 是犹未有以异于却走而欲求及前人：“未有以异于”五字当为衍文。或“犹未有”当作“何”。却走而欲求及前人，倒退向后跑而又想追上前面的人，即背道而驰的意思。　⑦ 金人：铜人。　⑧ 三缄(jiān)：三，四库本、同文本作“叁”。缄，封。本为捆东西的绳索。　⑨ 无所行悔：王肃注：“言当详而后行，所悔之事不可复行。”　⑩ 神将伺(sì)人：神灵将会时时观察着人的行为。伺，候望，观察。　⑪ 焰焰不灭，炎炎若何：焰焰，火苗初起。炎炎，火苗升腾。　⑫ 绵绵不绝，或成网罗：王肃注：“绵绵，微细，若不绝则有成罗网者也。”　⑬ 毫末不札，将寻斧柯：王肃注：“如毫之末，言至微也。札，拔也。寻，用者也。”以上举例反复说明防微杜渐的重要性。⑭ 口是何伤：人的口有什么坏处？伤，创伤，损害。　⑮ 强梁：粗暴、残忍、凶狠、欺凌弱小的人。　⑯ 或之：王肃注：“或之，东西转移之貌。”或，通“惑”。之，据《群书治要》引《家语》，当为重文符号之误。或之，当作“惑惑”，迷惑，犹疑不定。　⑰ 江海虽左，长于百川，以其卑也：王肃注：“水阴长右，江海虽在于其左，而能为百川长，以其能下。”⑱ 小子识(zhì)之：小子，原作“小人”，据四库本、备要本改。识，通

"志",记住。　⑲ 战战兢兢,如临深渊,如履薄冰:语出《诗·小雅·小旻》。王肃注:"战战,恐也。兢兢,戒也。恐坠也,恐陷也。"　⑳ 比:先前,本来。　㉑ 委质:又作"委贽",指人臣拜见君主时,屈膝委体于地,后引申为托身、归顺。质,形体。　㉒ 流:王肃注:"流,犹过也,失也。"　㉓ 忘:舍弃,遗忘。

[通解]　孔子参观了宗周的明堂,看到四个门口的墙上分别画有尧、舜和桀、纣的肖像,各有善恶不同的形状,以及有关王朝兴盛与灭亡的诫语。还有周公辅佐成王,抱着年幼的成王背对屏风,面向南接受诸侯朝拜的图像。孔子缓慢行走,仔细观望之后对跟从的人说:"这就是周朝兴盛的原因了。明镜是用来审察形体容貌的,借助学习古代的东西可以了解当今。君主不能致力学习如何安身立命,却忽视、怠慢陷入危亡境地的因素。这就如同向后跑却想追上前面的人一样,难道不是很糊涂吗?"

孔子在宗周参观,进入到太祖后稷的庙堂。庙堂右边台阶的前面立有铜人,嘴巴被封了三层,而背上有这样的铭文:"这是古时审慎说话的人,以此为戒!不要多说话,说话多则过失多;不要多事,多事则多忧患。安逸快乐时一定要警戒,不做任何使自己后悔的事情。不要说有什么损害,不然祸患将一天天增长;不要说没有别人听到,神灵会暗暗地观察着人的行为。火苗初起的时候不去扑灭,等到烈火熊熊时又将怎么办呢?涓涓细流不去堵塞,最终或许就会汇集成江河;绵绵细丝不予斩断,或许就会织成罗网;草木萌芽时不能拔除,将来一定要寻用大斧。如果确实能够谨慎行事,也就确立了福佑的基础。人的嘴巴有什么坏处呢?它是招祸之门。好勇斗狠的人不得好死,争强好胜的人必定遇到匹敌的对手。盗贼憎恨财物的主人,百姓怨愤他们的上级长官。君子知道自己不能位居天下人之上,因此甘居人下;知道自己不能位列天下人之先,因此甘居人后。温和恭敬,谨慎仁德,使别人倾慕自己品德;示弱处下,也没有人凌驾于自己之上。别人都奔向别处,只有我坚守此处;别人都在犹疑不定,我却坚定不移。胸中埋藏着我的智慧,不向别人显示我的技能。这样,即使我位尊爵高,别人也不会伤害我,谁能做到这些呢?江海虽然位居东边,却是百川之长,正是由于位置卑下的缘故。天道行事没有偏爱,还能谦逊对人。以此为戒!"

孔子读完这段铭文,回头对弟子们说:"你们记住这些话!这些话实在、中肯,合情可信。《诗》中说:'战战兢兢,就像面临深渊,就像脚踩薄冰。'如果这样立身行事,怎么会因为说话招来祸患呢?"

孔子拜见老子,请教老子说:"如今实行道真是太难了!我本来执守大道,现在却请求当今的国君贯彻执行,然而没有被接受。如今实行道真是太难了。"老子说:"那些宣扬道的人沉溺于巧辩,接受道的人又被浮华的言辞迷惑,在这两种情况下,更不可以舍弃大道。"

弟子行第十二

[序说] 本篇记载了孔子弟子子贡与卫将军文子的对话,卫将军文子向子贡询问孔子弟子的情况,于是,子贡据其所知,对孔子几位主要弟子的品行加以介绍,因此,本篇以"弟子行"名篇。

卫国将军文子询问子贡同门师友的情况,子贡开始以不知相推辞，后在文子的一再请求下，谈了自己耳闻目睹的一些状况。子贡的评价涉及十二位孔子弟子，他们分别是颜回、冉雍、仲由、冉求、公西赤、曾参、颛孙师、卜商、澹台灭明、言偃、南宫适、高柴。后来，子贡以其对卫将军文子所言俱告孔子，由此引发了孔子对于如何知人、识人问题的谈论。孔子认为"智莫难于知人"，认为了解一个人的品质，不仅需要"目之所睹，耳之所闻"，还必须用思维和智慧去考虑和想象。这是本篇的哲理所在，也是本篇的点睛之笔，寓意深刻。通过列举诸多古人包括伯夷、叔齐、赵文子、随武子、铜鞮伯华、蘧伯玉、柳下惠、晏平仲、老子、介子山、羊舌大夫等的品行，孔子进一步论证了知人、识人不能仅仅通过表面现象。本篇是孔子人才思想的重要论述，对于研究孔子弟子及孔子以前的"先贤"也是十分重要的材料。

本篇又见于《大戴礼记·卫将军文子》，两相比较，不难看出《大戴礼记》的修饰痕迹。结合本篇，可以对《大戴礼记》的成书问题有更好的认识。

［原文］

卫将军文子①问于子贡曰："吾闻孔子之施②教也，先之以《诗》《书》，而道③之以孝悌④，说之以仁义，观⑤之以礼乐，然后成之以文德⑥。盖入室升堂⑦者，七十有余人。其孰为贤⑧？"子贡对以不知。

［注释］

① 文子：王肃注："卫卿，名弥牟也。" ② 施：设，施行。 ③ 道：同"导"，引导之意。四库本、同文本即作"导"，"导"前无"而"字。 ④ 悌：敬爱兄长，引申为顺从长上。 ⑤ 观：示。 ⑥ 文德：道艺与德行。 ⑦ 入室升堂：喻人的学识技艺等方面有高深的造诣。 ⑧ 其孰为贤：谁最优秀。孰，谁。贤，胜，优秀。

［通解］

卫国将军文子询问子贡说："我听说孔子施行教化，先是教给他们有关《诗》《书》的知识，然后用孝和悌的思想教导他们，用仁义说服他们，用礼乐启示他们，然后使他们成就道艺并成为德行高尚的人。大概孔门弟子中学问进入高深境界的有七十多人，其中谁又是最优秀的呢？”子贡回答说不知道。

[原文]

文子曰："以吾子①常与②学，贤者也，何为不知③？"子贡对曰："贤人无妄④，知贤即难⑤，故君子之言曰：'智莫难于知人。'是以难对也。"

[注释]

① 吾子：对对方的尊称，相当于"您"。　② 与：和……一起。　③ 何为不知：原作"不知何谓"，据四库本、同文本改。　④ 贤人无妄：王肃注："贤人不妄，言举动不妄。"妄，胡乱行动。　⑤ 知贤即难：知贤，谓知人之贤。即，犹"则""乃"。

[通解]

文子说："您常常和他们一起学习，您也是个贤者，怎么说不知道呢？"子贡回答说："贤德的人不能对人妄加评论，知道谁贤能那就更难了，所以君子说：'最难能的智慧莫过于认识别人了。'因此我很难回答你的问题。"

[原文]

文子曰："若夫知贤，莫不难。今吾子亲游①焉，是以敢问。"子贡曰："夫子之门人，盖有三千就②焉。赐有逮及③焉，未逮及焉，故不得遍知以告也。"

[注释]

① 亲游：谓与诸贤游于圣人之门。　② 就：从，即，靠近。或训为会集。《逸周书·谥法》："就，会也。"俞樾《群经平议·周书》按曰："就与集一声之转，盖即读就为集，故训会耳。"　③ 逮及：在一起，交往。逮，赶上。

[通解]

文子说："至于了解贤人，没有不困难的。现在您在孔子处游学，所以我才敢冒昧问您。”子贡说：“先生的弟子，大约有三千人。有些是我交往过的，有的没有交往过，所以不能把他们的情况全都清楚地告诉您。”

［原文］

文子曰：“吾子所及者，请问①其行！”子贡对曰：“夫能夙兴夜寐②，讽诵崇礼，行不贰过③，称言不苟④，是颜回之行也。孔子说之以《诗》曰：‘媚兹一人，应侯慎德⑤’，‘永言孝思，孝思惟则⑥’。若逢有德之君，世受显命⑦，不失厥⑧名；以御于天子，则王者之相也。

［注释］

① 问：四库本、同文本作“闻”。 ② 夙兴夜寐：指早起晚睡。 ③ 行不贰过：王肃注：“贰，再也。有不善未尝不知，知之未尝复行也。” ④ 称言不苟：王肃注：“举言典法不苟且也。”称，举，这里有“说”的意思。 ⑤ 媚兹一人，应侯慎德：语出《诗·大雅·下武》。王肃注：“一人，天子也。应，当也。侯，惟也。言颜渊之德足以媚爱天子，当于其心惟慎德。”媚，此指爱戴。 ⑥ 永言孝思，孝思惟则：语出《诗·大雅·下武》。王肃注：“言能长是孝道，足以为法则也。”惟，四库本、今本《毛诗》作“维”。 ⑦ 显命：显赫的恩命。指帝王给予的美誉。 ⑧ 厥：代词，他的。

［通解］

文子说：“就您所交往的这些人，我想问问他们的品行。”子贡回答说：“能够早起晚睡，背诵经书，崇尚礼仪，不再犯已犯过的错误，说话从不苟且的，这是颜回的品行。孔子用《诗》中的话来评价他：‘足以得到天子爱，唯有慎德更应该’，‘永把孝心来保持，可为法则示后代’。如果颜回遇上有德行的君主，就会世代享用帝王给予的美誉，名号不会丧失；如果被君主任用，就会成为君主的辅佐者。

[原文]

“在贫如客[①]，使其臣如借[②]，不迁怒，不深怨，不录[③]旧罪，是冉雍[④]之行也。孔子论其材曰：‘有土之君子也，有众使也，有刑用也，然后称怒焉[⑤]。’孔子告之以《诗》曰：‘靡不有初，鲜克有终[⑥]。’匹夫不怒，唯以亡其身[⑦]。

[注释]

① 在贫如客：王肃注：“言不以贫累志，矜庄如为客也。” ② 使其臣如借：王肃注：“言不有其臣，如借使之也。” ③ 录：记载，此为记住之意。 ④ 冉雍：孔子弟子，字仲弓，鲁国人，以德行著称。 ⑤ 有土之君子也，有众使也，有刑用也，然后称怒焉：王肃注：“言有土地之君，有众足使，有刑足用，然后可以称怒。冉雍非有土之君，故使其臣如借而不加怒也。” ⑥ 靡不有初，鲜克有终：语出《诗・大雅・荡》。王肃注：“冉雍能终其行。”初，此指人生之初的本性。终，此指人至终老尚保持其本性。 ⑦ 匹夫不怒，唯以亡其身：王肃注：“因说不怒之义，遂及匹夫以怒亡身。”

[通解]

“身处贫困，却能矜持庄重如同做客一样，役使臣子如同借用他们的力量一般，不迁怒于别人，不深深地抱怨别人，不记恨旧仇，这是冉雍的品行。孔子评论他的品行说：‘先成为有土地的君子，有百姓可以役使，有刑法可以施用，然后才会说些发怒的话。’孔子用《诗》的话告诉他：‘善良本性谁都有，始终保持却很难。’一般人不会轻易发怒，就因为一发怒只会伤害身体。

[原文]

“不畏强御[①]，不侮矜寡[②]，其言循性[③]，其都以富[④]，材任治戎[⑤]，是仲由[⑥]之行也。孔子和之以文，说之以《诗》曰：‘受小拱大拱，而为下国骏庞。荷天子之龙[⑦]’，‘不戁不悚’，‘敷奏其勇’[⑧]。强乎武哉！文不胜其质[⑨]。

[注释] ① 不畏强御：畏，惧怕。强御，强悍，刚暴。 ② 不侮矜（guān）寡：侮，侵犯，欺负。矜通“鳏”。老而无妻曰鳏，老而无夫曰寡。 ③ 其言循性：王肃注：“循其性也，而言不诬其情。” ④ 其都以富：王肃注：“仲由长于政事。”都，居，此指为政之处。 ⑤ 戎：王肃注：“戎，军旅也。” ⑥ 仲由：孔子弟子，即子路，鲁国卞人。 ⑦ 受小拱大拱，而为下国骏庬（máng）。荷天子之龙：语出《诗·商颂·长发》。王肃注：“孔子曰：‘和仲由以文，说之以诗。’此其义也。拱，法也。骏，大也。庬，厚也。龙，和也。言受大小法，为下国大厚，乃可任天下道也。”拱，四库本、同文本、今本《毛诗》作“共”。庬，原作“庞”，据四库本改。今本《毛诗》作“厖”，庬与厖同。龙，通“宠”。 ⑧ “不戁（nǎn）不悚（sǒng）”，“敷奏其勇”：语皆出《诗·商颂·长发》。王肃注：“戁，恐。悚，惧。敷，陈。奏，荐。” ⑨ 强乎武哉！文不胜其质：王肃注：“言子路强勇，文不胜其质。”武，勇敢。胜，超过。

[通解] “不畏强暴，不欺负鳏寡，说话遵循本性，居官富庶一方，才能足够治理军队，这就是子路的品行。孔子以文章与他唱和，用《诗》评价他说：‘遵守大法和小法，对下国仁厚和宽大。担负上天之宠’，‘毫不恐惧和忧虑’，‘施展他的勇气’。真是勇敢刚强啊！他的文采掩饰不了他的朴实。

[原文] “恭老恤幼①，不忘宾旅②，好学博艺③，省物而勤也④，是冉求⑤之行也。孔子因而语之曰：‘好学则智，恤孤则惠⑥，恭则近礼，勤则有继⑦。尧舜笃⑧恭，以王天下。’其称之也曰：‘宜为国老⑨。’

[注释] ① 恭老恤幼：恭，指尊敬。恤，指同情。 ② 宾旅：王肃注：“宾旅，谓寄客也。” ③ 艺：才能，技艺。 ④ 省物而勤也：王肃注：“省录诸事而能勤也。”省，减省。勤，劳。 ⑤ 冉求：孔子弟子，即冉有，字子有，善于政事。 ⑥ 恤孤则惠：孤，幼而无父曰孤。惠，仁爱，仁惠。 ⑦ 继：增益，指接连不断的收获。 ⑧ 笃：忠厚，笃厚。

⑨ 国老:王肃注:“国老,助宣德教。”

[通解] “尊敬长辈,同情幼孤,不忘在外的旅客,喜好学习,博通技艺,办事俭省而又勤劳,这是冉求的品行。孔子因而对他说:‘喜好学习就会聪明,抚恤幼孤就会仁爱,对人恭敬就能接近礼义的要求,辛勤就有接连不断的收获。尧和舜忠诚谦恭,所以统有天下。’孔子称赞说:‘他适合担任国老。’

[原文] “齐庄①而能肃,志通而好礼,摈相②两君之事,笃雅有节,是公西赤③之行也。子曰:‘礼经三百,可勉能也④;威仪三千,则难也⑤。’公西赤问曰:‘何谓也?’子曰:‘貌以傧礼,礼以傧辞,是谓难焉⑥。’众人闻之,以为成也⑦。孔子语人曰:‘当宾客之事,则达矣⑧。’谓门人曰:‘二三子⑨之欲学宾客之礼者,其于赤也。’

[注释] ① 齐(zhāi)庄:恭敬。齐,同“斋”,四库本、同文本即作“斋”。 ② 摈相:摈,通“傧”,出接宾曰摈,入赞礼曰相。指为君主主持礼仪之事。四库本、同文本作“傧”。 ③ 公西赤:孔子弟子,字子华,鲁国人。 ④ 礼经三百,可勉能也:王肃注:“礼经三百,可勉学而能知。” ⑤ 威仪三千,则难也:王肃注:“能躬行三千之威仪则难可为,而公西赤能躬行之。”威仪,祭享等典礼中的动作仪节及待人接物的礼仪。 ⑥ 貌以傧礼,礼以傧辞,是谓难焉:王肃注:“言所以为者,当观容貌而傧相其礼,度其礼而傧相其辞,度事则宜,故难也。” ⑦ 众人闻之,以为成也:王肃注:“众人闻公西赤能行三千之威仪,故以为成也。” ⑧ 当宾客之事,则达矣:王肃注:“当宾客之事则达,未尽达于治国之本体也。” ⑨ 二三子:孔子对学生的称呼。

[通解] “整齐端庄而且能够态度严肃,志向通达而且喜欢礼仪之

事，在两君相会时出任傧相，忠诚典雅而且遵守礼节，这是公西赤的品行。孔子说：‘礼经三百，可以通过努力掌握；三千项威严的礼仪，施行起来就不容易了。’公西赤问：‘为什么这样说呢？’孔子说：‘做傧相要根据不同人的容貌来行礼，辞令需要根据礼仪要求来讲，所以说很困难。’众人听孔子这么说，认为公西赤已经有所成就了。孔子对弟子说：‘如果是迎送宾客这件事，公西赤他已经做到了。’孔子又对弟子们说：‘你们想学习迎送宾客的礼仪，就向公西赤学习吧。’

［原文］

“满而不盈，实而如虚，过之如不及，先王难之①；博无不学，其貌恭，其德敦②；其言于人也，无所不信；其骄大人也，常以浩浩③，是以眉寿④。是曾参之行也。孔子曰：‘孝，德之始也；悌，德之序也⑤；信，德之厚也；忠，德之正也。参中⑥夫四德者也。’以此称之。

［注释］

① 满而不盈，实而如虚，过之如不及，先王难之：王肃注：“盈而如虚，过而不及，是先王之所难，而曾参体其行。”满，充足。先王，《大戴礼记》作“先生”。 ② 敦：厚。 ③ 其骄大人也，常以浩浩：王肃注：“浩然志大，骄大貌也。大人，富贵者也。”大，原作“于”，据四库本、备要本等改。 ④ 是以眉寿：王肃注：“不慕富贵，安静虚无，所以为之富贵。”眉寿，长寿。玉海堂本无此四字。 ⑤ 悌，德之序也：王肃注：“悌以敬长，是德之次序也。” ⑥ 中：适合，恰好对上。

［通解］

“充满却不外溢，充实却如同虚空，已经远远超过却像是还未达到，对此先王也难以做到；知识广博，无所不学，他的外表恭敬，他的德行敦厚；他对别人说的话，没有不可信的；他能够傲视那些富贵者，始终保持一种浩然之气，因此能够长寿。这是曾参的品行。孔子说：‘孝，是德行的开端；悌，是德行的次序；信，是德行的加深与丰厚；忠，是德行的准则。曾参符合这四种德行。’孔子就是这样来赞扬曾参的。

[原文]

“美功不伐①，贵位不善②，不侮不佚③，不傲无告④，是颛孙师⑤之行也。孔子言之曰：‘其不伐则犹可能也，其不弊百姓⑥，则仁也。’诗云：‘恺悌君子，民之父母⑦。’夫子以其仁为大。

[注释]

① 伐：夸耀。 ② 不善：谓面无喜色。善，犹“喜”。《大戴礼记·卫将军文子》此句孔广森补注曰：“善，自喜也。” ③ 不侮不佚：王肃注：“侮，佚，贪功慕势之貌。”侮，轻慢。佚，逸乐也，放荡。 ④ 不傲无告：王肃注：“鳏寡孤独，此四者，天民之穷而无告者也。子张之行，不傲此四者。”傲，凌傲。 ⑤ 颛孙师：孔子弟子，字子张，陈国人。 ⑥ 不弊百姓：王肃注：“不弊愚百姓，即所谓不傲之也。”弊，蒙蔽，愚弄。 ⑦ 恺悌君子，民之父母：语出《诗·大雅·洞酌》。王肃注：“恺，乐。悌，易也。乐以强教之，易以说安之。民皆有是父之尊，母之亲也。”

[通解]

“有美德功劳却不夸耀，处于尊贵的地位却不沾沾自喜，不自我放任以贪功慕势，不凌傲贫苦无告的百姓，这是颛孙师的品行。孔子评价他说：‘不自夸，一般人也可以做到，能够不愚弄百姓却是他突出的仁义之举。’《诗》说：‘君子和乐而又平易，为民父母顺民意。’先生最看重他的仁德。

[原文]

“学之深①，送迎必敬②，上交下接若截③焉，是卜商④之行也。孔子说之以《诗》曰：‘式夷式已，无小人殆⑤。’若商也，其可谓不险矣⑥。

[注释]

① 学之深：王肃注：“学而能入其深义也。” ② 送迎必敬：王肃注：“送迎宾客，常能敬也。” ③ 若截：喻区别严格，界限分明。

④ 卜商：孔子弟子，字子夏，后为魏文侯师。 ⑤ 式夷式已，无小人殆：语出《诗·小雅·节南山》。王肃注："式，用。夷，平也。言用平则已也。殆，危也，无以小人至于危也。" ⑥ 若商也，其可谓不险矣：王肃注："险，危也。言子夏常厉以断之，近小人斯不危。"

[通解] "学习能够深入，迎送宾客一定恭敬，交往上层和接触下层都界限分明，这是卜商的品行。孔子用《诗》的话评价他说：'心平气和已可贵，不因小人而殆危。'像卜商这样，大概是不会有什么危险的。

[原文] "贵之不喜，贱之不怒，苟利于民矣，廉于行己，其事上也以佑其下①，是澹台灭明②之行也。孔子曰：'独贵独富，君子耻③之，夫也中之矣④。'

[注释] ① 其事上也以佑其下：王肃注："言所以事上，乃欲佑助其下也。" ② 澹(Tán)台灭明：孔子弟子，字子羽，鲁国武城(在今山东平邑)人。 ③ 耻：原作"助"，据四库本、同文本及《大戴礼记》改。 ④ 夫也中(zhòng)之矣：王肃注："夫，谓澹台灭明。中，犹当也。"

[通解] "地位高贵的时候不自喜，地位低贱的时候又不怨怒，只求对百姓有利处，注重自身行为廉洁，侍奉上司，以此来佑助部下，这是澹台灭明的品行。孔子说：'只求独自一人富贵，君子认为这是可耻的，澹台灭明就是这样的君子。'

[原文] "先成其虑①，及事而用之②，故动则不妄，是言偃③之行也。孔子曰：'欲能则学，欲知则问，欲善则详④，欲给则豫⑤，当是而行，偃也得之矣。'

[注释] ① 虑：谋。 ② 用之：谓用其所谋。 ③ 言偃：孔子弟子，字子游，吴人。 ④ 欲善则详：王肃注："欲善其事，当详慎也。" ⑤

欲给则豫：王肃注："事欲给而不碍，则莫若于豫。"给，成功，实现。豫，事先准备。

[通解] "先做好计划打算，等到有事时就按计划而行，所以从不会轻举妄动，这就是言偃的品行。孔子说：'想要有才能就要学习，想要掌握知识就要多问别人，想把事情做好就要详慎，想要达到目的就要事先有准备。应当这样来行动的，而言偃已经做到了。'

[原文] "独居思仁，公言言①义，其于《诗》也，则一日三复'白圭之玷'②，是宫绍③之行也。孔子信其能仁，以为异士④。

[注释] ① 言：原作"仁"，据四库本、同文本及《大戴礼记》改。 ② 一日三复"白圭之玷（diàn）"：白圭之玷，语出《诗·大雅·抑》。王肃注："玷，缺也。《诗》：'白圭之玷，尚可磨也。斯言之玷，不可为也。'一日三复之，慎之至也。"白圭，白玉制的礼器。 ③ 宫绍（tāo）：孔子弟子，即南宫绍，又称南宫适，鲁国人。 ④ 异士：王肃注："殊异之士也。"

[通解] "单独呆着时思考仁义，为官时考虑仁义，读《诗》时一天重复三次'白圭之玷'，这就是南宫绍的品行。孔子相信他能够施行仁爱，把他看成是殊异之士。

[原文] "自见孔子，出入于户，未尝越礼①；往来过之，足不履影②；启蛰不杀③，方长不折④；执亲之丧⑤，未尝见齿⑥。是高柴之行也。孔子曰：'柴于亲丧，则难能也；启蛰不杀，则顺人道；方长不折，则恕仁也。成汤恭而以恕，是以日跻⑦。'

[注释] ① 礼：四库本、同文本作"履"，《大戴礼记》作"屦"。 ② 往来

过之，足不履影：王肃注："言其往来常迹，故迹不履影也。" ③ 启蛰不杀：王肃注："春分当发，蛰虫启户咸出，于此时不杀生也。"蛰，蛰虫。启，开。 ④ 方长不折：王肃注："春夏生长养时，草木不折。"长，生长。折，断。 ⑤ 执亲之丧：奉行父母的丧礼。执亲即守孝之意。 ⑥ 见齿：笑。 ⑦ 成汤恭而以恕，是以日跻（jī）：王肃注："跻，升也。成汤行恭而能恕，出见搏鸟焉，四面施网，乃去其三面。《诗》曰：'汤降不迟，圣敬日跻。'言汤疾行古人之道，其圣敬之德日升闻也。"跻，四库本、同文本作"跻"。

[通解]

"自从拜见孔子之后，进出门户，未曾违背礼节；来来往往经过门口，两脚从未踩到别人的身影上；春分时候动物从冬眠中醒来活动时，从来不杀害它们，草木生长时不折断它们；为双亲守孝时，从未见他开口笑过。这是高柴的品行。孔子说：'高柴为父母守孝的诚心，一般人很难做到；动物启蛰出来活动时不杀生，是顺应为人之道的；草木生长时不去折断它们，是推己及物和仁爱的表现。成汤谦恭而且推己及人，因而能日渐发展起来。'

[原文]

"凡此诸子，赐之所亲睹①者也。吾子有命而讯②赐，赐也固③，不足以知贤。"

[注释]

① 亲睹：指亲眼看到。 ② 讯：王肃注："讯，问。" ③ 固：愚陋。

[通解]

"凡以上所说的这几位，是我亲眼目睹的。您召我而问，我不得不答复，只是我很愚钝，无法真正了解贤人。"

[原文]

文子曰："吾闻之也，国有道则贤人兴①焉，中人用焉②，乃百姓归之。若吾子之论，既富茂矣。

壹③诸侯之相也，抑④世未有明君，所以不遇也。"

［注释］ ① 兴：起。 ② 中人用焉：王肃注："中庸之人，为时用也。" ③ 壹：王肃注："壹，皆。" ④ 抑：可是，然而。

［通解］ 文子说："我听说国家政治清明时，那么贤能的人就出来，就会有中庸之人被任用，于是老百姓纷纷归附。至于您所谈论的，已经非常丰富、全面了。他们都可以做诸侯的辅佐者，只是居于当今之世而没有圣明君主出现，所以得不到任用，才能无法施展。"

［原文］ 子贡既与卫将军文子言，适①鲁，见孔子曰："卫将军文子问二三子之于赐，不壹而三②焉。赐也辞不获命，以所见者对矣，未知中否，请以告。"

［注释］ ① 适：到……去。 ② 不壹而三：此指再三请求。

［通解］ 子贡与卫国将军文子交谈完后，到了鲁国，拜见孔子说："卫将军文子向我问起师兄弟们的情况，并且是再三地询问。我推辞不过，就把看到的一些情况告诉了他，不知道是否合适，请让我讲给您听。"

［原文］ 孔子曰："言之乎。"子贡以其辞状①告孔子。子闻而笑曰："赐，汝次为人矣②。"子贡对曰："赐也何敢知人，此以赐之所睹也。"

［注释］ ① 状：情况，情形。 ② 次为人矣：王肃注："言为知人之次。"为，原误作"焉"，据四库本、备要本、同文本改。

［通解］ 孔子说："讲吧。"子贡把他与卫将军文子的话陈述给孔子

听。孔子听了笑着说："端木赐，你已经懂得人的高下次序了。"子贡回答说："我哪里敢说是了解别人，这仅仅是我亲眼目睹的情况。"

[原文]

孔子曰[1]："然。吾亦语[2]汝耳之所未闻，目之所未见者，岂[3]思之所不至，智之所未及哉？"子贡曰："赐愿得闻之。"

[注释]

① 曰：原脱，据四库本、同文本补。 ② 语（yù）：告诉。 ③ 岂：殆，大概，恐怕。

[通解]

孔子说："是的。我还要告诉你一些没有听过、没有看到过的东西，这些恐怕是你思虑无法达到、智慧无法赶上的吧！"子贡说："我想听听。"

[原文]

孔子曰："不克不忌[1]，不念旧怨，盖伯夷、叔齐[2]之行也；思天而敬人，服义而行信，孝于父母，恭于兄弟，从善而不教，盖赵文子之行[3]也；其事君也，不敢爱其死，然亦不敢忘其身，谋其身不遗其友，君陈[4]则进而用之，不陈则行而退，盖随武子[5]之行也；其为人之渊源[6]也，多闻而难诞[7]，内植[8]足以没其世[9]，国家有道，其言足以治，无道，其默足以生，盖铜鞮伯华[10]之行也；外宽而内正，自极于隐括之中[11]，直己而不直人，汲汲[12]于仁，以善自终，盖蘧伯玉[13]之行也；孝恭慈仁，允德图义[14]，约货去怨[15]，轻财不匮[16]，盖柳下惠之行也；其言曰：君虽不量于其身[17]，臣不可以不忠于其君。是故君择臣而任之，臣亦择君而事之。有道顺命[18]，无道衡命[19]。

盖晏平仲[20]之行也；蹈[21]忠而行信，终日言不在尤[22]之内，国无道，处贱不闷[23]，贫而能乐，盖老子[24]之行也；易行以俟天命[25]，居下不援其上[26]，其观于四方也，不忘其亲，不尽其乐[27]，以不能则学，不为己终身之忧[28]，盖介子山[29]之行也。”

［注释］ ① 不克不忌：克，喜欢与人争胜。忌，为人所厌恶。 ② 伯夷、叔齐：商末孤竹君之子。伯夷为长子。初，孤竹君以次子叔齐为继承人。孤竹君死后，叔齐让位，伯夷却不接受。后两人奔周。及周武王灭商，天下宗周，伯夷、叔齐以之为耻，不食周粟，隐居首阳山，后来饿死。两人均被认为是品德高尚的人。 ③ 盖赵文子之行：赵文子，即赵武，春秋时晋国大夫，赵朔之子。四库本、同文本“盖”误作“道”。 ④ 陈：王肃注：“谓陈列于君，为君之使用也。” ⑤ 随武子：即随会、范会、士会，又称范武子，春秋时晋国大夫。 ⑥ 渊源：谓思虑深不可测。渊，深。 ⑦ 诞：欺诈，欺骗。 ⑧ 植：指性情刚直。 ⑨ 没其世：指长久，终其身。 ⑩ 铜鍉（dī）伯华：即羊舌氏，名赤，字伯华，羊舌肸（叔向）之兄，春秋时晋国大夫。铜鍉，是羊舌氏的食邑名，在今山西沁县南。鍉，四库本、同文本作“鞮”。 ⑪ 自极于隐括之中：王肃注：“隐括，所以自极。”极，正，端正。隐括，矫正邪曲的器具，引申为标准、规范。 ⑫ 汲汲：急切的样子。 ⑬ 蘧（Qú）伯玉：春秋时卫国大夫，即蘧瑗。孔子在卫国时，曾住在他家。 ⑭ 允德图义：王肃注：“允，信也。图，谋也。” ⑮ 约货去怨：王肃注：“夫利，怨之所聚，故约省其货，以远去其怨。”约，少也。货，谓货利。去，除。 ⑯ 匮：缺乏。 ⑰ 不量于其身：王肃注：“谓不量度其臣之德器也。” ⑱ 有道顺命：王肃注：“君有道则顺从其命。” ⑲ 无道衡命：王肃注：“衡，横也。谓不受其命之隐居者也。” ⑳ 晏平仲：即晏婴、晏子，春秋时齐国的卿相，字仲，谥平，世称晏平仲，东莱夷维（今山东高密）人。
㉑ 蹈：实行。 ㉒ 尤：王肃注：“尤，过。” ㉓ 闷：王肃注：“闷，忧。” ㉔ 老子：四库本作“老莱子”，同文本作“老来子”。 ㉕ 易行以俟天命：易，王肃注：“易，治。”俟，等待。 ㉖ 居下不援其上：王

肃注:“虽在下位,不攀援其上以求进。”　㉗ 观于四方也,不忘其亲,不尽其乐:王肃注:“虽有观四方之乐,常念其亲,不尽其归之。”“观”上原有“亲”字,据陈本、《大戴礼记》删。　㉘ 以不能则学,不为己终身之忧:王肃注:“凡忧忧所知,不能则学,何忧之有?”　㉙ 介子山:《大戴礼记》作“介山子推”,即介之推,或作介子推、介推,春秋时晋国大夫。曾辅佐晋文公重耳。后与母亲隐居绵上(今山西介休东南)山中而死。

[通解]　孔子说:“不苛刻别人,不嫉妒,不计较往日仇恨,这大概是伯夷、叔齐的品行。心存天意而且尊敬别人,遵从于义而又行为守信用,对父母孝顺,对兄弟恭敬,一心向善而又不需要教化,这大概是赵文子的品行。侍奉君主,不敢苟且偷生,然而也不敢轻易死于非义,为自己着想考虑但也不忘掉朋友,君主重用时就尽心尽力地去干,不能任用时就退隐,这大概是随武子的品行。为人思虑深不可测,博闻多识因而不轻易被欺骗,内心刚直并终生坚持,天下太平时,他的言语足以用来治理国家,天下黑暗时,他的沉默足以求得生存,这大概是铜鞮伯华的品行。外表宽仁而内心正直,遵循一定的标准而随时端正自己的行为,只求自身正直却不强求别人也正直,心情急切地追求仁德,终身行善,这大概是蘧伯玉的品行。孝顺恭敬,慈善仁爱,修养德行,一心向义,节省财货,消除怨恨,轻视财物却无所匮乏,这大概是柳下惠的品行。曾有言曰:君主虽然不考虑臣下的才能,但臣下不可以不效忠君主。所以君主要选择臣下而加以任用,臣子也要选择君主而加以侍奉。君主圣明就顺从他的命令,君主昏庸就不受其命。这大概就是晏平仲的品行。按忠信来行动,终日言谈也不会有任何过失,国家昏暗时,地位低贱却不忧闷,身处贫困却依然安乐,这大概是老子的品行。修养德行以等候天命,地位低下却不攀附上司,游观四方时,不忘双亲,不尽情享乐,由于没有能力就去

学习、请教，不使它成为终身的忧虑，这大概是介子推的品行。”

[原文] 子贡曰：“敢问夫子之所知者，盖尽于此而已乎？”孔子曰：“何谓其然？亦略举耳目之所及而矣。昔晋平公①问祁奚②曰：‘羊舌大夫③，晋之良大夫也。其行如何？’祁奚辞以不知。公曰：‘吾闻子少长乎其所④，今子掩⑤之，何也？’祁奚对曰：‘其少也恭而顺，心有耻而不使其过宿⑥；其为大夫，悉善而谦其端⑦；其为舆尉⑧也，信而好直其功⑨；至于其为容也，温良而好礼，博闻而时出其志⑩。’公曰：‘曩者⑪问子，子奚曰不知也？’祁奚曰：‘每位改变，未知所止，是以不敢得知也。’此又羊舌大夫之行也。”子贡跪曰：“请退而记之。”

[注释] ① 晋平公：春秋时晋国国君，姬姓，名彪，在位 26 年（前 557—前 532 年）。 ② 祁奚：晋国大夫，祁午之父。 ③ 羊舌大夫：春秋时晋国大夫，叔向祖父，史佚其名。 ④ 少长乎其所：王肃注：“于其所长。”谓从小在其家中长大。 ⑤ 掩：隐蔽。 ⑥ 心有耻而不使其过宿：王肃注：“心常有所耻恶，及其有过，不令更宿辄改。” ⑦ 悉善而谦其端：王肃注：“尽善道而谦让，是其正也。”悉，全。端，正。 ⑧ 舆尉：负责国君车驾的军尉。 ⑨ 直其功：王肃注：“言其功直。”原王肃注窜入正文，今据四库本、备要本等改。 ⑩ 时出其志：王肃注：“时出，以其出之诲未及之，是其志也。” ⑪ 曩（nǎng）者：刚才。

[通解] 子贡说：“我冒昧地问先生，您知道的大概就是这些吗？”孔子说：“怎么能这么说呢？我也只是举出耳闻目睹的罢了。从前，晋平公问祁奚说：‘羊舌大夫是晋国优秀的大夫，他的品行怎么样？’祁奚推辞说不知道。晋平公又问：‘我听说您小时

候在他家长大。现在您掩饰不说,为什么呢?'祁奚回答说:'他年轻的时候,谦恭和顺,心中感觉羞耻的事情能在当天立即改正;他担任大夫之后,能尽善道而又谦恭正直;他出任舆尉以后,能够诚实地直言自己的军功;至于他的仪表,则是温和善良而且爱好礼节,博闻多识而又时时显示出自己的志向。'晋平公问:'刚才我问您,您为什么说不知道呢?'祁奚答道:'地位经常改变,不知道止于何处,因而不敢说能够了解他。'这又是羊舌大夫的一个做法。"子贡向孔子行跪拜之礼,说道:"请允许我回去记下先生您的话。"

贤君第十三

[序说]

本篇记载了孔子与诸侯国君以及弟子们的谈话,主要论述了贤君、贤臣的标准,讨论如何为政治国等问题。因首章有"当今之君,孰为最贤"的句子,故以"贤君"名篇。

本篇记载主要体现了孔子的政治思想。通过赞赏卫灵公、鲍叔、子皮的行为,孔子指出了评判贤君、贤臣的标准。孔子认为,评判君主贤明与否,应看其"朝廷行事",而"不论其私家之际";而作为臣子,"进贤者"贤于"用力者"。并且通过与国君、弟子的讨论,孔子指出君主应该具备的品质。孔子分别通过向哀公论说夏桀灭亡的原因,教导颜渊处世的道理,以及自己读《诗》的感受,从侧面指出,国君如果不克己修身、亲贤重才,就会造成臣子"上下畏罪""不终其命"的情况,从而导致亡国;通过列举中行氏和周公治国之道,指出治理国家重在尊贤；通过回答齐景公、鲁哀公、卫灵公、宋君等国君的问政，孔子分别提出了不同的治国方略。

孔子一生从政的时间不长，但从流传下来的文献记载看，孔子关于为政之道的论述颇多，并且具有重要的实践价值。从本篇我们可以了解到，孔子有明显的“崇德循礼”“尊贤重才”“选贤任能”“重民教民”等思想。这与《论语》《礼记》等文献的记载完全一致，将这些材料相互对照，可以更好地研究孔子思想。

本篇的材料多见于《说苑》等书。

［原文］

哀公问于孔子曰：“当今之君，孰为最贤？”孔子对曰：“丘未之见也，抑①有卫灵公②乎？”公曰：“吾闻其闺门③之内无别，而子次④之贤，何也？”孔子曰：“臣语其朝廷行事，不论其私家之际也。”

公曰：“其事何如？”孔子对曰：“灵公之弟曰公子渠牟⑤，其智足以治千乘，其信足以守之。灵公爱而任之。又有士曰⑥林国者，见贤必进之，而退⑦与分其禄，是以灵公无游放之士⑧。灵公贤而尊之。又有士曰庆足者，卫国有大事则必起而治之；国无事则退而容贤⑨。灵公悦而敬之。又有大夫史鰌⑩，以道去卫，而灵公郊舍⑪三日，琴瑟不御⑫，必待史鰌之入而后敢入。臣以此取之，虽次之贤，不亦可乎？”

［注释］

① 抑：大概，有推测、疑虑不定的语气。此记载又见于《说苑·尊贤》。　② 卫灵公：春秋时卫国国君，姬姓，名元，在位 42 年（前 534—前 493 年）。　③ 闺门：宫苑、内室的门，在此借指家庭。　④ 次：排列，列次。　⑤ 灵公之弟曰公子渠牟：原作“灵公之弟曰灵

公弟子渠牟”,此据四库本、同文本改。 ⑥ 曰:原无,据四库本、同文本补。 ⑦ 退:这里指辞去官职。 ⑧ 游放之士:指游荡放纵的士人。 ⑨ 退而容贤:王肃注:“言其所以退者欲以容贤于朝。” ⑩ 史鳅(qiū):卫国大夫,字子鱼,亦称史鱼。 ⑪ 郊舍:郊,在郊外。舍,住宿。意为宿于郊外,表示诚敬。 ⑫ 琴瑟不御:意指不近声乐。御,进用、享用之意。

[通解]

鲁哀公问孔子说:“当今的君主,谁最贤能呢?”孔子回答说:“孔丘我未曾见过最贤能的君主,如果有,大概是卫灵公吧?”哀公说:“我听说他连自己家庭内部的事情都处理不好,而您将他列为贤君,为什么呢?”孔子说:“臣下我是就他在朝廷上的行为处事来说的,对他在家庭内部处事如何不作评议。”

哀公问道:“他在朝廷上处事如何呢?”孔子回答说:“灵公的弟弟叫公子渠牟,他的智慧足以用来治理一个诸侯大国,他的诚信足以用来守住该国,灵公因此非常喜爱他并委以重任。又有个叫林国的士人,发现有才能的人必定要推荐他做官,而那人辞官后,林国又将自己的俸禄拿出来与他分享,因而灵公那里没有游荡放纵的士人,灵公认为林国是贤士并且非常尊敬他。又有一个叫庆足的士人,卫国出现大事的时候,就必定会被荐举出来处理事务,国家平安无事时他就隐退下去,以让其他贤能的人被容纳于朝廷,灵公因而喜欢他并且非常敬重他。又有一个叫史鳅的大夫,因实践自己的主张而离开卫国,灵公就在城郊住了三天,不近声乐,一定要等到史鳅回国之后才敢回宫。臣下我就是根据这些情况来选取卫灵公的,虽然把他列为贤君,难道不可以吗?”

[原文]

子贡问于孔子曰:“今之人臣,孰为贤?”子曰:

“吾未识①也。往者齐有鲍叔②，郑有子皮③，则贤者矣。”

子贡曰：“齐无管仲，郑无子产？”子曰：“赐，汝徒知其一，未知其二也。汝闻用力为贤乎？进贤为贤乎？”子贡曰：“进贤贤哉！”子曰：“然。吾闻鲍叔达④管仲，子皮达子产，未闻二子之达贤己之才者也。”

[注释]

① 识：知道。此记载又见于《韩诗外传》卷七、《说苑·臣术》。 ② 鲍叔：即鲍叔牙，春秋时齐国大夫。 ③ 子皮：春秋时郑国大夫，罕氏，名虎。 ④ 达：使……得志、显达。这里表示推荐的意思。

[通解]

子贡问孔子说：“当今做臣子的，谁能称得上贤人呢？”孔子说：“我不知道。从前齐国有鲍叔，郑国有子皮，他们都是贤能的人。”

子贡问：“齐国的管仲、郑国的子产不在贤人之列吗？”孔子说：“端木赐，你只知其一，不知其二。你听说用力做事的人贤能，还是举荐贤人的人贤能呢？”子贡说：“举荐贤人的人贤能！”孔子说：“对。我听说鲍叔举荐了管仲，子皮举荐了子产，却没有听说这二人举荐过比自己更为贤能的人才。”

[原文]

哀公问于孔子曰：“寡人闻忘之甚者，徙①而忘其妻，有诸？”孔子对曰：“此犹未甚者也，甚者乃忘其身。”

公曰：“可得而闻乎？”孔子曰：“昔者夏桀贵为天子，富有四海，忘其圣祖之道，坏其典法，废其世祀，荒②于淫乐，耽湎③于酒；佞臣④谄谀，窥导其心；忠士折口⑤，逃罪不言。天下⑥诛桀而有其国，此谓忘其身之甚矣。”

［注释］ ① 徙:迁徙。这里是搬家的意思。此记载又见于《尸子》(辑本)、《说苑·敬慎》。 ② 荒:逸乐过度,放纵。 ③ 耽湎:沉迷,沉溺,耽于。 ④ 佞臣:能说会道、善于花言巧语献媚的臣子。 ⑤ 折口:王肃注:“折口,杜口。”指闭口,不说话。 ⑥ 天下:《说苑》作“汤”。当是。

［通解］ 鲁哀公问孔子说:“我听说有忘事很严重的人,搬家的时候竟然忘记带走他的妻子,有这种人吗?”孔子回答说:“这还算不上忘事严重的,严重的连他自己都会忘掉。”

哀公说:“能讲给我听听吗?”孔子说:“从前夏桀贵为天子,富有天下,但是他忘记了圣明祖先的为政之道,破坏了祖先制定的典章法制,废弃了世代相继的祭祀礼仪,放纵地淫逸享乐,沉迷于饮酒;佞臣巧言献媚阿谀奉承,揣摩诱导他的心思;忠臣闭口,为逃避罪责而不敢发表言论。天下人起而灭桀,并占有了他的国家,这就是严重忘记自身的情况。”

［原文］ 颜渊将西游①于宋,问于孔子曰:“何以为身②?”

子曰:“恭敬忠信而已矣。恭则远于患,敬则人爱之,忠则和于众,信则人任之。勤斯四者,可以政③国,岂特④一身者哉?故夫不比于数而比于疏,不亦远乎⑤?不修其中,而修外者,不亦反乎?虑不先定,临事而谋,不亦晚乎?”

［注释］ ① 游:行,游历。 ② 为身:指立身处世。 ③ 政:通“正”,治理。 ④ 岂特:不但,不仅。王肃注:“特,但。” ⑤ 不比于数(cù)而比于疏,不亦远乎:王肃注:“不比亲数,近疏远也。”比,近也。数,密也,此处代指应该亲近的贤者。疏,远也,此处代指应该疏远的人。

[通解]

颜渊准备西行去宋国，行前向孔子请教说："我应该靠什么来立身处世呢？"

孔子说："做到恭、敬、忠、信就可以了。为人谦恭可以远离祸患，对人尊敬可以获得人们的喜爱，对人忠实可以与人和睦相处，待人诚信可以得到人们的任用。努力做到这四点，都能够治理国家了，哪里仅仅只是能够立身处世呢？所以在立身处世时不去亲近那些应该亲近的贤者，而去亲近那些应该疏远的人，这样做，不是离自己追求的目标更远了吗？不注重内心修养而只是修饰外表，不是反其道而行之吗？事先不考虑周全，遇事才开始谋划，不是太晚了吗？"

[原文]

孔子读《诗》，于《正月》①六章，惕焉②如惧，曰："彼不达之君子，岂不殆③哉！从上依世则道废，违上离俗则身危。时不兴善，己独由④之，则曰非妖⑤即妄⑥也。故贤也既不遇天，恐不终其命焉。桀杀龙逢⑦，纣杀比干⑧，皆是类⑨也。《诗》曰：'谓天盖高，不敢不局。谓地盖厚，不敢不蹐。⑩'此言上下畏罪，无所自容也。"

[注释]

①《正月》：《诗·小雅》中的一篇。此记载又见于《说苑·敬慎》。 ② 焉：四库本、同文本作"然"。 ③ 殆：危险。 ④ 由：践行，践履。 ⑤ 妖：古时称一切反常、怪异的东西或现象为妖。《左传》宣公十五年："地反物为妖。" ⑥ 妄：行为不正、不法。《左传》哀公二十五年："彼好专利而妄。" ⑦ 龙逢（páng）：即关龙逢，夏朝大臣。因见夏桀暴虐荒淫，他多次直谏，最终被囚禁杀害。逢，四库本作"逄"。 ⑧ 比干：商末贵族，纣王的叔父，官为少师。因屡谏纣王，被剖心而死。 ⑨ 是类：原作"类是"，据四库本、同文本改。 ⑩ 谓天盖高，不敢不局。谓地盖厚，不敢不蹐（jí）：王肃注："此《正月》六章之辞

也。局，曲也。言天至高，己不敢不曲身危行，恐上干忌讳也。蹐，累足也。言地至厚，己不敢不累足，恐陷累在位之罗网。”谓，言，说。盖，同“盍”，何等，多么。蹐，累足，相足相叠，不敢正立。此指用最小的步子走路，后脚紧跟着前脚，为戒慎小心之状。

［通解］ 孔子读《诗》，读到《正月》第六章时，一副恐惧不安的样子，并说道：“那些仕途不得志的君子，不是很危险吗？顺从君主，附和世俗，那么大道就会废弃；违背君主，远离世俗，那么自身就会遭遇危险。时代不提倡善行，但是自己偏偏独自去推行善，那样不是被说成是反常怪异之举，就是被认为是不法行为。因此，贤人没有逢遇天时，还得时常担心性命难保。夏桀杀龙逢，商纣杀比干，都属于此类情况。《诗》上说：‘都说天是多么高啊，可是人们却不敢不蜷曲着身子。都说地是多么厚啊，可是人们却不敢不轻轻落脚，小步前行。’这是说对上对下都害怕得罪，惟恐失去自己的容身之地。”

［原文］ 子路问于孔子曰：“贤君治国，所先[①]者何？”孔子曰：“在于尊贤而贱不肖。”子路曰：“由闻晋中行氏[②]尊贤而贱不肖矣，其亡何也？”孔子曰：“中行氏尊贤而不能用，贱不肖而不能去。贤者知其不用而怨之，不肖者知其必己贱而仇之。怨仇并存于国[③]，邻敌搆兵[④]于郊，中行氏虽欲无亡，岂可得乎？”

［注释］ ① 所先：首要的事情。 ② 中行（háng）氏：指中行文子，即荀寅，春秋时晋国卿。后与范宣子（范吉射）被赵鞅打败而奔齐。 ③ 国：城邑，此指中行氏在晋国的封地。 ④ 搆（gòu）兵：交兵，交战。搆，同“构”。

［通解］ 子路问孔子说："贤君治理国家，首要的事情是什么呢？"孔子说："在于尊重贤人而轻视不贤的人。"子路说："仲由我听说晋国中行氏尊重贤人而轻视不贤的人，那他为什么会败亡呢？"孔子说："中行氏尊重贤人却不能加以任用，轻视不贤的人却不能罢退。贤能的人知道自己不能被任用而埋怨他，不贤的人知道自己必定会被轻视而仇恨他。埋怨和仇恨并存于他的封地之中，邻近的敌对势力也来侵犯，两军交战于城郊，中行氏即使不想败亡，又怎么能做得到呢？"

［原文］ 孔子闲处，喟然而叹曰："向使①铜鞮伯华②无死，则天下其有定矣。"

子路曰："由愿闻其人也。"子曰："其幼也，敏而好学；其壮也，有勇而不屈；其老也，有道而能下人。有此三者，以定天下也，何难乎哉？"

子路曰："幼而好学，壮而有勇，则可也。若夫有道下③人，又谁下哉？"子曰："由不知，吾闻以众攻寡，无不克也；以贵下贱，无不得也。昔者周公居冢宰④之尊，制天下之政，而犹下白屋之士⑤，日见百七十人。斯岂以无道也？欲得士之用也。恶有道⑥而无下天下君子哉？"

［注释］ ① 向使：假使，假如。 ② 铜鞮伯华：指晋国羊舌赤。铜鞮，《弟子行》作"铜鍉"，春秋时地名，羊舌赤的食邑，因以为姓。 ③ 下：谦下。这里指谦恭地对待。 ④ 冢宰：周代辅佐天子的最高长官。 ⑤ 白屋之士：白屋，王肃注："草屋也。"指贫寒的士人，后代指平民。 ⑥ 恶有道：四库本、同文本作"恶有有道"。当是。

［通解］ 孔子闲居在家，长叹一声说："假使铜鞮伯华不死，那么天

下大概可以安定了。"

子路说:"仲由我想听听这个人的情况。"孔子说:"他小时候聪敏好学,壮年时英勇不屈,老年时身怀道艺而且谦恭待人。具备这三方面,想安定天下,又有什么困难呢?"

子路说:"小时候聪敏好学,壮年时英勇不屈是可以的,至于身怀道艺而能谦恭待人,那又是对待哪些人呢?"孔子说:"仲由你不知道,我听说以多攻少,没有不取胜的;身份高贵的人谦恭地对待出身卑微的人,没有什么做不到的。从前周公身居冢宰这样的尊贵地位,治理天下的政务,但他还谦恭地对待贫寒的士人,每天要接见一百七十人。这样做难道是因为不具备道艺吗?这是想得到贤士而为自己所用啊。怎么能说具备了道艺就不必谦恭地对待天下君子呢?"

[原文]

齐景公来适鲁,舍于公馆①,使晏婴迎孔子。孔子至,景公问政焉。孔子答曰:"政在节财。"

公悦,又问曰:"秦穆公②国小处僻而霸,何也?"孔子曰:"其国虽小,其志大,处虽僻,而其政中③,其举④也果⑤,其谋也和⑥,法无私而令不愉⑦。首拔五羖,爵之大夫⑧,与语三日而授之以政。以⑨此取之,虽王可,其霸少⑩矣。"景公曰:"善哉!"

[注释]

① 公馆:诸侯的宫室或离宫别馆。此指国中待客住宿之处。此记载又见于《说苑·尊贤》。　② 秦穆公:春秋时秦国国君,嬴姓,名任好,在位39年(前659—前621年)。　③ 中:宜,合宜。这里指正确。原作"政其中",据四库本、备要本改。　④ 举:用事,行事。⑤ 果:果敢,果断。　⑥ 和:和谐。这里有恰到好处、恰当的意思。　⑦ 愉(tōu):王肃注:"愉,宜为偷。偷,苟且也。"　⑧ 首拔五羖(gǔ),爵之大夫:王肃注:"首,宜为身。五羖大夫,百里奚也。"羖,黑色公羊。百里奚原为虞国大夫,虞亡时为晋所获,作为陪嫁之臣送入秦国。

后出走至楚,为楚人所获,后又被秦穆公用五张黑公羊皮赎回,任为大夫,故称五羖大夫。后与蹇叔、由余等佐助秦穆公建立霸业。羖,原作“羖”,据四库本、备要本、同文本改。 ⑨ 以:原脱,据陈本、文献集本补。 ⑩ 少:小。

[通解]

齐景公到鲁国来,住在公馆里,派晏婴去迎接孔子。孔子到了之后,景公便向他请教为政之道。孔子回答说:“治理国家关键是要节省财物。”

景公听了很高兴,又问道:“秦穆公所统治的国家不大,又处在偏僻的地方,但是他成就了霸业,这是为什么呢?”孔子说:“他的国家面积虽小,但他的志向远大;地理位置虽然偏僻,但他的政策正确。他做事果敢,虑事恰当,制定的法律无所偏私,颁布的政令也不是随意而定的。他亲自提拔了百里奚,授给他大夫的爵位,和他交谈了三天就把政事交给他处理。按照他这种为政的方式去做,即使成就帝王之业也是可以的,称霸只不过是小成就而已。”景公说:“说得好啊!”

[原文]

哀公问政于孔子。孔子对曰:“政之急①者,莫大乎使民富且寿也。”公曰:“为之奈何?”孔子曰:“省力役,薄赋敛,则民富矣;敦②礼教,远罪疾,则民寿矣。”公曰:“寡人欲行夫子之言,恐吾国贫矣。”孔子曰:“《诗》云:‘恺悌君子,民之父母③。’未有子富而父母贫者也。”

[注释]

① 急:急切,急迫。此记载又见于《说苑・政理》。 ② 敦:敦促,督促。 ③ 恺悌君子,民之父母:语出《诗・大雅・泂酌》。恺悌,《毛诗》作“岂弟”。

[通解]

哀公向孔子请教为政之道。孔子回答说:“为政最急迫的举措,没有什么比得上使老百姓富足和长寿的。”哀公说:“怎样才能做到这一点呢?”孔子说:“减少劳役,减轻赋税,百姓就会富足;敦促人们实行礼仪,接受教化,使他们远离罪恶、疾病,百姓就会长寿。”哀公说:“我想按您说的去做,可又担心我的国家因此而贫困。”孔子说:“《诗》上说:‘君和乐又平易,为民父母顺民意。’从来就没有孩子富足而父母贫困的现象啊。”

[原文] 卫灵公问于孔子曰:“有语寡人①:‘有国家者,计之于庙堂②之上,则政治矣。’何如?”孔子曰:“其可也。爱人者则人爱之,恶人者则人恶之。知得之己者,则知得之人。所谓不出环堵之室而知天下者,知反己③之谓也。”

[注释] ① 寡人:同文本此后有“曰”字。此记载又见于《说苑·政理》。② 庙堂:指朝廷。③ 反己:求诸己,指反省自己。反,同文本作“及”。

[通解] 卫灵公问孔子说:“有人告诉我,作为国家的统治者,只要将政务在朝廷上谋划好了,国家就会治理好。您认为这种说法怎么样呢?”孔子说:“这种说法对啊。爱别人的人别人也会爱他,恨别人的人别人也会恨他。知道依靠自己取得成功的人,也会知道依靠别人取得成功。所谓不出斗室却能了解天下大事,说的就是反省自身,严格要求自己的道理。”

[原文] 孔子见宋君。君问孔子曰:“吾欲使长有国而列都得之①,吾欲使民无惑,吾欲使士竭力,吾欲使日月当时②,吾欲使圣人自来,吾欲使官府治理③,为之奈何?”孔子对曰:“千乘之君,问丘者多矣,而

未有若主君④之问问之悉也。然主君所欲者，尽可得也。丘闻之，邻国相亲，则长有国；君惠臣忠，则列都得之；不杀无辜，无释罪人，则民不惑；士益之禄，则皆竭力；尊天敬鬼，则日月当时；崇道贵德，则圣人自来；任能黜否⑤，则官府治理。”宋君曰：“善哉！岂不然乎！寡人不佞⑥，不足以致之也。”孔子曰：“此事非难，唯欲行之云耳。”

［注释］

① 列都得之：王肃注：“国之列都各得其道。”列都，各座城邑。或曰：得，保有，不丧。列都得之指保有各座城邑而不丧失。此记载又见于《说苑·政理》。 ② 当（dàng）时：适时，正常。 ③ 治理：指治理得好。治，太平。理，条理。 ④ 主君：对一国之君的称呼。⑤ 黜否（pǐ）：罢斥奸邪的小人。否，恶，低劣的人。 ⑥ 不佞：谦辞，相当于“不才”。

［通解］

孔子拜见宋国国君，宋君问孔子说：“我想使国家长存，各座城邑保而不丧，我想让百姓没有困惑，我想让士人竭尽其力，我想让日月正常运行，我想让圣贤的人自愿前来，我想使官府得到很好的治理，怎样才能做到这些呢？”孔子回答说：“诸侯国君中向我询问的很多，但是都没有像主君您问得这样详细。不过主君您所希望的这些都是能够实现的。我听说，邻国之间亲近和睦相处，国家就会长久地保存下去；君主仁惠臣下忠心，各座城邑就能够保有而不丧失；不滥杀无罪的人，不放过有罪的人，就能使老百姓没有困惑；增加士人的俸禄，就能让他们竭尽其力尽心尽职；尊奉天命，敬事鬼神，就能让日月正常运行；推崇道艺，重视道德，就能使圣人自愿前来；任用贤能，罢斥奸邪小人，就能使官府得到很好的治理。”宋君说：“说得好啊！哪里不是这样呢！可我不才，怕是没有能力做到这种程度。”孔子说：“这些做起来并不难，只要想做就会做到的。”

辩政第十四

[序说]

本篇由九章组成，主要记述孔子辩明政治问题的事迹，故以“辩政”(四库本作“辨政”)名篇。

孔子对齐君、鲁君、叶公问政的不同回答，既表现了孔子的政治思想，如崇尚节俭、以民为本，知晓臣下、君臣同欲，悦近来远、天下大同等等，又展现了孔子高超的政治智慧。本篇所记孔子所说劝谏君主的五种方式，还有他本人“唯度主而行之，吾从其风谏乎”的劝谏方式，都是孔子的政治智慧的较好展现。

对于同一问题，由于对象不同，孔子的回答可能不同。《论语·子路》记载子路与仲弓分别问政于孔子，孔子作了不同回答。《论语·为政》记孟懿子、孟武伯、子游、子夏分别问孝于孔子，孔子的回答也不相同。最为典型的是《先进》篇，其中记曰：“子路问：‘闻斯行诸?’子曰：‘有父兄在，如之何其闻斯行之?’冉有问：‘闻斯行诸?’子曰：‘闻斯行之。’公西华曰：‘由也问闻斯行诸，子曰有父兄在；求也问闻斯行诸，子曰闻斯行之，赤也惑，敢问。’子曰：‘求也退，故进之；由也兼人，故退之。’”本篇的情况与之相同。可见，因人而异，根据不同情况作出不同回答是孔子常用的方式。

本篇是研究孔子政治思想的重要资料，孔子对明君、贤臣的赞叹，是他德治思想的反映。他鼓励宓子贱、子贡、子路从事治国安民的行动，则是孔子德治思想的具体实践。本篇也是研究孔门弟子的重要资料。

本篇内容分见于《韩非子》《韩诗外传》《说苑》等书，可以与本篇对比阅读。

［原文］

子贡问于孔子曰："昔者①齐君问政于夫子，夫子曰'政在节财'；鲁君问政于夫子，夫子②曰'政在谕臣'；叶公③问政于夫子，夫子曰'政在悦近而来远④'。三者之问一也，而夫子应之不同。然政在异端⑤乎？"孔子曰："各因其事也。齐君为国，奢乎台榭，淫于苑囿⑥，五官伎乐⑦，不解⑧于时，一旦而赐人以千乘之家者三，故曰'政在节财'。鲁君有臣三人⑨，内比周以愚其君，外距诸侯之宾以蔽其明⑩，故曰'政在谕臣'。夫荆⑪之地广而都狭，民有离心，莫安其居，故曰'政在悦近而来远'。此三者所以为政殊矣。《诗》云：'丧乱蔑资，曾不惠我师⑫！'此伤奢侈不节以为乱者也；又曰：'匪其止共，惟王之邛⑬。'此伤奸臣蔽主以为乱⑭也；又曰：'乱离瘼矣，奚其适归⑮？'此伤离散以为乱者也。察此三者，政之所欲，岂同乎哉？"

［注释］

① 者：四库本作"哉"。此记载又见于《韩非子·难三》《尚书大传》。 ② 夫子：原脱"夫"字，据四库本、同文本补。 ③ 叶(shè)公：即沈诸梁，字子高，楚国叶地(今河南叶县南)的地方官。 ④ 来远：原作"远来"，四库本、同文本作"来远"。据下文知当作"来远"，故改。 ⑤ 异端：其他不同的看法。《论语·为政》："攻乎异端，斯害也，已。"朱熹集注："非圣人之道，而别为一端。"焦循补疏："各为一端，彼此互异。" ⑥ 苑囿：畜养禽兽的圈地，多指帝王游乐打猎的地方。 ⑦ 五官伎乐：五官，宫中女官名。伎乐，歌舞女艺人。 ⑧ 解：通"懈"，懈怠。四库本作"懈"。 ⑨ 鲁君有臣三人：王肃注："孟孙、叔孙、季孙，三也。" ⑩ 内比周以愚其君，外距诸侯之宾以蔽其明：比周，勾结。《论语·为政》篇记子曰："君子周而不比，小人比

而不周。”距,通“拒”,抗拒,排斥。宾,以礼相待。 ⑪ 荆:楚国别称。 ⑫ 丧乱蔑资,曾(zēng)不惠我师:语出《诗·大雅·板》。王肃注:“蔑,无也。资,财也。师,众也。夫为亡乱之政,重赋厚敛,民无资财,曾莫肯爱我众。”曾,怎么。 ⑬ 匪其止共,惟王之邛(qióng):语出《诗·小雅·巧言》。王肃注:“止,止息也。邛,病也。谗人不共所止息,故惟王之病。”共,通“恭”。 ⑭ 乱:四库本、同文本此后有“者”字。 ⑮ 乱离瘼(mò)矣,奚其适归:语出《诗·小雅·四月》。王肃注:“离,忧也;瘼,病也。言离散以成忧,忆祸乱于斯,归于祸乱者也。”奚,今本《毛诗》作“爰”。瘼,病痛,泛指困苦。

[通解] 子贡问孔子说:“以前齐国国君向先生请教管理政事的方法,您说‘管理政事的关键在于节省财货’;鲁国国君向您请教管理政事的方法,您说‘管理政事的关键在于管理臣下’;叶公向您请教管理政事的方法,您说‘管理政事的关键在于使近处的人悦服,使远方的人归附’。三人请教的问题一样,然而您回答的并不相同。那么这是不是说对如何为政这一问题有各种不同的看法呢?那么管理政事有各种各样不同的方法吗?”孔子说:“我是针对各国不同的现实状况而做出不同的回答。齐国国君治理国家,建造亭台楼阁十分奢侈,过分迷恋宫苑园林的嬉戏游乐,宫中掌管音乐舞蹈的女官及歌舞女艺人一刻也不懈怠,一个早上就把有着千辆兵车的封邑赏赐给人三次,所以我说‘管理政事的关键在于节俭’;鲁国国君有三位大臣,他们在国内结党营私,愚弄君主,对外排斥与各诸侯国的交往以掩蔽鲁君的圣明,所以我说‘管理政事的关键在于管理臣下’;楚国地域辽阔但都邑狭小,百姓有叛离的念头,不能安心居住,所以我说‘管理政事的关键在于使近处的人悦服,使远方的人归附’。这三种情况就是管理政事用不同方法的原因。《诗》说:‘死丧祸乱

民穷财尽，竟然不爱护我庶民百姓！’这是悼伤不加节制地追求奢侈而导致祸乱。《诗》又说：‘群小奸邪，无礼又不恭，实为周王大弊病。’这是悼伤奸臣蒙蔽君主而导致祸乱。《诗》还说：‘祸乱使我困苦深，何处能容我栖身？’这是悼伤百姓离散而导致祸乱。洞察了这三种情况，再看为政者所追求的目标，哪里能完全相同呢？”

［原文］

孔子曰："忠臣之谏君，有五义焉：一曰谲谏①，二曰戆谏②，三曰降谏③，四曰直谏，五曰风谏④。唯度主而行之，吾从其风谏乎！"

［注释］

① 谲(jué)谏：王肃注："正其事，以谲谏其君。"指委婉地规谏。《诗·周南·关雎序》郑玄笺："谲谏，咏歌依违不直谏。"此记载又见于《说苑·正谏》。 ② 戆(zhuàng)谏：王肃注："戆谏，无文饰也。"戆，鲁莽而刚直。 ③ 降谏：王肃注："卑降其体，所以谏也。"指和颜悦色、平心静气地进谏。 ④ 风(fěng)谏：王肃注："风谏，依违远罪避害者也。"风，通"讽"，指以婉言隐语相劝谏。四库本作"讽"。

［通解］

孔子说："忠臣进谏君主，有五种方法：一是委婉地进谏，二是刚直鲁莽地进谏，三是心平气和地进谏，四是直接进谏，五是以婉言隐语进谏。应该揣摩君主的心理来施行相应的方式，我是赞同那种采用婉言隐语进行劝谏的。"

［原文］

子曰："夫道不可不贵也，中行文子倍道失义以亡其国，而能礼贤以活其身①。圣人转祸为福②，此谓是与！"

［注释］

① 中行文子倍道失义以亡其国，而能礼贤以活其身：王肃注："此说倍（倍，原作'陪'，据备要本改，下同。四库本本句作'背义失道'）道失义，不宜说得道之意。而云礼贤，不与上相次配。又文子无礼贤之事。

中行文子得罪于晋,出亡至边。从者曰:‘谓此啬夫者,君子也。’故休马待骏者。文子曰:‘吾好音,子遗吾琴;好珮,子遗吾玉。是以不振吾过,自容于我者也。吾恕其以我求容也。’遂不入车。人闻(闻,原作‘问’,据四库本改)文子之所言,执而不杀之。孔子闻之曰:‘文子倍道失义以亡其国,然得之由活其身,而能礼贤以为宜,然后得也。’”倍,通“背”,违背,背弃。

② 转祸为福:王肃注:“若入将死,不入得活,故曰转祸为福。”

[通解] 孔子说:“大道不能不尊崇。中行文子背弃道义就丢失了封地,但由于能够礼贤下士,从而保全了性命。圣人能够转化祸患成福祉,说的就是这种情况。”

[原文] 楚王将游荆台①,司马子祺②谏,王怒之。令尹子西③贺④于殿下,谏曰:“今荆台之观⑤,不可失也。”王喜,拊⑥子西之背曰:“与子共乐之矣。”

子西步马⑦十里,引辔而止,曰:“臣愿言有道,王肯听之乎?”王曰:“子其言之。”子西曰:“臣闻为人臣而忠其君者,爵禄不足以赏也;谀其君者,刑罚不足以诛⑧也。夫子祺者,忠臣也;而臣者,谀臣也。愿王⑨赏忠而诛谀焉。”王曰:“我今听司马之谏,是独能禁我耳。若后世游之何⑩也?”子西曰:“禁后世易耳。大王万岁⑪之后,起山陵⑫于荆台之上,则子孙必不忍游于父祖之墓以为欢乐也。”王曰:“善!”乃还。

孔子闻之,曰:“至哉,子西之谏也!入之于十里⑬之上,抑之于百世之后者也。”

[注释] ① 楚王将游荆台:楚王,据《说苑》,指楚昭王,春秋时楚国国君,名壬,在位27年(前515—前488年)。荆台,地名,今湖北江陵北。此记

载又见于《说苑·正谏》。 ② 司马子祺:司马,官职名称。子祺,楚公子结。祺,或作"期""綦"。 ③ 令尹子西:令尹,春秋战国时期楚国执政官名,相当于相。子西,楚平王庶长子。 ④ 贺:赞许,附和。 ⑤ 观:四库本作"乐"。 ⑥ 拊(fǔ):抚摸。 ⑦ 步马:牵马调习,训练。《左传》襄公二十六年杜预注:"步马,习马。" ⑧ 诛:惩罚。 ⑨ 王:四库本作"主"。 ⑩ 何:四库本作"可"。 ⑪ 万岁:是去世的委婉说法。 ⑫ 山陵:帝王或皇后的坟墓。 ⑬ 十里:原作"千里",据《说苑·正谏》改,与内容结合更紧密。

[通解] 楚王打算到荆台游玩,司马子祺进行劝阻,楚王非常恼怒。令尹子西却在宫殿下附和楚王,进言道:"眼下到荆台参观游玩的机会,不能错过。"楚王听了很高兴,拍拍子西的后背说:"我要和你一起去,享受游玩的快乐。"

子西牵着马走了十里路,牵住马缰绳停了下来,说:"我希望说说关于政治清明的情况,大王您愿意听吗?"楚王说:"你说吧。"子西说:"我听说做臣下而忠于自己的君主的,爵位俸禄不足以表现对他的奖赏;阿谀奉承君主的臣下,各种刑罚也不足以表现对他的惩罚。子祺是忠臣,而我是谀臣。希望大王赏赐忠臣而惩罚谀臣。"楚王说:"我现在可以听从司马的劝谏,可是这只能禁止我一个人。假如后世的人来此游玩,怎么办呢?"子西说:"禁止后人来游乐很容易。大王去世后,在荆台上修建起陵墓,那么后世子孙必定不忍心在父祖的陵墓上游玩来寻求欢乐。"楚王说:"好!"于是返回国都。

孔子听到这件事,说:"子西的劝谏真是奇妙至极!这真是十里之上的劝谏被采纳,也阻止了百世之后人们的游玩啊!"

[原文]

子贡问[①]于孔子曰:"夫子之于子产、晏子,可为至矣。敢问二大夫之所自为[②],夫子之所以与之者。"孔子曰:"夫子产,于民为惠主[③],于学为博物。晏子,于君为忠臣,而[④]行为恭敏。故吾皆以兄事[⑤]之,而加爱敬。"

[注释]

① 问:原作"闻",据四库本、备要本、同文本改。 ② 自为:原作"为目",据范本改。 ③ 惠主:仁慈的大夫。 ④ 而:四库本、同文本作"于"。当是。 ⑤ 事:犹"视",看待。

[通解]

子贡请教孔子说:"您对于子产、晏子的评价,可以说是最高的了。我冒昧地请教您,两位大夫的所作所为,您为什么这样称赞他们?"孔子说:"子产对百姓来说是一位仁慈施惠的大夫,在学识上通晓各种事物。晏子对君主来说是忠臣,而且行为恭敬勤勉。以此,我都把他们当做兄长来看待,并且加以爱戴和敬重。"

[原文]

齐有一足之鸟,飞集于宫朝[①],下止于殿前,舒翅而跳。齐侯大怪之,使使聘鲁问孔子。孔子曰:"此鸟名曰商羊,水祥[②]也。昔童儿有屈其一脚,振讯[③]两眉而跳且谣曰:'天将大雨,商羊鼓舞[④]。'今齐有之,其应至矣。急告民趋治沟渠,修堤防,将有大水为灾。"

顷之大霖雨[⑤],水溢泛诸国,伤害民人,唯齐有备,不败[⑥]。景公曰:"圣人之言,信而有[⑦]征矣。"

[注释]

① 宫朝:宫室。此记载又见于《说苑·辨物》。 ② 祥:凶吉的预兆,预先显露出来的迹象。 ③ 振讯:抖动。 ④ 鼓舞:手足舞

动,表现出欢欣或兴奋的样子。舞,四库本、同文本作"儛"。 ⑤ 霖雨:久雨不停。 ⑥ 败:伤害,伤亡。 ⑦ 有:原无,据四库本、同文本补。

[通解]

齐国飞来了只有一条腿的鸟,它们飞翔集聚到宫室,又飞到宫殿前停下来,张开翅膀跳跃着。齐君感到非常奇怪,便派使者出访鲁国,向孔子请教。孔子说:"这种鸟名叫商羊,能显示有关水的预兆。从前有小孩弯曲一只脚,抖动着双眉,蹦蹦跳跳,并且唱着歌谣说:'天将要下大雨,商羊就欢快跳跃而至。'现在齐国有了这种鸟,歌谣的内容就要应验了。尽快通告百姓,让他们赶紧去整治沟渠,修筑堤防,大概就会发生大水灾。"

不久,大雨下个不停,大水漫溢,泛滥多国,危及百姓。只有齐国有所防备,所以没有造成人员伤亡。景公说:"圣人的话,确实可信并经得起验证。"

[原文]

孔子谓宓子贱①曰:"子治单父②,众悦,子何施而得之也?子语丘所以为之者。"对曰:"不齐之治也,父恤其子,其子恤诸孤而哀丧纪③。"孔子曰:"善。小节也,小民附矣,犹未足也。"曰:"不齐所父事者三人,所兄事者五人,所友事者十一人。"孔子曰:"父事三人,可以教孝矣;兄事五人,可以教悌矣;友事十一人,可以举善矣。中节也,中人附矣,犹未足也。"曰:"此地民有贤于不齐者五人,不齐事之而禀度④焉,皆教不齐之道。"孔子叹曰:"其大者乃于此乎有矣!昔尧舜听⑤天下,务求贤以自辅。夫贤者,百福之宗也,神明之主也。惜乎不齐之所以⑥治者小也。”

［注释］

① 宓（Fú）子贱：孔子弟子，名不齐，字子贱，鲁国人。此记载又见于《韩诗外传》卷八、《说苑·政理》。　② 单（Shàn）父（fǔ）：鲁邑，在今山东单县南。　③ 丧纪：丧事。　④ 禀度：犹“受教”。　⑤ 听：治理、管理或执行事务。　⑥ 所以：原作“以所”，据四库本、同文本改。

［通解］

孔子对宓子贱说：“你治理单父，那里的百姓都心悦诚服。你是如何施政而得到他们的拥护的？请你告诉我是如何做的。”宓子贱回答说：“我治理单父的方法，就像父亲一样爱恤他们的儿子，又像他们的儿子一样爱恤所有的孤儿，并且深深地哀悼他们的丧事。”孔子说：“好。不过，这些都是小的方面，能使一般的民众亲附，这还做得不够。”宓子贱说：“被我当做父亲那样来侍奉的有三人，当做兄长那样来侍奉的有五人，被我像朋友一样对待的有十一人。”孔子说：“像对待父亲那样来侍奉的有三人，这可以教化人们敦守孝道；像对待兄长那样来侍奉的有五人，可以教化人们敬爱兄长；像朋友一样对待的有十一人，可用来推荐德才兼备的人。这都是中等的善行，能使中等平常的人亲附，但做得还是不够。”宓子贱说：“这个地方有五位比我贤明的人，我侍奉他们并且能接受他们的教诲，他们都教给我为政的方法。”孔子叹息说：“成就大业的关键，就在这里显示出来了啊！从前尧、舜治理天下，一定搜求贤人来辅佐自己。贤人是能得到各种福佑的本源，是能掌宰神明的根本。可惜啊，不齐治理的地方太小了。”

［原文］

子贡为信阳①宰，将行，辞于孔子。孔子曰：“勤之慎之，奉天子之时，无夺无伐，无暴无盗。”子贡曰:“赐也少而事君子,岂以盗为累②哉?”

孔子曰:“汝未之详也。夫以贤代贤,是谓之夺;以不肖代贤,是谓之伐;缓令急诛,是谓之暴;取善自与,是③谓之盗。盗非窃财之谓也。吾闻之:知为吏者,奉法以利民;不知为吏者,枉法以侵民。此怨之所由也。治④官莫若平,临财莫如廉。廉平之守,不可改也。匿人之善,斯谓蔽贤;扬人之恶,斯为小人。内不相训而外相谤,非亲睦也。言人之善,若己有之;言人之恶,若己受之。故君子无所不慎焉。”

[注释]

① 信阳:楚邑,在今河南信阳南。此记载又见于《说苑·政理》。 ② 累(lèi):过失。 ③ 是:原无,据四库本、同文本补。 ④ 治:管理,治理。

[通解]

子贡要做信阳宰,临行前,向孔子辞别。孔子说:“勤勉谨慎地做事,尊奉天子颁行的历法,不要侵夺,不要攻伐,不要暴虐,不要盗窃。”子贡说:“我从小就侍奉君子,怎么会犯盗窃的罪呢?”

孔子说:“你知道得还不详细。用贤人取代贤人,这称之为侵夺;用不肖的人取代贤人,这称之为攻伐;法令松弛而诛杀峻急,这称之为暴虐;把别人功绩据为己有,这称之为盗窃。‘盗’说的并不是盗窃财物。我听说,懂得为官之道的人,奉行法令使民众得利;不懂为官之道的人,歪曲法令以侵害民众,这就是怨怒产生的根由。管理官吏最重要的是公平,身临财物最重要的是廉洁。坚持廉洁公平的操守,是不能更改的。隐匿别人的优点,这叫做蒙蔽贤人;彰扬别人的缺点,这就是小人。在内不相互教诲,在外却相互诽谤,这样就没法做到亲近和睦。赞扬别人的优点时，应该好像自己拥有这些优点一样真诚；诉说别人缺点时，应该好像自己把它承受下来一样难受。因此君子时时处处都要谨慎。”

［原文］

子路治蒲①三年，孔子过之。入其境，曰："善哉！由也恭敬以信矣。"入其邑，曰："善哉！由也忠信而宽矣。"至廷②，曰："善哉！由也明察以断矣。"

子贡执辔而问曰："夫子未见由之政，而三称其善，其善可得闻乎？"孔子曰："吾见其政矣。入其境，田畴尽易③，草莱④甚辟，沟洫深治，此其恭敬以信，故其民尽力也；入其邑，墙屋完固，树木甚茂，此其忠信以宽，故其民不偷⑤也；至其庭，庭甚清闲，诸下用命⑥，此其言明察以断，故其政不扰⑦也。以此观之，虽三称其善，庸尽其美乎⑧？"

［注释］

① 蒲：春秋卫地，战国属魏，在今河南省长垣县。此记载又见于《韩诗外传》卷六。 ② 廷：四库本、同文本作"庭"，皆指官署、官舍。廖名春曰："庭"前当有"其"字。是。 ③ 田畴尽易：田地得到整治。田畴，田地。易，整治。 ④ 草莱：荒地。 ⑤ 偷：苟且，怠惰。 ⑥ 用命：服从命令。 ⑦ 扰：烦劳，烦乱。 ⑧ 庸尽其美乎：庸，难道，岂，哪里。乎，四库本、同文本作"矣"。

［通解］

子路治理蒲地已经三年了，孔子路过那里，进入他管辖的地界，说："好啊！仲由恭敬而讲诚信。"进入了城邑，孔子说："好啊！仲由忠信而敦厚。"到了子路的官署，孔子说："好啊！仲由明察而果断。"

子贡握着缰绳问道:“夫子还没有了解仲由的政事如何,就三次称赞好,那好的地方,可以说给我听听吗?”孔子说:“我已经看到他是怎样执政的了。进入蒲地,看到田地都得到了整治,荒地大都得到开辟,沟渠都得到了深挖,这说明他为政恭敬而诚信,所以百姓全力劳作;进入蒲邑,看到城墙房屋都很完整坚固,树木更是茂盛,这是因为他忠信敦厚,所以当地百姓毫不懈怠懒惰;进入蒲地官署,看到官署内清静悠闲,手下人都听从命令,这说明他遇事明察而果断,所以他处理政事毫不烦劳。由此看来,即使三次称赞他的为政功绩,哪里就能概括全他好的方面呢?”

卷第四

六本第十五

[序说]

本篇首章讲述君子处事的六大根本，故题名曰“六本”。有子说：“君子务本，本立而道生。孝弟也者，其为仁之本与！”（《论语·学而》）仅提到孝为君子之本。而本篇孔子提出“为君子”的六个根本，即立身以孝为本，丧纪以哀为本，战阵以勇为本，治政以农为本，居国以嗣为本，生财以力为本。孔子心目中的理想人格是君子，从某种意义上说，儒学其实可以称为“君子之学”。而《六本》则具体阐释“为君子”的具体要求。

本篇由二十一章组成，各章相对独立，但所谈论的基本都是立身处世的问题。如孔子提出“良药苦于口而利于病，忠言逆于耳而利于行”；在看到捕鸟者捕到的均是黄嘴小鸟时，孔子告诫弟子要慎重地选择所跟从的对象；孔子读《易》而得出“谦受益、满招损”的结论；孔子批评曾子的“孝”太过愚直；孔子从荣声期身上学到自我宽慰；曾参学习孔子的善于见人之善、闻善必行，认为这是君子为人处世的极高境界；孔子预言“商也日益，赐也日损”，进而提出“慎其所与处”，谨慎择友。此外，还有孔子强调明确法度、谨慎处事的论述。

本篇是研究孔子人生观的重要材料。从孔子的教诲中，可以体悟先哲为人处世的智慧。

[原文]

孔子曰：“行己[1]有六本焉，然后为君子也。立身有义矣，而孝为本；丧纪有礼矣，而哀为本；战阵有列矣，而勇为本；治政有理矣，而农为本；居国有道矣，而嗣②为本；生财有时矣，而力为本。置本不固，无务农桑；亲戚不悦，无务外交；事不终始，无务多业；记闻而言，无务多说③；比近④不安，无务求远。是故反本修迩⑤，君子之道也。”

［注释］

① 行己：《说苑·建本》作“行身”，二者同义，即立身处世之意。此记载又见于《说苑·建本》。 ② 嗣：立嗣。王肃注：“继嗣不立，则乱之萌。” ③ 记闻而言，无务多说：王肃注：“但记所闻而言，言不出说中，故不可以务多说。” ④ 比近：邻近。比，紧靠，挨着。 ⑤ 反本修迩：反本，返回根本。修迩，从近处修行。迩，四库本、同文本作“迹”。

［通解］

孔子说：“人立身处世要有六大根本，这样以后才能成为君子。立身要有道义，而以行孝道为根本；举办丧事要有礼节，而以尽哀情为根本；交战对阵时要布好队列，而以勇敢无畏为根本；治理政事要有条理，而以农业生产为根本；治理国家有大道，而以立嗣为根本；发财要把握时机，而以尽力为根本。如果自己立身处世的根本不牢固，就不必去从事农桑；自己的家人亲友不喜欢，就不必结交外面的朋友；做事有始无终，就不必多做事；道听途说的言论，不要多说；邻近的事不能安置妥当，就不必奢求做远处的事情。因此，返回根本，从近处做起，这是君子之道。”

［原文］

孔子曰：“良药①苦于口而利于病，忠言逆于耳而利于行。汤武以谔谔②而昌，桀纣以唯唯③而亡。君无争④臣，父无争子，兄无争弟，士无争友，无其过者，未之有也。故曰：君失之，臣得之；父失之，子得之；兄失之，弟得之；己失之，友得之。是以国无危亡之兆，家无悖乱之恶，父子兄弟无失，而交友无绝也。”

［注释］ ① 良药：同文本作“药酒”。此记载又见于《说苑・正谏》。 ② 谔（è）谔：直言进谏的样子。 ③ 唯唯：随声附和的应答声，如成语“唯唯诺诺”。 ④ 争（zhèng）：同“诤”，以直言劝告，使人改正错误。《说苑・正谏》“君无谔谔之臣”，“诤”与“谔谔”意同。

［通解］ 孔子说：“良药吃起来苦但对疾病有利，忠言听起来不顺耳却对行事有好处。商汤、周武王因为能听取直言进谏而国运昌盛，夏桀和商纣王因为喜欢听唯唯诺诺的恭顺之词而国破身亡。因此，如果国君没有敢于直言劝谏的臣子，父亲没有直言劝谏的儿子，兄长没有直言劝谏的弟弟，士人没有直言劝谏的朋友，那么，不犯错误的人还从来没有过呢。所以说，君主有了过失，臣下可以补救；父亲有了过失，儿子可以补救；兄长有了过失，弟弟可以补救；自己有了过失，朋友可以补救。如此，则国家没有危亡的兆头，家庭没有犯上作乱的恶行，父子兄弟之间不会失和，朋友之间的交往也不会断绝。”

［原文］ 孔子见齐景公，公悦焉，请置廪丘[①]之邑以为养[②]。孔子辞而不受。入谓弟子曰：“吾闻君子当[③]功受赏。今吾言于齐君，君未之有行[④]，而赐吾邑，其不知丘亦甚矣。”于是遂行。

［注释］ ① 廪丘：邑名，齐邑。同文本作“禀丘”。此记载又见于《吕氏春秋・高义》《说苑・立节》。 ② 养：提供给养，指作为食邑。 ③ 当：原作“赏”，据四库本、备要本、同文本及《吕氏春秋》《说苑》改。 ④ 君未之有行：指齐景公没有采取实际的行动。

［通解］　孔子拜见齐景公，景公十分高兴，表示愿意将廪丘赐予孔子作为食邑。孔子推辞不接受。回到住处后，孔子对弟子说：“我听说君子因为有功而接受赏赐。现在我向齐景公进言，他并没有采取实际的行动，却赏赐给我城邑，他也太不了解我孔丘了。”于是就离开了。

［原文］　孔子在齐，舍于外馆①，景公造焉。宾主之辞既接，而左右白②曰：“周使适至，言先王庙灾。”景公复问：“灾何王之庙也？”孔子曰：“此必釐王③之庙。”

公曰：“何以知之？”

孔子曰：“《诗》云：‘皇皇上天，其命不忒。天之以善，必报其德。④’祸亦如之。夫釐王变文武之制，而作玄黄华丽之饰，宫室崇峻⑤，舆马奢侈，而弗可振⑥也，故天殃所宜加其庙焉。以是占⑦之为然。”公曰：“天何不殃其身而加罚其庙也？”孔子曰：“盖以文武故也。若殃其身，则文武之嗣无乃殄⑧乎？故当殃其庙，以彰其过。”

俄顷，左右报曰：“所灾者，釐王庙也。”景公惊起，再拜曰：“善哉！圣人⑨之智，过人远矣。”

［注释］　① 外馆：客馆。此记载又见于《说苑·权谋》。　② 白：报告。　③ 釐（xī）王：周釐王，亦作僖王。姬姓，名胡齐，在位 5 年（前 681—前 677 年）。　④ 皇皇上天，其命不忒。天之以善，必报其德：王肃注：“此《逸诗》也。皇皇，美貌也。忒，差也。”皇皇，美盛鲜明的样子。　⑤ 崇峻：高而挺拔。崇，高。峻，高而陡峭。　⑥ 振：王肃注：“振，救。”　⑦ 占：推测。　⑧ 殄：消灭，灭绝。有成语“暴殄天物”。　⑨ 圣人：四库本、同文本作“圣”。

[通解]

孔子在齐国,住在旅馆里,齐景公前来拜访。宾主互致问候之辞以后,左右的人报告说:“周王室的使者刚到,说先王的宗庙遭了火灾。”齐景公问:“遭火灾的是哪位先王的宗庙?”孔子说:“这肯定是釐王的宗庙。”

齐景公问:“凭什么知道是此庙?”

孔子说:“《诗》说:‘伟大美善的上天,它的命令没有偏差。上天对那些做善事的人,必定会报答他们的仁德。’灾祸也是一样。周釐王改变周文王、周武王制定的制度,而制作色彩华丽的服饰,宫室高大挺拔,车马奢侈浪费,而且达到了不可救药的地步,所以上天把灾祸降到他的宗庙里是理所当然的。因此我才推测是釐王的宗庙。”齐景公说:“上天为什么不降祸到他的身上,而是加罪于他的宗庙呢?”孔子说:“大概是周文王、周武王的缘故。倘若降灾于他本人,那么文王、武王的后代不就灭绝了吗?所以应当降祸于他的宗庙来彰显他的过错。”

过了一会儿,左右的人又来报告说:“受灾的是釐王的宗庙。”齐景公吃惊地站了起来,向孔子拜了两拜,说道:“好啊!圣人真是有过人的智慧。”

[原文]

子夏①三年之丧毕,见于孔子。子曰:“与之琴,使之弦②。”侃侃③而乐,作④而曰:“先王制礼,不敢不及⑤。”子曰:“君子也!”

闵子⑥三年之丧毕,见于孔子。孔子与之琴,使之弦。切切⑦而悲,作而曰:“先王制礼,弗敢过也。”子曰:“君子也!”

子贡曰:“闵子哀未尽,夫子曰‘君子也’;子夏哀已尽,又曰‘君子也’。二者殊情而俱曰君子,赐也或[8]，敢问之。”孔子曰：“闵子哀未忘，能断之以礼；子夏哀已尽，能引之及礼。虽均之[9]君子，不亦可乎？”

［注释］

①子夏：原误作“子贡”，据四库本、同文本、《礼记》、《说苑》改。子夏，孔子弟子，以文学著称，为经学的传承做出了很大的贡献。此记载又见于《礼记·檀弓上》、《诗·郐风·素冠》毛传、《说苑·修文》。②弦：原指乐器上用来发音的丝线、铜丝或绳状物。这里用作动词，意为弹奏。③侃侃：和乐貌。④作：起来，起身。⑤从“不敢不及”到下一处“先王制礼”共三十九字，原脱，此据四库本及《礼记》、《说苑》补。⑥闵子：即闵子骞，孔子弟子，鲁国人，以德行著称。⑦切切：悲哀忧伤貌。⑧或：通“惑”，疑惑。四库本、备要本、同文本作“惑”。⑨之：据《艺文类聚》卷二十二引《家语》，“之”上有“谓”字。

［通解］

子夏服完三年之丧，前来拜见孔子。孔子说：“给他琴，让他弹奏。”子夏愉悦地弹奏起来，站起来对孔子说：“先王制定的礼仪，不敢不达到。”孔子说：“真是君子啊！”

闵子骞服完三年之丧，前来拜见孔子。孔子给他琴，让他弹奏。闵子骞弹琴时流露出悲哀的样子，起身对孔子说：“先王制定的礼仪，不敢超过。”孔子说：“真是君子啊！”

子贡问：“闵子骞还沉浸在悲痛里，先生您称为‘君子’；子夏已经不再伤心，您也称他为‘君子’。两个人感情不同而您都称为‘君子’，我很迷惑，请问个中原因。”孔子说：“闵子骞不忘悲哀而能用礼制来约束；子夏已经不再悲哀，却能引导感情趋向礼制。即使把他们都称为君子，不也是应该的吗？”

［原文］

孔子曰：“无体之礼[1]，敬也；无服之丧，哀也；无声之乐，欢也。不言而信，不动而威，不施而仁，志。夫钟之音，怒而击之则武，忧而击之则悲。其志变者，声亦随之。故志诚感之，通于金石[2]，而况人乎？"

［注释］

① 无体之礼：体，形式，仪式。无体之礼指没有完全按照程式的礼仪。此记载又见于《说苑·修文》。　② 金石：泛指乐器。金，指金属制成的乐器，如钟、铃等。石，石类乐器，如磬。

［通解］

孔子说："礼仪即使没有依照程式，也有真正的恭敬之心；丧事即使没有穿丧服，也有真正的悲哀之情；即使是无声的音乐，也有发自内心的欢乐。不说话就有信用，不行动就有威严，不施予就有仁爱，这是心志使然。钟的声音，发怒的时候敲打它就感到勇猛；忧伤时敲打它就感觉悲凉。心志改变了，声音也随之改变。所以心志真诚有所触动时，和乐器都能相通，何况是人呢？"

［原文］

孔子见罗[1]雀者所得皆黄口[2]小雀。夫子问之曰："大雀独不得，何也？"罗者曰："大雀善惊[3]而难得，黄口贪食而易得。黄口从大雀则不得，大雀从黄口亦不得。"

孔子顾谓弟子曰："善惊以远害，利[4]食而忘患，自其心矣，而以[5]所从为祸福。故君子慎其所从。以长者之虑，则有全身之阶；随小者之戆[6]，而有危亡之败也。"

［注释］

① 罗：网罗，捕捉。此记载又见于《说苑·敬慎》。　② 黄口：指小鸟。幼鸟未长成时嘴黄，故称之。　③ 善惊：容易惊觉，即警觉。　④ 利：贪，贪求。　⑤ 以：四库本、同文本前有"独"字。　⑥ 戆：痴，傻，愚。

［通解］

孔子看到捕鸟的人捉到的全都是黄嘴小鸟。孔子问他："大雀偏偏捉不到，为什么？"捕鸟的人说："大雀警觉，所以难以捕到；小雀贪食，所以容易捉到。小雀跟着大雀时就捉不到，大雀跟着小雀时也捉不到。"

孔子回过头来对弟子说："警觉可以远离祸害，贪食就忘记了灾祸。这是源于内心，由所跟从的对象决定是福是祸。所以君子在选择跟随对象时要谨慎。按照长者的忧虑行事，就有保全自身的途径；依从年轻人的愚昧无知之举，就有灭亡的灾祸。"

［原文］

孔子读《易》，至于《损》《益》，喟然而叹。子夏避席①问曰："夫子何叹焉？"孔子曰："夫自损者必有益之，自益者必有决之②，吾是以叹也。"

子夏③曰："然则学者不可以益乎？"子曰："非道益之谓也。道弥益而身弥损。夫学者损其自多，以虚受人，故能成其满。博哉！天道成而必变。凡持满而能久者，未尝有也。故曰：'自贤者，天下之善言不得闻于耳矣。'昔尧治天下之位，犹允④恭以持之，克⑤让以接下，是以千岁而益盛，迄今而逾彰。夏桀、昆吾⑥自满而无极⑦，亢意⑧而不节，斩刈⑨黎民如草芥焉。天下讨之如诛匹夫。是以千载而恶著，迄今而不灭。观此，如行则让长，不疾先⑩；如在舆，遇三人则下之，遇二人则式⑪之。调其盈虚，不令自满，所以能久也。"

子夏曰："商请志之，而终身奉行焉。"

［注释］

① 避席：离开席位，表示尊敬。此记载又见于《说苑·敬慎》。

② 自损者必有益之，自益者必有决(quē)之：王肃注："《易》，《损》卦次

得《益》,《益》次《夬》。夬,决也。损而不已必益,故受之以《益》;益而不已必决,故受之以《夬》。"决,通"缺"。 ③ 子夏:原作"子",据四库本、备要本改。 ④ 允:王肃注:"允,信也。" ⑤ 克:王肃注:"克,能也。" ⑥ 昆吾:王肃注:"昆吾国与夏桀作乱。"昆吾是夏朝的同盟部落,己姓,曾与夏桀一起作乱,助纣为虐,后为商汤所灭。 ⑦ 无极:原脱"无"字,据四库本、备要本补。 ⑧ 亢意:随心所欲,恣意妄为。 ⑨ 斩刈(yì):斩杀。刈,割。 ⑩ 观此,如行则让长,不疾先:四库本、同文本作"满也"。 ⑪ 式:通"轼",以手扶住车前的横木,表示敬意,即凭轼致敬。

[通解]

孔子读《易》,读到《损》《益》二卦时,长长地叹了口气。子夏离开席位,问:"先生您为什么叹气?"孔子说:"那些自以为不足的一定会有所补益,自满的人必然有缺失,我因此而感叹。"

子夏问:"难道通过学习不能补益吗?"孔子说:"这不是道的增加。道越是增加,自己越感觉不足。学习的人自认为不足的地方很多,以谦虚的态度接受别人的指教,所以能达到盈满的程度。天道有所成就一定会发生改变,真是广博啊!凡自满而又能长久的,是不曾有过的。所以说:'自认为贤能的人,天下的好言论都听不进他们的耳朵。'从前尧登上治理天下的位子,仍然诚信恭敬地待人,能够用谦让的态度对待臣下,因此千百年来名声日盛,到了今天更加显著。夏桀、昆吾自满而没有限度,恣意妄为,不加节制,斩杀老百姓如同割草一样,天下人讨伐他们如同诛杀独夫民贼,所以千百年来罪恶越发彰显,到了今天也没有消失。依此看来,如果走在路上,就让年长者先走,不要抢先。如果乘车,遇到三个人就应该下车,遇到两个人就应该扶轼而立,以示敬意。调节盈满和空虚,不让自满情绪发生,所以能保持长久。"

子夏说："我请求记下这番教诲，并终身奉行。"

[原文]

子路问于孔子曰："请释①古之道而行由之意，可乎？"子曰："不可。昔东夷之子，慕诸夏之礼，有女而寡，为内私婿②，终身不嫁。不③嫁则不嫁矣，亦非④贞节之义也。苍梧娆⑤娶妻而美，让与其兄，让则让矣，然非礼之让矣⑥。不慎其初，而悔其后，何嗟及矣⑦。今汝欲舍古之道，行子之意，庸知子意不以是为非，以非为是乎？后虽欲悔，难哉！"

[注释]

① 释：放下，放弃。此记载又见于《说苑·建本》。 ② 内（nà）私婿：内，同"纳"，纳入。私婿，非正式婚配的女婿。 ③ 不：原脱，据陈本、燕山本、《说苑》补。 ④ 非：原作"有"，据四库本、同文本及《说苑》改。 ⑤ 苍梧娆（rǎo）：与孔子同时代人。 ⑥ 矣：四库本、同文本作"也"。 ⑦ 不慎其初，而悔其后，何嗟及矣：王肃注："言事至而后悔，吁嗟又何及矣。"

[通解]

子路问孔子："我请求放弃古人的道而按照我仲由的意志行事，可以吗？"孔子说："不可以。从前东夷人仰慕中原礼仪。有女子成了寡妇，便为她招纳一个未正式婚配的丈夫，此女子则终身不再嫁。不嫁虽说不嫁，但也不是贞节的本义了。苍梧娆娶的妻子很漂亮，就让给他的兄长。谦让虽说是谦让，却是不合礼仪的谦让。当初做事不谨慎，事后又后悔，叹气又有什么用呢？如今你想抛舍古道，按照你自己的意志行事，怎么知道你的主张不是以对为错，以错为对呢？以后即使想后悔，也难了。"

[原文]

曾子①耘②瓜，误斩其根。曾皙③怒，建大杖以击其背。曾子仆地而不知人久之。有顷,乃苏,欣然而起,进于曾皙曰:“向也,参得罪于大人,大人用力教参,得无疾乎?”退而就房,援④琴而歌,欲令曾皙而闻之,知其体康也。孔子闻之而怒,告门弟子曰:“参来,勿内。”

曾参自以为无罪,使人请⑤于孔子。子曰:“汝不闻乎,昔瞽瞍⑥有子曰舜。舜之事瞽瞍,欲使之,未尝不在于侧;索而杀之,未尝可得。小棰则待过,大杖则逃走,故瞽瞍不犯不父之罪,而舜不失蒸蒸⑦之孝。今参事父,委身以待暴怒,殪⑧而不避。既身死而陷父于不义,其不孝孰大焉?汝非天子之民也?杀天子之民,其罪奚若?”

曾参闻之,曰:“参罪大矣。”遂造孔子而谢过。

[注释]

① 曾子:曾参,孔子弟子,以孝行著称。此记载又见于《韩诗外传》卷八、《说苑·建本》。 ② 耘:除草。 ③ 曾皙:曾点,曾参之父,也为孔子的弟子。 ④ 援:操,拿。 ⑤ 请:问,询问。 ⑥ 瞽(gǔ)瞍(sǒu):舜的父亲。相传他溺爱舜的弟弟,屡次想害死舜。瞽、瞍均为瞎眼之意,因此也有一种说法是,因为舜父不能分别好恶,故以称之为瞽瞍。 ⑦ 蒸蒸:通“烝烝”,厚美意。四库本、备要本、同文本作“烝烝”。 ⑧ 殪:王肃注:“殪,死。”

[通解]

曾参在瓜地里除草,不小心错把瓜苗的根斩断了。曾皙很生气,就拿起大棍子打他的背。曾参倒在地上,很久不省人事。过了好长时间他才苏醒过来,很高兴地爬起来,上前对曾皙说:“刚才得罪了父亲大人,父亲大人用力教训我,没有伤着吧?”然后退回房中,弹琴唱歌,想让曾皙听见,知道自己身体安然无恙。孔子听说之后很是生气,告诉他的门下弟子说:

"曾参来了,不要让他进来。"

曾参自认为没有过错,托人询问孔子。孔子说:"你没有听说过吗?从前瞽瞍有个儿子叫做舜。舜侍奉瞽瞍,父亲要使唤他时,他没有不在旁边的;父亲想要找到他杀掉时,却从未得手。父亲用小棍子打他,他就等着受过挨打;用大棍子打他,他就逃跑。因此,瞽瞍没有犯不行父道之罪,而舜也不失厚美的孝道。如今曾参侍奉父亲,舍身体承受暴怒,死也不躲。自己死了又让父亲陷于不义之地,有哪种不孝比这个更严重呢?你不是天子的臣民吗?杀死了天子的百姓,这应该是什么样的罪行呢?"

曾参听了这番话后,说:"我曾参的罪真是太严重了。"于是前往孔子那里谢罪。

[原文]

荆公子行年[①]十五而摄[②]荆相事。孔子闻之,使人往观其为政焉。使者反,曰:"视其朝,清净而少事,其堂上有五老焉,其廊下有二十壮士焉。"孔子曰:"合二十五人之智,以治天下,其固[③]免矣,况荆乎?"

[注释]

① 行年:经历的年岁,指当时的年龄。此记载又见于《说苑·尊贤》。 ② 摄:代理。 ③ 固:本来,一定。

[通解]

楚公子十五岁就代理楚相的职位。孔子听说后,派人前往观察楚公子为政的情况。派去的人回来报告说:"看楚公子的朝政,清净而少有事务,在厅堂上有五位老人,廊下有二十个壮士。"孔子说:"集合二十五个人的智慧,以治理天下,本来就可以免除灾祸了,何况仅仅是一个楚国呢?"

[原文]

子夏问于孔子曰："颜回之为人奚若？"子曰："回之信贤于丘。"曰："子贡之为人奚若？"子曰："赐之敏贤于丘。"曰："子路之为人奚若？"子曰："由之勇贤于丘。"曰："子张之为人奚若？"子曰："师之庄①贤于丘。"

子夏避席而问曰："然则四子何为事先生？"子曰："居，吾语汝。夫回能信而不能反②，赐能敏而不能诎③，由能勇而不能怯，师能庄而不能同④。兼四子者之有以易吾，弗与也。此其所以事吾而弗贰⑤也。"

[注释]

① 庄：庄重，严肃。此记载又见于《淮南子·人间训》《说苑·杂言》《列子·仲尼》。 ② 能信而不能反：王肃注："反，谓反信也。君子言不必信，唯义所在耳。"指君子说话不必句句都是诚实的，只要符合道义就可以了。 ③ 能敏而不能诎(qū)：王肃注："言人虽辨敏，亦宜有屈折时也。"诎，通"屈"，屈服，屈抑。 ④ 能庄而不能同：王肃注："言人虽矜庄，亦当有和同时也。"同，混同，合群。 ⑤ 贰：离心，不专一。

[通解]

子夏问孔子说："颜回的为人怎么样？"孔子说："颜回在诚信方面比我强。"子夏问："子贡的为人怎么样？"孔子说："端木赐在机敏聪慧方面比我强。"子夏问："子路的为人怎么样？"孔子说："仲由在勇敢方面比我强。"子夏问："子张的为人怎么样？"孔子说："颛孙师在庄重方面比我强。"

子夏离开席位，问道："然而为什么这四个人都跟先生您学习呢？"孔子说："坐下，我告诉你。颜回诚信却不能灵活地变通，端木赐机敏却不能委屈自己，仲由勇敢却不知退避，颛孙师庄重却不合群。即使同时兼有这四个人的长处来跟我交换，我也不会同意。这就是他们侍奉我而且忠贞不贰的原因。”

［原文］

孔子游于泰山，见荣声期[①]行乎郕[②]之野，鹿裘带索[③]，鼓瑟[④]而歌。孔子问曰：“先生所以为乐者，何也？”期对曰：“吾乐甚多，而至者三。天生万物，唯人为贵。吾既得为人，是一乐也。男女之别，男尊女卑，故人以男为贵。吾既得为男，是二乐也。人生有不见日月[⑤]，不免襁褓者，吾既以行年九十五矣，是三乐也。贫者，士之常；死者，人之终。处常得[⑥]终，当何忧哉？”孔子曰：“善哉！能自宽者也。”

［注释］

① 荣声期：王肃注：“声，宜为启，或曰荣益期也。”此记载又见于《说苑·杂言》《列子·天瑞》《新序·御览》。 ② 郕（Chéng）：鲁邑。 ③ 鹿裘带索：以鹿皮为衣，以绳索为衣带。 ④ 鼓瑟：原作“瑟瑟”，据四库本、同文本、陈本、燕山本及《说苑》改。 ⑤ 不见日月：指胎死腹中。 ⑥ 得：王肃注：“得，宜为待。”《说苑》作“待”，意同。

［通解］

孔子到泰山游历时，遇见了荣声期。荣声期正行走在郕的郊外，穿着鹿皮做的衣服，以绳索为衣带，鼓瑟唱歌。孔子问：“先生您这么快乐，所为何事？”荣声期对他说：“我值得快乐的事很多，而最值得高兴的有三件。天生万物，只有人最尊贵。我已经做了人，这是一乐。男女有别，而男尊女卑，所以人们以男子为贵。我已经做了男子，这是二乐。有的人还未出生就胎死腹中，有的人在襁褓之中夭折。而我已经活到九十五岁，这是三乐。贫穷，是士人的常态；死亡，是人的终结。我处于常态中而等待终结，又有何事忧虑呢？”孔子说：“好呀！

真是个能自我宽慰者。"

[原文] 孔子曰:"回有君子之道四焉:强于行义,弱于受谏,怵于待禄①,慎于治身。史鳅有君子②之道三焉:不仕而敬上,不祀而敬鬼,直己而曲人③。"曾子侍,曰:"参昔④常闻夫子⑤三言,而未之能行也。夫子见人之一善而忘其百非,是夫子之易事也;见人之有善,若己有之,是夫子之不争也;闻善必躬行之,然后导之,是夫子之能劳也。学夫子之三言而未能行,以自知终不及二子⑥者也。"

[注释] ① 怵于待禄:王肃注:"怵,怵惕也。待,宜为得也。"此记载又见于《说苑·杂言》。 ② 君子:原作"男子",据四库本、同文本及《说苑》改。 ③ 曲人:四库本、同文本作"曲于人"。 ④ 昔:四库本、同文本此后有"者"字。 ⑤ 夫子:四库本此后有"之"字。 ⑥ 二子:王肃注:"二子,颜回、史鳅也。"

[通解] 孔子说:"颜回具备君子的四种品德:实行道义时很坚强,接受劝谏时很虚心,得到官禄时戒惧而警惕,立身行事时很谨慎。史鳅具备君子的三种品德:不做官却尊敬身居上位的人,不祭祀却能敬事鬼神,严格要求自己正直却能宽以待人。"曾子在旁边陪侍,说:"我曾听先生您说过三句话,我却没有能够实行。先生您见到别人一处优点就忘掉了他所有的缺点,因此您容易与人相处;看到别人身上有好的东西,就好像自己也有了,因此您不与人争胜;听到善行就亲自实践,然后引导别人,因此先生您能吃苦耐劳。学习了先生您的这三句话,却未能实行,因而我知道自己最终也赶不上颜回、史鳅他们两人。"

[原文]

孔子曰："吾死之后，则商也日益，赐也日损。"曾子曰："何谓也？"子曰："商也好与贤己者处，赐也好说不若己者。不知其子，视其父；不知其人，视其友；不知其君，视其所使①；不知其地，视其草木。故曰：与善人居，如入芝兰②之室，久而不闻其香，即与之化矣；与不善人居，如入鲍鱼之肆③，久而不闻其臭，亦与之化矣。丹④之所藏者赤，漆之所藏者黑。是以君子必慎其所与处者焉。"

[注释]

① 所使：所使用、任命的人。此记载又见于《说苑・杂言》。 ② 芝兰：芝，通"芷"，白芷。兰，兰草。这两种都是香草。二者连用常指美好的环境或德行。 ③ 鲍鱼之肆：鲍鱼，咸鱼，用盐腌渍后气味腥臭。肆，店铺。 ④ 丹：朱砂。

[通解]

孔子说："我死了之后，卜商会越来越进步，而端木赐会越来越退步。"曾子说："为什么呢？"孔子说："卜商喜欢与比自己贤能的人相处，而端木赐喜欢谈论那些不如自己的人。不了解儿子，就看他父亲如何；不了解某人，就看他结交的朋友如何；不了解君主，就看他任命的大臣如何；不了解某块土地，就看那里草木的生长情况如何。所以说，与贤能的人相处，就像进入放有香草的房间，时间久了闻不出它的香气，这是与之同化了；与不好的人相处，就像进入卖咸鱼的铺子，时间久了就闻不到它的腥臭味，这也是与它同化了。用来装丹砂的容器会变成红色，用来藏漆的容器会变成黑色。因此，君子一定要慎重对待自己所处的环境。"

[原文]

曾子从孔子之①齐，齐景公以下卿之礼聘曾子，曾子固辞。将行，晏子送之，曰："吾闻之，君子遗②人以财，不若善言。今③夫兰本④三年，湛⑤之以鹿酳⑥，既成，啖⑦之，则易之匹马。非兰之本性也，所以湛者美矣。愿子详其所湛者。夫君子居必择处，游必择方，仕必择君。择君所以求仕，择方所以修道。迁风移俗者⑧，嗜欲移性，可不慎乎？”

孔子闻之，曰：“晏子之言，君子哉！依贤者固不困，依富者固不穷。马蚿⑨斩足而复行，何也？以其辅之者众。”

［注释］

① 之：四库本、同文本作“于”。此记载又见于《晏子春秋·内篇杂上》《荀子·大略》《说苑·杂言》。 ② 遗（wèi）：赠送。 ③ 今：若，假设之意。《中庸》有“今天下车同轨，书同文，行同伦”句。 ④ 兰本：兰草的根。 ⑤ 湛（jiān）：同“渐”，浸渍。 ⑥ 鹿酳（yìn）：指鹿肉做成的肉汤。酳，四库本、同文本作“醢”。 ⑦ 啖（dàn）：同“啖”，吃。 ⑧ 者：四库本、同文本无。 ⑨ 马蚿（xián）：即“马陆”，一种多足、有节肢的虫。四库本脱“蚿”字。

［通解］

曾子跟随孔子到齐，齐景公以下卿的礼节礼聘曾子，曾子坚决推辞。曾子将要离开齐国时，晏婴前来送行，说：“我听说，君子送给别人财物，不如赠给他有益的言辞。如果兰草的根已经生长了三年，用鹿肉汤来浸渍，做成之后非常好吃，可以用来交换马匹。并非兰草本性使然，是因为浸渍它的东西好。希望您审慎地对待用来浸渍它的汤。君子居住一定要选择处所，交游一定要选择品类，入仕一定要选择君主。选择君主是为了求仕，选择品类是为了修行道德。那些改变风气、移风易俗的人，十分喜欢改变本性，能不慎重吗？”

孔子听说后，说：“晏婴的话，真是君子之言啊！依靠贤人就不会困厄，依靠富人就不会贫穷。马蚿被砍断了脚还可以爬行，为什么？这是因为辅助的脚很多。”

[原文]

孔子曰:“以[1]富贵而下人,何人不尊[2]?以富贵而爱人,何人不亲?发言不逆,可谓知言矣;言而众向[3]之,可谓知时矣。是故以富而能富人者,欲贫不可得也;以贵而能贵人者,欲贱不可得也;以达而能达人者,欲穷不可得也。”

[注释]

① 以:原作“与”,据四库本、备要本、同文本改。 ② 尊:四库本、同文本、玉海堂本为缺字。 ③ 向:同文本无。

[通解]

孔子说:“身处富贵而能谦逊待人,又有什么人不尊重他?身处富贵而能敬爱别人,又有谁能不亲附他?发言时不忤逆众人的意愿,可以说是懂得讲话;说了话众人就响应,可以说懂得抓住时机。因此,自己富有又能使别人富有的人,想贫穷也办不到;自己尊贵又能使别人显得尊贵的人,想卑贱也办不到;自己显达又能使别人显达的人,想陷入困境也办不到。”

[原文]

孔子曰:“中人[1]之情也,有余则侈,不足则俭,无禁则淫,无度则逸,从[2]欲则败。是故鞭扑[3]之子,不从父之教;刑戮之民,不从君之令。此言疾之难忍,急之难行也。故君子不急断,不急制,使饮食有量,衣服有节,宫室有度,畜积有数,车器有限,所以防乱之原也。夫度量不可不[4]明,是中人所由之令[5]。”

[注释]

① 中人:一般人,中等人。此记载又见于《说苑·杂言》。 ② 从:同“纵”,放纵。 ③ 扑:原作“朴”,据四库本、备要本、同文本改。 ④ 不:原脱,据四库本、陈本、燕山本改。 ⑤ 令:王肃注:“教令之令。”

[通解] 孔子说:“一般人的常情是,财富有余就奢侈浪费,不足就节俭,没有禁令就恣肆无节制,没有限制就会放纵,随心所欲就会败亡。因此,遭受鞭打的儿子,不听从父亲的教诲;遭受刑罚的百姓,不听从君主的命令。这就是说,过速就会让人难以忍受,操之过急就难以实行。所以君子不急于决断,不急于定制,使饮食有限量,衣服有节制,宫室有度量,积蓄有定数,车辆器械有限量,这是为了防范祸乱的根源。法度不能不明确,这是一般人都要遵守的教令。”

[原文] **孔子曰:“巧而好度①必攻②,勇而好问必胜,智而好谋必成。以愚者反之。是以非其人③,告之弗听;非其地,树之弗生。得其人,如聚砂而雨之④;非其人,如会聋而鼓之。夫处重擅宠,专事妒贤,愚者之情也。位高则危,任重则崩,可立而待。”**

[注释] ① 度:守法度。此记载又见于《荀子·仲尼》《说苑·杂言》。 ② 攻:王肃注:“攻,坚。”当依《说苑》读作“工”,工巧。 ③ 非其人:不是合适的人。 ④ 如聚砂而雨之:王肃注:“言立入也。”像在聚拢的砂上倒水那样,全部被吸收了,比喻容易听取意见。

[通解] 孔子说:“灵巧而又喜欢守法度的人所做器物必然坚固工巧,勇敢而又善于请教的人必然胜利,聪明而又喜欢谋划的人必然成功。愚蠢的人正好相反。因此,不合适的人,告诉他也不会听从;不合适的地方,栽上树也不会生长。合适的人,就像往聚拢的砂上倒水,很容易吸取;不合适的人,就像把聋子集合起来,敲鼓给他们听。身居要位,独受宠信,专揽政事,嫉贤妒能,这是愚蠢者的常情。地位高就面临危险,责任重就可能垮台,这些情况不多久就可以看到。”

[原文]

孔子曰:“舟非水不行,水入舟则没;君非民不治,民犯上则倾。是故君子不可不严也,小人不可不整一也。”

[通解]

孔子说:“船没有水就不能行使,水进入船里,船就会沉没;君主没有百姓就无法治理国家,百姓犯上作乱,国家就会倾覆。因此,君子不可以不严谨,小人不可不一概整治。”

[原文]

齐高庭问于孔子曰:“庭不旷山,不直地①,衣穰而提贽②,精气③以问事君子之道,愿夫子告之。”孔子曰:“贞以干之④,敬以辅之,施仁无倦。见君子则举之,见小人则退之。去汝恶心,而忠与之,效⑤其行,修其礼,千里之外,亲如兄弟。行不效,礼不修,则对门不汝通矣。夫终日言,不遗己之忧;终日行,不遗己之患,唯智者能之。故自修者,必恐惧以除患,恭俭以避难者也。终日为善,一言则败之,可不慎乎!”

[注释]

① 庭不旷山,不直地:王肃注:“庭,高庭,名也。旷,隔也。不以山为隔,逾山而来。直,宜为植,不根于地而远来也。”此记载又见于《说苑·杂言》。 ② 衣穰(ráng)而提贽:王肃注:“穰,蒿草衣。提,持。贽,所以执为礼也。” ③ 精气:精诚,真诚。 ④ 贞以干之:王肃注:“贞正以为干植。” ⑤ 效:贡献,献出。此指做事尽力。

[通解]

齐国的高庭问孔子说:“我不怕高山阻隔,不远千里,穿着蒿草衣,拿着见面礼,诚心诚意地来见您,向您请教侍奉君子的方法,希望先生您告诉我。”孔子说:“以忠贞正直为主干,以恭敬为辅助,施行仁义而不知疲倦。看见君子就加以举荐,看见小人就加以斥退。去除邪恶的念头，而忠诚地与人相处，行事尽力，修行礼仪，千里之外的人也会亲如兄弟。做事不尽心，礼仪不修行，那么即使住在对面也不来往。整日言谈，不给自己留下隐忧；整日做事，不给自己留下隐患，只有聪明的人才能做得到。因此，注意自我修行的人，一定怀着恐惧的心理来消除祸患，保持恭敬节俭的态度来避免灾难。终日都做好事，却因为一句话而导致灾祸，能不谨慎吗？”

辩物第十六

[序说]

辩物（四库本作“辨物”），即辨析事物，指对事物的分析、讨论、认识。本篇主要记载孔子关于各种事物的论断、谈话，表现了孔子的博学多闻、好古敏求以及敏锐的洞察力。孔子的言论贯穿着他的礼治和教化思想。

本篇共分十小节，每节都是相对独立的故事。孔子“上知天文，下知地理”，他从螽灾推知“再失闰也”，从季桓子穿井推知所得为羊；孔子对“骨何如为大”和“肃慎氏之矢”的阐释，体现了他的信而好古、知识广博。在回答“谁守为神”、阐释“肃慎氏之矢”时，孔子的宗法等级的思想得到了具体反映。周代礼制的本质是维护以亲亲之道为核心的宗法统治秩序。作为一种治国安邦的政治制度，礼所确定的贵贱尊卑关系是保证社会有序运行的关键。所以，在“邾隐公朝于鲁”一节中，面对子贡的“不幸而言中”，孔子认为“是赐多言”，这实际是他对当时礼崩乐坏、天下无道局面感到痛心。“郯子朝鲁”一节记述孔子向郯子学习古代官制，并发出“天子失官，学在四夷”的感慨，由此可见孔子不仅好古敏求，也感慨“时之废学”。礼乐制度在文化上表现为尚礼尚文，恪守先王功业。春秋以降，社会剧烈变动，礼乐制度也受到剧烈冲击，即使是保存周礼最为完备的鲁国也出现“礼崩乐坏”的局面。面对官学废弛、典章阙坏的现实，孔子不禁感慨万千。正是基于此，人们才开始重新思考人与人之间的社会关系，这也正是早期儒家政治伦理思想产生的基础。

西周时期，人们对超自然力量的崇拜仍占统治地位。自春秋以来，进步思想家开始关注人事，孔子的宗教信仰也具有鲜明的时代特点。一方面，他对传统的宗教观念并不完全否定，在其思想中以人格天为主的神灵依然存在，且居于重要地位。如鲁司铎官署发生火灾后，他断定所殃及者是桓、僖之庙，其依据是“今桓、僖之亲尽矣，又功德不足以存其庙，而鲁不毁，是以天灾加之”。另一方面，孔子虽然对天怀有敬畏之情，但并不迷信盲从。他认为周历十二月（即夏历十月）仍有螽灾是“再失闰”造成的，并没有认为是所谓天谴，这在宗教神秘思想仍有广泛影响的春秋战国时期是难能可贵的。

本篇的价值是多方面的。孔子从阳虎奔晋预测到晋国将有后世之乱，体现了他敏锐的洞察力；子服景伯“以实获囚，以诈得免”，孔子指出“吴子为夷德，可欺而不可以实”，体现了孔子处理问题的灵活性，也从侧面反映了祭祀在当时仍居十分重要的地位；“获麟”一节，孔子对麒麟“出非其时而见害”感到伤心，以致“涕泣沾衿”，实际上这是孔子对时势的感伤，曲折表达出他期待明主以行教化的殷切心志。

本篇材料还散见于《国语》《左传》《公羊传》《说苑》《孔丛子》等典籍。

［原文］

季桓子穿井[1]，获如玉缶[2]，其中有羊焉。使使问孔子[3]曰："吾穿井于费[4]，而于井中得一狗，何也？"孔子曰："丘之所闻者，羊也。丘闻之，木石之怪[5]，夔、魍魉[6]；水之怪，龙、罔象[7]；土之怪，羵羊也[8]。"

［注释］

① 季桓子穿井：季桓子，鲁国大夫。穿井，挖井。此记载又见于《国语・鲁语下》《说苑・辨物》。 ② 玉缶（fǒu）：玉，四库本、备要本、同文本作"土"。缶，一种盛酒浆器，小口大腹，又是一种汲水器。 ③ 使使问孔子：四库本、同文本"问"后有"于"字。 ④ 费（Bì）：鲁国邑名，为季孙氏封邑，故址在今山东费县西北。 ⑤ 木石之怪：山林中的精怪。 ⑥ 夔（kuí）、魍（wǎng）魉（liǎng）：夔，古代传说中的单足兽。魍魉，山精。 ⑦ 罔象：水怪的一种。 ⑧ 羵（fén）羊：古代传说中的土中神怪。

［通解］

季桓子令人挖井，得到类似玉质罐子的器皿，里面有只羊。他派役从去请教孔子："我在费地挖井，从井中得到一条狗，这是怎么回事呢？"孔子说："就我所听到的而言，应该是羊。我听说，山林中的精怪是夔、魍魉，水中的精怪是龙、罔象，土中的精怪是羵羊。"

［原文］

吴伐越，隳会稽[1]，获巨骨一节，专车[2]焉。吴子使来聘于鲁[3]，且问之孔子，命使者曰："无以吾命也。"宾既将事[4]，乃发币于大夫，及孔子[5]，孔子爵之[6]。

既彻俎而燕[7]，客执骨而问曰："敢问骨何如为大？"孔子曰："丘闻之，昔禹致[8]群臣于会稽之山，防风[9]后至，禹杀而戮[10]之，其骨专车焉，此为大矣。"

客曰："敢问谁守为神？"孔子曰："山川之灵，足以纪纲天下⑪者，其守为神⑫。诸侯，社稷之守为公侯⑬，山川之祀者为诸侯，皆属于王⑭。"

客曰："防风何守？"孔子曰："汪芒氏之君，守封嵎山者⑮，为漆姓，在虞夏商为汪芒氏，于周为长瞿氏，今曰大人⑯。"

有⑰客曰："人长之极几何？"孔子曰："焦饶氏⑱长三尺，短之至也。长者不过十，数之极也。"

［注释］

① 吴伐越，隳(huī)会稽：王肃注："吴王夫差败越王勾践，栖于会稽，吴又隳之。会稽，山也。隳，毁者也。"会稽山，位于今浙江绍兴东南。此记载又见于《国语·鲁语下》。 ② 专车：满载一车。专，擅，引申为满。 ③ 吴子使来聘于鲁：吴子，指吴王夫差，在位23年(前495—前473年)。聘，此指诸侯使大夫问于诸侯。 ④ 将事：从事某项工作，这里指聘问。将，行。 ⑤ 发币于大夫，及孔子：王肃注："赐大夫，及孔子。"币，指用作聘问礼物的玉、马、皮、帛等。 ⑥ 爵之：王肃注："饮酒。" ⑦ 既彻俎而燕：彻，又作"撤"。俎，《说文》："俎，从半肉在且上。"供祭祀或宴会用的四脚方形青铜盘或木漆盘，常陈设牛羊肉。燕，通"宴"。 ⑧ 致：此处指召集。 ⑨ 防风：姓氏名，禹时候的部落首领，汪芒氏之君。 ⑩ 戮：陈尸。 ⑪ 足以纪纲天下：王肃注："谓名山大川能兴云致雨以利天下也。" ⑫ 其守为神：王肃注："守山川之祀者为神。"四库本王肃注此下有"谓诸侯"三字。

⑬ 诸侯，社稷之守为公侯：王肃注："但守社稷，无山川之祀者，直为公侯而已。"四库本、同文本"社稷"前无"诸侯"二字。 ⑭ 皆属于王：王肃注："神与公侯之属也。" ⑮ 汪芒氏之君，守封嵎(yú)山者：王肃注："汪芒，国名。封嵎，山名。"封嵎，封山、嵎山，位于今浙江德清西南。 ⑯ 于周为长瞿氏，今曰大人：王肃注："周之初及当孔子之时，其名异也。"瞿，四库本、同文本作"翟"。 ⑰ 有：四库本无此字。

⑱ 焦饶(yáo)氏：四库本作"僬侥"，相传为西南蛮人的一支。《说

文·人部》:“南方有焦侥,人长三尺,短之极。”

[通解]

吴国攻伐越国,毁坏了会稽山,得到一节大骨头,大骨头占了一车。吴王派使臣去鲁国朝聘,并且就此事向孔子请教,他告诫使臣:“不要说是我的命令。”使臣做完应做的事后,就向大夫分发礼品,发到孔子时,孔子饮了一杯酒。

撤去祭祀礼器后,众人欢宴,使臣手持骨头请教孔子:“请问骨头怎样才算大呢?”孔子说:“我听说,古时候禹在会稽山召集群臣,防风氏迟到了,禹就杀了他,并且陈尸示众,他的骨头占满一车。这样的骨头就算大的了。”

使臣说:“请问守护什么的是神灵呢?”孔子说:“山川的精灵,能兴云致雨利于天下的,它的守护者是神灵。诸侯中,只守社稷而不祭山川的是公侯,祭祀山川的是诸侯,他们都隶属于天子。”

使臣说:“防风氏守护什么呢?”孔子说:“他是汪芒氏的君主,守护封山和嵎山,漆姓。虞、夏、商时称汪芒氏,周时称长瞿氏,现在称大人。”

有客人问:“人身长的极限是多少呢?”孔子说:“焦侥氏身长三尺,这是身长的最小极限。最高的不超过十尺,这是身长的最大极限。”

[原文]

孔子在陈,陈惠公宾之于上馆①。时有隼集陈侯之庭而死②,楛矢贯之,石砮③,其长尺有咫④。

惠公使人持隼,如孔子馆而问焉。孔子曰:“隼之来远矣,此肃慎氏⑤之矢。昔武王克商,通道于九夷百蛮⑥,使各以其方贿⑦来贡,而无忘职业⑧。于是肃慎氏贡楛矢、石砮,其长尺有咫。先王欲昭其令德之致远物⑨也,以示后人,使永鉴⑩焉,故铭其栝⑪曰:'肃慎氏贡楛矢⑫',以分大姬,配胡公,而封诸陈⑬。古者分同姓以珍玉,所以展⑭亲亲也;分异姓以远方之职贡,所以无忘服⑮也,故分陈以肃慎氏贡焉⑯。君若使有司求诸故府⑰,其可得也。"

公使人求,得之金牍⑱,如之。

[注释]

① 陈惠公:陈国国君,名吴,妫姓,在位28年(前533—前506年)。此记载又见于《国语·鲁语下》。 ② 隼(sǔn)集陈侯之庭而死:王肃注:"隼,鸟也。始集庭便死。"庭,门庭。 ③ 楛(hù)矢贯之,石砮(nǔ):王肃注:"楛,木名;砮,箭镞。" ④ 咫(zhǐ):王肃注:"咫,八寸也。" ⑤ 肃慎氏:古代的少数民族,主要从事狩猎,居住在今东北地区。 ⑥ 九夷百蛮:王肃注:"九夷,东方九种。百蛮,夷狄百种。"指周边各少数民族。 ⑦ 方贿:地方特产。贿,财物。 ⑧ 职业:职分内的事。 ⑨ 昭其令德之致远物:彰显他能令远方朝贡的美好德行。昭,显。令德,美好的德行。致,引而至。 ⑩ 鉴:鉴观。四库本作"监"。 ⑪ 铭其栝(guā):铭,刻。栝,箭末扣弦处。同文本作"括"。 ⑫ 楛矢:王肃注:"楛,箭栝也。"四库本"栝"窜入正文"矢"后,而王肃注作"箭也"。 ⑬ 以分大姬,配胡公,而封诸陈:王肃注:"大姬,王女。胡公,舜之后。"以,因。分,予。 ⑭ 展:重。见《国语·鲁语下》"展亲也"韦昭注。 ⑮ 服:服事。 ⑯ 故分陈以肃慎氏贡焉:玉海堂本"陈"后有"氏"字。 ⑰ 故府:旧府。府指国家收藏文书或财物的地方。 ⑱ 金牍:是用来收藏文献等的铜柜。王肃注:"牍,匮也。"

[通解]

孔子在陈国时,陈惠公安排他住在上等馆舍。当时有隼鸟停栖在陈侯的门庭,随即死去。楛木做的箭矢穿透了它们的身体,箭镞为石制,箭长一尺八寸。

惠公令人拿着隼鸟到孔子住的馆舍去请教。孔子说:"隼鸟飞来的地方离这儿很远，这是肃慎氏的箭矢。古时候周武王攻克商朝，打通了前往周边各族的道路，让他们带着各自的特产来朝贡，以此提醒他们不要忘记自己的职分。于是肃慎氏贡上楛木箭矢，石制箭镞，箭长一尺八寸。武王想要彰显他能令远方朝贡的美好德行，用以昭示后人，让他们永远鉴观，因此在箭末扣弦处刻着：'肃慎氏所贡楛木箭。'后来因为周王把它赐予大姬，大姬许配给胡公，从而箭也随之到了陈国。古时候将珍宝玉器赐给同姓诸侯，用来强化亲亲之道；将远方贡物赐给异姓诸侯，用来提醒他们不忘事周，因为这个缘故才将肃慎氏的贡物赐给陈国。您如果派有司到原来的府库中去找，就可以找到。"

惠公派人找到了铜柜，里面果然如孔子所说，藏有这种箭矢。

［原文］

郯子朝鲁①，鲁人②问曰："少昊③氏以鸟名官，何也？"对曰："吾祖也，我知之。昔黄帝以云纪官，故为云师而云名④。炎帝⑤以火，共工⑥以水，大昊⑦以龙，其义一也⑧。我高祖⑨少昊挚之立也，凤鸟适至，是以纪之于鸟，故为鸟师而鸟名。自颛顼氏⑩以来，不能纪远，乃纪于近，为民师而命以民事⑪，则不能故⑫也。"

孔子闻之，遂见郯子而学焉。既而告人曰："吾闻之，'天子失官，学在四夷'。犹信。⑬"

［注释］

① 郯子朝鲁：郯子，郯国国君，为少昊后裔。此记载又见于《左传》昭公十七年。　② 鲁人：王肃注："鲁人，叔孙昭子。"　③ 少昊：王肃注："少昊，金天氏也。"昊，四库本、同文本作"皓"，下同。相传为东夷族首领，名挚，己姓，活动中心在奄（今山东曲阜）。　④ 黄帝以云纪

官,故为云师而云名:王肃注:“黄帝,轩辕氏。师,长也。云纪其官长而为官名者也。”纪,记识。 ⑤ 炎帝:王肃注:“神农氏也。”相传为古代帝王,姜姓。 ⑥ 共工:王肃注:“共工霸九州也。” ⑦ 大(tài)昊:王肃注:“包(Fú)牺氏也。”相传为东夷族首领,风姓。 ⑧ 其义一也:王肃注:“火师而火名也,龙师而龙名也。” ⑨ 高祖:远祖。 ⑩ 颛(Zhuān)顼(xū)氏:传说中的古代帝王,号高阳氏。顼,原作“项”,据四库本、备要本、同文本改。 ⑪ 为民师而命以民事:《国语·楚语下》:“少昊之衰也,九黎乱德,颛顼受之,乃命南正重司天以属神,命火正黎司地以属民。”民事,此指政事。 ⑫ 不能故:王肃注:“言不能纪远方。” ⑬ 吾闻之,“天子失官,学在四夷”。犹信:王肃注:“郯,小国也。故吴伐郯,季文子叹曰:‘中国不振旅,蛮夷之伐,吾亡无日矣。’孔子称‘官学在四夷’,疾时之废学也。郯,少昊之后,以其世则远矣,以其国则小矣;鲁公之后,以其世则近(近,原作‘远’,据四库本等改)矣,以其国则大矣,然其知礼不若郯子,故孔子发此言,疾时之不学也。”此言周、鲁俱衰,典章阙坏,而小国之君乃知前古官名之沿革。

[通解]

郯国国君朝见鲁国,叔孙昭子问道:“少昊氏用鸟来命名职官,为什么呢?”郯国国君答道:“他是我的祖先,我知道其中的缘由。古代黄帝用云记识官职,所以百官之长用云来命名。炎帝用火来命名,共工用水来命名,太昊用龙来命名,道理都是一样的。我的远祖少昊挚立国时,恰好凤鸟飞来,于是用鸟来命名职官,所以百官之长用鸟来命名。从颛顼氏以来,不能以远来的天瑞来命名,就用就近的民事来命名,于是设立百姓的长官,其职位就用民事来命名,所以就不能像过去那样记载远方的天瑞了。”

孔子听说了这件事,就去谒见郯国国君,向他请教。事后孔子对别人说:“我听说,‘天子那里典章阙坏,官学却还保存在诸侯小国中’。这是可以相信的。”

［原文］

邾隐公[①]朝于鲁，子贡观焉[②]。邾子执玉高，其容仰。定公受玉卑，其容俯[③]。子贡曰："以礼观之，二君者将有死亡[④]焉。夫礼，生死存亡之体[⑤]，将左右、周旋[⑥]，进退、俯仰，于是乎取之；朝、祀、丧、戎，于是乎观之。今正月相朝，而皆不度[⑦]，心以[⑧]亡矣。嘉事不体[⑨]，何以能久？高、仰，骄也[⑩]；卑、俯，替也[⑪]。骄近乱，替近疾。若[⑫]为主，其先亡乎？"

夏五月，公薨[⑬]，又邾子出奔。孔子曰："赐不幸[⑭]而言中，是赐多言。"

［注释］

① 邾隐公：邾国国君，名益，曹姓。邾，周武王时所封，后为鲁附庸，在今山东邹城境。此记载又见于《左传》定公十五年。 ② 子贡观焉：王肃注："子贡时为鲁大夫也。"误。 ③ 定公受玉卑，其容俯：王肃注："玉所以聘于王。" ④ 死亡：死，死亡。亡，逃亡，出奔。 ⑤ 体：根本。 ⑥ 左右、周旋：左右，折旋揖让。周旋，行礼时，古代进退揖让时的动作。 ⑦ 不度：王肃注："不得其法度也。" ⑧ 以：通"已"。 ⑨ 嘉事不体：王肃注："朝聘，亦嘉事也。不体，不得其体。" ⑩ 骄也：骄恣。也，原无，据四库本、同文本补。 ⑪ 替也：废惰，衰败。也，原无，据四库本、同文本补。 ⑫ 若：当从四库本、备要本、同文本、《左传》作"君"。 ⑬ 薨（hōng）：古代诸侯之死称薨。 ⑭ 不幸：指鲁定公死亡与邾隐公出奔之事。

［通解］

邾隐公到鲁国朝见，子贡观看了朝见礼仪。邾隐公高高地执玉，脸向上仰；定公低低地接玉，脸向下俯。子贡说："依据礼制来看，两位国君快要死亡或出奔了。礼制，是生死存亡的根本，折旋揖让，进退俯仰，从这里来择取；朝会祭祀，丧葬征战，也从这里观看。如今在正月里朝见，而都不合于礼制，他们心中已经没有礼制了。朝聘不合于礼制，怎能长久呢？

高仰,这是骄恣;卑俯,这是废惰。骄恣近于动乱,废惰近于疾病。我国国君是主人,大概会先死亡吧!"

夏五月,鲁定公去世,邾国国君也出奔他国。孔子说:"子贡说中了不幸的事,这是他多嘴了。"

[原文]

孔子在陈,陈侯就之燕游焉①。行路之人云:"鲁司铎②灾,及宗庙。"以告孔子。子曰:"所及者,其桓、僖③之庙。"陈侯曰:"何以知之?"子曰:"礼,祖有功而宗有德,故不毁其庙焉。今桓、僖之亲尽矣④,又功德不足以存其庙,而鲁不毁,是以天灾加之。"

三日,鲁使至,问焉,则桓、僖也。陈侯谓子贡曰:"吾乃今知圣人之可贵。"对曰:"君之知之,可矣,未若专⑤其道而行其化之善也。"

[注释]

① 燕游焉:四库本、同文本作"燕焉子游"。恐非。燕游,闲游。此记载又见于《左传》哀公三年。 ② 司铎:王肃注:"司铎(铎,原误作'驿',据四库本等改),官名。"恐非。司铎,宫城中的官署,即后世的郎署。 ③ 桓、僖:王肃注:"桓公、僖公。"鲁桓公,名允,在位 18 年(前 711—前 694 年)。鲁僖公,名申,在位 33 年(前 659—前 627 年)。

④ 今桓、僖之亲尽矣:据古代礼制,"诸侯五庙",即只立五代的宗庙表示宗亲关系,而桓公为哀公的八世祖,僖公为哀公的六世祖,均已不合"诸侯五庙"的礼制,所以孔子说"今桓、僖之亲尽矣"。 ⑤ 专:司,推行。

[通解]

孔子在陈国,陈侯同他一起闲游。路上的行人说:"鲁国的司铎官署发生了火灾,殃及宗庙。"陈侯将此事告诉了孔子。孔子说:"所殃及的恐怕是祭祀桓公和僖公的宗庙吧。"陈侯问:"凭什么知道是他们的宗庙呢?"孔子说:"按照礼制,祖宗有功德，所以不毁他们的宗庙。如今国君与桓公、僖公的宗亲关系已经终结，而他们的功德又不足以使宗庙继续保存，可是鲁国没有废毁，因此天灾加于其上。”

三日之后，鲁国的使臣来到陈国，问起这件事，火灾殃及的果然是桓公和僖公的宗庙。陈侯对子贡说道：“我今天才明白圣人值得敬重。”子贡回答：“您明白圣人值得敬重，可以了，但不如遵守他的学说和主张，推行他的教化更好些。”

［原文］

阳虎既奔齐①，自齐奔晋，适赵氏。孔子闻之，谓子路曰：“赵氏其世②有乱乎！”子路曰：“权不在焉，岂能③为乱？”孔子曰：“非汝所知。夫阳虎亲富而不亲仁④，有宠于季孙，又将杀之，不克而奔，求容⑤于齐。齐人囚之，乃亡归晋。是齐、鲁二国已去其疾⑥。赵简子⑦好利而多信⑧，必溺其说而从其谋。祸败所终，非一世可知也。”

［注释］

① 阳虎既奔齐：阳虎，字货，鲁国季孙氏家臣。以陪臣执国命，欲去季桓子，未遂，据阳关以叛，为鲁所攻，遂出奔。此记载又见于《左传》定公九年。 ② 世：后世。 ③ 能：原作“不”，据四库本、备要本、同文本改。 ④ 亲富而不亲仁：《孟子·滕文公上》：“阳虎曰：‘为富不仁矣，为仁不富矣。’”则阳虎乃为富不仁。亲，近。 ⑤ 求容：求取容身之地。一说博取喜悦。 ⑥ 疾：害。 ⑦ 赵简子：即赵鞅，赵武之孙，晋国执政卿。 ⑧ 多信：轻信。

［通解］

阳虎出奔齐国以后，又从齐国逃到晋国，到了赵简子那里。孔子听说后，对子路说：“赵简子的后世恐怕要有动乱了！”子路说：“政权不在他手中，怎能作乱呢？”孔子说：“这不是你所能明白的。阳虎依附富人而不依附仁人，为季孙氏所宠信，又要加害于他，没有得逞，于是出奔，向齐国求取容身之地。齐国人囚禁了他，他便逃亡出来，到了晋国。这样，齐、鲁二国已经除去了祸患。赵简子贪图小利又容易轻信于人，一定会被阳虎的话所迷惑而听从于他的计谋。祸患什么时候能终结，不是一代人可以知道的。”

［原文］

季康子[1]问于孔子曰：“今周十二月，夏之十月，而犹有螽[2]，何也？”孔子对曰：“丘闻之，火伏而后蛰者毕[3]。今火犹西流[4]，司历[5]过也。”季康子曰：“所失者，几月也？”孔子曰：“于夏十月，火既没矣。今火见，再失闰也。”

［注释］

① 季康子：即季孙肥，鲁哀公时正卿，“康”为其谥号。此记载又见于《左传》哀公十二年。　② 螽（zhōng）：蝗灾，蝗虫群飞，多发生于周历秋八月或九月。　③ 火伏而后蛰者毕：王肃注：“火，大火，心星也。蛰，蛰虫也。”大火星为心宿二，一般在夏历十月就已隐没，天气也逐渐转冷，昆虫都蛰于地下。　④ 西流：出现在西方天空，逐渐隐没。　⑤ 司历：掌历法的官员。

［通解］

季康子向孔子问道：“现在是周历十二月，夏历的十月，却仍有蝗灾，为什么呢？”孔子答道：“我听说大火星隐没后，昆虫也都蛰伏起来。现在大火星仍然出现在西方天空，这是司历官的过失。”季康子问：“错了几个月？”孔子说：“在夏历十月，大火星就应隐没，现在它还出现在天空，这是两次未置闰的结果。”

［原文］

吴王夫差将与哀公见晋侯[1]。子服景伯[2]对使者曰：“王合诸侯，则伯率侯牧[3]以见于王；伯合诸侯，则侯率子男以见于伯[4]。今诸侯会，而君与寡

君见晋君，则晋成为伯也⑤。且执事以伯召诸侯，而以侯终之，何利之有焉？”吴人乃止。既而悔之，遂囚景伯。

伯谓大宰嚭⑥曰：“鲁将以十月上辛⑦有事⑧于上帝、先王，季辛而毕。何⑨也世有职焉，自襄⑩已来未之改⑪。若其不会，则祝宗⑫将曰‘吴实然’。”嚭言于夫差，归之。

子贡闻之，见于孔子曰：“子服氏之子拙于说矣，以实获囚，以诈得免。”孔子曰：“吴子为夷德，可欺而不可以实。是听者之蔽，非说者之拙也⑬。”

［汴释］

① 吴王夫差将与哀公见晋侯：王肃注：“吴子、鲁哀公十二年与晋侯会于黄池。”同文本王肃注则为“鲁哀公十三年”，据《春秋》经，哀公十三年“公会晋侯及吴子于黄池”，此处当以同文本为是。晋侯，即晋定公，名午，在位37年(前511—前475年)。此记载又见于《左传》哀公十三年。 ② 子服景伯：即子服何，鲁国大夫，当时跟随鲁哀公参加会盟。 ③ 伯率侯牧：王肃注：“伯，王官。侯牧，方伯名。”伯为诸侯之长。 ④ 伯：王肃注：“伯，侯牧也。” ⑤ 也：四库本作“矣”。 ⑥ 大宰嚭(pǐ)：伯氏，名嚭。一作帛喜，字子余，吴王夫差宠臣。 ⑦ 上辛：农历每月上旬的辛日。 ⑧ 有事：王肃注：“有事，祭。所以欺吴也。” ⑨ 何：王肃注：“何，景伯名。” ⑩ 襄：王肃注：“襄，鲁襄公是也。”鲁襄公，名午，在位31年(前572—前542年)。 ⑪ 未之改：原作“之改之”，据备要本、《左传》改。四库本、同文本作“未之改也”。 ⑫ 祝宗：祭祀时主持祝告的人。四库本、同文本“祝宗”前无“则”字。 ⑬ 也：同文本无。

［通解］

吴王夫差将要和哀公去谒见晋侯。子服景伯对使者说：“天子会合诸侯，那么诸侯之长就率领诸侯谒见天子；诸侯之长会合诸侯,那么侯爵就率领子爵、男爵去晋见。现在诸侯相会,而贵国国君和我国国君晋见晋国国君,那么晋国国君就成为诸侯之长了。况且贵国国君以伯爵身份召集诸侯,却以侯爵身份结束会合,又有什么好处呢?”吴人于是作罢。过后吴国又感到后悔,就将景伯囚禁起来。

景伯对太宰嚭说:“鲁国将在十月上辛这天祭祀上帝、先王,季辛这天才结束。我家世代都在祭祀中任职,从襄公以来未曾改变。如果这次我不参加祭祀,祝宗会在祷告时说‘是吴国囚禁他,使他无法参加的’。”太宰嚭将这些话告诉了吴王夫差,夫差就把景伯放了回去。

子贡听说了此事,谒见孔子说:“子服景伯拙于言辞,因为讲实话被囚禁,因为行欺诈被释放。”孔子说:“吴王施行的是夷人的德行,对他可以行欺诈而不可以讲实话。这是听者蔽陋,不是说者拙劣啊。”

[原文]

叔孙氏之车士曰子鉏商①,采薪于大野②,获麟③焉,折其前左足,载以归。叔孙以为不祥,弃之于郭外④,使人告孔子曰:“有麕⑤而角者,何也?”孔子往观之,曰:“麟也。胡为来哉?胡为来哉?”反袂⑥拭面,涕泣沾衿⑦。叔孙闻之,然后取之。

子贡问曰:“夫子何泣尔?”孔子曰:“麟之至,为明王也。出非其时而见害⑧,吾是以伤焉。”

[注释]

① 叔孙氏之车士曰子鉏(chú)商:王肃注:“车士,持车者。子,姓也。”一说子鉏为氏,商为名。此记载又见于《左传》哀公十四年、《公羊传》哀公十四年、《孔丛子·记问》。 ② 采薪于大野:王肃注:“《春秋经》鲁哀公十四年:‘西狩获麟’,《传》曰:‘西狩大野。’今此曰:‘采薪于大野’,若车士子鉏商非狩者,采薪,西获麟。麟,瑞物,时见狩获。故《经》书‘西狩获麟’也。”大野,即大野泽,位于今山东巨野北。

③ 获麟：获，《左传》定公九年孔疏云："《春秋》书获，唯有囚俘。除囚俘以外，唯有获麟。"又杨伯峻注："得一般器物，《经》用'得'字，得生物曰获。"麟，麒麟，古人认为是仁兽，圣人将出现之祥瑞。 ④ 弃之于郭外：王肃注："《传》曰：'以赐虞人。'弃之郭外，将以赐虞人也。" ⑤ 麕（jūn）：獐子。 ⑥ 袂（mèi）：衣袖。 ⑦ 涕泣沾衿：涕，泪。衿，通"襟"，衣襟。 ⑧ 见害：原无"见"字，据四库本、同文本补。

［通解］

叔孙氏一个叫子钼商的车夫，在大野砍柴，捉到一只麒麟，折断了它的前左脚，将它载了回来。叔孙氏认为是不祥之物，将它丢到城郭外，并派人告诉孔子说："有只生着角的獐子，是什么？"孔子去看了看，说："是麒麟。它为什么要来这里呢？为什么要来这里呢？"他用衣袖擦着脸，泪水把衣襟都打湿了。叔孙氏听说后，就把麒麟带了回去。

子贡问道："先生您为什么哭泣呢？"孔子说："麒麟的出现，是圣君将现的喜瑞。可是它出来的不是时候并且受到伤害，我因此而伤心。"

哀公问政第十七

［序说］

本篇包括两部分。第一部分记孔子回答鲁哀公所问为政之道；第二部分为最后一节，记孔子回答弟子宰我所问鬼神之义。因第一部分首句为"哀公问政于孔子"，因以"哀公问政"名篇。

在第一部分里孔子阐发了自己关于治国安民的主张，他紧紧抓住“得人—修身—讲仁”三者的关系，强调国君加强自身修养的重要性。孔子认为，国君高洁的人格是为政的基石，无论是天下的“达道”，还是治理天下国家的“九经”，皆以此为出发点，体现了孔子“为政以德”的思想。

在第二部分里，孔子用朴实的语言对“鬼”“神”进行了解释，这与当时社会上流行的看法不同。孔子还透辟地分析了超自然鬼神观念的来源，指出利用鬼神统治是让民“听且速”的好方法，这便是后人所谓“神道设教”的统治方法。

哀公问为政之道部分又见于《礼记·中庸》，将二者对勘，会发现《礼记·中庸》语言更为简练，似曾进行过修改、润色，这种改动明显带有西汉时期的政治风貌。例如，本篇“为政在于得人”，在《礼记·中庸》中作“为政在人”，前者强调贤者的重要性，后者却是强调统治者的重要性。本篇“爵其能”，《礼记·中庸》改为“尊其位”；“笃亲亲”“敬大臣”“子百姓”“来百工”几句，分别变成“劝亲亲”“劝大臣”“劝百姓”“劝百工”，都反映了西汉政权高度统一，封建专制主义正在逐渐加强的特征。至于本篇中的“举废邦”在《礼记·中庸》中改为“举废国”，显然是避汉高祖刘邦的名讳。《礼记·中庸》晚于《孔子家语·哀公问政》显而易见。

宰我问鬼神之义部分又见于《礼记·祭义》。将两者对读，同样会发现《礼记》经过了汉儒的想象与发挥。这从以下几方面可以看出：

首先，本篇所记宰我的发问保留了“敢问焉”等字，《礼记》则无。我们以为，这种发问可能正是当时的表述习惯。如《论语》作为研究孔子的第一手资料，其中记载弟子向孔子发问，多用“何如”“何谓也”“如之何”“请问之”“敢问”等形式，尤以“敢问”的出现频率较高。例如《先进》篇：“季路问事鬼神。子曰：‘未能事人，焉能事鬼？’曰：‘敢问死。’曰：‘未知生，焉知死？'"《颜渊》篇："樊迟从游于舞雩之下，曰：'敢问崇德、修慝、辨惑。'"《子路》篇记子贡四次发问，有两次用"敢问"起始。本篇所记，可能更真实地保留了当时孔子师徒间的对话语气。

其次，本篇对鬼神的解释更为质朴。例如本篇有曰："夫生必死，死必归土，此谓鬼；魂气归天，此谓神"等句，在《礼记》中则增加了许多修饰的成分，其中如："其气发扬于上为昭明，焄蒿悽怆，此百物之精也，神之著也。"郑玄注曰："'焄'，谓香臭也，'蒿'，谓气蒸出貌也。"这很可能是后人对《家语》所记进行的加工。

第三，本篇所载"明命鬼神，以为民之则"，《礼记》则变成了"明命鬼神，以为黔首则"。在《论语》中，"民"字出现了48次，作"百姓"意思的有42次。而"黔首"虽见于先秦文献，但在秦汉时期更为常用。由此亦可见《家语》所载更为原始质朴。

［原文］

哀公问政于孔子。孔子对曰："文武①之政，布②在方③策④。其人存，则其政举⑤；其人亡，则其政息⑥。天道敏⑦生，人道敏政，地道敏树⑧。夫政者，犹蒲卢⑨也，待化以成，故为政在于得人。取人以身⑩，修道以仁。仁者，人也⑪，亲亲⑫为大；义者，宜也，尊贤为大。亲亲之杀⑬，尊贤之等，礼所以生也。礼者，政之本也。是以君子不可以不修身。思修身，不可以不事亲⑭；思事亲，不可以不知人⑮；思知人，不可以不知天⑯。天下之达道⑰有五，其所以行之者三。曰：君臣也，父子也，夫妇也，昆弟⑱也，朋友也。五者，天下之达道。智、仁、勇三者，天下之达德也。所以行之[19]者一[20]也。或生而知之，或学而知之，或困而知之[21]，及其知之，一也。或安而行之，或利而行之，或勉强而行之，及其成功，一也。”

公曰：“子之言，美矣至矣！寡人实固，不足以成之也。”孔子曰：“好学近乎智，力行近乎仁，知耻近乎勇。知斯三者，则知所以修身；知所以修身，则知所以治人；知所以治人，则能成天下国家者矣。”

［注释］ ① 文武：指周文王、周武王。 ② 布：刊载，记载。 ③ 方：王肃注：“方，版。”古代书写用的木板。《仪礼·聘礼》：“不及百名书于方。” ④ 策：通“册”。古代用竹片或木片记事著书，成编的叫策。《仪礼·聘礼》：“百名以上书于策。”郑玄注：“策，简也。” ⑤ 举：施行。 ⑥ 息：灭，停止。 ⑦ 敏：疾速，敏捷。《书·大禹谟》“黎民敏德”蔡沈集传：“敏，速也。”《诗·大雅·文王》“殷士肤敏”毛传：“肤，美；敏，疾也。” ⑧ 树：生长。动词。 ⑨ 蒲卢：王肃注：“蒲卢，蜾螺（一作蠃）也，谓土蜂也。取螟蛉而化之，以为（为，原作‘君’，据四库本改）子。为政化百姓，亦如之者也。”《中庸》朱熹注：“蒲卢，沈括以为蒲苇是也。” ⑩ 取人以身：接上句意思是说，为政之道，在于得到贤人，而得到贤人的关键在于为政者的修身。人，指贤人。身，指为政者的修身。 ⑪ 仁者，人也：仁就是人与人之间的相互亲爱。 ⑫ 亲亲：前为动词，爱，亲近；后为名词，亲人。 ⑬ 杀（shài）：减少，降等。《周礼·地官·廪人》：“诏王杀邦用。”杀，同文本作“教”。 ⑭ 事亲：侍奉父母。 ⑮ 知人：明辨他人品质或知人善任。 ⑯ 知天：明白天行之道，本文具体指“亲亲之杀，尊贤之等”的道理。 ⑰ 达道：天下古今通行的道理。 ⑱ 昆弟：兄弟。昆，兄。昆弟连用指兄和弟，也包括近房的和远房的弟兄。《尔雅·释亲》：“父之昆弟，先生为世父，后生为叔父。”《仪礼·丧服》：“昆弟，四体也，故昆弟之义无分。”

⑲ 之：代指前面的智、仁、勇。 ⑳ 一：诚实，专一。 ㉑ 或生而知之，或学而知之，或困而知之：孔子的这一思想在《论语·季氏》中

也有类似表述:“生而知之者上也;学而知之者次也;困而学之,又其次也;困而不学,民斯为下矣。”

[通解] 鲁哀公向孔子请教为政之道。孔子回答说:“周文王和武王的为政之道,至今还记载在方版和竹简上。如果有像文王、武王那样的人存在,那么他们的为政之道就能施行;如果没有像文王、武王那样的人存在,那么他们的为政之道就会被停息。天之道就在于使万物迅速地化生,人之道就在于使政治迅速地昌明,地之道就在于使树木迅速地成材。为政如同蒲苇一样,要得到雨的滋润化育,才能迅速生长,所以为政的关键在于获得人才。获得人才的关键在于加强自身的修养,加强自身修养的关键在于树立仁爱之心。仁,就是人与人之间的相互亲爱,而以爱自己的亲人最为重要;义,就是人与人之间关系处理得当,而以尊敬贤人最为重要。亲爱自己的亲人有等差,尊敬贤人亦有级别之差,礼就产生在这亲亲、尊尊的等差中。礼,是为政的根本。因此君子不能不加强自身的品德修养。要想加强自身的品德修养,不能不孝养自己的父母双亲;要想孝养自己的父母双亲,不能不明辨地看待他人;要想明辨地看待他人,不能不了解天行之道。天下通行的大道有五种,而实行这些大道应具备的品德有三个方面。君臣之道、父子之道、夫妇之道、兄弟之道、朋友之道,这五种是天下通行的大道。智慧、仁爱、勇敢,这三个方面是天下共行的美德,而实现这些大道与美德的方法只有一种,那就是诚实专一。有人生来就知道这些道理,有人通过学习才知道,有人经过困惑、探索才知道。等到知道这些道理,他们又是一样的了。有人安心地去实践这些道理,有人唯利地去实践,有人勉强地去实践。等到他们实践成功的时候,他们又是一样的了。”

哀公说："您讲得真是好啊！到了极致了！我的确是固陋不能够做到这些的。"孔子说："喜欢学习的人已近于有智慧，努力实现美德的人已近于仁爱，懂得耻辱的人已近于勇敢。明白这三点，就明白怎样加强自身的品德修养；明白怎样加强自身的品德修养，就明白怎样管理别人；明白怎样管理别人，就能够完成天下国家的大事了。"

［原文］

公曰："政其尽此而已乎？"孔子曰："凡为①天下国家有九经②，曰：修身也，尊贤也，亲亲也，敬大臣也，体③群臣也，子④庶民也，来⑤百工⑥也，柔⑦远人也，怀⑧诸侯也。夫修身则道立，尊贤则不惑，亲亲则诸父⑨、兄弟不怨，敬大臣则不眩⑩，体群臣则士之报礼重，子庶民则百姓劝⑪，来百工则财用足，柔远人则四方归之，怀诸侯则天下畏之。"

［注释］

① 为：治理。 ② 经：常道，规范。《孟子·尽心下》："君子反经而已矣；经正则庶民兴。" ③ 体：设身处地为人着想。如：体念，体谅，体恤，体察。 ④ 子：动词，以……为子，爱……如子。四库本、同文本作"重"，下同。 ⑤ 来：招来，招集。 ⑥ 百工：指各种工匠。《论语·子张》："百工居肆，以成其事。"另外，百工还有两种意思：古代官的总称，犹言百官；专指主管营建、制造军事的官。 ⑦ 柔：安抚，怀柔，优待。《书·尧典》"柔远能迩"孔传："柔，安。……言安远乃能安近。" ⑧ 怀：安抚。《左传》僖公七年："怀远以德。" ⑨ 诸父：指世父（伯父）、叔父。 ⑩ 眩：眼花。《灵枢经·卫气篇》："上虚则眩。"引申为迷乱、迷惑。《汉书·元帝纪》："俗儒不达时宜，好是古非今，使人眩于名实。" ⑪ 劝：勤勉，努力。

［通解］

哀公问："为政之道就只有这些了吗？"孔子说："治理天

下国家大致有九条常规，即：修养自身，尊敬贤人，亲爱亲人，敬重大臣，体恤群臣，把老百姓当做自己的儿子一样看待，招集各种工匠，怀柔边远地区的人民，安抚四方诸侯。修养自身，就能树立好的为人之道；尊敬贤人，就不会被迷惑；亲爱亲人，就不会招致伯叔、兄弟的怨恨；敬重大臣，就不会迷乱；体恤群臣，就会使士人的回报之礼加重；把老百姓当做自己的儿子一样看待，就会使百姓更加勤勉；招集各种工匠，就会使国家财物器用充足；怀柔边远地区的人民，就会使四方百姓都来归附；安抚四方诸侯，天下人都会感到敬畏。”

［原文］

公曰：“为之奈何？”孔子曰：“齐[1]洁盛服，非礼不动，所以修身也；去谗远色，贱财而贵德[2]，所以尊贤也；爵[3]其能，重其禄，同其好恶，所以笃[4]亲亲也；官盛任使[5]，所以敬大臣也；忠信重禄[6]，所以劝士也；时使薄敛，所以子[7]百姓也；日省月考[8]，既廪称事[9]，所以来百工也；送往迎来，嘉善而矜不能[10]，所以绥[11]远人也；继绝世，举废邦[12]，治乱持危[13]，朝聘以时[14]，厚往而薄来[15]，所以怀诸侯也。治天下国家有九经，其所以行之者一也。凡事豫[16]则立，不豫则废[17]，言前定则不跲[18]，事前定则不困，行前定则不疚[19]，道前定则不穷[20]。在下位不获于上[21]，民弗[22]可得而治矣。获于上有道，不信于友，不获于上矣；信于友有道，不顺于亲，不信于友矣；顺于亲有道，反诸身不诚，不顺于亲矣；诚身有道，不明于善，不诚于身矣。诚[23]者，天之至[24]道也；诚之[25]者，人之道也。夫诚，弗勉而中，不思而得，从容中[26]道，圣人之所以体定[27]也；诚之者，择善而固执[28]之者也。”

[注释] ① 齐(zhāi):同“斋”,意为斋戒。《礼记·祭义》:“齐三日,乃见其所为斋者。”四库本、同文本作“斋”。 ② 去谗远色,贱财而贵德:去谗远色,摒弃搬弄是非的谗言,远离美色。去,摒除。谗,谗言,此处指进谗言的人。财,四库本、同文本作“利”。 ③ 爵:嘉奖,给……爵位。

④ 笃:深厚。此处作动词,加厚,加重。 ⑤ 官盛任使:王肃注:“盛其官,委任使之也。”官盛,官属众多。任使,听任差使。 ⑥ 忠信重禄:王肃注:“忠信者,与之重禄也。”意为对忠信之士给以厚禄。

⑦ 子:四库本作“劝”。 ⑧ 日省(xǐng)月考:每天检查,每月考核。省,检查,察看。《易·观·象》:“先王以省方观民设教。”《论语·学而》:“吾日三省吾身。”考,四库本作“试”。 ⑨ 既(xì)廪称(chèn)事:王肃注:“既廪食之多寡(寡,四库本作‘福’,误)称其事也。”意为发给百工的俸禄要与他们的工作成绩相称。既廪,同“饩廪”,日常必需的生活资料,俸给。《管子·问》“问死事之寡,其饩廪何如”尹知章注:“饩,生食;廪,米粟之属。”既廪,四库本、同文本作“饩廪”。 ⑩ 嘉善而矜(jīn)不能:奖励善举,同情能力低下的人。矜,怜悯,同情。

⑪ 绥:安,安抚。《诗·小雅·鸳鸯》:“福禄绥之。”“绥”字亦用作旧时书信结尾处的祝颂安好语,如“台绥”“近绥”。 ⑫ 继绝世,举废邦:继,承继,延续。绝世,已经中断俸禄的家族世系。举,任用,复兴。废邦,已经被废灭的邦国。古礼,天子不灭国,诸侯不灭姓,令其后继有人,以承祭祀。《论语·尧曰》亦载孔子语:“兴灭国,继绝世,举逸民,天下之民归心焉。” ⑬ 治乱持危:平定叛乱,扶持危局。持,扶持,解救。

⑭ 朝聘以时:按时朝聘。《礼记·王制》:“诸侯之于天子也,比年(每年)一小聘,三年一大聘,五年一朝。”古代诸侯亲自朝见周天子叫朝,派大夫代往叫聘。春秋时期诸侯国之间遣使访问也叫聘。 ⑮ 厚往而薄来:意为赏赐诸侯礼物要丰,接受诸侯贡赋要薄。 ⑯ 豫:通“预”。事先有所准备。《荀子·大略》:“先患虑患谓之豫,豫则祸不生。” ⑰ 废:失败。 ⑱ 跲(jiá):窒碍。王肃注:“跲,踬。”《礼记·中庸》“言前定,则不跲”孔颖达疏:“将欲发言能豫前思定然后出口,则言得流行,不有踬蹶也。”踬,被绊倒。蹶,倒,颠仆。 ⑲ 疚:忧

虑,因过失而内心不安。《诗·小雅·采薇》:“忧心孔疚。”《论语·颜渊》:“内省不疚,夫何忧何惧?”同文本作“疾”。 ⑳ 穷:困阻不通,困厄,困窘。《论语·卫灵公》:“君子亦有穷乎?” ㉑ 不获于上:不能获得上级的信任。 ㉒ 弗:不。 ㉓ 诚:真实,真诚。㉔ 至:四库本、同文本无。 ㉕ 诚之:按照诚的要求去做,实现诚。 ㉖ 中(zhòng):合乎,符合。 ㉗ 体定:体,禀性,心性。四库本、同文本作“定体”。 ㉘ 固执:坚持不懈。

[通解] 哀公说:“怎样才能做到这些事情呢?”孔子回答说:“坚持斋戒,仪表整齐,不符合礼仪的事情,坚决不干,这是修养自身的最好办法;摒弃谗言,远离美色,轻视钱财而重视德行,这是尊崇贤人的最好办法;对有能力的亲人,加官晋爵,赐予他们厚重的俸禄,与他们的好恶保持一致,这是真诚对待亲人的最好办法;多为大臣设置属官,足供他们指使,这是敬重大臣的最好办法;给忠信的人授予高官厚禄,这是劝勉士人的最好办法;对百姓役使适时,减轻赋税征收,这是爱民众如子女的最好表现;对工匠日日月月进行省视和考察,使发放的粮米俸禄与他们的工作成绩相符合,这是招徕各种工匠的最好办法;对远方来客热情迎送,嘉奖善行,同情弱者,这是安抚边远地区百姓的最好办法;延续已经绝祀的世家,复兴已经被废灭的邦国,平定叛乱,扶持危局,让各地诸侯按时朝聘,赐予的礼品多,而收受的礼品少,这是安抚各地诸侯的最好办法。治理天下国家有九条常规,而推行的办法只能是真诚专一。无论什么事情,事先有所准备就会成功,不然就会失败;讲话以前准备好则流畅没有窒碍,做事以前准备好就不觉困难,行动以前准备好就不会内疚,做事原则决定以前准备好就不会有行不通的地方。身处下位得不到上司的信任,就不可能治理好百姓。获取上司的信任有一定的方

法，不取信于朋友，就不能获取上司的信任；取信于朋友有一定的方法，不孝顺父母，就不能取信于朋友；孝顺父母有一定的方法，如果不是自己内心真诚，就不能孝顺父母；使自己内心真诚有一定的方法，如果不能彰显善性，就不能使自己内心真诚。内心真诚，是上天的最高准则；按照诚的要求去做而实现诚，是为人处世的准则。只要内心真诚，不必勉强就能行为合理，不用思索就能领悟体会，一切从容自然合乎法则，这是圣人之所以心性平静的原因；要做到诚，就要选择善道而坚持不懈。”

[原文]

公曰："子之教寡人备①矣。敢问行之所始。"孔子曰："立爱自亲始②，教民睦也；立敬自长始③，教民顺也。教之慈睦，而民贵有亲；教以敬，而民贵用命。民既孝于亲，又顺以听命，措④诸天下，无所不可。"公曰："寡人既得闻此言也，惧不能果⑤行而获罪咎。"

[注释]

① 备：完备，详备。《诗·周颂·有瞽》："即备乃奏。" ② 立爱自亲始：树立仁爱的观念从"亲亲"开始做起。 ③ 立敬自长始：树立敬爱的观念从"尊贤"开始做起。 ④ 措：放置，这里是治理的意思。《论语·子路》："刑罚不中，则民无所措手足。" ⑤ 果：成事实。作此意思讲时常与否定词并用，如"不果""未果"。

[通解]

哀公说："您对我的教导已经很完备了。请问要做到这些应该从哪里开始做起？"孔子回答说："树立仁爱的观念要从亲爱自己的亲人开始，这是为了教导百姓和睦；树立敬爱的观念要从尊敬自己的长辈开始，这是为了教导百姓顺从。教导他们慈爱和睦，百姓就会注重孝养亲人；教导他们尊敬别人，百姓就会乐于听从命令。百姓既然能够孝养亲人，又能乐于听从命令，把这种教化方法扩大开来治理天下，就不会有什么办不到的事情。”哀公说：“我既然已经听说这些教导了，现在担心的是不能把这一切加以落实，从而招致罪过和埋怨。”

［原文］

宰我问于孔子曰：“吾闻鬼神之名，而不知所谓，敢问焉。”孔子曰：“人生有气有魄[1]。气者，神之盛也[2]；魄者，鬼之盛也[3]。夫[4]生必死，死必归土，此谓鬼；魂气归天，此谓神，合鬼与神而享之，教之至也[5]。骨肉弊[6]于下，化为野土，其气发扬于上者，此神之著也[7]。圣人因物之精，制为之极[8]，明命鬼神，以为民之则[9]，而犹以是为未足也，故筑为宫室，设为宗祧[10]，春秋祭祀，以别亲疏，教民反古复始，不敢忘其所由生也。众人服自此，听且速焉[11]。教以二端[12]，二端既立，报以二礼[13]：建设朝事[14]，燔燎羶芗[15]，所以报气也；荐[16]黍稷，羞[17]肺肝，加以郁鬯[18]，所以报魄也。此教民修本、反始、崇爱，上下用情，礼之至也[19]。君子反古复始，不忘其所由生，是以致其敬，发其情，竭力从事，不敢不自尽[20]也，此之谓大教。昔者，文王之祭也，事死如事生，思死而不欲生，忌日[21]则必哀，称讳[22]则如见亲，祀之忠也。思之深，如见亲之所爱。祭欲见亲之[23]颜色者，其唯文王与！《诗》云：‘明发不寐，有怀二人[24]。’则文王之谓与！祭之明日，明发不寐，有怀二人，敬而致之，又从而思之。祭之日，乐与哀半，飨之必乐，已至必哀[25]，孝子之情也。文王为能得之矣。”

［注释］ ① 魄：原作“魂”，据四库本、同文本、《礼记》改。 ② 气者，神之盛也：王肃注：“精气者，人神之盛也。”神，原作“人”，据四库本、同文本改。 ③ 魄者，鬼之盛也：原无此六字，据《礼记》补。 ④ 夫：四库本、同文本作“众”。 ⑤ 合鬼与神而享之，教之至也：王肃注：“合神鬼而事之者，孝道之至。孝者，教之所由生也。”享，献祭。《诗·小雅·楚茨》：“以享以祀。” ⑥ 弊：败坏。四库本作“斃”。 ⑦ 其气发扬于上者，此神之著也：著，显明，显出。四库本、同文本无“发”、“者”二字。 ⑧ 制为之极：王肃注：“极，中。制为中法。”极，标准，准则。《书·洪范》：“惟皇作极。” ⑨ 明命鬼神，以为民之则：王肃注：“明命，犹尊名，使民事其祖祢也。” ⑩ 宗祧（tiāo）：王肃注：“宗，宗庙也。祧，远庙也。天子特有二祧，诸侯谓始祖为祧也。”祧，《礼记·祭法》：“远庙为祧。”孙希旦集解：“盖谓高祖之父，高祖之祖之庙也。谓之远庙者，言其数远而将迁也。” ⑪ 众人服自此，听且速焉：听，王肃注：“听，谓慎教令也。”顺从，听从。四库本、同文本“众人”作“众之”，“听”前有“故”字。 ⑫ 二端：王肃注：“二端，气与魄也。” ⑬ 二礼：王肃注：“二礼，谓荐黍稷也。” ⑭ 建设朝事：王肃注：“荐腥时也。”指早晨祭祀宗庙之事。 ⑮ 燔燎羶（shān）芗（xiāng）：王肃注：“谓以萧光取祭脂以合羶香也。”羶即“膻”的异体。膻，羊腹内的脂膏。孙希旦《礼记集解》：“膻芗，牛羊肠间脂也，羊膏曰膻，牛膏曰芗。”
⑯ 荐：献，进。《论语·乡党》：“君赐腥，必熟而荐之。”何晏集解：“荐其先祖。”王肃注：“所谓馈食。” ⑰ 羞：原为名词，指有滋味的佳肴。此处作动词用，进献食品。《周礼·天官·庖人》：“以共王之膳，与其荐羞之物。”郑玄注：“备品物曰荐，致滋味乃为羞。”四库本、同文本作“修”，此据《礼记》。 ⑱ 所以报气也；荐黍稷，羞肺肝，加以郁鬯（chàng）：原无此 15 字，据四库本、同文本、《礼记》增。郁鬯，王肃注：“郁，香草。鬯，樽也。”即用香草浸泡的酒，用来祭祀降神。 ⑲ 此教民修本、反始、崇爱，上下用情，礼之至也：王肃注：“民能不忘其所由生，然后能相爱也，上下，谓尊卑。用情，谓亲也。” ⑳ 自尽：自觉尽力而为。四库本无“自”字。 ㉑ 忌日：指父母去世的日子。每逢这一天，禁忌饮酒、作乐等事。 ㉒ 讳：先王、先祖或父母名。《礼记·王制》

“奉讳恶”郑注：“讳，先王名。”《曲礼上》“入门而问讳”孔疏：“讳，主人祖、先君名。” ㉓ 之：原无，据四库本、同文本补。 ㉔ 明发不寐，有怀二人：语出《诗·小雅·小宛》。王肃注：“假此诗以喻文王。二人，谓父母也。”明发，天将亮而晨光初露。有怀，同“又怀”，又想起。㉕ 已至必哀：王肃注：“已至，谓祭事以毕。不知亲飨否，故哀。”

［通解］ 宰我问孔子说：“我听说过鬼和神的名称，却不知道到底说的是什么，想请教一下先生。”孔子说：“人生来就有气有魄，气是人充盛的外在表现形式；魄是鬼充盛的外在表现形式。人有生就有死，死后必定归入土中，这就叫做鬼；魂气归于天上，这就叫做神。把鬼和神合起来进行祭祀，这是教化的极致。骨肉在地下腐烂，化为田野中的土壤，而它的气蒸发向上飘扬，这是神的显著的体现。圣人依据万物的精气，制定至高无上的名称，明确地称之为鬼神，作为民众信奉的准则。但是圣人认为这样做还不够，所以又建筑宫室，设立远近宗庙，在春秋二季进行祭祀，用以区别远近亲疏的关系，教导人民追怀远古，回念本始，不敢忘记自己是从哪里来的。众人的服从就从这根本的认识开始，而且能够迅速地听从教命。用气和魄的道理教导民众，把气和魄尊称为鬼和神两种名称的做法确定下来以后，又制定了两种相应的礼节来祭报气和魄。设置朝事礼，焚烧牛羊牺牲肠间的脂膏，发出膻味、香味，这是用来祭报气即神的。然后，举行馈食礼，献上黍稷，进上肺肝，再加上香酒，这是用来祭报魄即鬼的。这样做是为了教导民众培养根本，回复本原，崇尚仁爱，上下尊卑都重情相亲。做到了这些，礼也就达到了极致。君子反思远古，追怀本始，不忘记自己生命的由来，所以要向祖先表达敬意，抒发感情，竭尽全力去做事，不敢不尽心尽力，这就叫做大教化。从前周文王进行祭祀的时候，侍奉双亲的神灵就像侍奉在世的父母一样，思

念死者时痛不欲生，每逢父母的忌日必定悲哀，提到父母的名字就如同见到了父母本人，祭祀时的表现可以称得上忠敬了。祭祀时深切地思念亡亲，就好像又见到了父母的嗜好习惯。祭祀时想起父母音容笑貌的大概只有文王了吧。《诗》上说：'天亮了还睡不着，又想起了父母双亲。'说的就是文王吧。祭祀的第二天，天亮了还睡不着，又想起了父母双亲，享祭时将父母神灵请来，恭敬地献上祭品，祭祀之后又思念不已。祭祀那天，快乐与悲哀是参半的，享祭亡亲自然欣喜，可是亡亲神灵来到还要离去，祭祀完毕又陷入悲哀，这是作为孝子的感受。文王能够做到这一点。"

卷第五

颜回第十八

[序说]

本篇的记述都与颜回有关，其中包括颜回事迹、颜回言论以及颜回与孔子、孔子弟子、鲁国大夫等的问对，故以“颜回”名篇。

本篇共有内容十二节，各节之间并不连贯，但都从不同方面反映了颜回的为人风貌及思想主张。第一，颜回聪敏过人，由此推彼，可以预知一些事情的结果。因此，他的聪慧都得到了孔子的赞赏。第二，颜回向孔子请教各方面的问题。这方面的问题内容比较简短，但所占比例并不小，如完美的人格应该具备怎样的德行，臧文仲与臧武仲相比谁更贤明，君子应该具备怎样的品格，什么样的行为是小人的做法，如何区分类似于君子的小人之言，朋友之间如何相处等等。第三，颜回的论说或者颜回与他人讨论问题，内容都与为人处世有关。

在其他典籍的记载中，颜回注重修养，仁爱诚信，虚心好学，德行出众，无论孔子还是同门弟子，他们对颜回的远大志向、高超德行都是交口称赞的。在《孔子家语》的记载中，颜回当然同样是孔门弟子中德才兼备、深受敬重的核心人物。如《六本》《在厄》《弟子行》等篇都有与之类似的记载。在众弟子中，颜回是最受孔子喜爱与信赖的，他的仁德也影响了同门中的许多人，使得孔门弟子团结得更加紧密，所以孔子说“自吾有回，门人益亲”。颜回受到孔子喜爱更在于他的仁爱诚信，孔子说“吾信回之为仁久矣”，“吾之信回也，非待今日也”，“回之信，贤于某”。这与《颜回》篇的记载都是彼此呼应的。

我们可以将本篇与《家语》其他各篇的记载联系起来，看颜回的政治抱负及理想信念。《致思》篇有孔子与弟子们“农山言志”的记载，可以看出颜回所向往的是德教风行、君臣同心、上下协调、家给人足的安定和谐社会，在这样的社会中，人人讲仁义，个个言规矩，没有沟防城郭，更无战争之忧。颜回的理想在当时自然是难以实现的，但他仍希望努力去争取，而不是因此随波逐流，更不与无道之世同流合污。在这一点上，颜回与孔子完全一致。

按照《韩非子·显学》中的叙述，孔子去世后，“儒分为八”，其中有“颜氏之儒”。有学者认为儒家八派，乃是孔子以后在孔门后学争正统的斗争中先后涌现的以孔子真传自居的八大强家。在孔门中，颜姓弟子可考者计有八人，“颜氏之儒”中“颜氏”何指？有人认为未必就是颜回。其实，“颜氏之儒”既然是孔门后学争正统地位的产物，那么他们一定强调所师尊之人在学习孔子方面所做的贡献。在孔门“四科”中，颜回被列在“德行”科的首位，他是以道德著称的人，因此，他的学说应该不会远离仁义道德这样的主题。而孔子盛赞颜回，也主要是其高洁的德行，通过本篇，我们可以更好地认识这一点。我们认为，“颜氏之儒”所推尊的人除了颜回，不可能还有他人。

据说，陆续公布的《上海博物馆战国楚竹书》中，有《颜渊》一篇，有学者甚至说上博竹简“可以让颜子之学重见天日”。对于颜回之学的研究，《颜回》篇可以给我们一定的学术信息。对本篇进行认真研究，一定有助于上博竹简《颜渊》篇的研究，有助于对“颜子之学”或者“颜氏之儒”的认识。

（参见杨朝明：《〈孔子家语·颜回〉篇与“颜氏之儒”》，载《山东师范大学学报》2002 年“齐鲁文化研究专刊”，收入杨朝明《儒家文献与早期儒学研究》，齐鲁书社 2002 年版）

［原文］

鲁定公问于颜回①曰：“子亦闻东野毕②之善御乎？”对曰：“善则善矣。虽然③，其马将必佚④。”定公色不悦，谓左右曰：“君子固有诬人也。”颜回退。

后三日，牧⑤来诉之曰：“东野毕之马佚，两骖曳两服入于厩⑥。”公闻之，越席而起，促驾召颜回。回至，公曰：“前日寡人⑦问吾子⑧以东野毕之御，而子曰善则善矣，其马将佚，不识吾子奚以知之？”颜回对曰：“以政知之。昔者，帝舜⑨巧于使民，造父⑩巧于使马。舜不穷其民力，造父不穷其马力，是以舜无佚民，造父无佚马。今东野毕之御也，升马执辔，衔体正矣⑪；步骤驰骋，朝礼毕矣⑫；历险致远，马力尽矣，然而犹乃求马不已。臣以此知之。”

公曰：“善！诚若吾子之言也。吾子之言，其义大矣，愿少进⑬乎。”颜回曰：“臣闻之：鸟穷则啄，兽穷则攫⑭，人穷则诈，马穷则佚。自古及今，未有穷其下而能无危者也。”公悦，遂以告孔子。孔子对曰：“夫其所以为颜回者，此之类也，岂足多⑮哉？”

［注释］

① 鲁定公问于颜回：定公时期，孔子曾任鲁国司寇。此记载又见于《荀子·哀公》、《韩诗外传》卷二、《新序·杂事五》。 ② 东野毕：春秋时人，姓东野，名毕。 ③ 虽然：虽然这样。虽，虽然。然，这样。 ④ 佚：通“逸”，奔逃，逃逸。 ⑤ 牧：掌养马的官。 ⑥ 两骖（cān）曳两服入于厩（jiù）：古代一车驾四马，居中的两匹称两服，旁边的

两匹称两骖。曳，今本《荀子·哀公》作"列"。列，同"裂"。厩，马房。 ⑦ 寡人：古代诸侯对下的自称。《孟子·梁惠王上》朱熹注："寡人，诸侯自称，言寡德之人也。" ⑧ 吾子：对人比较亲切的称呼。《仪礼·士冠礼》郑玄注："吾子，相亲之辞。" ⑨ 帝舜：传说中的父系氏族社会后期部落联盟领袖。姚姓，名重华，有虞氏，也称虞舜；后人把他列为五帝之一，又称帝舜。 ⑩ 造父：人名，古代善御者，幸于周穆王，因功被封于赵城，后代遂以赵为氏。父，古时对男子的美称。 ⑪ 升马执辔（pèi），衔体正矣：辔，驾驭牲口的缰绳。衔，古时横在马口中用以抽勒的铁或青铜，也称马嚼子。体，物质存在的状态。 ⑫ 步骤驰骋，朝礼毕矣：步骤，步指缓行，骤指疾走。驰骋，纵马疾驰。朝礼，调理。王肃注："马步骤驰骋，尽礼之仪也。"有误。 ⑬ 进：进献，奉上，这里是谈谈的意思。 ⑭ 攫（jué）：夺取。 ⑮ 多：推重，赞美。

［通解］

鲁定公问颜回说："你也听说东野毕擅长驾车吗？"颜回答道："他擅长倒是擅长。虽然如此，可是他的马将来一定会逃逸。"定公露出不高兴的神色，对左右的人说："君子原来也有诬陷人的。"颜回回去了。

三天后，马官来报告说："东野毕的马跑了，在旁边驾车的两匹马裂开逃脱了，只有中间的两匹马回到马棚。"定公听了，跨过座席站立起来，催促驾车的人去召颜回入朝。颜回来到后，定公问："前天我向你说起公野毕驾车的事，你说擅长倒是擅长，他的马将会逃脱。不晓得你根据什么知道这些？"颜回回答："我是根据为政的道理知道这些的。从前帝舜擅长治理百姓，造父擅长驾驭马，帝舜做到不穷尽百姓的力量，造父做到不穷尽马的力量，所以帝舜没有逃亡的百姓，造父没有逃脱的马。现在东野毕驾车，蹬马上车，握住缰绳，马嚼子的位置放得很端正了；马或缓行或疾走或驰骋，也调理得很周到了；穿越险阻，奔向远方，马的力气已经用尽了，然而他还要求马奔跑不停止。臣下我是根据这些事情知道的。”

定公说：“好！确实像你说的这样。你的话，意义非常大，希望再给我稍微谈谈。”颜回说：“我听说，鸟儿困窘时就会啄人，野兽困窘时就会袭击人，人类困窘时就会欺诈，马困窘时就会逃逸。从古到今，没有使他的手下困窘而能不遭受危险的。”定公很高兴，便把这件事告诉了孔子。孔子回答：“颜回所以能成为颜回，就是因为这类的事，这件事难道也值得赞美？”

［原文］

孔子在卫，昧旦晨兴①，颜回侍侧，闻哭者之声甚哀。子曰：“回，汝知此何所哭乎？”对曰：“回以此哭声，非但为死者而已，又有生离别者也。”子曰：“何以知之？”对曰：“回闻桓山之鸟，生四子焉，羽翼既成，将分于四海，其母悲鸣而送之，哀声有似于此，谓其往而不返也。回窃以音类②知之。”孔子使人问哭者，果曰：“父死家贫，卖子以葬，与子长决③。”子曰：“回也，善于识音矣。”

［注释］

① 昧旦晨兴：昧旦，黎明，拂晓。昧，昏暗。旦，明。兴，起。此记载又见于《说苑·辨物》。 ② 类：相似。 ③ 与子长决：决，通“诀”，分别。子，四库本、同文本作“之”。

［通解］

孔子在卫国，有一次天刚黎明时就起来了，颜回在一旁陪侍，听到有人在哭，声音非常悲哀。孔子问：“颜回，你知道这种声音是为什么事哭的吗？”颜回答道：“我认为这种哭声不仅仅是为死去的人，也是因为活着而将要离别的人。”孔子问：“根据什么知道是这样？”颜回答道：“我听说桓山的鸟生了四只小鸟，小鸟翅膀长成以后，将要分开飞到四方去，它们的母亲悲伤地鸣叫着为它们送行，其悲哀的鸣叫声和这种哭声很相似，是说它们一去就不能返回了。我私下里根据声音类似而判断出来的。”孔子派人询问哭泣的人，果然回答说：“我父亲去世，家里贫穷，只得卖了儿子安葬父亲，正与儿子长久地诀别。”孔子说：“颜回，确实善于识别声音。”

[原文] 颜回问于孔子曰：“成人①之行若何？”子曰：“达于情性②之理，通于物类③之变，知幽明④之故，睹游气之原⑤。若此可谓成人矣。既能成人，而又加之以仁义礼乐，成人之行也。若乃穷神知礼⑥，德之盛⑦也。”

[注释] ① 成人：完美无缺的人。此记载又见于《说苑·辨物》。 ② 情性：本性。 ③ 物类：万物，各类的物质。 ④ 幽明：《易·系辞上》王弼注：“幽明，有形无形之象。”泛指有形的和无形的、可见的和不可见的事物。 ⑤ 睹游气之原：睹，察看，洞察。游气，浮动的云气。 ⑥ 若乃穷神知礼：若乃，至于。神，指奇异莫测。《易·系辞上》：“阴阳不测之谓神。”王肃注：“礼宜为化。” ⑦ 盛：顶点，极点。

[通解] 颜回问孔子说：“完美的人的德行，是怎样的？”孔子说：“通达人类本性的原理，通晓各类事物的变化，了解各种物象产生的缘故，洞察风云变化的根源。像这样就可以称为完美的人了。已经能够成为完美的人，再施以仁义礼乐来教化，这就是完美的人的德行。至于做到能穷尽事物阴阳变化的本质，则是达到了德行的极点。”

[原文] 颜回问于孔子曰：“臧文仲①、武仲②孰贤？”孔子曰：“武仲贤哉！”颜回曰：“武仲世称圣人，而身

不免于罪[3]，是智不足称也；好言兵讨，而挫锐于邾[4]，是智不足名也。夫文仲其身虽殁，而言不朽，恶有未贤[5]？”孔子曰：“身殁言立，所以为文仲也。然犹有不仁者三，不智者三，是则不及武仲也。”

回曰：“可得闻乎？”孔子曰：“下展禽[6]，置六关[7]，妾织蒲[8]，三不仁；设虚器[9]，纵逆祀[10]，祠海鸟[11]，三不智。武仲在齐，齐将有祸，不受其田，以避其难，是智之难也[12]。夫臧武仲之智而不容于鲁，抑有由焉，作而不顺，施而不恕也夫[13]。《夏书》曰：‘念兹在兹，顺事恕施[14]。’”

［注释］

① 臧文仲：春秋时鲁国名大夫。臧孙氏，名辰，谥号“文”，历仕庄公、闵公、僖公、文公四代国君，以立言垂世著称，对鲁国的政治和外交都产生了相当大的影响。此记载又见于《左传》文公二年、襄公二十三年。

② 武仲：即臧武仲，臧文仲之孙，名纥。曾任鲁司寇，封邑于防，以料事多中、见闻广博闻名于世，时有“圣人”之誉。　③ 武仲世称圣人，而身不免于罪：王肃注：“武仲为季氏废适（适，四库本作‘嫡’）立庶，为孟氏所谮，出奔于齐。”武仲凭一时义气帮助季武子废长立幼，立公子纥为季氏继承人，因而得罪了季孙公钼，季孙公钼遂联合素与武仲不和的孟孙氏，与武仲为敌。鲁襄公二十三年（前550年），孟孙氏诬陷武仲将叛乱，季武子信以为真，命攻臧氏。武仲先奔邾，后流亡至齐。　④ 好言兵讨，而挫锐于邾：王肃注：“武仲与邾战而败绩，国人颂之曰：我君小子，侏儒使我败于邾。”鲁襄公四年（前569年），邾、莒联合进犯鄫国，武仲率军攻打邾国，以解鄫国之围，不料在狐骀（今滕州西南）惨败，鲁军伤亡惨重，以致丧服短缺，引起国人怨恨，到处流传着“侏儒（武仲身材矮小）使我败于邾”的歌谣。　⑤ 而言不朽，恶有未贤：古人认为，能做到“死而不朽”的有三种人：“大上有立德，其次有立功，其次有立言。”（《左传》襄公二十四年）王肃注：“立不朽之言，故以为贤。”　⑥ 下展禽：使展禽居于下位。展氏，名获，字禽，或云居于柳下，或云食邑于柳

下，死后其妻子私谥曰“惠”，史称“柳下惠”，亦称“柳下季”。王肃注：“展禽，柳下惠。知其贤而使在下位，不与立于朝也。” ⑦ 置六关：王肃注：“六关，关名。鲁本无此关，文仲置之以税行者，故为不仁。《传》曰‘废六关’，非也。” ⑧ 妾织蒲：王肃注：“《传》曰织蒲，蒲，蒲席也。言文仲为国为家，在于贪利也。” ⑨ 设虚器：为卜龟设置了豪华的处所。王肃注：“居蔡。蔡，天子之守龟，非文仲所有，故曰虚器也。”其注不确。虚，处所，地方。器，器具，这里指占卜用的大龟。 ⑩ 纵逆祀：王肃注：“夏父弗忌为宗（宗，原讹为‘宋’，据四库本等改）人，跻僖公于闵公之上，文仲纵而不禁也。” ⑪ 祠海鸟：王肃注：“海鸟止于鲁东门之上，文仲不知，而令国人祠之。是不知也。” ⑫ 不受其田，以避其难（nàn），是智之难（nán）也：王肃注：“武仲奔齐，齐庄公将与之田，武仲知庄公将有难，辞而不受也。” ⑬ 抑有由焉，作而不顺，施而不恕也夫：王肃注：“不顺、不恕为废适（适，四库本作‘嫡’）立庶，武仲之所以然，欲为施于季氏也。”武，原作“文”，据四库本、同文本及文意改。抑，发语词。恕，儒家提倡的伦理思想，以仁爱之心对人。 ⑭ 念兹在兹，顺事恕施：王肃注：“今（四库本作‘念’）此在常，当顺其事，恕其施也。”当为《逸书》之文。恕施，使一切合乎仁爱之道。

［通解］

颜回问孔子说：“臧文仲、臧武仲二人谁更贤明？”孔子说：“臧武仲更贤明些。”颜回说：“臧武仲被世人称为圣人，自身却不能免于获罪，这说明他的智慧不值得表扬；他喜欢谈论兵法征战，却被邾国打得惨败，挫伤了锐气，这说明他的智慧不值得称赞。臧文仲呢，他人虽然死了，言论却永远不朽，哪有不贤明的地方？”孔子说：“身死而言论还得以流传，这正是臧文仲能够成为臧文仲的原因。但他还做过三件不仁爱的事情，三件不明智的事情，这样就比不上臧武仲了。”

颜回问：“能具体说说，让我听听怎么回事吗？”孔子说：“使展禽居于下位，设置六关征税，让家里的妾编织草席贩卖，这是三件不仁爱的事情；为卜龟设置豪华的居所，纵容逆序的祭祀，让国人祭祀海鸟，这是三件不明智的事情。而臧武仲在齐国时，预感到齐国将发生祸乱，所以没接受齐国赏赐的土地，从而避免了一场灾难，这是明智中尤其不易做到的。臧武仲如此明智，还不能被鲁国容纳，也是有原因的，他所做没有顺从事理，施行起来不合仁爱之道。《夏书》里说：‘想着这里，就一心扑在这里，一切要顺从事理，合乎仁爱之道。’”

［原文］

颜回问①君子。孔子曰：“爱近仁，度近智②，为己不重③，为人不轻，君子也夫。”回曰：“敢问其次。”子曰：“弗学而行，弗思而得。小子④勉之。”

［注释］

① 问：此字后原有“于”字，据四库本、同文本删。 ② 度(duó)近智：王肃注：“度事而行，近于智也。”度，计算，谋划。 ③ 为己不重：王肃注：“不重，为人。” ④ 小子：旧时老师对学生的称谓。

［通解］

颜回请教什么样的人是君子。孔子说：“有爱心就近于仁德，善谋划就近于明智，不要把自己看得太重，不要把别人看得太轻，这就是君子。”颜回说：“请问比君子略次一等的人应该是什么样。”孔子说：“还没学习就能行动，还没思考就有所得。你好好努力吧！”

［原文］

仲孙何忌①问于颜回曰：“仁者一言而必有益于仁智，可得闻乎？”回曰：“一言而有益于智，莫如预；一言而有益于仁，莫如恕。夫知其所不可由②，斯知所由矣。”

［注释］

① 仲孙何忌：即孟懿子，幼时曾从孔子学礼，后继位为卿。 ② 由：为，从事。

［通解］

仲孙何忌问颜回说："讲究仁德的人说出一个字来也必定有益于仁德、智慧的实施，能够说说这方面的道理，让我听听吗？"颜回答道："如果说有一个字有益于智慧，什么也比不上'预'字；如果说有一个字有益于仁德，什么也比不上'恕'字。明白了不能干什么，也就明白了该干什么。"

［原文］

颜回问小人，孔子曰："毁[①]人之善以为辩，狡讦[②]怀诈以为智，幸人之有过，耻学而羞不能，小人也。"

［注释］

① 毁：诋毁。 ② 狡讦(jié)：诬陷。讦，攻击别人的短处或揭发别人的隐私。

［通解］

颜回请教什么样的人是小人，孔子说："把诋毁别人的优点当做善辩，把诬陷别人、满心欺诈当成聪明，对别人犯的过错幸灾乐祸，把学习看做不光彩的事，却又嘲弄没有能力的人，这就是小人。"

［原文］

颜回问子路曰："力猛于德而得其死者鲜[①]矣，盍[②]慎诸焉？"孔子谓颜回曰："人莫不知此道之美，而莫之御[③]也，莫之为也。何居？为闻者盍日思也夫[④]？"

［注释］

① 鲜：少，不多。 ② 盍：何不。 ③ 御：使用，应用。王肃注："御犹待也。"恐不确。 ④ 为闻者盍日思也夫：王肃注："为闻，盍日有闻而后言者。"日，四库本讹为"曰"。

［通解］

颜回问子路说："力气比德行猛健而死得其所的人很少，为什么不在这点上慎重些？"孔子对颜回说："人人都知道这个道理的正确，却没有人去应用，没有人照着去做，这是为什么呢？听到这个道理的人为什么不天天认真思考一下呢？"

[原文] 颜回问于孔子曰："小人之言有同乎君子者，不可不察也。"孔子曰："君子以行言，小人以舌言。故君子于为义之上相疾也，退而相爱[1]；小人于为乱之上相爱也，退而相恶[2]。"

[注释] ① 君子于为义之上相疾也，退而相爱：王肃注："相病，急欲相劝，令为仁义。"原无"于"字，据四库本、同文本补。 ② 小人于为乱之上相爱也，退而相恶（wù）：恶，憎恨，中伤。王肃注："乐并为乱，是以相爱。小人之情不能久亲也。"

[通解] 颜回问孔子说："小人说的话也有与君子相同的地方，不能不详细地审察。"孔子说："君子用行动来说话，小人用舌头来说话。所以君子在实行道义方面互相批评，在别的方面互相友爱；小人在制造祸乱方面互相友爱，在别的方面则互相中伤。"

[原文] 颜回问朋友之际[1]如何，孔子曰："君子之于朋友也，心必有非焉，而弗能谓'吾不知'，其仁人也。不忘久[2]德，不思久怨，仁矣夫。"

[注释] ① 际：交际，彼此之间。 ② 久：旧，以往，原先。

[通解] 颜回请教朋友之间如何相处，孔子说："君子对于朋友，心里认定他有错误的地方，不能说'不知道'，这才是仁德的人。他们不忘记以往的恩德，也不计较原先的仇怨，多么仁义啊！"

[原文] 叔孙武叔见于颜回[1]，回曰："宾[2]之。"武叔多称人之过，而己评论之，颜回曰："固子之来辱[3]也，宜有得于回焉。吾闻诸孔子[4]曰：'言人之恶[5]，非

所以美己；言人之枉，非所以正己。’故君子攻其恶，无攻人恶。”

[注释] ① 叔孙武叔见于颜回：叔孙武叔，鲁国卿大夫，叔孙氏，名州仇。“见”后原有“未仕”二字，据别本删。 ② 宾：以宾客之礼相待。 ③ 辱：谦词。 ④ 吾闻诸孔子：原于“闻”后衍“知”字，据四库本、同文本删。诸，“之于”的合音。 ⑤ 恶(è)：过失。

[通解] 叔孙武叔去拜访颜回，颜回吩咐家人：“请用宾客的礼仪招待他。”武叔常常数说别人的过失，而自己妄加评论，因此颜回说：“本来您是屈驾来此，应该是想从我这里得到些什么吧。我从先生那里听说：‘说别人过失，并不能以之赞美自己；说别人的过失，并不能证明自己正确。’所以君子应该批评自己的过失，不要批评别人的过失。”

[原文] 颜回谓子贡曰：“吾闻诸夫子：‘身不用礼而望①礼于人，身不用德而望德于人，乱也。’夫子之言，不可不思也。”

[注释] ① 望：期望。

[通解] 颜回对子贡说：“我听先生说过：‘自己不遵行礼制却要求别人遵守，自己不坚守德行却要求别人坚守，那样会引起变乱。’对先生的话，不能不好好地考虑考虑。”

子路初见第十九

[序说] 本篇杂记孔子与弟子的谈话以及孔子事迹。首章记子路

与孔子相见的事情，盖此为子路与孔子的初次相见，故以“子路初见”名篇。

本篇的记载涉及孔子在学习、为人处世等方面对弟子的教导，以及孔子个人的行为处事规范，表现了孔子识人、相士等方面的态度、准则。孔子注重学习，指出“君子不可不学”。孔子对弟子的教导也是根据“依仁”“立礼”而“文质彬彬”的君子标准，追求品德修养的内外和谐与统一。孔子对弟子的认识和评价也是全方位的，本篇记载他对澹台子羽和宰我的评价便是如此。孔子不仅这样教导弟子，自身行事也遵循礼义，如哀公赐桃与黍，孔子便借机用自己的行动纠正人们“妨于教”“害于义”的做法。

孔子为官时间不长，但他为政期间取得了不少政绩。本篇记载孔子为鲁司寇时屈节数见康子的事迹，他不计较个人荣辱，把政事放在首位，以为面对混乱无章的社会现象，为政者应当勇于正视，积极应对。孔子的理想人格境界是“仁”，但他认为“仁”并非轻易就能达到。孔子认为为人臣下的忠谏应当审时度势，同是“死谏”，结果未必相同。孔子相鲁时，也遇到了“君臣淫荒”的局面，鲁国是他的祖国，但他还是无奈地离去。在那个“礼崩乐坏”的大环境下，孔子当然无法施展自己的抱负，只能辗转于各国，“聊以卒岁”。

本篇记载虽然显得杂乱、琐屑，但对我们研究孔子及其思想有重要价值。不少资料散见于其他文献，可以互相印证，以更好地研究孔子与早期儒学。

[原文]

子路见孔子。子曰：“汝何好乐①？”对曰：“好长剑。”孔子曰：“吾非此之问也，徒谓以子之所能，而加之以学问，岂可及乎？”

子路曰:“学岂益也哉[②]?”孔子曰:“夫人君而无谏臣则失正,士而无教友则失听[③]。御狂马不释策[④],操弓不反檠[⑤]。木受绳[⑥]则直,人受谏则圣。受学重问,孰不顺哉?毁仁恶士,必近于刑[⑦]。君子不可不学。”

子路曰:“南山有竹,不揉[⑧]自直,斩而用之,达于犀革。以此言之,何学之有?”孔子曰:“括[⑨]而羽之,镞[⑩]而砺之,其入之不亦深乎?”

子路再拜曰:“敬[⑪]而受教。”

[注释] ① 好乐(lè):爱好,喜欢。此记载又见于《说苑·建本》。 ② 也哉:原作“哉也”,据四库本、同文本改。 ③ 士而无教友则失听:教友,指给以教诲的朋友。失听,失去判断是非的能力。听,察是非。 ④ 御狂马不释策:王肃注:“御狂马者不得释棰策也。”策,驱赶骡马役畜的鞭子。 ⑤ 操弓不反檠(qíng):王肃注:“弓不反于檠,然后可持也。”檠,矫正弓弩的器具。 ⑥ 木受绳:指在木料上打上墨线,以便锯木料时取直。 ⑦ 毁仁恶士,必近于刑:王肃注:“谤毁仁者,憎怒士人,必主于刑也。”士,原作“仕”,据四库本、备要本、同文本改。 ⑧ 揉:使曲者直、直者曲,这里指揉制、矫正。原作“柔”,据四库本、备要本、同文本改。 ⑨ 括:通“栝”,箭末扣弦处。 ⑩ 镞(zú):箭头。 ⑪ 敬:表示尊敬的答语,意为不敢怠慢。四库本“敬”前无“曰”字。

[通解] 子路拜见孔子。孔子问:“你有什么爱好?”子路回答说:“爱好长剑。”孔子说:“我问的不是这个,只是说以你的才能,再通过学习增加你的学问,谁能赶得上你呢?”

子路说:“学习也有好处吗?”孔子说:“君主如果没有直言进谏的臣子,就会犯错误;士人如果没有能给以教诲的朋友,就难以判断是非。驾驭狂奔的马不能丢掉马鞭,使用弓箭离不了矫正弓弩的檠。木料用墨绳规正就会锯直，人接受劝谏就会变得圣明。接受教育，重视学问，哪有做事不顺利成功的呢？诋毁仁者，憎恶士人，必然会触犯刑法。君子不能不学习。”

子路说：“南山有竹子，不用揉制矫正自然就直，砍伐下来做成的箭，能够射穿犀牛皮。由此说来，还有什么学习的必要呢？”孔子说：“在箭栝上安上羽毛，把箭头磨得极其锋利，那它射得不更深吗？”

子路向孔子拜了两拜说：“一定接受您的教诲。”

［原文］

子路将行，辞于孔子。子曰：“赠汝以车乎？赠汝以言乎？”子路曰：“请以言。”孔子曰：“不强不达①，不劳无功，不忠无亲，不信无复②，不恭失礼。慎此五者而矣。”

子路曰：“由请终身奉之。敢问亲交③取亲若何？言寡可行若何？长为善士而无犯若何？”孔子曰：“汝所问，苞④在五者中矣。亲交取亲，其忠也；言寡可行，其信乎；长为善士而无犯，其⑤礼也。”

［注释］

① 不强不达：王肃注：“人不以强力，则不能自达。”此记载又见于《说苑·杂言》。 ② 不信无复：王肃注：“信近于义，言可复也。今而不信，则无可复。” ③ 亲（xīn）交：新结交朋友。亲，通“新”。《说苑》作“新”。 ④ 苞：通“包”，包容，包含。 ⑤ 其：原作“于”，据《说苑》改。

［通解］

子路准备出行，去向孔子辞别。孔子说：“我是赠给你车子呢，还是赠给你几句话呢？”子路说：“请您赠给我几句话吧。”孔子说：“不坚强就不能自立，不劳动就不能获得成功，不忠诚就不能得到别人的亲近，不讲信用就不能得到信任，不恭敬则会失礼。出门行事谨慎地做到这五点就行了。”

子路说：“仲由我将终生尊奉您的教诲。请问结交新朋友选取亲近的如何？说得少，但说出的话都是可实行的如何？长久地做好人而不违反礼仪如何？”孔子说：“你所问的这些，包含在我刚提到的那五点之中了。结交新朋友选取亲近的，这就是忠诚；说得少但说出的话都可实行，这就是讲信用；长久地做好人而不违反礼仪，这就是遵礼。”

[原文]

孔子为鲁司寇，见季康子①，康子不悦。孔子又见之。

宰予进曰：“昔予也常闻诸夫子曰：‘王公不我聘，则弗动。’今夫子之于司寇也日少②，而屈节数矣③，不可以已乎？”孔子曰：“然。鲁国以众相陵，以兵相暴之日久矣，而有司不治，则将乱也。其聘我者，孰大于是哉④？”

鲁人闻之，曰：“圣人将治，何不先自远刑罚？”自此之后，国无争者。孔子谓宰予曰：“违山十里，蟪蛄之声，犹在于耳，故政事莫如应之⑤。”

[注释]

① 季康子：王肃注：“当为桓子，非康子也。”此记载又见于《说苑·政理》。　② 于司寇也日少：王肃注：“谓在司寇官少日浅。”　③ 屈节数（shuò）矣：王肃注：“谓屈节数见于季孙。”数，多次，频繁。　④ 其聘我者，孰大于是哉：王肃注：“言聘我使在官，其为治岂复可大于此者也。”　⑤ 违山十里，蟪蛄之声，犹在于耳，故政事莫如应之：王肃注：“违，去也。蟪蛄，蟒蟟也。蟒蟟之声去山十里犹在于耳，以其鸣而不已，言政事须慎听之，然后行之者也。”蟪蛄，又名蟒蟟，一种黄绿色的蝉，翅有黑白色条纹，夏末雄虫从早到晚鸣声不止。

［通解］ 孔子在鲁国任司寇一职，去进见季康〔桓〕子，康〔桓〕子显得不高兴。孔子继续去进见他。

宰予走上前说：“从前宰予我常听老师说：‘天子、诸侯不来聘请我，我就不会动身亲自前去。’如今老师您任司寇一官的时间不长，但是多次屈节去见季氏，不能不去吗？”孔子说：“我是说过那样的话。但是在鲁国，依仗人多欺侮别人、凭借武力凌辱别人的现象已经存在了很长时间了，但是官吏不加治理，这样下去，国家将会出现动乱。至于聘请我做官，怎么能比这更要紧呢？”

鲁国人听说了这番话，都说：“圣人将要来治理国家，我们为什么不先主动避免犯错误而远离刑罚呢？”从此以后，鲁国没再出现争斗的现象。孔子对宰予说：“即使离山十里，蟪蛄的聒噪之声好像还是响在耳边一样。社会上的混乱局面也是如此。因此治理政事与其听之任之，不如主动应对。”

［原文］ 孔子兄子有孔篾[①]者，与宓子贱偕仕[②]。孔子往过孔篾，而问之曰：“自汝之仕，何得何亡？”对曰：“未有所得，而所亡者三。王事若龙[③]，学焉得习[④]，是学不得明也；俸禄少，饘粥[⑤]不及亲戚[⑥]，是以[⑦]骨肉益疏也；公事多急，不得吊死问疾，是朋友之道阙也。其所亡者三，即谓此也。”

孔子不悦，往过子贱，问如孔篾。对曰：“自来仕者无所亡，其有所得者三。始诵之，今得而行之，是学益明也；俸禄所供，被及亲戚，是骨肉益亲也；虽有公事，而兼以吊死问疾，是朋友笃也。”

孔子喟然谓子贱曰：“君子哉若人[⑧]！鲁无君子者，则子贱焉取此[⑨]。”

[注释] ① 孔篾(miè):即孔忠,字子篾,孔子兄孟皮之子,亦孔子弟子。篾或作“蔑”。此记载又见于《说苑·政理》。 ② 与宓子贱偕仕:宓子贱,即宓不齐,孔子弟子,春秋时鲁国人。偕,四库本、同文本作“皆”。 ③ 王事若龙:王肃注:“龙,宜为聋(zhé),前后相因也。” ④ 学焉得习:王肃注:“言不得习学也。” ⑤ 饘(zhān)粥:稀饭。 ⑥ 亲戚:内外亲属。这里主要指父母兄弟。 ⑦ 以:四库本、同文本无。 ⑧ 若人:王肃注:“若人,犹言是人者也。” ⑨ 鲁无君子者,则子贱焉取此:王肃注:“如鲁无君子者,此人安得而学之。言鲁有君子也。”

[通解] 孔子的哥哥有个儿子叫孔篾,与宓子贱一起做官。孔子到孔篾那里去,问他说:“自从你做官以来,有何得失啊?”孔篾回答说:“没得到什么,但在三个方面有所失。公事一件接一件,以前学习的知识哪有时间去练习呢?因此知识无法理解得明白清楚;获得的俸禄太少,连稀饭都没法分给父母兄弟,因此骨肉之亲日益疏远;公务大多急迫重要,不能抽出时间去吊唁死者、探望病人,因此朋友之情渐渐缺失。我说在三个方面有所失,就是指这些。”

孔子听了很不高兴。他又到宓子贱那里去,问了与孔篾同样的问题。宓子贱回答说:“自从做官以来,没失去什么,而在三个方面有所得。以前记诵学习的知识,现在得到了实践,因此知识更加明白清楚;所得到的俸禄,拿去分给父母兄弟,因此骨肉之亲更加亲密;虽然公务缠身,但仍兼顾到吊唁死者、探望病人,因此朋友之情更加深厚。”

孔子感叹地称赞宓子贱说:“这人真是个君子啊!鲁国如果没有君子,那么宓子贱又是从哪里学来的这种品德呢?”

[原文] **孔子侍坐于哀公,赐之桃与黍焉。哀公曰:“请食①。”孔子先食黍而后食桃。左右皆掩口而笑。**

公曰："黍者所以雪桃②，非为食之也。"

孔子对曰："丘知之矣。然夫黍者，五谷之长，郊礼③宗庙以为上盛④。果属有六而桃为下，祭祀不用，不登郊庙⑤。丘闻之，君子以贱雪贵，不闻以贵雪贱。今以五谷之长，雪果之下者，是从上雪下。臣以为妨于教，害于义，故不敢。"

公曰："善哉！"

[注释]

① 请食：四库本、同文本无"食"字。此记载又见于《韩非子·外储说左下》。 ② 雪桃：指擦桃，拭桃，刷除桃上的毛。王肃注："雪，拭。" ③ 郊礼：帝王祭天地的大礼。因在都城南北郊举行，故称。 ④ 盛（chéng）：祭祀时置于礼器中的祭品。 ⑤ 郊庙：帝王祭天地的郊宫和祭祖先的宗庙。

[通解]

孔子陪哀公而坐，哀公赏赐给他桃子和黍子，说："请吃吧。"孔子就先吃了黍子，然后吃桃子。哀公左右的人都捂着嘴笑了。哀公说："黍子是用来擦桃的，不是吃的。"

孔子回答说："孔丘我知道。但是黍子是五谷中的最尊者，在对天地、祖先的祭祀中都将它作为上等祭品。果品共有六种，而桃最为低下，祭祀时不用它，更登不上郊礼、宗庙的祭坛。孔丘我听说过，君子用低贱的物品来擦拭尊贵的物品，可没听说有拿尊贵的物品来擦拭低贱的物品的。如今用五谷中的最尊者，来擦拭果品中的最下者，臣下认为这有妨于教化，有害于仁义，所以我不敢那样去做。"

哀公说："说得好啊！"

[原文]

子贡曰："陈灵公宣淫于朝①，泄冶②正谏而杀之。是与比干谏而死同，可谓仁乎？"

子曰:"比干于纣,亲则诸父,官则少师,忠报之心,在于宗庙③而已,固必以死争④之,冀身死之后,纣将悔寤,其本志情在于仁者也。泄冶之于灵公,位在大夫,无骨肉之亲,怀宠不去,仕于乱朝,以区区之一身,欲正一国之淫昏,死而无益,可谓狷⑤矣。《诗》云⑥:'民之多僻,无自立辟⑦。'其泄冶之谓乎。"

[注释] ① 陈灵公宣淫于朝:王肃注:"灵公与卿共淫夏姬。"陈灵公,春秋时陈国国君,妫姓,名平国,在位 15 年(前 613—前 599 年)。他与孔宁、仪行父皆私通于大夫夏徵舒之母夏姬,甚至穿着夏姬的衣服在朝廷上相互戏弄。此记载又见于《左传》宣公九年。 ② 泄冶:陈国大夫。冶,原作"治",据四库本、备要本、同文本及《左传》改。 ③ 宗庙:天子、诸侯祭祀祖先的处所。在此代指王室、国家。 ④ 争(zhèng):规劝。 ⑤ 狷(juàn):耿直,固执。原作"捐",据四库本、备要本、同文本改。 ⑥ 云:四库本、同文本作"曰"。 ⑦ 民之多僻,无自立辟(bì):语出《诗·大雅·板》。僻,原作"辟",据四库本、备要本、同文本改。王肃注:"僻,邪。"辟,指法、法度。王肃注:"辟,法(原脱,据四库本等补)。"

[通解] 子贡说:"陈灵公在朝中公开淫乱,泄冶直言劝谏而被杀害。这与比干因上谏而死相同,可以称为仁义之举吗?"

孔子说:"比干对于纣来说,论亲情是叔父,论官职是少师,尽忠报答的心情只不过是为了王室的延续罢了,所以必然要以死规劝,希望自己死后,纣王能反悔醒悟,他本来的心意和情感都是出于仁义。而泄冶对于灵公来说,论官位仅是大夫,又没有亲缘关系,受到宠爱而舍不得离去,在这样一个混乱的朝廷做官,想用自己小小的身躯,纠正一个国家的淫乱昏暗,死了也没有什么益处,这可以说是耿直。《诗》上说:'当今之人多邪辟,勿自立法以害己。'大概说的就是泄冶吧。"

[原文]

孔子相①鲁。齐人患其将霸,欲败其政,乃选好女子八十人,衣以文饰而舞容玑②,及文马四十驷③,以遗鲁君。陈女乐、列文马于鲁城南高门外。季桓子微服往观之再三,将受焉,告鲁君为周道游观。观之终日,怠于政事。

子路言于孔子曰:"夫子可以行矣。"孔子曰:"鲁今且郊,若致膰④于大夫,则是⑤未废其常,吾犹可以止也。"

桓子既受女乐,君臣淫荒,三日不听国政,郊又不致膰俎。孔子遂行,宿于郭屯。师已⑥送,曰:"夫子非罪也。"孔子曰:"吾歌可乎?"歌曰:"彼妇人之口,可以出走;彼妇人之请,可以死败⑦。优哉游哉,聊以卒岁⑧。"

[注释]

① 相:辅相。此记载又见于《史记·孔子世家》。 ② 容玑:王肃注:"容玑,舞曲。" ③ 驷:王肃注:"驷,四马也。"古代用四马共牵一车,故呼四马为驷。 ④ 膰(fán):王肃注:"膰,祭肉也。"《广韵·元韵》:"膰,祭余熟肉也。" ⑤ 则是:原作"是则",据四库本、同文本改。 ⑥ 师已:鲁国乐师。已,原作"以",据四库本、备要本、同文本改。 ⑦ 彼妇人之口,可以出走;彼妇人之请,可以死败:王肃注:"言妇人口请谒,足以使人死败,故可出走。"请,四库本作"谒"。 ⑧ 优哉游哉,聊以卒岁:王肃注:"言士不遇,优游以终岁也。"

[通解]

孔子辅相鲁国国君治理政事。齐国人害怕鲁国崛起称霸,打算破坏它的政事,于是就挑选了八十名美女,让她们穿上文饰华丽的锦服,教给她们跳容玑舞,又挑选了一百六十匹骏马,准备一起赠送给鲁国国君。齐国将这些舞女、骏马停列在了鲁国都城南面的高门外。季桓子换上便服前去观看,看了多次,准备接受下来,就谎告鲁君说要到各处去巡游考察。随后季桓子就整天观赏齐国送的这些舞女、骏马,对政事则漠不关心,怠于处理。

子路对孔子说:"老师您可以离开鲁国了!"孔子说:"鲁国现在将要举行郊礼,如果礼后还能将熟的祭肉分给大夫们,就说明礼制还没有被废弃,我还可以据此留下来。"

季桓子接受了舞女之后,君臣上下荒淫无度,甚至一连三日不理朝政,郊礼之后也没有分送祭祀余下的熟肉。孔子便决定离开鲁国,出行前先留宿在城郭外的村庄里。师已前去相送,说:"先生您没有什么过错啊。"孔子说:"我可以唱歌吗?"接着就唱道:"那些妇人的口舌啊,可以让人外出逃奔;那些妇人的请求啊,可以使人败亡。悠闲自得啊,勉强度余生。"

[原文]

澹台子羽①有君子之容,而行不胜其貌。宰我有文雅之辞,而智不充其辩。孔子曰:"里语②云:'相马以舆,相士以居,弗可废矣。'以容取人,则失之子羽;以辞取人,则失之宰予。"

[注释]

① 澹台子羽:即澹台灭明,孔子弟子。此记载又见于《韩非子·显学》《史记·仲尼弟子列传》。　② 里语:犹"里谚",民间谚语。

[通解]

澹台子羽有君子般的容貌,但是他的行为比不上他的外表;宰我谈吐文雅得体,但是他的智慧逊色于他的口才。孔子说:"有谚语讲:'观察评判马匹要看它驾车的情况,观察评判士人要看他平时的表现,这个准则不能废弃。'如果凭着容貌来选取人才，那么选取澹台子羽就会是个失误；如果凭着口才来选取人才，那么选取宰予就会是个失误。”

［原文］

孔子曰：“君子以其所不能[1]畏人，小人以其所不能不信人。故君子长[2]人之才，小人抑人而取胜焉。”

［注释］

① 不能：做不到的事情。 ② 长（zhǎng）：增长。

［通解］

孔子说：“君子由于有自己做不到的事情而敬畏别人，小人则由于有自己做不到的事情而不信任别人。因此君子会增长别人的才能，小人则通过抑制别人取得胜利。”

［原文］

孔篾问行己之道[1]。子曰：“知而弗为，莫如勿知；亲而弗信，莫如勿亲。乐之方至，乐而勿骄；患之将至，思而勿忧。”孔篾曰：“行己乎？”子曰：“攻其所不能，补其所不备。毋以其所不能疑人，毋以其所能骄人。终日言，无遗己[2]忧；终日行，不遗己患。唯智者有之。”

［注释］

① 行己之道：修身处世的方法。此记载又见于《说苑·杂言》。
② 己：后原有“之”字，据四库本、备要本、同文本删。

［通解］

孔篾请教修身处世的方法。孔子说：“知道而不去做，不如不知道；与人亲近而不信任他，不如不去亲近。高兴的事即将到来，高兴而不要自满；祸患即将降临，思考对策而不要忧愁。”孔篾说：“这样做就是修身处世了吗？”孔子说：“攻克做不到的事情，补充完善不完备的地方。不要因为有自己做不到的事情而怀疑别人，也不要因为有自己能做到的事情而傲视别人。整天说话，却不给自己招致忧愁；整天行事，却不给自己招致祸患。只有明智的人才能做到这个程度。”

在厄第二十

［序说］

本篇记述了孔子及其弟子在周游列国途中被围困在陈、蔡时的情况，描述了他们在困苦境遇中的表现，故以“在厄”名篇。厄，指困苦、危险。

被困陈、蔡，断粮七日，从者皆病。在困厄之中，孔子不畏艰难，仍保持乐观态度，继续讲诵，弦歌不废，这表现了孔子为追求政治理想矢志不渝的精神。值得注意的是本篇所体现的孔子“时”的思想。孔子指出：“夫遇不遇者，时也；贤不肖者，才也。”他认为“君子博学深谋而不遇时者众矣”，说明孔子到处碰壁并不是他“愚顽不化”，反而他对自己所处的时代具有深刻的认识。孔子弟子认识到“夫子之道至大”，尤其是颜回所言孔子学说不为所用乃是“有国者之丑”，孔子也对此表示赞同，体现了孔子对自己思想学说的认识，对自己人生际遇的思考，这对于我们认识孔子学说的本质具有重要价值。

身处困境，君子都能乐在修身，坚守自己的节操。孔子说：“君子修道立德，不为穷困而败节。”本篇记载的曾子弊衣耕作而不接受国君的赏赐、颜回身处困境而坚守仁廉，都体现了这一精神。这应该也是本篇的主旨之一。

本篇材料又见于《荀子》《吕氏春秋》《韩诗外传》《说苑》等多种文献，尤其《史记·孔子世家》多吸收了包括本篇在内的《家语》的许多材料。彼此互勘，会发现许多有价值的学术信息。

［原文］

楚昭王聘孔子，孔子往拜礼焉，路出于陈、蔡。陈、蔡大夫相与谋曰："孔子圣贤，其所刺讥，皆中诸侯之病。若用于楚，则陈、蔡危矣。"遂使徒兵距[①]孔子。

孔子不得行，绝粮七日，外无所通，藜羹[②]不充，从者皆病。孔子愈慷慨讲诵[③]，弦歌不衰。乃召子路而问焉，曰："《诗》云：'匪兕匪虎，率彼旷野[④]。'吾道非乎，奚为至于此？"子路愠，作色而对曰："君子无所困。意者夫子未仁与，人之弗吾信也[⑤]？意者夫子未智与，人之弗吾行也[⑥]？且由也昔者闻诸夫子：'为善者，天报之以福，为不善者，天报之以祸。'今夫子积德怀义，行之久矣，奚居之穷也？"子曰："由未之识也，吾语汝：汝以仁者为必信也，则伯夷、叔齐不饿死首阳；汝以智者为必用也，则王子比干不见剖心；汝以忠者为必报也，则关龙逢[⑦]不见刑；汝以谏者为必听也，则伍子胥[⑧]不见杀。夫遇不遇者，时也；贤不肖者，才[⑨]也。君子博学深谋而不遇时者众矣，何独丘哉！且芝兰[⑩]生于深林，不以无人而不芳。君子修道立德，不为穷困而改节[⑪]。为之者人也，生死者命也。是以晋重耳之有霸心，生于曹、卫[⑫]；越王勾践之有霸心，生于会稽[⑬]。故居下而无忧者，则思不远；处身而常逸者，则志不广。庸知其终始乎[⑭]？"子路出。

召子贡，告如子路。子贡曰："夫子之道至大，故天下莫能容夫子，夫子盍少贬焉？"子曰："赐，良农能稼，不必能穑[15]；良工能巧，不能为顺[16]。君子能修其道，纲而纪之，不必其能容。今不修其道，而求其容。赐，尔志不广矣，思不远矣！"子贡出。

颜回入，问亦如之。颜回曰："夫子之道至大，天下莫能容，虽然，夫子推而行之，世不我用，有国者之丑也。夫子何病焉？不容，然后见君子。"孔子欣然叹曰："有是哉，颜氏之子，使尔多财[17]，吾为尔宰[18]。"

[注释]

① 距：通"拒"，阻拦。此记载又见于《荀子·宥坐》、《韩诗外传》卷七、《史记·孔子世家》、《说苑·杂言》。 ② 藜(lí)羹(gēng)：用嫩藜煮成的羹，指粗劣的食物。藜，草名，初生可食。藜，同文本作"黎"。

③ 诵：原脱，据四库本、备要本、同文本补。 ④ 匪兕(sì)匪虎，率彼旷野：语出《诗·小雅·何草不黄》。王肃注："率，修(四库本、同文本、《史记》集解引皆作'循'，下同)也。言非兕虎，而修旷野也。"兕，犀牛。 ⑤ 夫子未仁与，人之弗吾信也：王肃注："言人不信，岂以未仁故也?" ⑥ 夫子未智与，人之弗吾行也：王肃注："言人不使通行而困穷者，岂以吾未智也?" ⑦ 关龙逢(páng)：夏朝大臣。见夏桀暴虐荒淫，屡加直谏，遂被囚禁杀害。逢，原作"逄"，此从备要本、同文本改。

⑧ 伍子胥：春秋时吴国大夫，名员，字子胥，劝吴王夫差拒越求和并停止伐齐，渐被疏远，前 484 年被赐剑自杀。孔子困于陈、蔡在其前。或因晚年孔子于伍子胥死后尝以其事论"困"，《史记》仅记伯夷、叔齐与比干事，而不及关龙逢与伍子胥，故疑本处乃孔子后学补记。不能据此而疑本篇为伪。 ⑨ 才：通"材"，资质，品质。 ⑩ 芝兰：两种香草。二者连用常指美好的德行或环境。 ⑪ 不为穷困而败节：为，原作"谓"，据四库本、同文本改。改，四库本、同文本作"败"。 ⑫ 晋重耳之有霸心，生于曹、卫：王肃注："重耳，晋文公也。为公子时出奔，

困于曹、卫。” ⑬ 越王勾践之有霸心，生于会稽：王肃注：“言越王之有霸心，乃生困于会稽之时也。”勾，同文本作“句”。 ⑭ 庸知其终始乎：王肃注：“庸，用也。汝何用知其终始，或者晋文公、越王之时也。”

⑮ 良农能稼，不必能穑：王肃注：“种之为稼，敛之为穑，良农能善种之，未必能敛获之也（此后原有‘哉’字，据四库本删）。” ⑯ 良工能巧，不能为顺：王肃注：“言良工能巧，不能每顺人意也。” ⑰ 使尔多财：此前原有“吾亦”二字，据《史记》及文意删。 ⑱ 吾为尔宰：王肃注：“宰，主财者。为汝主财，意志同也（四库本‘者’后有‘也’字，‘意志同’作‘言志之同’，《史记》集解引同四库本）。”

［通解］

楚昭王聘请孔子到楚国去做官，孔子便去拜见楚昭王，接受礼聘，途中经过陈、蔡两国。陈、蔡两国的大夫聚在一起商讨说：“孔子是一代圣贤，他所批评指责的，的确都是各诸侯国存在的弊病。如果他被楚国任用，那么我们陈、蔡两国就危险了。”于是他们就派出步兵去阻拦孔子。

孔子一行被围困，不得前行，断粮七日，无法和外界取得联系，连一些野菜汤也吃不上，跟随的弟子都病倒了。孔子却更加情绪激昂地讲授学问，弹琴唱歌没有停歇。他叫来子路问：“《诗》中说：‘不是犀牛不是虎，沿着旷野急出入。’我的理论学说不对吗，为什么会落到这种地步？”子路听了心中不快，脸上也显露出一副不高兴的样子，说：“君子不应该受到困厄。难道是老师您还不够仁德，人们因而不相信我们？难道是老师您还不够睿智，人们因而不让我们前行？而且仲由我以前听老师您讲过：‘行善的人，上天会降给他福祉；作恶的人，上天会降给他灾祸。’如今老师您积累德行，心怀仁义，这样做了很久了，为什么还会处在这种穷困的境地呢？”孔子说：“仲由你还不明白！我来告诉你：你以为仁义的人必定会被信任，那么伯夷、叔齐就不会饿死在首阳山；你以为睿智的人必定被任用,那么王子比干就不会被剖心;你以为忠心的人必定会得到回报,那么关龙逢就不会遭刑杀;你以为劝谏的人必定被听从,那么伍子胥就不会被杀害。能不能遇到明主,是由时势所决定的;才与不才,则在于个人的品质。君子学识渊博,谋略深远,而没有碰上好时运的有很多,哪里单单就我孔丘一人呢！况且,芝兰生长在深山老林中,并不因为无人欣赏而不吐露芬芳;君子修习道艺树立仁德,并不因为贫穷困顿改变节操。做或者不做,是人事;生或者死,是命运。所以,晋国重耳称霸的雄心,萌生在他逃亡曹、卫两国的时候;越王勾践称霸的雄心,萌生在他被围困于会稽的时候。因此,身居下位却没有忧虑的人,理想就不会高远;生活长期安逸的人,志向就不会广阔。你哪里用得着知道他们的全部经历呢?”子路退了出去。

孔子又叫来子贡,问了他与子路同样的问题。子贡说:“老师您的理论学说博大精深,因而天下人不能接受您,您为什么不把您的主张稍稍降低一下标准呢?”孔子说:“端木赐啊！一个好的农夫擅长于播种,不一定擅长于收获;一个好的工匠巧于制作,不一定每次做的都能符合他人的心意。君子研习自己的理论学说,主次分明,有条有理,不一定就会被人们接受。现在不研修完善自己的学说,却只求能被人接受,端木赐,你的志向不广阔啊！你的理想也不高远啊!”子贡退了出去。

颜回进来,孔子也问了他同样的问题。颜回说:“老师您的学说博大精深,致使天下人都不能接受您。虽然这样,老师您还是推广并实践它,世人不任用我们,是各国统治者的耻辱。老师您有什么忧愁的呢?虽然不被接受,但是这样才显出了君子的本色。”孔子高兴地感叹说:“讲得有道理啊,颜氏家的小伙子！假使你有很多钱财,我愿意为你管理。”

[原文]

子路问于孔子曰："君子亦有忧乎？"子曰："无也。君子之修行[1]也，其未得之，则乐其意；既得之，又乐其治[2]。是以有终身之乐，无一日之忧。小人则不然，其未得也，患弗得之；既得之，又恐失之。是以有终身之忧，无一日之乐也。"

[注释]

① 修行：修身实践。此记载又见于《荀子·子道》《说苑·杂言》。

② 治：为，作为。

[通解]

子路问孔子说："君子也有忧愁吗？"孔子说："没有。君子在修身实践中，当他做事还没有获得成功时，他会为自己有做事的意念而高兴；当他获得成功的时候，他又会为自己能有所作为而高兴。因此，君子一生都很快乐，而没有一天是忧虑的。小人则不是这样，当他有想获得的东西而还没有得到的时候，他怕得不到；得到了，又怕失去。因此，他一生都充满忧愁，却没有一天是快乐的。"

[原文]

曾子弊衣而耕于鲁，鲁君闻之而致邑[1]焉。曾子固辞不受。或曰："非子之求，君自致之，奚固辞也？"曾子曰："吾闻受人施者常畏人，与人者常骄人。纵君有赐，不我骄也，吾岂能勿畏乎？"

孔子闻之曰："参之言，足以全其节也。"

[注释]

① 致邑：赠送给封地。致，赠送，给予。此记载又见于《说苑·立节》。

[通解]

曾子穿着破旧的衣服在鲁国从事耕作，鲁国国君听说后要送给他封地。曾子坚决推辞而不接受。有人说："这并不是你请求的，而是国君亲自赠送给你的，你为什么坚决推辞呢？”曾子说：“我听说接受别人赠送的人常常畏惧别人，给人东西的人常常傲视别人。纵然国君给我赏赐，并不傲视我，我哪能不畏惧呢？”

孔子听说这件事后说：“曾参的这番话，足够保全他的气节了。”

［原文］

孔子厄于陈、蔡，从者七日不食。子贡以所赍货[1]，窃犯围而出，告籴[2]于野人，得米一石焉。颜回、仲由炊之于坏屋之下，有埃墨[3]堕饭中，颜回取而食之。

子贡自井望见之，不悦，以为窃食也。入问孔子曰：“仁人廉士，穷改节乎？”孔子曰：“改节即何称于仁廉哉？”子贡曰：“若回也，其不改节乎？”子曰：“然。”子贡以所饭告孔子。子曰：“吾信回之为仁久矣，虽汝有云，弗以疑也，其或者必有故乎？汝止，吾将问之。”召颜回曰：“畴昔[4]予梦见先人，岂或启佑我哉？子炊而进饭，吾将进[5]焉。”对曰：“向有埃墨堕饭中，欲置之，则不洁；欲弃之，则可惜，回即食之。不可祭也。”孔子曰：“然乎，吾亦食之。”

颜回出，孔子顾谓二三子曰：“吾之信回也，非待今日也。”二三子由此乃服之。

［注释］

①赍（jī）货：赍，携带。货，财货。此记载又见于《吕氏春秋·任教》。　②告籴（dí）：请求买粮。籴，买进粮食。　③埃墨：烟熏的黑尘。　④畴昔：往日，从前。畴为助词，无义。　⑤进：祭。

［通解］

孔子被困厄在陈国和蔡国之间，随从的弟子一连七天没吃上粮食。子贡拿着所携带的财货，偷偷地突出包围，向乡间的农夫请求买粮，最终买回了一石米。颜回、仲由两人在一间破屋子里煮饭，有一块烟灰掉进饭锅中，颜回便把弄脏的那部分饭拿出来吃了。

子贡正在水井边，看到颜回的这一举动，很不高兴，以为颜回在偷饭吃。他便到孔子那里去，问道："仁义正直的人在穷困时会改变他的操守吗？"孔子说："改变操守还怎么称得上仁义正直呢？"子贡说："像颜回，他不会改变他的节操吗？"孔子说："是的。"子贡便把看见颜回吃饭的事告诉了孔子。孔子说："我相信颜回修行仁德已经很久了，虽然你刚才说了这么一件事，但我仍不怀疑颜回的为人，或许这其中有什么缘故吧？你且停停，我来问问他。"孔子叫来颜回，说："前几天我梦见先人，难道是先人在启示和保佑我吗？你做好饭拿进来，我要用它进献先人。"颜回回答说："刚才有烟灰掉进饭中，想不管它，那么饭就不干净了；想把弄脏的饭扔掉，又觉得可惜，所以我就把带烟灰的饭吃掉了。因此，这饭已经不能用来祭祖了。"孔子说："你做得对啊！换作我，也会将脏了的饭吃掉的。"

颜回出去了，孔子回头看着其他几个弟子说："我对颜回的信任，并不是从今天开始的。"大家从此就更佩服颜回了。

入官第二十一

［序说］ 入官，王肃注云："入官，谓当官治民之职也。"王聘珍《大

戴礼记解诂·目录》中云:“问入官者,问为仕之道,圣人告以南面临民,恢之弥广,君国子民,不外是也。”本篇记子张问孔子为官之道,孔子告之,子张遂记录整理孔子之言而成。

就子张问“入官”如何达到“安身取誉”的问题,孔子作了详尽的回答,是我们研究孔子政治思想的可靠资料。本篇中孔子的回答主要包含了五个方面的内容:

第一,修身为从政之本。孔子认为拥有“己有善勿专,教不能勿怠,已过勿发,失言勿掎,不善勿遂,行事勿留”六者,除去“忿数”“距谏”“慢易”“怠惰”“奢侈”“专独”六弊,为官便能“安身取誉”,明确要求“君子修身反道,察里言而服之”,并告诫为政者“贵而莫骄”。可见,孔子十分强调修身对于从政的重要性。

第二,为官治民应了解民情,顺应民情,并据此制订切合于民的政策。应当根据民情、民性,实行切合实际的措施,才可“身安誉至而民得”。孔子极力反对以不切实际的政策引导百姓,认为那样的话百姓将会不服政令,甚至产生憎恨。

第三,为官治民要爱民,待民以宽,不可苛求于民。孔子声称“明君必宽裕以容其民,慈爱优柔之”,认为“水至清则无鱼,人至察则无徒”,只有宽容,才会“上下亲而不离,道化流而不蕴”,“爱之则存,恶之则亡”。

第四,为政者凡事要以身作则,为人民树立表率。在孔子看来,“君上者,民之仪也”,“仪不正则民失”,百姓唯为政者马首是瞻,为政者凡事皆应合于礼法,否则百姓就会放纵,社会就会混乱,因而为政者“欲政之速行也,莫善乎以身先之”。

第五,为政者要慎择左右。孔子认为谨慎选拔人才,不仅“佚于治事”,而且容易获得声誉。

总之,这些政治思想与孔子所主张的“先德后刑”“使民以时,取民有度”“举贤才”等政治思想完全一致,也与《论语》

所记孔子之言"其身正,不令而从;其身不正,虽令不从"相同。

本篇又见于《大戴礼记·子张问入官》,二者仅有文字上的个别差异。将二者对勘,不难发现本篇与《大戴礼记·子张问入官》的记载各有缺憾,可能在流传的过程中两篇各有遗漏和语句混乱。把二者结合起来,可以更好地把握本篇主旨。从文字和内容看,一些学者所谓本篇出自《大戴礼记·子张问入官》的说法显然不妥。

[原文]

子张问入官①于孔子。孔子曰:"安身取誉为难。"子张曰:"为之如何?"孔子曰:"己有善勿专②,教不能勿怠③,已过勿发④,失言勿掎⑤,不善勿遂⑥,行事勿留⑦,君子入官,有⑧此六者,则身安誉至而政从⑨矣。且夫忿数者⑩,官狱所由生也;距⑪谏者,虑之所以塞也;慢易者,礼之所以失也;怠惰者,时之所以后也;奢侈者,财之所以不足也;专独者,事之所以不成也。君子入官,除此六者,则身安誉至而政从矣。

[注释]

① 入官:王肃注:"入官,谓当官治民之职也。" ② 己有善勿专:王肃注:"虽有善,当与下共之,勿专以为己有者也。" ③ 怠:松懈,懒惰。王肃注:"怠,懈。" ④ 已过勿发:王肃注:"言人已过误,无所伤害,勿发扬。"不确。王聘珍《大戴礼记解诂·子张问入官》引《毛诗传》云:"发,行也。" ⑤ 失言勿掎(jǐ):王肃注:"有人失言,勿掎角之。"误。掎,《说文系传·手部》:"掎,踦也。"故应为"踦"字之误。意为曲为之说,回护。 ⑥ 不善勿遂:王肃注:"已有不善,不可遂行。"遂,成就。 ⑦ 行事勿留:王肃注:"宜行之事,勿令留滞。" ⑧ 有:四库本、同文本作"自"。 ⑨ 政从:王肃注:"众从其政,无违教也。" ⑩ 且夫忿数者:且夫,再说。数,疾,快速。忿数,意指性情褊急。 ⑪ 距:通"拒",拒绝。备要本、同文本作"拒"。

［通解］

子张向孔子请教入仕为官的事。孔子说："使地位稳定，获得声誉是困难的。"子张问："怎样才能做到呢？"孔子说："自己有优点，不要独占；教导没有才能的人，不要松懈；已经犯过的错误，不要再犯；说错了的话，不要曲意为自己辩护；不好的事情，不要做；该做的事，不要停滞。君子入仕为官做到了这六方面，就会稳定自己的地位，取得声誉，百姓也能服从政令。再说，性情褊急是官司产生的原因，拒绝规劝是心思阻塞的原因，傲慢轻视是失礼的原因，松懈懒惰是时机丢失的原因，奢侈浪费是财物不足的原因，专横独裁是事情办不好的原因。君子入仕为官，去掉这六个方面，就会稳定地位，获取声誉，民众从其政令。

［原文］

"故君子南面①临官，大域②之中而公治之，精智而略行之③，合是忠信，考是大伦，存是美恶④，进是利而除是害，无求其报焉，而民之情可得也。夫临之无抗民之恶⑤，胜之无犯民之言⑥，量之无佼民之辞⑦，养之无扰于其时，爱之无宽于刑法⑧。若此，则身安誉至而民得也。

［注释］

①南面：古代以面南为尊位，无论天子、诸侯、卿大夫，作为长官出现的时候，总是面南而坐。说见王引之《经义述闻》及凌廷堪《礼经释义》。　②大域：王肃注："大域，犹辜（辜，四库本作'大'）较也。"辜较，大略，梗概。　③精智而略行之：王肃注："以精知之略行，举其要而行之（四库本、同文本作'以情知之，略举其要而行之'）。"略行，相机而行。　④存是美恶：存，考察，省视。《大戴礼记》孔广森补注："存，察也。"　⑤夫临之无抗民之恶：王肃注："治民无抗扬之志也。"抗，《周书·谥法》云："逆天虐民曰抗。"　⑥胜之无犯民之言：王肃注："以慎胜民，言不犯民。"胜，以理屈之。　⑦量之无佼民之辞：王

肃注:“佼,犹周也。度量而施政,辞不周民也。”量,度也,揣测。佼,通“狡”,狡诈。 ⑧ 爱之无宽于刑法:王肃注:“言虽爱民,不可宽于刑法,威克其爱,故事无不成也。”

[通解] “因此,君子为官,要做到大体上中正并用公心治理,精心考虑,相机推行政令,行为忠诚,言语诚信,考察伦理道德规范,省察好的与坏的,吸收有利的因素,去掉弊害,不追求回报,那么民情就可以了解到了。君子为官,不要以悖逆天理、凌虐百姓的方式来统治百姓,不要以冒犯百姓的言语来说服百姓,不要以欺诈百姓的言辞来揣测百姓,不要以违背农时的方式来养护百姓,不要以放宽刑法的方式来爱护百姓。如果做到这些,就会地位稳定,取得声誉,且百姓自得其乐。

[原文] “君子以临官,所见则迩①,故明不可蔽也;所求于迩,故不劳而得也②。所以治者约,故不用众而誉立。凡法象在内,故法不远而源泉不竭③,是以天下积而本不寡④。短长得其量,人志治而不乱政。德贯⑤乎心,藏乎志⑥,形乎色,发乎声。若此,而身安誉至,民咸自治矣。是故临官不治则乱,乱生则争之者至,争之至,又于乱⑦。明君必宽裕⑧以容其民,慈爱优柔⑨之,而民自得矣。

[注释] ① 所见则迩:王肃注:“所见迩,谓察于微也。”迩,近。 ② 所求于迩,故不劳而得也:王肃注:“所求者近,故不劳而得也。” ③ 凡法象在内,故法不远而源泉不竭:王肃注:“法象近在于内,故不远而源泉不竭尽。”法象,指合于礼仪规范的仪表、举止。 ④ 天下积而本不寡:王肃注:“言天下之事,皆积聚而成。如源泉之本,非徒不竭,乃不寡。” ⑤ 贯:贯通。 ⑥ 志:王聘珍《大戴礼记解诂》引卢辩注云:“志者,心之府也。” ⑦ 乱生则争之者至,争之至,又于乱:王肃注:

"小乱则争,争之甚者,又大乱至矣。" ⑧ 裕:同文本作"祐"。⑨ 优柔:宽舒从容。

[通解]

"君子为官,所看见的就如在自己的身边,所以清楚得不可以掩饰;所追求的就如在自己的眼前,所以可以毫不费力地得到。因此统治方式简约,不用奴役百姓,声誉便得到了。凡是礼仪规范存在于内心之中,那么礼仪规范就不会远离自己,如同源泉一样不会枯竭,所以天下事物由积聚而成,而本源不减少,不同的事物各得其用。君子立志于社会得到治理,而不是扰乱政治,德性贯穿在心中,蕴藏在志向里,呈现在表情上,透露在言谈里。如果这样,那么地位稳定,声誉得到,而且百姓都能自己治理了。因此,为官不能治理就会发生混乱,混乱发生了,那么争夺也就随之而来,争夺到来,又会陷入混乱。贤明的君主一定要用宽宏的态度来容纳百姓,以慈爱宽宏的态度对待他们,那么百姓便自得其乐。

[原文]

"行者,政之始也①。说者,情之导也②。善政行易而民不怨③,言调说和则民不变④。法在身则民象之⑤,明在己则民显⑥之。若乃供己而不节,则财利之生者微矣⑦;贪以不得,则善政必简矣⑧;苟⑨以乱之,则善言必不听也;详以纳之,则规谏日至⑩。言之善者,在所日闻⑪;行之善者,在所能为。故君上者,民之仪⑫也;有司执政者,民之表也;迩臣便僻者,群仆之伦也⑬。故仪不正则民失,表不端则百姓乱,迩臣便辟,则群臣污矣⑭。是以人主不可不敬乎三伦⑮。

[注释]

① 行者,政之始也:王肃注:"行为政始,言民从行不从言也。"行,执

行政令。　② 说者，情之导也：王肃注："言说者但导达其情。"　③ 善政行易而民不怨：王肃注："言善政，行简易而民无怨者也。"行易，执行容易。而，四库本、备要本、同文本作"则"。　④ 言调说和则民不变：王肃注："调，适也。言适于事，说和于民则不变。"　⑤ 法在身则民象之：王肃注："言法度常在身则民法之。"之，原脱，据四库本、同文本补。　⑥ 显：显扬。　⑦ 供己而不节，则财利之生者微矣：王肃注："言自供不节于财，财不可供，生财之道微矣。"　⑧ 贪以不得，则善政必简矣：王肃注："言徒贪于不得财，善政则简略而不修也。"　⑨ 苟：马虎，不严肃。　⑩ 详以纳之，则规谏日至：王肃注："纳善言也。"　⑪ 言之善者，在所日闻：王肃注："日闻善言，可行于今日也。"　⑫ 仪：立木以示人谓之仪，也叫表。转为标准、准则，法度。与下文"表"义近。　⑬ 迩臣便僻者，群仆之伦也：王肃注："僻，宜为'辟'，便辟，执事在君之左右者。伦，纪也，为众之纪。"　⑭ 迩臣便辟，则群臣污矣：便辟，巧佞之意。原作"便僻"，据四库本改。此"便辟"与上"便辟"义不同。污，奸邪，贪污。　⑮ 伦：类。

[通解]

"执行命令是为政的开始，言谈是感情的先导。好的政令执行起来容易而且百姓不抱怨，言谈适宜、语调和悦，百姓就不会变乱；自觉遵守法度，百姓就会效法；自身办事英明，百姓就会加以显扬。如果供给自己的财物使用不加以节制，那么生财之道就会衰微；不知满足地追求而又无所获得，那么好的政治措施就会被忽视了。对于政令，不严肃且扰乱它，那么好的言论必然不会被听从；对于建议，仔细审查并采纳，那么规劝、进谏的人就会天天来。好的言论在于天天听到，好的行为在于能够去做到。所以说君主是百姓的准则，执政官吏是百姓的标准，侍御之臣是众臣的纲纪。因此说，准则不端正，人民就会放诞不羁；标准不端正，百姓就会产生混乱；侍御之臣巧佞，群臣就会奸邪。因此君主不可以不慎重对待这三类情况。

[原文]

“君子修身反道，察里言而服①之，则身安誉至，终始在焉。故夫女子必自择丝麻，良工必自择完材②，贤君必自择左右。劳于取人，佚于治事。君子欲誉，则必谨其左右。为上者，譬如缘木焉，务高而畏下滋③甚。六马之乖离，必于四达之交衢④。万民之叛道，必于君上之失政。上者尊严而危，民者卑贱而神⑤。爱之则存，恶之则亡。长民者必明此之要。故南面临官，贵而不骄，富而能供⑥，有本而能图末，修事而能建业⑦，久居⑧而不滞，情近而畅乎远，察一物而贯乎多，治一物而万物不能乱者，以身本者也。

[注释]

① 服：王肃注：“服，行。” ② 完材：良好的材料。完，原作“貌”，据四库本、备要本、同文本改。 ③ 滋：四库本、同文本作“兹”。 ④ 衢：四通八达的道路。《尔雅》曰：“四达谓之衢。” ⑤ 民者卑贱而神：王肃注：“君有爱思之心感于民，故谓如神。”不确。王聘珍《大戴礼记解诂》曰：“神者，不可测者也。”即如神一样不可揣测。 ⑥ 供：通“恭”，恭敬。王肃注：“供，宜为‘共’，古恭字也。” ⑦ 修事而能建业：王肃注：“既能修治旧事，又（原衍‘人君’，据四库本删）能建乎功业也。” ⑧ 居：居于官位。

[通解]

“君子要培养自身道德，恢复合理的行为，考察乡里俗语并实行它，那么地位稳定，声誉得到，自始至终处于官位。因此妇女一定要自己择取丝麻，优秀的工匠一定要自己择取所需的材料，贤明的君主一定要自己择取大臣。在选择人才时是劳累的，但在治理国家时是安逸的。君子要想获得美名，就一定谨慎地择取所用的人。居高位的人，就如爬树一样，爬得越高就越怕掉下来。驾车的六匹马分散乱跑，一定是在四通八达的十字路口。百姓叛离正道一定是在君主统治有过失的时候。居高位的人虽高贵威严但无所依靠，百姓地位卑贱但如神一样不可揣测。爱护百姓就会地位稳定，讨厌百姓就会失去尊位。统治者一定要明白这个问题的关键。所以为官治民，尊贵而不要骄傲，富有而要恭谨，既能把握事物的根本又能谋划事情的末节，既能修治旧事又能建功立业，长期处于官位工作又不停滞不前，近于实情而又能畅达长远，观察一件事情而又能融会贯通许多事物，处理一件事情而又不被其他事情扰乱，以切身体会作为处事的根本。

［原文］

“君子莅民①，不可以不知民之性而达诸民之情。既知其性，又习其情，然后民乃从命矣。故世举②则民亲之，政均③则民无怨。故君子莅民，不临以高④，不导以远，不责民之所不为，不强民之所不能。廓之⑤以明王之功，不因其情，则民严而不迎⑥；笃⑦之以累年之业，不因其力，则民引而不从⑧。若责民所不为，强民所不能，则民疾，疾则僻矣⑨。

［注释］

① 莅(lì)民：治民，统治百姓。 ② 世举：国家安定，不废礼乐。《国语·晋语八》“三代举之”韦昭注：“举，谓不废其礼。” ③ 政均：政策公正合理。 ④ 不临以高：王肃注：“不亢(四库本作‘抗’)扬也。” ⑤ 廓之：据陈本、文献集本、燕山本补。廓，开拓。 ⑥ 民严而不迎：王肃注：“迎，奉也。民严畏其上而不奉迎其教。”严，敬畏。 ⑦ 笃：坚定。 ⑧ 民引而不从：王肃注：“引，弘(四库本作‘导’)也。教之以非其力之所堪，则民引弘(四库本无‘弘’字)而不从其教也矣。”引，收敛，退避。 ⑨ 疾则僻矣：王肃注：“民疾其上，即邪僻之心生。”僻，不正，邪僻。

［通解］

“君子统治百姓，不可以不了解百姓的本性，通晓百姓的实情。既了解他们的本性，又熟悉他们的实情，然后百姓才能听从命令。因此，国家安定，不废礼乐，百姓就会亲敬君主；政策公正合理，百姓就会没有怨言。所以君子统治百姓，不以高高在上的态度对待百姓，不引导百姓去做与他们无关的事情，不责罚百姓去干他们不愿意做的事情，不强迫百姓干无能力做的事情；用圣明君主的功业来开导他们，不根据实情，百姓就会表面敬畏而不迎合；用多年的功业来坚定他们，不根据他们的实际能力，百姓就会躲避而不服从命令。如果责罚百姓去做他们不愿做的事情，强迫他们去做没能力做的事情，百姓就会产生憎恨。有了憎恨，就会产生邪僻的行为。

［原文］

“古者圣主冕而前旒①，所以蔽明也；纮统②充耳，所以掩聪也。水至清则③无鱼，人至察则无徒。枉而直之，使自得之；优而柔之，使自求之④；揆而度之，使自索之⑤。民有小罪⑥，必求其善，以赦其过；民有大罪，必原⑦其故，以仁辅化；如有死罪，其使之生，则善也。是以上下亲而不离，道化流而不蕴⑧。故德者，政之始也。政不和，则民不从其教矣；不从教，则民不习；不习，则不可得而使也。

［注释］

① 旒（liú）：古代帝王礼帽上前后悬垂的玉串。 ② 纮（hóng）统（dǎn）：纮，系于颔下的帽带。统，古代冠冕上用以系瑱的带子。 ③ 则：四库本、同文本作“即”。 ④ 优而柔之，使自求之：王肃注：“优，宽也。柔，和也。使自求其宜也。” ⑤ 揆（kuí）而度之，使自索之：王肃注：“揆度其法以开示之，使自索得之也。”揆，度量，考察。 ⑥ 罪：四库本、同文本作“过”。 ⑦ 原：探求根源。 ⑧ 蕴：郁结。王肃注：“蕴，滞积也。”

[通解]

“古代圣明君主的冠冕前悬垂的玉串，是用来遮蔽视力的；冠冕两旁悬瑱的带子挂在耳旁，是用来蒙蔽听觉的。水清到极点就没有鱼儿，人明察到了极点就没有跟从者了。要使邪恶的百姓变得行为正直，让他们自己做到转变；宽厚地对待百姓，让他们自得其乐；考察推测百姓，让他们自己求得适宜的法令制度。百姓犯了小的罪过，一定要发现他们的好处，来赦免他们的罪过；百姓犯了大的罪行，一定要考虑他们犯罪的原因，用仁义来辅助他们；如果犯了死罪，希望能使他们活下来，那是最好的。所以上下就会相互亲近而不会离散，道德教化就会流行而不郁结。所以说德行是为政的开始，为政不宽和，百姓就不会听从教导；不听从教导，百姓就不会学习；不学习，百姓就不可能听从指使。

[原文]

“君子欲言之见信也，莫善乎先虚其内[①]；欲政之速行也，莫善乎以身先之；欲民之速服也，莫善乎以道御[②]之。故虽服必强[③]，自非忠信，则无可以取亲于百姓者矣。内外不相应，则无可以[④]取信于庶民者矣。此治民之至道矣，入官之大统[⑤]矣。”

子张既闻孔子斯言，遂退而记之。

[注释]

① 虚其内：王肃注：“虚其内，谓直道而行，无情欲（欲，原作‘故’，据四库本改）也。” ② 御：治理。 ③ 虽服必强：王肃注：“言民虽服，必以威强之，非心服也。” ④ 可以：原作“已”，据四库本、备要本、同文本改。 ⑤ 统：纲要，纲领。

[通解]

“君主要想说话被人相信，没有比内心谦虚更好的了；要想政令能够快速实行，没有比自己以身作则更好的了；要想使百姓很快顺服，没有比用合理的行为来治理他们更好的了。所以用强迫的方式虽然使百姓顺服，但没有忠诚和信任，也就没有什么可以用来使百姓感到亲近的了。朝廷内外没有相呼应的，就无法取信于普通百姓了。这是治理百姓最重要的道理，是入仕为官最重要的原则。”

子张听了孔子这番话，便退了下去并把他记了下来。

困誓第二十二

［序说］

本篇名“困誓”。困，有艰难、窘迫之意；誓，疑为“哲”字之误。《逸周书》有《商誓》篇，朱右曾注云：“誓，读若哲。”《商誓》中有“商先誓王”“肆商先誓”等句，《皇门解》有“有国誓王之不绥于恤”句，其中的“誓”俱为“哲”字之误。《说文》：“哲，知也。”《尔雅》：“哲，智也。”《书・伊训》有“敷求哲人”。哲人，贤明、有智慧的人。此篇多记艰难、窘迫情景下孔子的言辞、议论，表现了孔子的智慧，因以“困誓〔哲〕”名篇。

本篇共由十节材料组成：第一，子贡因倦于学而向孔子请教，孔子劝导子贡，认为“学不可以已”。第二，孔子闻赵简子杀窦犨鸣犊及舜华，认为“君子违伤其类也”，因而取消渡河入晋的计划。第三，子路向孔子询问如何才改变“名不称孝”，孔子认为“行修则名自立”。第四，孔子及其弟子遭厄于陈、蔡之间，孔子以“君不困不成王，烈士不困行不彰”来勉励自己及其弟子。第五，孔子被围于匡，子路欲战。孔子制止子路，认为“以述先王，好古法而为咎者，则非丘之罪也”。第六，孔子认为士大夫应谨慎地对待“颠坠之患”“没溺之患”“风波之患”以避免“累于身”。第七，子贡问“为人下”之道，孔子认为“为人下”之道“犹土”。第八，孔子与弟子失散于郑东郭门外，郑人形容孔子“累然如丧家之狗”，孔子为此感叹不已。第九，孔子被围于蒲，誓盟而得以解围。孔子以“要我以盟，非义也”而负盟适卫。第十，孔子高度评价史鱼尸谏卫灵公。这些都是面临困境、困惑时的事迹、言辞，真实反映了孔子为实现政治理想而不畏挫折和危难，始终矢志不移、孜孜不倦的探索精神。

本篇材料也散见于其他典籍，从对比看，本篇内容与《荀子》《史记·孔子世家》的记载完全吻合，这正契合了《孔子家语》的流传过程中经过荀子之手的环节，说明太史公司马迁作《史记》时参考了《家语》。本篇与《列子》《韩诗外传》《说苑》《新书》《新序》等典籍的记载有明显出入，甚至相互抵牾，这是后人以己意引用阐发的结果。

[原文]

子贡问于孔子曰：“赐倦于学，困于道矣，愿息而①事君，可乎？”孔子曰：“《诗》云：‘温恭朝夕，执事有恪②。’事君之难也，焉可息哉！”

曰：“然则赐愿息而事亲。”孔子曰：“《诗》云：‘孝子不匮，永锡尔类③。’事亲之难也，焉可以息哉！”

曰：“然④赐请愿息于妻子。”孔子曰：“《诗》云：‘刑于寡妻，至于兄弟，以御于家邦⑤。’妻子之难也，焉可以息哉！”

曰：“然⑥赐愿息于朋友。”孔子曰：“《诗》云：‘朋友攸摄，摄以威仪⑦。’朋友之难也，焉可以息哉！”

曰："然则赐愿息于耕矣。"孔子曰："《诗》云：'昼尔于茅，宵尔索绹，亟其乘屋，其始播百谷[8]。'耕之难也，焉可以息哉！"

曰："然则赐将无所息者也？"孔子曰："有焉。自望其广，则睪如也[9]；视其高，则填如也[10]；察其从，则隔如也[11]。此其所以息也矣。"

子贡曰："大哉乎死也！君子息焉，小人休焉，大哉乎死也！"

［注释］

① 而：原作"于"，据四库本、备要本、同文本改。此记载又见于《荀子·大略篇》、《韩诗外传》卷八、《列子·天瑞篇》。 ② 温恭朝夕，执事有恪(kè)：语出《诗·商颂·那》。朝夕，早见君谓朝，暮见君谓夕。恪，谨慎，恭敬。王肃注："恪，敬也。" ③ 孝子不匮，永锡尔类：语出《诗·大雅·既醉》。匮，缺乏，不足。锡，通"赐"，赏赐。王肃注："匮，竭也。类，善也。孝子之道不匮竭者，能以类相传，长锡尔以善道也。"

④ 然：四库本、同文本后有"则"字。 ⑤ 刑于寡妻，至于兄弟，以御于家邦：语出《诗·大雅·思齐》。刑，法式，典范。王肃注："刑，法也。寡，适也。御，正也。文王以正法接其寡妻，至于同姓兄弟，以正治天下之国家者矣。" ⑥ 然：四库本、同文本后有"则"字。 ⑦ 朋友攸摄，摄以威仪：语出《诗·大雅·既醉》。攸，放在动词前面，组成名词性词组，相当于"所"。摄，佐助，说明。 ⑧ 昼尔于茅，宵尔索绹(táo)，亟其乘屋，其始播百谷：语出《诗·豳风·七月》。王肃注："宵，夜。绹，绞也。当以时治屋也。亟，疾也。当亟乘尔屋以善治之也。其复当修农播百谷，言无懈怠。" ⑨ 自望其广，则睪(gāo)如也：广，通"圹"，坟墓。睪，通"皋"，高貌。《荀子·大略》作"望其圹，皋如也"，王肃注："广，宜为'圹'。睪，高貌。圹而高冢是也。" ⑩ 视其高，则填如也：王肃注："填，塞实貌，冢虽高而塞实也。"不确。《荀子·大略》作"嵮如也"。填，应为"嵮"之误，通"巅"，山巅。 ⑪ 则隔如也：王肃注："言其隔而不得复相从也。"不确。《荀子·大略》作"鬲如也"。隔，应为"鬲"之误。鬲，像鼎一类的烹饪器，三足中空。

［通解］

子贡问孔子："我对学习已经厌倦了，对行道又感到困惑不解，希望停止学习去侍奉君主，可以吗？"孔子说："《诗》说：'从早到晚要温和恭敬，行事要认真谨慎。'侍奉君主是艰难的，怎么可以停止学习呢？"

子贡说："那么我希望停止学习去侍奉父母。"孔子说："《诗》说：'孝子的孝心无竭尽，祖宗永赐你们好。'侍奉父母是艰难的，怎么可以停止学习呢？"

子贡说："那么我希望停止学习去帮助妻儿。"孔子说："《诗》说：'给妻子做典范，推广到自己的兄弟，然后来治理国家。'帮助妻儿是艰难的，怎么可以停止学习呢？"

子贡说："那么我希望停止学习结交朋友。"孔子说："《诗》说：'朋友之间相互辅助，所用的就是威仪。'交结朋友是艰难的，怎么可以停止学习呢？"

子贡说："那么我希望停止学习以从事耕作。"孔子说："《诗》说：'白天割茅草，晚上搓绳子，急急忙忙修理房屋，又要开始种庄稼。'耕作是艰难的，怎么可以停止学习呢？"

子贡说："那么我就没有停止学习的时候了吗？"孔子说："有的。自这儿看那个坟墓，高高的；看它那么高，好似山巅；观察它的侧面，又好似鬲。这是休息的时候了。"

子贡说："死亡真伟大啊！君子休息了，小人终结了。死亡真伟大啊！"

［原文］

孔子自卫将入晋，至河，闻赵简子①杀窦犨鸣犊及舜华②，乃临河而叹曰："美哉水，洋洋乎！丘之不济此，命也夫！"子贡趋而进曰："敢问何谓也？"孔子曰："窦犨鸣犊、舜华，晋之贤大夫也。赵简子未得志之时，须此二人而后从政。及其已得志也，而杀之。丘闻之，刳胎杀夭③，则麒麟④不至其郊；竭泽而渔，则蛟龙⑤不处其渊；覆巢破卵，则凰凰不翔其邑，何则？君子违⑥伤其类者也。鸟兽之于不义尚知避之，况于人乎？”遂还，息于邹，作《槃操》⑦以哀之。

[注释]

① 赵简子：即赵鞅，赵武之孙，晋定公时为卿，卒谥“简”。此记载又见于《史记·孔子世家》《说苑·权谋》《孔丛子·记问》《新序》。
② 窦犨（chōu）鸣犊及舜华：皆为春秋时晋国大夫。窦犨鸣犊，姓窦名犨，字鸣犊，或作“鸣铎”。 ③ 刳（kū）胎杀夭：刳，剖，剖挖。夭，幼小的动物。 ④ 麒麟：古代传说中代表吉祥的神兽，形如鹿，一角，体披鳞甲，牛尾。 ⑤ 蛟龙：即蛟，以其形似传说中的龙，故称。也是古代传说中的动物。 ⑥ 违：王肃注：“违，去也。违，或为讳也。”
⑦《槃（pán）操》：王肃注：“槃操，琴曲名也。”操，原作“琴”，据四库本、陈本等及王注改。

[通解]

孔子从卫国到晋国去，行至黄河边上时，听说赵简子杀死了窦犨鸣犊和舜华，于是面对黄河感叹道：“壮美啊，黄河水！浩浩荡荡奔腾不息。我不能渡过黄河去，命也！”子贡快步走上前问：“冒昧地问您为什么这么说呢？”孔子说：“窦犨鸣犊和舜华是晋国有道德、有才能的大夫。赵简子没有得志的时候，需要这两个人的帮助才能从政。等到他得志的时候，却杀了他们。我听说过，剖胎残害幼小的生命，那么麒麟不会到他的城外；排干了水捕鱼，那么蛟龙不会居住在他那里的深渊；打翻鸟巢又打破鸟卵，那么凤凰也不会飞翔在他城邑的上空。为什么呢？这是因为君子忌讳伤害到他的同类啊！鸟兽对于不义的事情尚能知道躲避，何况是人呢？”于是孔子退回去，到邹地停下，作了《槃操》这首琴曲来哀悼他们。

［原文］

子路问于孔子曰："有人于此，夙兴夜寐[①]，耕芸树艺[②]，手足胼胝[③]，以养其亲，然而名不称孝，何也？"孔子曰："意者[④]身不敬与？辞不顺与？色不悦与？古之人有言曰：'人与己与，不汝欺[⑤]。'"

"今尽力养亲而无三者之阙[⑥]，何谓无孝之名乎？"

孔子曰："由，汝志之！吾语汝，虽有国士之力，而不能自举其身，非力之少，势不可矣。夫内行不修，身之罪也；行修而名不彰，友之罪也；行修而名自立。故君子入则笃行，出则交贤，何谓[⑦]无孝名乎？"

［注释］

① 夙兴夜寐：夙，早晨。寐，睡觉。此记载又见于《荀子·子道》、《韩诗外传》卷九。 ② 耕芸树艺：芸，通"耘"，除草。树，栽植。艺，种植。 ③ 胼（pián）胝（zhī）：手脚上的老茧。 ④ 意者：想来大概是。 ⑤ 人与己与，不汝欺：王肃注："言人与己事实相通，不相欺也。"与《荀子·子道》篇"衣与缪与，不女聊"句相类。缪，绸缪，指准备。女，同"汝"，你。聊，依赖。意思是："给我衣服穿，什么都给我准备好，但对我不恭敬，我还是不能依赖你。" ⑥ 阙（quē）：缺点，过错。 ⑦ 谓：同"为"。四库本、同文本作"为"。

［通解］

子路问孔子："有这么一个人，早起晚睡，耕地除草种植庄稼，手脚都磨出了老茧，来奉养父母。如此这样，却没有孝的美称，为什么呢？"孔子说："想来或者是举止不恭敬吧？言辞不柔顺吧？表情不和悦吧？古人说：'别人和自己一些事实是相通的，不会欺骗你的。'"

"假如竭尽全力奉养父母，没有前面三种过错，为什么还没有孝子的名声呢?”

孔子说:“仲由,你记住!我告诉你,虽然有全国闻名的勇士的力气,也不能把自己举起来,这并不是力气小,而是形势不可能啊!不注重培养内在品质,是自身的过错啊;品行好而名声不显著,是朋友的过错啊;品行好了,名声自然会树立起来。所以君子在家就要行为淳厚,在外就要交结有道德、有才能的朋友,怎么会没有孝的名声呢?”

[原文]

孔子遭厄①于陈、蔡之间,绝粮七日,弟子馁病②,孔子弦歌。子路入见曰:“夫子之歌,礼乎?”孔子弗应,曲终而曰:“由,来!吾语汝,君子好乐,为无骄也;小人好乐,为无慑③也。其谁之子,不我知而从我者乎④?”子路悦,援戚而舞⑤,三终而出。

明日,免于厄。子贡执辔曰:“二三子从夫子而遭此难也,其弗忘矣!”孔子曰:“善,恶何也⑥?夫陈、蔡之间,丘之幸也。二三子从丘者,皆幸也。吾闻之,君不困不成王,烈士⑦不困行不彰。庸知其非激愤厉志之始于是乎在⑧?”

[注释]

① 厄:穷困,灾难。此记载又见于《说苑·杂言》。 ② 馁(něi)病:饥饿困顿。馁,饥饿。病,筋疲力尽。 ③ 慑:恐惧,害怕。王肃注:“慑,惧。” ④ 其谁之子,不我知而从我者乎:王肃注:“其谁之子,犹言以谁氏子,谓子路也,虽从我而不知我也。” ⑤ 援戚而舞:援,拿,拿过来。戚,斧,古代一种兵器。 ⑥ 善,恶何也:王肃注:“善子贡言也。恶何,犹言是何也。” ⑦ 烈士:刚烈之士。 ⑧ 在:同“哉”。

[通解]

孔子在陈国、蔡国之间,遭受到围困,断粮七天,弟子饥饿困顿,孔子弹琴又唱歌。子路进见说:"先生唱歌符合礼吗?"孔子没有回答,直到曲子结束了才说:"仲由,过来!我告诉你,君子喜欢音乐,为的是避免骄傲;小人喜欢音乐,为的是消除畏惧。是谁不了解我却跟从我啊?"子路高兴了,拿着戚跳起舞来,跳了几个曲子后,退了出去。

第二天,孔子一行摆脱了围困。子贡挽着缰绳,说:"我们跟随先生遭受这场磨难,大概永远不会忘记了。"孔子说:"说得好,为什么呢?在陈国、蔡国之间遭受到围困,是我的幸运啊。你们跟随我,也是你们的幸运啊。我听说过,君主不经受危难,不能成就王业;刚烈之士不经受危难,他们的品行得不到显扬。怎么知道不是在困厄之时他们才开始发愤励志的呢?"

[原文]

孔子之宋,匡人简子[①]以甲士围之。子路怒,奋戟[②]将与战。孔子止之曰:"恶有修仁义而不免世俗之恶者[③]乎?夫《诗》《书》之不讲,礼、乐之不习,是丘之过也。若以述[④]先王,好古法而为咎[⑤]者,则非丘之罪也,命之夫[⑥]。由[⑦],歌,予和[⑧]汝。"

子路弹琴而歌,孔子和之,曲三终,匡人解甲而罢。

[注释]

① 匡人简子:匡,地名,春秋时属宋国,在今河南睢县西。简子,未详,或许是匡人首领。此记载又见于《韩诗外传》卷六、《说苑·杂言》。

② 戟:古兵器,合戈、矛为一体,既可以直刺,又可以横击。 ③ 世俗之恶者:四库本、同文本作"俗者"。 ④ 述:遵循,依照,继承。 ⑤ 咎:灾祸,灾殃。 ⑥ 命之夫:四库本、同文本作"命夫"。 ⑦ 由:原脱,据《说苑》补。 ⑧ 和(hè):应和,跟着唱。

[通解]

孔子去宋国,匡地人简子让士兵包围了他们。子路大怒,举戟准备和他们交战。孔子制止了他，说："怎么会有修治仁义而不能免除世俗憎恨的人呢？不讲习《诗》《书》，不练习礼乐，这是我的过错。如果因遵循先王，喜欢古代法令制度而遭受灾殃，那么就不是我的罪过了，是命啊！仲由，你唱歌，我跟着唱。"

子路弹琴，唱起歌来。孔子跟着唱起来。几曲之后，匡人解除武装，退去了。

［原文］

孔子曰："不观高崖，何以知颠[①]坠之患？不临深泉，何以知没溺之患？不观巨海，何以知风波之患？失之者其不在此乎[②]？士慎此三者，则无累[③]于身矣。"

［注释］

① 颠：通"巅"，山巅。四库本、同文本作"巅"。此记载又见于《说苑·杂言》。 ② 失之者其不在此乎：王肃注："不在此三者之域也。"原脱"不"，据四库本、同文本及王注补。 ③ 累：忧患，耻辱，危难。

［通解］

孔子说："不看到高高的悬崖，怎么知道从崖顶坠落的灾难呢？不临近深渊，怎么知道淹没沉溺的灾祸呢？不看到大海，怎么知道风浪的灾祸呢？造成过失的原因，难道不在这些方面吗？士人谨慎地对待这三个问题，就不会伤害到自身。"

［原文］

子贡问于孔子曰："赐既为人下[①]矣，而未知为人下之道，敢问之。"子曰："为人下者，其犹土乎。汨[②]之深则出泉，树其壤，则百谷滋焉，草木植焉，禽兽育焉，生则出焉，死则入焉。多其功而不意[③]，弘其志而无不容④。为人下者以此也。”

［注释］ ① 下：谦下，为人谦虚。此记载又见于《荀子·尧问》、《韩诗外传》卷七、《说苑·杂言》。 ② 汩（gǔ）：通“扫”，掘，挖掘。《荀子·尧问》：“深扫之而得甘泉焉。”王肃注：“汩，渥。”四库本、同文本皆讹为“泪”。 ③ 多其功而不意：王肃注：“功虽多而无所意也。”不确。王引之以为“意”为“悳”（德）之误。言其功虽多，而不以为德。 ④ 弘其志而无不容：王肃注：“为人下者，当弘志（弘志，四库本作‘恢弘其志’）如地无所不容也。”弘，光大，扩大。弘，四库本、同文本作“恢”。

［通解］ 子贡问孔子：“我已经做到为人谦下了，却不知为人谦下的道理，冒昧地向您请教。”孔子说：“为人谦下的人，大概像泥土吧！掘深了就会冒出泉水，在土壤上播种，就会百谷滋长，草木繁殖，禽兽生育，活着的人活动在它的上面，死了就埋葬在它的下面。它的功劳虽多，却不以为有德；它的志向弘大，无所不容。为人谦下的人应该是这样的。”

［原文］ 孔子适郑，与弟子相失，独立东郭①门外。或人谓子贡曰：“东门外有一人焉，其长九尺有六寸，河目隆颡②，其头似尧，其颈似皋繇，其肩似子产，然自腰已③下，不及禹者三寸，累然如丧家之狗④。”子贡以告，孔子欣然而叹曰：“形状末⑤也，如丧家之狗，然乎哉！然乎哉！”

［注释］ ① 郭：在城的外围加的一道城墙。《管子·度地》：“内为之城，城外为之郭。”此记载又见于《史记·孔子世家》、《韩诗外传》卷九。 ② 河目隆颡（sǎng）：王肃注：“河目，上下匡平而长。颡，颊也。”颊，脸的两侧。王肃注不确。颡，即额。 ③ 已：四库本作“以”。 ④ 累然如丧家之狗：王肃注：“丧家狗，主人哀荒，不见饭食，故累然不得意。孔子生于乱世，道不得行，故累然，是不得意之貌也。” ⑤ 末：四

库本、同文本作“未”,《史记·孔子世家》作“末”。

[通解]

孔子到宋国去,和弟子相互失散了,独自站在东城门外。有人告诉子贡说:“东门外有一人,身长九尺六寸,眼睛上下眶像河一样平正而直,额头高而突起,头像尧,脖子像皋繇,肩像子产,但自腰以下比禹短三寸,不得志的样子如丧家之犬。”子贡把这话告诉了孔子,孔子高兴地感叹:“容貌形状是不重要的。像丧家之犬,真是这样啊!真是这样啊!”

[原文]

孔子适卫,路出于蒲①,会公叔氏②以蒲叛卫,而止之。孔子弟子有公良儒③者,为人贤长④,有勇力,以私车五乘从夫子行,喟然曰:“昔吾从夫子遇难于匡,又伐树于宋⑤,今遇困于此,命也夫!与其见夫子仍遇于难,宁我斗死。”挺剑而合众,将与之战。蒲人惧,曰:“苟无适卫,吾则出子。”以盟孔子,而出之东门。孔子遂适卫。子贡曰:“盟可负乎?”孔子曰:“要⑥我以盟,非义也。”

卫侯闻孔子之来,喜而于郊迎之。问伐蒲,对曰:“可哉!”公曰:“吾大夫以为蒲者,卫之所以恃⑦晋楚也。伐之,无乃不可乎?”孔子曰:“其男子有死之志⑧,吾之所伐者,不过四五人⑨矣。”公曰:“善!”卒不果伐。

他日,灵公又与夫子语,见飞雁过而仰视之,色不悦。孔子乃逝⑩。

[注释]

① 蒲:春秋时卫地,在今河南长垣县。此记载又见于《史记·孔子世家》。 ② 公叔氏:公孙戌,卫大夫。其父发,献公孙,贤能廉洁,谥贞惠文子。戌富而骄,为卫君所逐。后奔鲁。 ③ 公良儒:亦作“公

良孺”，孔子弟子，字子正，陈国人。四库本、同文本作“公良孺”。 ④ 贤长：贤能而有长者之风。 ⑤ 伐树于宋：王肃注：“孔子与弟子行礼于大树之下，桓魋欲害之，故先伐其树焉。”可参见《史记·孔子世家》。 ⑥ 要（yāo）：威胁，要挟。 ⑦ 恃：防备，抵御。 ⑧ 其男子有死之志：王肃注：“公叔氏欲蒲适他国，故男子欲死之，不乐适也。” ⑨ 四五人：王肃注：“本与公（公，原作‘叔’，据上下文改）孙同畔（畔，原作‘伴’，据四库本改）者也。” ⑩ 逝：去，离去。王肃注：“逝，行。”

［通解］

孔子到卫国去，路经蒲地，正遇到公孙氏凭借蒲地背叛卫国，不让他们通过。孔子弟子中有叫公良儒的人，为人贤能而有长者风度，且有勇力，以自己的五辆车跟随孔子出行，感叹地说：“以前我跟随先生在匡地受围困，在宋国又遇上伐树之难，现在又在这里遇困，这是命啊！与其看着先生再次遇难，还不如战死。”于是，举起剑来集合众人，准备与蒲人战斗。蒲人害怕了，说：“如果你们不去卫国，我们就放你们走。”于是与孔子订下盟誓，让他们从东门走了。孔子还是去了卫国。子贡说：“盟誓可以违背吗？”孔子说：“威胁我订立盟誓，是不合宜的行为。”

卫灵公听说孔子来了，高兴地到城外去迎接。卫灵公询问起征伐蒲地的事，孔子说：“可以啊！”卫灵公说：“我的大夫认为蒲地是我们卫国用来抵御晋国、楚国的，讨伐它恐怕不可以吧？”孔子说：“蒲地男子宁死不愿随从叛乱，我们所讨伐的，只不过是极少数的叛乱分子。”卫灵公说：“好！”但最终也没有出兵讨伐。

有一天，卫灵公又与孔子谈话，看见大雁飞过，抬头观看，脸色不高兴。孔子于是离开了卫国。

［原文］

卫蘧伯玉①贤而灵公不用，弥子瑕②不肖，反任

之。史鱼[3]骤[4]谏而不从。史鱼病将卒，命其子曰："吾在卫朝，不能进蘧伯玉，退弥子瑕，是吾为臣不能正君也。生而不能正君，则死无以成礼。我死，汝置尸牖下[5]，于我毕矣。"其子从之。

灵公吊焉，怪而问焉。其子以其父言告公。公愕然失容，曰："是寡人之过也。"于是命之殡[6]于客位，进蘧伯玉而用之，退弥子瑕而远之。

孔子闻之，曰："古之列谏[7]之者，死则已矣。未有若史鱼死而尸谏，忠感其君者也，可不[8]谓直乎？"

[注释] ① 蘧（Qú）伯玉：名瑗，卫国贤大夫。事可参见《左传》襄公十四年、《左传》襄公二十六年。此记载又见于《新书·胎教》、《新序·杂事一》、《大戴礼记·保傅》、《韩诗外传》卷七。 ② 弥子瑕（xiá）：卫灵公之嬖大夫。事可参见《韩非子·说难》。 ③ 史鱼：即史鳅，字子鱼，春秋时卫国大夫。 ④ 骤：屡次，多次。 ⑤ 置尸牖下：牖，窗。王肃注："礼，饭含于牖下，小敛于户内，大敛于阼，殡于客位也。" ⑥ 殡：停放灵柩。 ⑦ 列谏：极力劝谏。列，通"烈"，强烈，极力。 ⑧ 可不：原作"不可"，据四库本、同文本改。

[通解] 卫国蘧伯玉贤能，但卫灵公不任用他。弥子瑕不贤，卫灵公反而任用。史鱼多次进谏，但卫灵公不听。史鱼病了，将要死了，对他的儿子说："我在卫国朝廷任职，却不能进荐蘧伯玉，斥退弥子瑕，这是我作为臣子的不能匡正君主啊！活着不能匡正君主，死了就不值得举办丧礼。我死后，你把我的尸体放在窗下，对于我来说就行了。"他的儿子听从了他的话。

卫灵公前来吊丧，对此感到奇怪并询问原因。史鱼的儿子就把他父亲的话告诉了卫灵公。卫灵公惊讶失色，说："这是我的过错啊!”于是命令将史鱼的灵柩停放在宾客的位置上,召进蘧伯玉而任用他,斥退弥子瑕并疏远了他。

孔子听到这事,说:“古时极力劝谏的人,死了,劝谏也就停止了。没有像史鱼这样,死了,却还要用尸体来进谏,忠诚感动了君主的,怎能不称为正直呢?”

五帝德第二十三

[序说]

五帝之说由来已久,但是其内容世说不一,至少存在六种说法。本篇所载是其中最为常见的一种。这是一篇记载上古传说的重要文献,对于上古史以及古代思想史的研究都具有重要价值。

宰我不明于黄帝、颛顼、帝喾、帝尧、帝舜五帝及大禹之事,因而求教于孔子,孔子向宰我大体介绍了他们的德行和事迹。按照孔子和宰我的谈话内容,本文可以分为七个部分:第一,孔子回答宰我关于“黄帝三百年”的问题;第二,关于帝颛顼的德行;第三,关于帝喾的德行;第四,关于帝尧的德行;第五,关于帝舜的德行;第六,关于大禹的事迹;最后,记述孔子认为宰我不可能理解五帝之德的内容,却没有想到宰我竟能理解。

上个世纪初,疑古思潮兴起,主要矛头就指向以三皇五帝为核心的古史传说体系。时至今日,大多数人早已摒弃那种极端观点,并充分认识到古代传说的巨大价值。可以说,对古史传说、文献记载进行综合研究,并与考古学的成果相结合,乃是进行上古史重建的必由之路。

《大戴礼记》也收录本篇，二者稍有不同，可以参照。

[原文]

宰我[①]问于孔子曰："昔者吾闻诸荣伊[②]曰：'黄帝[③]三百年。'请问黄帝者人也，抑非人也？何以能至三百年乎？"

孔子曰："禹、汤、文、武、周公，不可胜以观也，而上世黄帝之问，将谓先生难言之故乎[④]？"

宰我曰："上世之传，隐微之说，卒采之辩[⑤]，暗忽[⑥]之意，非君子之道者，则予之问也固矣[⑦]。"

孔子曰："可也，吾略闻其说。黄帝者，少典[⑧]之子，曰轩辕。生而神灵，弱而能言，幼齐[⑨]睿[⑩]庄，敦[⑪]敏诚信，长聪明[⑫]。治五气[⑬]，设五量[⑭]，抚万民，度四方[⑮]。服牛乘马，扰驯猛兽，以与炎帝[⑯]战于阪泉[⑰]之野，三战而后克之。始垂衣裳，作为黼黻[⑱]。治民以顺天地之纪，知幽明[⑲]之故，达生死[⑳]存亡之说。播时[㉑]百谷，尝味草木，仁厚及于鸟兽昆虫。考[㉒]日月星辰，劳耳目，勤心力，用水火财物以生民。民赖其利，百年而死；民畏其神，百年而亡；民用其教，百年而移[㉓]。故曰'黄帝三百年'。"

[注释]

① 宰我：宰予，字子我，亦称宰我，孔子弟子，鲁国人，以言语著称。此记载又见于《大戴礼记·五帝德》。 ② 荣伊：人名。 ③ 黄帝：号轩辕氏，源出姬水，传说中的古代帝王，后被尊为华夏族的始祖。《史记·五帝本纪》说："黄帝者，少典之子，姓公孙，名轩辕。" ④ 禹、汤、文、武、周公……将谓先生难言之故乎：王肃注："言禹汤已下，不可胜观，乃问上世黄帝，将为先生长老难言之，故问。"胜，尽。 ⑤ 卒

采之辩：王肃注："采，事也。辩，说也。卒，终也。其事之说也。"谓事既终，而犹争辩之。 ⑥ 暗忽：王肃注："暗忽，久远不明。" ⑦ 则予之问也固矣：王肃注："固陋不得其问。"谓我的问题显得固陋。 ⑧ 少典：原作"少昊"，据四库本、同文本及《大戴礼记》改。《史记·五帝本纪》亦谓："黄帝者，少典之子。"《史记索隐》曰："少典者，诸侯国号，非人名也。" ⑨ 齐：疾，迅速。 ⑩ 睿：圣明。 ⑪ 敦：厚。 ⑫ 聪明：耳目明辨。 ⑬ 五气：王肃注："五行之气。" ⑭ 五量：王肃注："五量：权衡、升斛、尺丈、里步、十百。" ⑮ 度四方：王肃注："商度四方而无安定（无安定，四库本作'安定之'）。" ⑯ 炎帝：王肃注："炎帝，神农氏之后也。"炎帝号烈山氏，又号神农氏，源出姜水，传说中的古代帝王。 ⑰ 阪（bǎn）泉：古地名。一说在今河北涿鹿东南，一说在今山西运城解池附近。 ⑱ 黼（fǔ）黻（fú）：王肃注："白与黑谓之黼，若斧文。黑与青谓之黻，若两己相戾。" ⑲ 幽明：幽，夜。明，昼。 ⑳ 生死：四库本、同文本作"死生"。当是。 ㉑ 播时：按季节播种。播，布。时，通"莳"，种植。王肃注："时，是。"不确。 ㉒ 考：观察。 ㉓ 移：改变。

［通解］

宰我问孔子说："以前我听荣伊说：'黄帝活了三百年。'请问黄帝是人呢，还是非人呢？为什么能活三百年呢？"

孔子说："禹、汤、周文王、周武王、周公，对于他们尚且不能完全了解清楚，而你问到更为久远的黄帝，是因为连先生都难以讲清的缘故吗？"

宰我说："上古的传说，隐隐约约的说法，事过以后的争辩，久远不明的含义，这些都不是君子应该说的，我的问题问得固陋。"

孔子说："可以问，我略微听说过这方面的事情。黄帝是少典的儿子，名叫轩辕。他生下来就神奇灵异，很早就能说话，小时候机敏、圣明、端庄、厚道、诚信，长大以后更是明辨一切。他治理五行之气，设置五种计量标准，安抚天下人民，考察四方情况。他驾御牛马，驱赶驯服的猛兽，与炎帝在阪泉之野上展开大战，三战以后战胜炎帝。这才制作礼服，在上面绣黼黻等美丽的花纹。治理人民，以顺应天地之法则，了解昼夜更替的原因，明白生死存亡的道理。播种百谷，鉴别良草佳木，仁厚的美德施及鸟兽昆虫。观察日月星辰的变化规律，勤勉尽心，用水、火和财物来养育人民。黄帝生前，人民受其恩惠一百年；黄帝死后，人民敬畏他的神灵一百年；之后，人民沿用黄帝之教化又一百年才改变。所以说‘黄帝活了三百年’。”

［原文］

宰我曰：“请问帝颛顼①。”

孔子曰：“五帝用说，三王有度②，汝欲一日遍闻远古之说，躁哉！予也。”

宰我曰：“昔予也闻诸夫子曰：‘小子毋或宿③。’故敢问。”

孔子曰：“颛顼，黄帝之孙，昌意④之子，曰高阳。渊⑤而有谋，疏通⑥以知远，养财以任地⑦，履时以象天⑧，依鬼神而制义⑨，治气性⑩以教众，洁诚以祭祀，巡四海以宁民。北至幽陵⑪，南暨交趾⑫，西抵流沙⑬，东极蟠木⑭，动静之类⑮，小大之物，日月所照，莫不底属⑯。”

［注释］

① 颛（zhuān）顼（xū）：黄帝之孙，号高阳氏，传说中的古代帝王。《大戴礼记·帝系》：“黄帝产昌意，昌意产高阳，是为帝颛顼。”　② 五帝用说，三王有度：王肃注：“五帝久远，故用说也。三王迩，则有成法度。”　③ 毋或宿：王肃注：“有所问当问，勿令更宿也。”　④ 昌意：黄帝之子，颛顼之父。　⑤ 渊：深邃。　⑥ 疏通：博古通今。⑦ 任地：任土，谓因地制宜。　⑧ 履时以象天：顺应时令，取法上天。

⑨ 制义：决定是否适宜。 ⑩ 气性：性情。 ⑪ 幽陵：古地名，即古幽州，在今河北省北部及辽宁省西部一带。 ⑫ 交趾：在今越南北部，古人视为南方最远之地。后来汉代设置交趾郡。 ⑬ 抵流沙：抵，四库本作“陷”。流沙，古地名。沙漠被风吹而流动，故以流沙指称沙漠地区。《汉书·地理志》载张掖郡居延县东北居延泽，古称流沙。古人亦常以流沙称不熟悉的西北广大沙漠地区。 ⑭ 蟠木：又作“扶木”，即“扶桑”，传说为神木，太阳出于其下，故扶桑又指日出之地。蟠，四库本作“蹯”。 ⑮ 类：原作“神”，据四库本、同文本改。《大戴礼记》此句与下句作“动静之物，大小之神”。 ⑯ 底属：王肃注：“底，平。四远皆平而来服属之也。”底，四库本作“砥”。

[通解]

宰我说：“请问帝颛顼的事情。”

孔子说：“五帝的事情靠传说，三王的事情有现成的法度。你想在一天之内听遍远古的所有传说，宰予你太急躁了。”

宰予说：“以前我听夫子说：‘有问题不要隔夜以后再问。’所以才敢向您请教。”

孔子说：“颛顼是黄帝的孙子，昌意的儿子，名叫高阳。他深邃而有谋略，博古通今而有远见，因地制宜创造财富，顺应时令以取法上天，依从鬼神裁定事情的合适与否，陶冶性情以教化民众，纯洁虔诚地去祭祀，巡行四海以安定人民。向北到达幽陵，向南到达交趾，向西抵达流沙，向东到达蟠木，所有活动、静止的生灵，大大小小的事物，日月所能照到的地方，没有不归属于他的。”

[原文]

宰我曰：“请问帝喾①。”

孔子曰：“玄枵②之孙，乔极③之子，曰高辛。生而神异，自言其名。博施厚利，不于其身。聪以知远，明以察微。仁以④威，惠而信，以顺天地之义。

知民所急，修身而天下服，取地之财而节用焉[5]，抚教万民而诲利[6]之，历[7]日月之生朔[8]而迎送之，明鬼神而敬事之。其色也和，其德也重，其动也时，其服也哀[9]。春夏秋冬，育护天下。日月所照，风雨所至，莫不从化。”

［注释］

①帝喾(kù)：黄帝曾孙，号高辛氏，传说中的古代帝王。《大戴礼记·帝系》：“黄帝产玄嚣，玄嚣产蟜极，蟜极产高辛，是为帝喾。”　②玄枵(xiāo)：黄帝之子。　③乔(jiǎo)极：黄帝之孙。乔，或作“蟜”。　④以：四库本、同文本作“而”。　⑤焉：四库本、同文本作“之”。　⑥诲利：教诲而使之有利。诲，教诲。利，使……有利。　⑦历：相，观察。　⑧朔：农历每月初一，月球运行到太阳和地球之间，跟太阳同时出没，地球上看不到月光，这种月相叫朔，这时的月亮叫新月。　⑨其服也哀：服，服丧。哀，四库本、同文本作“衷”，《大戴礼记》作“士”。

［通解］

宰我说：“请问帝喾的事情。”

孔子说：“帝喾是玄枵的孙子，乔极的儿子，名叫高辛。他一生下来就神奇灵异，能够说出自己的名字。他广泛施利于人民，却从不考虑自己的利益。兼听而有远见，明辨而体察细微。仁慈而有威望，恩惠而有诚信，以顺从天地之法则。他知道人民急需什么，修养自身而令天下人信服，从土地中获取的产品都节约使用，安抚教化人民而使他们受利。观察日月的运行而加以迎送，了解鬼神而恭敬地加以侍奉。他的神色温和，德性厚重，举动因时而宜，在服丧时心情悲哀。春夏秋冬四季，呵护养育着天下万物。日月所能照到的地方，风雨所能到达的地方，没有不被感化的。”

［原文］

宰我曰：“请问帝尧[1]。”

孔子曰："高辛氏之子，曰陶唐。其仁如天，其智如神。就②之如日，望之如云。富而不骄，贵而能降。伯夷③典④礼，夔、龙典乐⑤，舜时而仕，趋视四时，务先民始之⑥，流⑦四凶⑧而天下服。其言不忒⑨，其德不回⑩。四海之内，舟舆所及，莫不夷说⑪。"

［注释］ ① 尧：帝喾之子，名放勋，号陶唐氏，传说中的古代帝王。 ② 就：接近，靠近。 ③ 伯夷：尧臣。《国语·郑语》说："姜，伯夷之后也。" ④ 典：主管，执掌。 ⑤ 夔（kuí）、龙典乐：王肃注："舜时夔典乐，龙作纳言。然则尧时龙亦典乐者也。"夔、龙皆尧舜时的乐官。四库本、同文本作"龙、夔"。 ⑥ 务先民始之：王肃注："务先民事以为始也。"先，原作"元"，据四库本、同文本及王注改。 ⑦ 流：流放，即把犯人放逐到边远地区去。 ⑧ 四凶：舜流放之四人。《书·舜典》说："流共工于幽州，放驩兜于崇山，窜三苗于三危，殛鲧于羽山。" ⑨ 忒（tè）：差错。 ⑩ 回：邪僻。 ⑪ 夷说：王肃注："夷，平心。说，古通以为悦字。"谓心悦诚服。

［通解］ 宰我说："请问关于帝尧的事情。"

孔子说："尧是高辛氏的儿子，名叫陶唐。他的仁厚像天一样无所不覆，智能像神一样无所不能。人民接近他如渴望太阳的温暖一样，仰望他如久旱期待祥云一样。他富有而不骄傲，尊贵而能谦下。他命伯夷掌管礼仪，夔、龙掌管音乐，让舜适时出来做官，勤勉观察四时的变化，务必把人民的事情放在首位，流放了四个凶恶的罪人，从而赢得天下人归服。他说话不出差错，德行正直不邪僻。四海之内，凡是舟车所能到达的地方，没有不心悦诚服的。"

［原文］ 宰我曰："请问帝舜①。"

孔子曰:“乔牛②之孙,瞽瞍③之子也,曰有虞。舜孝友闻于四方,陶渔事亲④。宽裕而温良,敦敏而知时,畏天而爱民,恤远而亲近。承受大命,依于二女⑤。睿⑥明智通,为天下帝,命二十二臣,率⑦尧旧职,躬⑧己而已。天平地成,巡狩⑨四海,五载一始。三十年在位,嗣帝五十载⑩,陟方岳⑪,死于苍梧⑫之野而葬焉。”

[注释] ① 舜:名重华,号有虞氏,传说中的古代帝王。《大戴礼记·帝系》:“颛顼产穷蝉,穷蝉产敬康,敬康产句芒,句芒产蟜牛,蟜牛产瞽瞍,瞽瞍产重华,是为帝舜。”《史记·五帝本纪》:“自从穷蝉以至帝舜,皆微为庶人。” ② 乔(jiǎo)牛:舜祖父。乔,一作“蟜”。 ③ 瞽(gǔ)瞍(sǒu):舜父。《书》孔传曰:“无目曰瞽,舜父有目不能分别好恶,故时人谓之瞽。配字曰瞍,瞍,无目之称。” ④ 陶渔事亲:王肃注:“为陶器,躬捕鱼以养父母。” ⑤ 依于二女:王肃注:“尧妻舜以二女,舜动静谋之于二女。”二女谓娥皇、女英。 ⑥ 睿:圣明。 ⑦ 率:遵循,遵行。 ⑧ 躬:四库本、同文本作“恭”。 ⑨ 巡狩:古时帝王五载一巡狩,巡查诸侯所守的地方。亦称“巡守”,《尚书·舜典》:“岁二月,东巡守。” ⑩ 三十年在位,嗣帝五十载:谓被任用三十年,正式为帝五十年。《书·舜典》:“舜三十征,庸三十,在位五十载,陟方乃死。”
⑪ 陟(zhì)方岳:登临方岳,指巡狩而言。《书·周官》:“又六年,王乃时巡,考制度于四岳。诸侯各朝于方岳,大明黜陟。”陟,登高。方岳,四方之岳。岳,高大的山。 ⑫ 苍梧:古地名。九嶷山,今湖南宁远南。

[通解] 宰我说:“请教一下有关帝舜的事情。”

孔子说:“舜是乔牛的孙子,瞽瞍的儿子,号有虞。舜孝敬友善的名声四方皆知,他制作陶器、打鱼以赡养父母。他宽广豁达而温和善良,厚道机敏而能把握时机,敬畏上天而爱护人民,体恤远方的人而又亲近身边的人。他承受天命,并得到两位妻子的帮助。他圣明、智能而又通达,成为天下的帝王。他任命二十二位大臣,遵循尧时的旧职,自己以身示范而已。当时天下太平,大地丰收,他巡狩全国,五年一次。舜为臣三十年,为帝五十年,在巡狩之时,死于苍梧的山野并埋葬在那里。"

[原文]

宰我曰:"请问禹①。"

孔子曰:"高阳②之孙,鲧③之子也,曰夏后。敏给克齐④,其德不爽⑤,其仁可亲,其言可信。声为律⑥,身为度⑦,亹亹穆穆⑧,为纪为纲。其功为百神之主⑨,其惠为民父母。左准绳,右规矩⑩,履四时⑪,据四海。任皋繇⑫、伯益⑬,以赞其治,兴六师⑭以征不庭⑮,四极⑯之民,莫敢不服。"

[注释]

① 禹:名文命,传说中的古代帝王。《大戴礼记·帝系》:"颛顼产鲧,鲧产文命,是为禹。"《史记·夏本纪》:"禹之父曰鲧,鲧之父曰帝颛顼,颛顼之父曰昌意,昌意之父曰黄帝。禹者,黄帝之玄孙而帝颛顼之孙也。禹之曾大父昌意及父鲧皆不得在帝位,为人臣。" ② 高阳:颛顼,禹祖父。 ③ 鲧(gǔn):禹父,曾奉尧命治水,用防堵的办法治水,九年而无功,被舜殛于羽山。 ④ 敏给克齐(jì):敏给,敏捷。克,能。齐,通"济",成。 ⑤ 爽:王肃注:"爽,忒。"即差错。 ⑥ 律:法则,规章。 ⑦ 身为度:王肃注:"以身为法度也。"谓行动成为准则。 ⑧ 亹(wěi)亹穆穆:亹亹,勤勉不倦。穆穆,恭敬,严肃。⑨ 其功为百神之主:王肃注:"禹治水,天下既平,然后百神得其所。"之,四库本、同文本无。 ⑩ 左准绳,右规矩:王肃注:"左、右,言常用也。"准绳,标准。规矩,规则。规、矩均为绘制工具,规绘圆形,矩绘方形。 ⑪ 履四时:王肃注:"所行不违四时之宜。" ⑫ 皋(gāo)繇

(yáo):舜臣,主管刑狱。繇,亦作“陶”。　⑬ 伯益:舜、禹时为臣。舜命他做虞,掌山林川泽。禹时被立为继承人,禹死后,启杀伯益夺得帝位。或说启贤,益避启,众举启承帝位。　⑭ 六师:指“六军”。军,天子统帅的军队。《书·周官》:“司马掌邦政,统六师,平邦国。”　⑮ 庭:原作“序”,据陈本、范本改。　⑯ 四极:四方极远之地。极,顶点,尽头。四库本、同文本此后无“之”字。

[通解]

宰我说:“请教一下关于禹的事情。”

孔子说:“禹是高阳的孙子,鲧的儿子,称夏后。他敏捷能成事,德行毫无差错,仁厚可亲,言语可信。他说的话成为规章,做的事成为准则。他勤勉不倦、恭敬严肃,树立典范。他的功业使他成为众神之长,他的恩惠使他成为民之父母。他时刻遵循标准和规则,做事不违背四时之宜,据有四海之地。他任命皋繇、伯益协助治理天下,调动军队征伐不觐见臣服的人,四方之民没有敢不臣服的。”

[原文]

孔子曰:“予!大者如天,小者如言,民悦至矣。予也非其人也①。”宰我曰:“予也不足以戒敬承矣②。”

他日,宰我以语子贡,子贡以复孔子。子曰:“吾欲以颜状③取人也,则于灭明改之④矣;吾欲以言辞⑤取人也,则于宰我改之矣;吾欲以容貌取人也,则于子张改之矣。”宰我闻之,惧,弗敢见焉。

[注释]

① 予也非其人也:王肃注:“言不足以明五帝之德也。”　② 予也不足以戒敬承矣:弟子我还不能够谨慎恭敬地领会教诲。　③ 颜状:容貌,外表。　④ 之:原脱,据四库本、陈本等补。　⑤ 言辞:四库本、同文本作“辞言”。

［通解］

孔子说："宰予啊！古帝王的功德大的像天一样，小的像我所说的，人民都非常高兴满意。宰予你不是能够懂得这些道理的人。"宰予说："弟子我还不能够谨慎恭敬地领会教诲。"

另一日，宰予把有关古帝王的事情告诉子贡，子贡把这事告诉孔子。孔子说："我想以外表判断人，澹台灭明却使我改变了这种做法；我想以言辞判断人，宰我却使我改变了这种做法；我想以容貌判断人，子张却使我改变了这种做法。"宰我听到这些话，非常害怕，不敢去见孔子。

卷第六

五帝第二十四

［序说］

本篇所指五帝即太皞、炎帝、黄帝、少皞、颛顼五位古代帝王，这是不同于《家语·五帝德》的又一五帝系统。在本篇中，孔子一开始就说“昔丘也闻诸老聃”，可见，这一五帝系统来源于楚地。楚地神话色彩浓厚，“绝地天通”的著名传说就源于楚地。因此，本篇比《五帝德》具有更多的神性色彩。

本篇的主要内容是孔子向季康子解说古代帝王法五行称帝、易服改号。全文可以分为五个部分：第一，孔子向季康子概述五帝；第二，太皞氏始于木的原因；第三，关于五正；第四，帝王改号、易德的主要内容；第五，尧、舜不配五帝的原因。

本篇记孔子论五帝，而与《家语·五帝德》中孔子所说五帝不同，说明春秋时期人们已经对于古代传说进行整理，只是由于地域、文化、民族诸多因素的影响，而产生了不同的五帝系统。以孔子之博闻，听到两种五帝系统不足为奇。

本篇不仅对于研究古代五行思想的发生发展具有重要价值，而且可与《家语·五帝德》等其他五帝系统对比研究，有助于研究古代帝王传说的不同来源及其内涵。

［原文］

季康子问于孔子曰：“旧闻五帝①之名，而不知其实，请问何谓五帝？”

孔子曰：“昔丘也闻诸老聃曰：‘天有五行：水、火、金、木、土②。分时化育，以成万物③，其神谓之

五帝④。'古之王者,易代而改号,取法五行。五行更王,终始相生,亦象其义⑤。故其为明王者,而死配五行。是以太皞⑥配木,炎帝⑦配火,黄帝⑧配土,少皞⑨配金,颛顼⑩配水。"

[注释]

① 五帝:传说中的古代帝王。"五帝"之说,至少有六种。本文指太皞、炎帝、黄帝、少皞、颛顼五人。 ② 水、火、金、木、土:四库本、同文本作"木、火、金、水、土"。当是。 ③ 分时化育,以成万物:王肃注:"一岁三百六十日,五行各主七十二日也。化生长育,一岁之功,万物莫敢不成。" ④ 其神谓之五帝:王肃注:"五帝,五行之神,佐(四库本、同文本后有'天'字)生物者。而(四库本、同文本作'后世'二字)谶纬皆为之名字,亦为妖怪妄言。" ⑤ 五行更王(wàng),终始相生,亦象其义:王肃注:"法五行更王,终始相生,始以木德王天下,其次以生之行转相承。而诸说乃谓五精之帝下生王者,其为蔽惑无可言(四库本、同文本此后有'者'字)也。" ⑥ 太皞(hào):号伏羲氏,传说中的古代帝王。以木德王天下,死后祀于东方,为木德之帝。 ⑦ 炎帝:号烈山氏,又号神农氏,传说中的古代帝王。以火德王天下,死后祀于南方,为火德之帝。 ⑧ 黄帝:号轩辕氏,传说中的古代帝王。以土德王天下,死后托祀为中央之帝。 ⑨ 少皞:又作"少昊",名挚,号金天氏,传说中的古代帝王。以金德王天下,死配金,为西方金德之帝。 ⑩ 颛顼:黄帝之孙,号高阳氏,传说中的古代帝王。以水德王天下,死后祀于北方,为水德之帝。

[通解]

季康子问孔子说:"过去听说过五帝的名称,但不知道它的实际内容,请问什么叫五帝呢?"

孔子说:"以前我听老聃说:'天有五行,即水、火、金、木、土,它们在不同的季节变化孕育,从而产生万事万物,五行之神就是五帝。'古代的帝王,改换朝代、变更名号,就是以五行为依据的。依五行更换帝王,周而复始,也是按照五行更替的原则。所以那些贤明的帝王,死后配以五行。因此,以木配太皞，以火配炎帝，以土配黄帝，以金配少皞，以水配颛顼。”

[原文]

康子曰：“太皞氏其始之木何如？”

孔子曰：“五行用事①，先起于木。木东方，万物之初皆出焉。是故王者则②之，而首以木德王天下，其次则以所生之行转相承也③。”

[注释]

① 用事：主事。 ② 则：效法。 ③ 首以木德王天下，其次则以所生之行转相承也：王肃注：“木生火，火生土之属。”

[通解]

季康子问：“为什么太皞氏要从木开始呢？”

孔子说：“五行主事，先从木开始。木象征东方，万物一开始都从这里产生。所以帝王效法它，首先以木德称王于天下，然后以五行相生的顺序，依次转接。”

[原文]

康子曰：“吾闻勾芒①为木正②，祝融③为火正，蓐收④为金正，玄冥⑤为水正，后土⑥为土正，此则⑦五行之主而不乱，称曰帝者，何也？”

孔子⑧曰：“凡五正者，五行之官名。五行佐成上帝，而称五帝。太皞之属配焉，亦云帝，从其号。⑨昔少皞氏之子有四叔，曰重、曰该、曰修、曰熙⑩，实能金、木及水。使重为勾芒，该为蓐收，修及熙为玄冥。颛顼氏之子曰黎⑪，为祝融。共工氏⑫之子曰勾龙⑬，为后土。此五者，各以其所能业为官职⑭，生为上公⑮，死为贵神，别称五祀，不得同帝⑯。”

[注释]

① 勾芒：名重，少皞氏之后，佐木德之帝，死后为木官之神。勾，同文本作“句”。下同。 ② 正：官长。 ③ 祝融：颛顼帝后，为高辛

氏火正，死后为火官之神。《史记·楚世家》说："重黎为帝喾高辛居火正，甚有功，能光融天下，帝喾命曰祝融。共工氏作乱，帝喾使重黎诛之而不尽。帝乃以庚寅日诛重黎，而以其弟吴回为重黎后，复居火正，为祝融。" ④ 蓐(rù)收：名该，有金德，死后托祀为金神。 ⑤ 玄冥：修，死后祀为水神。 ⑥ 后土：勾龙，土官之神。《左传》昭公二十九年："土正曰后土，共工氏有子曰勾龙为后土。" ⑦ 则：原无，据四库本、同文本补。 ⑧ 孔子：四库本、同文本作"夫子"。 ⑨ 五行佐成上帝，而称五帝。太皞之属配焉，亦云帝，从其号：王肃注："天至尊，物不可以同其号。亦兼称上帝。上天以其(四库本、同文本作'上得包下')五行佐成天事，谓之五帝。以地有五行而其精神在上，故亦为帝、五帝(四库本、同文本作'故亦为之上帝'。按，'为'同'谓')。黄帝之属，故亦称帝，亦(四库本、同文本作'盖')从天五帝之号。故王者虽号称帝而不或曰(而不或曰，四库本、同文本作'而不得称')天帝，而曰天子者。而天子与父，其尊卑相去远矣。曰天王者，言乃天下之王也。"

⑩ 少皞氏之子有四叔，曰重、曰该、曰修、曰熙：《左传》昭公二十九年作"少皞氏有四叔，曰重、曰该、曰修、曰熙"。疑"之子"涉下文而衍。杨伯峻《春秋左传注》指出，此四叔疑少皞氏之弟辈。诚是。 ⑪ 黎：颛顼时火正。《国语·楚语下》："乃命南正重司天以属神，命火正黎司地以属民。" ⑫ 共工氏：炎帝后，姜姓。《左传》昭公十七年："共工氏以水纪，故为水师而水名。"古代神话传说中，共工是一个破坏性很大的人物，他欲发动洪水，以害天下，结果被灭。但种种迹象表明，共工本意是想治水的，只不过方法不得当，反而造成更大的灾难。共，四库本、同文本作"龚"。 ⑬ 勾龙：共工氏之子。《国语·鲁语上》："共工氏之伯九有也，其子曰后土，能平九土。" ⑭ 各以其所能业为官职：王肃注："各以一行之官为职业之事。" ⑮ 上公：百官为首。 ⑯ 别称五祀，不得同帝：王肃注："五祀，上公之神，故不得称帝也。其序则五正不及五帝，五帝不及天地。而不知者以祭社(社，四库本、同文本作'礼')为祭地，不亦失之远矣！且土与火水俱为五行，是地之子也。以子为母，不亦颠倒失尊卑之序也(四库本、同文本无'也'字)。"

[通解] 季康子问:“我听说勾芒为木正,祝融为火正,蓐收为金正,玄冥为水正,后土为土正,这些五行的执掌者没有混乱,却被称为帝,这是为什么?”

孔子说:“五正是五行的官名。五行辅佐天帝成就大事,所以称为五帝。太皞、炎帝等与五行相配,也称为帝,随五行之称。从前,少皞氏有四个弟弟,分别叫重、该、修、熙,他们擅长于管理金、木和水,于是让重做勾芒,让该做蓐收,让修和熙做玄冥。颛顼的儿子黎做了祝融,共工氏的儿子勾龙做了后土。这五个人各以自己所擅长的方面作为官职,活着时为上公,死后尊为贵神,另称为五祀,不能等同于帝。”

[原文] **康子曰:“如此之言,帝王改号,于五行之德,各有所统①,则其所以相变者,皆主何事②?”**

孔子曰:“所尚则各从其所王之德次焉③。夏后氏以金德王,色④尚黑,大事敛用昏⑤,戎事乘骊⑥,牲用玄;殷人用水德王,色尚白⑦,大事敛用日中⑧,戎事乘翰⑨,牲用白;周人以木德王,色⑩尚赤,大事敛用日出⑪,戎事乘騵⑫,牲用骍⑬。此三代之所以不同。”

康子曰:“唐、虞二帝,其所尚者何色?”

孔子曰:“尧以火德王,色尚黄。舜以土德王,色尚青⑭。”

[注释] ① 统:管辖,执掌。四库本、同文本“所统”前无“有”字。 ② 皆主何事:王肃注:“在(四库本作‘怪’,此作‘在’,疑为‘恠[“怪”之异体]’之讹)木家而尚赤,所以问也。” ③ 所尚则各从其所王之德次焉:王肃注:“木次火,而木家尚赤者,以木德义之著。修其母,兼其子。” ④ 色:四库本、同文本作“而”。 ⑤ 大事敛用昏:王肃注:“大

事,丧。昏,时,亦黑也。” ⑥ 戎事乘骊:戎事,战事。骊,王肃注:“黑马也。” ⑦ 殷人用水德王,色尚白:王肃注:“水家尚青而尚白者,避土家之尚青。”四库本、同文本作“殷人以水德,尚白”。 ⑧ 日中:王肃注:“日中,白也。” ⑨ 翰:王肃注:“翰,白色马。” ⑩ 色:四库本、同文本无此字。 ⑪ 日出:王肃注:“日出时,亦赤也。” ⑫ 骠(yuán):王肃注:“骠,骝(原脱,据四库本、同文本补)马白腹。” ⑬ 骍:王肃注:“骍,赤色(色,四库本、同文本作‘类’)也。” ⑭ 舜以土德王,色尚青:王肃注:“土家宜尚白。土者,四行之主,王于四季。五行用事,先起于木(此与下‘木’字原作‘水’,据四库本、同文本改),色青,是以木家避土,土家尚白。”

[通解]

季康子问:“按这样说,帝王改换称号,在五行之德中,各有所执掌的一种,那么他们的相互变更,都有什么内容呢?”

孔子说:“他们崇尚的是遵循各自称王所依据的五行之德。夏后氏以金德称王,崇尚黑色,丧葬定在黄昏之时,有战事时车乘用黑马,祭祀用的牲畜也是黑色的;殷人以水德称王,崇尚白色,丧葬定在中午之时,有战事时车乘用白马,祭祀用的牲畜也是白色的;周人以木德称王,崇尚红色,丧葬定在日出之时,有战事时车乘用红色的马,祭祀的牲畜也用红色的。这是夏、商、周三代不同的地方。”

季康子问:“唐尧、虞舜二帝,他们崇尚什么颜色?”

孔子说:“尧以火德而王,崇尚黄色。舜以土德而王,崇尚青色。”

[原文]

康子曰:“陶唐①、有虞②、夏后、殷、周独不配五帝,意者德不及上古耶?将有限③乎?”

孔子曰:“古之平治水土,及播殖百谷者众矣,唯勾龙氏兼④食于社⑤,而弃⑥为稷神,易代奉之,无敢益⑦者,明不可与等。故自太皞以降,逮⑧于颛顼,其应五行而王,数非徒⑨五,而配五帝,是其德不可以多也。"

[注释] ① 陶唐:指尧。尧初居于陶,后封于唐,所以又称陶唐。 ② 有虞:有虞氏,指舜。 ③ 限:限制。 ④ 兼:王肃注:"兼,犹配也。"四库本、同文本"兼"前无"氏"字。 ⑤ 社:土地神。 ⑥ 弃:后稷,名弃,周始祖。《史记·周本纪》说他"好耕农,相地之宜,宜谷者稼穑焉"。 ⑦ 益:增多,增加。 ⑧ 逮:至,到。 ⑨ 徒:止,仅。

[通解] 季康子问:"陶唐、有虞、夏后、殷、周独不与五帝相配,是否意味他们赶不上上古的帝王?德行也有限吗?"

孔子说:"古时候平治水土和播种百谷的人多了,只有勾龙氏配享于社,弃为稷神,历代都予以供奉,不敢有增加的,表明余者无法与二人对等。从太皞以来,直到颛顼,顺应五行而称王的数目不止五个,而只有他们与五帝相配,是因为他们的德行到了无可复加的地步。"

执辔第二十五

[序说] 本篇分为两部分,前两节为第一部分,记述孔子回答闵子骞问政的问题;后两节为第二部分,记述子夏与孔子谈论《易》之理等问题。在第一部分中,孔子以驾车喻治国,说"夫人君之政,执其辔策而已",因以"执辔"名篇。

本篇前一部分是孔子关于治国主张的论述。在这部分中,孔子十分强调“德法”,即强调德治。这与其他资料所显示的孔子的政治思想完全合拍。孔子开门见山地提出为政治国应当“以德以法”,十分引人瞩目。孔子还说,“夫德法者,御民之具”,把“德法”看成治国的根本。需要指出的是,这里的“法”是“礼法”之“法”,有法则、法度、规章之义,与今天所说的“法制”之“法”有所区别,故孔子将“德法”与“刑辟”对举。孔子是典型的德治论者,《执辔》篇所反映的孔子的治国思想依然如此。孔子把治国形象地比喻为驾车,而把德法看做统御人民的工具,说:“夫德法者,御民之具,犹御马之有衔勒也。君者,人也;吏者,辔也;刑者,策也。夫人君之政,执其辔策而已。”接着,孔子论述自己对“古之为政”的看法,具体谈论了他对德、法关系的认识。本篇是研究孔子政治思想的重要材料。

本篇的学术价值表现在许多方面。我们认为,《执辔》篇中最值得注意的是孔子有关古代“以六官总治”的论述,这节论述与《周礼》相应,不仅是《执辔》篇撰作时间方面的一个重要信息,而且是《周礼》成书问题极其重要的资料。在这段论述中,孔子同样将治国与驾车作比,称古代御天下的天子与三公一起,“以内史为左右手”,“以百官为辔”,从而注重德法,考课官吏,治理国家。孔子所说的“六官”即是《周礼》中的冢宰、司徒、宗伯、司马、司寇、司空。将《周礼》六官以及太宰一职的职掌与孔子的相关论述一一对照,不难发现孔子所说六官的职分正是以《周礼》六官系统为依据的。孔子虽没有明确提到《周礼》一书的名字,但如果《家语》所记材料没有问题,那么,它无疑可以说明《周礼》的成书应当在孔子以前。而且,孔子所论述的“以六官总治”,据孔子称乃是“古之御天下”的情形,孔子言其“古”,则《周礼》成书于西周时期的可能性便极大了。

又如，本篇子夏所谈论的，是所谓《易》理之中人类和鸟兽昆虫万物产生时所受元气的分限，他并且认为“凡人莫知其情，唯达德者能原其本”。在子夏谈论之后，孔子说：“然，吾昔闻诸老聃亦如汝之言。”接着，子夏又谈了自己所见《山书》中的内容。孔子曾经问礼于老子，他的思想当然也受到老子的一定影响。但孔子与老子又有不同，孔子思考的是现实的社会问题，他主张积极入世。正因如此，子夏的高论才没有引起孔子太多的兴致。细品文意，孔子显然同意子贡对子夏所言的评论，即“微则微矣，然则非治世之待也”，孔子也认为子夏所谈虽然细微，却不是治理国家所需要的。从这里可以看出两个方面的问题：第一，子夏所论与道家老子的自然观有些类似，子夏谈《易》理，观《山书》，尚没有学派的界限；第二，孔子、子贡等人对那些虽然细微却不切世事的东西不感兴趣，这正是儒家学派的思想特征，从他们的交谈中发现，孔子时期，儒道之分殊已露端倪。这都是孔子生前的实际情形。

本篇又见于《大戴礼记》。在《大戴礼记》中，第一部分名《盛德》，第二部分名《易本命》。将《家语》与《大戴礼记》比较，会发现《大戴礼记》改编过程中出现的不少问题。如关于《易》之理的大段论述，《家语》所记本出于子夏，而在《大戴礼记》中却一律属之于“子曰”之后，全部变成了孔子的话，这与《家语·执辔》篇不符，按照《执辔》篇的记述，孔子对子夏的论述并不是十分赞赏。对本篇的认识，可参见杨朝明《〈孔子家语·执辔〉篇与孔子的治国思想》（载《中国文献学丛刊》第一辑，国际炎黄文化出版社2003年版；收入杨朝明《儒家文献与早期儒学研究》，齐鲁书社2002年版）。

［原文］

闵子骞[1]为费宰，问政于孔子。子曰：“以德以法[2]。夫德法者，御民之具，犹御马之有衔勒也[3]。君者，人也；吏者，辔[4]也；刑者，策[5]也。夫人君之政，执其辔策而已。”

子骞曰：“敢问古之为政。”孔子曰：“古者天子以内史为左右手[6]，以德法为衔勒，以百官为辔，以刑罚为策，以万民为马，故御天下数百年而不失。善御马者[7]，正衔勒，齐辔策，均马力，和马心，故口无声而马应辔，策不举而极千里；善御民者[8]，壹[9]其德法，正其百官，以均齐民力，和安民心，故令不再而民顺从，刑不用而天下治。是以天地德之[10]，而兆民怀之[11]。夫天地之所德，兆民之所怀，其政美，其民而众称之[12]。今人言五帝三王者，其盛无偶，威察若存[13]，其故何也？其法盛，其德厚[14]，故思其德必称其人，朝夕祝[15]之，升闻于天，上帝俱歆[16]，用永厥世[17]，而丰其年。

“不能御民者，弃其德法，专用刑辟[18]，譬犹御马，弃其衔勒而专用箠[19]策，其不制也，可必矣。夫无衔勒而用箠策，马必伤，车必败；无德法而用刑，民必流，国必亡。治国而无德法，则民无修[20]，民无修则迷惑失道。如此上帝必以其为乱天道也。苟乱天道，则刑罚暴，上下相谀[21]，莫知念患[22]，俱无道故也。今人言恶者，必比之于桀纣，其故何也？其法不听[23]，其德不厚，故民恶其残虐，莫不吁嗟[24]，朝夕祝之，升闻于天。上帝不蠲[25]，降之以祸罚，灾害并生，用殄[26]厥世。故曰德法者，御民之本。

［注释］ ① 闵子骞：孔子弟子。姓闵，名损，字子骞。鲁国人，在孔子弟子中

以德行著称。 ② 以德以法：用德治和礼法。这里的"法"非现代意义上的法制，而是法则、法度、规章。 ③ 犹御马之有衔勒也：犹，如，同。御，驾驭，驾驶。衔，横在马口中以备抽勒用的铜或铁。勒，套在马头上带嚼口的笼头。 ④ 辔：驾驭牲口的缰绳。 ⑤ 策：马鞭子。

⑥ 古者天子以内史为左右手：王肃注："内史，掌王（王，同文本作'政'）八柄及叙事之法，纳（四库本、同文本'纳'前有'受'字）以诏王听治命，孤卿大夫则策命以四方之事，书则（则，四库本、同文本作'而'）读之。王制禄则费为之（费为之，四库本、同文本作'书之策'），赏则亦如之，故王以为左右手。" ⑦ 者：原无，据四库本、同文本补。 ⑧ 者：原无，据四库本、同文本补。 ⑨ 壹：统一。 ⑩ 天地德之：王肃注："天地以为有德。" ⑪ 兆民怀之：兆，数词，百万为兆，旧时也以万万为亿，万亿为兆。兆民，众百姓，形容极多。王肃注："怀，归。"

⑫ 其民而众称之：王肃注："其民为众所称誉也。"四库本、同文本无"众"字。 ⑬ 其盛无偶，威察若存：偶，双，成对。威，声威，功德。察，清高，清白。王肃注："其盛以明察，帝若存。" ⑭ 厚：大，深。

⑮ 祝：祈祷。 ⑯ 歆（xīn）：飨。指祭祀时神灵先享受到其气。

⑰ 用永厥世：用，以。永，绵长。厥，其。 ⑱ 刑辟（bì）：刑法，刑律。《左传》昭公六年杨伯峻注："刑辟即刑律。" ⑲ 箠（chuí）：鞭子。 ⑳ 修：循，遵循。 ㉑ 谀：王肃注："谄谀。" ㉒ 患：原作"忠"，据四库本、备要本、同文本改。 ㉓ 听：处理，判断。 ㉔ 吁（xū）嗟（jiē，也读 juē）：哀叹，叹息。 ㉕ 蠲（juān）：通"捐"，除去，减免。 ㉖ 殄（tiǎn）：断绝，灭绝。

［通解］

闵子骞出任费宰，行前向孔子请教为政的方法。孔子说："要依靠德行、依靠礼法。德行和礼法是治理百姓的工具，就好像驾驭马要有马嚼子和马笼头一样。君主就是驾驭马的人，官吏就是马缰绳，刑罚就是马鞭子。君主为政，只不过是掌握着缰绳和鞭子罢了。"

闵子骞说："冒昧地向老师请教一下古代为政的情况。"孔子说："古时天子把内史当做左右手，把德行和礼法当做马嚼子和马笼头，把众官吏当做马缰绳，把刑罚当做马鞭子，把百姓当做马，因而统治天下数百年而无所丧失。善于驾驭马的人，放正马嚼子和马笼头，协调运用马缰绳和马鞭子，均衡地使用马的力气，使马的内心感到和顺，所以嘴里不用吆喝，马就会响应缰绳的指示而活动，不用举起鞭子，马就会跑到千里之外；善于治理百姓的人，统一他们的德行、礼法，端正众官吏的言行，从而均衡、协调地使用民力，使百姓和顺、安宁。所以政令不用发布第二次，百姓就已经归顺，刑罚还没使用，天下就太平了。因此天地认为他有德行，众百姓纷纷归附。天地认为有德行、众百姓纷纷归附的人，他们的政治美好，他们的民众也受到外地人的赞誉。现在人们提起五帝、三王这些人，都认为他们当时兴盛无比，其声威和清誉好像还存在，是什么缘故？他们的礼法昌盛，他们的德行厚重，所以人们思念他们的德行也必然称赞他们的为人，早晚为他们祝颂，声音传到了天上，天帝都很高兴，因而使他们世系绵长，年景丰收。

"不善于治理百姓的人，放弃德行与礼法，专用刑律，就好像驾驭马，丢掉马嚼子和马笼头，专用马鞭子，他们没法控制是一定的了。放弃马嚼子和马笼头，而专用马鞭子，马必然会受到伤害，车子也必然毁坏；不用德行与礼法而专用刑罚，百姓必然流失，国家必然灭亡。治理国家而不用德行与礼法，百姓就会无所依循，百姓无所依循，就会迷惑不定、丧失道义。这样，天帝一定认为他们违背天道。如果违背天道，刑罚就会变得残暴，上下就会互相谄媚，不懂得心存忧患，这都是不讲道义的缘故。现在的人们谈起凶恶的人，一定会把他们比作桀、纣，这是什么缘故呢？他们有礼法而不依，德行不深，所以百姓憎恨他们的残酷暴虐，没有人不哀叹呼号，早晚祈祷，声音传到了天上。天帝对他们的罪行不予减免，把祸乱和惩罚降临到他们身上，让天灾、人祸一并发生，从而使他们当世灭亡。因此，德行和礼法是治理百姓的根本。

[原文]

“古之御天下者，以六官总[①]治焉：冢宰之官以成道[②]，司徒之官以成德[③]，宗伯之官以成仁[④]，司马之官以成圣[⑤]，司寇之官以成义[⑥]，司空之官以成礼[⑦]。六官在手以为辔，司会、均仁以为纳[⑧]，故曰：御四马者执六辔，御天下者正六官。是故善御马者，正身以总辔，均马力，齐马心，回旋曲折，唯其所之，故可以取长道、可赴急疾。此圣人所以御天地与人事之法则也。天子以内史为左右手，以六官为辔，已而与三公为执六官，均五教，齐五法[⑨]，故亦唯其所引，无不如志，以之道则国治[⑩]，以之德则国安[⑪]，以之仁则国和，以之圣则国平[⑫]，以之礼则国定[⑬]，以之义则国义[⑭]，此御政之术。

“过失，人之[⑮]情莫不有焉，过而改之，是为[⑯]不过。故官[⑰]属不理，分职不明，法政不一，百事失纪，曰乱。乱则饬[⑱]冢宰。地而不殖，财物不蕃[⑲]，万民饥寒，教训不行，风俗淫僻[⑳]，人民流散，曰危。危则饬司徒。父子不亲，长幼失序，君臣上下，乖离[㉑]异志，曰不和。不和则饬宗伯。贤能而失官爵，功劳而失赏禄[㉒]，士卒疾怨，兵弱不用，曰不平。不平则饬司马。刑罚暴乱，奸邪不胜[㉓]，曰不义。不义则饬司寇。度量[㉔]不审，举事失理，都鄙[㉕]不修，财物失所，曰贫。贫则饬司空。故御者同是车马，或以取千里，或不及数百里，其所谓进退缓急异也;夫治者同是官法,或以致平,或以致乱者,亦其所以为进退缓急异也。

“古者,天子常以季冬㉖考德正法,以观治乱。德盛者治也,德薄者乱也。故天子考德,则天下之治乱,可坐庙堂㉗之上而知之。夫德盛则法修,德不盛则饬法,与政咸德而不衰㉘。故曰:王者又以孟春论吏之德及功能㉙,能德法者为有德,能行德法者为有行㉚,能成德法者为有功,能治德法者为有智。故天子论吏而德法行,事治而功成。夫季冬正法,孟春论吏,治国之要。”

[注释] ① 总:统领,统管,负责。 ② 冢宰之官以成道:王肃注:“治官所以成道。”冢宰,官职名称,周代六卿之一,《周礼》天官之属,为辅佐天子之官。郑玄注:“变冢言大,进退异名也。百官总焉则谓之冢,列职于王则称大。”后世因以冢宰为宰相之称。 ③ 司徒之官以成德:王肃注:“教官所以成德。” ④ 宗伯之官以成仁:王肃注:“祀(四库本、同文本作‘礼’)官所以成仁。” ⑤ 司马之官以成圣:王肃注:“治官所以成圣。圣通征伐,所以通天下也。” ⑥ 司寇之官以成义:王肃注:“刑官所以成义。” ⑦ 司空之官以成礼:王肃注:“事官所以成礼。礼,非事不立也。” ⑧ 司会(kuài)、均仁以为纳:王肃注:“纳,骖马辔。辔,系轼前者。司会,掌邦之六典、八法之戒,以周知四方之治,冢宰之副。故不在其六辔,至当纳位(至当纳位,四库本、同文本作‘而当纳故位’)。”“司会”二字原讹为注,据四库本、备要本、同文本及《大戴礼记》改。司会,官职名称,《周礼》天官之属,主管财政、经济及对百官政绩的考察。均仁,据孙志祖考,当为“均人”之讹。均人,亦《周礼》官名。纳,假为“軜”。《说文》:“軜,骖马内辔系轼前者。”是骖马内侧的缰绳。

⑨ 五法:王肃注:“仁、义、礼、智、信之法也。” ⑩ 以之道则国治:王肃注:“冢宰治官。” ⑪ 以之德则国安:王肃注:“德教成,以之仁则国和。礼之用,和为贵,则国安。” ⑫ 以之圣则国平:王肃注:

“通治远近，则国平也。” ⑬ 以之礼则国定：王肃注：“事物以礼则国定也。”定，原作“安”，据四库本、同本文及王肃注改。 ⑭ 以之义则国义：王肃注：“义，平也。刑罚当罪则国平。” ⑮ 之：四库本、同文本无。 ⑯ 为：四库本、同文本作“谓”。 ⑰ 官：同文本无。 ⑱ 饬：通“敕”，告诫。王肃注：“饬，谓整摄人（摄人，四库本、同文本作‘矗之’）也。” ⑲ 蕃：生息，繁殖。 ⑳ 淫僻：放纵而邪恶。 ㉑ 乖离：相互抵触，不一致。 ㉒ 贤能而失官爵，功劳而失赏禄：王肃注：“司勋之职，属之（之，四库本、同文本作‘大’）司马。” ㉓ 胜：制服。 ㉔ 度量：测量长短或多少的器具，这里指度量的标准。 ㉕ 都鄙：京都及边邑。 ㉖ 季冬：冬季的最后一个月，即农历十二月。 ㉗ 庙堂：宗庙明堂，这里应该指朝廷。 ㉘ 与政咸德而不衰：王肃注：“法（四库本、同文本作‘治’）与政皆合于德，则不杀。” ㉙ 王者又以孟春论吏之德及功能：原脱“吏”字，据四库本、备要本、同文本及上下文补。孟春，春季的第一个月，即农历正月。 ㉚ 行（xíng）：品行。

［通解］

“古代统治天下的人，以六官负责治理：设置冢宰以成就道术，设置司徒以成就德行，设置宗伯以成就仁爱，设置司马以成就圣明，设置司寇以成就道义，设置司空以成就礼仪。把六官掌握在手就如同握住了总缰绳，把司会、均人作为骖内侧的缰绳，所以说：驾驭马车的人要掌握好六条缰绳，治理天下的人要端正六官。因此擅长驾车的人端正自己的身体、握住缰绳，平均马的气力，和马的心志保持一致，无论盘旋走动，还是曲折奔跑，都可以想怎样就怎样，所以可以到达很远的路程，也可以急速地奔驰。这是圣人用来统治天下和人事的法则。天子把内史作为左右手，把六官作为治理天下的缰绳，再和三公共同执掌六官，施行五教，整治五法。所以只要是君王想要引导的，没有会不如愿的，用道术引导则会使国家稳定，用德行引导则会使国家安宁，用仁爱引导则会使国家和平，用圣明引导则会使国家太平，用礼仪引导则会使国家安定，用道义引导则会使国家有正义,这是驾驭政治的方法。

"过错和失误,就为人的情理来说,是不可避免的,有了过错而能改正,这就如同没有过错。所以官吏的归属没有条理,职分不明确,法令、政教不一致,各种事情没有头绪,这称作混乱,出现了混乱就应该告诫冢宰;土地得不到耕种,财物得不到增置,百姓饥饿寒冷,教化、训令得不到推行,风俗放纵而又邪恶,百姓流离失所,这称作危险,出现了危险就应该告诫司徒;父子不相亲爱,长幼不讲次序,君臣上下相互抵触、离心离德,这称作不和,出现了不和就应该告诫宗伯;贤能的人却失掉了官职和爵位,有了功劳却得不到赏赐和俸禄,士卒怨恨,军队弱小而不堪使用,这称作不平,出现了不平就应该告诫司马;刑罚残暴混乱,奸邪行为屡禁不止,这称作不义,出现了不义就应该告诫司寇;度量标准得不到申明,办事没有条理,都城及边邑得不到修整,财物分配不均,这称作贫困,出现了贫困就应该告诫司空。所以驾车的人驾驭的同样是车马,有的能行至千里之外,有的连几百里也走不了,这是由于在进退缓急上的处理方法不同;治理天下的人用的同样是礼法,有的凭借它们实现了天下的太平,有的却导致了天下的混乱,这也是由于在进退缓急上的处理方法不同。

"古时候,天子经常在冬季的最后一个月考察德行,端正礼法,来了解天下治理得太平还是混乱:德行兴盛则天下太平,德行浅陋则天下混乱。所以天子考察德行,那么天下治理得太平还是混乱,坐在朝廷之上就能够明了。德行兴盛那么礼法就得到了修饬,德行不兴盛就要整顿礼法,使它与政教都合于德行而不衰败。所以说,天子又在春季的第一个月考论官吏的德行及功劳、能力,对能够注重德行与礼法的人就认为有道德,对能够实践德行与礼法的人就认为有品行,对能够成就德行与礼法的人就认为有功劳,对能够研治德行与礼法的人就认为有智慧。所以天子考论官吏,以使德行与礼法得到实施,使各种事务处理得好从而成就功勋。在冬季的最后一月整顿礼法,在春季的头一个月考论官吏,这是治理国家的关键。"

[原文]

子夏问于孔子曰:"商闻易①之生人及万物、鸟兽、昆虫,各有奇偶,气分不同②。而凡人莫知其情,唯达德③者能原其本焉。天一、地二、人三,三三如九④。九九八十一,一主日,日数十,故人十月而生⑤;八九七十二,偶以从奇,奇主辰,辰为月,月主马,故马十二月而生⑥;七九六十三,三主斗⑦,斗主狗,故狗三月而生;六九五十四,四主时,时主豕⑧,故豕四月而生;五九四十五,五为音,音主猿,故猿五月而生⑨;四九三十六,六为律⑩,律主鹿,故鹿六月而生;三九二十七,七主星⑪,星主虎,故虎七月而生;二九一十八,八主风,风为虫,故虫八月而生⑫。其余各从其类矣。鸟、鱼生阴而属于阳,故皆卵生;鱼游于水,鸟游于云,故立冬则燕雀入海化为蛤⑬;蚕食而不饮,蝉饮而不食,蜉蝣⑭不饮不食,万物之所以不同。介鳞夏食而冬蛰⑮,龁吞者八窍而卵生⑯,龃龋者九窍而胎生⑰,四足者无羽翼,戴角者无上齿,无角无前齿者膏,无角无后齿者脂⑱。昼生者类父,夜生者似母,是以至阴主牝⑲,至阳主牡。敢问其然乎?"

孔子曰:"然,吾昔闻诸⑳老聃亦如汝之言。"

[注释]

① 易:指《易》中所蕴含的理念。 ② 各有奇(jī)偶,气分(fèn)不同:奇偶,单数和双数。王肃注:"易主天地,以生万物。言受气各有

分,数不齐同。”偶,原作“耦”,二字通假。据四库本、同文本改。 ③ 德:四库本、同文本此前有“道”字。 ④ 三三如九:原脱一“三”字,据四库本、同文本补。九,阳数之极。下文中,其余的数字都与九相乘。

⑤ 一主日,日数十,故人十月而生:王肃注:“一主日,从(四库本、同文本‘从’前有‘日’字)一而生,日者,阳从奇数。日数十,从甲至癸也。” ⑥ 偶以从奇,奇主辰,辰为月,月主马,故马十二月而生:王肃注:“偶以承奇,阴以承阳。辰数十二,从子至亥也。”从,四库本作“承”。

⑦ 三主斗:王肃注:“斗次日月,故以(以,四库本、同文本作‘三’)主斗。” ⑧ 豕(shǐ):猪。 ⑨ 五九四十五,五为音,音主猿,故猿五月而生:此句原脱,据四库本、同文本及《大戴礼记》补。王肃注:“音不过五,故五为音。” ⑩ 六为律:《汉书·律历志》:“地之中数六,六位律。”古代乐律有阳律、阴律各六,阳律曰律,包括黄钟、太蔟、姑洗、蕤宾、夷则、无射。 ⑪ 七主星:王肃注:“星,二十八宿为四方,方有七度(度,四库本、同文本作‘故’),七主星也。” ⑫ 八主风,风为虫,故虫八月而生:王肃注:“风之数,尽于八。凡虫为风,风为虫(虫,四库本、同文本作‘主’,当是)也。”《说文解字·风部》:“风,八风也。东方曰明庶风,东南曰清明风,南方曰景风,西南曰凉风,西方曰阊阖风,西北曰不周风,北方曰广莫风,东北曰融风。风动虫生,故虫八日而化。” ⑬ 立冬则燕雀入海化为蛤(gé):蛤,一种有介壳的软体动物,有各种类别,产于江河湖海中。古人认为它们是由燕雀转化而成,因为它们都是生于阴而属于阳,如《夏小正》:“雀入于海为蛤。”《国语·晋语九》:“雀入于海为蛤,雉入于淮为蜃。”注:“小曰蛤,大曰蜃。皆介物,蚌类。”这种认识是不科学的。 ⑭ 蜉(fú)蝣(yóu):虫名,有数种。幼虫生活在水中,成虫体细狭,长数分,有四翅,后翅短,腹部末端有长尾须两条。生存期短者几小时,长者六七天。 ⑮ 介鳞夏食而冬蛰(zhé,也读zhī):介鳞,甲虫与鳞虫,指龟鳖和鱼龙之类。王肃注:“介,甲虫也。”蛰,动物冬眠时潜伏在土中或洞中既不食也不动的状态。 ⑯ 龁(hé)吞者八窍而卵生:龁吞,不用咀嚼而吞食。王肃注:“八窍,鸟属。”《说文解字》:“凡物无乳者,卵生。”窍,指耳目口鼻等器官之孔,《庄子·应帝王》:“人皆有七窍。”卵,同文本作“兽”。 ⑰ 龃龉者九窍而胎生:王

肃注："九窍，人及兽属。"郑注《周礼》云："九窍，谓阳窍七，阴窍二也。"龃龉，咀嚼。 ⑱ 无角无前齿者膏，无角无后齿者脂：王肃注："《淮南》取此义曰：无角者膏而无前，有角者脂而无后。膏，豚（四库本、同文本作'豕'，当是）属；而脂，羊属。无前、后，皆（同文本作'省'）谓其（其，四库本、同文本无）锐小者也。"膏，脂，指油脂，凝结者为脂，呈液态者为膏。四库本、同文本后句作"有角无齿者脂"，备要本作"有角无后齿者脂"。 ⑲ 牝（pìn）：指禽兽的雌性。与牡相对。 ⑳ 诸：原无，据四库本、同文本补。

［通解］

子夏请教孔子说："卜商我听说，易理之中，能够产生人类及万物、鸟兽、昆虫，他们各有单数和双数，是由于所秉受元气的分限不同，但一般的人并不了解其中的情况，只有德行通达的人才能够探究其中的本原。天为一，地为二，人为三，三三得九。九九八十一，一主象天干，天干数是十，所以人怀胎十个月后出生；八九七十二，为双数承接奇数，奇数主象地支，地支主象月份，月份主象马，所以马怀胎十二个月后出生；七九六十三，三主象北斗，北斗主象狗，所以狗怀胎三个月后出生；六九五十四，四主现四时，四时主现猪，所以猪怀胎四个月后出生；五九四十五，五主象五音，五音主象猿，所以猿怀胎五个月后出生；四九三十六，六主象六律，六律主象鹿，所以鹿怀胎六个月后出生；三九二十七，七主象星宿，星宿主象虎，所以虎怀胎七个月后出生；二九一十八，八主象八风，八风主象虫，所以虫经过八个月衍化而成。其余的动物也都各自根据自己的种类而生成。鸟、鱼出生在阴处，但是飞游于阳处，所以都是卵生；鱼在水中游，鸟在云中飞，立冬时燕雀飞到海中，化而为蚌蛤；蚕光吃不喝，蝉光喝不吃，蜉蝣不吃不喝，这就是万物有所不同的根本。长有鳞甲的动物夏天进食而冬天蛰伏，不用咀嚼而吞食的动物长有八个器官而卵生，嚼碎食物的动物长有九个器官而胎生，长有四只脚的动物没有羽毛和翅膀，长有角的动物牙齿不发达，没有角而且前齿不发达的动物长得肥，没有角并且后齿不发达的动物身上多油脂。动物白天出生的像父亲，晚上出生的像母亲，由此极阴的地方主象牝，极阳的地方主象牡。请问这说得对吗？”

孔子说：“对。我以前听老聃讲的也和你说的一样。”

［原文］

子夏曰：“商闻《山书》[①]曰：‘地东西为纬，南北为经[②]；山为积德，川为积刑；高者为生，下者为死[③]；丘陵为牡，溪谷为牝；蚌蛤龟珠，与日月而盛虚[④]。’是故坚土之人刚，弱土之人柔，墟土之人大，沙土之人细，息土之人美，秏土之人丑[⑤]。食水者善游而耐寒，食土者无心而不息[⑥]，食木者多力而不治[⑦]，食草者善走而愚，食桑者有绪而蛾，食肉者勇毅而捍，食气者神明而寿[⑧]，食谷者智惠而巧，不食者不死而神。故曰：羽虫[⑨]三百有六十，而凤为之长；毛虫三百有六十，而麟为之长；甲虫三百有六十，而龟为之长；鳞虫三百有六十，而龙为之长；倮[⑩]虫三百有六十，而人为之长。此乾坤[⑪]之美也，殊形异类之数[⑫]。王者动必以道，静必顺理[⑬]，以奉天地之性，而不害其所主，谓之仁圣焉。”

子夏言终而出，子贡进曰：“商之论也何如？”孔子曰：“汝谓何也？”对曰：“微则微矣，然则非治世之待也。”孔子曰：“然，各其所能[⑭]。”

［注释］

①《山书》：古代的一种记山川地理之书，已佚。 ② 地东西为纬，南北为经：纬，横。经，纵。 ③ 山为积德，川为积刑；高者为生，下者为死：《大戴礼记·易本命》卢辩注：“山积阳，川积阴。阳为德，阴

为刑。”王聘珍解诂：“高积阳，阳气发生；下积阴，阴气肃杀。” ④ 丘陵为牡，溪谷为牝；蚌蛤龟珠，与日月而盛虚：王肃注：“月盛则蚌蛤之属满，月亏则虚。”《淮南子·墬形》：“至阴生牝，至阳生牡。”《吕氏春秋》：“日月望则蚌蛤实，月晦则蚌蛤虚。”《大戴礼记·易本命》卢辩注：“月者，太阴之精，故龟蛤之属因之以盛虚。” ⑤ 墟土之人大，沙土之人细，息土之人美，秏（hào）土之人丑：王肃注：“秏，耗字也。息土，细致。秏土，粗疏者也。”墟土，丘陵之地。沙土，《说文解字》：“沙，水散石也。”沙土之地。细，小。息土，肥沃之地。秏土，疏薄之地。 ⑥ 食土者无心而不息：王肃注：“蚓（原作‘螟’，盖‘螾［蚓］’之讹）属不气息也。”食土者，以泥土为食的动物，指蚯蚓之类。 ⑦ 食木者多力而不治：王肃注：“血气不治。《淮南子》曰：多力而弗戾，亦不治之貌者也。”食木者，以树木为食的动物，指熊、犀之类。治，治理，管理，这里指驯服动物。

⑧ 食草者善走而愚，食桑者有绪而蛾，食肉者勇毅而捍，食气者神明而寿：食草者，以草为食的动物，指麋鹿之类。食桑者，以桑叶为食的动物，指桑蚕之类。绪，丝。食肉者，以肉为食的动物，指虎狼鹰狐之类。捍，通“悍”，勇猛，强悍。食气者，食用元气的动物，指龟之类，《说苑·辨物》：“灵龟，千岁所化，下气上通，能知吉凶存亡之变。宁则信信如也，动则著矣。” ⑨ 虫：泛指动物。 ⑩ 倮（luǒ）：通“裸”，赤身。

⑪ 乾坤：王肃注：“乾天，坤地（四库本作‘乾，天象也’。恐误）。”

⑫ 数：数理，道理。 ⑬ 王者动必以道，静必顺理：原作“王者动必以道动，静必以道静，必顺理”，据四库本、同文本及《大戴礼记》改。

⑭ 然，各其所能：王肃注：“孔子曰，然子贡，治世不待此（此，原作‘世’，据四库本改）事，世（四库本作‘此’，不从）事之急，然亦各其所知能也。”

［通解］

子夏说：“我听说《山书》上写道：‘大地东西方向为纬，南北方向为经；山是德行积累的表象，河是刑罚积累的表象；居高象征着生，处下象征着死；丘陵代表着牡，溪谷代表着牝，蚌蛤龟珠随日月的变化而有时丰满，有时虚空。’因此坚硬土地上生长的人刚强,松软土地上生长的人柔弱,丘陵土地上生长的人高大,沙质土地上生长的人瘦小,肥沃土地上生长的人漂亮,疏薄土地上生长的人丑陋。以水为食的动物擅长游泳又禁得住寒冷,以泥土为食的动物没有心脏也不需呼吸,以树木为食的动物力气很大但也难以驯服,以草为食的动物善于奔跑但也本性愚笨,以桑叶为食的动物能够吐丝并能变成飞蛾,食肉动物勇猛坚毅但也性情凶悍,食用元气的动物神明而且长寿,吃粮食的动物充满智慧并且灵巧,不吃东西的动物长生不老而且神灵。所以说,长有羽翼的动物三百六十种,而凤凰居于首位;长有皮毛的动物三百六十种,而麒麟居于首位;长有甲壳的动物三百六十种,而龟居于首位;长有鳞片的动物三百六十种,而龙居于首位;不长羽毛鳞甲的动物三百六十种,而人居于首位。这是天地的精妙所在,也是产生不同形貌、不同类别事物的数理所在。君王行动时要顺应天道,守静时也必须顺应天理,从而遵循天地的特性,不妨害它们所主象的事物,这叫做仁圣。"

子夏说完就出去了,子贡上前问:"卜商说得怎么样?"孔子问:"你觉得如何呢?"子贡回答:"精妙倒是精妙,却不是治理社会所需要的。"孔子说:"对,不过还是各自发挥自己的才能吧。"

本命解第二十六

[序说] 本篇记载了孔子与鲁哀公的一次重要对话。鲁哀公向孔

子请教“命”“性”等问题，由此引发了孔子对性命生死的一番议论。孔子强调了礼与男女婚育的关系，并谈及关于丧礼的问题。本篇见于《大戴礼记·本命》，最后一段部分见于《礼记·丧服四制》。

文章的第一段是本文的第一部分。“分于道，谓之命；形于一，谓之性”，是孔子谈话的出发点，实质上提出了“命”的天道根源与“性”的一致性。孔子以后，儒家继续探讨这一问题，例如《中庸》首云“天命之谓性”，郭店楚简《性自命出》首云“性自命出，命自天降”，基本上表达了同一意思，即命根源于天，而又是性的开端。有始则必有终，死是生的结束。性生阴阳，男属阳而女属阴；男女到一定年龄结婚，阴阳化育，新的生命开始。

文章的第二、三段是本文的第二部分。孔子突出强调了礼“言其极”而“不是过”的特征，指出圣人制定婚礼之数，考虑男女年龄，合于天地阴阳之道。孔子认为，男子“任天道而长万物”，女子“顺男子之教而长其理”，对男女德行提出了不同的要求。孔子对男女婚姻非常重视，提出“五不取”“七出”“三不去”是男女婚姻的重要原则。《论语》之中，鲜有涉及婚姻观的，故本部分是研究早期儒家婚姻观的重要资料。

文章的最后一段，是本文的第三部分。该部分体现了孔子关于丧礼的主张，他认为礼的制定和五行、四时相联系。丧礼依据的规则包括“恩”“义”“节”“权”，对不同的人要实行不同形式的丧服。服父母之丧要以“恩”为原则，服君王之丧要以“义”为原则。此即“门内之治恩掩义，门外之治义掩恩”。这一提法，在郭店楚简《六德》篇里也同样出现。《六德》云：“门内之治恩掩义，门外之治义断恩。”服丧的悲伤程度、丧服和期限都不可以无度，而必须以“节”来限制。从君主到一般的庶民百姓，不同身份地位的人服丧的规格是不一样的，要灵活变通，即要有“权”。

本篇是关于孔子天道性命、男女婚姻和丧礼观点的重要文献，尤其关于天道性命这一点，弥足珍贵。《论语·公冶长》记子贡说：“夫子之言性与天道，不可得而闻也。”在《本命解》之中，我们看到了孔子关于这一方面的论述，并可以与相关早期儒家文献对比参证，对于我们研究孔子的天道思想具有重要价值。

［原文］

鲁哀公问于孔子曰：“人之命与性何谓也？”孔子对曰：“分于道，谓之命①；形于一，谓之性②；化于阴阳，象形而发③，谓之生；化穷数尽④，谓之死。故命者，性之始也；死者，生之终也。有始，则必有终矣。人始生而有不具⑤者五焉：目无见，不能食，不能⑥行，不能言，不能化⑦。及生三月而微煦⑧，然后有见；八月生齿，然后能食；三年顋⑨合，然后能言；十有六而精通，然后能化。阴穷反阳⑩，故阴以阳变；阳穷反阴，故阳以阴化。是以男子八月生齿，八岁而龀⑪；女子七月生齿，七岁而龀，十有四而化。一阳一阴，奇偶⑫相配，然后道合化成⑬。性命之端⑭，形⑮于此也。”

［注释］

① 分于道，谓之命：王肃注：“分于道，谓始得为人，故下句云性命之始。”分，制，决定。相同的用法见《荀子·荣辱》：“况夫先王之道、仁义之统、诗书礼乐之分乎！”杨倞注曰：“分，制也。”道，天地自然之理。命，此处指人承受的上天赋予的生命和命运，即清王聘珍《大戴礼记解诂·本命》云：“命，谓人物所禀受度也。”此记载又见于《大戴礼记·本命》。

② 形于一，谓之性：王肃注：“人各受阴阳以刚柔之性，故曰形于一也。”形，形成。一，最初，开始。《汉书·董仲舒传》：“一者，万物之所从始也。”性，人天生具有的生理、心理机能。王聘珍引董仲舒曰：“性者，

生之质也。" ③ 化于阴阳，象形而发：化，变化，化育。象形，依据形体。发，产生，王聘珍曰："发，犹出也。" ④ 化穷数尽：穷，穷尽。《说文·穴部》曰："穷，极也。"数，天命之数。 ⑤ 具：全，具备。 ⑥ 不能：同文本无。 ⑦ 化：生育。王聘珍曰："化，犹生也，育也。" ⑧ 微煦（xù）：眼睛微微转动。王肃注："煦，睛转（转，原误作'人'，据四库本、备要本、同文本改）也。"相同的用法见于《白虎通》："人生三月，目煦，亦能笑。" ⑨ 颸（sāi）：当作"顋"，即"囟"，指婴儿头顶骨未合缝处。 ⑩ 阴穷反阳：穷，极点。反，同"返"，即返归。 ⑪ 齓（chèn）：同"龀"，换牙，乳齿脱掉，恒齿长出。《说文·齿部》曰："龀，毁齿也。"四库本、同文本作"龀"。 ⑫ 奇偶：王肃注："阳数，奇；阴数偶（原作'阳，奇数；阴，偶数'，据四库本、同文本改）。" ⑬ 道合化成：道，天地之道。成，成功。 ⑭ 端：开始。 ⑮ 形：形成。

［通解］

鲁哀公问孔子说："人的命与性各指什么呢？"孔子回答说："天道决定而赋予人的，称作命；生来形成具有的，称作性；通过阴阳变化，根据它们的形体而产生，称作生；造化和天数穷尽，称作死。所以命是性的开始，死是生的终止。有开始，则必然有终止。人刚生下来而身体尚不具备的有五个方面：眼睛看不见，不能吃饭，不能行走，不能说话，不能生育。到了出生三个月后眼睛能微微转动，然后就能看见东西了；八个月后生出牙齿，然后能吃饭；三年后囟脑门儿长合，然后能说话；十六岁精气畅通，然后能生育。阴到了穷尽便返归到阳，所以阴因阳而变化；阳到了穷尽便返归到阴，所以阳因阴而变化。因此男子长到八个月生出牙齿，八岁的时候换牙；女子长到七个月的时候生出牙齿，七岁的时候换牙，十四岁能生育。一阳一阴，奇数和偶数相配，然后天地之道相合化育自然成功。性命的开端，就是从这里形成的。"

[原文] 公曰："男子十六精通，女子十四而化，是则可以生民矣。而礼，男子三十而有室①，女子二十而有夫也，岂不晚哉？"孔子曰："夫礼言其极②，不是过③也。男子二十而冠④，有为人父之端；女子十五许嫁，有适人⑤之道。于此而往⑥，则自婚⑦矣。群生⑧闭藏乎阴⑨，而为化育之始。故圣人因时以合偶男女⑩，穷天数也⑪。霜降而妇功成，嫁娶者行焉⑫；冰泮而农桑起，婚礼而杀于此⑬。男子者，任天道而长万物者也⑭。知可为，知不可为；知可言，知不可言；知可行，知不可行者。是故审其伦而明其别，谓之知，所以效匹夫之听也⑮。女子者，顺男子之教而长其理者也⑯。是故无专制之义，而有三从之道⑰：幼从父兄，既嫁从夫，夫死从子。言无再醮⑱之端，教令不出于闺门，事在供酒食而已。无阃外之非仪也，不越境而奔丧⑲。事无擅为，行无独成，参知而后动，可验而后言，昼不游庭，夜行以火，所以效匹妇之德也⑳。"

[注释] ① 男子三十而有室：室，家室，妻子。《礼记·曲礼上》曰："三十曰壮，有室。"郑注曰："妻称室。"子，四库本、同文本作"必"。 ② 极：极点，极限。 ③ 不是过：否定前置，即"不过是"，不超过这个极限。 ④ 冠：举行冠礼。 ⑤ 适人：嫁人。《玉篇》曰："适，女子出嫁。" ⑥ 往：往上，向上。 ⑦ 自婚：自主确定结婚年龄。 ⑧ 群生：群，各种，众多。生，生物。 ⑨ 闭藏乎阴：闭藏，潜藏。阴，冬天。王肃注："阴为冬也，冬藏物而为化育始。" ⑩ 因时以合偶男女：因，依据，根据。时，时节。合偶男女，使男女成婚。偶，同文本作"耦"，二字通。女，原作"子"，误。 ⑪ 天数也：即十月，从一到十，十为数之极。王肃注："极也。""极"原窜入正文，无"也"字。此据四库本改。

⑫ 霜降而妇功成，嫁娶者行焉：霜降，二十四节气之一，在阳历十月二十三日或二十四日。《礼记·月令》："是月也，霜始降，则百工休。"妇功，即女功，中国古代社会妇女所做的家务及纺织等事情。成，完成。行，行动。王肃注："季秋霜降，嫁娶者始于此。《诗》云'将子无怒，秋以为期'也。" ⑬ 冰泮（pàn）而农桑起，婚礼而杀于此：泮，消融。农桑，农桑之事。起，开始。杀，结束。王肃注："泮，散也。正月农事起，蚕者采（采，四库本、同文本作'援'）桑，婚礼始杀，言未止也。至二月，农事始起，会男女之无夫家者奔者，期尽此月故也。《诗》云：'士如归妻，迨冰未泮。'言如欲使妻归，当及冰未泮散之盛时也。" ⑭ 男子者，任天道而长万物者也：任，承担，担任。长，长养，抚育培养。 ⑮ 是故审其伦而明其别，谓之知，所以效匹夫之听也：审，详究，明察。《荀子·非相》曰："审，谓详观其道也。"明，明白。别，区别，分别。知，智慧。效，显示。《韩非子·二柄》曰："则是群臣之情不效。"王先慎《集解》引旧注曰："效，显也。"听，指品德。王肃注："听（聽），宜为德。"

⑯ 女子者，顺男子之教而长其理者也：顺，顺从。教，教导。长，增益。王肃注："为男子长养其理也（四库本、同文本'子'作'女'，'也'作'分'）。"《国语·齐语》曰："不月长。"韦昭注曰："长，益也。" ⑰ 是故无专制之义，而有三从之道：专制，专断。从，听从。道，道德准则。

⑱ 醮（jiào）：醮礼，周代一种礼仪，在冠、婚礼时举行的一种简单仪式，尊者对卑者酌酒，卑者接受敬酒后饮尽，不需回敬。王肃注："始嫁言醮。礼无再醮之端，统言不改事人也。" ⑲ 无阃（kǔn）外之非仪也，不越境而奔丧：阃，原意指门坎，此处指闺门，即妇女的居处。非仪，女人的容止不符合礼仪。仪，四库本、同文本作"义"。王肃注："阃，门限。妇人以自（自，四库本、同文本作'贞'）专，无阃外之威（威，四库本无）仪。《诗》云：'无非无仪，酒食是议。'"越境，越过边境。 ⑳ 事无擅为……所以效匹妇之德也：此句承上句讲妇女美德的表现。擅为，擅自做主。独成，独自行动。参知，参验确认。动，行动。可验，可以验证。昼，白天。游庭，在庭院游走。以火，用火照明。

［通解］ 鲁哀公问："男子十六岁精气通畅，女子十四岁可以生育，

这样就可以生育后代了。而依据礼的规定,男子三十岁而娶妻室,女子二十岁而嫁丈夫,难道不是太晚了吗?”孔子回答说:“礼说的是极限,不超过就可以了。男子二十岁举行冠礼,这是为人父的开端;女子十五岁许嫁,表明可以嫁人了。从这年龄向上,就可以自主确定结婚的年龄了。各种生物在冬天潜藏,这是孕育新的生命的开始。所以圣人依据时令使男女成婚,是为了不超过天数的极限。霜降的时候妇人的工作结束了,嫁娶的人行动起来;冰雪消融农桑之事开始,婚娶事情到这时就结束了。男子担任天道,长养万物。知道什么事情可以做,知道什么事情不可以做;知道什么话可以说,知道什么话不可以说;知道什么道理可行,知道什么道理不可行。所以男子详察人伦而明白其中的区别,这可谓是智慧,以显示他们的美德。女子顺从男子的教令,增益其中的道理。所以女子没有专断的道理,而有三从的道德准则:年幼的时候听从父兄,嫁人后听从丈夫,丈夫死后听从儿子,这是说没有再嫁的道理。教令不传出闺门之外,做的事情在于供奉酒食,在闺门之外容止没有不符合礼仪的地方,不越过边境而奔赴丧事。事情不擅自做主,外行不独自一人,事情参证了解而后行动,可以验证而后说话,白天不游走于庭院,夜间行走用火照明,以此来显示一般妇女的美德。”

［原文］

孔子遂①言曰:“女有五不取②:逆家子者③,乱家子者④,世有刑人子者⑤,有恶疾子者⑥,丧父长子者⑦。妇有七出、三不去⑧。七出者⑨:不顺父母者⑩,无子者⑪,淫僻者⑫,嫉妒者⑬,恶疾者⑭,多口舌者⑮,窃盗者⑯。三不去者:谓有所取无所归⑰,与共更三年之丧⑱,先贫贱后富贵⑲。凡此,圣人所以顺男女之际⑳,重婚姻之始也。"

[注释]

①遂:继,接着。②取:同"娶"。王肃注:"逆家子也,乱家子也,世有刑人子也,世有恶疾子也,丧父长子也。此五者,皆不取也矣。"③逆家子者:王肃注:"谓其逆德。"④乱家子者:王肃注:"谓其乱伦。"⑤世有刑人子者:王肃注:"谓其弃于人也。"即祖上有受过刑罚的。⑥有恶疾子者:王肃注:"谓其弃于天也。"恶疾,难以治好的恶病。⑦丧父长子者:王肃注:"谓其无受命也。"即失去父长的女子。者,原脱,据四库本、同文本补。⑧妇有七出、三不去:出,遗弃(妻子)。《左传》庄公二十七年曰:"出曰来归。"孔《疏》引《释例》曰:"归者,谓犯七出而见绝者也。"去,抛弃(妻子)。⑨七出者:王肃注:"不顺父母,出;无子,出;淫僻,出;嫉妒,出;恶疾,出;多口舌,出;窃盗,出。"⑩不顺父母者:王肃注:"谓(四库本、同文本无)其逆德也。"原于"父母"后有"出"字,据文义删。⑪无子者:王肃注:"谓其绝世也。"⑫淫僻者:王肃注:"谓其乱族也(四库本、同文本无'也'字)。"⑬嫉妒者:王肃注:"谓其乱家也(四库本、同文本无'也'字)。"⑭恶疾者:王肃注:"谓其不可供粢盛也(四库本、同文本无'也'字)。"⑮多口舌者:王肃注:"谓其离亲也(四库本、同文本无'也'字)。"⑯窃盗者:王肃注:"谓其反义也(四库本、同文本无'也'字)。"⑰有所取无所归:取,同"娶"。归,指出嫁女儿返回娘家。相同用法见于《诗·周南·葛覃》:"害澣害否,归宁父母。"四库本"无"前有"而"字。四库本、同文本句后有"一也"二字。⑱与共更三年之丧:更,经历。四库本、同文本句后有"二也"二字。⑲先贫贱后富贵:四库本、同文本句后有"三也"二字。⑳顺男女之际:顺,和顺,顺理。际,会合。

[通解]

孔子接着说:"有五种女子不能娶:家有逆德之人的女子,家中淫乱的女子,家中前几代有受过刑罚的女子,患有恶疾的女子,失去父长的女子。妻子有七种情况应该休掉、三种情况不能抛弃。在七种情况下应休掉妻子:不孝顺父母者,不能生儿子者，淫乱邪僻者，爱嫉妒、小心眼者，患有恶疾者，多口舌挑拨是非者，盗窃者。在三种情况下不忍抛弃妻子：妻子有人娶而无娘家可归，与丈夫共守三年之丧，丈夫原来贫贱后来富贵。这些都是圣人为了和顺男女关系，重视婚姻是人伦的开始而制定的。”

［原文］

孔子曰：“礼之所以象五行也，其义四时也①，故丧礼有举焉，有恩有义，有节有权②。其恩厚者其服重，故为父母斩衰三年，以恩制者也③。门内之治恩掩义，门外之治义掩恩④。资于事父以事君而敬同⑤。尊尊贵贵⑥，义之大也。故为君亦服衰⑦三年，以义制者也。三日而食，三月而沐，期练，毁不灭性，不以死伤生⑧；丧不过三年，齐衰不补，坟墓不修⑨；除服之日鼓素琴，示民有终也⑩。凡此以节制⑪者也。资于事父以事母而爱⑫同。天无二日，国无二君，家无二尊，以治之⑬。故父在为母齐衰期者⑭，见⑮无二尊也。百官备，百物具，不言而事行者，扶而起⑯；言而后事行者，杖而起⑰；身自执事行者，面垢而已⑱。此以权制者也。亲始死，三日不怠，三月不懈，期悲号，三年忧，哀之杀也⑲。圣人因杀以制节⑳也。”

［注释］

① 礼之所以象五行也，其义四时也：象，效法。类似的用法见《书·舜典》：“象以典刑。”孔《传》曰：“效，法也。”五行，仁、义、礼、智、信。王肃注：“服之制有五等。”四时，四季。王聘珍解诂云：“言礼之所以因文而变者，礼有定体，如天地间之有五行，不易不敝者也。义则往来屈伸，如四时之错行。礼从义变，犹之播五行于四时也。”此记载又见于《大戴礼记·本命》《礼记·丧服四制》。　② 故丧礼有举焉，有恩有义，有

节有权：举，举行。义，道义。恩，恩情。节，节制。权，权变，变通。王肃注："所以举，象四时。" ③ 其恩厚者其服重，故为父母斩衰(cuī)三年，以恩制者也：此句讲为父母服斩衰三年的原因。服，穿丧服。衰，同"缞"。斩衰，古代居丧，丧服有五个等级，称为"五服"。斩用粗麻布做成，左右和下边不缝，是"五服"中最重的一种丧服，服期三年。制，规定。 ④ 门内之治恩掩义，门外之治义掩恩：此句讲门内门外之治依据的原则的区别。门内，在家族之内。掩，掩盖。门外，在家族之外。

⑤ 资于事父以事君而敬同：资，按照。事，侍奉。敬，恭敬，敬爱。

⑥ 尊尊贵贵：尊崇位尊者，尊重高贵者。四库本、同文本作"贵尊贵尊"。 ⑦ 服衰：服斩衰。 ⑧ 三日而食，三月而沐，期(jī)练，毁不灭性，不以死伤生：此句讲父母去世后对子女行为的要求。沐，洗发。《说文·水部》："沐，濯发也。"期，周年。相同的用法见于《论语·阳货》："三年之丧，期已久矣。"朱熹集注曰："期，周年也。"练，在练祀时穿戴的练冠和练衣，用白色的布帛制成。毁，十分哀伤。灭性，伤害生命。《礼记·檀弓下》："毁不危身。"郑注："憔悴将灭性。"死，死去的人。伤，伤害。生，生命，活着的人。食，四库本、备要本、同文本作"浴"。期，四库本、备要本、同文本后有"而"字。 ⑨ 丧不过三年，齐(zī)衰不补，坟墓不修：此句讲在父母丧期不超过三年的情况下对子女行为的要求。齐衰，丧礼五服的一种，在斩衰之下。用粗麻布制成，因其辑边缝齐，故称齐衰。补，修补。修，修葺。齐，四库本、同文本作"苴"。墓，四库本、同文本脱。 ⑩ 除服之日鼓素琴，示民有终也：此句讲在除掉丧服之日对子女行为的要求。除服，去掉丧服。鼓，弹。素琴，没有装饰的琴。示，显示。终，结束。 ⑪ 制：制约。 ⑫ 爱：敬爱。⑬ 以治之：《礼记》作"以一治之"。 ⑭ 故父在为母齐衰期者：所以父亲在世只为母丧服齐衰一年。 ⑮ 见(xiàn)：同"现"，显示。⑯ 百官备，百物具，不言而事行者，扶而起：料理丧事的官员齐备，准备丧事的物品齐全，不用发话就可以办好丧事的人，被搀扶站起。王肃注："谓天子诸侯也。" ⑰ 言而后事行者，杖而起：即需要发话后丧事才可以办好的人，拄着丧杖站起。王肃注："卿、大夫、士也。" ⑱ 身自执事行者，面垢而已：即需要自己亲自操持而丧事才能办好的人，只需

蓬头垢面地哭泣就可以了。王肃注:“谓庶人也。” ⑲ 亲始死,三日不怠,三月不懈,期悲号,三年忧,哀之杀也:此句讲父母去世后随着时间的变化子女的悲伤哀思之情的变化。亲,父母。始死,刚去世。怠,懈怠。懈,松懈。期悲号,父母周年时痛哭悲号。三年忧,三年丧服除后仍忧怀父母。哀之杀,哀痛逐渐减弱。 ⑳ 制节:制定丧礼的节限。

[通解]

孔子说:“礼依据五行制定,道义效法四季制定,所以举行丧礼,要有恩情的制约,有道义的制约,有礼节的制约,有通变的必要。对恩情深厚的人丧服也要重,所以为父母服斩衰三年,这是根据恩情制定。在家族之内恩情大于道义,在家族之外道义大于恩情。按照侍奉父亲的原则用来侍奉国君,而且敬爱之心是相同的。尊崇位尊者,尊重高贵者,这是道义最重要的原则。所以为国君亦服斩衰三年,这些是根据道义制定。父母双亲去世三天后可以吃饭,三个月可以沐浴,一周年举行练祭,心情哀痛但不毁坏身体,不因为死去的人而伤害活着的人的生命;丧期不超过三年,齐衰之服不缝补,坟墓也不修葺;除掉丧服的那天弹没有装饰的琴,是向百姓显示三年之丧的结束。这些都是根据丧礼的节限制定。按照侍奉父亲的原则侍奉母亲,而且敬爱之心是相同的。天上没有两个太阳,国中没有两个君主,家里没有两个尊长者进行管理。所以父亲在的时候为母亲去世服齐衰一年,是为了显示没有两位尊长。治理丧事的百官齐备,治理丧事的各种物品俱全,不用发话而丧事就可以办好的人,如天子诸侯,哭丧要非常哀痛以致由别人搀扶而起;需要说话而丧事才可以办好的人,如卿、大夫、士,哭丧要非常哀痛以致扶丧杖才能起来;亲自办理丧事才能办好的人,如庶民百姓,蓬头垢面非常悲伤就可以了。这些都是根据变通制定的。父母去世,三天痛哭不懈怠,三个月不废息，周年时还痛哭悲伤，三年之丧后经常忧怀父母，哀痛逐渐减弱了。圣人们依据失去父母哀痛逐渐减弱的过程来制定丧礼的节限。”

论礼第二十七

［序说］

本篇分为两部分，第一部分记孔子与弟子关于礼的谈话，开头有“论及于礼”的句子，因以“论礼”名篇。

第一部分又见于《礼记·仲尼燕居》。本部分记载孔子闲居在家时，子张、子贡、子游各自问礼，孔子分别给予回答，从而全方位地论述礼，并要求弟子具体实行。此处不仅涉及礼的内容，也谈及礼的作用以及本质，对于守礼与违礼的利害也有阐发。

第二部分又见于《礼记·孔子闲居》。本部分记载子夏向孔子请教《诗》中“恺悌君子，民之父母”，进而引发孔子关于君子修德治国的论说。子夏以“文学”著称，犹善于《诗》。因此，在回答子夏的问题时，孔子也多次引《诗》来论述。

值得注意的是，本篇第二部分又见于新出土的战国文献。《上海博物馆藏战国楚竹书（二）》（上海古籍出版社2002年版）中的《民之父母》篇，与该部分内容一致，只是文字上略有不同。我们将《孔子家语》本、《礼记》本及上博竹书本进行比较研究，可见《礼记》本于《家语》，二者明显存在语句、语词的差别，应该是《家语》的成书与流传造成的（杨朝明：《〈礼记·孔子闲居〉与〈孔子家语〉》，《儒家文献与早期儒学研究》，齐鲁书社2002年版)。

庞朴先生对该篇进行专门研究,指出:"以前我们多相信,《家语》乃王肃伪作,杂抄自《礼记》等书。《礼记》乃汉儒纂辑,非先秦旧籍,去圣久远,不足凭信。具体到'民之父母'一节,则认为,其五至三无之说,特别是'三无'之无,明显属于道家思想,绝非儒家者言,可以一望而知。现在上博藏简《民之父母》篇的再世,轰然打破了我们这个成见。对照竹简,冷静地重读《孔子家语·论礼》和《礼记·孔子闲居》,不能不承认,它们确系孟子以前遗物,绝非后人伪造所成。"(庞朴:《话说"五至三无"》,载《文史哲》2004年第1期)本篇材料对于研究《孔子家语》的成书及流传都有重要的价值。

[原文]

孔子闲居,子张、子贡、言游侍,论及于礼。孔子曰:"居!汝三人者,吾语汝,以礼周流①,无不遍也。"子贡越席而对曰:"敢问如何?"子曰:"敬而不中礼,谓之野;恭而不中礼,谓之给②;勇而不中礼,谓之逆。"子曰:"给夺慈仁③。"子贡曰:"敢问将何以为此中礼者④?"子曰:"礼乎!夫礼,所以制中也。"子贡退。

言游进曰:"敢问礼也,领⑤恶而全好者与?"子曰:"然。"子贡问:"何也?"子曰:"郊社之礼⑥,所以仁鬼神也;禘尝之礼⑦,所以仁昭穆也;馈奠之礼⑧,所以仁死丧也;射飨之礼⑨,所以仁乡党⑩也;食飨之礼⑪,所以仁宾客也。明乎郊社之义、禘尝之礼,治国其如指诸掌而已。是故,居家有礼,故长幼辨;以之闺门有礼,故三族⑫和;以之朝廷有礼,故官爵序⑬;以之田猎有礼,故戎事闲⑭;以之军旅有礼，故武功成。是以宫室得其度，鼎俎得其象，物得其时，乐得其节，车得其轼，鬼神得其享，丧纪得其哀，辩说得其党[15]，百官得其体[16]，政事得其施[17]。加于身而措于前，凡众之动，得其宜也。”言游退。

子张进曰：“敢问礼何谓也？”子曰：“礼者，即事之治也，君子有其事，必有其治。治国而无礼，譬犹瞽之无相，伥伥[18]乎何所之？譬犹[19]终夜有求于幽室之中，非烛何以见？故无礼则手足无所措，耳目无所加，进退揖让无所制。是故[20]，以其居处，长幼失其别，闺门三族失其和，朝廷官爵失其序，田猎戎事失其策，军旅武功失其势，宫室失其度，鼎俎失其象，物失其时，乐失其节，车失其轼，鬼神失其享[21]，丧纪失其哀，辩说失其党，百官失其体，政事失其施。加于身而措于前，凡众之动[22]失其宜。如此，则无以祖洽四海[23]。”

子曰：“慎听之，汝三人者！吾语汝，礼犹有九焉，大飨有四焉[24]。苟知此矣，虽在畎亩之中，事之，圣人矣[25]。两君[26]相见，揖让而入门[27]，入门而悬兴[28]；揖让而升堂，升堂而乐阕[29]；下管《象》舞，《夏》籥序兴[30]；陈其荐俎，序其礼乐，备其百官[31]。如此而后，君子知仁焉。行中规[32]，旋中矩[33]，銮和中《采荠》[34]，客出以《雍》[35]，彻以《振羽》[36]。是故，君子无物而不在于礼焉，入门而金作，示情也[37]；升歌《清庙》，示德也[38]；下管《象》舞，示事也[39]。是故[40]，古之君子，不必亲相与言也，以礼乐相示而已。夫礼者，理也；乐者，节也。无礼[41]不动，无节不作。不能《诗》，于礼谬㊷；不能乐，于礼素㊸；薄于德，于礼虚㊹。”

子贡作而问曰：“然则夔其穷与㊺？”子曰：“古之人与！上古之人也，达于礼而不达于乐，谓之素；达于乐而不达于礼，谓之偏㊻。夫夔达于乐而㊼不达于礼，是以传于此名也㊽。古之人也。凡制度在礼，文为在礼，行之其在人乎！”三子者既得闻此论于夫子也，焕若发矇㊾焉。

［注释］ ① 周流：普遍流传。 ② 给：讨好逢迎的样子。 ③ 给夺慈仁：王肃注：“巧言、足恭、捷给之人似仁非仁，故言给夺慈仁。”《礼记·仲尼燕居》郑注：“特言是者，感子贡也。”谓孔子强调此句以教化子贡。 ④ 将何以为此中礼者：四库本作“何以为中礼者”。 ⑤ 领：治理。王肃注：“领，理。” ⑥ 郊社之礼：祭天地之礼。周代在冬至日祭天于南郊称为“郊”，夏至日祭地于北郊称为“社”，合称“郊社”。 ⑦ 禘（dì）尝之礼：指禘礼和尝礼。《礼记·王制》：“天子诸侯宗庙之祭，春曰礿，夏曰禘，秋曰尝，冬曰烝。”泛指天子、诸侯每年祭祖的大典。 ⑧ 馈奠之礼：指人死至葬前的馈食之祭。 ⑨ 射飨之礼：指乡射礼和乡饮酒礼。飨，用酒食招待人。 ⑩ 乡党：《周礼·大司徒》：“令五家为比，使之相保；五比为闾，使之相受；四闾为族，使之相葬；五族为党，使之相救；五党为州，使之相赒；五州为乡，使之相宾。”正因为“五族为党”、“五州为乡”，所以后来乡党泛指同乡，乡亲。 ⑪ 食（sì）飨之礼：指食礼和飨礼。 ⑫ 三族：指父、子、孙三代。 ⑬ 序：四库本、同文本作“叙”。 ⑭ 闲：通“娴”，熟悉，熟练。 ⑮ 辩说得其党：党，王肃注：“党，类。”辩，四库本作“辨”。下同。 ⑯ 体：原误作“礼”，据四库本、备要本、同文本及下文改。 ⑰ 政事得其施：王肃注：“各得其所宜施行之。” ⑱ 伥（chāng）伥：《释文》曰：“无见貌。”指无所适从，迷茫不知所措的样子。 ⑲ 犹：四库本、同文本无。 ⑳ 故：四库本、同文本无。 ㉑ 享：四库本、同文本作“飨”。 ㉒ 众之动：原作“动之众”，据同文本改。 ㉓ 祖洽四海：王肃注：

“祖,始也。洽,合。无礼则无以为众法,无以合聚众。”洽,同文本作“袷”。 ㉔ 礼犹有九焉,大飨有四焉:王肃注:“语汝有九,其四大飨。所以待宾之礼。其五,动静之威仪也。”礼,四库本、同文本无。大飨,礼名。飨礼有多种,而以两君相飨之礼为大,故名大飨。 ㉕ 虽在畎(quǎn)亩之中,事之,圣人矣:王肃注:“在畎亩之中,犹焉为圣人。”畎亩,土地,田间。 ㉖ 君:原作“军”,据陈本、《礼记》改。 ㉗ 门:四库本、同文本无。 ㉘ 悬兴:悬,悬挂的钟磬等乐器。兴,王肃注:“兴,作乐,一也。”四库本、同文本此前“而”字无。 ㉙ 阕(què):停止,结束。王肃注:“二也。” ㉚ 下管《象》舞,《夏》籥(yuè)序兴:王肃注:“下管,堂下吹管。《象》,武舞也。《夏》,文舞也。执籥,籥如笛,序以更作。三也。”籥,古代管乐器。 ㉛ 陈其荐俎,序其礼乐,备其百官:王肃注:“四也(也,四库本、同文本作‘者’),所以大飨有四也。”荐俎,进献祭品。俎,祭祀时盛牛羊等祭品的木制漆器。 ㉜ 行中规:王肃注:“五也。” ㉝ 旋中矩:王肃注:“六也。” ㉞ 銮和中《采荠(jì)》:王肃注:“《采荠》,乐曲名,所以为和銮之节。七也。”銮和,车上的铃铛。挂在车前横木上称和,挂在套在牲口脖子上的曲木或车架上称銮。荠,四库本、同文本作“齐”。 ㉟ 客出以《雍》:王肃注:“《雍》,乐曲名,在《周颂》。八也。”以,同文本作“于”。 ㊱ 彻以《振羽》:王肃注:“亦乐曲名。九也。” ㊲ 入门而金作,示情也:王肃注:“金既鸣声,终始若一,故以示情也。” ㊳ 升歌《清庙》,示德也:王肃注:“《清庙》,所以颂文王之德也。” ㊴ 下管《象》舞,示事也:王肃注:“凡舞象事也。” ㊵ 是故:四库本、同文本无。 ㊶ 礼:四库本作“理”。 ㊷ 不能《诗》,于礼谬:王肃注:“《诗》以言礼。” ㊸ 素:王肃注:“素,质。” ㊹ 薄于德,于礼虚:王肃注:“非其人,则礼不虚行。”原作“于德薄”,据四库本、备要本等改。 ㊺ 然则夔(kuí)其穷与:王肃注:“言达于乐而不达于礼也。”夔,舜时的乐官。穷,尽。

㊻ 达于乐而不达于礼,谓之偏:王肃注:“达,谓遍有所达,非殊。” ㊼ 而:四库本、同文本无。 ㊽ 传于此名也:王肃注:“言达于乐多,故遂传名乐。” ㊾ 焕若发矇:好像眼睛一下子明亮起来。焕,明。矇,《说文·目部》:“矇,童矇也。一曰不明也。”

［通解］

孔子在家闲居，子张、子贡、言游在旁边侍奉。谈到礼，孔子说："坐下，你们三个，我告诉你们有关礼周转流行，无所不及的情况。"子贡离席而就此问道："请问该怎么样呢？"孔子说："表示敬意而不符合礼，叫做粗野；恭顺而不符合礼，叫做谄媚；好逞勇武而不符合礼，叫做逆乱。"孔子又说："花言巧语，态度恭顺的人会破坏仁慈。"子贡说："请问怎样才能符合礼？"孔子说："礼啊！礼可以使一切恰到好处。"子贡退下。

言游上前问："请问礼是治理坏的而保全好的吗？"孔子说："是的。"子贡问："为什么呢？"孔子说："郊祭和社祭，是为了对鬼神表示思念；禘礼和尝礼，是为了对祖先表示思念；馈礼和奠礼，是为了对死者表示思念；乡射礼和乡饮酒礼，是为了对同乡表示存念；食礼和飨礼，是为了对宾客表示存念。明白郊、社的意义，禘、尝等礼，治理国家就像在手掌上指划一样。因此，居家有礼，长幼关系就分辨清楚了；内室有礼，父、子、孙三代就和睦了；朝廷上有礼，官职爵位尊卑就井然有序了；田猎时有礼，战事上就娴熟；军队里有礼，作战时就能取得胜利。因此，公室的规模符合一定的制度，鼎俎等礼器大小符合一定的形制，万物能适时生长，音乐能符合节奏，车辆符合规格，鬼神得到供享，丧葬中能表达哀思，辩论中有拥护者，官吏们做事得体，政事就能够顺利施行。把礼施加于自身并放在最前面，各种举动都能恰到好处。"言游退到一旁。

子张上前问道："请问什么是礼？"孔子说："礼就是对事情的处理方法。君子做事，一定要有自己的方法。治理国家没有礼，就如同盲人没有了扶助之人，迷茫而不知向何处去。就像整夜在黑暗的屋子里求索，没有烛光能看见什么呢？因此，没有了礼，手脚都不知道放在什么地方，耳和眼也不知听到什么、看到什么,进退揖让都没有了尺度。这样,居家处理日常事务,就会长辈、晚辈没有分别,家庭里父、子、孙三代不能和睦相处,朝廷上的官职爵位就失去了秩序,田猎和战事缺少谋策,军队作战失去了控制,公室规模不合制度,鼎俎等礼器不合制式,万物生长错过合适的时节,音乐不符合节奏,车辆不符合规格,鬼神得不到供享,丧葬不能表达哀思,辩说没有应和之人,官吏们做事不得体。不能把礼施加于自身并放在最前面,各种举动都不合时宜。这样就无法聚合天下的民众了。”

孔子说:“你们三个仔细听着!我告诉你们:礼还有九项,其中大飨就有四项。如果知道这些,即使是田里种田的农夫,只要按礼而行,也能成为圣人。两国国君相见,互行揖礼谦让而进入大门。进门时悬挂的钟磬开始演奏。互相拱手谦让着登上大堂,升堂后钟磬之声停止。堂下奏起管乐,跳起《象》这样的武舞,《夏》这样的文舞也伴随着籥声按照顺序出场;陈列进献的贡品,礼乐依次进行,官员安排齐备。这样一来,君子就能懂得仁爱。行动周旋合乎规矩,迎宾时,车上的铃声和着《采荠》之乐。宾客离开时奏《雍》,撤宴席时奏《振羽》。因此,君子没有什么事情不符合礼。进门时敲击乐器,表达彼此的友情;升堂时演唱《清庙》,以昭示德行;堂下奏管乐,跳武舞,为的是表现祖先的事功。所以,古代君子不必亲口交谈,用礼乐就可以相互传达情意。礼,就是道理。乐,就是节制。不合礼的事不做,不合节的事不干。不懂得《诗》,礼节上就会出错;不懂得乐,行礼时就显得单调。德行寡薄,行礼就变得虚伪。”

子贡站起来问道:“这么说,夔精通乐却不通礼吗?”孔子说:“夔是古时代的人啊!对于上古的人来说,精通礼而不通晓乐,叫做素;精通乐而不通晓礼,叫做偏。夔精通乐却不通晓礼,所以流传此名。他是古代的人呀!各种制度都存在于礼的规定之中,行为修饰在礼的规定之中,具体实行起来还是靠人自己吧。”三个弟子听到孔子这番话后，眼前一亮，如同盲人复明一样。

［原文］

子夏侍坐于孔子，曰：“敢问《诗》云‘恺悌君子，民之父母[①]’，何如斯可谓民之父母？”孔子曰：“夫民之父母，必达于礼乐之源，以致五至而行三无，以横于天下。四方有败[②]，必先知之。此之谓民之父母。”

子夏曰：“敢问何谓五至？”孔子曰：“志之所至，诗亦至焉[③]；诗之所至，礼亦至焉；礼之所至，乐亦至焉；乐之所至，哀亦至焉。诗礼相成，哀乐相生，是以正明目而视之，不可得而见；倾耳而听之，不可得而闻。志气塞于天地，行之充于四海。此之谓五至矣。”

子夏曰：“敢问何谓三无？”孔子曰：“无声之乐，无体之礼，无服之丧，此之谓三无。”子夏曰：“敢问三无何诗近之？”孔子曰：“‘夙夜基命宥密[④]’，无声之乐也；‘威仪逮逮，不可选也[⑤]’，无体之礼也；‘凡民有丧，扶伏救之[⑥]’，无服之丧也。”

子夏曰：“言则美矣大矣！言尽于此而已乎[⑦]？”孔子曰：“何谓其然？吾语汝，其义犹有五起焉。”子夏曰：“何如？”孔子曰：“无声之乐，气志[⑧]不违；无体之礼，威仪迟迟[⑨]；无服之丧，内恕孔悲[⑩]。无声之乐，所愿必从；无体之礼，上下和同；无服之丧，施及万邦。既然，而又奉之以三无私而劳天下，此之谓五起。”

子夏曰："何谓三无私？"孔子曰："天无私覆，地无私载，日月无私照。其在《诗》曰：'帝命不违，至于汤齐。汤降不迟，圣敬日跻。昭假迟迟，上帝是祗，帝命式于九围。⑪'是汤之德也。"子夏蹶然⑫而起，负墙而立，曰："弟子敢不志之！"

[注释]

① 恺(kǎi)悌(tì)君子，民之父母：语出《诗·大雅·泂酌》。恺悌，平易近人，性情随和。　② 败：灾祸。　③ 志之所至，诗亦至焉：孙希旦曰："在心为志，发言为诗，既有忧民之心存于内，则必有忧民之言形于外，故诗亦至焉。"　④ 夙夜基命宥密：语出《诗·周颂·昊天有成命》。王肃注："夙夜，恭也。基，始也。命，信也。宥，宽也。密，宁也。言以(以，四库本、同文本作'已')行与民信。五教在宽，民以安宁，故谓之无声之乐也。"　⑤ 威仪逮(dì)逮，不可选(suàn)也：语出《诗·邶风·柏舟》。威仪，态度容貌。逮逮，今本《毛诗》作"棣棣"，雍容娴雅。选，借为"算"，数。　⑥ 凡民有丧，扶伏救之：语出《诗·邶风·谷风》。扶伏，今本《毛诗》作"匍匐"，意为爬行，说明急切的情形。

⑦ 乎：原无，据四库本、同文本补。　⑧ 志：四库本、同文本作"至"。　⑨ 迟迟：从容不迫貌。　⑩ 内恕孔悲：恕，用自己的心推想别人的心。孔，大。悲，四库本、同文本作"哀"。　⑪ 帝命不违……帝命式于九围：语出《诗·商颂·长发》。"帝命不违，至于汤齐"，王肃注："至汤兴，天心齐。""汤降不迟，圣敬日跻"，王肃注："不迟，言疾。跻，升也。汤疾行下人之道，其圣敬之德日升闻也。""昭假迟迟，上帝是祗"，王肃注："汤之威德，昭明遍至，化行宽舒，迟迟然，故上帝敬其德。""帝命式于九围"，王肃注："九围，九州也。天命用于九州，谓以为天下王。"跻，玉海堂本作"齐"。　⑫ 蹶(jué)然：疾起的样子。

[通解]

子夏陪坐在孔子身边，说："请问，《诗》说：'平易近人的君子，他是百姓的父母'，怎么样才能称得上是百姓的父母呢？"孔子说："百姓的父母，必须通晓礼乐的来源，以达到'五至'而实行'三无'，并用以施行到全天下。任何地方发生了灾祸,必须首先知道,这样才能称得上是百姓的父母。”

子夏说:“请问什么叫做五至?”孔子说:“有忧民之心,诗也会有所反映;诗要表达的,礼也会有所体现;礼要表达的,乐也会有所表现;乐所表现的,哀也会随之体现。诗与礼相辅相成,哀与乐交相产生,因此,五至睁大眼睛看也看不见,竖起耳朵听也听不见。这种志气充塞于天地之间,实行起来又遍及天下,这就叫做五至。”

子夏说:“请问什么叫做三无?”孔子说:“没有声音的音乐,没有仪式的礼节,没有丧服的丧事,这就叫做三无。”子夏说:“请问什么诗句与三无的意思最接近呢?”孔子说:“‘早晚恭敬,宽以待民,民得安宁’,这是无声之乐;‘仪表庄严,雍容娴雅,不可胜数’,这是没有仪式的礼;‘凡是百姓有丧亡,急急忙忙去帮助’,这是没有丧服的丧事。”

子夏说:“您的话真是太美妙太伟大了,您就言尽于此了吗?”孔子说:“怎么能这样说呢?我告诉你,它的意义还有五个方面呢。”子夏说:“怎么样呢?”孔子说:“没有声音的音乐,心志不违民心;没有仪式的礼仪,态度从容不迫;没有丧服的丧事,推己及人,非常伤心。没有声音的音乐,心想事成;没有仪式的礼仪,上下融洽;没有丧服的丧事,将德行施于天下。如此,再遵照三无私的精神来治理天下,这就叫做五起。”

子夏说:“什么叫做三无私呢?”孔子说:“天无私地覆盖大地,地无私地承载万物,日月无私地照耀天下,这种精神体现在《诗》里说:‘天帝之命不可违抗,到了商汤兴起,天心齐一。商汤疾行天下之道,其圣敬谨德的名声日大。商汤威德遍照天下,化行宽舒,上帝敬佩其德行,命其治理九州。’这是商汤的德行。”子夏猛然站起来,靠墙立着,说:“弟子怎敢不牢记这番教诲呢?”

卷第七

观乡射第二十八

［序说］

本篇由三部分组成，三者所论虽非一事，却都是孔子观礼后对礼义的阐发，体现了孔子“一以贯之”的教化思想，即通过礼乐教化，实现“王道荡荡”的理想。

第一部分，记孔子观看乡射礼后，大有感慨，遂退而亲自与弟子共同演习。不论是孔子还是孔子弟子子贡等人的言说，都体现了孔门儒家对礼义的重视。乡射礼为五礼中的嘉礼之一部分。《周礼・地官・乡大夫》曰：“退而以乡射之礼五物询众庶，一曰和，二曰容，三曰主皮，四曰和容，五曰兴舞。”据孔疏，此五者多为六艺六德之属，是乡射礼所包含的深层意义。

《礼记・射义》曰：“射者进退周还必中礼。内志正，外体直，然后持弓矢审固，持弓矢审固，然后可以言中。此可以观德行矣。”又曰：“射者，男子之事也，因而饰之以礼乐也。故事之尽礼乐而可数为以立德行者，莫若射，故圣王务焉。”此节中所言“射之以礼乐”与之相应。

射礼对射者的要求是相当高的。《射义》云：“射者，仁之道也。射求正诸己，己正而后发，发而不中则不怨胜己者，反求诸己而已矣。孔子曰：‘君子无所争，必也射乎！揖让而升，下而饮，其争也君子。’”此节子路、公罔之裘、序点等对“奔军之将”“亡国之大夫”“与为人后者”的态度，都体现了这一点。射礼可以培养君子人格和仁德之心。孔子在演习乡射礼时的做法，或许正是《周礼》所谓的“以乡射之礼五物询众庶”。此处的记述又分见于《礼记》之《郊特牲》和《射义》两篇。

第二部分，记孔子观看乡饮酒礼后，认为由此而知以仁义德政为核心的王道很容易推行，因为乡饮酒礼的仪节中蕴含着五条礼义，即“贵贱既明，降[隆]杀既辨，和乐而不流，弟长而无遗，安燕而不乱”。此事又见于《礼记·乡饮酒义》和《荀子·乐论》而文字稍异。《乡饮酒义》孔疏谓乡饮酒“凡有四事：一则三年宾贤能，二则乡大夫饮国中贤者，三则州长习射饮酒也，四则党正蜡祭饮酒。总而言之，皆谓之乡饮酒”。《乡饮酒义》还提到了“致尊让”“致洁”“致敬”，又说“民知尊长养老，而后乃能入孝悌；民入孝悌，出尊长养老，而后成教；教成而后国可安也”。《射义》说：“乡饮酒之礼者，所以明长幼之序也。”皆可与本篇所述五条礼义相互发明。

第三部分，记孔子与子贡观蜡祭的谈话。孔子对蜡祭所包含的深意的理解，体现了他的政治思想和王道主张。治理国家应该宽严有度，有张有弛，是孔子对先王之道的继承与发挥。此则记载又见于《礼记·杂记下》。

[原文]

孔子观于乡射①，喟然叹曰：“射之以礼②乐也，何以射？何以听③？循声而发④，而不失正鹄⑤者，其唯贤者乎？若夫不肖之人，则将安能以求饮⑥？《诗》云：‘发彼有的，以祈尔爵⑦。’祈，求也。求所中，以辞爵⑧。酒者，所以养老，所以养病⑨也。求中以辞爵，辞其养也。是故士使之射而弗能，则辞以病，悬弧之义⑩。”

于是退而与门人习射于矍相之圃⑪，盖观者如墙堵⑫焉。试射至于司马，使子路执弓矢，出列延⑬，谓射之者曰：“奔军之将⑭，亡国⑮之大夫，与为人后者⑯，不得入，其余皆入。”盖去者半。

又使公罔之裘、序点⑰扬觯⑱而语曰：“幼壮孝悌⑲，耆老⑳好礼，不从流俗㉑，修身以俟死者，在此位。”盖去者半。

序点又㉒扬觯而语曰：“好学不倦，好礼不变，耄期称道而不乱者㉓，则㉔在此位。”盖仅有存焉。

射既阕㉕，子路进曰：“由与二三子者之为司马，何如？”孔子曰：“能用命㉖矣。”

［注释］

① 乡射：古代的射礼之一。其制有二：一为州长于春秋两季在州序（即州之学校）以礼会民；一为乡大夫三年大比，献贤能之士于君，行乡射之礼。射礼前先行饮酒礼。而《仪礼·乡射礼》贾公彦疏引郑玄《三礼目录》云：“州长春秋以礼会民而射于州序之礼。谓之乡者，州，乡之属，乡大夫在焉，不改其礼。”是以其制一也，可备一说。 ② 礼：四库本、同文本无。 ③ 听：聆听音乐的节奏。古时行射礼时皆配以音乐。 ④ 循声而发：原作“修身而发”，据四库本、同文本、《礼记》改。循声指射箭时依循音乐节奏而发射。 ⑤ 而不失正鹄（gǔ）：正鹄，即箭靶的中心。王肃注：“正鹄，所射者也。”不确。箭靶名为“侯”，以布为之，其侧饰以虎豹熊麋之皮。侯中谓之鹄，鹄中谓之正，正中谓之质，质亦称的。射者以射中靶心为胜。四库本、同文本无“而”字。 ⑥ 求饮：祈求射中。《礼记·射义》作“中”。饮，没也，即箭深入所射之物。见《文选·左思〈吴都赋〉》“应弦饮羽”吕向注。有注为要别人饮罚酒，即中的者，实是曲解。 ⑦ 发彼有的，以祈尔爵：语出《诗·小雅·宾之初筵》。发，发射，射箭。彼，那。有，语助词，无实义。的，靶心。王肃注：“的，实也。祈，求也。言发中的（的，四库本、同文本作‘者’）以求饮尔爵也。胜者饮不胜者。”爵，古酒器。 ⑧ 以辞爵：王肃注：“饮彼则己不饮，故曰以辞爵也。” ⑨ 所以养老，所以养病：养，奉养。老，老人。病，病人。 ⑩ 悬弧之义：王肃注：“弧，弓也。男子生则悬弧于其门，明必有射事也。而今不能射，唯病（病，四库本、同文本作‘疾’）可以为辞也。” ⑪ 矍（Jué）相之圃：矍相，古地名，在今山东曲阜市

内阙里孔庙西。圃，种植瓜果蔬菜的园地，周围常无桓篱。 ⑫ 墙堵：原作“堵墙”，今从四库本、同文本改。 ⑬ 试射至于司马，使子路执弓矢，出列延：王肃注：“子路为司马，故射至，使子路出延射。”试，演习，练习。司马，此处非官职之称，乃乡射礼时监督礼仪之人。《仪礼·乡射礼》“司正为司马”郑玄注：“兼官，由便也。”多由大夫、士之吏充担，射礼之前，为司正，行酒事；将射之时，改任司马，行射事。延，邀请。试，原无，据四库本、同文本补。 ⑭ 奔军之将：败军之将。奔，与“贲”“偾（fèn）”通。奔军，《礼记·射义》作“贲军”，郑玄注曰：“贲，读为偾。偾犹覆败也。” ⑮ 亡国：被灭的诸侯国。 ⑯ 与为人后者：即不顾自己身份而甘愿做别人后嗣的人。王肃注：“人已有后而又为人后，故曰与为人后也。”者，四库本、同文本无。 ⑰ 公罔之裘、序点：似皆孔子弟子，然皆不见于其他记载。 ⑱ 扬觯（zhì）：扬，举。觯，酒器。王肃注：“先行射，乡饮酒，故二人扬觯。” ⑲ 悌：四库本、同文本作“弟”，二字通。 ⑳ 耆（qí）老：年老。耆，古代六十岁为耆。 ㉑ 流俗：指当时流行而不符合礼的风俗。 ㉒ 又：原无，据四库本、同文本补。 ㉓ 耄（mào）期称道而不乱者：九十曰耄，百岁为期，参见《书·大禹谟》“耄期倦于勤”蔡沈集传。称，称述，颂扬。道，王道。乱，不合礼仪。《荀子·不苟》：“非礼义之谓乱也。”一说乱为惑乱，亦可通。王肃注：“八十九十曰耄。言虽老而不称，解道而不乱也。” ㉔ 则：原无，据四库本、同文本补。 ㉕ 阕（què）：终，止。 ㉖ 用命：服从命令，效命。这里有胜任的意思。

［通解］

孔子观看了乡射礼后，长叹道：“射箭要合于礼仪和音乐。射箭者怎么射？怎么听？合着音乐的节奏将箭射出，而又能射中靶心的，恐怕只有贤能的人才能做到吧！如果是不肖之人，那又怎能射中呢？《诗》说：‘射箭对准那个靶心，祈求罚你将酒饮。’祈求射中目标，就是为了使自己免受罚酒。酒，是用来奉养老人和病人的。祈求射中而免受罚酒，就是辞谢别人的奉养。所以，让士射箭而他不能去，那就要以疾病为由去推辞。因为男子生来就是应该会射箭的,这就是在家门口悬挂弓的意义。”

于是,孔子回来与弟子们在矍相之圃演习乡射礼,围观的人围得跟一堵墙似的。射礼行至司正转为司马时,孔子让子路拿着弓箭出列来邀请射箭的人,说道:“败军之将,亡国的大夫,和甘愿做别人后嗣的人,不准入内。其余的人都可以进来。”围观的人听后走了一半。

孔子又让公罔之裘和序点举起酒杯说道:“小时候和二三十岁时能孝顺父母、尊敬兄长,六七十岁时仍能爱好礼仪,不盲从流俗,修养身心直至老死,这样的人才有资格在射位。”围观的人又走了一半。

序点又举起酒杯说道:“爱好学习而不厌倦,爱好礼仪永不改变,八九十岁乃至百岁仍能称述王道而合乎礼仪的人,才有资格留在射位。”结果围观的人已经所剩无几了。

射礼结束后,子路上前问孔子说:“我仲由和他们几位担任司马,做得怎么样?”孔子说道:“你们能够胜任。”

[原文]

孔子曰:“吾观于乡①,而知王道之易易②也。主人亲速宾及介③,而众宾④从之,至于正门之外,主人拜宾及介,而众宾⑤自入,贵贱之义别矣。三揖⑥至于阶,三让⑦,以宾升。拜至⑧,献⑨,酬⑩,辞让之节繁。及介升,则省矣。至于众宾,升而受爵⑪,坐祭⑫,立饮⑬,不酢⑭而降,隆杀之义⑮辨矣。工⑯入,升歌三终,主人献宾⑰。笙入三终,主人又献之⑱。间歌三终⑲,合乐三阕⑳,工告乐备而遂出㉑。一人扬觯,乃立司正㉒。焉知其能和乐而不流也㉓。宾酬主人,主人酬介,介酬众宾,宾㉔少长以齿，终于沃洗[25]者。焉知其能弟[26]长而无遗矣。降，脱屦[27]，升坐[28]，修爵无算[29]。饮酒之节，旰不废朝，暮不废夕[30]。宾出，主人拜[31]送，节文终遂[32]。焉知其能安燕而不乱[33]也。贵贱既明，降杀[34]既辨，和乐而不流，弟长而无遗，安燕而不乱。此五者，足以正身安国矣，彼国安而天下安矣。故曰：'吾观于乡，而知王道之易易也。'"

［注释］

① 乡：乡饮酒礼。乡射时乡大夫、州长党正等于将射前行饮酒礼。

② 易易：甚易。《礼记·乡饮酒义》孔疏曰："不直云易而云易易者，取其简易之意，故重言易易，犹若《尚书》'王道荡荡''王道平平'，皆重言取其语顺故也。"郑注曰："易，和说也。"误。　③ 主人亲速宾及介：速，敦促，敦请。王肃注："速，召。"《礼记·乡饮酒义》郑注曰："速，谓即家招之。"宾，主宾，正宾。介，宾的副手。郑注曰："介，宾之辅。饮酒之礼，贤者为宾，次者为介。"　④ 众宾：从宾，地位低于主宾及副宾。四库本、同文本此后有"皆"字。　⑤ 宾：原无，据四库本、同文本补。　⑥ 揖：古代宾主相见的礼节。段玉裁《说文解字注》："推手曰揖，引手曰厌。推者，推之远胸；引者，引之箸胸。"　⑦ 让：谦让。

⑧ 拜至：拜谢宾客的到来。　⑨ 献：主人进酒于宾。　⑩ 酬：主人先自饮，劝宾饮酒。　⑪ 升而受爵：指众宾登上西阶接受主人献酒。　⑫ 祭：指祭酒，古时饮酒之前必先以酒敬神。《释名补遗附韦昭〈辨释名〉》曰："祭酒，凡会同飨燕，必尊长先用，先用必以酒祭先，故曰祭酒。"　⑬ 立饮：站着饮酒。　⑭ 酢：客以酒回敬主人。

⑮ 隆杀（shài）之义：隆，隆重之义。杀，减，降。见《荀子·礼论》"以隆杀为要"杨倞注。原脱"隆"字，据《礼记·乡饮酒义》、《荀子·乐论》及四库本、同文本改。　⑯ 工：乐正。见郑玄《礼记·乡饮酒义》此句注。下"工"同此。　⑰ 升歌三终，主人献宾：王肃注："记曰：'主人献之。'于义不得为宾也。下句'笙入三终，主又献之'是也。歌《鹿鸣》《四牡》《皇皇者华》三篇终，主人乃献之是也。"　⑱ 笙入三终，主人又献之：王肃注："吹《南陔》《白华》《华黍》三篇终，主人献也。"

⑲ 间歌三终：间，相间代，指堂上堂下，一歌一笙，相代而作。王肃注："乃歌《鱼丽》，笙《由庚》；歌《南有嘉鱼》，笙《崇丘》；歌《南山有台》，笙《由仪》也。" ⑳ 合乐三阕：王肃注："合笙声同其音，歌《周南》《召南》三篇也。" ㉑ 工告乐备而遂出：王肃注："乐正既告备而降，言遂出，自此至去，不复升也。" ㉒ 一人扬觯，乃立司正：王肃注："宾将欲去，故复使一人扬觯。乃立司正，主威仪，请安宾也。" ㉓ 焉知其能和乐而不流也："焉"或连上为句。下二"焉"亦同。然据朱彬《礼记训纂》焉字下属为句，并引刘台拱曰："焉，语辞。犹于是也。"应以此为胜。和，和谐。乐，欢乐。流，放肆失礼。也，原无，据四库本、同文本补。 ㉔ 宾：四库本、同文本无。 ㉕ 沃洗：沃，浇水以洗手。洗，指以水洗爵。 ㉖ 弟：少，年纪小。见《礼记·乡饮酒义》孔疏。 ㉗ 屦（jù）：鞋子。多为麻、葛做成。四库本、同文本作"履"。 ㉘ 坐：四库本、同文本作"座"。 ㉙ 修爵无算：修爵，即互相劝酒。无算，指不记杯数。 ㉚ 旰（gàn）不废朝，暮不废夕：旰，早上，王肃注："旰，晨饮早哺。废，罢。"朝，早朝。暮，傍晚。夕，傍晚朝见君王。见俞樾《群经平议·春秋左传三》"子我夕"句按语："人臣见于君，朝见谓之朝，莫见谓之夕。" ㉛ 拜：原作"迎"，据四库本、《礼记·乡饮酒义》改。 ㉜ 节文终遂：节文，指礼仪。终遂，结束。遂，终也。见韦昭《国语·晋语四》"不遂其媾"注。 ㉝ 安燕而不乱：安闲而不失礼。安，安闲。燕，亦是安义。可参见本书《正论解第四十一》"《大雅》所谓'诒厥孙谋，以燕翼子'"王肃注。 ㉞ 降杀：降，应作"隆"。

[通解]

孔子说："我看了乡饮酒礼，就知道王道是很容易推行的。行礼之前，主人亲往主宾和副宾的家里邀请，而其他从宾则跟随而来。到了主人家的正门外，主人拜迎主宾和副宾，然后揖请从宾入内。这样尊贵和卑贱就区别开了。主人和主宾彼此三揖而至堂阶前；相互三让，然后主人先升东阶，主宾升自西阶；主人又在堂上拜迎主宾的到来，主宾答拜；主人酌酒献给主宾，主宾饮毕，酌酒回敬主人；然后主人再先自饮，再酌酒劝主宾饮用,彼此谢辞谦让的礼节相当繁缛。及至主人与副宾相互揖让升堂,礼节就减省了很多。至于从宾,只是登阶接受主人的献酒,坐着祭酒,站着喝酒,而不必酌酒回敬主人。而礼节的隆重与减等就分得很清楚了。乐正领着乐工进来,在堂上演唱了三首歌,主人献酒给他们;吹笙的乐工在堂下演奏三首乐曲,主人献酒给他们;然后堂上和堂下的乐工相互交替地一吹一唱,各演出三首诗歌,最后一吹一唱地合起来同时相和演出,各自三首,于是乐正报告音乐已经齐备就带领乐工退下堂去。这时主人的一个下属举起酒杯以示大家可以饮酒了,大家便推举一人为司正监礼。由此可知,乡饮酒礼能使人和谐欢乐而不放肆。主宾先自饮,然后劝主人饮酒,主人先饮以劝副宾饮,副宾自饮来劝从宾饮,从宾则按年龄大小依次饮酒,直至负责盥洗的人为止,都有酒喝。由此可知,乡饮酒礼时不论年龄大小都不会遗漏。接着,大家都走下堂来,脱掉鞋子,然后再登堂就座,彼此敬酒,不计杯数。饮酒的限度是早上不至耽误早朝,晚上不至耽误晚朝。饮酒结束,宾客离去,主人要拜送,至此礼仪就全部完成了。由此可知,乡饮酒礼能够使大家安乐而不失礼。地位的尊贵和卑贱分明了,礼节的隆重和减省区别了,和谐欢乐而不放肆,老少都不遗漏,安乐而不失礼。有了这五个方面,就足以修正身心而安定国家了,国家安定,天下也就安定了。因此我说:'我观看了乡饮酒礼,就知道王道的推行是很容易的。'"

[原文]

子贡观于蜡①。孔子曰:"赐也,乐乎?"对曰:"一国之人皆若狂②,赐未知其为乐也。"孔子曰:"百日之劳,一日之乐,一日之泽,非尔所知也③。张而不弛④,文武⑤弗能;弛而不张,文武弗为。一张一弛，文武之道也。”

[注释]

① 蜡(zhà)：祭祀名称，周代每年十二月举行，祭百神。《礼记·郊特牲》：“蜡也者，索也，岁十二月，合聚万物而索飨之也。”又《周礼·地官·党正》记载：“国索鬼神而祭祀，则以礼属民而饮酒于序。”王肃注：“蜡，索也。岁十有二月，索群神而祀之，今之腊也。”应该是，在十二月求索并会聚各种鬼神来一起祭祀，谓之蜡祭，行蜡祭时还当聚集民众于学校以行饮酒礼。 ② 狂：王肃注：“言醉乱(乱，四库本、同文本作‘酒’)也。” ③ 百日之劳，一日之乐，一日之泽，非尔所知也：王肃注：“古民皆勤苦稼穑，有百日之劳，喻久也。今一日使之饮酒焉，乐之，是君之恩泽也。”百日，概数，言相当多的时间，此处应是泛指一年。 ④ 张而不弛：张，拉紧弓弦，开弓。《诗·小雅·吉日》：“既张我弓，既挟我矢。”引申为紧，紧张。弛，放松弓弦。《说文》：“弛，弓解也。”引申为缓和，松弛。 ⑤ 文武：指周文王、武王。

[通解]

子贡观看年终的蜡祭。孔子问道：“端木赐啊，你觉得有乐趣吗？”子贡答道：“全国的人都像发了疯似的，我不理解这有什么乐趣。”孔子说：“他们辛苦了一年，才享受这一天的快乐，得到一天的恩泽，这不是你所能理解的。总是紧张而不放松，即使周文王、武王都做不到；总是放松而不紧张，那又是周文王、武王所不愿做的。既紧张又放松，这才是周文王、武王治理天下之道啊！”

郊问第二十九

[序说]

周代的郊天之礼是指在南郊举行的祭祀昊天上帝的礼

仪,其最尊者为冬至圜丘祭昊天和启蛰南郊祭上帝祈谷,至春秋后期,人们对这种祭礼不甚明了,鲁定公因此求教于孔子。由此,孔子论述了郊祭的意义、功用及具体的礼仪。本篇因以"郊问"为名。

孔子十分重视郊天之礼,在他看来,郊天之礼是周天子所单独享有的特权,最能体现周天子的至尊地位。孔子认为,郊天之礼最能体现统治秩序,无论是总体规格,还是具体所用的牲器、服饰、禁忌、仪式,都明显高于其他祭祀,蕴含着强烈的等级观念,能够起到"示民严上"的教化作用。鲁国作为周代的诸侯国,礼仪上应该"降杀于天子",所以鲁国没有冬至日郊天之礼。

在周代,祭祀可因目的不同分为三类,即"祭有祈焉,有报焉,有由辟焉"。郊天之礼也因此可分为两类:冬至日郊天应属于报祭,启蛰月郊天应属于祈祭。孔子对报祭比较重视,他反复指出最隆重的郊天之礼也只是一种"报本反始"的纪念活动,这与孔子一贯主张的"祭祀不祈"的观点是一致的。

本篇又见于《礼记·郊特牲》,两篇在论述郊天礼的时间、牲器、服饰方面比较一致,只是本篇有定公与孔子的问答语境,对天子之郊的礼仪所记更为具体,对其中蕴含的等级观念阐发更细。另外,篇中还有见于《礼记·礼器》的内容。

目前,关于周代的郊天之礼,学术界还有较多争议,如对于郊天的具体地点、时间与用牲等,都有不同看法。此外,对于鲁国是否拥有郊天之礼,或者说鲁国的郊天之礼是否属于僭越,自汉儒以来,便开始了无休止的争论。本篇对于郊天礼、孔子祭祀观以及《家语》与王肃关系的研究,都具有重要价值。《家语》载孔子主张鲁惟一郊,即祈谷之郊。而《礼记·郊特牲》孔颖达疏曰:"鲁之郊祭,师说不同:崔氏、皇氏用王肃之说，以鲁冬至郊天，而建寅之月又郊以祈谷。”《家语》与王肃观点截然不同。由此可见，王肃伪造《家语》说显然不能成立。

[原文]

定公问于孔子曰：“古之帝王，必郊祀①其祖以配天②，何也？”孔子对曰：“万物本于③天，人本乎祖。郊之祭也，大报本④反始⑤也，故以配上帝⑥。天垂象⑦，圣人则之，郊所以明⑧天道⑨也。”

[注释]

① 郊祀：古代祭礼，在郊外祭天或祭地。祭天之礼，其最尊者为冬至圜丘祭昊天，启蛰南郊祭上帝祈谷。祭地之礼，其最尊者为夏至方丘之祭，其次为北郊祭地。 ② 配天：祭祀时以先祖配享祭天。 ③ 于：玉海堂本作“乎”。 ④ 大报本：崇尚报答本始。大，尊大，崇尚，以……为大。报，报答。《诗·卫风·木瓜》：“投我以木瓜，报之以琼琚。”本，事物的根源或根基。《论语·学而》：“君子务本，本立而道生。” ⑤ 反始：回返本源，反思由来。反，同“返”。 ⑥ 上帝：朱熹《诗集传》卷十一《小雅·正月》注曰：“上帝，天之神也。程子曰：‘以其形体谓之天，以其主宰谓之帝。’”现代许多学者多以为“上帝”与“天”有同一性也有相异性，就同一性而言，天与上帝可以说是二位一体的。就相异性来说，在人格化方面、权限方面差别很大。 ⑦ 垂象：悬垂天象。垂，悬垂，垂下。象，天象。指天文、气象等方面的现象表现，如日月星辰的运行。《书·胤征》：“昏迷于天象。” ⑧ 明：显明，表明。《荀子·非相》：“譬称以喻之，分别以明之。”《国策·齐策》：“王曰：‘此不叛寡人明矣，曷为击之？’” ⑨ 天道：与“人道”相对。原指日月星辰等天体运行现象和过程。在古代，一般认为这是神的意志的体现，如《书·汤诰》：“天道福善祸淫，降灾于夏。”也有的认为这是一种不体现任何意志的自然现象，如王充《论衡》：“夫天道，自然也，无为。”也有的用指自然规律，如王夫之《思问录·内篇》：“以人道率天道。”

[通解]

鲁定公向孔子询问说：“古时的帝王一定要郊祭祖先，

以让他们配享上天。这是为什么？”孔子回答说：“万物来源于上天，人来源于祖先。郊祭，就是表示崇尚报答本始、回顾本源的活动，所以要用祖先配享上帝。天上悬垂着日月等天象，各有运行法则，圣人就效法这些天象，郊祭就是为了显明天道的。”

［原文］

公曰：“寡人闻郊而莫同，何也？”孔子曰：“郊之祭也，迎长日①之至也。大报天而主日②，配以月③，故周之始郊，其月以日至④，其日用上辛⑤；至于启蛰之月，则又祈谷于上帝⑥。此二者，天子之礼也。鲁无冬至大郊之事，降杀⑦于天子，是以不同也。”

公曰：“其言郊，何也？”孔子曰：“兆丘于南，所以就阳位也，于郊，故谓之郊焉⑧。”

曰：“其牲器⑨何如？”孔子曰：“上帝之牛角茧栗⑩，必在涤⑪三月，后稷之牛唯具⑫，所以别事天神与人鬼也。牲用骍⑬，尚⑭赤也；用犊，贵诚也⑮。扫地而祭，贵其质也⑯。器用陶匏⑰，以象天地之性也⑱。万物无可⑲称⑳之者，故因其自然之体㉑也。”

［注释］

① 长日：指冬至日。王肃注：“周人始以日至之月，冬日至而日长。”

② 主日：把日作为祭祀的主神。　③ 配以月：把月作为祭祀的配享者。　④ 日至：指冬至日这一天。　⑤ 上辛：农历每月上旬的辛日。辛，天干的第八位。　⑥ 至于启蛰之月，则又祈谷于上帝：王肃注：“祈，求也。为农祈（祈，四库本、同文本作‘求’）谷于上帝。《月令》：孟春之月，乃以元日祈谷于上帝。兼无仲冬大郊之事，至于祈农，与天子同。故《春秋传》曰：夫郊祀后稷，以祈农事也。是故启蛰而

郊，郊而后耕（四库本、同文本此后有‘也’字）。而说（说，四库本、同文本无，当是）学者不知推经礼之指归，皮肤妄说，至乃颠倒神祇，变易时日，迁改兆位，良可痛心者也。”启蛰，节气名，今称惊蛰。杜预注：“启蛰，夏正月建寅之月。” ⑦ 降杀（shài）：指鲁国为周代诸侯国，礼节上不能和周天子相同，应有所减损。降，降低。杀，降等，减少。 ⑧ 兆丘于南，所以就阳位也，于郊，故谓之郊焉：王肃注：“兆丘于南，谓之圜丘兆之（之，四库本、同文本无）于南郊也。然则郊之名有三焉，筑为圜丘以象天自然，故谓之圜丘。圜丘人之（人之，原作‘之人’，据四库本、同文本改）所造，故谓之泰坛。于南郊在南说，学者谓南郊与圜丘异。若是，则《诗》《易》《尚书》谓之圜丘也，又不通。泰坛之名，或乃谓《周官》圜丘。虚妄之言，皆不通典制也（也，四库本、同文本无）。”兆，祀神祭坛的界域。《周礼・春官・肆师》：“掌兆中、庙中之禁令。”此处作动词用，划定区域设坛祭祀。丘，小山，土堆。南，南面的郊区。就，靠近。 ⑨ 牲器：祭祀用的牺牲和器具。 ⑩ 茧栗：谓小牛的角初生时状如蚕茧和栗子。茧栗之牛是祭祀昊天上帝用牲的标准。《国语・楚语下》：“郊禘不过茧栗，烝尝不过把握。” ⑪ 涤（dí）：王肃注：“涤，所以养牲处（处，原作‘具’，据四库本改）。”涤，古指养祭牲之室。《公羊传》宣公三年：“帝牲在于涤三月。”何休注：“涤，宫名，养帝牲三牢之处也。谓之涤者，取其荡涤洁清。” ⑫ 后稷之牛唯具：王肃注：“别祀稷时，牲亦刍之三月，配天之时献，故唯具之也。”后稷，周人的始祖，名弃。舜任命弃“汝后稷，播时百谷”。具，完备。《文选・张衡〈东京赋〉》：“礼举仪具。”薛综注：“具，足也。”此处指祭祀后稷的牛形体、毛色完备。 ⑬ 骍（xīn）：赤色马。即今之红栗毛和金栗毛马。《诗・鲁颂・閟》：“享以骍牺。”《诗・鲁颂・駉》：“有骍有骐。”毛传：“赤黄曰骍。”亦指祭祀用的赤色牲。此处指赤色牛。 ⑭ 尚：崇尚。 ⑮ 用犊，贵诚也：王肃注：“犊质悫，贵诚之美也。” ⑯ 扫地而祭，贵其质也：王肃注：“地，圜丘之地。扫焉而祭，贵其质也。”贵，原作“于”，据四库本、同文本改。 ⑰ 陶匏（páo）：陶器和匏瓜做成的器皿。 ⑱ 以象天地之性也：王肃注：“人之作物，无可称之，故取天地之性，以自然也。”之，四库本、同文本无。 ⑲ 无可：四库本、同文本此后有“以”字。 ⑳

称(chèn):适合,相符。 ㉑ 自然之体:自然的本性,天性。

[通解]

定公问:“我听说郊外祭天有不同的形式,这是为什么呢?”孔子回答说:“郊外祭天,是为了迎接长日的到来。这是盛大地回报上天恩赐的祭祀,因而以日为受祭的主神,以月为配享者。所以周代开始郊祭时,选择了冬至日所在的月份,把日期定在这月上旬的辛日。到了启蛰所在的月份,又祭祀上帝以祈求谷物丰收。这两种祭天都是天子的礼仪。鲁国没有冬至日盛大的郊外祭天礼仪,作为周代诸侯国,鲁国礼仪上比周天子应该有所减损,所以出现了不同。”

定公问:“把它称作郊祭,这是为什么呢?”孔子回答说:“在国都南郊界定区域设坛祭天,这是为了接近阳位,在郊外举行,所以称为郊祭。”

定公又问:“南郊祭天时用的牺牲和器具又是怎样的?”孔子回答说:“祭祀上帝的牛很小,牛角象蚕茧和栗子一样,必须在清洁的牛棚里饲养三个月。祭祀后稷的牛只要形体、毛色完备就可以了,这是为了区别祭祀天神和人鬼的不同。牺牲用赤色牛,这是因为周代崇尚赤色;用牛犊,这是因为珍惜它的‘纯洁诚信’。打扫干净一块地面来举行祭祀,是因为崇尚质朴。器具用陶制的或匏瓜做成的器皿,以符合天地纯朴的自然本性。万物没有什么可以与此相称的了,所以要依循它们质朴的自然本性。”

[原文]

公曰:“天子之郊,其礼仪可得闻乎?”

孔子对曰:“臣闻天子卜郊①,则受命②于祖庙,而作龟③于祢宫④,尊祖亲考⑤之义也。卜之日,王亲立于泽宫,以听誓命,受教谏之义也⑥。既⑦卜,献命库门[8]之内，所以诫[9]百官也。将郊，则天子皮弁以听报[10]，示民严上[11]也。郊之日，丧者[12]不敢哭，凶服者[13]不敢入国门[14]，汜扫清路，行者必止[15]，弗命而民听，敬之至也[16]。天子大裘以黼之，被衮象天[17]，乘素车[18]，贵其质也。旂[19]十有二旒[20]，龙章而设以日月[21]，所以法天也。既至泰坛[22]，王脱裘矣，服衮以临燔柴[23]，戴冕，璪[24]十有二旒，则天数也。臣闻之，诵《诗》三百，不足以一献[25]；一献之礼，不足以大飨[26]；大飨之礼，不足以大旅[27]；大旅具矣，不足以飨帝[28]。是以君子无敢轻议于礼者也。"

［注释］

① 卜郊：用占卜的方式确定郊祭的具体时间。卜，古人用火灼龟甲取兆，据以推测吉凶。后来也指用其他方法预测吉凶。《左传》桓公十一年："卜以决疑，不疑何卜？" ② 受命：接受命令或任务。也就是说得到父祖的同意。 ③ 作龟：用火灼龟甲，依据裂纹，以卜吉凶。 ④ 祢宫：王肃注："祢宫，父庙也。受祭天之命于祖，而作龟于父庙。"祢，为亡父在宗庙中立主之称。《公羊传》隐公元年："惠公者何？隐之考也。"何休注："生称父，死称考，入庙称祢。" ⑤ 考：对死去父亲的称呼。 ⑥ 王亲立于泽宫，以听誓命，受教谏之义也：王肃注："泽宫，宫也。誓命，祭天所行威仪也。王亲受之，故曰受教谏之义。"王，周王，周天子。亲，亲自。泽宫，古习射选士之所。《周礼·夏官·司弓矢》"泽共射椹质之弓矢"郑玄注："泽，泽宫也。所以习射选士之处也。"教谏，教导劝谏。 ⑦ 既：已经，已然。 ⑧ 库门：以王周城而言，有五门，库门为第三门。以宫门而言，则库门为外门，入库门则至于庙门外。《礼记·明堂位》："大庙，天子明堂；库门，天子皋门；雉门，天子应门。"郑玄注："言庙及门，如天子之制也。"指鲁之库门，其制如天子皋门。 ⑨ 诫：警告或告诫。四库本、同文本作"戒"。 ⑩ 天子皮弁(biàn)以听报：王肃注："报，白也。王夙兴朝服以待白，祭事后服衮。"皮弁，古代贵族的一种帽子，以白鹿皮为之，较华丽。皮弁服包括

白鹿皮制作的皮弁和白色的丝制衣裳。皮弁服是天子的朝服。《礼记·玉藻》:"天子皮弁以日视朝。"听,听取有关祭祀的汇报。四库本、同文本"天子"前有"供"字。　⑪ 示民严上:示民,告示民众。严上,严格听从天子的命令。　⑫ 丧者:指有丧事的人家。　⑬ 凶服者:指穿戴丧服的人。　⑭ 国门:国都的城门。　⑮ 汜(fàn)扫清路,行者必止:王肃注:"汜,遍也。清路,以新土无复行之。"汜,"泛"的异体字。扫,原作"埽",据四库本、同文本改。必,四库本、同文本作"毕"。

⑯ 弗命而民听,敬之至也:王肃注:"以王恭(恭,四库本、同文本作'肃')敬事天,故民化之,不令而行之也。"　⑰ 天子大裘以黼之,被衮象天:王肃注:"大裘为黼文也,言被之大裘,其有象天之文,故被之道路,至大坛而脱之。"大裘,天子祭天所服之皮裘,黑羔皮为之。《周礼·天官·司裘》:"掌为大裘,以共王祀天之服。"衮,四库本、同文本作"裘"。　⑱ 素车:王所乘丧车五乘之一。车身涂白土,以麻编成车蔽,犬皮覆于车笭上,用素缯作边缘。《周礼·春官·巾车》:"王之丧车五乘:……素车,棼蔽,犬幦素饰,小服皆素。"　⑲ 旂(qí):古代旗帜的一种,旗上画有龙形,竿头系有铜铃。《周礼·春官·司常》:"交龙为旂。"《尔雅·释天》:"有铃曰旂。"　⑳ 旒:旌旗下面悬垂的饰物。《诗·商颂·长发》"受小球大球,为下国缀旒"郑笺:"旒,旌旗之垂者也。"　㉑ 龙章而设以日月:龙章,指旌旗上绘有龙形的图案。以,四库本、同文本无。　㉒ 泰坛:古时祭天之坛,在都城南郊。《礼记·祭法》:"燔柴于泰坛,祭天也;瘗埋于泰折,祭地也。"郑玄注:"坛、折,封土为祭处也。坛之言坦也。坦,明貌也。"　㉓ 燔柴:古时祭祀仪式之一,把玉帛、牺牲同置于积柴之上,焚之以祭天。　㉔ 璪(zǎo):古代冕旒用以贯玉的彩色丝绦,言其如水藻之文。《礼记·郊特牲》:"戴冕,璪十有二旒。"孙希旦曰:"璪者,用五采丝为绳,垂之以为冕旒也。"四库本、同文本作"藻"。　㉕ 一献:王肃注:"祭群小祀。"献,祭名。《仪礼·特牲馈食礼》贾公彦疏:"天子大祫十有二献,四时与禘,唯有九献。一献及二献为祼,亦称祼献。"　㉖ 大飨:王肃注:"大飨,祫祭天王(王,四库本作'地')。"飨,祭献。《礼记·月令》:"(季冬之月)以共(供)皇天上帝社稷之飨。"　㉗ 大旅:王肃注:"大旅,祭五帝也。"旅,

祭名。祭上帝，四望，陈列物品而祭。《周礼·春官·大宗伯》："周有大故，则旅上帝及四望。"郑玄注："旅，陈也，陈其祭事以祈焉。礼不如祀之备也。" ㉘ 飨帝：王肃注："飨帝，祭天。"

［通解］

定公问："天子郊外祭天的礼仪，可以说来听听吗？"

孔子回答说："我听说天子要卜龟以确定郊天的具体时间，先到太祖庙里接受命令，在得到太祖的同意以后，再到父庙里去灼龟甲问卜。这样做就是尊重太祖，而亲近先父的意思。占卜的这天，天子亲自站在用来习射选士的泽宫，选择可以参加祭礼的人，又使有司向他们告诫祭天礼规，天子也亲自倾听告诫之辞，这表示接受教导劝谏的意思。占卜结束以后，把行将郊天的命令在宫室的最外门——库门宣读，这是为了告诫百官要抓紧时间准备。临近郊天日期，天子身穿白色的朝服——皮弁服听取官员有关郊祭准备情况的汇报。这样做是为了教导百姓要严格遵守上面吩咐的命令。郊祭的那天，有丧事的人家不敢哭泣，身穿丧服的人不敢进入国都的城门。各处普遍进行打扫，路面上铺平新土，禁止行人通行，以上种种规定，不等上面的命令而百姓已经自觉去执行了。这是因为天子祀天极敬，而百姓受之影响，也已恭敬到极点了。天子穿着绣有黑白相次作斧形花纹的大裘衣，穿着衮冕以象征上天的形象。乘坐没有华丽装饰的木车，这是珍视此车的质朴。打着悬垂着十二条飘带的旗帜，上面绘有龙形图案，还有日月的形象，这也是效法天的形象。到了泰坛以后，天子脱去大裘衣，穿着衮服靠近祭坛主持燔柴仪式，也就是把玉帛、牺牲同置于积柴之上，焚之以祭天。天子头戴着冕冠，上面悬垂着以五彩丝绦贯穿的十二条玉串。这是效法天的大数，寓意着天时可分为十二个月。我听说，如果没有学过礼，即使能够诵读整部《诗》，也不能圆满地完成仅仅用一献的小祀；而仅学得了一献之礼，还是不能胜任宗庙袷祭中的大飨之礼；学得了大飨之礼，还是不足以承担祭五帝的大旅之礼；大旅之礼已经精通了，还是不足以承担祭昊天上帝的郊天之礼。可见礼是博大精深的，所以君子不敢轻率地评论礼制的短长。”

五刑解第三十

[序说]

本篇记孔子与弟子冉有谈论有关五刑的问题，故以“五刑”名篇。

孔子与冉有的谈论主要围绕三皇、五帝和“先王”如何对待刑罚而展开。本篇可以分为两个部分，前者记孔子论述三皇、五帝“制五刑而不用”的“至治”是如何达到的；后者主要谈论“刑不上于大夫，礼不下于庶人”的问题。

孔子主张“礼以坊民”，认为无礼生乱。在孔子看来，刑罚之设乃是为了应对社会的混乱，而圣人制订刑罚，设立防线，应以无人作乱为最高境界，尽力堵塞致乱的源头才是为政的要务。本篇所记孔子的话，认为为政者应当设立制度，饰以礼仪，由此使民知所止，使民知有仁义，使民遵守秩序。如果“礼度既陈，五教毕修，而民犹或未化”，则一定“明其法典，以申固之”，在这样的情况下，使用刑罚也是十分正常的。

对于刑罚、礼仪之于大夫、庶人，孔子认为并不是一般人所认为的“大夫犯罪，不可以加刑；庶人之行事，不可以治于礼”。在孔子看来，管理君子，重要的在于以礼教化，在于“御其心”，使其明于“廉耻之节”，所谓“刑不上大夫”，仍然使大夫“不失其罪”。至于庶人,因为其忙于劳作,哪里能够充分习于礼仪,所谓“礼不下于庶人”,是不责求他们礼仪完备而已。

本篇讨论涉及德治与刑罚的关系问题,是研究孔子政治思想的重要资料。以前,人们以《孔子家语》为王肃伪作,遂弃而不用,以致在相关问题的理解上出现了偏差。例如,关于“刑不上于大夫,礼不下于庶人”,便有不少学者专文进行讨论,如钟肇鹏《“礼不下于庶人,刑不上于大夫”说》(载《学术月刊》1963 年第 2 期,收入其《孔子研究》增订版,中国社会科学出版社 1990 年版),李启谦《“礼不下于庶人,刑不上于大夫”吗?——谈先秦史研究中的一个问题》(载《齐鲁学刊》1980 年第 2 期),李衡眉、吕绍纲《“刑不上于大夫”的真谛何在?——兼与陈一石同志商榷》(载《史学集刊》1982 年第 1 期)。《孔子家语》的本篇记载,或许会对我们理解这一问题有所帮助。

本文第一部分材料略见于《大戴礼记 · 盛德》,第二部分在《汉书 · 贾谊传》中有值得参考的记载。本篇与《汉书 · 贾谊传》材料的关联,尤其值得我们注意。《家语》本篇曰:

古之大夫,其有坐不廉污秽而退放之者,不谓之不廉污秽而退放,则曰“簠簋不饬”;有坐淫乱男女无别者,不谓之淫乱男女无别,则曰“帷幕不修”也;有坐罔上不忠者,不谓之罔上不忠,则曰“臣节未著”;有坐罢软不胜任者,不谓之罢软不胜任,则曰“下官不职”;有坐干国之纪者,不谓之干国之纪,则曰“行事不请”……

《汉书 · 贾谊传》记贾谊上疏中说:

古者礼不及庶人,刑不至大夫,所以厉宠臣之节也。古者大臣有坐不廉而废者,不谓不廉,曰“簠簋不饰”;坐污秽淫乱男女亡别者,不曰污秽,曰“帷薄不修”;坐罢软不胜任者,不谓罢软,曰“下官不职”……

两相参照,将有助于消除人们对《家语》成书问题的一些误解。

[原文]

冉有[1]问于孔子曰:“古者三皇五帝[2]不用五刑[3],信乎?”

孔子曰:“圣人之设防,贵其不犯也;制五刑而不用,所以为至治也。

“凡民[4]之为奸邪、窃盗、靡法[5]、妄行者,生于不足。不足生于无度。无度则小者偷盗[6],大者侈靡,各不知节。是以上有制度,则民知所止,民知所止则不犯。故虽有奸邪、贼盗、靡法、妄行之狱[7],而无陷刑之民。

“不孝者,生于不仁。不仁者,生于丧祭之无礼也[8]。明丧祭之礼,所以教仁爱也。能教仁爱,则服丧思慕[9],祭祀不解,人子馈养之道[10]。丧祭之礼明,则民孝矣。故虽有不孝之狱,而无陷刑之民。

“杀[11]上者,生于不义。义,所以别贵贱、明尊卑也。贵贱有别、尊卑有序,则民莫不尊上而敬长。朝聘之礼[12]者,所以明义也。义必明,则民不犯。故虽有杀上之狱,而无陷刑之民[13]。

“斗变者生于相陵。相陵者,生于长幼无序而遗[14]敬让。乡饮酒之礼者,所以明长幼之序,而崇敬让也。长幼必序,民怀敬让,故虽有斗变[15]之狱,而无陷刑之民。

“淫乱者,生于男女无别。男女无别,则夫妇失义。礼聘享[16]者，所以别男女、明夫妇之义也。男女既别，夫妇既明，故虽有淫乱之狱，而无陷刑之民。

"此五者，刑罚之所以[17]生，各有源焉。不豫[18]塞其源，而辄绳之以刑，是谓为民设阱[19]而陷之[20]。刑罚之源，生于嗜欲不节。夫礼度者，所以御民之嗜欲，而明好恶，顺天之[21]道。礼度既陈，五教毕修，而民犹或未化，尚必明其法典，以申固之[22]。其犯奸邪、靡法、妄行之狱者，则饬[23]制量之度；有犯不孝之狱者，则饬丧祭之礼；有犯杀上之狱者，则饬朝觐之礼；有犯斗变之狱者，则饬乡饮酒之礼；有犯淫乱之狱者，则饬婚聘之礼。三皇五帝之所化民者如此，虽有五刑之用，不亦可乎？"

孔子曰："大罪有五，而杀人为下。逆天地者罪及[24]五世，诬[25]文武者罪及四世，逆人伦者罪及三世，谋[26]鬼神者罪及二世，手杀人者罪及[27]其身。故曰大罪有五，而杀人为下矣。"

［注释］

① 冉有：孔子弟子。姓冉，名求，也称冉求，字子有。鲁国人，曾为鲁国贵族季孙氏的家臣。 ② 三皇五帝：我国上古时期的帝王。五帝在三皇之后。具体指哪些人，说法很多，据《史记》，三皇指天皇、地皇、泰皇；五帝指黄帝、颛顼、帝喾、唐尧、虞舜。 ③ 五刑：我国古代五种主要刑罚的概括，各个朝代都有所改革，早期五刑指墨（在犯人的额头上刺字后，染上黑色）、劓（割掉犯人的鼻子）、剕（又称刖，斩去犯人的足部）、宫（男子割去生殖器，女子幽闭宫中）、大辟（死刑），见于《书·吕刑》，而《周礼·秋官·司刑》的记载略有差别，指墨、劓、宫、刖、杀。 ④ 民：原作"夫"，据四库本、同文本改。 ⑤ 靡法：无法，非法。靡，无。下文"侈靡"之"靡"是"奢侈"的意思。 ⑥ 盗：四库本、

同文本作“惰”。　⑦ 狱:罪名。　⑧ 丧祭之无礼也:丧祭,指丧礼和祭礼。无,原缺,据陈本补。也,据四库本等补。　⑨ 能教仁爱,则服丧思慕:教,四库本、同文本作“致”。服,原无,据四库本、同文本补。

⑩ 祭祀不解(xiè),人子馈养之道:王肃注:“言孝子奉祭祀不敢解,生时馈养之道同之也。”解,通“懈”,懈怠,松弛。四库本作“懈”。⑪ 杀:陈本作“弑”。　⑫ 朝聘之礼:古代诸侯定期朝见天子的礼仪。《礼记·王制》:“诸侯之于天子也,比年一小聘,三年一大聘,五年一朝。”而春秋时诸侯自相朝见也叫朝聘。聘,问。《周礼》:“时聘曰问”,“时聘以结诸侯之好”。　⑬ 陷刑之民:四库本、同文本、玉海堂本皆作“陷民之刑”,误。　⑭ 遗:王肃注:“遗,忘。”　⑮ 斗变:同文本作“变斗”。　⑯ 礼聘享:婚聘宴享的礼仪。礼,四库本、同文本作“婚姻”。　⑰ 所以:四库本、同文本作“所从”。　⑱ 豫:通“预”,事先有所准备。　⑲ 阱:为防御或猎取野兽而设置的地坑,比喻陷害人的圈套。　⑳ 之:四库本、同文本此后有“也”字。　㉑ 之:四库本无。　㉒ 尚必明其法典,以申固之:王肃注:“尚,犹也。申令固其教也。”　㉓ 饬(chì):教导,劝诫。　㉔ 及:牵连,牵涉。《经籍纂诂》:“及,连也。”　㉕ 诬:通“侮”,轻侮。　㉖ 谋:据《太平御览》卷六四一引《家语》作“诬”。诬,通“侮”。　㉗ 及:四库本、同文本作“止”。

[通解]

冉有问孔子说:“古代的三皇五帝都不曾使用五种刑罚,确实这样吗?”

孔子回答:“圣人设法防范,看重的是让人不犯法;制定五种刑罚而不曾使用,是达到天下大治的表现。

“凡出现奸邪、盗窃、非法、胡作非为的现象,是由于贪心不足造成的。贪心不足是由于没有限度造成的。没有限度,那么轻则偷盗,重则奢侈浪费,都不知道要有所节制。因此上有制度,百姓就懂得有所节制,百姓懂得有所节制,就不会触犯法度。所以虽然设有奸邪、盗窃、靡法、妄为这些罪名,却不会有遭此刑罚的百姓。

“不孝敬父母是由于缺少仁爱造成的。缺少仁爱是由于不讲丧祭之礼造成的。彰明丧祭之礼是为了教化百姓仁爱。教化百姓仁爱,那么亲人去世就渴望祭祀,如同双亲在世时对他们恪尽奉养的义务一样,毫不懈怠。丧祭之礼修明,百姓就懂得孝了。所以虽然有不孝的罪名,却不会有遭此刑罚的百姓。

“不忠于君上是由于不讲道义造成的。道义,是用来区分贵贱、辨明尊卑的。贵贱有所区别,尊卑井然有序,那么百姓就没有不尊敬在上者和长者的。朝拜聘问之礼是用来彰明道义的,通晓道义了,百姓就不会犯上。所以虽然设有不忠的罪名,却不会有遭此刑罚的百姓。

“发生争斗是由于互相欺侮造成的。相互欺侮是由于长幼失序而忘记了崇敬、谦让造成的。乡饮酒之礼是用来明确长幼次序而推崇礼敬、谦让的。长幼上下次序井然,百姓就会怀有礼敬、谦让之心,所以虽然设有斗变的罪名,却不会有遭此刑罚的百姓。

“淫乱是由于男女之间没有区别造成的。男女没有区别,那么夫妇之间就失去了恩义。婚聘宴享的礼仪是用来区分男女、明确夫妇恩义的。男女之间有所区别,夫妇恩义得到彰明,所以虽然设有淫乱的罪名,却不会有遭此刑罚的百姓。

“这五个方面,是刑罚得以产生的因素,其中各有根源。不预先堵塞其产生的根源,却动不动就用刑罚来纠正,这可以说是设置圈套来陷害百姓。刑罚产生的根源,在于人们的嗜好和欲望无所节制。礼仪法度就是用来控制百姓的嗜好和欲望的,使他们能够分清好坏,顺应上天的运行规律。礼仪法度都制定而且宣传了,五种教化也都推行了,如果百姓有的还顽固不化,也还一定要向他们重申,以阐明法典的实质,加以强化。有犯奸邪、非法、妄行的罪行的，就告诫其制度标准方面的规定；有犯不孝的罪行的，就告诫其丧葬祭祀的礼仪；有犯不忠于尊上罪行的，就告诫其朝拜觐见的礼仪；有犯斗殴的罪行的，就告诫其乡饮酒的礼仪；有犯淫乱的罪行的，就告诫其婚聘宴享的礼仪。三皇五帝这样教化百姓，即使使用了五刑，不也是可以的吗？"

孔子说："重大的罪行有五种，杀人是最轻的。违背天地之道的罪行牵连五代，轻侮周文王、武王的罪行牵连四代，违背人伦之道的罪行牵连三代，轻侮鬼神的罪行牵连两代，亲手杀人的罪行只牵涉自身。所以说，重大的罪行有五种，而杀人是最轻的。"

［原文］

冉有问于孔子曰："先王制法，使刑不上于大夫，礼不下于庶人。然则大夫犯罪，不可以加刑；庶人之行事，不可以治于礼乎？"孔子曰："不然。凡治君子，以礼御其心，所以属[①]之以廉耻之节也。故古之大夫，其有坐[②]不廉污秽而退放[③]之者，不谓之不廉污秽而退放，则曰'簠簋不饬[④]'；有坐淫乱男女无别者，不谓之淫乱男女无别，则曰'帷幕[⑤]不修'也；有坐罔上[⑥]不忠者，不谓之罔上不忠，则曰'臣节未著'；有坐罢软[⑦]不胜任者，不谓之罢软不胜任，则曰'下官不职[⑧]'；有坐干[⑨]国之纪者，不谓之干国之纪，则曰'行事不请[⑩]'。此五者，大夫既自定有罪名矣，而犹不忍斥然正以呼之也。既而为之讳，所以愧耻之。是故大夫之罪，其在五刑之域者，闻而谴发[⑪]，则白冠厘缨[⑫]，盘水加剑[⑬]，造乎阙而自请罪，君不使有司执缚牵掣而加之[⑭]也；其有大罪者，闻命则北面再拜，跪而自裁，君不使人捽引⑮而刑杀之也⑯，曰：'子大夫自取之耳，吾遇子有礼矣。'以刑不上大夫，而大夫亦不失其罪者，教使然也。所谓⑰礼不下庶人者，以庶人遽其事而不能充礼⑱，故不责之以备礼也。"

冉有跪然免席⑲，曰："言则美矣！求未之闻。"退而记之。

[注释] ① 属(zhǔ)：通"嘱"，托付，请托。 ② 坐：犯罪。 ③ 退放：斥退，放逐。 ④ 簠(fǔ)簋(guǐ)不饬：簠、簋，古代食器，后主要用作礼器，放黍、稷、稻、粱。《周礼·地官·舍人》："凡祭祀，共簠、簋，实之陈之。"郑玄注："方曰簠，圆曰簋，盛黍、稷、稻、粱器。"饬，王肃注："饬，整齐也。"全句意思是"簠、簋不整齐"，这里是一种委婉的说法，后世常用"簠簋不饬"作为弹劾贪官的用语。 ⑤ 帷幕：帐幕，在旁的称"帷"，在上的称"幕"。 ⑥ 罔上：欺骗君上。 ⑦ 罢(pí)软：软弱无能。罢，通"疲"。 ⑧ 下官不职：王肃注："言其下官不称，移其职，不斥其身也。" ⑨ 干：犯，违犯。 ⑩ 行事不请：王肃注："言不请而擅行。" ⑪ 谴发：谴，罪责，罪过。发，揭露，暴露，掀开。即罪行暴露。王肃注："谴，谴让也。发，始发露。" ⑫ 白冠厘缨：《汉书·贾谊传》郑氏曰："以毛作缨。白冠，丧服也。"
⑬ 盘水加剑：《汉书·贾谊传》如淳曰："水性平，若己有正罪，君以平法治之也。加剑，当以自刎也。或曰，杀牲者以盘水取颈血，故示若此也。" ⑭ 执缚牵掣(chè)而加之：执缚，捆绑。牵掣，牵引，拽。加，凌驾，凌辱。 ⑮ 捽(zuó)引：捽，《汉书·贾谊传》师古曰："捽，持头发也。抑谓按之也。"这里是揪、扭的意思。 ⑯ 之也：原无，据四库本、同文本补。 ⑰ 所谓：四库本、同文本此前有"凡"字。
⑱ 以庶人遽(jù)其事而不能充礼：庶人，平民。遽，惶恐，窘急。遽其事，即遽于其事，指忙于事务。充，充实。充礼，充分地遵行礼仪。
⑲ 跪然免席：跪然，陆治注："跪，拜也。"或本无此二字。免席，离开坐席。

［通解］ 冉有问孔子："先王制定法令，使刑罚不对上施行于大夫，礼仪不对下实行于平民。既然这样，那么大夫犯了罪就不能处以刑罚，平民为人处世就不用遵行礼仪了吗？"孔子说："不是这样的。凡是治理君子，用礼仪来驾驭他们的思想，是为了把懂得礼义廉耻的节操观点灌输给他们。所以古代的大夫，其中有犯了不够廉洁、行为污秽罪，而被放逐的，不说他们因不够廉洁、行为污秽而被放逐，而说'簠簋不整齐'；有犯了淫乱、男女无别罪行的，不说他们淫乱或男女关系暧昧，而说'帐幕没有整理好'；有犯了欺骗君上、心不忠诚的罪行的，不说他们欺骗君上、心不忠诚，而说'臣子的节操不够显明'；有犯了软弱无能、不胜任工作的罪行的，不说他们软弱无能、不胜任工作，而说'下属官吏不称职'；有犯了违反国家纲纪的罪行的，不说他们违反了国家纲纪，而说'没有请示而擅自行事'。这五个方面，大夫自己已经确定了罪名了，但还不忍心从正面称呼这些罪名，进而为他们避讳，是为了使他们感到羞愧和耻辱。因此大夫所犯罪行，属于五刑范围内的，如果听说罪行暴露，他们便戴着用兽毛做缨的白帽子，托盘盛水，上面放上剑，亲自前往宫阙请罪，君主也不让官吏捆绑牵引而凌辱他们；其中有犯了重罪的，接受君命便向北面跪拜两次，然后自杀，君主也不派人揪按而加以刑杀，只是说：'大夫你是自取其罪，我待你也算是有礼了。'刑罚不对上施于大夫，大夫却也逃脱不了罪责，这是教化的结果。所说的礼仪不对下实行于平民，是由于平民忙于劳作，不能充分地行礼，所以不要求他们礼仪完备。"

冉有听了这番话，激动地跳起来，离开坐席，恭敬地说："先生讲得真好啊！冉求我从来没听说过。"回去后便记下来孔子的这番话。

刑政第三十一

［序说］

本篇记述孔子与弟子仲弓之间的对话，谈论的是刑罚与政教问题，故以“刑政”名篇。

孔子政治思想的特征是“德主刑辅”。孔子主张德政，但也不排斥刑罚，认为“为政以德”是政治的根本，刑罚是德政的必要补充。孔子这方面的论述比比皆是，如《孔丛子·刑论》记有孔子与卫将军文子谈论鲁国公父氏“听狱”的事情。孔子说，“公父氏之听狱，有罪者惧，无罪者耻”，对他十分赞赏。孔子又说：“齐之以礼，则民耻矣；刑以止刑，则民惧矣。”刑之设不独为刑，更在于止刑，惩恶不是终极目的，劝善才是最高宗旨。德政与刑政的关系也就像孔子所说的行政中“宽”与“猛”的关系，《左传》昭公二十年记孔子曰：“政宽则民慢，慢则纠之以猛。猛则民残，残则施之以宽。宽以济猛，猛以济宽，政是以和。”这个论述，同样也见于《孔子家语》的《正论解》。

孔子的这一思想有其历史渊源，在他所整理的《尚书》的《大禹谟》中有“明于五刑，以弼五教”的句子，《孔丛子·论书》中就记有孔子类似的话，即“五刑所以佐教也”。本篇中记孔子说：“太上以德教民，而以礼齐之；其次以政焉导民，以刑禁之，刑不刑也。化之弗变，导之弗从，伤义以败俗，于是乎用刑矣。”在这里，刑之用乃以德为前提，刑只适用于愚顽不化、不守法度的人。

本篇中所记述的孔子关于刑罚的论述，有一点十分引人瞩目。孔子说："疑狱则泛与众共之，疑则赦之，皆以小大之比成也。"这一点，很容易让我们联想到我国当代司法实践中"疑罪从无"的原则。疑罪从无是指根据我国《刑事诉讼法》规定，对于证据不足，不能认定被告人有罪的，应当作出证据不足、指控的犯罪不能成立的无罪判决，它是现代法治国家在处理疑案时所普遍采用的一项司法原则。疑罪从无不仅是对被追诉者的权利保障，也是对每个可能涉及诉讼的公民权利的普遍保障，是法治社会中人权不可缺少的一道保护屏障。法学界学者认为，疑罪从无是人格尊严需求在刑事诉讼中的体现，这是刑事司法中关注人权的一种审慎态度。尽管有可能放纵真正的罪犯，但仍比冤枉一个无辜的人好。这是现代文明法治的一个必要代价。本篇中孔子"疑则赦之"的观点，正闪烁着孔子政治思想的智慧之光。

本篇对研究早期儒学传承有重要意义。孔子以后，"儒分为八"，战国中后期，影响较大的有孟子、荀子。孟子"学于子思之门人"，子思曾经学于曾子，曾子以后，有以子思、孟子为代表的"思孟学派"；荀子尊崇仲弓，《荀子》书中，常常"仲尼、子弓"二人并称，如《非十二子》有"以为仲尼、子弓为兹厚于后世"之言，是说人们认为孔子、子弓由此而见重于后世。"子弓"其实就是孔子弟子冉雍，冉雍字仲弓，荀子尊称其为子弓。仲弓也是孔子"德行"科弟子，《上海博物馆藏战国楚竹书》中有《仲弓》篇，提供了研究子弓的新材料，《家语》中的《刑政》专门记述孔子与仲弓的对话，显示了仲弓的思想倾向。正确对待《刑政》篇的记载，综合这些材料，有利于仲弓思想的研究，由此可以观察仲弓与荀子思想上的一致性，也可进一步比较孟、荀学说。

本篇的记载部分略见于《礼记·王制》,但本篇更显完整系统。

[原文]

仲弓①问于孔子曰:"雍闻至刑②无所用政,至政③无所用刑。至刑无所用政,桀、纣之世是也;至政无所用刑,成、康之世④是也。信乎?"孔子曰:"圣人之治化⑤也,必刑政相参⑥焉。太上以德教民,而以礼齐之;其次以政焉⑦导民,以刑禁之,刑不刑⑧也。化之弗变,导之弗从,伤义以败俗,于是乎用刑矣。颛五刑必即天伦⑨。行刑罚则轻无赦⑩。刑,侀⑪也;侀,成也,壹⑫成而不可更,故君子尽心焉。"

[注释]

① 仲弓:孔子弟子。姓冉,名雍。鲁国人,以德行著称。 ② 至刑:一味地施行惩罚。至,极,最。刑,惩罚,刑罚。 ③ 至政:成功的政治教化。政,政治,教化。至政,犹《五刑》篇"制五刑而不用,所以为至治也"中的"至治"。 ④ 成、康之世:周成王、周康王的时代。 ⑤ 治化:治理国家,教化百姓。 ⑥ 参:参互使用。 ⑦ 焉:四库本、同文本作"言"。 ⑧ 刑不刑:惩治那些不遵守刑法的人。 ⑨ 颛(zhuān)五刑必即天伦:颛,通"专",专擅,专用。四库本作"制"。五刑,古代的五种重刑。王肃注:"即,就也。就天伦谓合天意。" ⑩ 行刑罚则轻无赦:施行刑罚时,即使轻罪也不能赦免。王肃注:"行刑罚之官,虽轻犹不得作威作福。"有误。 ⑪ 侀(xíng):通"型",原指铸造器物的模型,引申为定型、完成的意思。 ⑫ 壹:一旦,一经。

[通解]

仲弓请教孔子说:"我听说一味地施行刑罚就无法施行政教,成功的政治教化用不着刑罚。最严厉的刑罚就无法施行政教,夏桀和商纣王的时候是这样;最成功的政治用不着刑罚,周成王和康王的时候是这样。确实是这种情况吗?"孔子回答："圣人治理国家，教化百姓，必须刑罚和政治相互参照使用。最好是以德行来教化百姓，而用礼制加以整治；其次是以政治来引导百姓，而用刑罚加以禁止，处罚那些不遵守刑法的人。施行教化而不知改变，加以引导还不听从，损害道义，败坏风俗，于是就要使用刑罚。专用刑罚也必须符合天道，施行刑罚时即使罪很轻也不能随意赦免。刑，就是侀；侀，是'成型'、'完成'的意思。刑罚一旦施行就无法更改，所以君子对案件的审理要竭尽心力。"

［原文］

仲弓曰："古之听①讼，尤罚丽于事，不以其心②。可得闻乎？"孔子曰："凡听五刑之讼，必原父子之情，立君臣之义，以权之；意论轻重之序，慎测③浅深之量，以别之；悉其聪明，正④其忠爱，以尽之⑤。大司寇正刑明辟⑥以察狱，狱必三讯⑦焉。有指无简，则不听也⑧；附从轻，赦从重⑨；疑狱则泛与众共之，疑则赦之，皆以小大之比成也⑩。是故爵人必于朝，与众共之也；刑人必于市，与众弃之也。古者公家不畜刑人，大夫弗养也，士遇之涂，以弗与之言⑪，屏诸四方，唯其所之，不⑫及与政，弗欲生之也。"

［注释］

① 听：处理，判断。 ② 尤罚丽于事，不以其心：王肃注："尤，过也。丽，附也。怪（四库本作'凡'）过人罚之（之，四库本作'人'），必以事相（相，四库本、同文本作'稍'）当，而不与其心也（也，四库本、同文本无）。"丽，附也，施刑的意思。 ③ 测：同文本无。 ④ 正：四库本作"致"。 ⑤ 之：同文本无。 ⑥ 辟：罪。 ⑦ 三讯：王肃注："一曰讯群臣，二曰讯群吏，三曰讯万民也。" ⑧ 有指无简，则不听也：王肃注："简，诚也。有意无其诚者，不论以为罪也。"指，意也，指犯罪动机。简，诚也，指犯罪事实。 ⑨ 附从轻，赦从重：王肃注："附人

之罪以轻为比,赦人之罪以重为比。”《礼记·王制》孔颖达疏:“施刑之时,此人所犯之罪在轻重之间,可轻可重,则当求可轻之刑而附之。”

⑩ 皆以小大之比成也:也,四库本、同文本作“之”。《礼记·王制》作“必察小大之比以成之”,郑玄注:“小大,犹轻重。已行故事曰比。”孙希旦曰:“此谓罪之无疑者,其或轻或重,必察其所当附之罪以定其狱也。”

⑪ 大夫弗养也,士遇之涂,以弗与之言:四库本、同文本作“大夫弗养其士,遇之涂,弗与之言”。 ⑫ 不:四库本、同文本作“弗”。

[通解] 仲弓问:“古代审理案件,特别注重判刑要和事实相符,不能只考虑犯罪动机。能够说说这方面的情况,让我听听吗?”孔子说:“凡是审理应判处五刑的案件,必须从体谅父子亲情,确立君臣关系大义的角度出发,来进行权衡;要考虑犯罪情节的轻重程度,审慎地分析犯罪动机的深浅分量,来加以区别对待;要充分参照他的聪明才智,考虑他是否有忠君爱民之心,来穷究案情、彻底查清。大司寇负责正定刑律,明辨罪行,审理一切民刑案件,审理时还必须实行‘三讯’制度。对于那些有作案动机,无作案事实的,不应判刑;施刑时依从‘从轻’的原则,赦免时依从‘从重’的原则;对有疑点的案件,要广泛地与众人商量,共同审理,大家都存疑时,则应该先赦免。这些都是依据以往大小案例来制定的。因此赏人官爵一定要在朝堂之上举行,这是为了让众人都褒奖他;对人施刑一定要在街市进行,这是为了让众人都唾弃他。古代公侯之家不收留受过刑罚的人,大夫对他们也不予以收养,士人在路上遇见他们,不和他们说话,各个地方都拒绝接待他们,无论他们到哪里,都不能参与政治,这是不想让他们生活下去。”

[原文] **仲弓曰:“听狱,狱之成,成何官?”孔子曰:“成狱成于吏,吏以狱成告于正①。正既听之,乃告大**

司寇。听之②,乃奉于王。王命三公卿士参听棘木之下③,然后乃以狱之成疑④于王。王三宥之,以听命而制刑焉⑤,所以重之也。”

[注释] ① 成狱成于吏,吏以狱成告于正:成,判决定案。狱,讼事,罪案。王肃注:“吏,狱官吏。正,狱官长。”成于吏,四库本、同文本作“于吏”。狱成,四库本、同文本作“狱之成”。 ② 听之:四库本、同文本此前有“大司寇”三字。 ③ 王命三公卿士参听棘木之下:参听,参与审理,协助断案。棘木,王肃注:“外朝法:左九棘,孤、卿、大夫位焉。右九棘,公、侯、伯、子、男位焉。面三槐,三公位。”据《周礼·秋官·朝士》说,外朝左(东)边种有九棵棘树,是孤、卿、大夫之位;右(西)边种有九棵棘树,是公、侯、伯、子、男之位;南边种有三棵槐树,是三公之位。因外朝主要用棘树标位,故曰“听于棘木之下”。 ④ 疑(níng):通“凝”,汇集,聚集。四库本作“告”。 ⑤ 王三宥(yòu)之,以听命而制刑焉:宥,宽恕,赦罪。三宥,指的是三种可以从轻处理的犯罪:一是无知而犯罪,二是偶然的而不是预谋的犯罪,三是精神错乱而犯罪。王肃注:“君王尚宽宥,罪虽以定,犹三宥之,不可得轻,然后刑之者也。”

[通解] 仲弓问:“审理案件时,由什么官员负责判决定案呢?”孔子回答:“判决定案先由狱吏负责,狱吏把判决结果报告给狱正。狱正审理了以后,把结果报告给大司寇。大司寇再审理一遍,把结果报告给天子。天子命令三公卿士参与审理,协助断案,然后再把最后的审理结果汇聚到天子那里。天子再参照可以减刑的三种犯罪情况,议减其刑,最后根据各种审理意见,才能判定其相应的罪刑。这体现了审理案件、判决定案的慎重。”

[原文] 仲弓曰:“其禁何禁?”孔子曰:“巧言破律①,遁名改作②,执左道③与乱政者,杀;作淫声④,造异

服⑤，设伎奇器，以荡上心者⑥，杀；行伪而坚⑦，言诈而辩，学非而博，顺非而泽⑧，以惑众者，杀；假于鬼神、时日、卜筮，以疑众者，杀。此四诛者，不以听⑨。”

［注释］

① 巧言破律：巧言，花言巧语。《论语·学而》朱注云：“好其言……致饰于外，务以说人。”破律，指曲解法律。王肃注：“巧卖法令者也。”指贪赃受贿、舞文枉法者。 ② 遁（xún）名改作：遁，通“循”，曲从，偏私。遁名，假借名目偏私徇情。改作，指擅改法度。王肃注曰：“变言与物名也。”有误。 ③ 左道：邪道，邪术。王肃注：“左道，乱也。” ④ 淫声：古称郑、卫之音等俗乐曰淫声，以别于传统的雅乐。后泛指浮靡不正派的乐调乐曲。王肃注：“淫，逆（四库本、同文本作‘逸’）也。惑乱人之声。” ⑤ 异服：不平常、特殊的服装。王肃注：“非（四库本、同文本此后有‘人’字）所常见。” ⑥ 设伎（jì）奇器，以荡上心者：王肃注：“怪异之伎，可以眩曜（曜，四库本、同文本作‘惧’）人心之器。荡，动。”伎，通“技”，技巧，技艺。四库本“伎”前有“奇”字。

⑦ 行伪而坚：王肃注：“行诈伪而守之坚也。” ⑧ 顺非而泽：王肃注：“顺其非而滑泽。”顺，通“训”，教导。泽，恩惠，德惠。 ⑨ 不以听：王肃注：“不听棘木之下。”

［通解］

仲弓问：“禁令禁止的是什么？”孔子回答：“花言巧语曲解法律，假名偏私擅改法度，操持邪术及扰乱政令执行的，杀；创作浮靡之音，制造奇装异服，设计怪异奇特的器械，以此惑乱君王的，杀；行为诡诈而又顽固坚持，言语虚伪而又好于争辩，学习歪门邪道而又知识广博，教人不走正道而又广施恩德，以此蛊惑人心的，杀；假托鬼神言祸福，凭借时日定吉凶，依靠卜筮看休咎，以此来使民众疑心的，杀。犯了这四种死罪的，无需再经过审理。”

［原文］

仲弓曰："其禁尽于此而已？"孔子曰："此其急者，其余禁者十有四焉：命服命车，不粥于市①；珪璋璧琮②，不粥于市；宗庙之器，不粥于市；兵车旍旗③，不粥于市；牺牲秬鬯④，不粥于市；戎器兵甲⑤，不粥于市；用器不中⑥度，不粥于市；布帛精粗不中数，广狭不中量，不粥于市；奸色⑦乱正色，不粥于市；文锦珠玉之器，雕饰靡丽，不粥于市；衣服饮食，不粥于市⑧；果实不时⑨，不粥于市；五木⑩不中伐，不粥于市；鸟兽鱼鳖不中杀，不粥于市。凡执此禁以齐众者，不赦过也⑪。"

［注释］

① 命服命车，不粥(yù)于市：命服命车，天子按官职等级赏赐的衣服和车子。粥，通"鬻"，卖。王肃注："粥，卖。" ② 珪璋璧琮(cóng)：圭、璋、璧、琮，是四种尊贵的玉器名称，常用作朝聘、祭祀等的礼器。 ③ 兵车旍(jīng)旗：旍，通"旌"，古代旗的一种，主要用于指挥或开道，缀旄牛尾于竿头，下有五彩析羽，《周礼·春官·司常》："全羽为旞，析羽为旌。"旌旗，旗帜的总称。车，四库本、同文本作"军"。 ④ 牺牲秬(jù)鬯(chàng)：牺牲，古代宗庙祭祀用牲的总称。秬鬯，以黑黍和香草酿造的酒，用于祭祀降神。 ⑤ 戎器兵甲：戎器，军器。兵，兵器，军械。甲，铠甲。 ⑥ 中(zhòng)：适合，恰好对上。 ⑦ 奸色：色不正者。古代以青、黄、赤、白、黑为正色，其余两色相杂者为奸色。 ⑧ 衣服饮食，不粥于市：王肃注："卖成衣服，非侈必伪，故禁之。禁卖熟食，所以厉取(取，四库本、同文本作'耻')也。" ⑨ 不时：时，时令，时节。不时，指不到时令。 ⑩ 五木：五类取火的树木。《论语·阳货》朱熹注："春取榆、柳之火，夏取枣、杏之火，季夏取桑、柘之火，秋取柞、楢之火，冬取槐、檀之火。" ⑪ 凡执此禁以齐众者，不赦过也：齐，整治。齐众，治理民众。不赦过，不赦免罪过，即没有例外。陈澔《礼记集说·王制》分析说："若先示之以赦过之令，则人将轻于犯禁矣，岂能齐之乎？"

[通解] 仲弓问："法令禁止的，就是这些吗？"孔子回答："这些只是最迫切需要禁止的。其他应该禁止的，还有十四种情况：天子颁赐的衣服、车子，不得在市场出售；圭、璋、璧、琮等贵重的玉质礼器，不得在市场出售；宗庙祭祀用的祭器，不得在市场出售；军车旌旗，不得在市场出售；祭祀用的牺牲、祭酒，不得在市场出售；兵器铠甲，不得在市场出售；日用器具，不符合规格，不得在市场出售；布帛之类，如果精粗、长宽达不到标准，不得在市场出售；杂色易混淆正色的东西，不得在市场出售；有文彩的织锦及珠宝玉器之类，雕琢修饰得华丽的，不得在市场出售；现成的衣服和饮食，不得在市场出售；果实未到成熟的季节，不得在市场出售；取火用的五类树木，未到砍伐的时候，不得在市场出售；鸟兽鱼鳖未到宰杀的时候，不得在市场出售。凡用这些禁令来治理民众时，不能赦免违犯者的罪过。"

礼运第三十二

[序说] 本篇出于孔子与弟子言偃的对话。孔子为鲁大司寇时，曾以宾（即"傧"）的身份参加鲁国蜡祭，这是一项重大祭祀活动，由此引发了孔子对于礼的议论。后来，孔子与言偃说起这一话题，言偃遂记录整理孔子之言。

本篇因记录孔子著名的"大同"社会理想而十分引人瞩目。本篇又见于《礼记》，以前，人们不信《家语》，历来阐述孔子社会理想都以《礼记》中的《礼运》篇为依据，其实，《礼记·

礼运》经过了后人的整理编订，关于孔子“大同”说的一段已经失去本真。在本篇中，孔子理想的“大同”社会乃是指夏、商、周三代“圣王”时期，并不是指所谓“三皇五帝时代”。孔子所说“大道之行”的时代具体是指禹、汤、文王、武王、成王、周公时期，在孔子看来，三代“圣王”之后，就是“大道既隐”的时期。

与《礼记·礼运》相比，本篇更显古朴真实。孔子没有说到三皇五帝，也没有说到“小康”，那种以此来论证孔子主张回复到“原始共产主义”时代，认为孔子思想倒退的看法是不对的。本篇既然是孔子弟子所记录的孔子言论，则该篇自然属于典型的儒家学说，其他种种关于该篇学派属性的论断都不正确。（详情请参阅杨朝明：《〈礼运〉成篇与学派属性等问题》，载《中国文化研究》2005 年春之卷）

以前，人们怀疑本篇，主要是受疑古思潮的影响。例如，不少学者看到《礼运》中有“阴阳”“四时”“五行”等概念，便以之与阴阳家相联系，遂认定《礼运》的成篇不会早于阴阳五行思想盛行的战国晚期，认定《礼运》作者已经具备了较完整的阴阳五行思想。其实，关于阴阳观念，其产生时间很早已经是学者们的共识。在《礼运》中，“阴阳”与“五行”是分说的。《礼运》认为，像一切事物一样，礼的发展变化也与天地、阴阳有关。

《礼运》中说：“夫礼，必本于大一，分而为天地，转而为阴阳，变而为四时，列而为鬼神。其降曰命，其官于天也。”这里的论述很容易令人想到郭店楚简的《太一生水》和《性自命出》，其间的论说如出一辙，在说理方式上也完全一致。郭店楚简出土于战国中期墓葬，其中书的写成时间更早。郭店儒家文献属于《子思子》，写成于鲁，后来影响及于楚国，其思想形成时间一定在子思以前。所以，我们不能看到《礼运》之中有阴阳、四时的概念，就认定其成于阴阳学派盛行之后。

从篇中看，孔子认为礼是“大道既隐”的产物。本篇重点论述礼的形成、发展、演变、完善的过程，同时涉及三代“圣王”制礼的依据和原则，礼的运行法则，礼与仁、义、乐、顺的关系。因重点讲礼的运行，故名“礼运”。

《礼运》是可靠的文献，绝非后人“假托孔子”之名伪作，其中论述“讲信修睦”“故人不独亲其亲，不独子其子，老有所终，壮有所用，幼有所长，矜寡孤疾，皆有所养”，与《论语》等书所记孔子的“博施济众”“老者安之，朋友信之，少者怀之”的社会理想完全相同。篇中论述有关礼的发展与运用等，其他的相关材料中也都能找到相同或者相通的论述。

本篇是研究孔子政治思想的重要资料。在对礼的论述中，孔子由感慨周朝幽、厉之世以来“周道”损伤的现实出发，强调王道政治的重要性，指出三代“圣王”谨礼著义，型仁讲让，为后世树立了楷模。孔子认为礼“达天道，顺人情”，对于端正人心、整顿社会都具有重要的价值，最后，他描绘出了一个顺应天理人情，循礼而行的“大顺”境界。

《礼记》中收有《礼运》篇，将二者对勘，会发现不少有价值的学术信息。

［原文］

孔子为鲁司寇，与于蜡①。既宾②事毕，乃出游于观③之上，喟然而叹。言偃侍，曰：“夫子何叹也？”孔子曰：“昔大道④之行，与三代之英⑤，吾未之逮也⑥，而有记⑦焉。大道之行，天下为公，选贤与能⑧，讲信修睦⑨。故人不独亲其亲，不独子其子⑩，老有所终，壮有所用，矜寡孤疾，皆有所养。货恶其弃于地，不必⑪藏于己；力恶其不出于身，不必为人⑫。是以奸谋闭而不⑬兴，盗窃乱贼不作，故外户而不闭。谓之大同。

[注释] ① 与(yù)于蜡(zhà)：与，参与，在其中。蜡，祭祀名称。详参《观乡射第二十八》注释。 ② 宾：通“傧”，引导，相礼。王肃注全句“毕宾客之事也”，不确。类似的用法有：《书·尧典》：“寅宾出日。”孔传：“宾，导。”《穆天子传》卷六：“内史宾侯，北向而立。”郭璞注：“宾，相。” ③ 观(guàn)：宫殿或宗庙门前的大观楼，也称魏阙。王肃注：“观，宫门外阙。《周礼》所谓象魏者也。”《尔雅·释宫》：“观谓之阙。”郭璞注：“宫门双阙。”邢疏：“雉门之旁名观，又名阙。”胡广曰：“门阙也。两观在门之两旁，悬国家典章之言于上以示人。” ④ 大道：指夏、商、周三代“圣王”时期治理天下的准则，就是下文孔子所描述的大同社会，是儒家宣扬的理想社会。王肃注：“此谓三皇五帝时大道行也。”据郑注，是指五帝时期的治理天下之道。误。 ⑤ 与三代之英：与，一般认为是连词“和”的意思，其实不然。这里是“谓”“说的是”的意思。参王引之《经传释词》卷一：“与，犹谓也。”英，精英，杰出的人物，这里指下文提到的禹、汤、文武、成王、周公等圣人。王肃注：“英，秀。谓禹、汤、文、武也。” ⑥ 也：四库本、同文本无。 ⑦ 记：记载。《礼记·礼运》作“志”，朱彬引刘台拱曰：“识也，识记之书。” ⑧ 选贤与能：选举贤能的人。与，通“举”，选拔。 ⑨ 讲信修睦：王肃注：“讲，习也；修，行也；睦，亲也。” ⑩ 人不独亲其亲，不独子其子：王肃注：“所谓大道，天下为公。” ⑪ 不必：同文本作“必不”。 ⑫ 力恶其不出于身，不必为人：王肃注：“言力恶其不出于身，不以为德惠也。”为，求取。 ⑬ 不：四库本、同文本作“弗”。

[通解] 孔子担任鲁国的司寇时，曾参与蜡祭活动。相礼完毕以后，他出来在门阙上游览，不禁发出了叹息声。言偃正在旁边陪侍，问道：“先生为什么叹气？”孔子说：“大道实行的时代，说的是夏、商、周几位贤明之人当政的时代，我都没能赶上，但有相关的记载可以看到。大道实行的时代，天下是人们所公

有的，选举贤能的人为政，人与人之间讲求诚信，和睦相处。所以人们不只亲爱自己的双亲，不只爱护自己的子女，老年人安享晚年，壮年人有用武之地，年老丧夫或丧妻及失去父母、残疾的人都得到供养。人们痛恨财物被丢弃在地上，被糟蹋浪费，但并不一定为自己所有；痛恨力气不出于自身，但并不一定为别人效命。因此阴谋诡计被遏制而不能施展，劫掠偷盗、叛逆犯上的事也不会发生，所以外出也不用关门闭户。这就是‘大同’。

[原文]

“今大道既隐①，天下为家，各亲其亲，各子其子，货则为己，力则为人，大人②世及③以为常④，城郭沟池以为固。禹、汤、文、武、成王、周公由此而选⑤，未有不谨⑥于礼。礼之所兴，与天地并。如有不由礼而在位者，则以为殃。”

[注释]

① 今大道既隐：今，王引之《经传释词》卷五：“今，指事之词也。”犹言大道既隐之后，泛指三代末世，既指夏商末世，亦模糊包含有指孔子所处的时代。 ② 大人：指诸侯。 ③ 世及：世袭，代代相传。父子相继称世，兄弟相继称及。 ④ 常：伦常，纲常。 ⑤ 由此而选：由，《礼记》郑注曰：“由，用也，用礼义以成治。”选，孔疏曰：“英选。”即前文所说“三代之英”。王肃注：“言用礼义为之选也。” ⑥ 谨：慎重小心，表示态度郑重或恭敬。

[通解]

“‘圣王之治’结束以后，天下成为一家一姓的私有财产，人们各自只亲爱自己的双亲，只爱护自己的子女，希望财物都归自己所有，希望力气都让别人出。把诸侯世袭变成了法度，把城郭沟池当做屏障。夏禹、商汤、周文王、武王、成王、周公用礼仪治理天下而成为杰出的人物，他们没有不严肃认真地遵守礼制的。礼制的兴起，是和天地同时的。如果有人不遵守礼制而取得了尊位，则众人把他看做是灾祸。”

［原文］

言偃复问曰：“如此乎，礼之[1]急也？”孔子曰：“夫礼，先王所以承天之道，以治人之情，列其鬼神，达于丧祭、乡射、冠昏、朝聘[2]。故圣人以礼示之，则天下国家可得以礼正矣。”

［注释］

① 之：四库本、同文本作“其”。 ② 丧祭、乡射、冠昏、朝聘：周代礼仪的名称，分别指丧礼、祭礼、射礼、冠礼、婚礼、诸侯定期朝见天子之礼。昏，通“婚”。四库本、同文本作“婚”。

［通解］

言偃又问：“如果这样，礼制的确非常急需吗？”孔子回答：“礼制是先世的君王用来承续天道，陶冶人的性情的，它取法于鬼神，具体体现在丧祭、乡射、冠婚、朝聘等礼仪当中。所以圣人如果用礼来教化百姓、进行治理，那么就能够通过礼达到天下太平、国泰民安了。”

［原文］

言偃曰：“今之在位莫知由礼，何也？”孔子曰：“呜呼，哀哉！我观周道，幽、厉伤也[1]。吾舍鲁何适[2]？夫鲁之郊及禘皆非礼[3]，周公其已衰[4]矣。杞之郊也禹[5]，宋之郊也契[6]，是天子之事守[7]也，天子以杞、宋[8]二王之后。周公摄政致太平，而与天子同是礼也。诸侯祭社稷宗庙，上下皆奉其典，而祝[9]嘏[10]莫敢易其常法，是谓大嘉。

［注释］

① 幽、厉伤也：幽、厉，指西周国王周幽王、周厉王。伤，伤害，破坏。王肃注：“幽厉二王者，皆伤周道也。” ② 吾舍鲁何适：王肃注：“鲁有圣人之风，犹胜（四库本、同文本此后有‘于’字）诸国也。” ③ 鲁之郊及禘皆非礼：指鲁国行郊祭及禘祭都不合于礼制，王肃注：“言失于礼而亡其义。”郊，禘，古代祭祀名称。周代，天子在冬至日祭天于南郊

称为“郊”,《礼记·中庸》:“郊社之礼,所以事上帝也。”嫡系子孙行祭祀宗庙之礼称为禘,《礼记·大传》:“礼,不王不禘。王者禘其祖之所自(自,四库本无)出,以其祖配之。”孙希旦集解引赵匡曰:“不王不禘,明诸侯不得有也……”因此只有天子才有资格行郊、禘之礼。另参见《郊问》篇。 ④ 周公其已衰:王肃注:“子孙不能行其礼义。” ⑤ 禹:夏朝始祖。王肃注:“杞,夏后,本郊鲧。周公以鲧非令德,故令杞郊禹。” ⑥ 契:商朝始祖。 ⑦ 事守:指应当遵守的法度。 ⑧ 以杞、宋:同文本作“杞、宋以”。 ⑨ 祝:祭祀时司告鬼神的人。 ⑩ 嘏(gǔ,又读 jiǎ):福,这里指替人向鬼神祈福的人。

[通解] 言偃问:“目前在位的君主,不懂得通过礼制来治理国家,为什么呢?”孔子回答:“唉,太可悲了啊!我考察周代的礼制,从幽王、厉王时就被破坏了。现在,除了鲁国,我还能到哪里去考察?然而鲁国的郊祭、禘祭都不合乎礼制,周公制订的礼制,已经衰微了。杞国举行郊祭是由于大禹,宋国举行郊祭是由于商契,这是天子应该享受的祭祀,因为周天子把杞、宋作为禹、契二王的后裔。周公摄政,实现了天下太平,因而和天子一样享受郊祭之礼。诸侯只可以祭祀社稷宗庙,上上下下都遵守这一永恒的法典,即使主持祭祀的祝嘏也不敢变动它们,这称作‘大嘉’。

[原文] “今使祝嘏辞说,徒藏于宗祝巫史,非礼也[①],是谓幽[②]国;醆斝及尸君,非礼也[③],是谓僭君[④];冕弁兵车,藏于私家,非礼也[⑤],是谓胁君[⑥];大夫具官,祭器不假,声乐皆具,非礼也[⑦],是谓[⑧]乱国;故仕于公曰臣,仕于家曰仆。三年之丧,与新有婚者,期不使也。以衰裳入朝,与家仆杂居齐齿[⑨],非礼也,是谓臣与君共国;天子有田以处其子孙,诸侯有

国以处其子孙，大夫有采⑩以处其子孙，是谓制度。天子适诸侯，必舍其宗庙，而不以礼籍入⑪，是谓天子坏法乱纪；诸侯非问疾吊丧而入诸臣之家，是谓君臣为谑⑫；夫⑬礼者，君之柄⑭，所以别嫌明微，傧鬼神，考制度，列⑮仁义，立政教，安君臣上下也。故政不正则君位危，君位危则大臣倍、小臣窃，刑肃而俗弊⑯则法无常，法无常则礼无别，礼无别则士不仕⑰、民不归，是谓疵国。

[注释] ① 今使祝嘏辞说，徒藏于宗祝巫史，非礼也：王肃注："言君臣皆当知辞说之意义（义，原作'议'，据四库本、同文本改）也。" ② 幽：幽暗，昏暗。王肃注："幽，敝于礼。"指不明于礼。 ③ 醆（zhǎn）斝（jiǎ）及尸君，非礼也：醆（"盏"的异体字）斝，酒器名，极其贵重。尸，古时祭祀时代死者受祭的人，尸君指代先世的君王受祭的人。王肃注："夏曰醆，殷曰斝。非王者之后，则尸与君不得用。"是说醆是夏代的酒杯，斝是商代的酒杯，只有夏商的后代即杞、宋二国的国君祭祀时，才能用以献尸，其他的诸侯国君不得用之，用之则不合礼仪。 ④ 僭君：僭，假冒名位超越自己的本分，旧指下级冒用上级的名义、礼仪或器物。王肃注："僭侈之君。"理解有误。这里指超越自己的本分，冒用君王的器物。 ⑤ 冕弁（biàn）兵车，藏于私家，非礼也：王肃注："大夫称家。冕弁，大夫之服。孔子曰：天子、诸侯、大夫冕弁服归设奠后（服归设奠后，四库本、同文本作'复归设奠服'）。此谓不得赐而藏之也。"车，四库本、同文本作"革"。 ⑥ 胁君：王肃注："迫于其君。" ⑦ 大夫具官，祭器不假，声乐皆具，非礼也：具官，指各种执事皆备。古代大夫常兼数职，不得备置各种执事之官，今皆具备，所以不合礼制。祭器不假，王肃注："大夫无田者，不为祭器。今皆不假，故非礼。"指没有田禄的大夫，应该是"支子"，不得制备祭器，用时要向宗子假借，今不用假借，所以不合礼制。 ⑧ 谓：原作"为"，据同文本改。二字通用。 ⑨ 齐齿：并列，此指没上没下。 ⑩ 采：采邑，古时卿大夫的封地。 ⑪ 天子适诸侯，必舍其宗庙，而不以礼籍入：王肃注："所谓临诸侯将舍

宗庙，先告其鬼神以将入止也。”以，原无，据四库本、同文本补。礼籍，记载礼的简策，指太史所职掌的典章礼簿，上面记载其国忌讳恶。

⑫ 谑：王肃注：“谑，戏。（四库本、同文本此注作‘戏谑’）” ⑬ 夫：四库本、同文本此前有“故”字。 ⑭ 柄：根本。王肃注：“柄，亦秉持。”不确。 ⑮ 列：四库本、同文本作“别”。 ⑯ 弊：四库本、同文本作“敝”。 ⑰ 仕：四库本、同文本作“事”。

［通解］

“若把祝祷和祈福的言辞，只保存在宗祝巫史那里，是不合礼制的，这称作使国政幽暗；先王所用的重器，被诸侯国用来向尸君献酒，是不合礼制的，这称作僭越君王；冕弁和兵车，藏在大夫那里，是不合礼制的，这称作胁迫君王；大夫配有完备的执事官吏，祭器自备而不用假借，各种乐器齐备，是不合礼制的，这称作混乱国政；在国君那里任职的叫做臣，在大夫那里任职的叫做仆。守三年之丧和新婚的，一年内不派给他差事。如果穿着丧服入朝，或与家仆杂处并列，是不合礼制的，这称作君臣共享国家；天子广有土地来安置自己的子孙，诸侯有国家来安置自己的子孙，大夫有封邑来安置自己的子孙，这是制度。所以天子到诸侯国去，必须下榻到诸侯的祖庙里，如果不按照礼籍上的规定进入，这称作天子破坏法纪；诸侯如果不是探问疾病和吊唁丧事，而随意进入臣下家中，这称作君臣相戏谑。所谓礼，是国君治理国家的根本，是用来辨别是非、洞察幽隐，敬事鬼神，制定制度，施行仁义，确立政教，使君臣上下都得到安宁的。因而行政事而不得正道，君位就会发生动摇，君位动摇大臣就会背叛，小臣就会窃权。刑罚严峻而风俗败坏，法令就得经常变更，法令变更，礼制就无法区分上下尊卑，礼制无法区分上下尊卑，士人就不会尽心于政事，百姓就不会归顺，这称作病国、害国。

[原文]

"是故夫政者,君之所以藏身也①,必本之天,效以降命②。命,降于社之谓效地③,降于祖庙之谓仁义④,降于山川之谓兴作⑤,降于五祀之谓制度⑥。此圣人所以藏身之固也⑦。圣人参于天地,并于鬼神,以治政也。处其所存,礼之序也;玩其所乐,民之治也⑧。天生时,地生财,人其父生而师教之。四者君以政用之,所以立于无过之地⑨。

[注释]

① 君之所以藏身也:王肃注:"言所藏于身,不可以假人也。"也,四库本、同文本无。 ② 效以降命:命,命令,政令,这里应该指广义的礼。王肃注:"效天以下教令,所谓则天之明。"正文及王注之"效",四库本皆作"郊"。 ③ 命,降于社之谓效地:《礼记·礼运》孔颖达疏曰:"社即地也,指其神谓之社,指其形谓之地。"孙希旦解释:"命降于社,谓政令本于地而降者也。下三句放(仿)此。"我们认为,大地以及下文的祖庙、山川、五祀,都有体现自然的法则在其中,所以应根据其理而制定政令。王肃注:"所谓因地之利。"即取法大地之意。地有高低之分,故礼有尊卑等级。降,四库本作"教",据上下文不可从。效,原作"教",据四库本、同文本改。 ④ 降于祖庙之谓仁义:王肃注:"奉祖庙,弥近弥亲,弥远弥尊,仁义之道也。"指祖庙中存在着亲尊的区别,血缘关系越近越亲,而不尊;越远则不甚亲,而甚尊。亲出于"仁"而尊以"义"立。所以祖庙之礼有仁义的涵义。 ⑤ 降于山川之谓兴作:王肃注:"下命所谓祭山川者,谓其兴造云雨,作生万物也。" ⑥ 降于五祀之谓制度:王肃注:"下命使事五祀者,以其能为人事之制度。"五祀,五行之神。

⑦ 此圣人所以藏身之固也:王肃注:"藏身以此则固。"之,四库本、同文本无。 ⑧ 处其所存,礼之序也;玩其所乐,民之治也:王肃注:"言圣人常所存处者,礼之次序;常所(所,四库本、同文本无)玩乐者,民之治安也。" ⑨ 四者君以政用之,所以立于无过之地:王肃注:"时及财,天地之所以生,而师以教之,君以政用之而已,故常立于无过之地也(也,四库本、同文本无)。"

[通解] “所以政教是君王托身立命的保证,君王必须以天为本,效法自然制定政令。政令、礼制,取法大地而制定的,是它的等级原则;取法祖庙而制定的,是它的仁义原则;取法山川而制定的,是它的建设原则;取法五行而制定的,是它的制度原则。这些是圣明的君王稳固自己地位的保障。圣人效法天地,比照鬼神来治理国政。设身处地地考虑,就能实现礼制确立的秩序;体味百姓所喜欢、倡导的,就能使他们安居乐业。天产生四时,地滋生财富,人,身体由父亲生养,知识由老师来传授。以上四个方面,君王利用政教加以正确的引导,才能立于无过错的境地。

[原文] “君者,人所则①,非则人者也;人所养,非养人者也;人所事,非事人者也。夫君者,明人则有过②,养人则不足③,事人则失位。故百姓则君以自治,养君以自安,事君以自显,是以礼达而分定。人皆爱其死,而患其生④,是故用人之智去其诈,用人之勇去其怒,用人之仁去其贪。国有患,君死社稷为之⑤义,大夫死宗庙为之变⑥。凡圣人能以天下为一家,以中国为一人,非意之⑦,必知其情,从于其义,明于其利,达于其患,然后⑧为之。

[注释] ① 则:此及下文“则人者”“百姓则君以自治”之“则”原作“明”,据四库本、同文本等改。《礼记・礼运》作“明”,郑玄注说是“尊崇”的意思,陈澔云:上下文之“明”,皆当“则”字,是“取则”“仿效”的意思。从本篇后文与《礼记・礼运》“百姓则君以自治”的比较中,后说为是,应当是给人做榜样的意思。 ② 夫君者,明人则有过:王肃注:“为君徒欲明人而已,则过谬也。” ③ 养人则不足:指君王如果奉养别人,就会出现不足,即供养不过来。王肃注:“时君失政,不能为民(民,同文本作‘人’,四库本无)所养。”有误。“养”前原有“故”字,据四库本、同文本、

《礼记·礼运》删。 ④ 人皆爱其死,而患其生:爱,爱惜,吝惜。王肃注:“人皆爱惜其死,而患其生之无礼也。” ⑤ 为之:为,犹“谓”。四库本、同文本作“谓之”。 ⑥ 大夫死宗庙为之变:变,《礼记·礼运》郑注曰:“当读为‘辩’,声之误也。辩犹正也。”全句意思是:大夫为宗庙而死,是正义的,是正当的。王肃注:“大夫有去就之义,未必常死宗庙者。其死宗庙者,权变为也。”理解有误。为之,四库本、同文本作“谓之”。 ⑦ 非意之:不是凭空想象出来的。王肃注:“非以意贪之,必有致(致,四库本、同文本作‘数’)之也。” ⑧ 然后:四库本、同文本此后有“能”字。

[通解] “君王,是被人仿效的榜样,而不是仿效别人的;是被人奉养,而不是奉养别人的;是被人服事,而不是服事别人的。君王仿效别人就会出现差错,奉养别人就会出现不足,服事别人就失去了自己的地位。所以百姓仿效君王以管理好自己的事务,奉养君王以安定自己的生活,服事君王以显扬自己的身份,因而礼制通达普及,名分上下明确。人人都爱惜能够为义而死,担心生而无礼,因此君王用人的智慧克制他的伪诈,用人的勇敢克制他的暴怒,用人的仁心克制他的贪欲。国家遇到危难,君王为社稷而死,叫做大义;大夫为宗庙而死,叫做正义。凡是圣明的君王,能把天下治理得如同一家,管理天下人如同一人,这并不是臆想,必须了解人情,洞晓义理,知道百姓的利益所在,清楚他们的祸患是什么,然后就能做到这一步。

[原文] “何谓人情?喜、怒、哀、惧、爱、恶、欲七者,弗学而能;何谓人义?父慈、子孝、兄良、弟悌、夫义、妇听、长惠、幼顺、君仁、臣忠十者,谓之人义;讲信修睦,谓之人利;争夺相杀,谓之人患。圣人之所以

治人七情,修十义,讲信修睦[①],尚辞让,去争夺,舍礼何以治之?饮食男女[②],人之大欲存焉;死亡贫苦,人之大恶存焉。欲、恶者,人之大端[③]。人藏其心,不可测度,美、恶皆在其心,不见其色,欲一以[④]穷之,舍礼何以哉?

[注释]

① 圣人之所以治人七情,修十义,讲信修睦:廖名春及张涛句读为:"圣人之所以治人,七情修,十义讲,信修睦。" ② 饮食男女:饮食,食欲。男女,性欲。 ③ 人之大端:指人的本性。 ④ 一以:四库本作"以一"。

[通解]

"什么是人情呢?喜、怒、哀、惧、爱、恶、欲,这七种情感,人们不学就会;什么是人义呢?父亲慈爱、儿子孝敬、兄长善良、弟弟尊敬、丈夫仁义、妻子听从、年长者仁惠、年少者顺从、君主宽仁、臣下忠诚,这十种伦理道德,称作人义;讲求诚心,追求和睦,称作人利;你争我夺,互相杀戮,称作人患。圣人用来陶冶人的七情,培养人的十义,讲求诚信,追求和睦,崇尚谦让,消除争夺的,除了礼,还有什么办法来治理呢?食、色,是人们最基本的欲望;死亡和贫苦,是人们最憎恶的事情。竭力追求自己想要的,极力避免自己所厌恶的,是人的本性。人人藏有一颗心,别人无法揣度。善恶都藏在心中,外表不显现出来,要想用一种方法来彻底地寻求,除了礼,还能怎么样呢?

[原文]

"故人者,天地之德,阴阳[①]之交,鬼神之会,五行之秀[②]。天秉阳,垂日星;地秉阴,载[③]山川。播五行于四时,和四气而后月生[④]。是以三五而盈,三五而缺[⑤],五行之动,共相竭也[⑥]。五行、四气、十二月,还相为本[⑦];五声、六律、十二管,还相为宫[⑧];

五味、六和、十二食，还相为质⑨；五色、六章、十二衣，还相为主⑩。故人者，天地之心，而五行之端⑪，食味、别声、被色而生者也⑫。

［注释］ ① 阴阳：中国哲学的一对范畴。最初是指日光的向背，向日者为阳，背日者为阴。古代思想家们援阴阳概念于哲学中，用来解释自然界两种对立和相互消长的物质势力，以揭示一切现象都有正反两方面。

② 五行之秀：五行，指金、木、水、火、土五种物质。中国古代思想家企图用这五种人们生活中最常见的物质来解释世间万物的来源和多样性的统一，战国时代颇为流行，并出现了“五行相生相克”理论，其观点具有朴素唯物论和自发的辩证法因素。秀，最杰出的。　③ 载：原作“载于”。据四库本、同文本删。　④ 播五行于四时，和四气而后月生：五行分布于一年四季，四季之气和顺而后出现十二个月。王肃注：“月生而后四时行焉。布五行，和四时、四气（四气，四库本、同文本无），而后月生焉。”四时，指春、夏、秋、冬四季。四气，指四时中的温、热、冷、寒之气，五日为“一候”，三候为“一气”，一气为三个五日。　⑤ 三五而盈，三五而缺：节气和乃见初月，中气和乃见满月。王肃注：“月，阴道，不常满。故十五日满、十五日缺也（也，四库本、同文本无）。”　⑥ 五行之动，共相竭也：竭，举，竖起，引申为“更始”的意思。《礼记·礼运》郑玄注：“竭，犹负载也。言五行运转，更相为始也。”意思是，五行的运转，互为开始。王肃注：“竭，尽也。水用事尽，则木用事；五行用事，更相尽也。”　⑦ 还相为本：交替运行。王肃注：“用事者为本也。”用事，当权、当令，这里指正当运行。　⑧ 五声、六律、十二管，还相为宫：五声，指宫、商、角、徵、羽五个声高音阶，宫是第一音阶。六律，原作“五律”，据四库本、同文本、《礼记》改。即十二律，因十二律分阴阳两类，处于奇数位的六律叫阳律，处于偶数位的六律叫六吕，合称“律吕”，古书中常以“六律”包举阴阳各六的十二律。十二管，指十二律管。宫，指宫调，中国古代音乐中，以五声中的任何一声为主，均可构成一种调式，其中以宫声为主组成的就称为“宫”（即宫调式），而以其他声为主组成的就称为“调”，统称“宫调”。而五声又只有相对的音高，没有绝对的

音高，它们的音高要靠十二律来确定。王肃注："五声者，宫、商、角、徵、羽也。管，十二月也。一月一管，阳律阴吕，其用事为宫也。" ⑨ 五味、六和、十二食，还相为质：五味，甜、酸、苦、辣、咸五种味道。六和，六种调味品，《周礼·天官·食医》："凡和，春多酸，夏多苦，秋多辛，冬多咸，调以滑、甘。"《礼记·礼运》孔颖达疏曰："酸、苦、辛、咸，加之以滑和甘，为六和也。"王肃注："五味，酸、苦、咸、辛、甘。六和者，和之各有宜者，春多酸，秋多辛之属是也。十二食者，十二月之食。质，本也。"
⑩ 五色、六章、十二衣，还相为主：五色，青、赤、黄、白、黑五种颜色。古代以此五者为正色，其余为奸色。王肃注："五色者，青、赤、白、黑、黄。《学记》曰：'水无当于五色，五色不得不彰（彰，四库本、同文本作'章'）。'五色待水而章也。"主，四库本、同文本作"质"，误。 ⑪ 故人者，天地之心，而五行之端：天地之心，天地间的核心。王肃注："于天地间如五脏（脏，原作'藏'，据四库本、同文本改。下同）之有心矣。人，有生最灵；心，五脏最圣也。"理解得很到位。端，头、首的意思，王肃注："端，始也。能用五行也。"理解有误。 ⑫ 也：原无，据四库本、同文本补。

［通解］ "所以说，人，是天地基本品质的体现，是阴阳交合的产物，是鬼神精灵的荟萃，是万物中的英华。天，秉承阳性，使太阳、星辰照临人间；地，秉承阴性，负载着山陵河川。五行分布于一年四季，四季之气和顺而后出现十二个月。因此十五天月亮趋于盈满，又十五天月亮趋于亏缺。五行的运转，互为更始。五行、四气、十二月，周而复始；五声、六律、十二管，轮换成为确定音高的宫调；五味、六和、十二食，交替作为本味；五色、六章、十二衣，轮流作为主色。因此，人是天地的核心，万物的领袖，是享受着美味、能区分五声、穿着五彩的衣服而生存着的。

［原文］ "圣人作则①，必以天地为本，以阴阳为端，以

四时为柄②，以③日星为纪，月以为量，鬼神以为徒④，五行以为质，礼义以为器，人情以为田，四灵以为畜⑤。以天地为本，故物可举⑥；以阴阳为端，故情可睹⑦；以四时为柄，故事可劝⑧；以日星为纪，故业可别⑨；月以为量，故功有艺⑩；鬼神以为徒，故事有守⑪；五行以为质，故事可复也⑫；礼义以为器，故事行有考⑬；人情以为田，故人以为奥也⑭；四灵以为畜，故饮食有由⑮。

［注释］ ① 圣人作则：王肃注："作为则法。" ② 以四时为柄：柄，陈澔《礼记集说·礼运》曰"柄犹权也"，权衡的意思。根据《礼记·月令》的记述，四时各有所应当推行的政令，应当据以权衡所制定的典则。
③ 以：四库本、同文本无。 ④ 徒：同类。 ⑤ 四灵以为畜：四灵，指下节所说的麟、凤、龟、龙四种动物。古人以为四灵是祥瑞的象征，它们的出现，是圣人降生、天下大治的征兆。因此把四灵作为家畜，意思就是把实现天下大治作为制定典则的目标。 ⑥ 以天地为本，故物可举：举，养育，抚养。以天地的德性为根本，所以能孕育万物。王肃注："天地为本，则万物苞（苞，四库本、同文本作'包'）在于其中。"
⑦ 以阴阳为端，故情可睹：王肃注："阴阳之为情始（四库本、同文本本注作'阴阳为情之始'）。"四库本、同文本"情"前有"人"字。 ⑧ 以四时为柄，故事可劝：王肃注："四时各有事，故事可得而劝也。"
⑨ 以日星为纪，故业可别：王肃注："日以纪昼，星以纪夜，故事可得而分别也。" ⑩ 月以为量，故功有艺：量，区分。艺，法度，限度。王肃注："有度量以成四时，犹功业各有分理也。艺，犹理。"月以，四库本作"以月"。 ⑪ 鬼神以为徒，故事有守：王肃注："鬼神不相干，各有守。"
⑫ 五行以为质，故事可复也：王肃注："五行，终则复始，故事可修复也。"也，四库本无。 ⑬ 考：成就，成全。王肃注："考，成。"
⑭ 故人以为奥（yù）也：奥，通"燠"，暖。此句原脱，据四库本、同文本补。《礼记·礼运》郑注："奥，犹主也，田无主则荒。"可备一说。
⑮ 故饮食有由：王肃注："四灵，鸟兽之长。四灵为畜，则饮食可用。"此

句原脱，据四库本、同文本补。

［通解］

“圣人制定法则，必然以天地的德行为根本，以阴阳的交合为出发点，以四季所当行的政令为权衡，以日、星的运行来纪时，以十二个月作为区分标准，以鬼神作为同类，以五行的运行为本体，以礼义为器具，以人情为田地，以四灵为家畜。以天地的德性为根本，就可以孕育包容一切；以阴阳的交合为出发点，就可以洞察人情；以四季所当行的政令为权衡，就可以劝勉人们各行其事；以日、星的运行来纪时，就可以分别各种事务；以十二个月作为区分标准，就可以追求功业有限度；以鬼神作为同类，就可以忠于职守；以五行的运行为本体，就可以凡事有轮替；以礼义为器具，就可以做事追求成效；以人情为田地，就可以使人感到温暖；以四灵为家畜，就可以使生活饮食有来源。

［原文］

“何谓四灵？麟、凤、龟、龙谓之四灵。故龙以为畜，而鱼鲔不谂①；凤以为畜，而鸟不獝；麟以为畜，而兽不狘②；龟以为畜，而人情不失③。先王秉蓍龟，列祭祀，瘗缯，宣祝嘏辞说④，设制度⑤，故国有礼，官有御⑥，事有职，礼有序⑦。

［注释］

① 鱼鲔（wěi）不谂（shěn）：鱼鲔，泛指鱼类。谂，通“淰”，鱼惊骇的样子。王肃注：“谂，潜藏也。”是引申的意思。 ② 凤以为畜，而鸟不獝（chì）；麟以为畜，而兽不狘（xuè）：王肃注：“獝、狘（四库本无‘狘’字，同文本无‘獝’字），飞、走（飞走，同文本作‘走飞’）之貌。” ③ 龟以为畜，而人情不失：蓄养龟作为家畜，由于龟甲可用于占卜，因此人情真伪、善恶的判断就不会出现过失。王肃注：“《易》曰：定天下之吉凶，成天下之亹（wěi）亹者，莫善于蓍龟。人情（四库本、同文本‘人情’前有‘故曰’二字）不失也。” ④ 瘗（yì）缯，宣祝嘏辞说：瘗，埋，埋

葬。《诗·大雅·云汉》:“上下奠瘗。”孔颖达疏曰:“奠谓置之于地,瘗谓堙之于土。”特指祭祀中的堙埋仪式。王肃注:“瘗,谓祭祀之瘗。”理解是正确的。缯,应该指祭祀中堙埋的布帛,王肃注:“缯,谓若增封太山。”解释不通。瘗缯,是一种祭祀的方式,把写有祝辞的布帛埋入地下,以求得神的福佑。宣,王肃注:“宣,谓播宣扬之。”辞说,原无,据四库本、同文本补。 ⑤ 设制度:此后原有“祝嘏辞说”四字,据四库本、同文本删。 ⑥ 御:王肃注:“治也。” ⑦ 事有职,礼有序:原作“职有序”,据四库本、同文本改。

[通解]

“什么是四灵?麟、凤、龟、龙叫做四灵。所以养龙作为家畜,鱼类就不会受惊而潜藏;养凤作为家畜,鸟类就不会受惊而飞开;养麟作为家畜,兽类也不会受惊而跑掉;养龟作为家畜,人情的判断就不会出现过失。先代君王秉持卜筮用的蓍草和龟甲,安排依次进行各种祭祀,埋帛降神,宣读告神和祝福的文辞,制定各项制度,因而国家拥有礼仪制度,官吏各司其职,礼制井然有序。

[原文]

“先王患礼之不达于下,故飨①帝于郊,所以定天位也;祀社于国,所以列地利也;禘②祖庙,所以本仁也;旅山川,所以傧鬼神也;祭五祀,所以本事也。故宗祝在庙,三公在朝,三老在学③,王前巫而后史,卜筮瞽侑④,皆在左右,王中心无为⑤也,以守至正。是以礼行于郊,而百神受职;礼行于社,而百货可极⑥;礼行于祖庙,而孝慈服焉⑦;礼行于五祀,而正法则焉。故郊社、宗庙⑧、山川、五祀,义之修而礼之藏⑨。

[注释]

① 飨(xiǎng):祭献。 ② 禘(dì):古代祭祀名称,这里指大禘之祭。 ③ 三公在朝,三老在学:三公,共同负责军政的最高长官的

统称,周代指司马、司徒、司空或太师、太傅、太保。三老,古时指上寿、中寿、下寿,凡指年纪大,后举年高且有修行的人为三老,掌教化。王肃注:"王养三老在学。" ④ 卜筮瞽(gǔ)侑(yòu):瞽,瞎眼,因古时乐官常以瞽者担任,因此成为乐官的代称。侑,四辅,辅佐君王的谏官。筮,原作"蓍",据四库本、同文本改。瞽,四库本、同文本作"鼓"。 ⑤ 无为:四库本、同文本作"无违"。 ⑥ 百货可极:极,《说文》:"极,驴上负也。"这里是负载的意思。 ⑦ 孝慈服焉:王肃注:"孝慈之道,为远近所服焉。"孝慈,四库本、同文本作"慈孝"。 ⑧ 宗庙:四库本、同文本作"祖庙"。 ⑨ 义之修而礼之藏(zàng):修,装饰,修饰,这里指的是外在的表现。藏,王肃注:"言礼之宝藏。"

[通解]

"先代的君王担心礼制不能通达于天下,因此在郊外祭祀天帝,用以确定天的至高无上的地位;在国都中祭祀社神,用以叙列大地孕育万物的功利;祭祀祖庙,用以体现以仁爱为本;祭祀山川,用以礼敬鬼神;祭祀五行之神,用来追溯事物的本源。因此宗祝在祖庙,三公在朝廷,三老在太学,各司其职,君王前有巫,后有史,负责卜筮、音乐和劝谏的官员陪侍左右,君王处于中心,无为而治,以坚守最纯正的君道。因此在郊区行祭天之礼,众神就会各司职守;在社中行祭地之礼,各种财货就会用之不竭;在祖庙中行祭祖之礼,孝敬慈爱的德行就会训服天下;行祭祀五行之礼,各种法则就会得以端正。所以郊社、宗庙、山川、五祀的祭祀之礼,体现了道义,而成为礼制的宝藏。

[原文]

"夫礼必本于太一①,分而为天地,转而为阴阳,变而为四时,列而为鬼神。其降曰命②,其官于天也③,协于分艺④。其居于人也曰养⑤,所以讲信修睦,而固人之肌肤之会、筋骸之束者⑥;所以养生送死、事鬼神之大端；所以达天道、顺人情之大窦[⑦]。唯圣人为知礼之不可以已也，故破国、丧家、亡人，必先去其礼。

［注释］

① 太一：王肃注："太一者，元气也。"这里指创造天地万物的元气。《礼记·礼运》孔颖达疏曰："谓天地未分，混沌之元气也。" ② 其降曰命：其气运降临叫做命。王肃注："即上所为命，降于天地、祖庙也。" ③ 其官于天也：官，《经籍纂诂》："官，法也。"这里是效法、效仿的意思。王肃注："官为职分也，言礼（四库本、同文本此后有'之'字）职分皆从天下来也。"理解有误。 ④ 协于分艺：王肃注："艺，理。" ⑤ 其居于人也曰养：王肃注："言礼之于人身，所以养成人也。" ⑥ 者：四库本、同文本作"也"。 ⑦ 窦：孔穴，这里是比喻通达天道、顺应人情的孔道。

［通解］

"礼制必然本源于太一，它分化而成天地，转化而成阴阳，演变而成四时，分裂而成鬼神。太一的气运降临叫做命令，而这命令也是效法自然，协调各种关系的。它落实到人类就是养，它使人们讲求诚信、追求和睦，如同使人自身的肌肤的会合、筋骨的联结得到强固一样；它是用来奉养生者、丧葬死者、祭祀鬼神的最基本的原则；是用来通达天道、顺应人情的重要通道。只有圣人了解礼不可以废止。所以要使一个国家破灭、一个家庭衰落、一个人消亡，一定要先使他们丧失礼制。

［原文］

"礼之于人，犹酒之有蘖[①]也，君子以厚，小人以薄。圣人[②]修义之柄、礼之序，以治人情。人情者，圣王之田也，修礼以耕之，陈义以种之，讲学以耨[③]之，本仁以聚之，播乐以安之。故礼者，义之实也。协诸义而协，则礼虽先王未有[④]，可以义起焉。

义者，艺之分，仁之节。协于[5]艺，讲于仁，得之者强，失之者丧；仁者，义之本，顺之体，得之者尊。故治国不以礼，犹无耜而耕；为礼而不本于义，犹耕之而弗种[6]；为义[7]而不讲于学，犹种而弗[8]耨；讲之以学而不合之[9]以仁，犹耨而不获；合之以仁而不安之以乐，犹获而弗[10]食；安之以乐而不达于顺，犹食而不肥。四体既正，肤革充盈[11]，人之肥也；父子笃，兄弟睦，夫妇和，家之肥也；大臣法，小[12]臣廉，官职相序[13]，君臣相正，国之肥也；天子以德为车，以乐为御，诸侯以礼相与[14]，大夫以法相序，士以信相考，百姓以睦相守，天下之肥也。是谓大顺。顺[15]者，所以养生送死、事鬼神之常也。故事大积焉而不苑[16]，并行而不谬，细行而不失。深而通，茂而有间[17]，连而不相及[18]，动而不相害，此顺之至也。明于顺，然后乃能守危[19]。

［注释］

①蘖(niè)：酒曲，酿酒用的发酵剂，这里比喻有礼能使人情醇厚。

②圣人：四库本、同文本作“圣王”。 ③耨(nòu)：王肃注：“耨，除秽也。” ④未有：四库本、同文本作“未之有”。 ⑤于：四库本、同文本作“诸”。 ⑥耕之而弗种：四库本、同文本作“耕而不种”。 ⑦义：原脱，据四库本、同文本补。 ⑧弗：四库本、同文本作“不”。 ⑨之：四库本、同文本无。 ⑩弗：四库本、同文本作“不”。 ⑪四体既正，肤革充盈：四体，四肢。肤、革，都指人体的皮肤。充盈，丰满，充足。 ⑫小：四库本、同文本此前有“而”字。

⑬序：次第，秩序，这里是按次第区分、排列。 ⑭与：亲附。

⑮顺：四库本、同文本作“大顺”。 ⑯事大积焉而不苑(yǔn)：大积，指积压的范围或程度广而深。苑，积压，蕴结。王肃注：“苑，滞积也。”

⑰茂而有间(jiàn)：茂，草木繁盛，这里指事务繁杂。间，缝隙，空隙。王肃注：“言有理也。”有，四库本作“不”。 ⑱连而不相及：王

肃注:“言有叙也。” ⑲ 乃能守危:守,保持。危,《说文》解释“在高而惧也”。全句意思:才能保持居高位而警惕。王肃注:“高而不危,以长守危。”有误。

[通解] “礼对于人来说,就像酿酒必须有酒曲,君子追求礼,因而更加醇厚,小人不讲礼,因而愈加浅薄。圣人研习义的根本、礼的秩序,来陶冶人情。人情就好比圣人的田地,整修礼制好比是耕地,阐明道义好比是种植,施行教育好比是除草,以仁爱为本来凝聚人心,传播礼乐来安定百姓。所以礼,是义的实体,用义的标准加以衡量,无一不合才是礼。那么先王时期还没产生礼,也可以根据义的原理来加以创制。义,是法则有分别的根据,是实行仁道的节度,必须和法度协调,合于仁,做得到的就强盛,做不到的就衰亡;仁,是义的根本,顺的本体,做得到的就尊贵。所以治国而不依靠礼制,就好像耕地而没有耒耜;推行礼制而不以义为本,就好像耕地而不播种;行义而不重视教育,就好像只播种而不除草;重视教育而不合于仁,就好像只是除草而不收获;合于仁而不以乐安定人心,就好像只收获粮食却不吃;用乐加以安定而不达到和顺,就好像光吃饭却并不健壮。四肢健全,肌体丰满,这是身体健壮的表现;父子情深,兄弟和睦,夫妇和美,这是家庭兴旺的表现;大臣守法,小臣廉洁,各种职官配合井然有序,君臣相互劝勉匡正,这是国家强盛的表现;天子以德为车,以乐为御者,来治理国家,诸侯之间凭借礼制亲附接触,大夫凭借法则相互协调,士人依靠诚心相互稽查,百姓因为和睦而相互交往,这是天下昌盛的表现。这就是大顺。顺,是奉养生者,丧葬死者,祭祀鬼神的原则。所以即使事务堆积也不会阻滞,各种事务并行也不会发生错乱,细小的事情也不会遗漏,再深奥的事也能通晓,事情繁杂而有条理,各种事情相互关联而不互相牵扯,实行起来

也不互相妨碍,这是顺的最高境界。因此了解了顺的目标,才能够做到居安思危。

[原文]

“夫礼之不同,不丰不杀①,所以持情而合危②也。山者不使居川,渚③者不使居原;用水、火、金、木,饮食必时④;冬合男女,春颁爵位,必当年德⑤,皆所⑥顺也,用民必顺⑦。故无水旱昆虫之灾,民无凶饥妖孽之疾⑧。天不爱其道,地不爱其宝,人不爱其情,是以天降甘露,地出醴泉⑨,山出器车⑩,河出马图⑪,凤凰麒麟,皆在郊掫⑫,龟龙在宫沼,其余鸟兽及卵胎,皆可俯而窥也。则是无故,先王能循礼以达义,体信以达顺。此顺之实也。”

[注释]

① 不杀(shài):杀,减少,降等。不,原脱,据四库本、同文本补。 ② 合危:王肃注:“合礼,安也。”其实即上文“守危”之义,指居安思危、自我警惕。 ③ 渚(zhǔ):水中可居住的小块陆地。《尔雅·释水》:“水中可居者曰洲,小洲曰渚。” ④ 用水、火、金、木,饮食必时:王肃注:“用水,渔人以时入泽梁,乃溉灌。用火,季春出火,季秋纳火也(四库本、同文本此句作‘季春焚莱草,孟冬以火田也’)。用金,以时采铜铁。用木,斧斤以时入山林。饮食各随四时之宜者也。” ⑤ 必当年德:合男女一定要年龄相当,颁爵位一定要德行相称。 ⑥ 所:四库本、同文本作“所谓”。 ⑦ 用民必顺:王肃注:“悦以使民。” ⑧ 民无凶饥妖孽之疾:凶,谷物不收,年成坏。妖孽,古代称物类反常的现象。疾,痛苦,疾苦。全句意思:百姓免除了忍受饥饿和反常物候的痛苦。 ⑨ 醴(lǐ)泉:甘美的泉水。醴,甜酒。 ⑩ 山出器车:王肃注:“出银瓮、丹灶之器及象车也。”车,即象车或山车,古人认为太平盛世,山林中会自然产生一种圆曲之木,可以制车,这是福瑞的象征。《礼记·礼运》孔颖达疏曰:“按《礼纬·斗威仪》云:‘其政太平,山车垂。’注云:‘山车,自然之车;垂,不揉治而自圆曲。’” ⑪ 河出马图:王肃

注:“龙似马,负图出。”马图,也称龙图或河图,古代传说中龙马从河水中背出的图。 ⑫ 郊掫(zōu):郊外的草泽地带。掫,字误,应为“棷(sǒu)”,草泽。《礼记·礼运》郑玄注:“棷,聚草也。”四库本、同文本作“近郊”。

[通解] “礼制讲究贵贱等级的不同,不能使它丰厚,也不能给它降等,借以维系感情,进而做到居安思危、保持警惕。居住山区的不会让他们迁居到河边,居住在小岛上的不让他们迁移到平原;使用金、木、水、火等生活资源,以及调节饮食,都要顺应时节;冬天使男女婚配,春天颁设爵位,都必须使当事人的年龄或德行相称,都是要顺应天时和民心,治理百姓更应如此。因此天下没有水、旱、昆虫等自然灾害,百姓不必忍受灾荒、饥饿和物候反常的痛苦。天不吝惜自己的育民之道,地不吝惜自己的养民之宝,人不吝惜自己的感情,因此天上降下甘露,地上涌出醴泉,山里发现器具和象车,黄河中有龙马负图而跃出,凤凰、麒麟都生活在郊外的草泽中,龟和龙都畜养在宫苑的池沼中,其他的鸟兽及其蛋卵和胎儿,也都随处可见。出现这样的景象,没有别的原因,只是因为先王能够做到遵循礼制以达到义,体现诚信以达到顺。这就是顺的实际内容。”

卷第八

冠颂第三十三

［序说］

本篇是孟懿子和孔子之间关于冠礼的对话。孔子对冠礼的起源、冠礼的仪节、冠礼的意义、天子和诸侯冠礼的异同、三代之冠的异同等问题进行了阐述。本篇不仅可以帮助我们了解古代冠礼，而且反映了孔子的礼制思想。《论语·为政》记孔子说："殷因于夏礼，所损益可知也；周因于殷礼，所损益可知也。"孔子认为礼的变化是一种因革损益的关系。固然，孔子重礼，认为人们的视、听、言、动都要遵循礼，但孔子绝非复古保守的"拉历史倒车的人"。从此篇所记孔子论礼的话来看，孔子虽然尊礼，但又不拘泥于礼，而是很富于权变思想，这与《中庸》中孔子"愚而好自用，贱（浅）而好自专，生乎今之世，反古之道，如此者，灾及其身者也"的思想若合符节，历来人们对孔子的偏见和误解应该得到纠正。

［原文］

邾隐公①既即位，将冠②，使大夫因孟懿子③问礼于孔子。子曰："其礼如世子④之冠。冠于阼者，以著代也⑤，醮于客位，加其有成⑥，三加弥尊，导喻其志⑦。冠而字之，敬其名也。虽天子之元子，犹士也，其礼无变，天下无生而贵者故也。行冠事必于祖庙，以祼享之礼以将之⑧，以金石之乐以节之⑨。所以自卑而尊先祖，示不敢擅。"

［注释］

① 邾隐公：春秋时邾国国君。详参《辨物第十六》"邾隐公朝于鲁"

章注释。 ② 冠：古代男子的成人礼。士二十而冠，表示身心已经成熟，可以担负家庭、社会的任务。天子、诸侯、大夫及其子之冠礼，均早于士。 ③ 因孟懿子：通过孟懿子。因，通过。孟懿子，孔子弟子，仲氏，名何忌。 ④ 世子：太子，帝王和诸侯的嫡长子。 ⑤ 冠于阼者，以著代也：王肃注："阼，主人之阶，以明其代父。"阼，堂前东面的台阶。古时，主人见宾客，主人由东阶、宾客由西阶升堂。故阼阶又称主人之阶。著，明也。 ⑥ 醮（jiào）于客位，加其有成：王肃注："冠于阶（阶，四库本作'阼'），若不体则醮，用酒于客位，敬而成之。户西为客位。"醮，古代冠礼、婚礼时举行的一种仪节。《仪礼·士冠礼》郑注："酌而无酬酢曰醮。"即尊者为卑者酌酒，卑者接受敬酒后，无需回敬。加，通"嘉"，嘉勉。 ⑦ 三加弥尊，导喻其志：三加，三次加冠，始加缁布冠，再加皮弁冠，最后加爵弁冠。弥，益，更加。导喻，教导，晓谕。王肃注："喻其志，使加弥尊，宜敬成（成，四库本作'式'），始缁布，次皮弁，次爵弁。" ⑧ 以祼（guàn）享之礼以将之：王肃注："祼，灌鬯也。灌鬯以享神，享献将行也。"祼，古代帝王以酒祭奠祖先或赐宾客饮酒之礼。也作"灌"。《书·洛诰》："王入太室祼。"疏："祼者，灌也。王以圭瓒酌郁鬯之酒以献尸，尸受祭而灌于地。因奠不饮，谓之祼。"王大会宾客亦用此礼。 ⑨ 以金石之乐以节之：王肃注："金石者，钟磬也。"节之，四库本、同文本作"节也"。

［通解］ 邾隐公即位以后，准备为自己举行冠礼，便派大夫通过孟懿子向孔子询问有关冠礼的礼仪。孔子说："这种礼仪如同世子的冠礼。世子加冠时要站在主人站的堂前东阶上，以表示他将要以继承人的身份替代其父为一家之主。加冠后，主持者站在门户西边的客位上向他敬酒，嘉勉其有所成就，三次加冠，一次比一次尊贵，教导他有远大志向。加冠以后要取字，以表示尊重他的名。即使是天子的嫡长子，与士的冠礼也是一样的，其礼仪没有什么变化，因为天下没有一出生就尊贵的人。冠礼一定要在祖庙里举行，用祼享之礼来表示即将开始，

用钟磬之乐加以节制。这是因为要使自己感到卑下而尊崇祖先，表明不敢擅越祖先的礼制。”

[原文]

懿子曰：“天子未冠即位，长亦冠也？”

孔子曰：“古者王世子虽幼，其即位则尊为人君。人君，治成人之事者，何冠之有？”

懿子曰：“然则诸侯之冠异天子与①？”

孔子曰：“君薨而世子主丧，是亦冠也已。人君无所殊也②。”

懿子曰：“今邾君之冠非礼也③？”

孔子曰：“诸侯之有冠礼也，夏之末造也④，有自来矣，今无讥焉⑤。天子冠者，武王崩，成王年十有三而嗣立。周公居冢宰，摄政以治天下。明年夏六月，既葬，⑥冠成王而朝于祖，以见诸侯，示⑦有君也。周公命祝雍作颂⑧曰：‘祝王达而未幼。’祝雍辞⑨曰：‘使王近于民⑩，远于年⑪，啬于时⑫，惠于财，亲贤而任能。’其颂曰：‘令月吉日⑬，王始加元服⑭。去王幼志，服衮职⑮，钦若昊命⑯，六合是式⑰。率尔祖考⑱，永永无极。’此周公之制也。”

[注释]

① 然则诸侯之冠异天子与：王肃注：“怪天子无冠礼，如诸侯之冠（四库本此后有‘世子之冠’四字），故问之。” ② 人君无所殊也：王肃注：“诸侯亦人君，与天子无异。” ③ 今邾君之冠非礼也：王肃注：“懿子以诸侯无冠，则邾君之冠非也。” ④ 诸侯之有冠礼也，夏之末造也：王肃注：“夏之末世，乃造诸侯冠礼。”末造，末世也。王注有误。

⑤ 有自来矣，今无讥焉：王肃注：“言有所从来，故今无所讥。” ⑥ 成王年十有三而嗣立。……既葬：王肃注：“《周书》亦曰：‘岁十有三，武王崩，元年六月葬。’与此若合符。而说者横为年纪，蹙（四库本

无)促成年少。又命周公武王崩后五月乃摄政,良可为冠与,痛哉!”

⑦ 示:原作“亦”,据四库本、同文本改。 ⑧ 祝雍作颂:祝雍,周代大夫。颂,古代的一种文体。《诗·周南·关雎序》:“颂者,美盛德之形容,以其成功告于神明者也。” ⑨ 辞:作祝辞。 ⑩ 使王近于民:王肃注:“常得民之心也”。 ⑪ 远于年:王肃注:“寿长。” ⑫ 啬(sè)于时:王肃注:“啬,爱也。于时不夺民时也。” ⑬ 令月吉日:泛言大吉大利之日。令,美好。 ⑭ 元服:冠,帽子。元,首也。冠者,首之所戴,故谓之元服。古称行冠礼为加元服。 ⑮ 服衮职:王肃注:“衮职,盛服有礼文也。”服,四库本、同文本作“心”。 ⑯ 钦若昊命:王肃注:“钦,敬;若,顺。”昊,天。昊命,天命。四库本、同文本作“昊天”。 ⑰ 六合是式:王肃注:“天地四方谓之六合。言为之法式。” ⑱ 率尔祖考:率,语辞。尔,你,你们。祖考,祖先。

[通解]

孟懿子问:“天子没有加冠就即位,长大以后还要举行冠礼吗?”

孔子说:“古时的世子虽然年幼,但一旦他即位,便被尊为人君。人君做的是成人应做的事,哪里还用加冠礼啊?”

孟懿子问:“那么诸侯的冠礼与天子的冠礼不同吗?”

孔子说:“君主去世,他的世子主持丧事,这就算已经加冠了。对人君来说,是没有什么不同的。”

孟懿子问:“那么,现在邾隐公举行冠礼是不合礼制吗?”

孔子说:“诸侯之有冠礼,开始于夏代末年,是有渊源的,没必要讥讽他。为天子加冠,始于周成王。当时武王去世,成王十三岁就即位为天子。周公担任冢宰之职,代为主政治理天下。第二年夏六月,安葬武王之后,便为成王举行冠礼并让他在祖庙接受诸侯的朝见,以表示诸侯有了自己新的君王。周公命祝雍作颂说:‘祝愿我王通达而逐渐长大。’祝雍作祝辞说:‘希望我王接近百姓,健康长寿,爱护百姓使他们不失农时，惠赐财物，亲近贤人而任用有才能之人。'祝雍又作颂说：'在大吉大利的日子，为我王举行冠礼，要去除君王幼稚的念头，穿上有礼文的盛服，敬顺天命，为天下四方的法式。伟大的祖先啊，你们将永远享有祭祀。'这就是周公的礼制。"

［原文］

懿子曰："诸侯之冠，其所以为宾主，何也？"

孔子曰："公冠则以卿为宾，无介，公自为主，迎宾揖，升自阼，立于席北。其醴①也，则如士，飨之以三献之礼②。既醴，降自阼阶③。诸侯非公而自为主者，其所以异，皆降自西阶④，玄端与皮弁异⑤。朝服素毕⑥，公冠四⑦，加玄冕祭⑧。其酬币于宾，则束帛乘马⑨。王太子、庶子之冠拟焉⑩，皆天子自为主⑪，其礼与士无变，飨食宾也皆同。"

［注释］

① 醴：甜酒。这里指尊者对卑者较简单的一种敬酒礼节。酌而无酬曰酢，用醴曰醴，用酒曰醮。 ② 飨之以三献之礼：飨，飨宾也。三献，古时祭祀时献酒三次，即初献爵、亚献爵、终献爵，合称三献。 ③ 阶：四库本、同文本无。 ④ 西阶：王肃注："西阶，宾也。" ⑤ 玄端与皮弁异：王肃注："玄端，缁布冠之服。皮弁，自服其服也。" ⑥ 朝服素毕：王肃注："朝服而毕，示不忘古。"毕，通"韠"，朝服上用皮革做成的护膝。 ⑦ 公冠四：王肃注："公四加冠。" ⑧ 加玄冕祭：王肃注："加玄冕，着祭服。" ⑨ 其酬币于宾，则束帛乘马：王肃注："已冠而飨，既飨，与宾币，谓之酬币。乘马，驷马也。" ⑩ 王太子、庶子之冠拟焉：王肃注："王之太子、庶子皆拟诸侯冠礼也。" ⑪ 主：原作"三"，据四库本、备要本、同文本改。

［通解］

孟懿子问："诸侯的冠礼，要分为宾主，这是为何？"

孔子说："公举行冠礼以卿为宾，不需要副宾，公自为主人，迎接宾客，揖让行礼，从东阶上去，站在坐席的北边。至于敬甜酒的礼节，与士一样，待之以三献之礼。敬完甜酒后，就从东阶下来。不是公的诸侯而自为主人的，与此之所以不同，就在于都是从西阶下来，玄冠和皮弁也不同。都要穿着朝服和白色的护膝，公要四次加冠，加黑色冠，着祭服。要酬赠宾客一束帛和四匹马。王太子和庶子的冠礼也与此一样，都是天子自己为主人。他们的礼节和士一样，招待宾客的形式也都相同。"

［原文］

懿子曰："始冠必加缁布之冠①，何也？"孔子曰："示不忘②古。太古冠布，斋则缁之，其緌也，吾未之闻③。今则冠而币之可也④。"

懿子曰："三王⑤之冠，其异何也？"孔子曰："周弁，殷冔，夏收，一也⑥。三王共皮弁素緌⑦。委貌，周道也；章甫，殷道也；毋追，夏后氏之道也⑧。"

［注释］

① 缁（zī）布之冠：一种黑色的冠。缁，黑色。 ② 忘：四库本、同文本作"亡"。 ③ 其緌（ruí）也，吾未之闻：王肃注："言今有緌，未闻之于古。古无緌也，緌，冠之饰也。" ④ 今则冠而币之可也：王肃注："今不复冠。币，布币之不复者也。"误。币，以币帛相酬赠。四库本"币"皆作"敝"。 ⑤ 三王：指夏、商、周三代君主。 ⑥ 周弁，殷冔（xū），夏收，一也：王肃注："皆祭服也。"冔，原作"哻"，今据《仪礼·士冠礼》、备要本改。 ⑦ 緌：四库本、同文本作"绩"。 ⑧ 委貌，周道也；章甫，殷道也；毋追，夏后氏之道也：王肃注："常所服之冠也。"四库本、同文本"夏后氏之道"后无"也"字。

［通解］

孟懿子又问道："冠礼开始时一定要加黑布之冠，这是为何？"孔子说："这是为了表示不忘记古代的礼制。远古时代人们用白布做冠，斋戒时才染成黑色。至于冠上的垂带，我没听说过。现在举行冠礼,只要酬赠宾客就行了。”

孟懿子又问道:“夏、商、周三代的君王加冠礼的不同表现在什么地方?”孔子答道:“祭祀时戴的冠,周代叫弁,殷代叫冔,夏代叫收,实际是一样的。三代都是戴白色皮冠、白色冠带。委貌,是周代常戴的冠;章甫,是殷代常戴的;毋追,是夏代常戴的。”

庙制第三十四

[序说]

卫国将军文子要将公庙设在私家,派子羔咨询孔子,孔子否定了这一做法,并论述了设立祭庙的制度。因此,本篇名为“庙制”。

本篇子羔发问中,“祭典”所云虞、夏、商、周四祖四宗的记载又见于《礼记·祭法》和《国语·鲁语上》。本篇与《礼记》的记载一致,而与《国语》略有不同。

在我国的上古文化中,祭祀文化占有极其重要的地位,本篇是上古尤其是夏、商、周三代祭祀制度研究的重要资料。在漫长的流变过程中,祭祀的礼仪法规逐渐形成,并出现了所谓的“祭典”“祀典”,这从记载中不难看出来。例如,本篇提到的“祭典云……”还有《礼记·祭法》“非此族也,不在祀典”,《国语·鲁语上》“凡禘、郊、祖、宗、报,此五者国之典祀也”,“非是,不在祀典”,“守祀不替其典”等。三代时期应当存在着祭祀礼仪法度一类的典籍,而且被尊称为“国典”。

在孔子看来,天子立七庙,诸侯立五庙,大夫立三庙,士立一庙,庶人无庙,是自有虞氏到周一直不变的制度,其数目是不可逾越的。其实,周代的庙数制是由周代的等级制度决定的,它又服务于政治上的等级制。这种庙制并不是自古不变的,可能也不是自西周建国初就有的,七庙应该是后来扩大的说法。关于孔子所论述的庙数制,《礼记·王制》《礼记·礼器》都有一致的记载,《礼记·祭法》中对士的庙数则有差异,说"適士二庙一坛,曰考庙,曰王考庙",这应该是春秋时期士阶层分化的结果。

本篇所论及的庙数制还是郑玄与王肃经学之争的焦点之一。郑玄认为天子七庙,太祖庙一,文王、武王庙各一,亦即二祧,亲庙四,合而为七庙。王肃在其著作《圣证论》中,以为二祧者为高祖之父,高祖之祖,加上太祖及四亲庙为七庙,文王、武王之庙在七庙之外。按王肃说,则天子应有九庙。王肃观点与《家语》的不同,雄辩地证明了《家语》王肃伪造说难以成立。

[原文]

卫将军文子①将立先君②之庙于其家③,使子羔访于孔子。子曰:"公庙④设于私家,非古礼之所及,吾弗知。"

子羔曰:"敢问尊卑上下立庙之制,可得而闻乎?"孔子曰:"天下有王,分地建国,设祖宗⑤,乃为亲疏贵贱多少之数。是故天子立七庙,三昭三穆⑥,与太祖之庙七⑦。太祖近庙⑧,皆月祭之。远庙为祧,有二祧焉⑨,享尝⑩乃止。诸侯立五庙⑪,二昭二穆,与太祖之庙而五,曰祖考庙⑫,享尝乃止。大夫立三庙⑬,一昭一穆,与太庙而三,曰皇考庙⑭,享尝乃止。士立一庙⑮,曰考庙⑯。王考无庙,合而享尝乃止[17]。庶人无庙,四时祭于寝[18]。此自有虞以至于周之所不变也[19]。凡四代帝王之所谓郊[20]者,皆以配天;其所谓禘[21]者,皆五年大祭之所及也[22]。应为太祖者,则其庙不毁;不及太祖,虽在禘郊,其庙则毁矣[23]。古者祖有功而宗有德,谓之祖宗者,其庙皆不毁[24]。"

[注释]

① 文子:王肃注:"文子,名弥牟。"卫灵公之孙,公子郢之子,曾立悼公,集卫国军政大权于一身。 ② 先君:丛刊本、备要本作"三军",而四库本、同文本作"先君"。应以"先君"为确,或因音近而讹。 ③ 家:卿、大夫的宗族与政权组织。《论语·八佾》:"三家者以雍彻。"朱熹注:"三家,鲁大夫孟孙、叔孙、季孙之家也。" ④ 公庙:国家的祭庙。

⑤ 设祖宗:王肃注:"祖有功,宗有德。"古代帝王的世系中,始祖称祖,继祖者为宗。《礼记·祭法》:"(殷人)祖契而宗汤;(周人)祖文王而宗武王。"郑玄注:"祖宗,通言耳。"按,孔颖达疏:"王肃又以祖宗为祖有功,宗有德。"与郑玄说不同。实则祖、宗之制,殷周不同。殷以宗为有功的复兴君主之称,而周则凡继祖者都称宗。王肃说主殷制,郑玄说则主周制。后代帝王祖宗庙号都承用周制。通常又以"祖宗"为祖先的通称。 ⑥ 三昭三穆:昭、穆,古代宗法制度,宗庙次序,始祖庙居中,以下父子(祖、父)递为昭穆。左为昭,右为穆。《周礼·春官·小宗伯》:"辨庙祧之昭穆。"郑玄注:"父为昭,子为穆。" ⑦ 七:四库本、同文本此前有"而"字。 ⑧ 太祖近庙:王肃注:"近谓高祖,下亲为近。" ⑨ 远庙为祧(tiāo),有二祧焉:王肃注:"祧,远意。亲尽为祧。二祧者,高祖及父母祖是也。"《礼记·祭法》:"远庙为祧。"孙希旦集解:"盖谓高祖之父、高祖之祖之庙也。谓之远庙者,言其数远而将迁也。"《周礼·春官·小宗伯》:"辨庙祧之昭穆。"郑玄注:"祧,迁祖所藏之庙。"《周礼·春官·守祧》:"掌守先王、先公之庙祧。"郑玄注:"庙谓大祖之庙及三昭三穆。迁祖所藏曰祧。先公之迁主,藏于后稷之庙,先王之迁主,藏于文武之庙。" ⑩ 享尝:王肃注:"四时祭也。"宗庙四时祭,又称时享。是指春夏秋冬四季用新物荐享祖先。时享的名称旧说不

一，一般是春祭曰祠，夏祭曰礿，秋祭曰尝，冬祭曰烝。 ⑪ 诸侯立五庙：王肃注："降天子二也（也，四库本无）。" ⑫ 祖考庙：王肃注："始祖庙也。"也称太祖庙。周制即后稷之庙。《礼记·祭法》："王立七庙，一坛一墠……曰祖考庙。"孔颖达疏："曰祖考庙者，祖，始也。此庙为王家之始，故云祖考也。"四库本、同文本此前无"曰"字。 ⑬ 大夫立三庙：王肃注："降诸侯二也。" ⑭ 与太庙而三，曰皇考庙：皇考庙，曾祖庙。《礼记·祭法》："王立七庙，一坛一墠……曰皇考庙。"孔颖达疏："皇考庙者，曾祖也。皇，大也，君也，曾祖转尊，又加大君之称也。"本句四库本、同文本作"与太祖之庙而三"。 ⑮ 士立一庙：王肃注："降大夫二也（也，四库本无）。" ⑯ 考庙：父庙。《礼记·祭法》："王立七庙，一坛一墠……曰考庙。"孔颖达疏："曰考庙者，父庙曰考。考，成也，谓父有成德之美也。" ⑰ 王考无庙，合而享尝乃止：王肃注："祖合于父庙中。"王考，对去世祖父的尊称。 ⑱ 寝：内堂，卧室。《逸周书·皇门解》"予独服在寝"孔晁注："寝，室也。" ⑲ 此自有虞以至于周之所不变也：王肃注："自有虞以至于周，周（四库本无）礼不异，而说者以周有庙，以有文武，故祧当迁者，而以为文（四库本此后有'武之'二字）庙，或有甚矣。礼典皆有七庙之文，唯《丧服小记》云：'王者禘其祖之所自（自，四库本无）出，以其祖配之，而立四庙。'谓始王者未有始祖，故立四庙。今有虞亦始王者，而既立七庙矣，则《丧服小记》之言亦妄矣。" ⑳ 郊：祭名。广义的郊祭是指在郊举行的各种祭祀。狭义的郊祭仅指郊天之礼。文中此处为狭义的郊祭。 ㉑ 禘：祭名。传统的说法，禘分三类：其一，祀天地于郊，以其始祖配之，此为大禘。其二，四时享先王，夏商称夏享曰禘，周改称礿。其三，四时之祭外，祭于群庙为禘，五年一次。此应为第三类。 ㉒ 皆五年大祭之所及也：王肃注："殷周禘嘗，五年大祭而及。" ㉓ 不及太祖，虽在禘郊，其庙则毁矣：王肃注："诸禘享考无庙，郊亦无庙。后稷之所以有庙，自（四库本作'者'，属上读）以太祖。故曰不为太祖，虽在禘郊，其庙则毁。据后稷而言，殷人不郊冥，以冥有大功（此句四库本作'殷人之郊冥，冥以有大功'）。契既为太祖之庙，若复郊，则冥永不与于祀典，是以郊冥者也（者也，四库本作'耳'）。" ㉔ 古者祖有功而宗有德，谓之祖宗者，其庙皆不毁：王肃注："祖宗者，不毁之名。其庙有功者谓之祖，至于周文王是也；有德者谓之宗，周（四库本无）武王是也。二庙自有祖宗，乃谓之二祧，又以为配食明堂之名，亦可谓违圣指（指，四库本作'相'），失实事也。"谓之，四库本、同文本作"诸见"。

［通解］

卫国将军文子准备在自己的封地设立先君的祭庙，就此事派子羔向孔子请教。孔子说："国家的祭庙设在私家，这不是古礼所涉及的，我不知道该用什么礼仪。"

子羔说："请问尊卑上下关于立庙的制度，可以说来听听吗？"孔子说："自从天下有了君王，分封土地，建立国家，设立祖宗的祭庙，于是就区分了亲疏、贵贱和多少的数目。所以天子设立七座祭庙，三座昭庙，三座穆庙，与太祖庙合而为七庙。太祖、高祖之庙每月都要祭祀。高祖之父、高祖之祖的庙为祧，共有两座祧庙，只有四季的祭祀。诸侯设立五座祭庙，两座昭庙，两座穆庙，与太祖之庙合而为五庙，叫做'始祖庙'，四时节令都要祭祀。大夫设立三座祭庙，一座昭庙，一座穆庙，与太祖之庙合而为三庙，叫做'曾祖庙'，四时节令都要祭祀。士设立一座祭庙，叫做'父庙'，死去的祖父不单独立庙，父祖之庙合并进行四季祭祀就可以了。庶人不立祭庙，在寝室进行四季的祭祀。这种制度自从有虞氏到周代都未曾改变过的。凡是提到的四代帝王郊祭，都是要配享上天的；所称为'禘'的祭祀，都是五年大祭所要进行的。尊之为太祖的，他的祭庙不予毁掉；功德赶不上太祖的，即使在禘祀、郊祀的范围，他的祭庙也要毁掉。古时认为祖有功而宗有德，尊称为'祖'和'宗'的，他们的祭庙都不被毁掉。"

［原文］

子羔问曰："祭典①云：'昔有虞氏②祖③颛顼而宗④尧，夏后氏⑤亦祖颛顼而宗禹，殷人祖契⑥而宗汤，周人祖文王而宗武王。'此四祖四宗，或乃异代，或其考祖之有功德，其庙可也。若有虞宗尧，夏祖颛顼，皆异代之有功德者也，亦可以存其庙乎？"孔子曰："善，如汝所闻⑦也。如殷周之祖宗，其庙可以不毁，其他祖宗者，功德不殊，虽在殊代，亦可以无疑矣。《诗》云：'蔽芾甘棠，勿翦勿伐'，'邵伯所憩'⑧。周人之于邵公也，爱其人，犹敬其所舍之树，况祖宗有⑨功德而可以不尊奉其庙焉？"

[注释]

① 祭典：祭祀礼仪法度一类书籍的合称，也称祀典。《礼记·祭法》："非此族也，不在祀典。"《国语·鲁语上》："凡禘、郊、祖、宗、报，此五者国之典祀也。""非是，不在祀典。"《国语·周语上》："守祀不替其典。" ② 有虞氏：传说中远古部落名，居于蒲阪(今山西永济西蒲州镇)，舜是其首领。 ③ 祖：作动词用，以……为祖。 ④ 宗：作动词用，以……为宗。 ⑤ 夏后氏：即夏朝。 ⑥ 契(xiè)：传说中商的始祖。子姓，相传契母有娀氏简狄吞玄鸟蛋而生契，又称玄王。助禹治水有功，舜任为司徒，掌管教化。居于商(今河南商丘南)，一说居于蕃(今山东滕州)。 ⑦ 闻：四库本、同文本作"问"。 ⑧"蔽芾(fèi)甘棠，勿翦勿伐"，"邵伯所憩"：语出《诗·召南·甘棠》。王肃注："蔽芾，小貌。甘棠，杜也。憩，息也。"王肃注有不确之处。蔽芾，茂盛的样子。芾，四库本、同文本正文及注文皆作"茀"。甘棠，即棠梨树。《尔雅·释木》："杜，赤棠"，邢昺疏引樊光云："赤者为杜，白者为棠。"开白花的为棠，果实圆而小，味酸甜，故名甘棠。邵，今本《毛诗》作"召"，四库本亦作"召"。邵伯，即召公姬奭。朱熹注："召伯巡行南国，以布文王之政，或舍甘棠之下，其后人，思其德，故爱其树，而不忍伤也。"后世因用"甘棠"称颂地方官之有惠政于民者。 ⑨ 有：四库本、同文本作"其"。

[通解]

子羔问道："祭典说：'从前有虞氏庙祭中以颛顼为祖，以尧为宗;夏后氏庙祭中也以颛顼为祖,而以禹为宗;殷人庙祭中以契为祖,以汤为宗;周人庙祭中以文王为祖,以武王为宗。'这四祖四宗,有的是不同朝代的,有的是父祖都有功德的,在后一种情况下,他们的祭庙可以不被毁掉。像有虞氏庙祭中以尧为宗,夏后氏庙祭中以颛顼为祖,都是处在不同的朝代而有功德的,他们的祭庙也可以长久保留吗?"

孔子说:"问得好!确实如同你所听说的那样。像殷人、周人的祖宗,他们的祭庙当然可以不被毁掉。其他为祖宗的,功德的大小也没什么不同,虽然在不同的朝代,也可以保留他们的祭庙,这没什么可值得犹疑的。《诗》上说:'茂盛的甘棠树啊,不要剪来不要伐','这是邵伯休息过的地方'。周人对于邵伯,热爱他本人,进而敬重他曾经在下面休息过的甘棠树,何况有功德的祖宗,虽在异代,又怎么可以不尊敬并保留他们的祭庙呢?"

辩乐解第三十五

[序说] 本篇记载孔子跟师襄子学琴的情况,纠正子路学习音乐中的重大错误,与宾牟贾讨论《武》乐,并且从中发表孔子对音乐的见解,阐述音乐的教化功能以及《武》乐所体现的深层含义,故以"辩乐"名篇。

在古代社会,乐是政治治理和社会教化的重要内容和手段,以孔子为代表的早期儒家都非常重视音乐,对音乐有特殊的认识。《礼记・乐记》说:"凡音者,生于人心者也。乐者,通伦理者也。”又说：“是故先王制礼作乐，人为之节。”孔子和儒家重礼，而广义的礼就包含有与之相配合的乐，礼、乐常常并称，用以教化节制人民。孔子非常喜欢音乐，从本篇孔子学琴的记载可知，孔子学习音乐，不只是掌握音乐弹奏的技艺，更注意深入探索音乐的内在含义，体会音乐作者的情志。

音乐也是孔子教学的重要内容。《史记·孔子世家》说“孔子以《诗》、《书》、礼、乐教”。在本篇中，孔子通过对比“君子之音”和“小人之音”、“先王之制”和“北鄙之声”，教导弟子要“温柔居中”，要学习“君子之音”。《庄子·天下》篇称“乐以道和”，《史记·太史公自序》说“乐以发和”，《礼记·经解》云“广博易良，乐教也”。音乐主和，具有陶冶情操、教化人心的功能，孔子所注重的也正是音乐的这种教化功能。

本篇详细记载孔子与宾牟贾讨论《武》乐的声调、舞姿、章节以及其所表现的意义，并且叙述周武王伐纣后施仁行礼的善举，表明《武》乐重在彰显周武王的治功。《礼记·乐记》中说：“王者功成作乐，治定制礼。”礼、乐之间关系密切，相辅相成。周武王解散军队，治礼作乐，教化民众，因此，“周道四达，礼乐交通”。

本篇记载有助于我们了解孔子的音乐教化思想。特别是《武》乐，其中叙述周武王的文治武功，在体现礼乐之教方面具有重要的史料价值。本篇记载可以与《礼记·乐记》和《史记·乐书》相互参照。

[原文]

孔子学琴于师襄子①。襄子曰：“吾虽以击磬为官，然能于琴。今子于琴已习，可以益矣。”孔子曰：“丘未得其数②也。”

有间，曰：“已习其数，可以益矣。”孔子曰：“丘未得其志也。"

有间,曰:"已习其志,可以益矣。"孔子曰:"丘未得其为人也。"

有间,孔子有所缪然③思焉,有所睪然④高望而远眺⑤,曰:"丘迨⑥得其为人矣。黮⑦而黑,颀⑧然长,旷如望羊⑨,奄有四方⑩,非文王其孰能为此?"师襄子避席叶拱⑪而对曰:"君子圣人也,其传曰《文王操》⑫。"

[注释]

① 师襄子:春秋时鲁国乐官。此记载又见于《韩诗外传》卷五、《史记·孔子世家》。 ② 数:技艺,技巧。这里指演奏的节奏内容。 ③ 孔子有所缪然:原于"孔子"前衍"曰"字,据文义删。缪然,王肃注:"深思貌。"缪,通"穆",原作"谬",据四库本、同文本改。 ④ 睪(gāo)然:高貌。睪,通"皋"。 ⑤ 眺:王肃注:"眺,见也。" ⑥ 迨:王肃注:"迨,近。"近,原窜为正文,今据四库本、同文本改。 ⑦ 黮(dǎn):王肃注:"黮,黑貌。"此前原有"近"字,为王肃注讹为正文而致,今据四库本等改正。 ⑧ 颀(qí):王肃注:"颀,长貌。" ⑨ 旷如望羊:王肃注:"旷,用志广远。望羊,远视也。" ⑩ 奄有四方:王肃注:"奄,同也。文王之时,三分天下有其二。后周有四方,文王之功也。"有误。奄,覆盖、包括之意。四库本、同文本作"掩"。 ⑪ 叶拱:王肃注:"叶拱,两手薄其心也。"叶拱为古时行礼的一种形式,即两手环拱靠近胸口。 ⑫《文王操》:琴曲名。

[通解]

孔子向师襄子学习弹琴。一日,师襄子说:"我虽然是因为磬击奏得好而被任以官职,但我也擅长弹琴。依我看,如今您已经学会弹琴,可以改弹其他曲子了。"孔子说:"我还没有掌握弹奏这首曲子的技巧呢。"

过了一段时间,师襄子说:"您已经掌握了弹奏这首曲子的技巧,现在可以弹奏其他曲子了。"孔子说:"我还没领悟这首曲子的内在思想呢。”

过了一段时间，师襄子说：“您已经领悟了这首曲子的内在思想，现在可以弹奏别的曲子了。”孔子说：“我还没有想清楚这首曲子的作者是个怎样的人呢。”

又过了一段时间，孔子穆然深思，一副志向高远的样子，眺望着高远处，说：“我已经清楚这首曲子的作者是怎样的人了。他皮肤黝黑，身材修长，志向广远，统治四方，除了周文王，谁还能作出这样的乐曲呢？”

师襄子听到，赶紧离开坐席，向孔子拱手行礼，并说：“您真是圣人啊！这首琴曲就是流传下来的《文王操》。”

［原文］

子路鼓琴，孔子闻之，谓冉有曰：“甚矣！由之不才也。夫先王之制音也，奏中声①以为节，流入②于南，不归于北。夫南者，生育之乡；北者，杀伐之域③。故君子之音温柔居中，以养生育之气。忧愁之感，不加于心也；暴厉之动，不在于体也。夫然者，乃所谓治安之风也。小人之音则不然，亢丽微末④，以象杀伐之气。中和之感，不载于心；温和之动，不存于体。夫然者，乃所以为乱之风。昔者舜弹五弦之琴，造《南风》之诗，其诗曰：‘南风之熏兮，可以解吾民之愠兮；南风之时兮，可以阜吾民之财兮⑤。’唯修此化，故其兴也勃焉，德如泉流，至于今，王公大人述而弗忘。殷纣好为北鄙之声⑥，其废也忽焉，至于今，王公大人举以为诫。夫舜起布衣，积德含和，而终以帝。纣为天子，荒淫暴乱，而终以亡，非各所修之致乎？由，今也匹夫之徒，曾无意于先王之制，而习亡国之声，岂能保其六七尺之体哉?”

冉有以告子路,子路惧而自悔,静思不食,以至骨立⑦。夫子曰:“过而能改,其进矣乎!”

[注释] ① 中声:中和之声,和谐、适中的音乐。此记载又见于《说苑·修文》。 ② 流入:四库本、同文本作“入”。 ③ 域:原作“城”,据陈本改。 ④ 亢丽微末:指音调激烈尖细。 ⑤ 南风之时兮,可以阜吾民之财兮:王肃注:“得其时。阜,盛也。” ⑥ 北鄙之声:一种粗俗放荡的音乐。盛于商都朝歌北边的鄙野,故称。 ⑦ 骨立:形容人极为消瘦。

[通解] 子路弹琴,孔子听到了,便对冉有说:“仲由真是太不成才了!先王创制的音乐,奏中和之声用以节制,这种音乐流传到南方,就没再返归北方。南方是有利于生存繁育的地方;北方则是充满杀戮征战的地方。因此,君子弹奏出的音乐,温顺柔和、节奏适中,能够培养生存繁育之气。忧愁的情绪,不在心中产生;粗暴的举动,不在身上出现。这种情况,就是所说的太平安定的风气。小人弹奏出的音乐则不这样,而是激烈尖细,用以象征杀戮征伐之气。中和的感情,不存在于心中;温柔和气的举动,不表现在身上。这种情况,就是引起动乱不安定的风气。从前,舜弹奏五弦琴,创作出《南风》这首诗,诗中说:‘南风是多么的柔和啊,可以消除我百姓心中的怨怒;南风是多么及时啊,可以增加我百姓的财富。’正是因为实施这种教化,所以他的兴起非常的快,他高尚的品德就像长流不止的甘泉,直到今天,天子、诸侯们仍还不断称述,难以忘怀。殷纣喜好弹奏粗俗放荡的北鄙之声,所以他的国家很快就灭亡了,直到今天,天子、诸侯们还都引以为戒。舜本来是个普通百姓,累积德行,胸怀温和之气,最终被尊奉为帝。纣本来贵为天子,却荒淫暴乱,最终身死国亡。这不是由他们各自不同的

修为所导致的吗？仲由如今只是一个平民百姓，不留意于先王之制，却演习亡国之乐，这怎么能保全他的性命呢？”

冉有把孔子的话告诉了子路。子路听后非常害怕且自悔不已，静坐反思，不吃东西，以至瘦骨嶙峋。孔子说：“有了过错能够改正，这就是进步啊！”

［原文］

周宾牟贾[①]侍坐于孔子。孔子与之言，及乐，曰：“夫《武》之备诫之以久[②]，何也？”对曰：“病疾不得其众[③]。”

“咏叹之，淫液[④]之，何也？”对曰：“恐不逮事[⑤]。”

“发扬蹈厉之已蚤[⑥]，何也？”对曰：“及时事[⑦]。”

“《武》坐致右而轩左[⑧]，何也？”对曰：“非《武》坐[⑨]。”

“声淫及商[⑩]，何也？”对曰：“非《武》音也[⑪]。”

孔子曰：“若非《武》音，则何音也？”对曰：“有司[⑫]失其传也。”

孔子曰：“唯[⑬]，丘闻诸苌弘[⑭]，亦若[⑮]吾子之言是也。若非有司失其传，则武王之志荒[⑯]矣。”

宾牟贾起，免席[⑰]而请曰：“夫《武》之备诫之以久，则既闻命矣。敢问迟矣而又久立于缀[⑱]，何也？”

子曰：“居，吾语尔。夫乐者，象成者也[⑲]。总干而山立[⑳]，武王之事也[㉑]。发扬蹈厉，太公之志也[㉒]。《武》乱皆坐[㉓]，周、邵之治也[㉔]。且夫《武》，始成[25]而北出，再成而灭商，三成而南反[26]，四成而南国是疆[27]，五成而分陕，周公左、邵公右[28]，六成而复缀，以崇其天子焉[29]。众夹振焉而四伐[30]，所以盛威于中国。分陕而进，所以事蚤济[31]。久立于缀，所以待诸侯之至也。

"今汝独未闻牧野之语[32]乎？武王克殷而反商之政，未及下车，则封黄帝之后于蓟[33]，封帝尧之后于祝[34]，封帝舜之后于陈；下车又封夏后氏之后于杞[35]，封殷之后于宋[36]，封王子比干之墓，释箕子[37]之囚，使人行商容之旧，以复其位[38]，庶民弛政[39]，庶士倍禄。既济河西[40]，马散之华山之阳而弗复乘，牛散之桃林[41]之野而弗复服，车甲则衅之而藏诸府库[42]以示弗复用。倒载干戈而包之以虎皮，将率之士使为诸侯，命之曰鞬櫜[43]，然后天下知武王之不复用兵也。散军而修郊射[44]，左射以《狸首》，右射以《驺虞》[45]，而贯革之射息也；裨冕搢笏，而虎贲之士脱剑[46]；郊祀[47]后稷，而民知尊父焉；配明堂[48]，而民知孝焉；朝觐，然后诸侯知所以臣；耕籍，然后民知所以敬亲[49]。六者，天下之大教也。食三老五更于太学[50]，天子袒而割牲，执酱而馈，执爵而酳[51]，冕而总干[52]，所以教诸侯之弟[53]也。如此，则周道四达，礼乐交通。夫《武》之迟久，不亦宜乎？"

［注释］

① 宾牟（móu）贾（gǔ）：据朱彝尊《孔子弟子考》，宾牟贾是孔子弟子。此人精通音乐，我国最早的音乐理论专著《乐记》中就专门有《宾牟贾》一篇。此记载又见于《礼记·乐记》《史记·乐书》。 ② 夫《武》之备诫之以久：王肃注："《武》，谓周武（武，四库本作'舞'）。备诫，击鼓警众也。"《武》即周朝的一种舞蹈，模仿武王伐纣故事而作。

诫,四库本、同文本作“戒”。下同。　③ 病疾不得其众:王肃注:“病,忧也。忧恐不得其士众之心敬者也。”疾,四库本、同文本无。　④ 淫液:王肃注:“淫液,歆淫滋味。”即声音绵延不绝。　⑤ 恐不逮事:王肃注:“言汲汲欲及此安民和众事。”逮,及,完成。　⑥ 发扬蹈厉之已蚤:王肃注:“厉,病。备戒虽久,至其发作又疾。”蚤,通“早”。　⑦ 及时事:王肃注:“欲令事及其时。”　⑧《武》坐致右而轩左:王肃注:“右膝至地,左膝不至地也。”《武》坐,《武》舞跪地的姿势。轩,起。　⑨ 非《武》坐:王肃注:“言无《武》坐(四库本作‘言《武》无坐’)。”　⑩ 声淫及商:王肃注:“言声歆淫贪商。”商,商声,主杀伐。　⑪ 非《武》音也:王肃注:“武王之事,不得已为天下除残贼,非苟贪商。”　⑫ 有司:主管某部门的官吏。这里指乐官,乐师。　⑬ 唯(wěi):应答声。　⑭ 苌弘:春秋周敬王时的大夫。相传孔子曾向他学习雅乐。　⑮ 亦若:原作“若非”,据四库本、备要本、同文本改。　⑯ 荒:迷乱,糊涂。　⑰ 免席:避席,离席。古人席地而坐,离席而起,表示尊敬。　⑱ 迟(zhì)矣而又久立于缀:指表演者站在舞位上久久不动。迟,等待。缀,指表演者所处的位置。　⑲ 夫乐者,象成者也:王肃注:“象成功而为乐。”　⑳ 总干而山立:王肃注:“总持干若山立不动。”总,统领。干,盾牌。　㉑ 也:四库本、同文本无。　㉒ 发扬蹈厉,太公之志也:王肃注:“志在鹰扬。”　㉓《武》乱皆坐:王肃注:“《武》乱,《武》治,皆坐而以象安民之(之,四库本作‘无’)事也。”乱,指乐曲的最后一章。　㉔ 周、邵之治也:邵,四库本作“召”,下同。也,四库本、同文本无。　㉕ 成:乐曲一终为一成。指乐曲的一个段落。　㉖ 三成而南反:王肃注:“诛纣已而南也。”　㉗ 四成而南国是疆:王肃注:“言有南国以为疆界。”　㉘ 五成而分陕,周公左、邵公右:王肃注:“分东西而治也。”西周初年,依陕(今河南陕县)为界,周公旦统辖以东(左)的东方诸侯,邵(召)公奭则统辖以西(右)的西方诸侯。这个统治区域的划分,后来相沿很久。　㉙ 六成而复缀,以崇其天子焉:王肃注:“以象尊天子也。六(四库本作‘凡’)成,谓舞之节解也。”　㉚ 众夹振焉而四伐:王肃注:“夹武王四面会振威武。四伐者,伐四方与纣同恶也。”夹振,指舞队两边有人夹着舞者摇动金铎(古代用来传布命令的大铃)，表示周武王伐纣时鼓动士气的情节。四伐，指舞者按铎声的节奏向四方击刺，以表示周武王东讨西伐，南征北战，威震四方。伐，一刺一击叫一伐。焉，四库本、同文本作“之”。 ㉛ 分陕而进，所以事蚤济：王肃注：“所以分陕而蚤进者，欲事蚤成。”济，成功。陕，同文本作“郏”，四库本作“夹”。 ㉜ 牧野之语：指关于牧野战役的传说。周武王兴师伐纣，与殷商军队大战于牧野。商军倒戈，纣自杀，殷商灭亡。 ㉝ 蓟(Jì)：在今北京西南角，后为燕国都城所在地。 ㉞ 祝：在今山东济南西南，后为齐所灭。 ㉟ 杞：国名。在今河南省杞县，相传周武王封夏虞后代东楼公于此。 ㊱ 封殷之后于宋：王肃注：“武王伐殷，封其子禄父。武王崩，禄父叛，周公诛之，封微子于宋，以为殷后。禄父不成殷后，故成言之。”封，四库本、同文本无。 ㊲ 箕子：商纣王的叔伯父，官至太师，封于箕(今山西太谷东北)。曾劝谏纣王，纣王不听，并将其囚禁，后被周武王释放留镐京。 ㊳ 使人行商容之旧，以复其位：王肃注：“商容，商之礼官。其位，旧居也。传说多以商容为殷之贤人，或(四库本作‘行者’)使箕子求商容乎！行，犹索也。” ㊴ 庶民弛政：王肃注：“解其力役之事。”实际是解除百姓殷纣时所担负的苛政。四库本、同文本此后无“庶士倍禄”四字。 ㊵ 既济河西：指周武王灭商之后，率军南渡黄河，西还镐京。济，渡。河，黄河。 ㊶ 桃林：王肃注：“桃林，西方塞也。” ㊷ 车甲则衅(xìn)之而藏诸府库：衅，古时新制器物成，杀牲以祭，遂用其血涂缝隙，称为衅。“藏”字后原有“之”，据四库本、备要本、同文本删。 ㊸ 将率之士使为诸侯，命之曰鞬(jiān)櫜(tuó)：王肃注：“言所以藏(藏，四库本讹为‘櫜’)弓矢而不用者，将率之士力也，故使(使，四库本作‘建’)以为诸侯，为之鞬櫜也。”率，通“帅”，主将。鞬櫜，本指盛弓箭的器具，此指闭藏兵甲。曰，四库本、同文本无。 ㊹ 修郊射：王肃注：“郊有学官，可以习礼。” ㊺ 左射以《狸首》，右射以《驺虞》：王肃注：“左东学，右西学。《狸首》《驺虞》所为节也。”《狸首》《驺虞》，皆为乐章之名。 ㊻ 裨冕搢(jìn)笏(hù)，而虎贲(bēn)之士脱剑：王肃注：“衮冕之属，通谓之裨冕。脱剑，解剑也。”裨，古代祭祀时穿的次等礼服。搢笏，插笏版于腰带上。 ㊼ 祀：四库本、同文本作“配”。 ㊽ 明堂：古代帝王宣明政教的地方。凡朝会、祭祀、庆赏、选士、养老、教学等大典，均在此举行。 ㊾ 耕籍，然后民知所以敬亲：王肃注："亲耕籍田，所以奉祠祀之粢盛。"籍，或作"借"，四库本作"藉"，籍田（借田），古时天子、诸侯征用民力耕种的田，相传天子籍田千亩，诸侯百亩。每逢春耕前，由天子、诸侯执耒耜在籍田上三推或一拨，称作"籍礼"，以示重农。 ㊿ 食（sì）三老五更于太学：古代朝廷设三老五更之位，天子以父兄之礼养之，以示敬老。食，通"饲"，拿食物给人吃，引申为招待、供养。 ㊿① 执爵而酳（yìn）：古代宴会或祭祀时的一种礼节，即食毕以酒漱口。王肃注："食已饮酒，谓之酳也。"爵，古代的酒器。酳，以酒漱口。 ㊿② 冕而总干：王肃注："亲在舞位。"谓亲自戴上帽子，手持盾牌跳舞。 ㊿③ 弟（tì）：通"悌"，指敬重兄长。四库本、同文本此后无"也"字。

［通解］ 周人宾牟贾陪孔子坐着。孔子和他谈话，涉及乐舞，孔子问："《武》舞开始前长时间地击鼓警戒，这是什么意思呢？"宾牟贾回答说："这是表现周武王出征前担心得不到士众的支持，需要长时间地准备。"

孔子问："声音拉得长长的，绵延不绝，这是什么意思呢？"宾牟贾答道："这是在表示周武王担心自己完不成安民和众的大事。"

孔子问："乐舞一开始就猛烈地手舞足蹈，这是什么意思呢？"宾牟贾答道："这是象征周武王在寻找征伐的最好时机。"

孔子问："《武》舞中右膝跪地，左膝抬起，这是什么意思呢？"宾牟贾回答："那不是《武》舞的跪姿。"

孔子问："那歌乐中过多地涉及表示杀伐之气的商调，又是为什么呢？"宾牟贾回答："那不是《武》舞中所应有的音调。"

孔子问："如果不是《武》舞应有的音调，那应该是什么音调呢?”宾牟贾回答:“这是乐官在传授中出现的失误。”

孔子说:“是的,我以前从周大夫苌弘那里听说的,与你说的一样。如果不是乐官们传授中出现错误,那真是武王心志迷乱糊涂了。”

宾牟贾起身,离开坐席,向孔子请教说:“《武》舞开始前长时间地击鼓警戒众人的象征意义,已经承您提问,领教了。请问武舞开始后表演者站在舞位上,长时间地等待,这是什么意思呢?”

孔子说:“请坐下,我来告诉你。乐舞是来表现事业成功的。手执盾牌,如山般的站立,象征武王稳重的做事风格。忽然猛烈地手舞足蹈,象征姜太公的雄心壮志。《武》舞的末章全体表演者整齐跪坐,象征周公姬旦、邵公姬奭辅佐武王治理国家的成功。再说《武》舞的章节,第一章表示武王出征北上;第二章表示武王灭商;第三章表示功成后南下;第四章表示收复南方诸国;第五章表示以陕为界,将国家分而治之,周公治理东方,邵公治理西方;第六章中表演者都回到原来的舞位,表示天下诸侯前来朝拜,尊崇天子。表演当中,有表演者在舞者的两边摇动金铎,舞者则挥动矛戈随着铎声有节奏地向四方刺击,表示讨伐与纣同恶的四方诸侯,从而显示了周武王的军队威震中国。舞者随后又分成两列前进,就像分陕而治,这表示战事早已成功。至于表演刚开始时,表演者站在舞位上,长时间地等待,那是在表示武王等待各路诸侯前来会师。

“至今你难道还没听说过牧野战役的传说吗?周武王攻克了殷都,就把当地的统治权交还给了殷商的后裔。还没进商都,就把黄帝的后裔分封到蓟地,把帝尧的后裔分封到祝地,把帝舜的后裔分封到陈地;到达商都后又把夏后氏的后裔分封到杞地,把殷商的后裔分封到宋地,增修了王子比干的墓地,释放了被囚禁的箕子,派人去寻找商容并恢复了商容的官职,解除百姓殷纣时所担负的苛政,成倍地增加官吏的俸禄。随后渡过黄河后西行,将驾车的马散养在华山的南坡而不再乘用,将拉辎重的牛散养在桃林的原野上而不再使用,战车兵甲则涂上牲血收藏在府库里以表示不再使用,将盾牌、长矛倒置并包上虎皮,分封将帅为各地诸侯,这一系列的活动称之为'鞬櫜',即封存战备。从此以后,天下人都知道周武王不再用兵打仗了。武王解散军队而在郊区的学官里学习射礼,在东郊学宫习射的时候,奏《狸首》乐来节射,在西郊学宫习射的时候,奏《驺虞》乐来节射,从而贯穿皮革盔甲的杀射就停止了。臣子们身穿礼服,头戴官帽,腰插笏版,从而勇猛的战士解除了佩剑。在南郊祭祀后稷,从而使百姓懂得尊父。在明堂祭祀上帝而配享先祖,从而使百姓懂得孝道。实行朝拜觐见之礼,然后诸侯就懂得了如何做臣子。亲自参加耕籍之礼,然后百姓就知道如何尊敬父母。这六方面,是天下重要的政教。在太学中宴请三老五更,天子袒露左臂,亲自切割牲肉,端着肉酱向他们献食,食毕,又亲自端着酒爵请他们净口,而后,天子亲自戴上官冕,手执盾牌,跳起舞蹈,向他们表示慰问,这样做是为了教导诸侯敬重兄长。这样一来,周朝的政教就畅达四方,礼乐各处通行。因此,《武》舞的表演持续很长时间,不也是理所应当的吗?"

问玉第三十六

[序说]

本篇可以分为三个部分,因第一部分记子贡向孔子问玉的事情，故以“问玉”名篇。

第一部分记子贡问玉的事情。子贡对君子贵玉而贱珉的现象疑惑不解，因而求教于孔子。孔子认为这是由于玉可象征美德。在这里，孔子向我们展现了时人对于美德的理解。按照孔子的解释，美德具有仁、智、义、礼、乐、忠、信、天、地、德、道十一个范畴，对这十一个范畴，孔子的理解可谓层层深入，由仁、智、义、礼、乐、忠、信推及天、地，进而归结为德、道。孔子将形象比喻与抽象思辨完美地结合起来，令人叹为观止。

第二部分是孔子专论经书教化的内容。孔子首先通论六经之教，分别指出六经之教的益处与不足，认为只要趋益除弊，就能充分理解六经。这段材料对于研究孔子与六经的关系，研究孔子的经书教化思想有重要价值。既而孔子阐述了天地之教的含义，认为风霜雨露、繁育万物实为天地之教化。孔子还认为天地之教与圣人相参，圣人秉清明之德，犹如神助，施惠万民，福泽四方。

第三部分主要论述礼治问题。本章以子张问圣人之所以教发端，引发了孔子的论述。孔子认为礼重在实行，即“言可履”，这无疑是非常可贵的。孔子还认为“礼之所以兴，众之所以治也”，孔子以室有隩阼、席有上下、立有列序等事例形象地说明了礼治的重要性。从中可以看出礼在本质上是一种秩序，而人类对于秩序的追求则是永恒的，这无疑具有重要的现实意义。

［原文］

子贡问于孔子曰：“敢问君子贵玉而贱珉[①]，何也？为玉之寡而珉多欤？”孔子曰：“非为玉之寡故贵之，珉之多故贱之。夫昔者君子比德于玉：温润而泽，仁也；缜密以栗[②]，智也；廉而不刿[③]，义也；垂之如坠，礼[④]也；叩之，其声清越而长，其终则诎[⑤]然，乐矣；瑕不掩瑜[⑥]，瑜不掩瑕，忠也；孚尹旁达[⑦]，信也；气如白虹，天也；精神见于山川，地也[⑧]；珪璋特达[⑨]，德也；天下莫不贵者，道也。《诗》云：'言念君子，温其如玉[⑩]。'故君子贵之也。"

［注释］ ① 贵玉而贱珉(mín)：四库本、同文本作"玉贵而珉贱"。珉，王肃注："珉，石似玉。"指像玉的石头。本记载又见于《礼记·聘义》《荀子·法行》。 ② 缜密以栗：王肃注："缜密，致塞貌。栗，坚也。"指玉细致精密而坚实。 ③ 廉而不刿：王肃注："割而有廉隅，而不割伤也。"廉，有棱角。刿，割伤。 ④ 礼：王肃注："礼尚谦卑。" ⑤ 诎(qū)：王肃注："诎，断绝貌，似乐之息。"同文本作"绌"。 ⑥ 瑕不掩瑜：王肃注："瑜，其忠(忠，四库本作'中')美者也。"瑕，玉上面的斑点。瑜，玉的光彩。 ⑦ 孚尹(yún)旁达：王肃注："孚尹，玉貌。旁达，言似者(言似者，四库本作'似信者')无不通。"谓玉的颜色晶莹剔透，通达于四方。孚，通"浮"。尹，通"筠"，竹上的青色。 ⑧ 精神见于山川，地也：王肃注："精神本出山川，是故地也(地也，四库本作'象地')。"谓玉的精气本来自山川，所以具有地的品性。 ⑨ 珪璋特达：古代聘享之礼所用玉器有珪、璋、璧、琮。献璧、琮时都需要有衬垫物，即加放在束帛上奉献；而珪、璋因其贵重，无需衬垫，而是直接奉上，故曰"特达"。特，有"独"义。 ⑩ 言念君子，温其如玉：语出《诗·秦风·小戎》。言，发语词。

［通解］ 子贡问孔子说："为什么君子把玉看得尊贵而把珉看得轻贱呢？是因为玉少而珉多吗？"孔子说："不是因为玉少的缘故而把玉看得尊贵，珉多的缘故而把珉看得轻贱。以前，君子将美德比作玉：玉温和柔润而有光泽，像仁；细致精密而坚实，像智；有棱角而不伤人，像义；悬垂下坠，像礼；敲打它，发出清脆悠扬的声音，结束时戛然而止，像乐；玉的斑点不掩盖玉的光

彩，玉的光彩不掩盖玉的斑点，像忠；玉的颜色晶莹剔透，通达于四方，像信；光气如同白色长虹，像天；精气呈现于山川之间，像地；玉做的珪、璋不需凭借他物而单独送达主君，像德；玉是天下所尊贵的，像道。《诗》说：'想念我那夫君，他温和柔润，如玉一般。'所以君子以玉为贵。"

［原文］

孔子曰："入其国，其教①可知也。其为人也，温柔敦厚②，《诗》教也；疏通知远③，《书》教也；广博易良④，《乐》教也；洁静精微⑤，《易》教也；恭俭庄敬⑥，《礼》教也；属辞比事⑦，《春秋》教也。故《诗》之失，愚⑧；《书》之失，诬⑨；《乐》之失，奢⑩；《易》之失，贼⑪；《礼》之失，烦；《春秋》之失，乱⑫。其为人也⑬，温柔敦厚而不愚，则深于《诗》者矣；疏通知远而不诬，则深于《书》者矣；广博易良而不奢，则深于《乐》者矣；洁静精微而不贼，则深于《易》者矣；恭俭庄敬而不烦，则深于《礼》者矣⑭；属辞比事而不乱，则深于《春秋》者矣。

"天有四时者⑮，春夏秋冬，风雨霜露，无非教也。地载神气⑯，吐纳雷霆，流形庶物⑰，无非教也。清明在躬，气志如神⑱，有物将至，其兆必先⑲。是故，天地之教与圣人相参⑳。其在《诗》曰：'嵩高惟岳，峻极于天。惟岳降神，生甫及申。惟申及甫，惟周之翰。四国于蕃，四方于宣。㉑'此文、武之德㉒。'矢其文德，协此四国㉓。'此文王㉔之德也。凡三代之王，必先其令问㉕。《诗》云：'明明天子，令问不已㉖。'三代之德也。"

［注释］

① 教：教化。本记载又见于《礼记·经解》《淮南子·泰族训》。

②温柔敦厚：温和、柔顺、敦朴、忠厚。　③疏通知远：博古通今而有远见。　④广博易良：豁达、平易而又善良。　⑤洁静精微：内心洁净，精察隐微。　⑥恭俭庄敬：恭敬、节俭而又端庄。　⑦属辞比事：连缀文辞，排比史实。　⑧愚：王肃注："敦厚之失（之失，原脱，据四库本补）。"谓愚钝、不知变通。　⑨诬：王肃注："知远之失。"即失实之意。　⑩奢：奢侈。　⑪贼：王肃注："精微之失。"谓入于怪诞，害于正理。　⑫乱：王肃注："属辞比事之失。"谓混乱之意。　⑬也：四库本、同文本无。　⑭矣：原无，据四库本、同文本补。　⑮者：四库本、同文本无。这一记载又见于《礼记·孔子闲居》、《韩诗外传》卷五。　⑯神气：五行之精气。　⑰流形庶物：万物在自然的滋润下而生长繁育。　⑱清明在躬，气志如神：王肃注："清明之德在身也，则其气志如神也。"　⑲有物将至，其兆必先：王肃注："物，事也。言有事将至，必先有兆应之者也。"　⑳参：配合。

㉑嵩高惟岳……四方于宣：语出《诗·大雅·崧（嵩）高》。今本《毛诗》"嵩"作"崧"，"峻"作"骏"。惟，《毛诗》及《礼记》、《韩诗外传》所引作"维"。"嵩高惟岳"至"生甫及申"，王肃注："岳降神灵和气，生申、甫之（之，四库本作'成'）大功也。"嵩，山大而高。岳，高大的山。甫，即甫侯。申，即申伯。"惟申及甫，惟周之翰"，王肃注："翰，干。美其宗族世有大功于周。甫侯相穆王、制祥（祥，四库本作'详'）刑，申伯佐宣王、成德教。""四国于蕃，四方于宣"，王肃注："言能藩屏四国，宣王德化于天下也。""惟周"之"惟"，四库本作"唯"。　㉒文、武之德：王肃注："言文武圣德，笃佐（佐，四库本作'佑'）周家，正为先王（正为先王，四库本作'天为之生'）良佐，成中兴之功。"四库本、同文本"德"后有"也"字。　㉓矢其文德，协此四国：语出《诗·大雅·江汉》。王肃注："《毛诗》：'矢其文德。'矢，陈。协，和。"矢，四库本作"弛"。协，今本《毛诗》作"洽"。文德，文治之德。四国，四方之国。　㉔文王：四库本作"太王"。　㉕令问：美誉。令，美好。问，通"闻"，声誉。

㉖明明天子，令问不已：语出《诗·大雅·江汉》。问，今本《毛诗》及《礼记》、《韩诗外传》所引作"闻"。明明，犹勉勉，勤勉。

[通解] 孔子说："进入一个国家，这个国家的教化情况就可以知道了。如果那里的人们温和、柔顺、敦朴、忠厚，就是以《诗》教化的结果；博古通今而有远见，就是以《书》教化的结果；豁达、平易而又善良，就是以《乐》教化的结果；内心洁净、精察隐微，就是以《易》教化的结果；恭敬、节俭而又端庄，就是以《礼》教化的结果；善于连缀文辞、排比史实，就是以《春秋》教化的结果。以《诗》教化的不足在于容易导致愚钝、不知变通，以《书》教化的不足在于容易导致不实，以《乐》教化的不足在于容易导致奢侈，以《易》教化的不足在于容易导致怪诞而伤害正道，以《礼》教化的不足在于容易导致烦琐，以《春秋》教化的不足在于容易导致混乱。为人如果温柔、忠厚而不愚钝，那就是深刻地理解了《诗》；博古通今、了解历史而不失实，就是深刻理解了《书》；豁达、平易、善良而不奢侈，就是深刻理解了《乐》；内心洁净、精察隐微而不怪诞害正，就是深刻理解了《易》；恭敬、节俭、端庄而不烦琐，就是深刻理解了《礼》；连缀文辞、排比史实而不混乱，就是深刻理解了《春秋》。

"天有春、夏、秋、冬四季，普降风雨霜露，无不是教化。大地负载神妙之气，变化出风雷，滋润万物繁衍生长，无不是教化。圣人自身怀有清净光明之德，气志如有神助，将要有所作为，一定先有征兆出现。所以天地的教化与圣人之举相辅相成。如《诗》所说：'山岳高大崔巍巍，高高直耸入云天。降下神灵和气来，甫侯、申伯生人间。正是申伯与甫侯，捍卫周朝是中坚。四方各国来屏卫，天子之德得以宣。'这就是周文王、周武王之德。'广布文德，协恰四国。'这是周文王之德。三代圣王，称王之前一定先有美誉。《诗》中说：'勤勉的天子，美誉不断。'这是三代圣王之德。"

[原文] 子张问圣人之所以教。孔子曰："师乎，吾语

汝。圣人明于礼乐,举而措[①]之而已。"

子张又问。孔子曰:"师,尔以为必布几筵[②],揖让升降,酌献酬酢[③],然后谓之礼乎?尔以为必行缀兆[④],执羽籥[⑤],作钟鼓,然后谓之乐乎?言而可履[⑥],礼也;行而可乐,乐也。圣人力此二者,以躬己南面。是故天下太平,万民顺伏,百官承事,上下有礼也。夫礼之所以兴,众之所以治也;礼之所以废,众之所以乱也。目巧之室则有隩阼[⑦],席则有上下,车则有左右,行则并随,立则有列序,古之义也。室而无隩阼,则乱于堂室矣;席而无上下,则乱于席次[⑧]矣;车而无左右,则乱于车上矣;行而无并随,则乱于阶涂矣[⑨];列而无次序,则乱于著[⑩]矣。昔者明王圣人,辩[⑪]贵贱长幼,正男女内外,序亲疏远近,而莫敢相逾越[⑫]者,皆由此涂出也。"

[注释]

① 措:施行。此记载又见于《礼记·仲尼燕居》。 ② 几筵:几,案几。筵,古人席地而坐时铺的席。 ③ 酌献酬酢(zuò):酌,斟(酒),饮(酒)。献,献酒。酬,主人向客人敬酒。酢,客人向主人敬酒。 ④ 尔以为必行缀兆:缀兆,舞者的行列位置。为,原无,据四库本、同文本补。 ⑤ 羽籥:舞者所持的舞具和乐器。 ⑥ 履:实行。 ⑦ 目巧之室则有隩(ào)阼:王肃注:"言目巧作室,必有隩阼之位。室西南隅谓之隩。阼,阼阶也。"目巧之室,指用目测巧思建造的房子。隩,室中的西南角,是尊贵的位置。阼,东面的台阶,主人迎接宾客的地方。隩,四库本作"奥",下同。 ⑧ 乱于席次:王肃注:"乱于席上之次第。" ⑨ 行而无并随,则乱于阶涂矣:王肃注:"升阶涂无并随,则阶涂乱。"涂,即"途"。 ⑩ 著:王肃注:"著,所立之位也。门屏之间谓之著也。" ⑪ 辩:同"辨"。四库本作"辨"。 ⑫ 逾越:超越。

[通解]

子张向孔子请教圣人是怎样进行教化的。孔子说:"颛孙师呀,我告诉你。圣人精通礼乐,只不过把它们施行而已。”

子张没有明白,又问。孔子说:“子张,你以为必须摆下案几,铺下筵席,作揖谦让,上下走动,酌酒献客,相互敬酒,这才叫做礼吗?你以为必须排列舞者的位置,手拿舞具、乐器,敲钟鸣鼓,这才叫做乐吗?说的话能实行,这就是礼。做起来感到快乐,就是乐。圣人致力于此二者,南面而立。于是天下太平,万民顺服,百官尽职,上下有礼。礼制兴盛,百姓得以治理;礼制废弛,社会就会混乱。目测巧思建造之房屋,则有内室与台阶之分,坐席要分上下,乘车要分左右,走路有先后,站立要有次序,这是自古以来的道理。房屋没有内室、台阶之分,堂室就会混乱;坐席不分上下,座次就会混乱;乘车不分左右,车上就混乱了;走路不分前后,台阶和道路上就混乱了;列队没有次序,位置就混乱了。以前明王圣人区分贵贱长幼,端正男女内外之别,排次亲疏远近关系,没有敢逾越的,都是根据这个道理来的。”

屈节解第三十七

[序说]

屈节,指降低身份、屈抑志节。本篇共分四节,所记载的都是孔子本人亲历或他对有关屈节问题的看法,故以“屈节”名篇。

孔子有卓越的治世才能,也因此名声远播。可是,尽管孔子有一整套的平治主张,他的系统的政治学说却没有得到施展,最终仍然落得“无所遇”的结局。他思考自己的人生,希望挽救世道人心，对现实的政治有深深的忧虑。《论语》等书留下了孔子的许多言论，能够隐隐透出孔子政治上的郁闷。

孔子一方面要施展抱负，另一方面却难觅时机；他一方面要“屈节以求伸”，另一方面还必须“受屈而不毁其节”。在“无道”的乱世，他的学说自然无人“能宗”。孔子政治命运的悲剧是“无道”的现实造成的，他要矢志不渝地推行思想学说，就不得不权变，主张“屈节”。虽然意识到无力回天，但信念仍然支撑着他，甚至“知其不可而为之”。很多人研究孔子，都指出孔子政治品格中有相互矛盾的一面，虽然他反对以下叛上，但有时个别叛乱者召孔子前去，孔子也曾意欲前往。如公山不狃以区区费邑叛乱，孔子竟然希望借机施展自己的宏大志向，以效法“周文武起丰镐而王”。佛肸叛，使人召孔子，孔子同样打算前往。可见，孔子不仅对自己的治世能力充满信心，也体现了行道于世的迫切愿望。

本篇记载了几个关于孔子主张“屈节”的故事，如屈节以救父母之国、宓子贱屈节治单父、屈节而不失其故旧。但孔子屈小节恰恰是为了扬大节。孔子热爱邦国，热爱父母之国，不愿意看到鲁国遭受齐国的侵凌，所以才欲屈节于田常以救鲁；孔子的弟子宓子贱有大志，遂不以单父为小，治单父以自试其才，这与公山不狃、佛肸召孔子，孔子“欲往”的道理一样；孔子注重朋友之交，为了不失去朋友，遂不顾小节，不计较原壤的错误举动。

孔子的这些举动，可以用他的言语来注解。本篇记孔子说：“君子之行己，期于必达于己，可以屈则屈，可以伸则伸。故屈节者所以有待，求伸者所以及时。是以虽受屈而不毁其节，志达而不犯于义。”孔子殷切希望“道”行于世，追求道义的实现，为此，他认为能够屈抑的时候可以屈抑，能够施展的时候就施展，屈抑志节是为了有所期待，谋求施展应当抓住时机。但是,受屈不能损毁志节,实现理想而不能违反道义。

孔子曾教导子夏说:“女为君子儒,无为小人儒。”孔子这样要求弟子,他本人正是这样做的。孔子的处境和遭遇,使他的政治命运表现出了一种悲壮,呈现出了悲剧色彩。按照孔子心目中的“君子”标准,儒者应当有较高的追求,应当有远大的抱负,应当努力推行自己的主张,以自己的学说被世人所重为快乐。当不为世人所知,不被人们理解的时候,应当“不愠”不怒。只是要保持独立的人格,保守高尚的品节,又期望“求伸”,期望“志达”,便不得不在“不毁其节”和“不犯于义”的前提之下“受屈”抑志,不得不“屈节”。

本篇是研究孔子政治思想的重要材料。以前,有人怀疑《家语》,对此篇更有讥评。如清人孙志祖《家语疏证》便认为该篇非“先秦古文”,“其伪无疑”。他说:“案《家语》杂采诸书,文义多不联属,其篇题亦无一定,独此以‘屈节’名篇,而所载子贡、宓子、原壤三人行事,俱有‘屈节’语以联属之,且篇首撰子路问孔子一段,以屈节求伸作冒,竟似后世文体裁。”这样的评论,实在苍白无力。由于本书成书的特殊背景,《家语》中有的篇中章节意义联属并不紧密,但大部分都有一定的主题贯穿其中。

[原文]

子路问于孔子曰:“由闻丈夫居世,富贵不能有益于物①,处贫贱之地而不能屈节②以求伸,则不足以论乎人之域矣。”孔子曰:“君子之行己③,期④于必达于己,可以屈则屈,可以伸则伸。故屈节者所以有待⑤,求伸者所以及时⑥。是以虽受屈而不毁其节,志达而不犯于义⑦。”

[注释]

① 富贵不能有益于物:王肃注:“以道济物,不为身也。” ② 屈

节：原意"弯曲体节"，这里是"降低身份以服从"的意思。　③ 行己：立身行事。　④ 期：四库本、同文本作"其"。　⑤ 有待：王肃注："待知求（求，四库本作'己'）也。"　⑥ 及时：王肃注："及良时也。"　⑦ 志达而不犯于义：犯，违背，违犯。王肃注："合于义也乃行（本注四库本作'合义乃行'）。"

［通解］

子路请教孔子说："我听说大丈夫活在世上，富贵时不能对万物有利，身处贫贱的境地时又不能屈抑志节来求得伸展，那就不应该算做人了。"孔子说："君子立身行事，希望一定要使自身通达，该屈抑的时候屈抑，该伸直的时候伸直。所以委屈身份是因为有所期待，寻求伸展是等待良好的时机。因此即使受到压抑也不改变气节，志向通达时也不违背道义。"

［原文］

孔子在卫，闻齐国田常将欲为乱①，而惮鲍、晏②，因欲移其兵以伐鲁。孔子会诸弟子而告之曰："鲁，父母之国，不可不救，不忍视其受敌。今吾欲屈节于田常以救鲁，二三子谁为使？"于是子路曰："请往齐。"③孔子弗许。子张请往，又弗许。子石请往，又弗许。三子退，谓子贡曰："今夫子欲屈节以救父母之国，吾三人请使而不获往。此则吾子用辩之时也，吾子盍请行焉？"子贡请使，夫子许之。

遂如齐，说田常曰："今子欲收功于鲁，实难，不若移兵于吴，则易。"田常不悦。子贡曰："夫忧在内者攻强，忧在外者攻弱。吾闻子三封④而三不成，是则大臣不听令。战胜以骄主，破国以尊臣⑤，而子之功不与焉，则交日疏于主，而与大臣争。如此，则子之位危矣。"田常曰："善！然兵甲⑥已加鲁矣,不可更,如何?”子贡曰:“缓师,吾请[7]于吴,令救鲁而伐齐,子因以兵迎之。”田常许诺。

子贡遂南,说吴王曰:“王者不灭国,霸者无强敌。千钧之重,加铢两而移[8]。今以齐国而私千乘之鲁[9],与吴[10]争强,甚为王患之。且夫救鲁以显名,以抚泗上[11]诸侯,诛[12]暴齐以服晋,利莫大焉。名存亡鲁,实困强齐,智者不疑。”吴王曰:“善!然吴常困越,越王今苦身养士,有报吴之心。子待我先[13]越,然后乃可。”子贡曰:“越之劲不过鲁,吴之强不过齐,而王置齐而伐越,则齐必[14]私鲁矣。王方以存亡继绝之名,弃齐[15]而伐小越,非勇也。勇者[16]不避难,仁者不穷约[17],智者不失时,义者不绝世。今存越,示天下以仁,救鲁伐齐,威加晋国,诸侯必相率而朝,霸业盛矣。且王必恶越,臣请见越君,令出兵以从,此则实害越而名从诸侯以伐齐。”吴王悦,乃遣子贡之越。

越王郊迎,而自为子贡御,曰:“此蛮夷[18]之国,大夫何足俨然[19]辱而临之?”子贡曰:“今者,吾说吴王以救鲁伐齐,其志欲之,而心畏越,曰:‘待我伐越而后[20]可。’则[21]破越必矣。且无报人之志而令人疑之,拙矣;有报人之意而使人知之,殆矣[22];事未发而先闻者,危矣。三者,举事之患矣[23]。”勾践顿首[24]曰:“孤尝不料力而兴吴难,受困会稽,痛于骨髓,日夜焦唇干舌,徒欲与吴王接踵[25]而死,孤之愿也。今大夫幸告以利害。”子贡曰:“吴王为人猛暴,群臣不堪,国家疲弊[26],百姓怨上,大臣内变,申胥以谏死[27]，大宰嚭[28]用事，此则报吴之时也。王诚能发卒佐之，以邀射[29]其志，而重宝以悦其心，卑辞以尊其礼，则其伐齐必矣。此圣人所谓屈节求其达者也。彼战不胜，王之福；若胜，则必以兵临晋。臣还北请见晋君共攻之，其弱吴必矣。锐兵尽于齐，重甲困于晋，而王制其弊焉。”越王顿首许诺。

子贡返[30]五日，越使大夫文种顿首言于吴王曰：“越悉境内之士三千人以事吴。”吴王告子贡曰：“越王欲身从寡人，可乎？”子贡曰：“悉人之众[31]，又从其君，非义也。”吴王乃受越王卒，谢留勾践。遂自发国内之兵以伐齐，败之。子贡遂北见晋君，令承其弊。吴、晋遂遇于黄池。越王袭吴之国，吴王归与越战，灭焉。

孔子曰：“夫其乱齐存鲁，吾之始愿。若能强晋以弊吴，使吴亡而越霸者，赐之说之也。美言伤信，慎言哉！[32]”

［注释］

① 为乱：王肃注：“专齐，有无君之心也。”此记载又见于《史记·仲尼弟子列传》《吴越春秋·夫差内传》《越绝书·陈恒传》。 ② 鲍、晏：王肃注：“鲍氏、晏氏，齐之卿大夫也。” ③ 子路曰：“请往齐”：四库本、同文本作“子路请往焉”。 ④ 三封：三，多次。封，帝王以爵位、土地、名号等赐人，这里指受封。 ⑤ 破国以尊臣：王肃注：“鲍、晏等率师，若破国，则益尊者也。” ⑥ 甲：四库本、同文本作“业”。

⑦ 请：四库本、同文本作“请救”。 ⑧ 千钧之重，加铢两而移：钧、两、铢，古代重量单位，二十四铢为两，十六两为斤，三十斤为钧，四钧为石。铢、两，常用来表示极轻的重量。 ⑨ 今以齐国而私千乘之鲁：私，把……据为私有，侵吞的意思。乘，车子，春秋战国时多指战车，一车四马。按周制，天子地方千里，出兵车万乘；诸侯地方百里，出兵车千乘。 ⑩ 吴：原作“吾”，据四库本、同文本及《史记·仲尼弟子列

传》《吴越春秋·夫差内传》改。 ⑪ 泗上：王肃注："泗，水名也。"源于今山东省泗水县东，由于四源并发，故名泗水。泗上，泛指泗水北岸的广大地域。 ⑫ 诛：讨伐。 ⑬ 先：四库本、同文本作"伐"。 ⑭ 必：四库本作"以"。 ⑮ 齐：四库本、同文本作"强齐"。 ⑯ 者：原作"而"，据四库本、同文本改。 ⑰ 穷约：困窘。 ⑱ 蛮夷：古代对边远地区少数民族的泛称，有时也专指南方少数民族，这里是越王谦称自己地方落后偏远。 ⑲ 俨然：严肃庄重的样子。 ⑳ 而后：四库本、同文本作"乃"。 ㉑ 则：四库本、同文本作"此则"。 ㉒ 殆（dài）矣：危险，不安全。矣，原作"乎"，据四库本、同文本改。 ㉓举事之患矣：举事，行事，办事。矣，四库本、同文本作"也"。 ㉔ 顿首：周代九礼之一，头叩地而拜。 ㉕ 接踵：踵，脚后跟。接踵，足踵相接，接连不断，这里是相继、一块儿的意思。 ㉖ 弊：四库本作"敝"。下同。 ㉗ 申胥以谏死：王肃注："申胥，伍子胥也。"《史记·仲尼弟子列传》索隐引王邵曰："《家语》《越绝》并无此五字。是时子胥未死。"可见此处为后人窜入。 ㉘ 嚭（pǐ）：王肃注："嚭，吴王佞臣也。" ㉙ 邀射：追求，谋取。王肃注："邀，激其志。" ㉚ 返：同文本作"反"。 ㉛ 众：原作"率众"，据四库本、同文本改。 ㉜ 夫其乱齐存鲁……慎言哉：王肃注："孔子以哀公十六年卒，吴以二十二年灭。时吴知已将亡而言之也。"说之，四库本、同文本作"说"。

[通解] 孔子在卫国，听说齐国的田常将要作乱专权，却害怕鲍氏、晏氏的势力，因此想转移他们的军队去攻打鲁国。孔子召集各位弟子，告诉他们说："鲁国，是我的父母之国，不能不救，不忍心看到她被侵犯。现在我想向田常屈节来拯救鲁国，你们谁去出使？"于是子路说："请让我前往齐国。"孔子不答应。子张请求去，孔子也不答应。子石请求去，孔子也没答应。三个人回去对子贡说："现在先生要屈节来拯救自己的祖国，我们三人想要出使，却没获准前往，这正是你施展辩才的时候，

你何不请求去?”子贡请求出使,夫子答应了。

于是子贡前往齐国,劝说田常道:“现在你要在攻打鲁国上收到功效,确实困难,不如转移军队对吴国,就容易了。”田常很不高兴。子贡说:“忧患在内部时,就攻打强者;忧患在外部时,就攻打弱者。我听说你多次受封都没能成功,这是大臣们从中作梗,不听令的结果。打胜仗会使君主骄纵,毁灭别国会使别的大臣尊贵,而这其中没有你的功劳,那么,你与君主的交情就会一天天地疏远,却要与大臣们争斗,这样的话,你的处境就危险了。”田常说:“好!可军队已经派往了鲁国,没法更改了,怎么办?”子贡说:“你先延缓进军,我请求吴国,让他们救援鲁国而攻打齐国,你就趁机出兵迎击。”田常答应了。

子贡于是南下,劝说吴王:“实行王道者不会使别国灭绝,实行霸道者不能让强敌出现。千钧的重量,即使加上一铢一两,重量也发生了变化。现在凭借齐国的强盛,再侵吞拥有千辆战车的鲁国,来和吴国一较高低,我很为大王担心。况且救援鲁国,可以显扬名声,来安抚泗水北岸的各国诸侯,讨伐强暴的齐国,来震服强大的晋国,没有比这样获得利益再大的了。名义上保全了危亡的鲁国,实际上遏制了强齐的扩张,这道理,聪明的人是不会怀疑的。”吴王说:“好!可是,吴国曾经围困越国,越王现在正自我励志,蓄养贤士,有报复我们的打算,你等我先讨伐完越国,然后再按你说的去做。”子贡说:“越国的力量不如鲁国,吴国的强盛超不过齐国,大王把齐国搁置在旁,却去讨伐越国,那么齐国一定早吞并了鲁国。大王正打着使灭亡之国得以复存,使断绝之祀得以延续的旗号,却放弃强大的齐国,而攻打弱小的越国,这不是勇敢。勇敢的人不回避困难,仁慈的人不使别人陷入困境,聪明的人不会失掉时机,仁义的人不断人后嗣。现在保存越国来向天下显示您的仁义,救援鲁国、讨伐齐国,威名震慑晋国,各国诸侯一定会竞相到吴国朝见,称霸的大业就完成了。况且大王如果畏忌越国,我请求去见越王,让他派出军队追随您,这实际上是使越国受损,名义上却是追随诸侯讨伐齐国。"吴王高兴了,就派子贡到越国去。

越王到郊外迎接,并亲自为子贡驾车,说:"这是偏远落后的国家,怎么值得大夫屈尊光临?"子贡回答:"现在,我劝说吴王救援鲁国讨伐齐国,他心里想这样,可害怕越国,说:'等我攻下越国才可以。'那么他攻破越国是一定的了。况且如果没有报复人的心志,却让人怀疑他有,这太拙劣了;有报复人的心意,却让人知道了,那就不安全了;事情还没开始办,就先让人听说了,就更危险了。这三种情况是成事的最大祸患。"勾践听罢,叩头而拜说:"我曾经不自量力,对吴国发难,被围困在会稽,恨入骨髓,日夜唇焦舌干,只想着和吴王一块儿去死,这是我的愿望。现在幸而大夫你把利害关系告诉了我。"子贡说:"吴王为人凶猛残暴,大臣们都难以忍受,国家也疲惫衰败,百姓怨恨上司,大臣内部也发生变乱,伍子胥因谏诤而死,太宰嚭执政当权,这正是报复吴国的时机到了。大王果真能派兵辅佐吴王,来激励他的心志,却用贵重的宝物来讨他的欢心,用谦卑的言辞来表示对他的礼敬尊崇,那他一定会讨伐齐国。这就是圣人所说的降低身份屈从来求得通达。如果他战争不胜利,是大王的福分;如果胜了,他一定会率兵逼近晋国。请让我北上拜见晋国国君,让他共同攻打吴国,一定会削弱吴国的势力。吴国的精锐部队都消耗在齐国,重兵又被晋国围困住,而大王就可以趁吴国疲惫不堪的时候制服它。"越王叩首再拜,答应了子贡的计划。

子贡返回后五天,越国派大夫文种叩首再拜,对吴王说:"越国愿意派出国内所有的军队三千人,侍奉吴国。"吴王对子贡说:"越王要亲自跟随我去,可以吗?"子贡说:"使它所有的军队都派出，再让它的国君跟从，不合道义。”吴王就接受了越王的军队，辞谢勾践，让他留了下来。于是自己发动国内的士兵来讨伐齐国，打败了他们。子贡就北去，拜见了晋国国君，让他迎击疲弊的吴国。吴、晋两国的军队在黄池相遇。越王趁势袭击吴国本土，吴王回国与越国作战，被消灭了。

孔子说：“使齐国混乱以保全鲁国，是我开始的心愿。如果能够使晋国强盛以削弱吴国，使吴国灭亡而越国成就了霸业，这都是子贡游说的结果。好听的话对诚信有害，说话要谨慎啊！”

［原文］

孔子弟子有宓子贱[①]者，仕于鲁，为单父宰[②]。恐鲁君听谗言，使己不得行其政，于是辞行，故请君之近史[③]二人，与之俱至官。宓子戒其邑吏，令二史书。方书辄掣其肘，书不善则从而怒之，二史患之，辞请归鲁。宓子曰：“子之书甚不善，子勉而归矣。”

二史归报于君曰：“宓子使臣书而掣肘[④]，书恶而又怒臣，邑吏皆笑之。此臣所以去之而来也。”鲁君以问孔子，子曰：“宓不齐，君子也。其才任霸王之佐，屈节治单父，将以自试也。意者以此为谏乎？”公寤[⑤]，太息而叹曰：“此寡人之不肖。寡人乱宓子之政而责其善者，非[⑥]矣。微[⑦]二史，寡人无以知其过；微夫子，寡人无以自寤。”遽发所爱之使，告宓子曰：“自今已往，单父非吾有也，从子之制，有便于民者，子决为之。五年一言其要。”宓子敬奉诏，遂得行其政，于是单父治焉。躬敦厚，明亲亲，尚笃敬，施至仁，加恳诚，致忠信，百姓化之。

齐人攻鲁，道由单父。单父之老请曰："麦已熟矣，今齐寇至，不及人人自收其麦。请放民出，皆获傅郭[8]之麦，可以益粮，且不资于寇。"三请而宓子不听。俄而，齐寇逮于麦。季孙闻之，怒，使人以让[9]宓子曰："民寒耕热耘，曾不得食，岂不哀哉？不知犹可，以告者而子不听，非所以为民也[10]。"宓子蹴然[11]曰："今兹[12]无麦，明年可树。若使不耕者获，是使民乐有寇。且得单父一岁之麦，于鲁不加强，丧之不加弱。若使民有自取之心，其创必数世不息。"季孙闻之，赧然[13]而愧曰："地若可入，吾岂忍见宓子哉！"

三年，孔子使巫马期[14]往[15]观政焉。巫马期阴免衣，衣弊裘[16]，入单父界。见夜渔者，得鱼辄舍之。巫马期问焉，曰："凡渔者为得，何以得鱼即舍之？"渔者曰："鱼之大者名为鲋[17]，吾大夫爱之；其小者名为鲵[18]，吾大夫欲长之。是以得二者，辄舍之。"巫马期返，以告孔子曰："宓子之德至，使民暗行若有严刑于旁。敢问宓子何行而得于是？"孔子曰："吾尝与之言曰：'诚于此者刑乎彼。'宓子行此术于单父也。"

［注释］　① 宓子贱：孔子弟子。姓宓，字子贱，名不齐。鲁国人，性情仁爱，有才智。此记载又见于《吕氏春秋·具备》《吕氏春秋·察贤》《新书·审微》《淮南子·道应训》《新序·杂事》等。　② 单父宰：单父，春秋鲁国邑名，故城在今山东单县南。宰，古代官名，一邑之长。　③ 史：古代官名，指下级佐吏。《周礼·天官·宰夫》："六曰史，掌官书以赞治。"郑玄注："赞治，若今起文书草也。"　④ 肘：四库本、同文本此前有"臣"字。　⑤ 寤（wù）：通"悟"，觉醒，觉悟，认识到。　⑥ 非：

四库本、同文本作“数”。 ⑦ 微：无，如果没有。 ⑧ 傅郭：傅，近，靠近。郭，外城，古代在城的外围加筑的一道城墙。 ⑨ 让：责备，埋怨。 ⑩ 也：四库本、同文本无。 ⑪ 蹴（cù）然：恭敬的样子。《礼记·哀公问》郑玄注：“蹴然，敬貌。”四库本、同文本作“蹵然”。 ⑫ 兹：年，岁。 ⑬ 赧（nǎn）然：形容因难为情或羞愧而脸红的样子。 ⑭ 巫马期：孔子弟子。姓巫马，名施，字子期，也称子旗。陈国人。 ⑮ 往：原作“远”，据四库本、同文本改。 ⑯ 阴免（wèn）衣，衣弊裘：偷偷地用布缠起头来，披着破旧的皮衣。阴，暗暗地，偷偷地。免衣，去冠括发，用布缠头。弊，四库本、同文本作“敝”。 ⑰ 鯈（chóu）：《集韵·尤韵》：“鯈，鱼之大者。”王肃注：“鯈，宜为鳣（鳣，四库本作‘鱣’）。《新序》作‘鲙’，鲍鱼之怀任之者也（此句四库本作‘鲍鱼之怀妊也’）。” ⑱ 鲔（yìng）：《尔雅·释鱼》：“鲔，小鱼。”

［通解］

孔子弟子中有个叫宓子贱的，在鲁国为官，担任单父的地方长官。他担心鲁国国君听信谗言，使自己无法推行政令，于是前往辞行时，特意请鲁君身边的两位佐吏，让他们与自己一同到任。宓子贱在训诫邑中官吏时，命令两位佐吏记录。他们刚开始写，宓子贱就牵拽他们的胳膊肘，写不好却又因此责备他们。二位佐吏很是担心，便请求辞职回鲁国国都。宓子贱说：“你们写得很不好，回去后要好好努力。”

二位佐吏回到国都后，报告鲁君说：“宓子让我们写字，却在一旁牵拽我们的胳膊，写得不好责备我们，搞得邑中官吏发笑，我们不得不离开他回来。”鲁君就此事请教孔子，孔子说：“宓不齐是位君子。论他的才能，足以充当霸主和王者的佐辅，此次屈抑志节治理单父，目的是试试自己的能力。我猜想他是以这件事来进行劝谏吧？”鲁君醒悟过来，深深地叹息说：“这是我不好。我扰乱宓子推行政令而又要求他干好工作，这是不应该的。如果没有二位佐吏，我无法知道自己的过失；没有先生您，我也无法醒悟。”于是立刻派自己宠爱的使者对宓子贱说：“自今以后，单父的治理不归我负责，而完全按照您的制度进行。有方便百姓的事情，您可以自己就决定下来，只需五年汇报一次为政的要点就行。”宓子贱恭敬地接受了诏令，得以顺利地推行自己的政令，于是单父境内治理得非常好。他亲自奉行淳朴敦厚的行为，阐明尊尊亲亲的道理，推崇诚笃恭敬的品行，施行至仁至义的政策，教导人们要恳切诚实，达到忠诚守信，于是百姓都得到了教化。

齐国军队攻打鲁国，途中经过单父。单父的老者向宓子贱请求说：“地里的麦子已经熟了。现在齐军前来侵略，来不及让每人收自己的麦子。请求放百姓出城，让他们都去收获靠近外城的麦子，可以借此增加粮食，而且不会资助敌人。”请求了三次，但宓子贱没有听从。不久，齐国军队收获了麦子。季孙氏听说了这件事，大为恼怒，派人斥责宓子贱说：“百姓寒冬耕作，暑天除草，竟然无法吃上粮食，难道不使人伤心吗？不知道还可以，把后果都告诉你，你却不听，这不是在为百姓着想。”宓子贱恭恭敬敬地说：“今年没有了麦子，明年可以再种。如果让不耕种的人得到收获，这是让百姓喜欢有敌人入侵。况且获得单父一年的麦子，鲁国也不会因此强盛一些，而丢了它，鲁国也不会变弱。如果让百姓产生自由拿取的念头，由此造成的创伤一定几代人也平息不了。”季孙氏听说了，惭愧不已，说：“假如能入地，我怎么好意思再看到宓子呢！”

过了三年，孔子派巫马期避开宓子去观察他为政的情况。巫马期偷偷地用布缠起头来，披上破皮衣，进入单父地界。他发现有在夜间打鱼的，捕到鱼总是再放走。巫马期上前问道：“凡是打鱼都是为了捕到鱼，为什么捕到再放走呢？”打鱼的人回答：“鱼中比较大的名叫鲭，我们的大夫爱护它；比较小的名叫鱦，我们的大夫想让它长大。因此捕得这两种鱼，我们就放走。”巫马期回来告诉孔子说：“宓子的德行至高无上，使得百姓私下做事也好像身旁有严刑峻法监督着。请问宓子贱是怎样做而达到这种境地的？”孔子说：“我曾经对他说：‘使一个地方讲求诚信，刑罚就只能在别处施行。’宓子在单父贯彻了这一原则。”

［原文］

孔子之旧曰原壤，其母死，夫子将助之以沐椁①。子路曰：“由也昔者闻诸夫子曰②：‘无友不如己者，过则勿惮改③。’夫子惮矣，姑已④若何？”孔子曰：“‘凡民有丧，匍匐救之⑤’。况故旧乎？非友也。吾其往。”

及为椁，原壤登木曰：“久矣，予之不托于音也。”⑥遂歌曰：“狸首之班然，执女手之卷然⑦。”夫子为之隐，佯不闻以过之。子路曰：“夫子屈节而极于此，失其与矣，岂未可以已乎？”孔子曰：“吾闻之，亲者不失其为亲也，故者不失其为故也。”

［注释］

① 沐椁：整修棺材。《礼记·檀弓下》郑玄注：“沐，治也。”四库本、同文本作“木椁”。此记载又见于《礼记·檀弓下》《论语·宪问》。 ② 曰：四库本、同文本无。 ③ 无友不如己者，过则勿惮改：亦见于《论语·学而》。 ④ 姑已：王肃注：“姑，且也。已，止也。” ⑤ 凡民有丧，匍匐救之：语出《诗·邶风·谷风》，郑玄笺：“匍匐，言尽力也。”匍匐，趴伏在地爬行，指竭尽全力。 ⑥ 原壤登木曰：“久矣，予之不托于音也”：登木，敲打棺木。托，托付，寄托。《礼记·檀弓下》郑玄注：“木，棺材也。托，寄也。谓叩木以作音。” ⑦ 狸首之班然，执女手之卷(quán)然：班，通“斑”。女，通“汝”。卷然，柔弱的样子。

［通解］

孔子有一个老朋友叫原壤，他的母亲去世，孔子准备帮助他整修棺材。子路说：“我听先生您说过：‘不与不类自己的人交朋友,有了过错不要害怕改正。'看来先生倒是害怕改正,姑且停下来如何?"孔子说:"'凡是百姓有丧葬事宜,尽心竭力去帮助。'何况是老朋友呢?你说的不是表示友好的做法,我还得前去。"

到了整修棺材的时候,原壤敲着棺木说:"我不用歌声来寄托感情,已经很长时间了。"于是唱道:"狐狸的头啊,花纹斑斓;握着你的手啊,多么柔软。"孔子把这件事遮掩起来,装作没听见,也就过去了。子路问:"先生屈抑志节到这种地步,失去了交往的理由,难道还不可以与他绝交吗?"孔子说:"我听说,是亲人就不能失去亲缘关系,是老朋友就不能失去朋友关系。"

卷第九

七十二弟子解第三十八

［序说］

本篇以“七十二弟子解”名篇，但实际记述了76位有影响的孔门弟子。

作为儒家学派的重要成员，孔门弟子在社会思想上大体一致，只是由于性格、经历的不同，他们又各有自己的特点，在思想上也表现了一定的差异。本篇对孔门弟子进行了或详或略的介绍，是研究孔门弟子的基本资料。

本篇是关于孔子弟子的最早记载，远远早于《史记·仲尼弟子列传》。在孔门教学中，孔子向弟子们传道、授业，传习《诗》《书》《礼》《乐》《易》《春秋》，教授礼、乐、射、御、书、数六艺。孔子弟子可以分为德行、言语、政事、文学四科，他们各有专长。《论语·先进》对此有专门的记载：“德行：颜渊、闵子骞、冉伯牛、仲弓。政事：冉有、季路。言语：宰我、子贡。文学：子游、子夏。”这十位优秀弟子被孔子格外看重，《家语·七十二弟子解》和《史记·仲尼弟子列传》都首载这十位弟子，只是顺序稍异。

本篇所载孔门前35位弟子中，与《史记·仲尼弟子列传》所载前35位中相同的有31位。本篇中公良儒、秦商、颜刻、琴牢都不在《史记·仲尼弟子列传》前35位之列。而《史记·仲尼弟子列传》前35位弟子中，公伯缭、曹恤、伯虔、公孙龙都不在本篇所载前35位之列。本篇所载76位弟子中，琴牢、陈亢、悬亶三人《史记·仲尼弟子列传》不见记载，而《史记·仲尼弟子列传》所载的公伯缭、秦冉、颜何、鄡单，本篇也没有记载，这样，这两篇关于孔门弟子的资料所涉及的孔门弟子已经达到80位。综合这些记载，可以发现孔子门徒众多绝非虚言。《史记》与《家语》相互参照研究，对认识《家语》的成书问题有重要价值。

［原文］

颜回，鲁人，字子渊，少孔子三十岁①。年二十九而发白，三十一早死②。孔子曰："自吾有回，门人日益亲③。"回以④德行著名，孔子称⑤其仁焉。

［注释］

① 少孔子三十岁：此句原无，据四库本、同文本补。　② 三十一早死：据四库本王肃注："此书久远，年数错误，未可详校。其年则颜回死时，孔子年六十一岁，然伯鱼五十先孔子卒。卒时孔子且七十。此谓颜回先伯鱼死。而《论语》云：'颜回死，颜路请子之车以为之椁。子曰：鲤也死有棺而无椁。'或为设事之辞。"按，"三十一"当为"四十一"之讹。　③ 亲：亲近，亲密。四库本无。四库本王肃注："颜回为孔子疏附之友，能使门人益亲夫子。"　④ 以：原作"之"，据四库本、同文本改。　⑤ 称：赞许，表扬。

［通解］

颜回，鲁国人，字子渊，比孔子小三十岁。年仅二十九岁时头发就全白了，三十一岁就早早地去世了。孔子说："自从我有了颜回，我的弟子们之间一天比一天亲密。"颜回以德行著称，孔子也称赞他具有仁德。

［原文］

闵损，鲁人，字子骞，少孔子五十岁①。以德行著名，孔子称其孝焉。

［注释］

① 少孔子五十岁：此句原无，据四库本、同文本补。

［通解］

闵损，鲁国人，字子骞，比孔子小五十岁。以品德操行闻名，孔子称赞他的孝行。

［原文］ 冉耕[1]，鲁人，字伯牛。以德行[2]著名。有恶疾[3]，孔子曰："命也夫！"

［注释］ ① 冉耕：同文本、万有本作"冉有"，误。 ② 德行：四库本、同文本作"德"。 ③ 恶疾：指痛苦难治的疾病。《公羊传》昭公二十年："何疾尔？恶疾也。"注："恶疾谓瘖、聋、盲、疠、秃、跛、伛，不逮人伦之属也。"

［通解］ 冉耕，鲁国人，字伯牛。以品德操行闻名。患有比较棘手的病，孔子说："这真是命啊！"

［原文］ 冉雍，字仲弓，伯牛之宗族。生于不肖[1]之父。以德行著名。

［注释］ ① 不肖：指没出息。

［通解］ 冉雍，字仲弓，与伯牛生于同一个宗族。生养他的父亲没有出息。但是冉耕的品德操行很著名。

［原文］ 宰予，字子我，鲁人。有口才著名[1]。

［注释］ ① 有口才著名：四库本、同文本作："有口才，以言语著名。仕齐为临淄大夫，与田常为乱，夷其三族。孔子耻之，曰：'不在利病，其在宰予。'"四库本王肃注："言宰予为病利。"

［通解］ 宰予，字子我，鲁国人。以有口才而闻名。

［原文］ 端木赐，字子贡，卫人，少孔子三十一岁[1]。有口才著名[2]。

［注释］ ① 少孔子三十一岁：原无，据四库本、同文本补。 ② 有口才著名：四库本、同文本此后有："孔子每诎其辩。家富累千金，常结驷连骑以造原宪。宪居蒿庐蓬户之中，与之言先王之义。原宪衣敝衣冠，并日蔬食，衎然有自得之志。子贡曰：'甚矣，子如何之病也。'原宪曰：'吾闻无财者谓之贫，学道不能行者谓之病。吾贫也，非病也。'子贡惭，终身耻其言之过。子贡行贩，与时转货。历相鲁、卫，而终齐。"并日蔬食，王肃注："既蔬食并日而后食也。"行贩，与时转货。王肃注："贩，发举。买贱卖贵，随时转作以有其货也。"

［通解］ 端木赐，字子贡，卫国人，比孔子小三十一岁。以有口才而闻名。

［原文］ **冉求，字子有，仲弓之族①，少孔子二十九岁②。有才艺③，以政事著名④。**

［注释］ ① 族：指同一家族。四库本、同文本作"宗族"。 ② 少孔子二十九岁：此句原无，据四库本、同文本补。 ③ 才艺：指有才能和本领。 ④ 以政事著名：四库本、同文本此句后有："仕为季氏宰。进则理其官职，退则受教圣师。为性多谦退，故子曰：'求也退，故进之。'"

［通解］ 冉求，字子有，与仲弓生于同一个宗族，比孔子小二十九岁。有才能和技艺，以擅长政事而闻名。

［原文］ **仲由，卞①人，字子路，一字季路，少孔子九岁②。有勇力才艺③，以政事著名④。**

［注释］ ① 卞：春秋鲁邑。原作"弁"，据四库本、同文本改。 ② 一字季路，少孔子九岁：原无，据四库本、同文本补。 ③ 有勇力才艺：指有勇气、力气、才能、技艺。 ④ 以政事著名：四库本、同文本此句后有："为人果烈而刚直，性鄙而不达于变通。仕卫为大夫，蒯聩与其子辄争

国，子路遂死辄难。孔子痛之，曰：'自吾有由，而恶言不入于耳。'"王肃注："子路，夫子御侮之友，恶言不入夫子之耳。"

[通解] 仲由，卞人，字子路，一字季路，比孔子小九岁。有勇力和才能技艺，以擅长政事而闻名。

[原文] 言偃，鲁人，字子游，少孔子三十五岁。时习于礼①，以文学著名②。

[注释] ① 少孔子三十五岁。时习于礼：此段文字原无，据四库本、同文本补。 ② 以文学著名：文学，主要指古代文献。四库本、同文本此句后有："仕为武城宰。尝从孔子适卫，与将军之子兰相善，使之受学于夫子。"

[通解] 言偃，鲁国人，字子游，比孔子小三十五岁。经常演习礼仪，以精通文献著称。

[原文] 卜商，卫人，字子夏，少孔子四十四岁。习于《诗》，能通其义，以文学著名。为人性不弘，好论精微，时人①无以尚②之。尝③返卫，见读史志者云："晋师伐秦，三豕渡河。"子夏曰："非也！'己亥'耳。"读史志者问诸晋史④，果曰"己亥"。于是卫以子夏为圣。孔子卒⑤后，教于西河⑥之上。魏文侯⑦师事之⑧，而谘⑨国政焉。

[注释] ① 字子夏……时人：此段文字原无，据四库本、同文本补。王肃注："子夏所叙诗义，今之《毛诗序》是。" ② 尚：超过。 ③ 尝：曾经。 ④ 读史志者问诸晋史：者，原作"曰"，据陈本改。诸，之于。 ⑤ 卒：死。 ⑥ 西河：战国魏地。在今河南安阳，其时黄河流经安阳之东，西河意即河西。一说在今晋、陕间黄河左右，又分为陕西大荔、合阳、

韩城和山西汾阳等说。 ⑦ 魏文侯：名斯，战国时期魏国的建立者，在位50年（前445—前396年）。 ⑧ 师事之：以对待老师的礼节对待他。 ⑨ 谘：询问，商量。

［通解］

卜商，卫国人，字子夏，比孔子小四十四岁。娴习于《诗》，能够精通诗义，以擅长文献著称。为人性格不够弘大，喜好谈论精微的问题，当时的人没有能超过他的学问的。他曾经回到卫国，发现读史志的人读道：“晋师伐秦，三豕渡河。”子夏说：“这是不对的，‘三豕’应该是‘己亥’。”读史志的人请教晋国史官，回答果然是“己亥”。于是卫国人都把子夏当圣人。孔子去世后，子夏教于西河一带，魏文侯拜他为师，向他咨询治理国家的办法。

［原文］

颛孙师，陈人，字子张，少孔子四十八岁。为人有容貌资质①，宽冲②博③接④，从容⑤自务⑥，居不务立于仁义之行⑦，孔子门人友之而弗敬。

［注释］

① 资质：谓人的天资、禀赋。 ② 冲：谦和，淡泊。谓人的胸怀冲和淡泊。 ③ 博：广博，广泛。 ④ 接：接交朋友。 ⑤ 从容：舒缓，不急迫。 ⑥ 自务：从事于自己的事业与理想。 ⑦ 居不务立于仁义之行：王肃注：“子张不侮鳏寡，性凯悌宽冲，故子贡以为未仁。然不务立仁义之行，故子贡激之以为未仁（仁，四库本作‘有’）也。”居，平常，平时。

［通解］

颛孙师，陈国人，字子张，比孔子小四十八岁。为人有容貌资质，为人谦和，结交广泛，十分从容地追求自己的事业，但是并不致力于仁义之行，孔子的弟子和他交友，但并不尊敬他。

[原文]

曾参，南武城①人，字子舆，少孔子四十六岁。志存②孝道，故孔子因之以作《孝经》。齐尝聘③，欲与④为卿而不就，曰："吾父母老，食人之禄，则忧人之事，故吾不忍远亲⑤而为人役。"

参后母遇之无恩，而供养不衰⑥。及其妻以藜烝⑦不熟，因出⑧之。人曰："非七出⑨也。"参⑩曰："藜烝，小物耳。吾欲使熟，而不用吾命，况大事乎？"遂出之，终身不取⑪妻。其子元请焉，告其子曰："高宗以后妻杀孝己⑫，尹吉甫以后妻放伯奇⑬。吾上不及高宗，中不比吉甫，庸知其得免于非乎？"

[注释]

① 南武城：春秋鲁地，在今山东嘉祥。 ② 存：指心中怀有或拥有。 ③ 聘：聘请，招请。 ④ 与：四库本、备要本、同文本作"以"。 ⑤ 远亲：远离亲人。 ⑥ 衰：衰落，衰弱，衰退。 ⑦ 藜烝：采藜的嫩叶蒸熟为食。藜是植物名，亦称"灰菜"，藜科，一年生草木，嫩叶可食，种子可榨油，全草入药。烝，通"蒸"。 ⑧ 出：离弃。 ⑨ 七出：指古代休弃妻子的七种理由。 ⑩ 参：四库本、同文本作"答"。 ⑪ 取：同"娶"。四库本、同文本作"娶"。 ⑫ 高宗以后妻杀孝己：孝己为殷高宗武丁太子，有至孝之行。其母早死，高宗惑于后妻之言，将他放逐，结果孝己死于野外。 ⑬ 尹吉甫以后妻放伯奇：伯奇为西周大臣尹吉甫之子。母早死，因为吉甫后妻设计陷害，伯奇被放逐于野外。后由于宣王干预而得救，吉甫感悟，射杀其后妻。

[通解]

曾参，南武城人，字子舆，比孔子小四十六岁。一心遵行孝道，所以孔子因他而作《孝经》。齐国曾经聘请他，想让他为卿，他没有接受，说："我父母年事已高，享用别人的俸禄，就得替别人操心事情，因而我不忍心远离亲人而去被人差使。"

曾参的后母对他没有恩德，但是曾参仍然供养她，丝毫没有懈怠。后来曾参的妻子没有将藜叶蒸熟，曾参就休掉了她。

别人说:“你的妻子不该被离弃,不在七出的范围之内。”曾参说:“蒸藜为食,这是一件小事情。我让她蒸熟,但是她没有听从我的话,何况大的事情呢!”终于还是离弃了他的妻子,而且终身不再娶妻。曾参的儿子曾元要他娶妻,他对儿子说:“高宗因为后妻而杀掉孝己,尹吉甫因为后妻而放逐伯奇。我上不及高宗贤能,中不及吉甫能干,哪能知道娶了后妻就能避免做错事呢?”

[原文]

澹台灭明,武城①人,字子羽,少孔子四十九②岁。有君子之姿③,孔子尝④以容貌望其才。其才不充⑤孔子之望,然其为人公正无私,以取与去就以诺⑥为名,仕鲁为大夫也⑦。

[注释]

① 武城:春秋鲁地,在今山东嘉祥。 ② 四十九:《史记》作“三十九”。 ③ 姿:四库本、同文本作“资”。 ④ 尝:曾经。 ⑤ 充:充足,满足。 ⑥ 以:同“已”,不许。与“诺”相对。诺:答应,允许。 ⑦ 也:四库本、同文本无。

[通解]

澹台灭明,武城人,字子羽,比孔子小四十九岁。有君子的姿容,孔子曾依据他的容貌来期望他的才能。他的才能并不能达到孔子所期望的那样,但澹台灭明为人公正无私,以在获取与给予、离去或归从、不许或许诺等方面皆有操守而闻名,并因此而闻名。在鲁国做了大夫。

[原文]

高柴,齐人,高氏之别族,字子羔,少孔子四十①岁。长不过六尺,状貌甚恶②。为人笃③孝而有法正④。少居鲁,知⑤名于孔子之门。仕为武城宰。

[注释]

① 四十:《史记》作“三十”。 ② 恶:丑陋。 ③ 笃:忠厚。 ④ 法正:标准,规范。 ⑤ 知:四库本、同文本此前有“见”字。

[通解] 高柴，齐国人，高氏之别族，字子羔，比孔子小四十岁。身高不过六尺，容貌极为丑陋。他为人十分孝顺并且讲究礼法。年轻的时候居住在鲁国，在孔子门人中非常有名。他从政后做了武城宰。

[原文] 宓不齐，鲁人，字子贱，少孔子四十九[①]岁。仕为单父宰。有才智，仁爱百姓，不忍欺。孔子大[②]之。

[注释] ① 四十九：四库本、同文本作“四十”，《史记索隐》引《家语》亦云“四十九”，《史记》作“三十”。 ② 大：尊敬，注重。四库本、同文本作“美”。

[通解] 宓不齐，鲁国人，字子贱，比孔子小四十九岁。官为单父宰。有才智，爱护百姓，不忍心欺凌他们。孔子对他很器重。

[原文] 樊须，鲁人，字子迟，少孔子四十六[①]岁。弱[②]仕于季氏。

[注释] ① 四十六：《史记》作“三十六”。 ② 弱：弱冠。《礼记·曲礼上》：“二十曰弱，冠。”弱，年少。古代男子二十岁行冠礼，故用以指男子二十岁左右的年龄。

[通解] 樊须，鲁国人，字子迟，比孔子小四十六岁。二十岁时到季氏那里做了家臣。

[原文] 有若，鲁人，字子有，少孔子三十六岁。为人强识[①]，好古道[②]也。

[注释] ① 强识：强记，博闻强识。指记忆力好。 ② 古道：指古代所崇

尚的节操风义。四库本、同文本此后无“也”字。

［通解］ 有若，鲁国人，字子有，比孔子小三十六岁。为人博闻强识，崇尚古代的节操风义。

［原文］ **公西赤，鲁人，字子华，少孔子四十二岁。束带立朝[①]，闲[②]宾主之仪。**

［注释］ ① 立朝：四库本、同文本作“立于朝”。 ② 闲：通“娴”，娴熟。

［通解］ 公西赤，鲁国人，字子华，比孔子小四十二岁。他腰束大带立于朝廷，对宾主之间的礼仪非常娴熟。

［原文］ **原宪，宋人，字子思，少孔子三十六岁。清净[①]守节，贫而乐道[②]。孔子为鲁司寇，原宪尝为孔子宰[③]。孔子卒后，原宪退隐，居于卫。**

［注释］ ① 清净：指不烦扰。 ② 道：指一定的人生观、世界观、政治主张或思想体系。此指孔子的学说。 ③ 宰：家臣，管家。

［通解］ 原宪，宋国人，字子思，比孔子小三十六岁。内心清净，遵守节操，安贫乐道。孔子担任鲁国的司寇时，他曾经做过孔子的管家。孔子死后，原宪辞职隐居，居住在卫国。

［原文］ **公冶长，鲁人，字子长。为人能忍耻。孔子以女妻[①]之。**

［注释］ ① 妻：动词，以女嫁人。

［通解］ 公冶长，鲁国人，字子长。为人能忍受耻辱。孔子把自己

的女儿许配给他做妻子。

[原文]

南宫韬①,鲁人,字子容。以智自将②,世清不废,世浊不洿③。孔子以兄子④妻之。

[注释]

① 韬:四库本作“绍”,《史记》作“括”。 ② 将(jiāng):持,控制,约束。 ③ 洿(wū):同“污”,污染。四库本、同文本作“污”。 ④ 子:这里指女儿。

[通解]

南宫韬,鲁国人,字子容。依靠智慧能够自我约束,世道清平时能够不遭废弃,世道昏暗时却不被污浊。孔子把哥哥的女儿嫁给他做妻子。

[原文]

公析①哀,齐人,字季沉②。鄙③天下多仕于大夫家者,是故未尝屈节人臣。孔子特叹贵之。

[注释]

① 公析:《史记》作“公皙”。 ② 季沉:四库本作“季沈”,《史记》作“季次”。 ③ 鄙:鄙视,轻视,看不起。

[通解]

公析哀,齐国人,字季沉。鄙视天下的士人大都到大夫家做官,因而未曾屈节去做别人的家臣。孔子特别赞叹和看重他。

[原文]

曾点①,曾参父,字子皙②。疾③时礼教不行,欲修之。孔子善④焉。《论语》所谓“浴乎沂,风乎舞雩之下⑤”。

[注释]

① 曾点:《史记》作“曾蒧”。 ② 子皙:《史记》无“子”字。 ③ 疾:痛心,痛恨。 ④ 善:赞扬,称道。 ⑤ 浴乎沂,风乎舞雩(yú)之下:见《论语·先进》,曾点语。之下,今本《论语》无。沂,沂水,河名。源出山东邹城东北,西流经曲阜与洙水合,入于泗水。舞

雩，即舞雩台，祈雨时举行歌舞仪式之处。今曲阜城南一公里处有其旧址。

［通解］ 曾点，是曾参的父亲，字子晳。痛心于当时的礼教不能施行，想整顿这种现象。孔子赞同他。《论语》中记载他说“在沂河里沐浴，在舞雩台下吹风”。

［原文］ **颜由①，颜回父，字季路②。孔子始教学于阙里③，而受学。少孔子六岁。**

［注释］ ① 颜由：《史记》作“颜无繇”。 ② 季路：《史记》作“路”。 ③ 阙里：阎若璩以为春秋时鲁无“阙里”，当据宋版王肃注本《七十二弟子解》作“闾里”。

［通解］ 颜由，是颜回的父亲，字季路。孔子开始在阙里讲学时，他便跟从孔子学习。比孔子小六岁。

［原文］ **商瞿，鲁人，字子木，少孔子二十九岁。特好《易》，孔子传之，志①焉。**

［注释］ ① 志：通“记”。

［通解］ 商瞿，鲁国人，字子木，比孔子小二十九岁。特别爱好《易》，孔子便把有关学问传授给他，他都记了下来。

［原文］ **漆雕开，蔡人，字子若①，少孔子十一岁。习《尚书》，不乐②仕。孔子曰：“子之齿③可以仕矣，时将过。”子若报④其书曰：“吾斯之未能信⑤。”孔子悦焉。**

[注释] ① 子若:《史记》作“子开”。 ② 乐:愿意,喜欢。 ③ 齿:指年龄。 ④ 报:回答,回复。 ⑤ 吾斯之未能信:王肃注:“言未能明信此书意(意,四库本作‘义’)。”斯,此指《尚书》。信,指明了、清楚。此语又见《论语·公冶长》。孔安国曰:“仕进之道。未能信者,未能究习。”应以孔安国注为胜。

[通解] 漆雕开,蔡国人,字子若,比孔子小十一岁。研习《尚书》,不喜欢从政。孔子对他说:“你这个年龄应该从政了,否则将错过时机。”子若回信答复孔子说:“我对出仕之道尚未研习明了。”孔子十分赞赏他的这种专心。

[原文] 公良儒①,陈人,字子正。贤而有勇,孔子周行②,常③以家车五乘从。

[注释] ① 儒:四库本、同文本、陈本及《史记》作“孺”。 ② 周行:指周游列国。 ③ 常:通“尝”,曾经。

[通解] 公良儒,陈国人,字子正。贤能而又勇敢,孔子周游列国时,他曾经带家车五乘跟从。

[原文] 秦商,鲁人,字不慈①,少孔子四岁。其父堇父②,与孔子父叔梁纥③俱④力闻。

[注释] ① 不慈:四库本作“丕兹”,《史记》作“子丕”。 ② 堇(jǐn)父:即秦堇父,春秋时鲁国孟献子家臣。 ③ 叔梁纥:鲁国大夫,孔子的父亲。名纥,字叔梁,治陬邑(在今山东曲阜东南),故又称陬大夫。 ④ 俱:都,全。四库本、同文本此后有“以”字。

[通解] 秦商,鲁国人,字不慈,比孔子小四岁。他的父亲堇父与孔子的父亲叔梁纥都以勇力闻名。

[原文]

颜刻[1]，鲁人，字子骄，少孔子五十岁。孔子适[2]卫，子骄为仆[3]。卫灵公与夫人南子同车出，而令宦者雍梁[4]参乘[5]，使孔子为次乘[6]，游过市。孔子耻之。颜刻曰："夫子何耻之?"孔子曰："《诗》云：'觏尔新婚，以慰我心[7]。'"乃叹曰："吾未见好德如好色者也。"

[注释]

① 刻：四库本作"亥"，《史记》作"高"。司马贞《史记索隐》云："《家语》名产。"其所见《家语》与今本不尽相同。　② 适：到，去。　③ 仆：驾车的人。　④ 梁：四库本、同文本作"渠"。　⑤ 参乘：亦作"骖乘"，即陪乘。古时乘车，尊者在左，御者在中，一人在右陪乘，称为参乘或车右。　⑥ 次乘：从车。　⑦ 觏(gòu)尔新婚，以慰我心：语出《诗·小雅·车舝(xiá)》。婚，今本《毛诗》用古字"昏"。觏，遇见，此指合婚，合亲。慰，王肃注："慰，安。"

[通解]

颜刻，鲁国人，字子骄，比孔子小五十岁。孔子到卫国去，子骄为仆从。卫灵公和夫人南子同车出宫，让宦官雍梁陪乘，而让孔子的车子跟从，游玩着经过闹市。孔子感到羞耻。颜刻问："先生您为什么为这件事感到羞耻呢?"孔子说："《诗》说：'与你合亲喜新婚，从而安慰我的心。'"又叹息道："我怎么没见到喜好仁德像喜欢美色那样的人呢!"

[原文]

司马黎耕[1]，宋人，字子牛。牛为人[2]性躁，好言语。见兄桓魋[3]行恶，牛常忧之。

[注释]

① 黎耕：四库本、同文本及《史记》无"黎"字。观其名中之"耕"及"子牛"之字，"黎"似应作"犁"。《史记索隐》引孔安国语则谓司马耕之弟安子曰司马犁。未知孰是。　② 人：原脱，据陈本补。　③ 桓魋(tuí)：春秋时宋国大夫。曾任司马，为人凶恶。孔子周游列国路经宋

国时,欲加害孔子。后来作乱,败而奔齐。

[通解] 司马黎耕,宋国人,字子牛。子牛为人性情急躁,好说话。见他哥哥桓魋做坏事,子牛常常为他感到忧愤。

[原文] 巫马施①,陈人,字子期②,少孔子三十岁。孔子将近行,命从者皆持盖③。已而,果雨。巫马期问曰:“旦④无云,既日出,而夫子命持雨具。敢问何以知之?”孔子曰:“昨暮月宿⑤毕,《诗》不云乎:‘月离于毕,俾滂沱矣⑥。’以此知之。”

[注释] ① 施:原作“期”,据四库本、同文本及《史记》改。 ② 子期:《史记》作“子旗”。 ③ 盖:古时用于遮阳障雨的用具。 ④ 旦:早晨,早上。 ⑤ 宿:四库本、同文本此后有“于”字。 ⑥ 月离(lì)于毕,俾(bǐ)滂沱矣:见《诗·小雅·渐渐之石》。离,通“丽”,附着,靠近。毕,星名。二十八星宿之一。古人以为此星主兵、主雨。俾,犹“则”,于是,就。滂沱,大雨倾泻的样子。

[通解] 巫马期,陈国人,字子期,比孔子小三十岁。孔子将要外出到附近一个地方去,让跟从的人都带上雨具。不久,果然下起雨来。巫马期问孔子说:“早上天空无云,太阳已经出来,但先生让我们带上雨具。请问您怎么知道天要下雨呢?”孔子说:“昨晚月亮处在毕宿星座,《诗》中不是说‘月亮靠近那毕宿,滂沱大雨跟着来’吗?所以我知道天要下雨了。”

[原文] 梁鳣①,齐人,字叔鱼,少孔子三十九②岁。年三十,未有子,欲出③其妻。商瞿谓曰:“子未也。昔吾年三十八无子,吾母为吾更取④室。夫子使吾之⑤齐,母欲请留吾。夫子曰:‘无忧也。瞿过四

十，当有五丈夫[6]。'今果然。吾恐子自晚生耳，未必妻之过。"从之，二年而有子。

［注释］　① 梁鳣(zhān)：《史记》裴骃集解："一作鲤。"　② 三十九：《史记》作"二十九"。　③ 出：离弃，休掉。　④ 取：通"娶"。　⑤ 之：前往，去到。　⑥ 丈夫：此指男孩。

［通解］　梁鳣，齐国人，字叔鱼，比孔子小三十九岁。三十岁了还没有子女，他就想把妻子休掉。商瞿对他说："你先别这样做。当年我三十八岁了还没有子女，我母亲为我另娶一房妻室。先生(指孔子)派我到齐国去，我母亲乞求先生让我留下来。先生说：'不必忧虑。商瞿过了四十岁，会有五个男孩。'现在果真如此。我估计你自当晚生，未必是你妻子的过错。"梁鳣听从商瞿的话，过了两年就有了子女。

［原文］　琴牢，卫人，字子开，一字张。与宗鲁友。闻宗鲁死，欲往吊[1]焉。孔子弗许，曰："非义也。"

［注释］　① 吊：悼念死者。

［通解］　琴牢，卫人，字子开，又字张。他和宗鲁是朋友。听说宗鲁死了，他想前往吊唁。但孔子不允许，说："这不合乎义。"

［原文］　冉儒[1]，鲁人，字子鱼[2]，少孔子五十岁。

［注释］　① 冉儒：四库本、同文本、陈本及《史记》作"冉孺"。《史记索隐》谓《家语》作"冉儒"。　② 子鱼：四库本、同文本、陈本及《史记》作"子鲁"。《史记索隐》谓《家语》作"字子鲁，鲁人"。

［通解］　冉儒，鲁国人，字子鱼，比孔子小五十岁。

［原文］ **颜辛①，鲁人，字子柳，少孔子四十六②岁。**

［注释］ ① 颜辛：四库本、《史记》作“颜幸”。《史记索隐》引《家语》云：“颜幸，字柳。” ② 四十六：《史记》同。而《史记索隐》引《家语》作“三十六”，与郑玄同。

［通解］ 颜辛，鲁国人，字子柳，比孔子小四十六岁。

［原文］ **伯虔，字楷①，少孔子五十岁。**

［注释］ ① 楷：四库本、同文本作“揩”，陈本作“子晢”，《史记》作“子析”。《史记索隐》云：“《家语》作‘伯处字子晳’，皆转写字误，未知适从。”《史记正义》曰：“《家语》云‘子哲’。”

［通解］ 伯虔，字楷，比孔子小五十岁。

［原文］ **公孙宠①，卫人，字子石，少孔子五十三岁。**

［注释］ ① 宠：四库本、同文本、陈本及《史记》作“龙”。

［通解］ 公孙宠，卫国人，字子石，比孔子小五十三岁。

［原文］ **曹卹，少孔子五十岁。**

［通解］ 曹卹，比孔子小五十岁。

［原文］ **陈亢，陈人，字子亢①，一字子禽，少孔子四十岁。**

［注释］ ① 亢：四库本、同文本作“元”。

［通解］ 陈亢，陈国人，字子亢，一字子禽，比孔子小四十岁。

[原文]

叔仲会,鲁人,字子期,少孔子五十①岁。与孔琁②年相比③。每孺子④之执笔记事于夫子,二人迭⑤侍左右。孟武伯⑥见孔子而问曰:“此二孺子之幼也于学,岂能识于壮哉?”孔子曰:“然!少成则若性也,习惯若自然也。”

[注释]

① 五十:四库本作“五十四”。《史记索隐》云:“《家语》:‘鲁人。少孔子五十四岁。与孔璇年相比,二孺子俱执笔迭侍于夫子,孟武伯见而放之。’是也。” ② 孔琁:孔子弟子。琁,同“璇”。四库本、同文本作“璇”。 ③ 比:相近。 ④ 孺子:儿童,后生。此指书童。 ⑤ 迭:轮流。 ⑥ 孟武伯:春秋时鲁国大夫。即孟孺子。

[通解]

叔仲会,鲁国人,字子期,比孔子小五十岁。与孔琁年龄相近。每当有学童在孔子身边执笔记事,两人总是轮流在孔子左右服侍。孟武伯见到孔子就问道:“这两个小孩年龄这么小就来学习,怎么能知道他们长大以后的情况呢?”孔子说:“能知道。年少时养成的就好像天性,习惯了就好像十分自然。”

[原文]

秦祖,字子南。

奚蒧①,字子偕②。

公祖兹③,字子之。

[注释]

① 奚蒧(diǎn):四库本、同文本作“奚箴”。《史记》作“奚容箴”。《史记索隐》云:“《家语》同也。” ② 子偕:四库本、同文本作“子楷”,陈本及《史记》作“子皙”。 ③ 公祖兹:《史记》作“公祖句兹”。

[通解]

秦祖,字子南。

奚蒧，字子偕。

公祖兹，字子之。

[原文]

廉洁，字子曹①。

公西与②，字子上。

宰③父黑，字子黑④。

[注释]

① 子曹：《史记》作“庸”。《史记索隐》云：“《家语》同也。” ② 公西与：四库本、陈本及《史记》作“公西舆”。 ③ 宰：四库本、《史记》作“罕”。 ④ 黑：四库本、同文本作“索”。《史记集解》《史记索隐》引《家语》云：“罕父黑，字索。”

[通解]

廉洁，字子曹。

公西与，字子上。

宰父黑，字子黑。

[原文]

公西减①，字子尚②。

穰驷赤③，字子从④。

冉季，字子产。

[注释]

① 公西减：四库本作“蒧”，陈本及《史记》作“公西蒧”，《史记索隐》作“箴”。 ② 子尚：《史记》作“子上”。《史记索隐》谓《家语》作“子尚”。 ③ 穰（Rǎng）驷赤：陈本及《史记》作“壤驷赤”。 ④ 子从：《史记》作“子徒”。

[通解]

公西减，字子尚。

穰驷赤，字子从。

冉季，字子产。

[原文]

薛邦①，字子从②。

石处[3],字里之[4]。

悬亶,字子象。

[注释] ① 薛邦:《史记》作“郑国”。《史记索隐》《史记正义》皆以为“国”乃讳刘邦而改,郑、薛乃字误。 ② 子从:陈本及《史记》作“子徒”。 ③ 石处:陈本及《史记》作“后处”,万有本以为疑作“后”。 ④ 里之:四库本、同文本、《史记》作“子里”。《史记索隐》云:“《家语》同也。”

[通解] 薛邦,字子从。

石处,字里之。

悬亶,字子象。

[原文] 左郢[1],字子行[2]。

狄黑,字哲之[3]。

商泽,字子秀[4]。

[注释] ① 左郢:《史记》作“左人郢”。《史记索隐》云:“《家语》同也。” ② 子行:《史记》无“子”字。 ③ 哲之:陈本作“晳之”,《史记》作“晳”。《史记索隐》云:“《家语》同。” ④ 子秀:《史记集解》曰:“《家语》曰子秀。”《史记索隐》曰:“《家语》字秀。”

[通解] 左郢,字子行。

狄黑,字哲之。

商泽,字子秀。

[原文] 任不齐,字子选[1]。

荣祈[2],字子祺[3]。

颜哙,字子声。

[注释] ① 子选:《史记》无“子”字。《史记索隐》曰:“《家语》作‘子选’。”

② 荣祈(qí):《史记》作“荣旂”。　③ 子祺:《史记》作“子祈”。《史记索隐》谓:“《家语》荣祈字子颜也。”

[通解]

任不齐,字子选。

荣祈,字子祺。

颜哙,字子声。

[原文]

原忼①,字子籍。

公肩定②,字子仲③。

秦非,字子之。

[注释]

① 忼(kāng):原作“桃”,据四库本、陈本改。同文本作“抗”。《史记》作“亢籍”,经前人考证,乃“籍”前脱一“字”字。《史记索隐》引《家语》曰:“名亢,字籍。”　② 公肩定:原作“公肩”,四库本、同文本作“公宾”,今据陈本、《史记》补“定”字。　③ 子仲:《史记》作“子中”。《史记索隐》曰:“《家语》同也。”

[通解]

原亢,字子籍。

公肩定,字子仲。

秦非,字子之。

[原文]

漆雕从,字子文①。

燕伋②,字子思③。

公夏守④,字子乘⑤。

[注释]

① 漆雕从,字子文:从,《史记》作“徒父”。字子文,《史记索隐》谓《家语》作“字固”。　② 伋:原作“级”,据备要本、四库本、同文本、陈本及《史记》改。　③ 子思:《史记》无“子”字。《史记索隐》曰:“《家语》同也。”　④ 守:《史记》作“首”。　⑤ 子乘:《史记》无“子”字。《史记索隐》曰:“《家语》同也。”

[通解]

漆雕从，字子文。

燕伋，字子思。

公夏守，字子乘。

[原文]

勾井疆，字子疆①。

步叔乘，字子车。

石子蜀②，字子明。

邽选③，字子饮④。

[注释]

① 字子疆：四库本、同文本、《史记》无。 ② 石子蜀：《史记》作“石作蜀”，《史记索隐》云：“《家语》同。”四库本、同文本作“右作蜀”。 ③ 邽（Guī）选：《史记》作“邦巽”，而《史记索隐》引《家语》“巽”作“选”。四库本、同文本作“邽巽”。 ④ 子饮：四库本、同文本、陈本及《史记》作“子敛”。

[通解]

勾井疆，字子疆。

步叔乘，字子车。

石子蜀，字子明。

邽选，字子饮。

[原文]

施之常，字子常①。

申绩②，字子周③。

乐欣④，字子声。

[注释]

① 子常：四库本、同文本、《史记》作“子恒。” ② 申绩：四库本作“申缋”，《史记》作“申党”，《史记索隐》引《家语》作“申缭”。 ③ 子周：《史记》无“子”字。 ④ 乐欣：四库本、同文本、《史记》作“乐欬”。《史记索隐》云：“《家语》同也。”

[通解]

施之常，字子常。

申绩，字子周。

乐欣，字子声。

[原文]

颜之仆，字子叔[1]。

孔弗[2]，字子蔑。

漆雕侈[3]，字子敛。

[注释] ① 子叔：《史记》无“子”字。《史记索隐》云：“《家语》并同。” ② 孔弗：王肃注：“孔子兄之子。”王注原误作“孔子兄弟”，据四库本改。弗，四库本、同文本、《史记》作“忠”。《史记集解》《史记索隐》引《家语》云：“忠字子蔑，孔子兄之子。” ③ 侈：四库本、同文本、《史记》作“哆”。

[通解]

颜之仆，字子叔。

孔弗，字子蔑。

漆雕侈，字子敛。

[原文]

悬成[1]，字子横[2]。

颜相[3]，字子襄[4]。

[注释] ① 悬成：《史记》作“县成”。 ② 子横：《史记》作“子祺”。《史记索隐》云：“《家语》作‘子谋’也。” ③ 颜相：《史记》作“颜祖”。《史记索隐》谓《家语》无此人，误。 ④ 子襄：《史记》无“子”字。

[通解]

悬成，字子横。

颜相，字子襄。

[原文]

右夫子弟子七十二人[1]，弟子皆升堂入室者[2]。

[注释] ① 右夫子弟子七十二人：原作“右件夫子七十二人弟子”，据四库

本、同文本改。 ② 升堂入室：比喻学习所达到的境地有程度深浅的差别。后用以赞扬人在学问或技能方面有高深的造诣。

[通解] 以上分别罗列了孔子的七十二个弟子，他们都是在道艺上、学问上能够升堂入室的人。

本姓解第三十九

[序说] 本篇可分为两部分，前两节为第一部分，叙述了孔子的家世，最后一节为第二部分，记齐国太史对孔子的评价。两部分都涉及孔子的身世，故以“本姓”名篇。

第一部分所述孔子家世原原本本，可与《史记》的记载相互补充。其实，早在唐代，司马贞就已采《家语》以补《史记》所记之不足。不过，他所引《家语》与今本略有不同。如《史记·孔子世家》索隐引《家语》云：“孔子，宋微子之后。宋襄公生弗父何，以让弟厉公。弗父何生宋父周，周生世子胜，胜生正考父，考父生孔父嘉，五世亲尽，别为公族，姓孔氏。孔父生子木金父，金父生睾夷，睾夷生防叔。畏华氏之逼而奔鲁，故孔氏为鲁人也。”《宋微子世家》索隐引曰：“微子弟仲思名衍，一名泄，嗣微子为宋公。虽迁爵易位，而班级不过其故，故以旧官为称。故二微虽为宋公，犹称微，至于稽乃称宋公也。”《孔子世家》索隐又引：“叔梁纥娶鲁之施氏，生九女。其妾生孟皮，孟皮病足，乃求婚于颜氏，徵在从父命为婚。”又引《家语》云：“生三岁而梁纥死。”

将《史记》索隐引《家语》与本篇比较，可以发现今本《家语》与唐代司马贞所见有所不同。但是，绝不能由此得出今本系伪书的结论，因为在历代传抄的过程中，或衍或缺，或以注文窜入正文，比如，本篇“微，国名；子，爵”显系注文形式。通过比较司马氏所引，可以推测自“微子启”至“故封之贤”，恐怕也有原本是注文的可能。另外，像“甫”与“父”、“避”与“畏”、“祸”与“逼”等的不同，也极有可能是传抄所致，此乃古籍流传中的常见现象。司马贞在引用《家语》时可能有所去取，未必全盘照录。比如，在《宋微子世家》索隐中引“微子弟”至“乃称宋公”，以补《史记》之阙；在《孔子世家》索隐中引“宋襄公”至“故孔氏为鲁人也”，来补《史记》语焉不详的孔氏谱系。所以，其所引用的《家语》与今本似有大异，实未必然。

第二部分，孔子和齐国太史子与论道，子与感叹不已，极赞孔子之圣迹，并以“素王”誉之。可能因其中有涉及孔子身世之语，故编入本篇。其中所谓孔子整理“六经”“弟子三千”云云，在疑古学者看来，所论孔子事迹如此整齐，显系汉以后的造伪，至于“素王”之说，更为汉人所乐道者。加之本章内容又不见于他书，其真实性颇值得怀疑。然而，“六经”之说见于《庄子》，又为司马迁《史记》所采信，不可轻易否定。弟子三千，登堂入室者七十余人，见于《史记》，又见于《家语》，如谓《家语》袭自《史记》，恐未必。“素王”之说，见于《庄子·天运》，不始于汉。看来，《家语》所记是否伪作或后人增补，尚需进一步研究。另外，孔子自谓：“乱而治之，滞而起之，自吾志，天何与焉？”与《论语》中孔子思想一致，其匡扶天下的志向，其不待天助的自信，溢于言表。总之，本篇资料价值不容忽视。

[原文]

孔子之先,宋之后也。微子启①,帝乙②之元子③,纣之庶兄。以圻④内诸侯,入为王卿士。微,国名;子,爵。初,武王克殷,封纣之子武庚⑤于朝歌⑥,使奉汤祀⑦。武王崩,而与管、蔡、霍三叔作难⑧。周公相成王,东征之。二年,罪人斯得,乃命微子于殷后,作《微子之命》⑨,由之与⑩国于宋,徙殷之子孙。唯微子先往仕周,故封之贤⑪。其弟曰仲思,名衍,或名泄,嗣微子⑫后,故号微仲,生宋公稽。胄子⑬虽迁爵易位,而班级⑭不及其故者,得以故官为称。故二微虽为宋公,而犹以微之号自终,至于稽乃称公焉。宋公生丁公申,申⑮生缗公共及襄公熙,熙生弗父何及厉公方祀,方祀以下,世为宋卿。

[注释]

① 微子启:殷纣王的同母庶兄,封于微,纣王淫乱,数谏不从,出奔,殷亡后投周朝,封于宋。孔子称之,将其与箕子、比干誉为殷之“三仁”。《史记》裴骃集解引孔安国曰:“微,畿内国名。子,爵也。为纣卿士。”一说,微在今山东梁山北。此记载又见于《史记·宋微子世家》、《史记·孔子世家》、《世本》(辑本)。 ② 帝乙:殷代帝王,为微子与纣王之父。 ③ 元子:天子或诸侯的长子。 ④ 圻(qí):畿,京畿。古称天子直辖之地。 ⑤ 武庚:殷纣王之子,名禄父。周武王灭商,封其于殷故地,以奉殷祀。武王死后,武庚与管、蔡等叛,被周公所灭。

⑥ 朝(Zhāo)歌:殷代末期的别都,在今河南淇县。为武乙所建,纣因之。武王灭商,封康叔于此,是为卫国。 ⑦ 奉汤祀:供奉商汤的祭祀。周武王灭殷后,将神农、黄帝、唐、虞、夏、商的后代封国,以示古代圣王不能绝嗣。正是本书《哀公问政》所谓“继绝世,举废邦”之意。

⑧ 管、蔡、霍三叔作难:管叔、蔡叔、霍叔皆为周文王之子,武王、周公之弟。灭商后,武王封管、蔡、霍于殷故地,以监视武庚,号称“三监”。武王崩,成王嗣立,年幼,周公摄政。三监散发流言,谓周公有篡位之心,并

与武庚发动叛乱。后周公东征,武庚、管叔被杀,蔡叔流放。 ⑨《微子之命》:《古文尚书》中的一篇,此篇记载周公东征杀武庚以后,命微子代武庚为殷后裔之辞。 ⑩ 与:举,立。此指分封建国。《经义述闻·礼记中》"选贤与能"王引之按:"与当读为举。"《左传》文公元年"楚国之举"杜预注:"举,立也。" ⑪ 封之贤:封赏多。此指受封为诸侯。《小尔雅·广诂》:"贤,多也。"《吕氏春秋》"则贤于千里之地"高诱注:"贤,犹多也。" ⑫ 子:原作"之",据四库本、同文本改。 ⑬ 胄子:古代帝王或贵族的长子,皆入国学,称胄子。 ⑭ 班级:官位、爵位的等级。 ⑮ 申:原作"申公",据陈本改。

[通解]

孔子的先祖,是宋国的后裔。微子启,是殷王帝乙的长子,纣王的庶兄。他以畿内诸侯的身份,入朝做了纣王的卿士。微,是封国名;子,是爵位。当初,周武王剪灭商朝,将纣王的儿子武庚封到朝歌,让他来继续供奉对商汤的祭祀。武王死后,武庚就和管叔、蔡叔、霍叔等"三监"联合发动叛乱。当时,周公辅佐年幼的成王,摄政治理天下,遂东征平乱。两年征讨,发动叛乱的罪人皆得到应有的下场。于是又册命微子为殷商的继承者,并作《微子之命》,由此建国于宋,又迁徙殷遗民于此。因为微子首先投靠周朝,所以受到的封赏很多,让他做了诸侯。微子的弟弟名叫仲思,一说叫泄。继承微子而为宋国之君,因此又称微仲,仲思生宋公稽。作为长子,尽管变更爵位,而等级不如以前,则以从前的旧爵相称。因此,二微虽然都是宋国的国君,然而仍以微作为自己的称号,一直到死。到了稽时才称公。宋公稽生宋丁公申,申生缗公共和襄公熙,熙生弗父何与厉公方祀。从方祀以后,孔子的先祖世代为宋卿。

[原文]

弗父何生宋①父周,周生世子胜,胜生正考甫,

考甫生孔父嘉。五世亲尽，别为公族[2]，故后以孔为氏焉。一曰，孔父者，生时所赐号也，是以子孙遂以氏族[3]。孔父生子木金父，金父生罿夷，罿夷生防叔，避华氏之祸[4]而奔鲁。防叔生伯夏，伯夏[5]生叔梁纥。曰："虽有九女，是无子。"其妾生孟皮，孟皮一字伯尼，有足病。于是乃求婚于颜氏。颜氏有三女，其小曰徵在。颜父问三女曰："陬大夫[6]虽父祖为士，然其先圣王之裔。今其人身长十尺，武力绝伦，吾甚贪[7]之，虽年长[8]性严，不足为疑，三子孰能为之妻？"二女莫对，徵在进曰："从父所制[9]，将何问焉？"父曰："即尔能矣。"遂以妻之。

徵在既往，庙见[10]，以夫之年大，惧不时[11]有男[12]，而私祷尼丘之山[13]以祈焉。生孔子，故名丘，字仲尼。孔子三岁而叔梁纥卒，葬于防[14]。至十九，娶于宋之并官氏[15]。一岁而[16]生伯鱼。鱼之生也，鲁昭公以鲤鱼赐孔子。荣君之贶[17]，故因以名曰[18]鲤，而字伯鱼。鱼年五十，先孔子卒。

［注释］

① 宋：四库本、同文本作"送"。《史记·孔子世家》索隐引《家语》作"宋"。 ② 五世亲尽，别为公族：古代行嫡长子继承制、五服之制，五世之后，血缘关系渐疏，故分出别为一族，另立氏号。《礼记·丧服小记》："别子为祖，继别为宗；继祢者为小宗。有五世而迁之宗，其继高祖者也。是故祖迁于上，宗易于下。" ③ 氏族：以之为其族之氏号。

④ 华氏之祸：孔父嘉为宋大司马，其妻貌美，太宰华督欲夺之，后遂杀孔父嘉。其子木金父降为士，孔氏受排压，不容于华氏，防叔遂奔鲁。

⑤ 伯夏：四库本、同文本作"夏"。 ⑥ 陬大夫：即叔梁纥。陬，鲁国邑，在今山东曲阜东南五十里，叔梁纥因功封陬邑大夫。 ⑦ 贪：欲，希望。《广雅·释诂一》："贪，欲也。" ⑧ 长：四库本、同文本作

“大”。 ⑨ 制：裁断。 ⑩ 庙见：古婚礼，妇到夫家，次日天明，始见夫之父母；若夫之父母已死，则于三月后到庙中参拜，称庙见，始成为夫家之妇，然后择日而祭。《礼记·曾子问》：“三月而庙见，称来妇也。” ⑪ 不时：不及时。 ⑫ 男：原作“勇”，据四库本、备要本、同文本改。 ⑬ 尼丘之山：即尼丘山，今称尼山，在今山东曲阜东南约五十里。有夫子洞，传为孔子出生地。四库本、同文本作“尼丘山”。 ⑭ 防：即防山，在曲阜东三十里，有梁公林，为孔子父母葬处。 ⑮ 并官氏：一作“亓官氏”，乃明清以来传抄致误。清人钱大昕有说，清人王培荀《乡园忆旧录》卷五亦指出这一点。四库本、同文本作“上官氏”。 ⑯ 一岁而：四库本、同文本无。 ⑰ 荣君之贶(kuàng)：以国君的恩赐而荣耀。荣，以……为荣。贶，赠送，恩赐。 ⑱ 曰：四库本、同文本无。

[通解] 弗父何生宋父周，周生世子胜，胜生正考甫，正考甫生孔父嘉。从襄公之子弗父何到孔父嘉，已经出五服，与宋公的亲缘尽绝，不再服丧，于是别立公族，以孔为氏。一说孔父是孔父嘉在世时所赐的号，因此子孙后世便以之作为本族的氏。孔父生子木金父，金父生睾夷，睾夷生防叔，防叔因避华氏之祸，逃奔到鲁国。防叔生伯夏，伯夏生叔梁纥。叔梁纥说：“我虽生了九个女儿，但是没有一个儿子。”他的妾生了个儿子孟皮，孟皮一字伯尼，有足疾，不能做继承人。于是叔梁纥便向颜氏求婚。颜氏有三个女儿，最小的叫徵在。颜父问三个女儿道：“陬大夫叔梁纥虽然他的父祖辈皆是士，但他是古圣王的后裔。而且，他身高十尺，武力绝伦，我非常希望玉成此事。虽然他年纪较大，而且性情急躁，但这并不值得疑虑。你们三个，谁想嫁给他做妻子啊？”大女儿、二女儿都不回答。小女徵在上前对父亲说道：“听从您的裁断，还有什么好问的？”颜父说：“就是你能嫁给他了。”于是就将徵在许配给叔梁纥做妻

子。

徵在嫁到叔梁纥家，三个月后行庙见之礼，正式成为孔家的媳妇。她因为丈夫年龄大，担心不能及时有儿子，便偷偷到尼丘山祷告，祈求生子。后来生了孔子，所以给他取名丘，字仲尼。孔子三岁时，叔梁纥就死了，埋葬于防山。十九岁时，娶了宋国并官氏的女儿。一年后，生了儿子伯鱼。伯鱼出生的时候，鲁昭公赐给孔子鲤鱼。因为以国君的恩赐而感到荣耀，于是给儿子起名叫鲤，字伯鱼。伯鱼五十岁时，先于孔子而去世。

［原文］

齐太史子与适鲁，见孔子。孔子与之言道①。子与悦，曰："吾鄙人②也，闻子之名，不睹子之形久矣。而求知之宝贵③也。乃今而后知泰山之为高，渊海之④为大。惜乎，夫子之不逢明王，道德不加⑤于民，而将垂宝以贻⑥后世。"

遂退而谓南宫敬叔⑦曰："今孔子先圣之嗣⑧，自弗父何以来，世有德让⑨，天所祚⑩也。成汤以武德王天下，其配在文⑪。殷宗以下⑫，未始有也。孔子生于衰周，先王典籍，错乱无纪，而乃论百家之遗记，考正其义，祖述⑬尧舜，宪章⑭文武，删《诗》述《书》，定《礼》理《乐》，制作《春秋》，赞明⑮《易》道，垂训后嗣，以为法式，其文德著矣。然凡所教诲，束脩已上⑯，三千余人。或者天将欲与素王⑰之乎，夫何其盛也！"敬叔曰："殆⑱如吾子之言，夫物莫能两大，吾闻圣人之后，而非继世之统，其必有兴者焉。今夫子⑲之道至矣，乃将施之⑳无穷。虽欲辞天之祚，故未得耳。"

子贡闻之，以二子之言[21]告孔子。子曰："岂若是哉？乱而治之，滞而起之，自吾志，天何与焉？"

［注释］ ① 道：王道。孔子一生孜孜以求的是尧、舜、禹、汤、文王、武王、周公之道，即以仁政、德治为核心的王道政治理想。它贯穿在孔子一生的教育、教化之中。 ② 鄙人：粗浅鄙薄的人，乃自谦之辞。 ③ 求知之宝贵：四库本、同文本作"未知宝贵"。 ④ 之：四库本、同文本无。 ⑤ 加：施。《吕氏春秋·孝行》"光耀加于百姓"高诱注："加，施也。" ⑥ 贻：遗留，流传。 ⑦ 南宫敬叔：鲁国贵族孟僖子之子，孔子弟子，尝与孔子一起适周问礼于老聃。 ⑧ 今孔子先圣之嗣：意指孔子为商汤后裔宋微子的后代。汤为古圣王，微子为古贤人、仁人。今，发语词。参见吴昌莹《经词衍释》卷五："今，发语词也，指事之词也。" ⑨ 世有德让：孔子先祖弗父何本襄公（《左传》《史记》作"炀公"）太子，辞王位，让于厉公。 ⑩ 祚：赐福，保佑。 ⑪ 文：文德，即文命德教，礼乐仁义。 ⑫ 殷宗以下：殷宗，泛指殷商王朝各代君主。宗，宗庙，借指王朝。以，四库本、同文本作"已"。 ⑬ 祖述：效法遵循前人的学说或行为。 ⑭ 宪章：效法。"祖述尧舜，宪章文武"亦见于《礼记·中庸》。 ⑮ 赞明：阐明。《易·说卦》："幽赞于神明而生蓍。"韩康伯注："赞，明也。" ⑯ 束脩已上：束脩，十条干肉。古代用于上下亲友间相互酬赠，后多指致送老师的酬金，以正式拜师。礼很菲薄。脩，即脯。一说指年十五岁入学所行束脩礼，借指十五岁的年龄。已，玉海堂本作"以"。 ⑰ 素王：指有帝王之德而无帝王之位的人，后专指孔子。素，空，指有名无实或有实无名。 ⑱ 殆：大概。 ⑲ 夫子：四库本、同文本作"孔子"。 ⑳ 之：四库本、同文本作"乎"。 ㉑ 之言：四库本、同文本无。

［通解］ 齐国太史子与来到鲁国，拜见孔子。孔子和他谈论王道。子与很高兴，说道："我是一个鄙陋之人，听说您的大名，但无缘一睹先生的尊颜。现在我在您这儿求得的知识是很宝贵的。从今之后，我才理解泰山的高大，大海的宽广。可惜啊！

先生没有遇上圣明的君主,您的道德教化没能推行于老百姓,但是必将作为珍宝流传于后世。”

于是,他退出来对南宫敬叔说:“孔子是古代圣王的后代。自从弗父何以来,世世代代都有德让的美称,这是上天的赐福啊。成汤依靠武德而统治了天下,与此相配的应该是文德。但自殷商各代君主以来,一直没有出现这样的人。孔子生于周代衰败的时期,先王的典籍已经错乱无序,于是孔子就论述各家遗留下来的记载,考辨订正其中的义理。遵循效法尧、舜、周文王、武王等古圣王,删订《诗》,编述《书》,确定《礼》,整理《乐》,写作《春秋》,阐明《易》道,对后世垂训示教,以此为准则。他的文德是非常显著啊!他所教诲过的,交过微薄的拜师礼的学生,有三千多人,大概是上天想让他做素王吧!不然怎会如此兴盛啊!”

南宫敬叔说:“大概像你说的这样,任何事物都是没有两全其美的,我听说,圣人的后代,如果不能继承天下大统,他们也必然会有兴盛起来的。现在孔子的道是至高无上的,必将长久不断地施行于后世。即使想推辞上天的赐福,肯定是不行的。”

子贡听说了,就把两个人的谈话告诉了孔子。孔子说:“哪里是他们说的那样啊!混乱就需治理,积滞就要疏导,本是我的志向,上天何曾赐予我什么呀?”

终记解第四十

[序说]

本篇记载孔子临终前的事迹、孔子去世后弟子们埋葬孔子以及为孔子服丧等有关情况，故以“终记”名篇。

孔子崇尚王道，向往先王之治，主张恢复礼治，为此到处奔走，但还是栖栖遑遑，“干七十余君莫能用”。为了自己的政治理想，孔子奋斗了一生，却始终没能找到推行个人主张的处所。孔子坚信自己的学说，他也认识到“不时”，认识到自己所处的时代难以推行这样的主张，这便是本篇所记孔子之言：“夫明王不兴，则天下其孰能宗余。”最终，孔子只能慨叹：“泰山其颓乎！梁木其坏乎！哲人其萎乎！”作为孔子晚年最为亲近的弟子，子贡十分了解孔子，所以，他对鲁哀公“生不能用，死而诔之”的做法提出批评。

孔子弟子对孔子怀有深深的敬意。老师离去，他们失去了恩师，再也无法向孔子请教有关的礼仪制度，于是，他们从孔子为颜回、子路治丧的礼仪中得到启示，以丧父之礼为孔子治丧。在殡葬事宜中，他们遵循“尊师”“备古”“行夫子之志”的原则。孔子的人格、孔子的思想学说感召着孔门弟子，他们为其服三年之丧，子贡甚至服丧六年。孔子影响很大，当时就有人从燕国来观看孔子的葬礼，后来，“群弟子及鲁人处于墓如家者”竟然百有余家，形成村落。

本记载的有关内容又见于《礼记·檀弓上》《史记·孔子世家》。将这些材料比较，不难看出本篇所记更为详尽。

［原文］

孔子蚤晨作①，负手曳②杖，逍遥③于门，而歌曰：“泰山其颓乎！梁木④其坏乎！哲人其萎⑤乎！”既歌而入，当户⑥而坐。

子贡闻之，曰：“泰山其颓，则吾将安仰？梁木其坏，吾将安杖⑦？哲人其萎，吾将安放⑧？夫子殆将病也。”遂趋而入。夫子叹而言曰：“赐，汝来何迟？予畴昔梦坐奠于两楹之间[9]。夏后氏殡于东阶之上则犹在阼[10]，殷人殡于两楹之间即[11]与宾主夹之，周人[12]殡于西阶之上则犹宾之。而丘也即殷人。夫明王不兴，则天下其孰能宗余[13]？余殆[14]将死。”遂寝病，七日而终，时年七十二矣。

哀公诔[15]曰：“昊天不吊！不慭遗一老[16]，俾屏[17]余一人以在位，茕茕余在疚[18]，於乎哀哉，尼父！无自律[19]。”子贡曰：“公其不没[20]于鲁乎！夫子有言曰：‘礼失则昏，名失则愆[21]。失志为昏，失所为愆。’生不能用，死而诔之，非礼也；称一人，非名[22]。君两失之矣[23]。”

［注释］ ① 蚤（zǎo）晨作：蚤，通“早”。作，王肃注：“作，起。” ② 曳：拖。 ③ 逍遥：悠闲的样子。 ④ 梁木：王肃注：“梁木，木主为梁者。”四库本无此注。 ⑤ 哲人其萎：萎，植物枯槁，引申为人的死亡。王肃注：“萎，顿。” ⑥ 当户：对着门户。 ⑦ 吾将安杖：杖，通“仗”，依靠，靠托。四库本、同文本此前有“则”字。 ⑧ 放（fǎng）：通“仿”，效仿，效法。王肃注：“放，法。” ⑨ 予畴昔梦坐奠于两楹之间：畴昔，日前，往昔。两楹之间，堂屋正中的位置。楹，厅堂前部的柱子。王肃注：“畴昔，犹近昨夜。两楹之间，殷人所殡处（处，四库本作‘梦’，属下读）。而坐（坐，四库本作‘具’）奠于殡处，故自知死也。”

⑩ 夏后氏殡（bìn）于东阶之上则犹在阼：夏后氏，即夏代，古史称禹受舜禅，建夏王朝，也称夏后氏、夏后或夏氏。殡，殓而未葬。阶，台阶。阼，堂前东阶，主人的位置。古代宾主相见，宾自西阶上，主人立于东阶。《仪礼·士官礼》郑玄注：“阼犹酢也，东阶所以答酢宾客也。” ⑪ 即：四库本、同文本作“则”。 ⑫ 周人：原无，据四库本、同文本补。

⑬ 明王不兴，则天下其孰能宗余：兴，起。宗，尊崇，取法。王肃注：“言天下无明主（主，四库本作‘王’），莫能宗己道。临终其有命，伤道之不行也。” ⑭ 殆：原作“逮”，据四库本、同文本改。大概之意。

⑮ 诔(lěi):古时用来表彰死者的德行并表示哀悼的文辞,只能用于上对下,《礼记·曾子问》:"贱不诔贵,幼不诔长,礼也。"后来演化成哀祭文体的一种。 ⑯ 昊天不吊!不慭(yìn)遗一老:昊天,苍天,老天。吊,通"淑",善,仁。慭,愿,宁。王肃注:"吊,善也。慭,愿,且(愿且,四库本作"且也")。一老,孔子也。"慭,原作"慗",据备要本及《史记》改。四库本、同文本作"憖"。 ⑰ 俾屏(bǐng):俾,使。屏,通"摒",除去,放弃,放逐。 ⑱ 茕(qióng)茕余在疚:茕茕,本指没有兄弟,泛指孤单无靠。疚,王肃注:"疚,病。"指久病,《释名·释疾病》:"疚,久也;久在体中也。" ⑲ 於乎哀哉,尼父!无自律:於乎,同"呜呼"。王肃注:"父,丈夫之显称。律,法,言无以自为法。" ⑳ 没(mò):通"殁",死亡。 ㉑ 愆:原作"僁",据四库本改,二字同。万有本作"僭"。下同。 ㉒ 称一人,非名:王肃注:"一人,天子之称也。"
㉓ 矣:四库本、同文本作"也"。

[通解]

孔子早晨起来,背着手,拖着手杖,在门口漫步排遣,口里唱道:"泰山大概要坍塌了吧!栋梁大概要折坏了吧!哲人大概要病逝了吧!"唱完进屋,对着门坐着。

子贡听见了,说:"如果泰山坍塌了,那我们将来仰望什么?如果栋梁折坏了,那我们将来依仗什么?如果哲人病逝了,那我们将来效法什么?先生大概要病重了。"于是快步走进去见孔子。孔子叹息着说:"端木赐呀,你怎么来得这么晚?昨夜我梦见自己坐在两楹之间接受祭奠。夏人停放灵柩在东边的台阶,那还是放在主位上;殷人停放灵柩在两楹之间,那是让它处在宾主之间;周人停放灵柩在西边的台阶,那是把它当宾客对待了。而孔丘我就是殷人的后代。圣明的君王不出现,那么天下谁能尊崇我的学说呢?大概我快要死了。"随后,孔子就病卧在床,七天后去世了,享年七十二岁。

鲁哀公致辞哀悼说:"老天不仁慈啊!不愿留下这一位国

老，让他抛下我一人在君位上，孤孤单单，忧伤成病，多么悲哀啊，老先生！我从此没有了效法的榜样。”子贡说：“国君大概没法在鲁国善终吧！我们老师说过：‘礼仪丧失就会昏暗，名分丧失就会出现过失。失去理智就是昏暗，不讲身份就是过失。’老师活着的时候，他不任用老师，死后又作祭文哀悼，这不合礼仪；以诸侯身份自称‘一人’，这不合名分。礼仪、名分，国君两样都失去了。”

［原文］

既卒，门人疑所以服夫子者①。子贡曰：“昔夫子之丧②颜回也，若丧其子而无服，丧子路亦然。今请丧夫子如丧父而无服。”于是弟子皆吊服而加麻③。出有所之④，则由绖⑤。子夏曰：“人宜绖可居⑥，出则不绖。”子游曰：“吾闻诸夫子：丧朋友，居则绖，出则否；丧所尊，虽绖而出，可也。”

孔子之丧，公西赤⑦掌殡葬焉。唅以疏米三贝⑧，袭衣十有一称⑨，加朝服一，冠章甫之冠⑩，珮象环⑪，径五寸而綦组绶⑫，桐棺四寸，柏棺五寸，饬庙置翣⑬。设披，周也；设崇，殷也；绸练、设旐，夏也⑭。兼用三王礼，所以尊师，且备古也。

葬于鲁城北泗水上，藏入地，不及泉⑮。而封为偃斧之形，高四尺，树松柏为志⑯焉。弟子皆家于墓，行心丧之礼。既葬，有自燕来观者，舍于子夏氏。子贡⑰谓之曰：“吾亦人之葬圣人，非圣人之葬人。子奚观焉？昔夫子言曰：‘见吾封若夏屋者⑱，见⑲若斧矣。’从若斧者⑳也，马鬣封之谓㉑也。今徒一日三斩板而以封㉒，尚㉓行夫子之志而已。何观乎哉！”

二三子[24]三年丧毕，或留或去，惟子贡庐于墓[25]六年。自后群弟子及鲁人处[26]墓如家者，百有余家，因名其居曰孔里焉。

［注释］ ① 门人疑所以服夫子者：原脱“疑”字，句子不完整，据四库本、同文本补。 ② 丧：服丧。四库本、同文本此前无“之”字。 ③ 吊服而加麻：吊服，吊丧之服。麻，指丧服中用的麻带。 ④ 之：到。 ⑤ 由绖（dié）：由，用。绖，古代丧服中的麻带，扎于头上或腰间，在头上的叫首绖，在腰间的叫腰绖。 ⑥ 居：四库本、同文本作“也”。 ⑦ 公西赤：孔子弟子。姓公西，名赤，字子华。赤，原脱，据四库本、同文本补。

⑧ 唅（hàn）以疏米三贝：唅，古时纳珠、玉、贝、米等入死者口中。四库本作“含”。疏米，王肃注：“疏，粳米。《礼记》曰稻、曰嘉疏。”贝，四库本、同文本作“具”。 ⑨ 袭衣十有一称（chèn）：袭衣，全套的衣服。称，量词，指配合齐全的一套衣服，《左传》闵公二年杜预注：“衣单复具曰称。” ⑩ 加朝服一，冠章甫之冠：朝服，周代玄冠服之一，专门指玄冠、缁衣、素裳的服饰。第一个“冠”是“戴”的意思，第二个“冠”是“帽子”的意思。章甫，商代的一种帽子。《礼记·儒行》：“丘少居鲁，衣逢掖之衣；长居宋，冠章甫之冠。”孙希旦集解：“章甫，殷玄冠之名，宋人冠之。”由于孔子喜欢戴，后世用“章甫”特指儒者之冠。 ⑪ 珮象环：珮，通“佩”，佩带。象环，象牙环。 ⑫ 径五寸而綦（qí）组绶：綦，苍艾色。组绶，古代玉佩上系玉用的丝带，这里指系象环用的丝带。王肃注：“綦（四库本作‘组’），杂色。组绶，所以系象环。” ⑬ 饬庙置翣（shà）：庙，停放灵柩的地方。翣，古时出殡时棺木的装饰，朱骏声《说文通训定声·谦部》：“《世本》：‘武王作翣。’汉制，以木为匡（即框），广三尺，高二尺四寸，衣以画布，柄长五尺。柩车行，持之两旁以从。按如今之掌扇，疑古本以羽为之，与羽盖同，后世以布，或以席。”庙，四库本、同文本作“棺墙”。 ⑭ 设披，周也；设崇，殷也；绸（tāo）练、设旐（zhào），夏也：王肃注：“披，柩（原作‘枢’，据四库本改）行夹引棺者。崇，崇牙，旌旗饰（四库本此后有‘也’字）。绸练，以旐之杜（此句四库本作‘以练绸旌之杠’），于（四库本作‘此’）葬乘车所建也。疏练（疏练，四库本作‘旐之旒缁布’）广充长寻

曰旐也(也,四库本无)。”披,《礼记·檀弓上》郑玄注:“柩行夹引棺者。”即用布帛做成的丧具,先用它拴着棺木,再结于柩车两旁,供送葬的人或牵或挽,以防倾侧。崇,《礼记·檀弓上》郑玄注:“牙,旌旗饰也。”即崇牙,旌旗四周的齿状装饰物。绸,通“韬”,缠裹,套。练,白色的布帛。旐,旧时出丧时为棺柩引路的旗,俗称魂幡。 ⑮ 藏(zàng)入地,不及泉:藏,储存物体的地方,这里指安放灵柩的地方。泉,地下水。 ⑯ 封为偃斧之形,高四尺,树松柏为志:封,树,堆土为坟称作“封”,种树作标记叫做“树”,这是古代对士以上之人的葬礼规定,而一般平民,《礼记·王制》“庶人……不封不树”,不同级别的人,待遇也不同,《周礼》:“以爵等为丘封之度与其树数。”偃,仰。 ⑰ 子贡:四库本作“子夏”。 ⑱ 见吾封若夏屋者:见吾,据四库本、同文本及文意应为“吾见”。夏屋,王肃注:“夏屋,今之殿形,中高而四方下也。” ⑲ 见:四库本、同文本无。 ⑳ 从若斧者:我赞同那种像斧子的。王肃注:“上难登;狭又易为功。” ㉑ 马鬣(liè)封之谓:马鬣,马鬃,马颈上的长毛。王肃注:“俗间之名。”指坟墓封土的形状像马鬃。 ㉒ 今徒一日三斩板而以封:王肃注:“板盖广二(二,四库本作‘三’)尺,长六尺。斩板,谓斩其缩,缩斩上(缩斩上,四库本作‘三斩上’)。傍杀,盖高四尺也。”是指为孔子筑坟是用的板筑法,板长六尺,宽二尺,围成要求的形状,以绳子捆扎(即缩),当中置土,垒实后,砍断绳索、抽去木板,即固定为要求的形状。三斩板,如上连做三次。 ㉓ 尚:王肃注:“尚,庶。”庶几,差不多。 ㉔ 二三子:诸众,几个人,这里指孔子弟子。 ㉕ 庐于墓:服丧期间,为守护坟墓,在墓旁搭建小屋居住。庐,临时搭建的小屋。 ㉖ 处:原作“处于”,据四库本,同文本改。

[通解] 孔子去世后,弟子们不知道该为先生穿什么丧服,子贡说:“从前先生为颜回办理丧事,如同为儿子办理丧事一样,但不穿丧服,对子路也是这样。现在请大家为先生服丧就如同为父亲服丧一样,但不必穿相应的丧服。”于是孔子弟子们都穿上吊丧之服,系上麻带。外出的时候,就只系麻带。子夏

说:“在家里系上麻带,出门时就不必系了。”子游说:“我听先生讲过:为朋友服丧,在家时系麻带,外出就不必系了;为自己尊敬的人服丧,即使系着麻带出去,也是可以的。”

在办理孔子的丧事时,公西赤负责殡葬事宜。孔子的遗体口含粳米和三贝,穿着十一套衣服,外加一套朝服,头戴章甫之冠,佩戴着象牙环,直径五寸,用苍艾色的丝带系着。桐木做成的内棺四寸厚,柏木做成的外棺五寸厚。停放灵柩的宫室作了装饰,棺柩外也设了翣扇。设置了披具,这是周人的礼仪;设置了崇牙,这是殷人的礼仪;用白帛缠绕旗杆、设置了魂幡,这是夏人的礼仪。兼用三代君王的礼仪,是为了尊师,同时也是为了保全古礼。

孔子去世后,被安葬在鲁国都城北泗水边上,棺木埋入地下,但不及地下水,坟墓封土为仰斧的形状,高四尺,种植松柏作为标志。弟子们都在墓旁住了三年,虽没有穿丧服,但心里都很悲伤。孔子被安葬后,有人从燕国赶来观丧,住在子夏家里。子贡对他说:“我们这是普通人安葬圣人,不是圣人安葬普通人,您何必前来观看呢?从前先生说过:‘我见过筑坟像夏屋的,也见过像斧子的。’我赞同那种像斧子的,也就是民间俗称的马鬃封。如今我们为先生筑坟,一天中也只换了三次板来封土,这是大致遵行我们先生的意旨罢了。有什么值得参观的!”

孔子的弟子们服完三年之丧,有的留在当地,有的离开了,只有子贡在孔子墓旁守护了六年。此后众弟子和鲁国人在孔子墓旁安家的,有一百多家,因此命名他们居住的这个地方叫“孔里”。

正论解第四十一

［序说］

本篇名曰“正论”，可包含有两层意思：一、正者，政也，指社会政治。所以本篇是关于天下国家治理的大道理。二、正者，正名也，即合乎礼制。这里的“正名”不是名实之间的逻辑关系，而是指规范了社会等级与秩序的社会关系。

本篇是孔子政治思想研究的重要资料。孔子认为“惟器与名，不可以假人”，而器与名是礼的最直接的表现形式。“礼”就成为治理国家的具体战略和正名的标准和凭借。要保持和维护社会的稳定，实现天下大治，就必须“为国以礼”，只有这样才可以“王天下”。这也是本篇论述的中心。

孔子的论述紧紧围绕“礼”展开，把“礼”作为上自国君、下到平民言行的标准，而合乎礼便是仁，以仁治国就是德政，劳民伤财只会葬送国家。围绕着德政问题，孔子论述了实行德政的方法、途径以及目的。这包括君臣纲常、选贤举能、礼乐教化、爱民敬老、天下统一等。作为政治思想家，孔子向往三代“先王之道”，他认为要实行王道就要实行德政，政策上以德为主，同时又要“宽猛相济”，这样才能“政是以和”。实行德政要求国君从自身做起，“孝悌发诸朝廷，行于道路，至于州巷，放于搜狩，循于军旅，则众感以义，死之而弗敢犯”，这同时也是对民众进行的礼乐教化。

在本篇中，孔子对“礼”和“仁”都有论述。孔子说“克己复礼为仁”，涉及其思想核心问题。孔子的思想有一个变化的过程。起初，孔子以恢复周礼为己任，把恢复周礼作为实现王道的必然要求，在四处碰壁，学说得不到实行的时候，孔子开始考虑礼不能实行的深层原因，于是又提出了“仁”的思想，希望统治者从自身做起，实行仁治。仁是内在的自觉，礼是外在的形式，二者互为里表。

在形式上，本篇与《家语》其他各篇有所不同，其他一般是通过直接描写孔子与诸侯国君、孔门弟子的对话或者行为表现孔子思想，而本篇大多数章节是先叙述历史事件或人物言行，然后再叙述孔子对这些历史事件或人物的评价，以此来表现孔子思想。本篇各章节内容是以社会政治问题为主，因而本篇所体现的主要是孔子的政治思想。

本篇各章节几乎都与《左传》等有关记载相通，有些段落还与《论语》《礼记》《国语》《韩诗外传》《史记·孔子世家》《孔丛子》《列女传·母仪传》《说苑》《新序·杂事》互为佐证。本篇是《孔子家语》中篇幅最长的篇章之一，聚集了大量孔子政治思想的研究素材。

［原文］

孔子在齐，齐侯出田①，招虞人②以旌③，不进，公使执之。对曰：“昔先君之田也，旌④以招大夫，弓以招士，皮冠以招虞人。臣不见皮冠，故不敢进。”乃舍之。孔子闻之曰：“善哉！守道不如守官⑤。君子韪⑥之。”

［注释］

① 田：田猎。王肃注：“田，猎。”此记载又见于《左传》昭公二十年。 ② 虞人：王肃注：“虞人，掌山泽之官也。” ③ 旌：用旄牛尾和彩色鸟羽作竿饰的旗子。按古代礼节，君有所命，召唤大夫用旌。四库本、同文本作“弓”。 ④ 旌：四库本、同文本作“旃”。 ⑤ 守道不如守官：守着恭敬之道不如守着官位。齐侯为国君，虞人为臣，故虞人应服从齐侯的命令，但齐侯召唤虞不符合君臣之间的礼制，故虞人两者比较后选择遵守他的职位。道，恭敬之意。官，职位，引申为职责。王肃注：“道为恭敬之道。见君招便往。守官，非守，招不往也。” ⑥ 韪

(wěi):认为是对的,肯定。王肃注:"韪,是。"

[通解]

孔子在齐国的时候,齐国国君外出打猎,用旌旗召唤虞人前来,虞人没有应召晋见。齐君便派人把他抓了起来。虞人对齐君说:"从前先君打猎的时候,用旌旗召唤大夫,用弓召唤士人,用皮冠召唤虞人。臣下我没有见到皮冠,所以就没敢前来晋见。"齐君于是放了虞人。孔子听到这件事后说:"好啊!遵守恭敬之道不如遵守职责。君子对此是肯定的。"

[原文]

齐国书①伐鲁,季康子使冉求率左师御之,樊迟为右。师不逾沟,樊迟曰②:"非不能也,不信子③。请三刻而逾之④。"如之,众从之。师入齐军,齐军遁⑤。冉有用戈,故能入焉。孔子闻之曰:"义也⑥。"

既战,季孙谓冉有曰:"子之于战,学之乎?性⑦达之乎?"对曰:"学之。"季孙曰:"从事孔子,恶乎学?"冉有曰:"即学之孔子也。夫孔子者,大圣,无不该⑧,文武并用兼通。求也适闻其战法,犹未之详也。"季孙悦。樊迟以告孔子。孔子曰:"季孙于是乎可谓悦人之有能矣。"

[注释]

① 国书:齐国正卿。《左传》哀公十一年记载:"国书、高无丕帅师伐我。"很明显,国书与高无丕均为齐国国卿。王肃注:"国书,齐卿。"书,原正文及注皆作"师",据四库本、同文本改。 ② 师不逾沟,樊迟曰:此七字原脱,据陈本、文献集本及燕山本补。 ③ 不信子:不信任季孙氏。王肃注:"言季孙德不素著,为民所信也。"子,四库本、同文本作"乎"。 ④ 请三刻而逾之:王肃注:"与众要信,三刻而逾沟也。"刻,一说为古代计时单位,以铜漏计时,一昼夜分为一百刻。至清代方用时钟,以十五分钟为一刻,四刻为一小时。误。此处应为限定之意,引申

为命令、申令。此用法又见《白石神君碑》:“指日刻期,应时有验。” ⑤ 遁:王肃注:“遁,逃。” ⑥ 义也:王肃注:“在军能却敌,合于(于,四库本作‘法’)义。” ⑦ 性:天赋,本性。 ⑧ 该:通“赅”,完备。王肃注:“该,包。”这里指孔子才智过人,无所不通。

[通解] 齐国国师率兵攻伐鲁国,季康子派冉求率左军抵御,樊迟为车右。鲁国军队不愿越壕沟迎战。樊迟说:“不是不能够跨越,而是不信任你。请您号令三次后再带头跨越。”冉求听从了樊迟的意见,结果军队都跟着前进了。鲁国军队攻入齐国军队阵中,齐军不能抵挡,大败而逃。冉有用戈作为武器,所以能攻入齐军阵中。孔子听到这件事后说:“这是合乎道义的。”

战后,季康子询问冉有:“你对于战法,是通过学习得到的呢,还是天生就会呢?”冉有回答说:“是学习得来的。”季康子又问:“你师从孔子,能够学到什么呢?”冉有回答说:“正是从孔子那里学到战争的道理的。孔子是一位圣人,无所不知,文武兼通。我只是刚好听他讲过战法,了解得还不够详尽。”季康子听了很高兴。樊迟把这件事告诉了孔子,孔子说:“通过这件事,季康子可称得上喜欢别人的才能了。”

[原文] 南容说、仲孙何忌①既除丧②,而昭公在外③,未之命也④。定公即位,乃命之。辞曰:“先臣有遗命焉⑤,曰:‘夫礼,人之干也,非礼则无以立。’嘱家老⑥,使命二臣必事孔子而学礼,以定其位。”公许之。二子学于孔子。孔子曰:“能补过者,君子也。《诗》云:‘君子是则是效⑦。’孟僖子可则效矣。惩己所病⑧,以诲其嗣⑨。《大雅》所谓‘诒厥孙谋,以

燕翼子[10]',是类也夫。"

[注释]

① 南容说、仲孙何忌:南容说即仲孙阅,又称南宫敬叔。仲孙何忌即孟懿子。二人皆为孟僖子之子。 ② 除丧:除去丧礼之服,意谓服丧完毕。王肃注:"除父僖子之丧。" ③ 昭公在外:昭公受季孙氏逼迫逃亡国外。王肃注:"时为季孙所逐。" ④ 未之命也:王肃注:"未命二人为卿大夫。" ⑤ 先臣有遗命焉:王肃注:"僖子病不知礼,及其将死,而属其二子,使事孔子。"先臣,指孟僖子。孟僖子是鲁国大臣,故南、仲二人对鲁定公称自己父亲为先臣。此记载又见于《左传》昭公二十四年。 ⑥ 家老:大夫家中的宰臣。 ⑦ 君子是则是效:君子是被仿效的楷模。诗句见《诗·小雅·鹿鸣》。是则是效,以此为典则,以此为仿效的楷模。效,仿效。 ⑧ 惩己所病:对自己所犯的错误引以为戒。 ⑨ 嗣:子孙。 ⑩ 诒厥孙谋,以燕翼子:语出《诗·大雅·文王有声》。诒,传给。四库本作"贻"。王肃注:"诒,遗也。燕,安也。翼,敬也。言遗其子孙嘉谋,学安敬之道也。"嘉谋,即良谋。

[通解]

南容说和仲孙何忌已经为父亲服丧完毕,但鲁昭公正在国外,所以没有诏命二人为卿大夫。定公即位后,便发布诏命。但二人推辞说:"先臣临终有遗命,说:'礼是做人的根本,不懂礼就无法立身。'嘱咐家臣,让他命我二人一定要师从孔子学礼,以确定自己的地位。"定公答应了他们的请求。二人于是跟从孔子学习礼。孔子说:"能够弥补自己过失的人,可称为君子。《诗》中说:'君子是仿效的楷模。'孟僖子是可以仿效的。以自己的过错为借鉴,从而教诲后嗣。《诗·大雅》中所说的'留给子孙好的计谋,让他们得到安定和别人的敬重',说的就是这类道理吧。"

[原文]

卫孙文子得罪于献公,居戚①。公卒,未葬,文子击钟焉。延陵季子②适晋,过戚,闻之,曰:"异哉！夫子之在此，犹燕子巢于幕也[3]，惧犹未[4]也，又何乐焉？君又在殡[5]，可乎？”文子于是终身不听琴瑟。

孔子闻之，曰：“季子能以义正人，文子能克己服义，可谓善改矣。”

［注释］ ① 卫孙文子得罪于献公，居戚：王肃注：“文子，卫卿，林父。得罪，以戚叛也。”孙文子，卫国大夫。献公，指卫献公。戚，地名，为孙文子采邑，在今河南濮阳北。此记载又见于《左传》襄公二十九年。 ② 延陵季子：王肃注：“吴公子札也（四库本作‘吴季子札’）。”即季札。春秋时吴国贵族，吴王诸樊之弟，封于延陵（今江苏常州），故称延陵季子。 ③ 燕子巢于幕也：王肃注：“燕巢于幕，言至危也。” ④ 未：否定词，未尽，来不及。 ⑤ 殡：停柩。

［通解］ 卫孙文子因得罪了卫献公，居住在戚邑。卫献公去世，还没有埋葬，文子就敲钟娱乐。延陵季子前往晋国，路过戚地，听说了这件事，对文子说：“真是奇怪啊！先生您在这里，就像是燕子在帐幕上做巢，害怕都来不及，又有什么可以取乐的呢？况且国君的灵柩还停放着，没有安葬，这样做行吗？”文子从此终身不再听琴瑟之音。

孔子听到这件事后，说：“季子能用义匡正别人，文子能克制自己而服从道义，可以称得上是善于改正过失。”

［原文］ 孔子览《晋志》[1]，晋赵穿杀灵公[2]，赵盾[3]亡，未及山[4]而还。史[5]书“赵盾弑君”。盾曰：“不然。”史曰：“子为正卿，亡不出境，返不讨贼，非子而谁？”盾曰：“呜呼！‘我之怀矣，自诒伊戚[6]’，其我之谓乎！”孔子叹曰：“董狐，古之良史也，书法[7]

不隐。赵宣子，古之良大夫也，为法受恶。受恶，惜也，越境乃免⑧。”

［注释］

①《晋志》：王肃注：“晋之史记。”即晋国史书。此记载又见于《左传》宣公二年。 ② 晋赵穿杀灵公：赵穿，春秋时晋国大夫，曾为将军。王肃注：“穿，赵盾从弟也。”灵公，即晋灵公。晋国国君，名夷皋，在位 14 年（前 620—前 607 年）。 ③ 赵盾：即赵宣子。晋国正卿，曾执掌国政。为避灵公杀害而出走，但还未出境，灵公就为赵穿所杀，赵盾于是返回，拥立成公，并继续执政。 ④ 山：王肃注：“山，晋之境。”即温山。 ⑤ 史：太史，春秋时管法典和记事的官，掌建邦之六典。此指下文之董狐。 ⑥ 我之怀矣，自诒伊戚：见《诗・邶风・雄雉》，意为我心中的忧愁是我自己引起的。伊，犹“是”“这”“此”。戚，忧，忧愁。今本《毛诗》作“阻”，《左传》引作“戚”。 ⑦ 书法：古代史官修史，对材料处理、史事评论、人物褒贬，各有体例，谓之书法。 ⑧ 受恶，惜也，越境乃免：王肃注：“惜盾不越境以免于讥，而受弑君之责也。”意谓赵宣子受到恶名真是可惜啊，他当时如果走出国境就能免于恶名了。受恶，原无，据同文本补。

［通解］

孔子阅读《晋志》，看到这样的记载：晋国赵穿杀死了晋灵公，赵盾正在逃亡的途中，听到这件事后还没到边境的山就返了回来。太史记载说：“赵盾杀死了国君。”赵盾说：“不是这样。”太史说：“你身为正卿大夫，逃亡没有越出国境，回来又不惩罚凶手，不是你又是谁？”赵盾说：“哎！‘我有着怀恋之情，却给自己带来这忧愁’，说的就是我吧！”孔子感叹地说：“董狐，是古代的好史官，依据礼法直书而不隐晦。赵宣子，是古代的好大夫，因为法度而蒙受恶名。可惜啊，他如果当时越出国境就能避免恶名了。”

［原文］

郑伐陈，入之，使子产①献捷②于晋。晋人问陈之罪焉，子产对曰：“陈亡周之大德③，介④恃楚众，冯陵敝邑⑤，是以有往年之告⑥。未获命⑦，则又有东门之役⑧。当陈隧者，井堙、木刊⑨，敝邑大惧。天诱其衷⑩，启敝邑心，知其罪，授首⑪于我，用敢献功。”

晋人曰：“何故侵小？”对曰：“先王之命，惟罪所在，各致其辟⑫。且昔天子一圻，列国一同⑬，自是以衰，周之制也⑭。今大国多数圻矣，若无侵小，何以至焉。”晋人曰：“其辞顺。”

孔子闻之，谓子贡曰：“《志》⑮有之：‘言以足志⑯，文以足言⑰。’不言，谁知其志？言之无文，行之不远⑱。晋为伯，郑入陈⑲，非文辞不为功。小子慎哉⑳！”

［注释］

① 子产：春秋时郑国人。名侨，字子产，穆公之孙。因居东里，又称东里子产。执掌郑国国政，善外交。此记载又见于《左传》襄公十五年。

② 献捷：打胜仗后进献所获的俘虏及战利品。　③ 陈亡周之大德：意谓陈国攻打同为周朝藩属之臣的郑国是忘记了周王的恩德。王肃注：“武王以元女大姬以配胡公，而封诸陈。”亡，通“忘”，忘记。　④ 介：王肃注：“介，大（四库本作‘豕，犬’，疑讹）。”凭借，依赖。类似用法又见于《左传》文公六年：“介人之宠，非勇也。”四库本、同文本作“豕”。

⑤ 冯（píng）陵敝邑：冯陵，进迫，侵凌。敝邑，对自己国家的谦称。此处及以下“敝”从刊本皆作“弊”，据四库本、同文本改。　⑥ 有往年之告：王肃注：“告晋为陈所侵。”指陈国曾经攻打郑国，郑国告诉了晋国。告，告诉，上报。　⑦ 未获命：王肃注：“未得晋平陈之成命。”即郑国欲攻打陈国征求晋国意见，而晋国没有同意。　⑧ 东门之役：王肃注：“与楚共伐郑，陈至其东门也（四库本无‘陈’‘也’字）。”　⑨ 当陈隧者，井堙（yīn）、木刊：王肃注：“胜（四库本无），陈人堙塞、刊斫也。”隧，道路。堙，塞。刊，砍斫，削除。意谓陈国打败了郑国，凡是经

过的地方，把井都填塞了，树木都砍了。　⑩ 天诱其衷：王肃注："诱，进（四库本作'导'）。衷，善也。天导其善，大执（执，四库本作'克'）陈者也。"意谓上天引导陈国人从善，使陈国人认识到自己攻打郑国不对，自愿受郑国的惩罚。这是子产为郑国攻打陈国辩解的外交辞令。

⑪ 授首：谓罪人得到惩罚，投降或被杀。授，原作"校"，据四库本、同文本改。　⑫ 辟：法。这里引申为惩罚。王肃注："辟，诛。"　⑬ 天子一圻（qí），列国一同：王肃注："地方千里曰圻，方百里曰同也。"

⑭ 自是以衰，周之制也：王肃注："大国方百里，从是以为差。伯方七十里，子男五十里，周之制也。而说学者以周大国方七百里，失之（四库本此后有'远'字）矣。"衰，递减，递降。　⑮《志》：古时记事的书。王肃注："《志》，古之书也。"类似用法又见《周礼·春官·小史》："掌邦国之志。"　⑯ 言以足志：王肃注："言以足成其志。"足，成，此用法又见于《左传》襄公二十五年："文以足言。"杜预注："足，犹成也。"志，志向，计划目标。　⑰ 文以足言：王肃注："加以文章，以足成其言。"　⑱ 言之无文，行之不远：王肃注："有言而无文章，虽行而不远也。"意谓言语没有文采，就不会传播久远。　⑲ 晋为伯，郑入陈：伯，通"霸"。"伯""郑"二字原误倒，据四库本、同文本、陈本改。　⑳ 小子慎哉：四库本、同文本作"慎辞哉"。

[通解]

郑国攻打陈国，攻入陈国境内，于是派子产向晋国奉献战利品。晋国问陈国有什么罪，子产回答说："陈国忘记了周朝的大德，一味地依仗楚国人多势众，欺凌我国，所以有往年攻打陈国的请告，然而没有得到贵国的允许，却有了陈国攻打我国东门的战役。陈国军队经过的地方，水井被填塞，树木被砍伐，我国人民非常害怕。幸好上天诱导他们从善，启发了我国攻打陈国的念头。陈国知道自己的罪过，只得接受我们的惩罚，因而我们才敢前来汇报战功，奉献战利品。"

晋人问："你们为什么侵犯小国？"子产答道："根据先王的法令，只要有罪过，都可以按照罪过轻重分别加以惩罚。而且，当年天子的领土四边各为一千里，诸侯的领地四边各一百里，依次递减，这是周朝的制度。而现在大国的土地多数都达到了周围各几千里，如果没有侵夺小国，怎么能达到现在的状况呢？”晋人说：“你说的合乎情理。”

孔子听到这件事后，对子贡说：“《志》上有这样的话：‘言语用来表达意愿，文辞使说的话更加完备。’不说话，谁会知道你的意愿？而言语没有文采，就不会传播久远。晋国是霸主，郑国攻入陈国，如果不是善于辞令，就不会取得成功。对此，你要慎重啊！”

［原文］

楚灵王汰侈[①]。右尹子革[②]侍坐，左史倚相[③]趋而过。王曰：“是良史也，子善视之。是能读《三坟》《五典》《八索》《九丘》[④]。”对曰：“夫良史者，记君之过，扬君之善。而此子以润辞为官，不可为良史。”曰[⑤]：“臣又乃尝闻[⑥]焉，昔周穆王欲肆其心[⑦]，将过行天下，使皆有车辙并马迹[⑧]焉。祭公谋父作《祈昭》[⑨]，以止王心[⑩]，王是以获殁于文宫[⑪]。臣问[⑫]其诗焉而弗知，若问远焉，其焉能知。”王曰：“子能乎？”对曰：“能。其诗曰：‘祈昭之愔愔乎，式昭德音[⑬]，思我王度，式如玉，式如金[⑭]。刑民之力，而无有醉饱之心[⑮]。’”灵王[⑯]揖而入，馈不食，寝不寐，数日，则固不能胜其情，以及于[⑰]难。

孔子读其志[⑱]，曰：“古者有志[⑲]：‘克己复礼为仁[⑳]。’信[㉑]善哉！楚灵王若能如是，岂期辱于乾溪[㉒]？子革之非左史，所以风[㉓]也，称诗以谏，顺哉[㉔]。”

［注释］

① 楚灵王汰侈：楚灵王，春秋时楚国国君。名围，在位 12 年（前

540—前529年)。汰侈,王肃注:“骄汰奢侈。”此记载又见于《左传》昭公十二年。 ② 右尹子革:王肃注:“右尹,官名。子革,郑(四库本作‘然’)丹。” ③ 左史倚相:人名,楚国史官。左史,周代史官分左史和右史。 ④《三坟》《五典》《八索》《九丘》:王肃注:“《三坟》,三皇之书。《五典》,五帝之典。《八索》,索法。《九丘》,国聚也。”相传皆为远古典籍,今佚。 ⑤ 曰:四库本、同文本无。 ⑥ 乃尝闻:四库本、同文本作“尝问”。 ⑦ 肆其心:随心所欲。肆,纵恣,放肆。王肃注:“肆,极。” ⑧ 车辙并马迹:同文本“辙”作“辄”,四库本、同文本皆无“并”字。 ⑨ 祭(Zhài)公谋父作《祈昭》:王肃注:“谋父,周卿士。《祈昭》,诗名,犹齐景公作君臣相说之乐,盖曰《徵招(四库本此及下‘招’俱作‘昭’)》《角招》是也。昭,宜为招。《左传》作招。”据《左传》记载,穆公将征犬戎,祭公谋父谏,以为先王“耀德不观兵”,作《祈昭》之诗。 ⑩ 止王心:王肃注:“止王心之逸游。”止,使动用法,使停止。 ⑪ 获殁于文宫:获殁,谓寿终正寝,未被篡弑。殁,原作“殆”,据四库本、同文本改。文宫,宫名。为周穆王所居。《左传》作“祇宫”,原址在南郑,即今陕西华县北。 ⑫ 问:原作“闻”,据四库本、同文本改。 ⑬ 祈昭之愔(yīn)愔乎,式昭德音:王肃注:“祈昭(昭,四库本作‘为德’)愔愔,言祈昭乐之安和,其法足以昭其德音者也。”愔,和谐,安详。 ⑭ 思我王度,式如玉,式如金:王肃注:“思王之法度,如金玉纯(纯,四库本作‘然’)美。《诗》云:‘追琢其章,金玉其相。’”式,语助词。 ⑮ 刑民之力,而无有醉饱之心:王肃注:“刑伤民力,用之不胜不节,无有醉饱之心,言无厌足。” ⑯ 王:四库本作“三”。误。 ⑰ 于:同文本、万有本作“其”。 ⑱ 志:记载。 ⑲ 古者有志:此四字四库本、同文本无。 ⑳ 克己复礼为仁:王肃注:“克,胜。言能胜己私情,复之于礼,则为仁也。” ㉑ 信:诚,确实。 ㉒ 岂期辱于乾溪:王肃注:“灵王起章华之台于乾溪,国人溃畔,遂死焉。”期,助词,表示疑问,犹“其”。四库本、玉海堂本、《左传》作“其”。 ㉓ 风:通“讽”,用含蓄的言语进行劝告。 ㉔ 顺哉:顺,道,理。如《汉书》:“孝悌,天下之大顺也。力田,为生之本也。”此处意谓合乎道义。

［通解］ 楚灵王骄纵奢侈。一次右尹子革在旁侍坐，左史倚相快步走过。楚灵王说："这个人是个好史官，你要好好待他！他能够读《三坟》《五典》《八索》《九丘》这样的书。"子革答复说："所谓的好史官，应该记录君主的过失，彰扬君主的善行。而这个人只是以润饰文辞为官，不能算作好史官。"又说："我还曾听说周穆王想放纵他的私欲，准备周游天下，使天下到处都有他走过的车马痕迹。祭公谋父就作了《祈昭》来劝谏周穆王，周穆王因此得以善终于文宫。我曾经向倚相问起这首诗，而他不知道，若再问更远的事情，他哪里会知道呢？"楚灵王说："那你知道吗？"子革回答说："知道。这首诗说：'祈昭之乐和悦安舒，足以昭显德者的声音。想起我们君王的风范，像金玉般纯美。现在却无节制地滥用民力，而没有任何满足。'"楚灵王听了，向子革作了揖就走进房内，送上的饭不吃，躺下也不能入睡，过了好几天还是不能克制自己，以至于遇上祸难。

孔子读到这篇记载，说："古代有这样的记载：'克制自己而复于礼制，这就是仁。'说得确实好啊，如果楚灵王能这样去做，怎么会有乾溪之辱呢？子革不是左史，所以只能讽谏。这是合乎道义的。"

［原文］ 叔孙穆子避难奔齐①，宿于庚宗之邑②。庚宗寡妇通焉，而生牛③。穆子返鲁，以牛为内竖④，相家⑤。牛谗叔孙二子，杀之⑥。叔孙有病，牛不通其馈⑦，不食而死。牛遂辅叔孙庶子昭⑧而立之。昭子既立，朝其家众曰："竖牛祸叔孙氏，使乱大从⑨，杀適⑩立庶，又披其邑⑪，以求舍⑫罪，罪莫大焉，必速杀之。"遂杀竖牛。

孔子曰："叔孙昭子不劳⑬，不可能也。周任⑭有言曰：'为政者不赏私劳，不罚私怨。'《诗》云：'有觉德行，四国顺之⑮。'昭子有焉。"

[注释]　①叔孙穆子避难奔齐：王肃注："穆子，叔孙豹。其兄侨如淫乱，故避之而出奔齐。"叔孙穆子为春秋时鲁国大夫。此记载又见于《左传》昭公四年、五年。　②庚宗之邑：即庚宗邑，鲁地，在今山东泗水东。　③牛：王肃注："名牛。"即所生子名为牛。　④穆子返鲁，以牛为内竖：返，四库本、同文本作"反"。竖，王肃注："竖，通内外之命。"即宫中传达命令的小吏。《周礼·天官·内竖》："内竖掌内外之通令凡小事。"　⑤相家：负责家政。王肃注："长，遂命为相家。"　⑥牛谗叔孙二子，杀之：二子，原作"二人"，据四库本改，指叔孙穆子嫡子孟丙、仲壬。然《左传》谓仲壬被逐奔齐，后在穆子返鲁奔丧时被季孙氏家臣司空所射杀。与此异。谗，说别人的坏话。　⑦馈：食。此指牛不给叔孙穆子送吃的。　⑧叔孙庶子昭：王肃注："子，叔孙婼。"据下文及《左传》，"昭"下当有"子"字。　⑨从：和顺，安顺。指各安其位，各守其职的局面或秩序。王肃注："从，顺。"　⑩适(dí)：通"嫡"，指正妻所生子女。此指孟丙、仲壬。　⑪被(pī)其邑：王肃注："牛取叔氏鄗三十邑以行贿(贿，四库本作'赂')也。"被，通"披"，析，分开。四库本、同文本作"披"。　⑫舍：通"赦"。又如《逸周书·玉佩》"施舍在平心"，孔晁注："舍，赦罪。"　⑬不劳：王肃注："劳，功也。不以立己为功。"此前原有"之"字，今从四库本。　⑭周任：王肃注："周任，古之贤人。"　⑮有觉德行，四国顺之：语出《诗·大雅·抑》。王肃注："觉，直(同文本作'直也'，四库本脱'直'字)。"四国，犹"四方"。

[通解]　叔孙穆子为了避难逃奔到齐国，途中曾在庚宗之邑住宿。庚宗之邑的寡妇和他私通生了一个孩子，名叫牛。叔孙穆子返回鲁国以后，让牛担任内竖，负责家政。竖牛对叔孙穆子说他两个嫡生儿子的坏话，并把他们杀了。叔孙穆子得了病，竖牛不给他送食物，结果叔孙穆子被饿死了。于是竖牛辅佐叔

孙穆子的庶子昭子，使他成为叔孙穆子的继承人。叔孙昭子即位之后，召见家众，对他们说："竖牛为害叔孙氏，搞乱了正常的秩序，杀嫡立庶，又分割封邑行贿，以求逃脱罪责，没有比这更大的罪行了，必须立即杀掉他。"于是就杀了竖牛。

孔子说："叔孙昭子不把拥立自己看做是竖牛的功劳，这对一般人来说是不可能做到的。周任曾说过：'当政的人不赏赐只对个人有私功的人，不惩罚只对个人有私怨的人。'《诗》上说：'若有正直的德行，天下四方都会归顺。'叔孙昭子就有这样的德行。"

［原文］

晋邢侯与雍子①争田，叔鱼摄理②，罪在雍子。雍子纳③其女于叔鱼，叔鱼弊狱邢侯④。邢侯怒，杀叔鱼与雍子于朝。韩宣子⑤问罪于叔向，叔向曰："三奸同坐⑥，施生戮死⑦，可也。雍子自知其罪而赂以置直⑧，鲋也鬻狱⑨，邢侯专杀，其罪一也。己恶而掠美为昏⑩，贪以败官为默⑪，杀人不忌⑫为贼。《夏书》曰：'昏、默、贼，杀。'⑬咎陶⑭之刑也。请从之。"乃施邢侯，而尸雍子、叔鱼于市。

孔子曰："叔向，古之遗直也。治国制刑，不隐于亲。三数叔鱼之罪，不为末⑮，或⑯曰义，可谓直矣。平丘之会，数其贿也，以宽卫国，晋不为暴⑰；归鲁季孙，称其诈也，以宽鲁国，晋不为虐⑱；邢侯之狱，言其贪也，以正刑书，晋不为颇⑲。三言而除三恶，加三利⑳，杀亲益荣，由义也夫。"

［注释］

① 邢侯与雍子：二人皆为春秋时晋国大夫。邢侯之父申公巫臣，本为楚国贵族，后奔晋，为邢（今河南温县东北）大夫。雍子本亦为楚国大夫，后奔晋。此记载又见于《左传》昭公十三年。 ② 叔鱼摄理：王肃

注:“叔鱼,叔向弟。理,狱官之名。”叔鱼即羊舌鲋,又称叔鲋,与兄叔向即羊舌肸同为晋国大夫。叔向曾任太傅。摄理,即代理狱官之职。

③ 纳:贡献,送。 ④ 弊狱邢侯:王肃注:“弊,断。断罪归邢侯(四库本、同文本此后有‘也’字)。”即把罪责判在邢侯身上。四库本、同文本作“弊其邢狱”,误。 ⑤ 韩宣子:王肃注:“宣子,晋正卿韩起也。” ⑥ 三奸同坐:三人共同治罪。奸,犯。《左传》襄公十四年:“臣敢奸之。”杜预注:“奸,犹犯也。”此作名词。坐,获罪。此类有用法又见于《史记·商君列传》,其曰:“商君之法,无验者坐之。”坐,四库本、同文本作“罪”。 ⑦ 施生戮死:王肃注:“施,宜为与。与犹行(四库本此后有‘也’字),行生者之罪也。”戮,陈列尸体,曝尸。 ⑧ 置直:行贿以求胜诉。置,买。直,正当,有理。又如《左传》僖公二十八年:“师直为壮,曲为老。” ⑨ 鬻狱:贪赃枉法,司法官吏受贿而不以情理判断曲直。鬻,卖。 ⑩ 己恶而掠美为昏:昏,暴,抢劫。王肃注:“掠美善(掠美善,四库本作‘取善’,同文本作‘掠取善’),昏乱也。己恶即以赂求善,为恶也。” ⑪ 贪以败官为默:败官,败坏官风。默,贪污。王肃注:“默犹冒,苟贪不畏罪。”败,四库本、同文本作“赂”。 ⑫ 忌:王肃注:“忌,惮。” ⑬《夏书》曰:“昏、默、贼,杀”:王肃注:“《夏书》,夏家之书。三者宜皆杀者也。”意谓犯昏、默、贼三罪的应诛杀。 ⑭ 咎(gāo)陶(yáo):即皋陶。传说为舜之臣,掌刑狱之事。 ⑮ 末:轻。王肃注:“末,薄。” ⑯ 或:王肃注:“或,《左传》作‘咸(咸,四库本作‘义’,恐误)’也。”还有一种说法认为“或”作“有的”讲,从文意看,不确切。以王肃注为准,意为“都”。 ⑰ 平丘之会,数其贿也,以宽卫国,晋不为暴:王肃注:“诸侯会于平丘,晋人淫刍荛者于卫,卫人患之,赂叔向,叔向使与叔鱼,客未追(同文本作‘未退’,是。四库本作‘未追’,亦误)而禁之。”贿,贪图财物。 ⑱ 归鲁季孙,称其诈也,以宽鲁国,晋不为虐:王肃注:“鲁季孙见执,谘于晋,晋人归之。季孙贵礼,不肯归,叔向言叔鱼能归之。叔鱼说季孙,季孙惧,乃归也(也,四库本作‘之’)。”季孙,指季平子。 ⑲ 颇:王肃注:“颇,偏。” ⑳ 三言而除三恶,加三利:王肃注:“暴卫虐鲁,杀三罪,去三恶,加三利也。”三恶,此指暴、虐、颇。

［通解］

晋国邢侯与雍子争夺土地，当时叔鱼代理狱官之职，审理案件，他了解到罪过在于雍子。雍子把女儿嫁给叔鱼，叔鱼就反过来判决邢侯有罪。邢侯大怒，在朝廷上就把叔鱼和雍子杀了。韩宣子问叔向应当怎样治他们的罪，叔向说："三人应当一同治罪，活着的判刑，死了的暴尸就可以了。雍子知道自己有罪却用女儿行贿以换取胜诉，叔鱼贪赃枉法，邢侯擅自杀人，他们的罪状一样严重。自己有罪恶而想掠夺美名是昏，贪赃枉法败坏风纪是默，杀人而无所顾忌是贼。《夏书》上说：'犯有昏、默、贼这些罪行的，应当处死。'这是皋陶制定的刑罚，请照此执行。"于是就将邢侯处死，把雍子和叔鱼的尸体放在街上示众。

孔子说："叔向，是具有古代正直遗风的人，治理国家，审判案件，不包庇亲人。三次指出叔鱼的罪恶，而不予减轻，都是合乎道义的，这可以称得上是正直的了。平丘之会时，指出他的贪财，从而宽免卫国，晋国就做到了不凶暴。让鲁国季孙氏回去，讲出叔鱼的欺诈，从而宽免鲁国，晋国就做到了不凌虐。邢侯这个案件，指出叔鱼的贪婪，从而严格了刑法，晋国就做到了不偏颇。三次说话而免除了三次罪恶，并增加三种利益。处死亲人而更加荣耀，这是由于做事合乎道义啊。"

［原文］

郑有乡校①，乡校之士非论执政②。鬷明③欲毁④乡校。子产曰："何以毁为也⑤？夫人朝夕退而游焉，以议执政之善否⑥。其所善者，吾则行之；其所否者，吾则改之。若之何其毁也？我闻忠言⑦以损怨，不闻立威以防怨。防怨犹防水也，大决所犯，伤人必多，吾弗克救也。不如小决使导之，不如吾所闻而药[8]之。”

孔子闻是言也，曰：“吾以是观之，人谓子产不仁，吾不信也。”

［注释］

① 乡校：乡学。王肃注：“乡之学校。”此记载又见于《左传》襄公三十一年。 ② 非论执政：议论批评时政。 ③ 鬷（Zōng）明：郑国大夫，字然明。王肃注：“鬷明，然明。” ④ 毁：废除，除去。 ⑤ 也：四库本、同文本无。 ⑥ 否（pǐ）：恶。 ⑦ 言：四库本、同文本作“善”。 ⑧ 药：王肃注：“药，治（四库本无）疗也。”

［通解］

郑国设有乡校，乡校里的人经常议论和批评时政。鬷明想废除乡校。子产说：“为什么要废除呢？人们早晚工作结束后到这里来交游，议论政事的好坏。他们认为对的，我就施行；他们认为不对的，我就加以改正。为什么要废除它呢？我听说过用忠言来减少怨恨，没听说过通过树立权威来防止怨恨。防止怨恨就像防水患一样，如果大规模的决堤，受灾难的人必定很多，这样我就无法挽救了。不如把水放掉一些而加以疏导，不如让我听到这些言论并用来治疗时政中的弊病。”

孔子听到了子产的言论，说：“从这件事看来，人们说子产不仁，我是不相信的。”

［原文］

晋平公会诸侯于平丘[1]，齐侯及盟。郑子产争贡赋之所承[2]，曰：“昔日天子班贡[3]，轻重以列，列尊贡重[4]，周之制也。卑而贡重者，甸服[5]。郑伯，南[6]也，而使从公侯之贡，惧弗给也，敢以为请。”自日中争[7]之，以至于昏，晋人许之。

孔子曰：“子产于是行也，是以为国基[8]也。《诗》云：‘乐只君子，邦家之基[9]。’子产，君子之于乐者⑩。”且曰:“合诸侯而艺⑪贡事,礼也。”

[注释]

① 平丘:地名,在今河南封丘东。此记载又见于《左传》昭公十三年。 ② 所承:承,承担。王肃注:“所承之轻重也。” ③ 昔日天子班贡:从前天子制定贡献的标准和次序。日,四库本作“者”。 ④ 列尊贡重:原作“尊卑贡”,据陈本及《左传》增改。四库本、同文本为“列尊卑而贡,周之制也”,与上句句意重叠,故不取。 ⑤ 甸服:甸,古代称都城郊外的地方。《左传》昭公九年:“入我郊甸。”杜预注:“郊外为甸。”甸服,指天子附近之地。王肃注:“甸服,王圻之内,与圻外诸侯异,故贡重也。” ⑥ 南:按周制,以土地距国都远近分为五服,南方称南服。王肃注:“南,《左氏(原作‘辅’,误)》作‘男’,古字作‘南’,亦多有作此‘南’,连言之犹言公侯也。”此字上原有“男”字,据四库本、同文本删。《春秋左传异文释》卷八:“昭十三年传:郑伯男也。《国语》作‘伯南’。《家语·正论》同。”可证。 ⑦ 争:四库本、同文本作“诤”。 ⑧ 基:四库本、同文本无。 ⑨ 乐只君子,邦家之基:见《诗·小雅·南山有台》。乐只君子,即“君子乐只”。只,语助词。意谓君子以能为国家做贡献而感到快乐。基,王肃注:“本也。” ⑩ 君子之于乐者:意谓子产通过为郑国争取在贡赋上的利益从而为郑国奠定了根本,因而成为君子乐于效仿的榜样。王肃注:“能为国之本,则人乐艺也。” ⑪ 艺:王肃注:“艺,分别贡献之事也。”

[通解]

晋平公在平丘与诸侯会盟,齐国国君也参加了。郑国子产针对所承担的贡赋轻重一事为郑国争取利益,说:“从前天子确定贡赋的标准和次序,轻重、多少是根据地位决定的,地位尊贵的贡赋就重,这是周朝的制度。地位卑微而贡赋重的是那些靠近天子的地方。郑国是南服,地位卑微,远离天子,却承担与公侯一样的贡赋,恐怕不能如数供给,我谨此请求予以考虑,加以减少。”从中午开始争,一直争到黄昏,晋国终于同意了子产的请求。

孔子说:“子产通过在会盟大会上的争取行动,足以为郑国奠定根基。《诗》上说:‘君子的快乐,在于能为国家建立根基。’子产,就是君子快乐的榜样。”又说:“会合诸侯,而确定贡赋的标准,这是合乎礼制的。”

［原文］

郑子产有疾,谓子太叔[1]曰:“我死,子必为政。唯有德者能以宽服民,其次莫如猛。夫火烈,民望而畏之,故鲜死焉;水濡弱[2],民狎而玩之[3],则多死焉,故宽难。”子产卒,子太叔为政,不忍猛,而宽,郑国多掠[4]盗。太叔悔之曰:“吾早从夫子,必不及此。”

孔子闻之,曰:“善哉!政宽则民慢[5],慢则纠[6]于猛。猛则民残[7],民残则施之以宽。宽以济猛,猛以济宽,宽猛相济,政是以和。《诗》曰[8]:‘民亦劳止,汔可小康。惠此中国,以绥四方。[9]’施之以宽。‘毋纵诡随,以谨无良。式遏寇虐,惨不畏明。[10]’纠之以猛也。‘柔远能迩,以定我王[11]’,平之以和也。又曰:‘不竞不絿,不刚不柔。布政优优,百禄是遒。[12]’和之至也。”

子产之卒也,孔子闻之,出涕,曰:“古之遗爱。”

［注释］

① 子太叔:春秋时郑国卿。游氏,名吉。此记载又见于《左传》昭公二十年。　② 濡(ruǎn)弱:柔弱,懦弱。四库本作“懦 ”。　③ 狎而玩之:王肃注:“狎,易。玩,习。”又如《礼记·曲礼上》:“贤者狎而敬之。”郑玄注:“狎,习也,近也。”狎,亲近。　④ 掠:王肃注:“抄掠。”　⑤ 慢:散惰。《说文》:“慢,惰也。”　⑥ 纠:王肃注:“纠,犹摄也。”　⑦ 猛则民残:王肃注:“猛政民残(民残,四库本作‘残民’)。”意谓政策过于严厉,民众就会受到伤害。　⑧ 曰:四库本、同文本作

“云”。 ⑨ 民亦劳止，汔(qì)可小康。惠此中国，以绥四方：语出《诗·大雅·民劳》。止，语助词。王肃注：“汔，危也。劳民人病，汔可小变，故以安也。”误。汔，意为接近，庶几。可，近。 ⑩ 毋纵诡随，以谨无良。式遏寇虐，惨不畏明：语出《诗·大雅·民劳》。毋纵诡随，王肃注：“诡人、随人，遗人小恶者也。”以谨无良，王肃注：“谨以小(以小，四库本作‘小以’)惩之也。”式遏寇虐，惨不畏明，王肃注：“惨，曾也。当用遏止为寇虐之人也。曾不畏天之明道者，言威也。”明，权威，威严。

⑪ 柔远能迩，以定我王：语出《诗·大雅·民劳》。柔远能迩，王肃注：“言能(四库本此后有‘安远’二字)者能安近。”迩，近。以定我王，王肃注：“以定安王位也。” ⑫ 不竞不絿(qiú)，不刚不柔。布政优优，百禄是遒：语出《诗·商颂·长发》。不竞不絿，王肃注：“不竞不絿，中和。”絿，急。布政优优，百禄是遒，王肃注：“优优，和。遒，聚。”布，今本《毛诗》作“敷”，意为发布。

［通解］

郑国子产生了病，对子太叔说：“我死之后，你肯定会执掌国政。只有有德行的人才能用宽柔的政策使民服从，其次就不如实行严厉的政策了。火性猛烈，人们会望而却步，有畏惧感，所以很少有人死于火患；而水性柔弱，人们会轻视而在其中玩耍，因而死于水患的人很多。所以用宽柔的政策来治理天下是比较困难的。”子产死后，子太叔执掌国政，不忍心实行严厉的政策，而是务以宽柔。结果郑国出现了很多抢掠盗窃的现象。太叔很后悔，说：“如果我早听从子产的话，就不会到今天这个地步了。”

孔子听说这件事后说：“好啊！政策过于宽柔，百姓就散漫，散漫就要用严厉的政策来纠正。政策严厉了就会使百姓受到伤害，这就要实行宽柔的政策。政策的实行，要用宽柔来调剂严厉，用严厉来调剂宽柔。宽柔与严厉相互调剂，国家政治就会平稳和谐。《诗》说：‘百姓够辛苦了，差不多应该让他们休养生息了。使中原各国受到恩惠,就可以安抚天下四方。'这是实行宽柔的政策。'切莫放纵欺诈小人,要防止不良行为的发生。要制止残忍凶暴,那些人不怕天理的威严。'这是用严厉来加以纠正。'绥定远方,安抚近处,使君王的地位得到稳固。'这是用和顺来治理国家。'不争不急,不刚不柔,坚持中和之道。施政平和宽柔,各种福禄都会聚集而来。'这是和的极致。"

子产死后,孔子听到了消息,流着泪说:"他是具有古代仁爱遗风的人。"

[原文]

孔子适齐,过泰山之侧,有妇人哭于野者而哀。夫子式①而听之,曰:"此哀一似重有忧者②。"使子贡往问之。而曰:"昔舅③死于虎,吾夫又死焉,今吾子又死焉。"子贡曰:"何不去乎?"妇人曰:"无苛政④。"子贡以告孔子。子曰:"小子识之:苛政猛于暴虎。"

[注释]

① 式:通"轼",车前用为扶手的横木。以手扶轼,表示敬意的一种礼节。此记载又见于《礼记·檀公下》。　② 一似重有忧者:一,一说为肯定,误,应为助词,表示程度深。又如杜甫《石壕吏》:"吏呼一何怒,妇啼一何苦!"重,几重。　③ 舅:公公,丈夫的父亲。朱骏声《说文通训定声》:"妇称夫之父曰舅。"四库本、同文本此前无"昔"字。　④ 苛政:指赋税繁重,法令苛刻。

[通解]

孔子到齐国去,从泰山旁边经过,有一个妇女在野外哭泣,十分悲伤。孔子扶着车前的横木听着哭声,说:"这么哀痛,好像有好几重忧伤。"便让子贡前去询问。妇女说:"以前的时候我公公被老虎咬死了,后来我丈夫又是被老虎咬死的,现在我儿子也被老虎咬死了。"子贡说:"为什么不离开这里呢?”那个妇人说:“这里没有繁重的苛捐杂税。”子贡告诉了孔子。孔子说:“你要记住:暴政比老虎还要凶猛。”

[原文]

晋魏献子①为政,分祁氏及羊舌氏之田②,以赏诸大夫及其子成③,皆以贤举④也。又谓⑤贾辛曰:“今汝有力于王室⑥,吾是以举汝。行乎,敬⑦之哉,毋堕乃力⑧。”

孔子闻之,曰:“魏子之举也,近不失亲⑨,远不失举⑩,可谓义⑪矣。”又闻其命贾辛,以为忠:“《诗》云:‘永言配命,自求多福⑫’,忠也。魏子之举也义,其命也忠,其长有后于晋国乎。”

[注释]

① 魏献子:王肃注:“献子,魏舒。”魏献子为春秋时晋国卿,继韩宣子之后执政。此记载又见于《左传》昭公二十八年。 ② 分祁氏及羊舌氏之田:祁氏和羊舌氏因作乱被灭族,其封地被分为十个县。王肃注:“荀栎灭晋大夫祁氏、羊舌氏,故献子分其田。”荀栎,《左传》作“荀跞”,晋国六卿之一,即智文子。注文中“荀栎灭”三字原窜入正文,今据四库本、备要本、同文本改。 ③ 成:人名,即魏献子之子。《左传》作“戊”。 ④ 举:推荐,选用。 ⑤ 谓:原作“将”,据四库本、备要本、同文本改。 ⑥ 有力于王室:王肃注:“周有子朝之乱,贾辛帅师救周。”详参《左传》昭公二十二年。 ⑦ 敬:谨慎,不怠慢。类似用法又如《荀子·强国》:“故王者敬日。”杨倞注:“敬,谓不敢慢也。” ⑧ 毋堕乃力:堕,损,损毁。力,功,功劳。 ⑨ 近不失亲:王肃注:“子可举而举也。”亲,意谓关系亲密的人。 ⑩ 远不失举:王肃注:“不以远故不举。”远,意谓关系疏远的人。 ⑪ 义:原作“美”,据陈本、《左传》及下文改。 ⑫ 永言配命,自求多福:语出《诗·大雅·文王》。王肃注:“言,我。《文王》之诗,我长配天命而行庶国,亦当求多福。人多福,忠也(四库本作‘《大雅·文王》之诗,言能长配天命,而魏献子亦能永天命以求多福,忠也’)。”

[通解]

晋国魏献子执掌国政,分了祁氏及羊舌氏的封地,赏赐给各个大夫和他自己的儿子魏戍,这些人都是因为贤能才被推荐选用的。魏献子又对贾辛说:“现在你对王室有功,所以我才提拔你。好好做吧,要忠于职守,恭敬行事,不要损坏你的功劳。”

孔子听说这件事后说:“魏献子举用人才,近的不忘记亲戚,关系远的也不会失去被举用的机会,可以说合乎道义,很好了。”又听到了魏献子任命贾辛的事,认为这是对君王的忠诚:“《诗》上说:‘永远与天命相应和,自己求得众多福禄。’这就是忠诚。魏献子举用人才是合乎道义的,他任命贾辛是忠诚的体现。恐怕他的后代会在晋国长享禄位吧。”

[原文]

赵简子①赋晋国一鼓钟②,以铸刑鼎,著范宣子所为刑书③。孔子曰:“晋其亡乎!失其度矣。夫晋国将守唐叔④之所受法度,以经纬⑤其民者也。卿大夫以序⑥守之,民是以能遵其道而守其业,贵贱不僭⑦,所谓度⑧也。文公是以作执秩之官,为被庐之法⑨,以为盟主。今弃此度也,而为刑鼎,铭在鼎矣,何以尊贵⑩?何业之守也⑪?贵贱无序,何以为国?且夫宣子之刑,夷之蒐也⑫,晋国乱制⑬,若之何其为法乎?”

[注释]

① 赵简子:晋国正卿,名鞅。此记载又见于《左传》昭公二十九年。

② 鼓钟:王肃注:“三十斤谓之钧,钧四谓之石,石四谓之鼓。”钟,乐器或酒器。亦量器的一种,一觚四斗为一钟。《左传》作“铁”。 ③ 著范宣子所为刑书:著,刻,记。范宣子,晋国大夫,士氏,长期执掌国政。王肃注:“范宣子,晋卿,范匄,铭其刑书著鼎也。” ④ 唐叔:王肃注:“唐叔,成王母弟,始封于晋者也。”误。唐叔为周武王子,成王同母弟。疑“母”前脱“同”字。 ⑤ 经纬:织物的纵线和横线,引申为治理。

王肃注:“经,犹织以成文也。”《汉书·礼乐志》:“经纬冥冥。”颜师古注:“经纬,谓经纬天地。”又《文选·班固〈典引〉》:“至于经纬乾坤。”吕向注:“经纬,犹政治也。” ⑥ 序:王肃注:“序,次序也。” ⑦ 僣:同“愆”,错乱。 ⑧ 度:法制,法度。《左传》昭公四年:“度不可改。”杜预注:“度,法也。”四库本、同文本“度”前有“谓”。 ⑨ 文公是以作执秩之官,为被庐之法:王肃注:“晋文公既霸,强于时,盖(强于时盖,四库本作‘蒐于被庐’)作执秩之官以为晋国法也。”秩,官吏的职位或品级。又《书·皋陶谟》:“天秩有礼。”孔颖达注:“秩,谓制其等差。”被庐,地名。 ⑩ 铭在鼎矣,何以尊贵:王肃注:“民将弃神(弃神,四库本作‘礼弃’)而征于书,不复戴奉上也。”意谓把铭文刻在鼎上,会使君王贵族的权威受损。铭,四库本、同文本作“民”。 ⑪ 何业之守也:王肃注:“民不奉上,则上无所守也。”业,基业,社稷。 ⑫ 夷之蒐(sōu)也:王肃注:“夷蒐之时,变易军帅,阳唐父为贾季所杀,故曰乱制也。”夷,地名,今址不详。蒐,检阅,阅兵。详参《左传》文公六年。 ⑬ 乱制:范宣子之法于夷地阅兵时制定,而当时一次阅兵三次撤换中军主帅,结果引起贾季等人作乱,故云。

[通解] 晋国赵鞅从国内征收到共重四百八十斤的铁,便用来铸造刑鼎,刻上范宣子写的刑书。孔子说:“晋国快要灭亡了吧!它已经失了自己的法度了。晋国应该遵守唐叔所传授下来的法度,用来管理晋国人民。卿大夫应该按照次序和爵位加以遵守,这样百姓才能遵从道义而保守他们的家业。贵贱的等级没有错乱,这就是所谓的法度。晋文公因此设置掌管官吏职位和品级的官员,制定被庐之法,从而成为盟主。现在晋国放弃先王的法度,而铸造刑鼎。铭文公开刻在鼎上,那用什么来使地位高贵的人受到尊敬呢?人们还有什么家业可以保守呢?贵贱没有等级次序,那用什么来治理国家呢?并且范宣子的刑书,是在阅兵时制定的,是晋国混乱的制度,怎么能把它当法度呢?”

[原文]

楚昭王有疾，卜①曰："河神为祟②。"王弗祭，大夫请祭诸郊。王曰："三代命祀，祭不越望③。江、汉、沮、漳④，楚之望也。祸福之至，不是过乎？不谷⑤虽不德，河非所获罪也。"遂不祭。

孔子曰："楚昭王知大道矣⑥，其不失国也，宜哉⑦。《夏书》曰：'维彼陶唐，率彼天常，在此冀方。今失厥道，乱其纪纲，乃灭而亡。⑧'又曰：'允出兹在兹⑨'，由己率常⑩，可矣。"

[注释]

① 卜：古人用火灼龟甲去兆，以预测吉凶，叫卜。此记载又见于《左传》哀公六年、《说苑·君道》、《韩诗外传》卷三。其中《韩诗外传》记载为楚庄王。 ② 河神为祟：河，黄河。为祟，作祟。原意为鬼怪害人，比喻坏人或坏思想从中为害。此处用原意。神，四库本、同文本无。

③ 祭不越望：王肃注："天子望祀天地，诸侯祀（四库本'祀'前有'望'字）境内，故曰祭不越望也。"望，古代祭祀山川的专名，望而祭之，故曰望。 ④ 江、汉、沮、漳：王肃注："四水名也。"沮，沮水。漳，漳水。二水均在今湖北中部偏西，在当阳境内汇合，今称沮漳河，南流入长江。

⑤ 不谷：古代诸侯的谦称。 ⑥ 知大道矣：意谓楚昭王做事合乎礼制，所以能够复国。王肃注："求（四库本作'取'）之于己，不越祀也。" ⑦ 不失国也，宜哉：宜，应当。王肃注："楚为吴所灭，昭王出奔，已复国者也。"昭王出奔及复国事，详见《左传》定公四年、五年。

⑧ 维彼陶唐……乃灭而亡：语出《古文尚书·五子之歌》，文字略有不同。"维彼陶唐，率彼天常"，王肃注："陶唐，尧。率，犹（四库本无）循。天常（四库本无此二字），天之常道。""在此冀方"，王肃注："中国为冀。"古称，指今中原一带地方。"今失厥道，乱其纪纲，乃灭而亡"，王肃注："谓夏桀。"厥道，四库本、同文本作"其行"。 ⑨ 允出兹在兹：语出《书·大禹谟》。王肃注："言善恶各有类，信出此则在此，以能循常道，可也。"意谓付出什么就会得到什么样的结果。允，信，确实，果真。

⑩ 率常：率，遵循。常，法典，伦常。《书·君陈》："败常乱俗。"蔡

沈集传:“常,典常也。”

[通解]

楚昭王生了病,占卜的人说:“是黄河神在作怪。”楚昭王不去祭祀,大夫请求在郊外祭祀。楚昭王说:“按夏、商、周三代制定的祭祀制度,诸侯祭祀不能超过本国边境。长江、汉水、沮水和漳水都在楚国境内。祸福的到来,是不会越过国境的。我虽然没有德行,也不会得罪境外的黄河神。”于是没有祭祀。

孔子说:“楚昭王懂得大道,他没有失去国家也是理所当然的。《夏书》记载说:‘那位君王陶唐,遵循天道纲常,据有中国这个地方。而今失掉了大道,败坏了纪纲,因而走向灭亡。’又说:‘确实是付出什么就有什么。’由自己来遵循天道纲常,就可以了。”

[原文]

卫孔文子使太叔疾出其妻,而以其女妻之①。疾诱其初妻之娣②,为之立宫,与文子女,如③二妻之礼。文子怒,将攻之。孔子舍璩伯玉④之家,文子就而访焉。孔子曰:“簠簋之事⑤,则尝闻学之矣。兵甲之事,未之闻也。”退而命驾而行,曰:“鸟则择木,木岂能择鸟乎?”文子遽自止之曰:“圉⑥也岂敢度⑦其私哉?亦访⑧卫国之难也。”

将止,会季康子问冉求之战。冉求既对之,又曰:“夫子播之百姓,质⑨诸鬼神而无憾⑩,用之则有名。”康子言于哀公,以币⑪迎孔子,曰:“人之于冉求,信之矣,将大用之。”

[注释]

① 卫孔文子使太叔疾出其妻,而以其女妻之:孔文子,春秋时卫国卿,名圉。太叔疾,即世叔齐,卫国大夫。出,休。王肃注:“初,疾娶于

宋子朝,其妇嬖于朝(于,原作'子',据四库本改;'朝'后原有'出'字,据四库本删),文子使疾出其妻,而己妻之。"此记载又见于《左传》哀公十一年、《史记·孔子世家》。 ② 娣(dì):女弟,妹妹。古时女子出嫁,常以娣随嫁。 ③ 如:依照。同文本作"加"。 ④ 璩伯玉:即蘧伯玉。璩,同"蘧"。 ⑤ 簠簋之事:指祭祀之事。簠、簋,古代祭祀用的食器。《礼记·乐记》:"簠簋俎豆,制度文章,礼之器也。" ⑥ 圉:此为人名,指孔文子。 ⑦ 度:王肃注:"度,谋。" ⑧ 访:疑当作"防"。《左传》哀公十一年"访卫国之难也"洪亮吉诂:"《家语》访作防。"可证。 ⑨ 质:询问。 ⑩ 憾:王肃注:"恨也。" ⑪ 币:财物,礼品。

[通解] 卫国孔文子让太叔疾休掉了他的妻子,把自己的女儿嫁给了他。太叔疾引诱他原配妻子的妹妹,并为她建了宫室,与文子的女儿住在一块儿,对二人都以妻子的礼节对待。孔文子大怒,要攻打他。孔子这时住在蘧伯玉家里,孔文子便前往拜访孔子征求意见。孔子说:"对于祭祀的事情,我曾经听说而且学习过。打仗的事情,我却没有听说过。"孔子退下去,叫人驾车就走,说:"鸟儿可以选择树木,树木怎么能选择鸟儿呢?"孔文子急忙亲自拦住孔子说:"我怎么敢为自己谋私利呢? 我这是为了防止卫国发生祸乱。"

孔子将要留下来,正好这个时候鲁国季康子向冉求请教战法。冉求回答之后又说:"我们老师的学说传播到百姓中间,就算是让鬼神来评判也是无可挑剔的,如果能任用他则会使鲁国名声大振。"季康子把这些话告诉了鲁哀公,接着就派人带着财物礼品迎请孔子,说:"人们对于冉求是信任的,我们将重用孔子。"

[原文] 齐陈恒弑其君简公①,孔子闻之,三日沐浴②而

适朝,告于哀公曰:“陈恒弑其君,请伐之。”公弗许。三请,公曰:“鲁为齐弱③久矣,子之伐也,将若之何?”对曰:“陈恒弑其君,民之不与④者半。以鲁之众,加齐之半,可克也。”公曰:“子告季氏。”孔子辞⑤,退而告人曰:“以吾从大夫之后,吾⑥不敢不告也。”

[注释] ① 齐陈恒弑其君简公:陈恒,即田常。简公,即齐简公,春秋时齐国国君,在位 4 年(前 484—前 481 年)。君,原无,据四库本、同文本补。此记载又见于《左传》哀公十四年。 ② 沐浴:斋戒形式,指洗发洗身。濯发曰沐,澡身曰浴。此处孔子上朝前沐浴以示严肃慎重。 ③ 弱:削弱。 ④ 与:依附,支持。 ⑤ 辞:推辞。王肃注:“不告季氏。” ⑥ 吾:四库本、同文本无。

[通解] 齐国陈恒杀了齐国国君简公,孔子听说后,斋戒沐浴三天后上朝,对鲁哀公说:“陈恒杀了他的国君,请发兵攻打他。”鲁哀公不同意。孔子又再三请求,哀公说:“鲁国被齐国削弱已经很久了,你要攻打他,打算怎么做呢?”孔子回答说:“陈恒杀了他的国君,齐国民众有一半人不支持他,用鲁国的士众,加上不支持他的那一半齐国民众,是可以战胜他的。”哀公说:“你把这件事告诉季氏吧。”孔子推辞了,退下去之后告诉别人说:“因为我曾经位列大夫,所以不敢不向国君报告。”

[原文] 子张问曰:“《书》云:‘高宗三年不言,言乃雍。’有诸?①”孔子曰:“胡为其不然也?古者天子崩,则世子委政于冢宰②三年。成汤既没③,太甲听于伊尹④;武王既丧,成王听于周公,其义一也。”

[注释] ①《书》云:“高宗三年不言,言乃雍。”有诸:高宗,指殷高宗武丁。“三年不言,言乃雍”,原文见《书·无逸》。王肃注:“雍,欢声貌。《尚书》云‘言乃雍’,和。有诸,问有之也。”此记载又见于《礼记·檀弓下》。 ②冢宰:周代官名,为六卿之首,一称大(太)宰。《书·周官》:“冢宰掌邦治,统百官,均四海。” ③没:四库本、同文本作“殁”。 ④太甲听于伊尹:太甲,王肃注:“太甲,汤孙。”伊尹,商初大臣,名伊,一说名挚,尹为官名。助汤灭夏,后又历佐汤之子卜丙、仲壬合汤孙(太丁子)太甲三王。

[通解] 子张问道:“《书》中说:‘高宗三年没有议论政事,等到他一议论,政事就变得和谐欢顺。有这样的事吗?”孔子说:“怎么能说没有呢?古代天子去世,继位的长子就把国家政事交给冢宰管理三年。成汤死后,太甲听命于伊尹;武王死后,成王听命于周公,其中的道理都是一样的。”

[原文] 卫孙桓子侵齐,遇,败焉①。齐人乘②之,执③。新筑大夫仲叔于奚④以其众救桓子,桓子乃免。卫人以邑赏仲叔于奚,于奚辞,请曲悬之乐⑤,繁缨以朝⑥。许之,书在三官⑦。子路仕卫,见其故⑧,以访孔子。

孔子曰:“惜也!不如多与之邑,惟器与名⑨,不可以假人,君之所司⑩。名以出信,信以守器,器以藏礼⑪,礼以行义,义以生利,利以平民,政之大节也。若以假人,与人政也。政亡,则国家从之⑫,不可止也⑬。”

[注释] ①卫孙桓子侵齐,遇,败焉:王肃注:“桓子,孙良夫也。侵齐,与齐师遇,为齐所败也。”孙桓子为春秋时卫国大夫。此记载又见于《左传》成公二年、《新书·审微》。 ②乘:追击。 ③执:抓捕。此处意

谓俘虏。又如《左传》襄公十九年:“执邾悼公,以其伐我故。”四库本、同文本无此字。 ④ 新筑大夫仲叔于奚:新筑,春秋卫地,在今河北魏县南。仲叔于奚,或作“叔叔于奚”。 ⑤ 曲悬之乐:王肃注:“诸侯轩悬,轩悬阙一向(向,四库本作‘面’)也,故谓之曲悬之乐。”悬,指钟、磬等乐器悬挂于架。古时天子乐器四面悬挂,以象宫室四面有墙,谓之“宫悬”;诸侯去其南面乐器,三面悬挂,称“轩悬”,也称“曲悬”。卿大夫、士亦依次递减。此处仲叔于奚请曲悬之乐,是以大夫而僭用诸侯之礼。 ⑥ 繁(pán)缨以朝:王肃注:“马缨当膺以索群,衔以黄金为饰也。”繁缨为天子、诸侯所用辂马的带饰,而仲叔于奚请求用繁缨装饰的马匹上朝,是僭越礼制的行为。 ⑦ 书在三官:三官,古代三种官的合称,共有三种:一种指辅佐君主的三种官,大乐正、大司寇、司市,或大司徒、大司马、大司空,见《礼记·王制》;一种为军中执掌鼓、金、旗以发布军令的三种官,见《管子·兵法》;一种指管理农、商、工的田师、市师、器师,见《荀子·解蔽》。此处指第一种用法。王肃注:“司徒书名,司马书服,司空书勋也。”意谓由大司徒、大司马、大司空把这件事记录了下来。 ⑧ 故:旧典,以往的文书记录。四库本作“政”。 ⑨ 惟器与名:王肃注:“器,礼乐以器。名,尊卑以名(四库本二‘以’字皆作‘之’)。”器,礼乐之器。名,名号,爵号。惟,四库本、同文本作“唯”。 ⑩ 司:掌管。王肃注:“司,主。”四库本、同文本此后有“也”字,而无王肃注。疑注窜讹为正文。 ⑪ 器以藏礼:王肃注:“有器然后得行其礼,故曰器以藏礼。” ⑫ 之:四库本、同文本无。 ⑬ 也:四库本、同文本作“已”。

[通解] 卫国孙桓子侵伐齐国,与齐军交战,被打败了。齐国乘胜追击,抓了很多俘虏。新筑大夫仲叔于奚率领部众援救孙桓子,孙桓子才幸免于难。卫国人用城邑赏赐仲叔于奚,于奚辞谢,而请求享用曲悬之乐,用繁缨装饰的马匹朝见国君。卫国国君同意了,并由三官把这件事记录了下来。子路在卫国当官,见到了这个典故,便去请教孔子。

孔子说："可惜啊！不如多给他城邑。唯有礼器和名号是不可以用来借给别人的，这二者是国君所应该掌握的。名号用来显示威信，威信用来保守礼器，礼器用来体现礼制，礼制用来推行道义，道义用来产生利益，利益用来安定百姓，这是为政的重要准则。如果借给了别人，就等于把政权交给了别人，政权没有了，国家也就会跟着灭亡，这是无法阻止的。"

［原文］

公父文伯之母纺绩不解①，文伯谏焉。其母曰："古者王后亲织玄紞②，公侯之夫人加之纮綖③，卿之内子为大带④，命妇⑤成祭服，列士⑥之妻加之以朝服。自庶士已下，各衣其夫。社而赋事，烝而献功⑦，男女纺绩，僭则有辟⑧，圣王之制也。今我寡也，尔又在下⑨位，朝夕恪勤，犹恐忘⑩先人之业，况有怠堕⑪，其何以避辟？"

孔子闻之，曰："弟子志之：季氏之妇，可谓不过矣。"

［注释］

① 公父文伯之母纺绩不解：公父文伯，鲁国大夫，名公父歜。王肃注："文伯母，敬姜也。"敬姜为春秋时鲁国大夫公父穆伯之妻，文伯之母，季康子从叔祖母。穆伯早死，敬姜守寡养孤。纺绩，把丝麻等纤维纺成纱或丝。纺指纺丝，绩指缉麻。解，通"懈"，懈怠。此记载又见于《国语・鲁语下》《列女传・母仪传》。 ② 玄紞(dǎn)：冠冕上的前后的黑色丝织物。王肃注："紞，冠垂者。" ③ 纮(hóng)綖(yán)：王肃注："缨屈而上者谓之纮。綖，冠之上覆也。" ④ 内子为大带：王肃注："卿之妻为内子。"大带，祭祀用带，有革带和大带。革带用以系佩绂，大带置于革带之上，以丝织的素合练织成。 ⑤ 命妇：受有封号的妇女。王肃注："大夫之妻为命妇。"又如《国语・鲁语下》："命妇成祭服。"韦昭注："命妇，大夫之妻也。" ⑥ 列士：上士。古称天子之上士为元士，以别于诸侯之上士。此指元士。 ⑦ 社而赋事，烝而献

功：王肃注：“男女春秋而勤岁事，各（四库本作‘冬’，当是）烝祭而献其功也。”社，春分祭祀土地神。赋事，从事农桑之事。烝，冬祭。《礼记·祭统》：“凡祭有四时：春祭曰礿，夏祭曰禘，秋祭曰尝，冬季曰烝。”献功，献上五谷、布帛等。社而赋事，同文本作“秋而戎事”。 ⑧ 男女纺绩，僣则有辟：纺绩，古代纺多指纺丝，绩亦作“缉”，多指缉麻。此处引申为建功立业。僣，同“愆”，过错。四库本作“愆”。王肃注：“绩，功也。辟，法也。”意谓人们争相创立功业，犯错就会受到法律的惩罚。 ⑨ 下：原无此字，据燕山本补。 ⑩ 忘：四库本、同文本作“亡”。 ⑪ 堕：通“惰”，懈怠。四库本作“惰”。

［通解］ 公父文伯的母亲不停地纺丝缉麻，文伯于是加以劝谏。他母亲说：“古时王后亲手织玄统，公侯的夫人不但亲手织玄统，又加上了纮綖，卿的妻子制作大带，大夫的妻子缝制祭服，上士的妻子又加上朝服。自庶士以下，都要缝制丈夫所穿的衣服。春分祭祀土地神，从事农桑之事，冬祭献上五谷、布帛。男女都争相创立功业，有过错就要受到法律的惩罚，这是圣王的制度。如今我守寡在家，你又处在低级官位上，日夜地恭敬勤恳，还怕遗忘先人的业绩，如果做事怠慢，怎么能逃脱法律惩罚呢？”

孔子听到这件事后说：“弟子们记住：公父文伯的母亲可以说没有过错了。”

［原文］ 樊迟问于孔子曰：“鲍牵事齐君，执政不挠，可谓忠矣①，而君刖②之，其为至暗③乎？”孔子曰：“古之士者，国有道则尽忠以辅之，国④无道则退身以避之。今鲍庄⑤子食⑥于淫乱之朝，不量主之明暗，以受大刖⑦，是智之不如葵，葵犹能卫其足⑧。”

［注释］ ① 鲍牵事齐君，执政不挠，可谓忠矣：王肃注：“齐庆克通于夫人，鲍

牵知之,以(四库本无)告国(国,原作‘匡’,据四库本、备要本改)武子。武子召庆克而让之。庆克告(告,四库本作‘召’,误)夫人,夫人怒。国子相灵公(国子相灵公,原作‘闵子子因需公’,据四库本、备要本改)以会于诸侯,高、鲍处(处,原作‘去’,据四库本、备要本改)守,及还,将至,闭门而索(索,原作‘牵’,据四库本、备要本改)客。夫人诉之曰:‘高、鲍将不纳君。’遂刖鲍牵之足。”鲍牵,即鲍庄子,春秋时齐国大夫,鲍叔牙曾孙。挠,曲,不正。此记载又见于《左传》成公十七年。 ② 刖(yuè):古代砍掉脚的酷刑称“踂”,也作“刖”。 ③ 暗:愚昧不明。 ④ 国:四库本、同文本无。 ⑤ 庄:原作“疾”,据四库本、同文本、《左传》改。 ⑥ 食:指鲍庄子在当朝任职。 ⑦ 刖:四库本、同文本作“刑”。 ⑧ 葵犹能卫其足:王肃注:“葵倾叶随日转,故曰卫其足也。”

［通解］

樊迟问孔子说:“鲍牵侍奉齐国国君,为政正直无私,可以说是忠诚了,然而齐国国君砍掉了他的脚,齐国国君太昏庸了吧?”孔子说:“古代的士人,国家政治清明就竭尽忠诚为国出力,国家政治黑暗就退身隐居。现在鲍庄子在淫乱的朝廷中做官,不思量君主是圣明还是昏庸,因而被砍掉了脚,这只能说还不如葵花聪明,葵花尚能保护自己的脚。”

［原文］

季康子欲以一井田出法赋焉①,使访孔子。子曰:“丘弗识也。”冉有三发,卒曰:“子为国老②,待子而行,若之何子之不言?”孔子不对,而私于冉有曰:“求,汝来。汝弗闻乎,先王制土,藉田以力③,而底其远近④;赋里以入,而量其有无⑤;任力以夫,而议其老幼⑥。于是鳏、寡、孤、疾、老者,军旅之出则征之,无则已⑦。其岁⑧收,田一井出稯禾、秉刍、缶米⑨,不是过,先王以为之⑩足。君子之行,必度于礼,施取其厚⑪,事举其中⑫,敛⑬从其薄。若是其已[14]，丘[15]亦足矣。不度于礼，而贪冒[16]无厌，则虽赋田，将有不足。且子孙[17]若以行之而取法，则有周公之典在。若欲犯法，则苟行之，又何访焉？”

［注释］ ① 一井田出法赋焉：据《左传》贾逵注，意谓令一井土地出一丘土地的常赋，即田亩税。井，井田，周代的一种土地制度，方九百亩的地方为一里，地方一里为井，四井为邑，四邑为丘。法赋，法定的田赋，常赋，即田亩税。此记载又见于《左传》哀公十一年、《国语·鲁语下》。 ② 国老：古代告老退休的卿大夫。 ③ 藉（jí）田以力：藉，与“籍”通，税。周朝实行井田制，按劳力进行分配，公田由农户无偿耕种作为税收。王肃注：“田有税收，藉力以治公田也。”参见《诗·大雅·韩奕》：“实墉实壑，实亩实籍。”笺：“籍，税也。” ④底其远近：王肃注：“底，干（四库本、备要本作‘平’）。平其远近，俱十（十，四库本作‘什’）一而中。”意谓俱用什一之税为宜。底，平衡。 ⑤ 赋里以入，而量其有无：王肃注：“里，廛。里有税。度其有无，为（四库本‘为’前有‘以’字）多少之入也。”里，即城邑的市廛，为商贾所居住之区域。有无，原作“无有”，据四库本、同文本改。 ⑥ 任力以夫，而议其老幼：夫，古代井田，一夫受田百亩，故称田百为夫。王肃注：“力作度之事，丁夫任（任，四库本作‘召’）其长幼，或重或轻。” ⑦ 鳏、寡、孤、疾、老者，军旅之出则征之，无则已：王肃注：“于军旅之役，则鳏、寡、孤、疾或所共（共，四库本作‘供’），无军事则止之。”四库本、同文本“军旅”前有“有”字。 ⑧ 其岁：王肃注：“其岁，军旅之岁。” ⑨ 稯（zōng）禾，秉刍（chú）、缶（fǒu）米：原作“获禾、秉、缶米，刍藁”，四库本“获”作“稯”，无“禾”字。今据《国语》改。稯，计算禾把的单位，四十把为一稯。秉，量词，十六斛。缶，量器名，一缶为十六斗。刍，饲草。王肃注：“一把曰秉，四秉曰稯（曰，原作‘固’，据四库本改；稯，四库本作‘筥’）穗，连藁刍（刍，四库本作‘筥’）不可分，故曰步（步，四库本作‘刍’）缶，十六斗曰秉（秉，四库本、备要本作‘庾’）也。” ⑩ 之：四库本无。 ⑪ 施取其厚：即要博施于人。王肃注：“施以厚为德也。” ⑫ 事举其中：做事把握分寸。王肃注：“事以中为节。” ⑬ 敛：征收赋税。 ⑭ 已：四库本

作“以”。　⑮ 丘：王肃注：“丘，十六井。”　⑯ 贪冒：贪得，贪图财力。　⑰ 子孙：四库本作“季孙”。

［通解］

季康子想以井为单位征收赋税，派人征求孔子的意见，孔子说：“我不懂这些。”冉求被派去问了好几次，最后说：“您是国老，都等着您的意见办事，您为什么不做声呢？”孔子没有回答，私下对冉求说：“冉求，你过来。你不知道吗？先王确定土地制度，按照劳力来分配公田征税，并根据远近加以平衡调节；在市廛进行征税，要考虑商贾财力的多少；征发徭役，要考虑年龄的大小。对于鳏、寡、孤、疾和上了年纪的人，有军事行动就征税，没有军事行动，就对他们免税。在有军事行动的年月，一井土地，就征收一稯禾，一秉饲料，一缶米，不会超过这些，先王认为这就足够了。君子的行动必须合乎礼的要求，施与要力求丰厚，做事要适中把握分寸，征收赋税要尽量轻。如果这样，以丘为单位征收赋税也足够了。如果不按照礼的原则做事，贪得无厌，就算以田为单位征收赋税也不会得到满足。并且，先王的子孙如果想按照法度行事，那么周公制定的典章制度还在；如果想违背法度行事，那么随意而行就是了，何必要问我呢？”

［原文］

子游问于孔子曰：“夫子之极言子产之惠①也，可得闻乎？”孔子曰：“惠②在爱民而已矣。”子游曰：“爱民谓之德教，何翅③施惠哉？”孔子曰：“夫子产者，犹众人之母也，能食之，弗④能教也。”子游曰：“其事可言乎？”孔子曰：“子产以所乘之舆⑤济冬涉者⑥，是爱⑦无教也。”

［注释］

① 惠：仁惠。此记载又见于《礼记·仲尼燕居》《说苑·政理》。

②惠：四库本作"谓"。 ③翅：通"啻"，但，仅，止。 ④弗：四库本、同文本作"而不"。 ⑤舆：车厢，泛指车。四库本、同文本作"车"。 ⑥者：四库本、同文本无。 ⑦爱：四库本、同文本此后有"而"字。

［通解］ 子游问孔子说："老师您极力称赞子产仁惠，可以说来听听吗？"孔子说："子产的仁惠只不过在于他爱民罢了。"子游说："爱民可以称为德治教化，岂止是仁惠呢？"孔子说："子产，就像是一般人的母亲，能养活他们，却不能教化他们。"子游说："能举例说明这方面的事吗？"孔子说："子产用他所乘的车子帮助冬天过河的人，这就是只爱民而没有教化。"

［原文］ 哀公①问于孔子曰："二三大夫皆劝寡人，使隆②敬于高年，何也？"

孔子对曰："君之及此言③，将天下实赖之，岂唯鲁哉！"

公曰："何也？其义可得闻乎？"

孔子曰："昔者，有虞氏贵德而尚齿④，夏后氏贵爵而尚齿，殷人贵富⑤而尚齿，周人贵亲而尚齿。虞、夏、殷、周，天下之盛⑥王也，未有遗年者焉。年者，贵于天下久矣，次于事亲。是故朝廷同爵而尚齿。七十杖于朝，君问则席⑦；八十则不仕朝，君问则就之，而悌⑧达乎朝廷矣。其行也，肩而不并⑨，不错则随⑩，斑白者不以其任于道路⑪，而悌达乎道路矣；居乡以齿，而老穷不匮，强不犯弱，众不暴寡，而悌达乎州巷⑫矣；古之道，五十不为甸役⑬,颁禽隆之长者,而悌达乎蒐狩⑭矣;军旅什伍⑮,同爵⑯则尚齿,而悌达乎军旅矣。夫圣王⑰之教,孝悌发诸朝廷,行于道路,至于州巷,放⑱于蒐狩,循于军旅,则众感以义,死之而弗敢犯。"

公曰:"善哉,寡人虽闻之,弗能成。"

[注释] ① 哀公:四库本、同文本作"定公",未知孰是。 ② 隆:盛,多,大,增。《说文·生部》:"隆,兴大也。"又《资治通鉴·周纪二》:"虽隆薛之城到于天。"胡三省注:"隆,高也,崇也。" ③ 言:四库本、同文本此后有"也"字。 ④ 尚齿:意谓敬重长者。齿,年龄。 ⑤ 富:王肃注:"富贵世禄之家。" ⑥ 盛:四库本、同文本作"上"。 ⑦ 君问则席:王肃注:"君欲问之,则为之设席而问焉。" ⑧ 悌:敬爱兄长。 ⑨ 肩而不并:王肃注:"不敢与长者并肩也。" ⑩ 不错则随:王肃注:"错,雁行。父党随行,兄党雁行也。" ⑪ 斑白者不以其任于道路:王肃注:"任,负(四库本作'担')也。少者代之也。"斑白者,指老人。四库本、同文本作"班白之老"。四库本、同文本无"道"字。意谓不让年龄大的人担负重物行路。 ⑫ 州巷:州闾。州与闾皆为古时地方基层行政单位,泛指乡里。 ⑬ 五十不为甸役:王肃注:"五十始老,不为力役之事,不为田猎之徒也。"甸役,指田猎。天子田猎则征发徒役,故称。甸,通"田""畋"。 ⑭ 蒐(sōu)狩:春猎称蒐,冬猎称狩。 ⑮ 什伍:四库本作"伍什",同文本、万有本作"五什"。 ⑯ 同爵:四库本作"同列"。同文本、万有本作"同齿",误。 ⑰ 圣王:四库本、同文本作"圣人"。 ⑱ 放:至,到。

[通解] 哀公询问孔子说:"大夫们都劝我,让我尊敬年龄大的人,为什么呢?"

孔子回答说:"您如果能做到他们所说的那样,整个天下将会仰赖您,岂止是鲁国呢?"

哀公说："为什么呢？其中的道理可以说来听听吗？"

孔子说："从前，有虞氏重视道德而尊敬年龄大的人，夏后氏重视爵位而尊敬年龄大的人，殷朝的人重视富贵而尊敬年龄大的人，周朝的人重视血缘关系而尊敬年龄大的人，虞、夏、殷、周，是天下兴盛的王朝，而没有遗忘长者。年龄大的人被天下人尊重由来已久，其重要性仅次于侍奉双亲，所以在朝廷上爵位相同而更尊重长者。七十岁的人拄杖上朝，国君如果有所询问就要为他设置座席；八十岁的人则不用上朝，国君如果有所询问就要到他家里去，这样孝悌之义就会通达于朝廷了。与长者一起走路，不能跟他并肩，要么错开跟在后面，要么直接跟在身后，头发斑白的老人不用负重走路，这样，孝悌之义就通达于道路了；居住在乡里要论年龄，年老贫穷的不至于生活匮乏，强者不欺负弱者，人多的不欺负人少的，这样孝悌之义就通达于州间之间了。按照古代的准则，五十岁就不用担任田猎的差事了，分猎物的时候要厚待长者，这样，孝悌之义就通达于田猎之事了；军队中爵位相同的人更尊重年龄大的人，这样孝悌之义就通达于军队之中了。圣明的君王用孝悌来教化人民，从朝廷开始，推行于道路，至于州间，传播于田猎，盛行于军队之中，那么，人们就会被其中的道义所感染，宁死也不敢违犯。"

哀公说："好啊！我虽然知道了，却做不到。"

［原文］

哀公问①于孔子曰："寡人闻东益②不祥，信有之乎？"孔子曰："不祥有五，而东益不与焉。夫损人自益，身之不祥；弃老而取幼③，家之不祥；释④贤而任不肖⑤，国之不祥；老者不教，幼者不学，俗之不祥；圣人伏匿，愚者擅权，天下不祥。不祥有五，东益不与焉。”

［注释］ ① 问：原作“问之”，据四库本、同文本删。此记载又见于《新序·杂事五》《淮南子·人间训》。 ② 东益：向东扩展房屋。益，增加。王肃注：“东益之宅。” ③ 弃老而取幼：意谓一家之中，老者与幼者共处，遗弃老人而不尽为子的责任，却只是过分溺爱子女，必然会导致家庭纷争，以至破裂。一说为舍弃老人意见而听从幼者意见，但根据本段文字的语境和孔子忠君尊父的政治伦理思想，此不确，故不取。 ④ 释：放弃。原作“择”，据四库本、同文本改。 ⑤ 不肖：肖，《说文·肉部》：“肖，骨肉相似也。从肉，小声。不似其先故曰不肖也。”此处意谓不贤。

［通解］ 哀公问孔子说：“我听说向东拓展房屋是不吉利的，真是这样吗？”孔子说：“不吉利的事情有五种，而向东拓展房屋这件事不包括在内。损人利己，是自身的不吉利；遗弃老人而只关爱子女，是家庭的不吉利；放弃有贤能的人而任用小人，是国家的不吉利；年老的人不教育别人，年幼的人不学习，是社会的不吉利；圣明的人隐匿不出，而愚昧的人专权，是天下的不吉利。不吉利的事情有五种，向东拓展房屋不包括在内。”

［原文］ 孔子适季孙，季孙之宰①谒②曰：“君使求假③于马④，将与之乎？”季孙未言，孔子曰：“吾闻之，君取于臣，谓之取；与于臣，谓之赐。臣取于君，谓之假；与于君，谓之献。”季孙色然⑤悟曰：“吾诚未达此义。”遂命其宰曰：“自今已往，君有取之⑥，一切不得复言‘假’也。”

［注释］ ① 宰：古时官吏的通称。《周礼》有冢宰、大宰、小宰、宰夫、内宰、里宰。春秋时卿大夫的家臣和采邑的长官也称为宰。此指家臣。此记载

又见于《韩诗外传》卷五、《新序·杂事五》。 ② 谒:禀告,陈说。 ③ 假:借。 ④ 马:原作"田",据《韩诗外传》《新序》改。 ⑤ 色然:脸色大变。 ⑥ 之:四库本、同文本无。

[通解]

孔子到季孙氏那里去,碰上季孙氏的家臣向季孙报告事情:"鲁君派人来借用马,您打算给他吗?"季孙氏还没有回答,孔子说:"我听说,国君从臣下那里拿东西,叫做取,给臣下东西,叫做赐。臣下从国君那里拿东西,叫做借,给国君东西,叫做献。"季孙氏脸色大变,醒悟过来,说:"我确实不明白这个道理。"于是命令他的家臣说:"从今以后,国君要来拿东西,一律不能再说'借'了。"

卷第十

曲礼子贡问第四十二

［序说］

本篇记载了孔子日常生活中有关礼仪的所见、所闻及所辩、所叹。因古代典礼中的动作规范以及待人接物的礼节称为曲礼（即礼的细节），而本篇首章又记子贡所问，故以“曲礼子贡问”名篇。

本篇通过记述孔子平时按礼行事的情形，表现了他“非礼勿视、非礼勿听、非礼勿言、非礼勿动”的“以礼立身”的人生信条。所记之事虽然零碎，却有着不可低估的价值。例如首章所记“子贡问晋文公召天子”一事，不但与《左传》僖公二十八年的记载相同，还是“夫子作《春秋》”的又一力证。又如，《史记·孔子世家》载“孔子数称……臧文仲”，所谓“称”，应为称颂、赞许之意，而《论语》《左传》等材料所记均为孔子对臧文仲的批评。《家语》本篇有“冉求曰臧文仲知鲁国之政”一章，从中我们可以看到孔子对臧文仲的总体评价还是很高的。此事在《礼记·礼器》中则记为“臧文仲安知礼”，这是由于孔子对心目中的“君子”要求严格，他对臧文仲“安知礼”的批评也有具体环境。较之《礼记》，《家语》所记孔子言论语境更为完整。再如，本章所记“夫灶者，老妇之所祭”在《礼记》中为“夫奥者，老妇之祭也”，我们认为，“奥”当为“灶”之误，依据原意，所祭应是灶神，老妇是主祭者而非受祭者。在时人的心目中，灶神应当身穿红衣，状如美女，决非老妇之神。《礼记》所载容易使人误解，以至有的学者将受祭者释为原先有功于炊事的老妇之神。相比之下,《家语》的记载更为明确,不易产生歧义。

本篇的许多记载又见于《礼记》,由于《礼记》为汉儒汇编而成,其重点在于转述孔子的言论,因此语境往往被当做枝叶而任加删削。相形之下,《家语》所记则首尾完具,直接明了,显得确凿而原始,这也符合《家语》语录体的特色。关于这一点,如将本篇"孔子在宋见桓魋自为石椁""孔子在卫""子游问丧之具""卫公使其大夫求婚于季氏"等章与《礼记》的相应部分予以比较,可以明显地看出来。

[原文] 子贡问于孔子曰:"晋文公实召天子,而使诸侯朝焉①。夫子作《春秋》②,云:'天王狩于河阳③。'何也?"孔子曰:"以臣召君,不可以训④。亦书⑤其率诸侯事天子而已。"

[注释] ① 晋文公实召天子,而使诸侯朝焉:王肃注:"晋文公会诸侯于温,召襄王,且使狩于河阳,因使诸侯朝。"此记载又见于《左传》僖公二十八年:"是会也,晋侯召王,以诸侯见,且使王狩。仲尼曰:'以臣召君,不可以训。'故书曰:'天王狩于河阳。'言非其地也,且明德也。"天子,指周襄王,因王子带之乱而出奔在外,借晋文公之力,于僖公二十五年平定叛乱。 ②《春秋》:我国第一部编年体史书,为孔子根据鲁国国史《春秋》整理删订而成,记录了从鲁隐公元年(前722年)到鲁哀公十四年(前481年)共242年的历史。 ③ 天王狩于河阳:见《春秋》僖公二十八年。天王,天子,此指周襄王。狩,打猎。《尔雅·释天》:"冬猎为狩。"河阳,晋邑,在今河南孟县西。 ④ 训:典式,法则。《诗·大雅·烝民》:"古训是式。" ⑤ 书:书写,记载。

[通解] 子贡问孔子说:"晋文公温地会盟实际上是召来周天子,让诸侯朝见。而先生您作《春秋》,将此事写成'天子在河阳

打猎'。这是为什么?"孔子说:"晋文公以臣的身份召见君主,不可以作为典范而垂训后人的。所以就将此事写成晋文公率领诸侯侍奉周天子罢了。"

[原文]

孔子在宋,见桓魋①自为石椁②,三年而不成,工匠皆病③。夫子愀然④曰:"若是其靡⑤也,死不如速朽之愈⑥。"

冉子仆⑦,曰:"礼,凶事⑧不豫⑨,此何谓也⑩?"夫子曰:"既死而议谥⑪,谥定而卜葬⑫,既葬而立庙,皆臣子之事,非所豫属也,况自为之哉?"

[注释]

① 桓魋:即向魋,宋国的司马,因为是宋桓公的后代,所以又叫桓魋。此记载又见于《礼记·檀弓上》。　② 椁:棺材外面的套棺。③ 病:疲惫,困乏。《论语·卫灵公》:"从者病,莫能兴。"　④ 愀(qiǎo)然:忧戚变色貌。《史记·司马相如列传》:"于是二子愀然改容,超若自失。"司马贞《史记索隐》引郭璞云:"变色貌。"　⑤ 靡:王肃注:"靡,侈。"　⑥ 速朽之愈:原作"朽之愈速",据四库本、同文本改。⑦ 仆:驾车。《论语·子路》:"子适卫,冉有仆。"何晏《论语集解》引孔安国曰:"冉有御。"　⑧ 凶事:丧事。《周礼·春官·司服》:"凡凶事,服弁服。"郑玄注:"服弁,丧冠也。"　⑨ 豫:通"预",事先有所准备。　⑩ 也:四库本、同文本此后有"乎"字。　⑪ 谥:古代人死后,根据其生前事迹评定褒贬给予的称号。《周礼·春官·大史》:"小丧赐谥。"《逸周书·谥法解》:"谥者,行之迹也。"　⑫ 卜葬:指卜葬日,因为重视葬事,卜葬独用龟卜,先卜远日,即以此月下旬,先卜来月下旬。不吉,卜中旬。又不吉,则卜上旬。

[通解]

孔子在宋国,见宋国司马桓魋亲自为自己设计石制的套棺,用了三年时间还未做成,工匠们都疲惫不堪。孔子的脸色霍然一变,说道:"如果像这样奢靡,死了以后还不如快点腐烂好。”

当时冉有正在驾车，问：“根据礼制，丧事不能事先准备，这是什么意思呢？”孔子说：“死了以后才商议谥号，谥号确定以后才占卜下葬的时日，下葬以后才设立祭庙，这些都是臣子们要做的事情，不是能事先准备的，何况是自己亲自去安排呢？”

［原文］

南宫敬叔以富得罪于定公，奔卫。卫侯请复之，载其宝以朝。夫子闻之，曰：“若是其货[①]也，丧不若速贫之愈。”

子游侍，曰：“敢问何谓如此？”孔子曰：“富而不好礼，殃也。敬叔以富丧[②]矣，而又弗改，吾惧其将有后患也。”敬叔闻之，骤如孔氏，而后循礼施散[③]焉。

［注释］

① 货：贿赂。如《左传》僖公二十八年：“曹伯之竖侯獳货筮史。” ② 丧：王肃注：“丧，失位也。” ③ 施散：散布，此处指散布财物。

［通解］

南宫敬叔因为富有而得罪鲁定公，出奔卫国。卫国国君请求鲁定公允许敬叔回国，南宫敬叔回国以后，满载着财宝朝见定公，以求恢复官职。孔子听说此事后，说：“如果像这样使用财货行贿，丧失了官位还不如快点贫穷好。”

当时子游正陪侍在一旁，问：“请问为什么这么说呢？”孔子说：“一个人如果富有而不喜欢遵守礼制，是要遭殃的。敬叔是因为富有而丧失了官位，但又不改正。我担心他将来还有祸患啊！”敬叔听说以后，立即赶到孔子家里，向孔子请教。从此以后，遵守礼制，并把财货施散给百姓。

［原文］

孔子在齐，齐大旱，春饥。景公问于孔子曰："如之何？"

孔子曰："凶年①则乘驽马②，力役不兴，驰道③不修，祈以币玉④，祭祀不悬⑤，祀以下牲⑥。此⑦贤君自贬以救民之礼也。"

［注释］

① 凶年：荒年。《孟子·梁惠王上》："凶年饥岁。" ② 驽马：劣马。 ③ 驰道：王肃注："驰道，君行之道。" ④ 祈以币玉：王肃注："君所祈请，用币及玉，不用牲也。" ⑤ 祭祀不悬：王肃注："不作乐也。"祀，四库本、同文本作"事"。悬，悬挂钟、磬等乐器，即奏乐。 ⑥ 祀以下牲：王肃注："当用大牢者用少牢。" ⑦ 此：四库本、同文本此后有"则"字。

［通解］

孔子在齐国时，齐国大旱，春天发生了饥荒。齐景公向孔子请教说："怎么办呢？"

孔子说："遇到荒年，国君就应该乘用劣马，不兴劳役，不修整驰道，禳灾祈请时只用币玉而不用牺牲，祭祀时不奏乐，用牲时要降一等。这是贤明的君主自贬自己的规格以救助百姓的礼节。"

［原文］

孔子适①季氏，康子昼居内寝②。孔子问其所疾，康子出见之。言终，孔子退。

子贡问曰："季孙不疾，而问诸疾，礼与？"

孔子曰："夫礼，君子不有大故③，则不宿于外；非致齐④也，非疾也，则不昼处于内。是故夜居外，虽吊之，可也；昼居于内，虽问其疾，可也。"

［注释］

① 适：往，到。 ② 内寝：内堂，卧室。《逸周书·皇门解》："予独服在寝。"简称内，郑玄云："内，正寝之中。" ③ 大故：指大的变故，如父母之丧、灾祸等。 ④ 致齐（zhāi）：祭祀先人之前的一种仪

式，谓集中精力，想象先人的音容笑貌和行为意志，以示虔诚。齐，通“斋”。《礼记·祭义》：“致齐于内，散齐于外，齐之日，思其居处，思其笑语，思其志意，思其所乐，思其所嗜，齐三日，乃见其所为齐者。”郑玄注：“致齐，思此五者也。”

[通解]

孔子到季氏家去，季康子大白天还在内宅睡觉。孔子问起他所患的病，康子出来和孔子见了面。谈话完毕，孔子退了出来。

子贡问道：“季孙氏没有病，而先生您问起他的病，这合乎礼制要求吗？”

孔子说：“按照礼制规定，君子除非遇到大的变故，是不住在内宅之外的；除非祭祀前专心致志地斋戒，除非生了病，白天是不能居于内宅的。所以夜里在内宅外面住宿，别人即使前往吊丧也是可以的；白天还居于内宅，别人即使前往探问他的病情也是可以的。”

[原文]

孔子为大司寇，国厩[①]焚。子退朝而之火所，乡人有自为火来者，则拜之，士一，大夫再。

子贡曰：“敢问何也？”

孔子曰：“其来者，亦相吊[②]之道也。吾为有司[③]，故拜之。”

[注释]

① 厩：马房。此记载又见于《礼记·杂记下》。 ② 吊：哀悼死者，慰问丧家或遭遇不幸者。 ③ 有司：司，旧时官署的名称。有司，此指主管的官员。

[通解]

孔子担任鲁国大司寇的时候，国家的马厩失了火。孔子退朝之后赶到火灾现场，见乡人自发赶来救火，就加以拜谢，对士拜一次，对大夫拜两次。

子贡问："请问这是为什么？"

孔子说："来这里的人，也都是遵行有事互相吊问的礼制的。我作为国家的主管官员，所以要对他们拜谢。"

［原文］

子贡问曰："管仲失于奢，晏子失于俭。与其俱失矣①，二者孰贤？"

孔子曰："管仲镂簋而朱纮②，旅树而反坫③，山节藻棁④。贤大夫也，而难为上⑤。晏平仲祀其先祖，而豚肩不揜豆⑥，一狐裘三十年。贤大夫也，而难为下⑦。君子上不僭下，下不逼上⑧。"

［注释］

① 与其俱失矣：与其，犹如"其"，连词。常与"孰若""宁""不若"等词连用，在比较取舍时用于舍弃的方面。如《论语·八佾》："礼，与其奢也，宁俭；丧，与其易也，宁戚。"《礼记·檀弓上》："丧礼，与其哀不足而礼有余也，不若礼不足而哀有余也。"矣，四库本、同文本作"也"。此记载又见于《礼记·礼器》《礼记·杂记下》。 ② 镂簋而朱纮：王肃注："镂，刻而饰之。朱纮，天子冕之绂。"镂，雕刻。簋，古代食器，青铜或陶制品，盛行于西周时期，用以盛黍稷稻粱。纮，古时冠冕上的帽带，由颔下挽上而系在笄的两端。 ③ 旅树而反坫（diàn）：王肃注："旅，施也。树，屏也。天子外屏，诸侯内屏。反坫，在两楹之间，人君好会，献酢礼毕，反爵于其上（四库本此后有'也'字）。"坫，古代设在两楹之间的土台，低者供诸侯相会饮酒时置放空杯，高者用以置放来会诸侯所馈赠的玉圭等物。四库本、同文本作"玷"。 ④ 山节藻棁（zhuō）：王肃注："节，栭也，刻为山云。棁，梁上楹也，画藻文也。"山节，刻成山形或伴有云彩的斗拱（栭），即柱顶上支撑屋梁的方木。藻棁，画有水草花纹的梁上短柱。 ⑤ 上：居于上位的人，此处指国君。 ⑥ 豚肩不揜（yǎn）豆：王肃注："言陋小也。"豚肩，猪腿。揜，同"掩"，四库本作"掩"，掩盖，遮蔽。豆，古代食器，形似高足盘，或有盖。 ⑦ 下：居下位的人，此处指下属。 ⑧ 上不僭下，下不逼上：《礼记·杂记下》作："上不僭上，下不逼下。"僭，超越本分，旧指下级冒用上级的名义、礼仪

或器物。据文义,似以《礼记》文为是。

[通解] 子贡问道:"管仲的过失在于过度奢侈,晏子的过失在于过度节俭。与其说两人都有过失而一概否定,还不如加以区分,两人谁更贤德呢?"

孔子说:"管仲盛粮食的簋雕刻花纹,系冕的带子使用天子使用的朱红色,大门前树立影壁,堂上两楹之间设置放回空酒杯的土台,屋顶上有雕刻成山形的斗拱和绘有水草纹的梁上短柱。他固然是位贤能的大夫,却使居于他上位的君主为难。晏平仲祭祀他的祖先,所供奉的猪腿不能掩盖豆的顶部,一件狐皮大衣穿了三十年。他固然是位贤能的大夫,却使居于他下位的属吏为难。真正有才德的君子应该对上不僭越,对下不逼迫。"

[原文] 冉求曰:"昔①文仲知②鲁国之政,立言垂法③,于今不④亡,可谓知礼⑤矣。"孔子曰:"昔臧文仲安知礼?夏父弗綦逆祀⑥而不止,燔柴于灶以祀焉。夫灶者,老妇之所祭⑦,盛于瓮⑧,尊于瓶⑨,非所柴⑩也。故曰礼也者,由⑪体也。体不备,谓之不成人。设之不当,犹不备也。"

[注释] ① 昔:四库本、同文本作"臧"。此记载又见于《礼记·礼器》。② 知:主持。《左传》襄公二十六年:"子产其将知政矣。" ③ 立言垂法:此指制定礼法制度。立言,著书立说。垂,流传,留存。法,法则。《左传》襄公二十四年:"鲁有先大夫曰臧文仲,既没,其言立。" ④ 不:四库本、同文本此后有"可"字。 ⑤ 礼:四库本、同文本此后有"者"字。 ⑥ 夏父弗綦逆祀:夏父弗綦,或作夏父弗忌、夏父不忌,春秋时鲁国大夫。鲁文公时曾任宗伯,主持祭祀先公的庙祭,尊崇僖公,升其享祀之位于闵公之上。僖公入继闵公,依据传统礼制,闵公当在上。

这种失礼行为，时人称之为逆祀。《左传》文公二年："秋八月丁卯，大事于大庙，跻僖公，逆祀也。于是夏父弗忌为宗伯。"《国语·鲁语上》："夏父弗忌为宗，蒸，将跻僖公。"綦，四库本、同文本作"忌"。 ⑦ 夫灶者，老妇之所祭：王肃注："谓祭灶报其功，老妇主祭也。"《礼记·礼器》："夫奥者，老妇之祭也。盛于盆，尊于瓶。"郑玄注："奥，当为'爨'字之误也，或作'灶'。" ⑧ 盛(chéng)于瓮：盛放到瓮中。盛，以器受物。瓮，一种陶制的盛器。 ⑨ 尊于瓶：尊，这里作动词，置酒。瓶，一般指腹大颈长的容器。 ⑩ 柴：四库本、同文本作"祭"。 ⑪ 由：通"犹"，好似。《墨子·兼爱下》："为彼者，由为己也。"《孟子·离娄下》："禹思天下有溺者，由己溺之也。"四库本、同文本作"犹"。

[通解] 冉求说："从前臧文仲主持鲁国国政，制定礼法制度，垂示法则，他的影响到现在也没有消失，可以说是懂礼的人。"孔子说："从前的臧文仲哪里懂得礼呢？夏父弗綦违反昭穆制度，升僖公之神位于闵公之上，而臧文仲不知道加以谏止，而且在灶前烧柴祭祀灶神。所谓的灶神，是老妇们应该祭祀的，只需用瓮盛食，以瓶置酒，不应该烧柴以祭。所以说礼制就像是人的身体一样。身体不完备，称之为不成人。礼制上安排不得当，也就像身体不完备一样。"

[原文] 子路问于孔子曰："臧武仲①率师与邾人战于狐鲐②，遇，败焉，师人多丧而无罚③。古之道然与？"孔子曰："凡谋④人之军，师败则死之；谋人之国邑，危则亡之，古之正⑤也。其君在焉者，有诏则无讨⑥。"

[注释] ① 臧武仲：即臧孙纥。臧孙许（臧宣叔）之子，臧文仲之孙。鲁襄公四年，狐鲐之战败，未受处罚，后因出谋为季武子废长立幼，而于鲁襄公二十三年出奔齐国。 ② 狐鲐(tái)：或作"狐骀"。 ③ 师人多

丧而无罚:《左传》襄公四年:“冬,十月,邾人、莒人伐鄫。臧纥救鄫,侵邾,败于狐骀。国人逆丧者皆髽。鲁于是乎始髽。国人诵之曰:‘臧之狐裘,败我于狐骀。我君小子,朱儒是使。朱儒!朱儒!使我败于邾。’” ④ 谋:谋划,指挥。 ⑤ 正:同“政”,政令制度。《荀子·非相》:“起于上,所以道于下,正令是也。”四库本、同文本作“道”。 ⑥ 有诏则无讨:王肃注:“诏,君之教也。有君教,则臣无讨。”讨,惩治有罪者。《书·皋陶谟》:“天讨有罪。”

[通解] 子路问孔子说:“臧武仲率领军队和邾国人在狐骀交战,两军相遇,我军失败了,士兵阵亡很多,但是臧武仲没有受到处罚。古代就有这样的制度吗?”孔子说:“凡是为别人指挥军队的人,如果军队战败就得自杀谢罪;凡是为别人掌管邦国都邑的人,如果出现社会动荡就要逃亡国外。这是古代的政令制度。如果他们的君主尚在,并参与了事情的决策,那么臣子就可以免于惩罚。”

[原文] 晋将伐宋,使人觇①之。宋阳门之介夫死②,司城子罕③哭之哀。觇者④反,言于晋侯曰:“阳门之介夫死,而子罕哭之哀,民咸⑤悦。宋殆⑥未可伐也。”

孔子闻之,曰:“善哉,觇国乎!《诗》云:‘凡民有丧,匍匐救之⑦。’子罕有焉。虽非晋国,天下其孰能当之⑧?是以周任有言曰:‘民悦其爱者,弗可敌也。’”

[注释] ① 觇(chān):王肃注:“观也。”察看,窥看。《左传》成公十年:“公使觇之,信。”《淮南子·俶真训》:“其兄掩户而入觇之。”此记载又见于《礼记·檀弓下》。 ② 宋阳门之介夫死:王肃注:“阳门,宋城门也。介夫,被甲御门者(四库本此后有‘也’字)。” ③ 司城子罕:司城,即

司空，宋国避宋武公讳而改称司城。子罕，宋戴公之后，宋六卿之一乐吕之孙，名乐喜，字子罕，任司城期间，以其贤而有才主持国政。 ④ 者：原作“之”，误。据四库本、备要本、同文本改。 ⑤ 咸：都，皆。 ⑥ 殆：大概，恐怕。 ⑦ 凡民有丧，匍匐救之：语出《诗·邶风·谷风》，意思是凡是百姓有灾难，急急忙忙去救助。 ⑧ 虽非晋国，天下其孰能当之：王肃注：“言虽非晋国，使天下有强者，犹不能当也。”天下其，原作“其天下”，据四库本、同文本改。

［通解］

晋国将要攻打宋国，派人去刺探虚实。宋国都城阳门有个披甲的卫士死了，司城子罕为此哭得十分悲痛。刺探情报的人回来，向晋国国君报告说：“宋城阳门有个甲士死了，而子罕哭得十分悲痛，百姓对这一举动都心悦诚服。现在大概还不能攻打宋国。”

孔子听说此事后，说：“这个刺探情报的人，真是善于观察敌情啊！《诗》上说：‘凡是百姓有灾难，急急忙忙去救助。’子罕做到了这一点。不仅是晋国，天下谁能和上下一心的宋国对抗呢？因此周任说过这样的话：‘百姓感悦爱护他们的人，这样的人是不可战胜的。’”

［原文］

楚伐吴，工尹①商阳与陈弃疾②追吴师。及③之，弃疾曰：“王事也，子手弓④而可。”商阳手弓。弃疾曰：“子射诸⑤！”射之，毙一人，韔⑥其弓。又及，弃疾谓之。又及，弃疾复谓之⑦。毙⑧二人。每毙一人，辄掩其目。止其御，曰：“吾朝不坐，燕不与⑨，杀三人亦足以反命⑩矣。”

孔子闻之，曰：“杀人之中，又有礼焉。”

子路怫然⑪进曰：“人臣之节，当君大事，唯力所及，死而后已。夫子何善此？”

子曰："然，如汝言也。吾取其有不忍杀人之心而已。"

［注释］

① 工尹：春秋楚官名。《左传》文公十年："王使为工尹。"杜预注："掌百工之官。"此记载又见于《礼记·檀弓下》。 ② 陈弃疾：《礼记·檀弓下》郑玄注："楚公子弃疾也。"楚共王幼子，楚灵王七年（前534年）奉命率师灭陈，得楚人称誉，遂号陈弃疾。后领有陈、蔡，成为最有实力的楚公子，后继位而为楚王，即楚平王。 ③ 及：至，到。《仪礼·燕礼》："宾入及庭。" ④ 手弓：以手执弓。 ⑤ 诸：作助词用。《诗·邶风·日月》："日居月诸，照临下土。"《论语·学而》："夫子之求之也，其诸异乎人之求之与？" ⑥ 韔（chàng）：王肃注："韔，韬。"即弓袋。此处作动词用，谓装弓于弓袋。《诗·秦风·小戎》："虎韔镂膺，交韔二弓。"《诗·小雅·采绿》："之子于狩，言韔其弓。" ⑦ 又及，弃疾复谓之：此句四库本、同文本无。 ⑧ 毙：四库本、同文本此前有"又"字。 ⑨ 朝不坐，燕不与：王肃注："士卑故也。"朝见时没有座位，宴会时没有席次，意即地位卑下。燕，同"宴"。 ⑩ 反命：复命。《史记·仲尼弟子列传》："子贱为单父宰，反命于孔子。" ⑪ 怫（fú）然：发怒变色貌。

［通解］

楚国攻打吴国，楚国工尹商阳和公子弃疾同车追击吴军。追赶上以后，弃疾说："这是国君交给的任务，你可以把弓拿在手里了。"于是商阳把弓拿在手里。弃疾说："你可以射箭了！"商阳射了一箭，射死了一个敌人，就把弓装入弓袋。车又追上了敌人，弃疾又对他说了同样的话。后来又追上了敌人，弃疾又一次对他说了同样的话。这样他又射死了两个敌人。每当射死一人时，他都要把眼睛遮起来不忍观看。最后，他让驾车的人停下来，说："我仅是一个卑下的士，朝见时没有座位，宴会时没有席次，杀死三个敌人，回去也足以复命了。"

孔子听说此事后说："杀人之中也有礼的因素啊。"

子路愤愤然走上前对孔子说："做臣子的节操，如果国君遇到大事，他只有竭尽全力去做，死而后已。先生您为什么称赞商阳的举动呢？”

孔子说：“是的，就像你所说的这样。我只不过是称许他有不忍杀人的想法罢了。”

［原文］

孔子在卫，司徒敬之[①]卒，夫子吊焉。主人不哀，夫子哭不尽声而退。璩[②]伯玉请曰：“卫鄙俗，不习丧礼，烦吾子辱相[③]焉。”孔子许之。掘中霤[④]而浴，毁灶而缀足[⑤]，袭于床[⑥]。及葬，毁宗而躐行[⑦]也，出于大门。及墓，男子西面[⑧]，妇人东面，既封而归，殷道也。孔子行之。

子游问曰：“君子行礼，不求变俗，夫子变之矣。”孔子曰：“非此之谓也，丧事则从其质而已矣[⑨]。”

［注释］

① 司徒敬之：春秋时期卫国贵族，司徒乃因官为氏。之，四库本、陈本作“子”，《礼记·檀弓下》亦作“子”。此记载又见于《礼记·檀弓下》。　② 璩：四库本、同文本作“蘧”。　③ 相：赞礼者。《周礼·秋官·司仪》：“掌九仪之宾客摈相之礼。”郑玄注：“出接宾曰摈，入赞礼曰相。”　④ 中霤（liù）：王肃注：“室中。”屋室正中处。远古穴居，在穴顶开洞取明，雨水从洞口滴下，故谓之“中霤”。《释名·释宫室》：“中央曰中霤。”　⑤ 毁灶而缀（chuò）足：王肃注：“明不复有事于此也。缀足，不欲令僻（令僻，四库本作‘解’）戾矣。”缀足，丧礼，始死，用燕几拘住尸足，使不变形，便于为尸穿鞋。或毁灶用其甓，缀足。　⑥ 袭于床：在床上以衣敛尸。袭，《仪礼·士丧礼》：“陈袭事于房中，西领，南上。”郑玄注：“袭事，谓衣服也。”袭，作名词，指全套衣服；作动词，谓以衣敛尸。　⑦ 毁宗而躐（liè）行：王肃注：“毁宗庙而出，行神位在庙门之外也。”毁宗，指毁掉宗庙门西边墙。宗，宗庙。躐行，谓灵柩经过行神之位。躐，超越，逾越。躐，原作“躐”，今据四库本改。四库本此后

无“也”字。 ⑧ 面:向。《周礼·夏官·司士》:“王南乡(向),三公北面,东上。” ⑨ 已矣:四库本无“矣”字,同文本无“已”字。

[通解]

孔子在卫国的时候,司徒敬之逝世,孔子前去吊丧。主人哭得并不悲伤,孔子还没有放声大哭就退了出来。璩伯玉向孔子请求说:“我们卫国这里风俗鄙陋,不懂丧礼,麻烦先生屈尊担任相礼者。”孔子答应了。在室中间挖一个坑,把床架在坑上洗浴尸体,让水流入坑里。拆毁炉灶,用上面的砖坯支起并拘住死者的双脚,在床上用整套的衣服装敛尸体。到了安葬的时候,在宗庙西墙拆了一个豁口,越过庙门西边的行神之位,直接把灵柩拉出大门。到了墓地,让男子站在东边,面向西,妇女站在西边,面向东,堆土成坟后就回来了,这是殷朝人行丧礼的规定。孔子就是按它举行的。

子游问:“君子主持礼仪,不求改变习俗,先生您却已经改变了。”孔子说:“话不是这么说,办理丧事只要合乎它的本质就可以了。”

[原文]

宣公八年六月辛巳,有事①于太庙②,而东门襄仲③卒,壬午犹绎④。子游⑤见其故,以问孔子曰:“礼与?”孔子曰:“非礼也,卿卒不绎。”

[注释]

① 有事:举行禘祭。《春秋》昭公十五年“有事于武宫”,《左传》云“禘于武公”,以此知有事即禘。杨伯峻注:“有事,禘祭也。”此记载又见于《左传》宣公八年、《礼记·檀弓下》。 ② 太庙:始祖之庙。鲁以周公为始祖,故周公庙称太庙。《春秋》僖公八年:“秋七月禘于太庙。”杜预注:“太庙,周公庙。” ③ 东门襄仲:即公子遂,亦称仲遂。春秋时期鲁国卿,曾主持国政,并于文公十八年杀嫡立庶,立宣公。 ④ 绎:王肃注:“绎,祭之明日又祭也。”天子、诸侯于祭祀之明日又祭,并行傧尸之礼,谓之绎。《诗·周颂·丝衣》序:“《丝衣》,绎宾尸也。”郑玄

笺:“绎,又祭也。天子、诸侯曰绎,以祭之明日。卿大夫曰宾尸,与祭同日。周曰绎,商谓之肜。” ⑤ 子游:四库本、同文本作“子由”。

[通解] 鲁宣公八年六月辛巳日,鲁国在太庙里进行禘祖的大祭,这时鲁卿东门襄仲去世。第二天壬午日,仍举行了绎祭。子游看到这件史事的记载,便问孔子说:“这合乎礼制吗?”孔子说:“这是不合礼制要求的,因为国家的卿去世,就不应该再举行第二天的绎祭。”

[原文] 季桓子①丧,康子练②而无衰③。子游问于孔子曰:“既服练服,可以除衰乎?”孔子曰:“无衰衣者,不以见宾,何以除焉?”

[注释] ① 季桓子:季孙斯,季平子之子。鲁国自定公到哀公初年的执政上卿。“桓”为谥号。 ② 练:练祭,丧祭名。一周年祭为练祭,亦称小祥。《礼记·檀弓上》:“练,练衣黄里,縓缘。”郑玄注:“小祥练冠,练中衣,以黄为内,縓为饰。”孔颖达疏:“练衣者,练为中衣。黄里者,黄为中衣里也。正服不可变,中衣非正服,但承衰而已。”故孔子以“练而除衰”为非礼。 ③ 衰(cuī):丧服,以一方布缀于上衣当心之处,谓之衰。《仪礼·丧服·记》:“衰,长六寸,博四寸。”又丧服之上衣亦称衰。《仪礼·丧服》:“斩衰裳。”郑玄注:“凡服,上曰衰,下曰裳。”衰分等级,此处指斩衰。

[通解] 在为季桓子服丧期间,康子举行周年的练祭以后就除去了衰衣。子游问孔子说:“穿了练服以后,就可以脱去衰衣吗?”孔子说:“练衣非正服,不穿衰衣不能会见宾客,怎么可以脱去呢?”

[原文] 郕人以同母异父之昆弟死,将为之服①,因颜

克[②]而问礼于孔子。子曰:"继父同居者,则异父昆弟从为之服;不同居,继父且犹不服,况其子乎?"

[注释] ① 服:作动词用,穿丧服。 ② 颜克:孔子弟子,即颜刻,或作颜高,字子骄,鲁人,少孔子五十岁。见《七十二弟子解第三十八》。

[通解] 郕国有个人因为同母异父的兄弟死了,准备为他穿丧服,就通过颜克向孔子请教有关的礼仪。孔子说:"如果与继父居住在一起,那么异父兄弟都要跟着穿丧服;如果不与继父住在一起,那么,连继父本人死了都不用穿丧服,更何况是他的儿子呢?"

[原文] 齐师侵鲁[①],公叔务人[②]遇人入保,负杖而息[③]。务人泣曰:"使之虽病[④],任之虽重[⑤],君子[⑥]弗能谋,士弗能死,不可也。我则既言之矣,敢不勉乎?"与其邻嬖[⑦]童汪锜[⑧]乘[⑨]往,奔敌死焉。皆殡[⑩],鲁人欲勿殇[⑪]童汪锜,问于孔子。曰[⑫]:"能执干戈,以卫社稷,可无殇乎[⑬]!"

[注释] ① 齐师侵鲁:此记载又见于《左传》哀公十一年、《礼记·檀弓下》。 ② 公叔务人:王肃注:"昭公之子,公为(四库本无此二字)。"因昭公欲去季氏,失败而出奔于外。昭公卒,季氏以昭公弟即位而为定公,公为及其兄公衍皆不得立。《礼记·檀弓下》作"公叔禺人"。 ③ 遇人入保,负杖而息:王肃注:"遇,见也(遇见也,原无,据四库本补)。见走(走,原作'先',据四库本改)避入(疑衍)齐师,将入保,疲倦,加杖(四库本此后有'于'字)颈上,两手掖之休息者也。保,县邑小城也。"保,"堡"的古字,即城堡。 ④ 使之虽病:王肃注:"谓时徭役。" ⑤ 任之虽重:王肃注:"谓时赋税。" ⑥ 君子:此处指卿大夫。 ⑦ 嬖(bì):宠爱,宠幸。 ⑧ 汪锜(qí):人名。《礼记·檀弓下》作

"汪踦"。 ⑨ 乘:驾车。 ⑩ 殡:敛而未葬。《淮南子·要略》:"故治三年之丧,殡文王于两楹之间。"后亦指出葬。 ⑪ 勿殇:不用殇者之礼,而用成人之礼为之治丧。殇,未成年而死。为殇者举行的丧礼亦称殇,较成人原服制降,比较简略。 ⑫ 曰:四库本此前有"子"字。 ⑬ 乎:此处表语气,语为"罢"。推测或商量。

[通解]

齐国军队入侵鲁国,公叔务人看见一个鲁人疲惫地走进城堡休息,肩上扛着木杖。务人流着泪说:"尽管征发的徭役使百姓疲惫不堪,征收的赋税十分繁重,但是卿大夫不能出谋划策,士人不能尽忠效死,这还是不行的。我已经把这话说出来了,怎么敢自己不尽力呢?"于是就和邻里的受宠爱的小孩汪锜一起驾车奔赴战场,赴敌而死。两个人都殡殓了,鲁国人不想用殇礼来为汪锜治丧,便去请教孔子。孔子说:"虽然是小孩,他能够手执干戈来保卫国家,应该可以不用殇礼治丧罢!"

[原文]

鲁昭公①夫人吴孟子②卒,不赴③于诸侯。孔子既致仕④,而往吊焉。适于季氏⑤,季氏不绖⑥,孔子投绖而不拜⑦。子游问曰:"礼与?"孔子曰:"主人未成服,则吊者不绖焉,礼也。"

[注释]

① 鲁昭公:名裯,襄公庶子,前542年继襄公而为君,前517年因谋去季氏失败而出奔国外,寄居于齐、晋八年,卒于乾侯。此记载又见于《左传》哀公十二年。 ② 吴孟子:鲁昭公夫人,昭公娶于吴,这位夫人根据当时国君夫人的称号惯例应称为吴姬,为避讳同姓不婚的礼法,因此改称"吴孟子"。 ③ 赴:同"讣",报丧。《礼记·杂记上》:"凡讣于其君,曰:'君之臣某死。'" ④ 致仕:退休,辞去官职。 ⑤ 季氏:指季康子。 ⑥ 绖(dié):丧服所系之带,以麻为之。在首为首绖,在腰为腰绖。《仪礼·丧服》:"斩衰裳、苴绖、杖、绞带。"郑玄注:"麻

在首在腰皆曰绖。" ⑦ 投绖而不拜:王肃注:"以季氏无故,己亦不成礼。"

［通解］

鲁昭公夫人吴孟子去世,没有向诸侯去报丧。这时孔子已经辞去官职,也前去吊唁。到了季氏家中,看见季康子没有扎丧服中所系的麻带,于是,孔子摘下麻带,而且也没有下拜。子游问道:"这样做合乎礼制吗?"孔子说:"主人没有穿丧服,那么前去吊唁的人也就可以不系麻带。这是符合礼制要求的。"

［原文］

公父穆伯①之丧,敬姜②昼哭;文伯③之丧,昼夜哭。孔子曰:"季氏之妇,可谓知礼矣!爱而无私④,上下有章⑤。"

［注释］

① 公父穆伯:鲁国贵族。季悼子之子,季康子的祖父季平子的弟弟。此记载又见于《国语·鲁语下》《礼记·檀弓下》《列女传·仁智》。 ② 敬姜:公父穆伯之妻,公父文伯之母,季康子之从祖叔母,以明礼守礼知名。 ③ 文伯:公父歜,即公父文伯,公父穆伯之子。 ④ 私:原脱,据四库本、同文本及备要本补。 ⑤ 上下有章:王肃注:"上谓夫,下谓子也。章,别也。哭夫昼哭,哭子昼夜哭,哭夫与子各有别也。"

［通解］

在为亡夫公父穆伯治丧期间,敬姜白天哭;在为儿子公父文伯治丧期间,她白天黑夜都哭。孔子说:"季氏家的这位妇女可以称得上是知礼了!她对丈夫、儿子都是一样的爱,但是哀悼他们能做到上下有区别。"

［原文］

南宫绍之妻,孔子兄之女①。丧其姑②,而③诲之髽④,曰:"尔毋从从尔,毋扈扈尔⑤。盖榛⑥以为笄[7],长尺,而总八寸[8]。"

[注释] ① 兄之女:四库本、同文本作"之兄女"。此记载又见于《礼记·檀弓上》。 ② 姑:丈夫的母亲,婆婆。 ③ 而:四库本、同文本作"夫子"。 ④ 髽(zhuā):古代妇人的丧髻,即用麻和头发合打成的发髻。《仪礼·丧服》:"髽衰三年。"《左传》襄公四年:"(鲁)侵邾,败于狐骀,国人逆丧者皆髽。" ⑤ 尔毋从从尔,毋扈扈尔:王肃注:"从从,高;扈扈,大也。扈(四库本作'皆',当是)言丧者无容节(节,四库本作'饰')也。" ⑥ 榛(zhēn):榛木。 ⑦ 笄(jī):簪子,古代用来插住挽起的头发或弁冕。《仪礼·士昏礼》:"女子许嫁,笄而醴之,称之。" ⑧ 总八寸:王肃注:"总,束发。束发垂为饰者,齐衰之总八寸也。"

[通解] 南宫绍的妻子,是孔子哥哥的女儿。她的婆婆去世了,孔子教她做丧髻的方法,说:"你不要做得高高的,不要做得大大的。用榛木做发簪,一尺长,系在发髻上的带子下垂八寸。"

[原文] 子张有父之丧,公明仪[1]相焉。问启颡[2]于孔子,孔子曰:"拜而后启颡,颓[3]乎其顺[4];启颡而后拜,颀[5]乎其至也。三年之丧,吾从其至也[6]。"

[注释] ① 公明仪:曾子弟子,又为子张弟子,鲁国人。此记载又见于《礼记·檀弓上》。 ② 启颡(sǎng):即稽颡。四库本作"稽颡"。古时一种跪拜礼,屈膝下拜,以额触地,居丧答拜宾客时行之,表示极度的悲痛和感谢。《仪礼·士丧礼》:"吊者致命,主人哭拜,稽颡成踊。"稽颡有时也简称颡。《公羊传》昭公二十五年:"再拜颡。" ③ 颓:恭顺貌。《礼记·檀弓上》:"拜而后启颡,颓乎其顺也。"郑玄注:"先拜宾,顺于事也。" ④ 顺:四库本、同文本此后有"也"字。 ⑤ 颀(kěn):通"恳",诚恳貌。《礼记·檀弓上》:"启颡而后拜,颀乎其至也。"郑玄注:"颀,至也,先触地而无容,哀之至。" ⑥ 也:四库本、同文本作"者"。

[通解] 子张的父亲死了,要办丧事,公明仪担任相礼者。他向孔

子请教孝子跪拜磕头的礼仪，孔子说："先跪下拜谢宾客的到来，接着磕头表达自己的悲痛，这是一种恭敬顺便的方式，合乎行礼的次序；先磕头表达自己的悲痛，接着再拜谢宾客的到来，这是一种极为诚恳真挚的方式，合乎感情的自然流露。为父亲服丧三年，我认为应该遵从这种极为真挚的方式。"

［原文］

孔子在卫，卫之人有送葬者，而夫子观之，曰："善哉，为葬①乎！足以为法②也。小子识之！"

子贡问曰："夫子何善尔③？"

曰④："其往也如慕⑤，其返也如疑。"

子贡曰："岂若速返而虞⑥哉？"

子曰："此情之至者也。小子识之！我未之能也。"

［注释］

① 葬：四库本作"丧"。此记载又见于《礼记·檀弓上》。 ② 法：标准，模式。 ③ 尔：四库本、同文本此后有"也"字。 ④ 曰：原脱，据四库本、同文本补。 ⑤ 慕：依恋，思念。《孟子·万章上》："人少则慕父母。" ⑥ 虞：丧祭名。王肃注："返葬而祭，谓之虞也。"《仪礼·既夕礼》"三虞"郑玄注："虞，丧祭名。虞，安也。骨肉归于土，精气无所不之，孝子为其彷徨，三祭以安之。朝祭，日中而虞，不忍一日离。"

［通解］

孔子在卫国的时候，卫国有人送葬，孔子在旁边观看，说："做得好啊！这位送葬的孝子，完全可以当做标准了。你们要好好记住！"

子贡问道："先生您为什么称赞他呢？"

孔子说："那孝子前往墓地送灵柩的时候，就像小孩子依恋父母一样哭泣，埋葬后返回家时，又像是弄不准亲人灵魂是否能够跟来而迟疑。"

子贡说:“那怎能比得上赶快回家举行虞祭呢?”

孔子说:“这是内心亲情的真挚流露。你们好好记住吧!我还做不到这一步。”

[原文]

卞[①]人有母死而孺子[②]之泣者,孔子曰:“哀则哀矣,而难继[③]也。夫礼,为可传[④]也,为可继也。故哭踊[⑤]有节[⑥],而变除[⑦]有期。”

[注释]

① 卞:鲁邑,在今山东泗水东。《礼记·檀弓上》作“弁”。此记载又见于《礼记·檀弓上》。　② 孺子:儿童,后生。此处意为像小孩子一样。　③ 继:连续。此有效法之意。　④ 传:传布,流传。《礼记·祭统》:“有善而弗知,不明也;知而弗传,不仁也。”　⑤ 踊:丧礼中最哀恸的表示,顿足,跳跃。《礼记·檀弓上》:“辟踊,哀之至也。”孔颖达疏:“抚心曰辟,跳跃为踊。孝子丧亲,哀慕至懑。男踊女辟,是哀痛之至极也。”　⑥ 节:节度,法度。《荀子·乐论》:“饮酒之节,朝不废朝,莫不废夕。”　⑦ 除:除丧服。

[通解]

卞地有个人死了母亲,他像小孩子一样毫无节制地放声痛哭,孔子说:“悲哀是够悲哀的,不过别人很难跟着做。礼制,是要传布于众人的,是要人们都跟着做的。所以发丧时边哭边顿足跳跃有一定的节度,变除丧服有一定的期限。”

[原文]

孟献子[①]禫[②],悬而不乐[③],可御而不处内[④]。

子游问于孔子曰:“若是则过礼也?”孔子曰:“献子可谓加[⑤]于人一等矣。”

[注释]

① 孟献子:即仲孙蔑,公孙敖之孙,文伯谷之子。春秋时鲁国大夫,历仕宣公、成公、襄公三朝。此记载又见于《礼记·檀弓上》。　② 禫(dàn):除丧服之祭,郑玄以为三年丧毕,二十七月而禫,禫祭与大祥之祭中隔一个月。王肃以为二十五月禫,禫祭与大祥之祭同月。　③

悬而不乐：将乐器悬挂起来而不奏乐。悬，悬挂，这里指悬挂钟、磬等乐器。 ④ 可御而不处内：可以和妻妾同房共寝，却没有心思住进内寝。不，原无，据同文本、四库本、备要本补。根据礼制，君子有父母之丧，则应宿于外，禫祭之后方可宿于内，所以说，孟献子是“可御而不处内”。 ⑤ 加：逾，超过。《史记·李斯列传》：“虽申、韩复生，不能加也。”

［通解］ 孟献子服丧期满举行了除服的禫祭后，将钟、磬等乐器悬挂起来而不奏乐，本可以和妻妾同房共寝却没有心思住进内寝。

子游问孔子说：“像这样是否逾越了礼制？”孔子说：“献子可以说是高出常人一等了。”

［原文］ **鲁人有朝祥[1]而暮歌者，子路笑之。孔子曰：“由！尔责于人终无已。夫三年之丧，亦以[2]久矣。”子路出，孔子曰：“又多乎哉[3]！逾[4]月则其善也。”**

［注释］ ① 祥：祥祭，如果为三年之丧，父母死后十三个月而祭叫小祥，二十五个月而祭叫大祥。如果为一年之丧，则十一个月而小祥，十三个月而大祥。这里指三年之丧的大祥。此记载又见于《礼记·檀弓上》。 ② 以：通“已”，太，甚。《公羊传》庄公元年：“群公子之舍，则以卑矣。”四库本、同文本作“已”。 ③ 又多乎哉：王肃注：“又，复也。言其可以歌不复久也。” ④ 逾：越过。详见《曲礼公西赤问第四十四》之序说。

［通解］ 鲁国有个人为父母服丧期满，早上举行了大祥之祭，晚上就唱起歌来，子路嘲笑他。孔子说：“仲由！你责备别人总是没完没了。人家能够服丧三年，也已经够久的了。”子路出去以后，孔子又说：“其实也用不着再等多久了，过去这个月再唱

歌那就很好了。”

［原文］

子路问于孔子曰：“伤哉贫也！生而无以供养，死则无以为礼也。”孔子曰：“啜菽饮水[①]，尽其欢心，斯谓之孝[②]。敛手足形[③]，旋葬而无椁[④]，称[⑤]其财，斯谓之礼[⑥]，贫何伤乎？”

［注释］

① 啜(chuò)菽饮水：以豆为食，以水为饮，谓生活清苦。《荀子·天论》：“君子啜菽饮水，非愚也，是节然也。”《礼记·檀弓下》：“孔子曰：‘啜菽饮水，尽其欢，斯之谓孝。’”陆德明释文引王肃曰：“熬豆而食曰啜菽。”此记载又见于《礼记·檀弓下》。 ② 斯谓之孝：原作“斯为之孝乎”，据四库本、同文本改。 ③ 敛手足形：死后，以衣、棺收殓尸体，所用的衣被可以盖住肢体，没有外露。敛，通“殓”，为死者加衣衾，将尸体装入棺材谓之殓。 ④ 旋葬而无椁：随即加以安葬，也不用椁。王肃注：“旋，便。”椁，棺材外的套棺。 ⑤ 称(chèn)：适合，相符。 ⑥ 斯谓之礼：原作“为之礼”，据四库本、同文本改。

［通解］

子路向孔子请教说：“贫穷真是令人伤悲啊！父母在世时没法好好奉养，去世以后又无法体面地举行葬礼。”孔子说：“煮豆为食，以水为饮，虽然这样清苦，却能使父母尽情欢乐，这就可以称得上是孝顺了。父母死后，衣被能够遮盖住肢体，没有外露，仅用薄棺收殓尸体而没有套棺，随即加以安葬，一切花费都与自己的财力相称，这样做就可以称作礼了。贫穷又有什么令人伤悲的呢？”

［原文］

吴延陵季子[①]聘[②]于上国[③]，适齐。于其返也，其长子死于嬴、博[④]之间。孔子闻之，曰：“延陵季子，吴之习于礼者也。”往而观其葬焉。其敛以时服[⑤]而已；其圹[⑥]揜坎[⑦]，深不至于泉；其葬无盟器[⑧]

之赠。既葬，其封[⑨]广轮[⑩]揜坎，其高可肘[⑪]隐[⑫]也。既封，则季子乃[⑬]左袒，右还[⑭]其封，且号者三，曰："骨肉归于土，命也！若魂气则无所不之，则[⑮]无所不之！"而遂行。孔子曰："延陵季子之礼，其合矣。"

［注释］ ① 延陵季子：即吴公子季札，吴王寿梦第四子，有让国美德，初封延陵，故《礼记》《史记》称之为延陵季子。后加封州来，故《左传》襄公三十一年称之为延州来季子。此记载又见于《礼记·檀弓下》《说苑·修文》。 ② 聘：古代国与国之间遣使访问。 ③ 上国：春秋时期，对吴楚诸国而言，齐晋等中原诸侯国称为"上国"。《左传》成公七年："蛮夷属于楚者，吴尽取之，是以始大，通吴于上国。" ④ 嬴、博：王肃注："嬴、博，地名也。"嬴、博皆为春秋时齐邑。嬴，故城在今山东莱芜西北，有延陵季子长子墓。博，故城在今山东泰安东南。后世以"嬴博"为葬于异乡的代称。 ⑤ 时服：王肃注："随冬、夏之服，无所加。" ⑥ 圹（kuàng）：墓穴，亦指坟墓。 ⑦ 揜坎：揜，原作"掩"，二字通。据四库本、同文本及下文改。坎，此处指墓坑。 ⑧ 盟器：即明器、冥器，古代随葬的器物，一般用陶或木、石制成。四库本、同文本作"明器"。 ⑨ 封：古代士以上的葬礼，堆土为坟，叫"封"。庶人卑微，不积土为坟。 ⑩ 广（guàng）轮：犹广袤。《周礼·地官·大司徒》："以天下土地之图，周知九州岛之地域广轮之数。"贾公彦疏引马融曰："东西为广，南北为轮。"此处指坟头的宽度与长度。 ⑪ 肘：原作"时"，据四库本、同文本、备要本改。 ⑫ 隐（yìn）：凭依，依据。 ⑬ 乃：四库本、同文本无。 ⑭ 还：通"环"，环绕。《汉书·食货志上》："还庐树桑。" ⑮ 则：四库本、同文本无。

［通解］ 吴国公子延陵季子往中原各国进行访问，到了齐国。在返回的途中，他的长子死在了嬴、博两地之间。孔子听说此事后，说："延陵季子是吴国精通礼仪的人。"于是前往观看他举行葬礼的情景。季子装殓时给死者穿的仅仅是平时穿的衣

服；开挖的墓穴正好和放棺材的墓坑一样大，深度还没有挖到见地下水的地方；埋葬时也没有用随葬品。埋葬以后，堆土为坟，坟头的宽度与长度正好掩盖住墓坑，在高度上可以让人用手凭靠着。堆好坟头以后，季子便袒露左臂，向右绕着坟头走，并哭喊了三次，说："骨肉回归到泥土中，这是天命啊！而你的灵魂可以无所不至啊！无所不至啊！"说完就走了。孔子说："延陵季子在特殊情况下所实行的葬礼，是符合礼的本质的。"

[原文]

子游问丧之具①。

孔子曰："称家之有亡②焉。"

子游曰："有亡恶于齐③？"

孔子曰："有也，则无过礼。苟亡矣，则敛手足形，还葬④，悬棺而封⑤。人岂有非之者哉？故夫丧亡⑥，与其哀不足而礼有余，不若礼不足而哀有余也；祭祀⑦，与其敬不足而礼有余，不若礼不足而敬有余也。"

[注释]

① 具：器具，用具。此记载又见于《礼记·檀弓下》。 ② 称家之有亡（wú）：与家资的多少、丰薄相称。 ③ 恶（wū）于齐（jì）：王肃注："恶，何。齐，限。"恶，疑问代词，何，怎么。《孟子·尽心上》："居恶在？仁是也。"《史记·李斯列传》："今身且不能利，将恶能治天下哉！"齐，定限。《列子·杨朱》："百年，寿之大齐。"于，四库本、同文本作"乎"。 ④ 还（xuán）葬：随即安葬。还，同"旋"，速，立刻。 ⑤ 悬棺而封：用绳子兜住棺材，悬起下放到墓坑中下葬。《礼记·檀弓上》郑玄注："封，当为窆（biǎn）"，将棺柩放入墓穴内谓之窆。《周礼·地官·乡师》："及窆，执斧以莅匠师。"郑玄曰："窆，谓葬下棺也。" ⑥ 亡：四库本作"礼"。 ⑦ 祀：四库本、同文本作"礼"。

［通解］ 子游向孔子请教丧葬礼仪用具的问题。

孔子说："应该与家资的丰薄相称。"

子游说："所谓依据家资的丰薄，该如何把握分寸呢？"

孔子说："家资丰饶，也不要超过礼仪规定。如果家资俭薄，根本没有什么财力，只需装殓时衣被能够遮盖住肢体使之不露，随即安葬，将棺材用绳子悬起下放到墓坑中。只要尽心尽力了，哪里会有人责备他呢？所以办理丧事时，与其缺少哀痛之情而使用过多的礼仪形式，还不如礼仪形式不完备却充满哀痛之情呢；祭祀亲人时，与其缺少敬意而使用过多的礼仪形式，还不如礼仪形式不完备却充满恭敬之情呢。"

［原文］ 伯高死于卫，赴于孔子。子曰："吾恶乎哭诸？兄弟，吾哭诸[1]庙；父之友，吾哭诸庙门之外；师，吾哭之寝；朋友，吾哭之寝门之外；所知，吾哭之诸野。今于野则已疏，于寝则已重。夫由赐也而见我[2]，吾哭于赐氏。"遂命子贡为之主，曰："为尔哭也来者，汝拜之；知伯高而来者，汝勿拜。"既哭，使子张往吊焉。未至，冉求在卫，摄束帛、乘马而以将之[3]。孔子闻之，曰："异哉！徒[4]使我不成礼于伯高者，是冉求也。"

［注释］ ① 诸："之于"的合音。此记载又见于《礼记·檀弓上》。 ② 夫由赐也而见我：伯高是通过子贡结识我的。由，通过，经过。赐，指端木赐，即子贡。见，会见，相识。 ③ 摄束帛、乘（shèng）马而以将之：（冉求）代（孔子）准备一束帛、四匹马，装作奉孔子之命去吊丧。摄，代理。束帛，帛五匹为一束，每匹从两端卷起，共为十端。将，将命，奉命。 ④ 徒：徒然，白白地。

［通解］ 伯高死在卫国，他的家人向孔子报丧。孔子说："我该到

哪里哭他呢？本家兄弟死了，我到宗庙里哭他；父亲的朋友死了，我到庙门外面哭他；老师死了，我在内寝里哭他；朋友死了，我在寝门外面哭他；一般认识的人死了，我到野外去哭他。如今论我与伯高的关系，在野外哭他就显得太疏远，在内寝哭他又显得太重。他是通过端木赐结识我的，我就到端木赐的家里去哭他吧。"于是叫子贡作为主人，说："凡是因为你的关系而来哭悼的，你就拜谢他；认识伯高而来哭悼的，你不用拜谢他。"孔子哭过伯高之后，派子张前往卫国去吊唁。还没有到那里，冉求恰巧在卫国，便代孔子准备一束帛、四匹马，装作奉孔子之命前去吊丧。孔子听说此事，说："这事办得怪呀！白白地使我失礼于伯高的人，正是冉求。"

［原文］

子路有姊之丧①，可以除之矣，而弗除。

孔子曰："何不除也？"

子路曰："吾寡兄弟，而弗忍也。"

孔子曰："行道②之人皆弗忍。先王制礼，过之者俯而就③之，不至者企而及④之。"

子路闻之，遂除之。

［注释］

① 有姊之丧：指为姐姐服丧。礼制规定，姊妹已嫁而死，作为兄弟的应该为她服大功九月。此记载又见于《礼记·檀弓上》。 ② 道：指仁义之道。 ③ 俯而就：即俯就，降格相就。 ④ 企而及：即企及，勉力达到，企望赶上。及，四库本、同文本作"望"。

［通解］

子路为姐姐服丧，到了可以除掉丧服的时候，却还没有除。

孔子说："为什么不除掉丧服呢？"

子路说："我同胞手足少，不忍心到期就除掉丧服。"

孔子说："实行仁义之道的人都不忍心。先王制定礼仪制度，对能做得更好的就要使其降格俯就礼制标准，对做得不够的就要使其勉力达到礼制标准。”

子路听了这些话，就除掉了丧服。

［原文］

伯鱼之丧母①也，期②而犹哭。夫子闻之曰：“谁也？”门人曰：“鲤也。”孔子曰：“嘻！其甚也，非礼也。”伯鱼闻之，遂除之。

［注释］

① 伯鱼之丧母：伯鱼为母亲服丧。伯鱼即孔鲤，孔子的独子。伯鱼之母为并官氏。据礼制，父在，其子为母服齐衰为期一年之服。此记载又见于《礼记·檀弓上》。 ② 期(jī)：一周年。《书·尧典》：“期，三百有六旬有六日。”

［通解］

伯鱼为母亲服丧，满一周年还在哭。孔子听到哭声问：“谁在哭呀？”门人回答说：“是孔鲤。”孔子说：“嘻！这太过分了，不符合礼的规定。”伯鱼听了，于是除服不哭了。

［原文］

卫公使其大夫求婚于季氏，桓子问礼于孔子。

子曰：“同姓为宗，有合族之义，故系①之以姓而弗别，缀之以食而弗殊②。虽百世，婚姻不得通，周道然③也。”

桓子曰：“鲁、卫之先，虽寡兄弟④，今已绝远矣。可乎？”

孔子曰：“固非礼也。夫上治祖祢⑤，以尊尊⑥之；下治子孙，以亲亲⑦之；旁治昆弟，所以教⑧睦也。此先王不易⑨之教也。”

［注释］

① 系：连系，连结。《汉书·叙传上》：“系高项之玄胄兮。”颜师古注引应劭曰：“系，连也。” ② 缀之以食而弗殊：王肃注：“君有食族

人之礼，虽亲尽，不异之族食多少也。”缀，连结，拼合。四库本作“啜”。食，动词，给……吃。殊，不同。 ③ 然：如是，这样。《论语·宪问》：“其然，岂其然乎？” ④ 寡兄弟：指嫡出兄弟。鲁国始祖周公旦与卫国始祖康叔皆为周文王与太姒之子。类似的用法还有寡妻。《诗·大雅·思齐》：“刑于寡妻。”程大中《四书逸笺》卷四：“嫡妻惟一，故曰寡。” ⑤ 上治祖祢（nǐ）：祢，为亡父在宗庙中立主之称。《公羊传》隐公元年：“惠公者何，隐之考也。”何休注：“生曰父，死曰考，入庙称祢。”治，同文本无。 ⑥ 尊尊：前“尊”为动词，尊敬，敬重。后“尊”为名词，尊长，尊亲。 ⑦ 亲亲：前“亲”为动词，亲爱。后“亲”为名词，亲人。 ⑧ 教：四库本、同文本作“敦”。 ⑨ 易：更改，改变。

［通解］

卫国国君派大夫向鲁国季氏求亲，季桓子就相关礼制请教孔子。

孔子说：“同姓的人为同一宗族，有会合族人的意义在内，所以用同一个姓联结起来这些人而不加区分，聚集起来宗子、族长赐给他们食物也没有什么差别。这些人即使过了一百代，也不能互通婚姻，周代的制度就是这样规定的。”

季桓子问：“鲁国、卫国的祖先，虽然是嫡出的亲兄弟，但是现在血缘关系已经极为疏远了。可以通婚吗？”

孔子说：“这绝对是不合乎礼制的。对上端正先祖先父的名分位次，这是用来尊崇正统至尊的；对下确定子孙的亲疏远近及继承关系，这是用来亲爱骨肉至亲的；从旁理顺同宗兄弟们的关系，这是为了教导他们和睦相处的。这是先王不可更改的教化方法。”

［原文］

有若问于孔子曰：“国君之于百姓①，如之何？”

孔子曰：“皆有宗道②焉。故虽国君之尊，犹百世③不废④其亲，所以崇爱也。虽以⑤族人之亲，而不敢戚君⑥,所以谦也。”

[注释] ① 百姓:平民、民众曰百姓,《论语·颜渊》:“百姓足,君孰与不足?百姓不足,君孰与足?”百姓也用作对贵族的总称,指百官,如《诗·小雅·天保》:“群黎百姓。”《毛传》:“百姓,百官族姓也。”《国语·楚语下》:“民之彻官百。王、公之子弟之质能言、能听,彻其官者,而物赐之姓,以监其官,是为百姓。”王、公之子弟称百姓应为百姓的本义,此处应为国君疏远的族众,而非一般民众。四库本、同文本作“同姓”。 ② 宗道:宗族法则。道,法则,准则。 ③ 世:原作“姓”,今据四库本、备要本、同文本改。 ④ 废:废弃,断绝。 ⑤ 以:四库本、同文本作“于”。 ⑥ 不敢戚君:王肃注:“戚,亲也。尊敬君不敢如其亲也。”

[通解] 有若问孔子说:“对于疏远的族众,国君该怎么对待他们呢?”

孔子说:“都有宗族法则规定。所以即使以国君的尊贵身份,过上一百代还是不能废弃这种亲属关系,这是推崇爱亲之情的缘故。反过来说,即使有同族的亲情关系,也不敢以国君亲戚自居,这是为了表示谦虚。”

曲礼子夏问第四十三

[序说] 本篇由二十七节组成,所记多为孔子解答弟子或他人问礼之事,也很琐碎,多属曲礼范畴,又因以子夏问为首章,因以名为“曲礼子夏问”。

本篇绝大部分为有关丧礼的讨论。面对丧礼中出现的林林总总的情况，孔门弟子有疑则问，而孔子的回答或含蓄婉转，或直陈己见。对烦琐的仪节所蕴含的深层的礼义的发掘，对古今礼仪礼制的差异所反映的不同精神的阐释，看似繁琐，实则恰恰反映了孔子——这位深通于礼的文化大师的真精神。其中，在在闪现着孔子智慧：仁者爱人、中庸中道、择善而从、明哲保身（趋利避害）、重义轻利等等。比如，劝阻季氏家不用玙璠殡殓，说明孔子认为，不可僭越的原因不仅仅是尊卑等级，更主要的是僭越容易招致祸端。这与《易传》中孔子“慢藏诲盗，冶容诲淫”的思想是一致的。孔子对敬姜的赞赏，对晏婴的嘉许，对阳虎的容忍，对季氏的揶揄，处处体现了孔子对“礼”的体认，对“礼”的践履。另外，如对旧馆舍主人的深情，对无舍之宾的厚意，是孔子仁者风范的写照；丧事中“哀而不伤”的主张，乃孔子智者气象的注脚，也透露出孔子与《孝经》思想的某种关联；对殷周二代礼制的互有臧否，择善而从，不仅体现了孔子的中庸思想，而且也反映了其总结传统、损益礼制的历史文化观。

本篇内容散见于《左传》《国语》《礼记》等，亦有几节不见于他书。不仅可据此和其他文献互相参证，考察孔子及其弟子的思想，尤其是礼的思想，而且，其中有些资料与其他文献记载并不一致，这就使我们可以重新考察一些悬而未决的公案。比如，孔子任中都宰的时间，琴张与琴牢是否一人，孔子丧母时的年龄等等。另如，孔子屡称“闻诸老聃”，参照本书其他篇章所记，对孔子与老子关系研究，也提供了新的思考维度。当然，有的材料的可靠性仍需认真辨别，例如，鲁定公吊颜回就恐为传抄致误。

［原文］ 子夏问于孔子曰：“居①父母之仇，如之何？”

孔子曰："寝苫枕干②，不仕，弗与共天下也。遇于朝市，不返兵而斗③。"

曰："请问居昆弟之仇，如之何？"

孔子曰："仕，弗与同国，衔君命而使④，虽遇之不斗。"

曰："请问从⑤昆弟之仇如之何？"

曰："不为魁⑥，主人⑦能报之，则执兵⑧而陪其后。"

[注释]

① 居：处于，此处意为对待。此记载又见于《礼记·檀弓上》。② 寝苫（shān）枕干（gān）：苫，用禾秆编成的席子。居丧时孝子卧于其上。干，盾牌。王肃注："干，楯（四库本作'盾'）。" ③ 不返兵而斗：王肃注："兵常不离于身。"兵，兵器。 ④ 衔君命而使：接受国君的命令而出使他国。衔，接受，奉受。衔君，四库本、同文本作"御国"。⑤ 从：四库本、同文本作"从父"。 ⑥ 魁：首，首领。 ⑦ 主人：此指死者的家人。 ⑧ 执兵：同文本作"执"。

[通解]

子夏问孔子说："对待杀害自己父母的仇人，应该如何处理呢？"

孔子答道："睡在草垫上，枕着盾牌，不去做官，与他不共戴天。在朝廷或街市上遇到他，立即拿出身上的兵器与之决斗。"

子夏又问道："请问对待杀害兄弟的仇人应当如何呢？"

孔子说："不与他在同一个国家出仕为官。但如果是接受国君的使命而出使他国，即使遇上他，也不要与之决斗。"

子夏又问："请问对待杀害堂兄弟的仇人应该如何呢？"

孔子说："不要自己带头去，如果死者家人能去报仇，就要拿着武器跟在后面。"

[原文]

子夏问："三年之丧既卒哭①，金革②之事无避，礼与？初有司③为之乎？"

孔子曰："夏后氏之丧三年，既殡而致事④，殷人既葬而致事，周人既卒哭而致事⑤。《记》⑥曰：'君子不夺人之亲，亦不夺故⑦也。'"

子夏曰："金革之事无避⑧，非与？"

孔子曰："吾闻诸⑨老聃曰：'鲁公伯禽有为为之也⑩。'今以三年之丧从利者⑪，吾弗知也。"

[注释]

① 三年之丧既卒哭：三年之丧，父母之丧。卒哭，古时丧礼，百日祭后，止无时之哭为朝夕一哭，名"卒哭"。《仪礼·既夕礼》："三虞卒哭。"注："卒哭，三虞之后祭名。"此记载又见于《礼记·曾子问》。 ② 金革：犹言兵甲。金，兵戈之属。革，甲胄之属。 ③ 有司：官吏。古代设官分职，故称。王肃注："有司，当吏职也。" ④ 致事：原作"致仕"，据四库本、同文本改。二者同义。 ⑤ 周人既卒哭而致事：王肃注："致事，还政于君也。卒哭，止无时之哭。大夫三月而葬，三（四库本讹为'正'）月而卒哭，士既葬而卒哭也。"致事，犹"致仕"，辞官告老。 ⑥《记》：先秦关于《礼》的传记。 ⑦ 亦不夺故：《礼记·曾子问》作"亦不可夺亲"。故，病故，此指父母之丧。 ⑧ 无避：四库本、同文本此后有"者"字。 ⑨ 诸：四库本、同文本无。 ⑩ 鲁公伯禽有为为之也：王肃注："伯禽有母之（之，四库本无）丧，东方有戎为不义，伯禽为方伯，以不得不诛之。" ⑪ 今以三年之丧从利者：今，原作"公"，据四库本、备要本、同文本改。从利者，指企图通过战争谋取私利。

[通解]

子夏问道："为父母守三年之丧，到了卒哭的时候，就不回避兵役征战之事，这合乎礼制吗？这是当初的有关官吏规定的吗？"

孔子说："夏代的时候，父母去世之后要守丧三年，守丧者在出殡之后就要向国君提出辞职，殷人是在安葬完毕后辞职，周人则是卒哭之后才辞职。古《记》上说：'君子不能剥夺别人的亲情，也不能剥夺别人守丧的权利。'"

子夏问道："那么，'金革之事无避'是不合乎礼制吗？"

孔子说："我听老聃说过：'以前鲁公伯禽在卒哭之时就出兵征讨东夷，是有特定背景的。'现在许多人在守三年之丧的时候，为了贪图私利而去征战，我就不知道是怎么一回事了。"

[原文]

子夏问于孔子曰："《记》云：周公相成王，教之以世子之礼。有诸？"

孔子曰："昔者成王嗣立，幼，未能莅阼[①]，周公摄政而治，抗[②]世子之法于伯禽，欲王之知父子、君臣之道，所以善[③]成王也。夫知为人子者，然后可以为人父[④]；知为人臣者，然后可以为人君；知事人者，然后可以使人。是故抗世子法于[⑤]伯禽，使成王知父子、君臣、长幼之义焉。凡君之于世子，亲则父也，尊则君也，有父之亲，有君之尊，然后兼天下而有之，不可不慎也。行一物而三善皆得[⑥]，唯世子齿于学[⑦]之谓也。世子齿于学，则国人观之，曰：'此将君我，而与我齿让，何也？'曰：'有父在，则礼然。'然而众知父子之道矣。其二[⑧]曰：'此将君我，而与我齿让，何也？'曰：'有君[⑨]在，则礼然。'然[⑩]而众知君臣之义矣。其三曰：'此将君我，而与我齿让，何也？'曰：'长长[⑪]也，则礼然。'然而众知长幼之节矣。故父在斯为子，君在斯为臣，居子与臣之位，所以尊君而亲亲也。在学，学之为父子焉，学之为君臣焉，学之为长幼焉。父子、君臣、长幼之道得，而后国治。语[12]曰：'乐正司业[13]，父师司成[14]。一有元良，万国以贞[15]。'世子之谓。闻之曰：'为人臣者，杀其身而[16]有益于君则为之。'况于[17]其身以善其君乎？周公优为[18]也。"

[注释]

① 莅(lì)阼：临朝治理政事。莅，同"莅"，治理，统治，管理。四库本、同文本作"莅"。阼，东阶。古时，天子、诸侯、大夫、士皆以阼为主人之位，临朝觐、揖宾客、承祭祀皆由此。天子登位称践祚。此记载又见于《礼记·文王世子》。 ② 抗：举。见《礼记·文王世子》陆德明释文、郑玄注。 ③ 善：美，好。此处为使动用法，意为使……美好。《书·咸有一德》："主为善师。"蔡沈集传曰："善，德之建也。" ④ 夫知为人子者，然后可以为人父：四库本、同文本无两"人"字。 ⑤ 于：四库本、同文本无。 ⑥ 行一物而三善皆得：做好一件事而得到三种好的结果。三善，指上文的父子、君臣、长幼之义。三善皆得，四库本、同文本作"善者"。 ⑦ 齿于学：在学校按年龄长幼而不按尊卑、等级为序。"齿，年也，长幼之次也"，见《诸子平议·管子五》"同嗛以齿"俞樾按。 ⑧ 二：原作"一"，据四库本、同文本改。 ⑨ 君：丛刊本等皆作"臣"，据《礼记》改。 ⑩ 然：原无，据四库本、同文本补。
⑪ 长长：尊敬比自己年长的人。前"长"字，意为尊崇、尊敬，后"长"字，年长。 ⑫ 语：古语。 ⑬ 乐正司业：乐正负责学业。据周礼，大乐正掌大学，小乐正掌小学。《礼记·王制》："乐正崇四术，立四教，顺先王《诗》《书》《礼》《乐》以造士，春秋教以《礼》《乐》，冬夏教以《诗》《书》。……将出学，小胥、大胥、小乐正简不帅教者，以告于大乐正。"《礼记·文王世子》孔疏曰："乐正，主太子之《诗》《书》之业。"
⑭ 父师司成：王肃注："师有父道，成生人者。"父师，太子的师傅。《礼记·文王世子》孔疏曰："父师，主太子成就其德行也。" ⑮ 一有元良，万国以贞：元良，大善。《书·太甲下》："一人元良，万邦以贞。"指天子。按本句下文有"世子之谓"，则此指太子、世子。后元良为太子代称。王肃注："一谓天子也。元(四库本作'大')善，太子也。"贞，正。
⑯ 杀其身而：四库本、同文本作"曰杀其身"。 ⑰ 于：王肃注："于

(四库本此字后有‘郑氏读为迂’五字),宽也,大也。” ⑱ 优为:做得最好。据《礼记·文王世子》此句朱彬《训纂》:“优者,优胜之义也。”此后之“也”字,四库本、同文本作“之”。

[通解] 子夏向孔子问道:“古《记》上说:‘周公辅佐周成王,教给他做太子的礼。’有这回事吗?”

孔子说:“从前,成王继位,因为年幼不能临朝亲自治理朝政、履行天子的职责。周公代为主政,治理天下,把做太子的规则礼仪施于伯禽,想让成王知道为父为子、做君做臣的道理,目的就是使成王更加美善。懂得了怎样为人子,然后才能为人父;懂得了如何做臣子,然后才能做君主;懂得了怎样侍奉别人,然后才能指使别人。因此,周公把做太子的规则礼仪用在伯禽身上,从而使成王知道父子、君臣、长幼的道理。君主对于太子,从亲缘上讲是父亲,在尊位上说是君主。有为父的亲情,为君的尊位,然后兼有天下,所以对此不能不慎重。做好一件事而能有三种好处的,说的是,太子在学校里与同学按年龄而不按尊卑来排序。太子在学校论年龄,国人看到了,就会说:‘他将来要成为我们的国君,却和我们论年龄以示谦让,这是为什么呀?’有人会说:‘因为他父亲还健在,礼应如此。’这样大家都懂得了父子之义。国人又有议论说:‘他将要做我们的国君,却和我们论年龄以示谦让,这是怎么回事啊?’又有人回答:‘他的君主还在,礼应如此。’这样大家就懂得了君臣之道了。国人再次议论道:‘他将要成为我们的国君,却和我们论年龄以示谦让,这是为何呀?’有人回答说:‘为了尊敬年长的人,礼应如此。’这样大家就懂得了长幼之序了。所以,父亲在,他是子;国君在,他是臣。他处于子和臣的地位,就要尊重国君而亲爱父母。在学校里,要学习为父为子、做君做臣、长幼之道。父子、君臣、长幼之道掌握了,国家就可以太平了。古语说：'乐正负责学业，父师负责德行。有一位大善的太子，天下就会太平。'这就是说的太子啊。我听说，作为臣子，如果有益于国君，即使自己被杀掉也要去做。何况不必死就有益于国君呢？在这方面，周公做得最好了。"

［原文］

子夏问于孔子曰："居君之母与妻之丧，如之何？"

孔子曰："居处、言语、饮食衎尔①。于丧所，则称其服②而已。"

"敢问伯母之丧，如之何？"

孔子曰："伯母、叔母疏衰期③，而踊不绝地。姑、姊、妹之大功④，踊绝于地。若知此者，由文⑤矣哉。"

［注释］

① 衎(kàn)尔：和乐、安定的样子。此记载散见于《礼记·檀弓上》《礼记·杂记下》。 ② 称其服：穿着合适相称的衣服。称，相称，得体，合适。 ③ 疏衰期：服齐衰丧服一年。疏衰，即齐衰。期，一周年。 ④ 姑、姊、妹之大功：王肃注："言如礼，文意当言姑姊妹而已。妹上长姑字也。" 大功，丧服五服之一，服期九个月。其服用熟麻布做成，比齐衰稍细，较小功为粗，故称大功。旧时堂兄弟、未婚的堂姊妹、已婚的姑、姊妹、侄女及众孙、众子妇、侄妇等之丧，皆服大功。已婚女为伯父、叔父、兄弟、侄、未婚姑、姊妹、侄女等服丧，也服大功。 ⑤ 由文：遵从礼文。由，从。文，礼文，礼法。

［通解］

子夏问孔子说："遇到国君的母亲或妻子的丧事，应当怎么办呢？"

孔子说："日常生活、言谈、饮食保持原来平和安定的样子，在治丧的地方则只要穿着合适的丧服就行了。"

子夏又问道："请问遇上伯母的丧事，应该如何呢？"

孔子说："对于伯母、叔母的丧事，要穿齐衰一年，哭的时候，踩脚不能离地。对姑母、姐姐、妹妹的丧事，要穿大功丧服，踩脚的时候，脚要离地。如果懂得了这些，那就算是遵行礼仪了。"

［原文］

子夏问于夫子曰："凡丧小功①已上，虞、祔、练、祥之祭②皆沐浴？于三年之丧，子则尽其情矣？"

孔子曰："岂徒祭而已哉？三年之丧，身有疡③则浴，首有疮则沐，病则饮酒食肉。毁瘠而病④，君子不为也。毁则死者，君子为之无子⑤，则⑥祭之沐浴，为齐洁⑦也，非为饰也。"

［注释］

① 小功：古代丧服五服之一，用较粗的熟布做成，服期五个月。《仪礼·丧服》："小功者，兄弟之服也。"此记载又见于《礼记·杂记下》。

② 虞、祔（fù）、练、祥之祭：虞祭，父母葬后，迎魂安于殡宫的祭礼。《仪礼·既夕礼》"三虞"郑玄注："虞，丧祭名。虞，安也。"贾公彦疏："主人孝子，葬之时，送形而往，迎魂而返，恐魂不安，故设三虞以安之。"祔祭，新死者与祖先合享之祭。止哭之次日，奉死者之神主祭于祖庙，谓之祔祭。祭毕，仍奉神主归家，待大祥后，始入庙。练祭，即小祥，父母死后周年（十三月）之祭，此日以练布为冠服，因以名祭。祥祭，分"大祥""小祥"。《礼记·间传》："父母之丧……期而小祥……又期而大祥。"又《礼记·杂记下》："丧之期，十一月而练，十三月而祥，十五月而禫。"

③ 疡（yáng）：疮、痈、疽、疖等的通称，创伤。 ④ 毁瘠（jí）而病：过度哀伤憔悴而致病。毁，旧指居丧时因悲哀过度而损害健康。瘠，因疾病而憔悴瘦弱。四库本、同文本"而"后有"为"字。 ⑤ 君子为之无子：君子认为会绝嗣。为，与"谓"同义，以为，认为。参见《读书杂志·余编上·吕氏春秋》"所为善，而从邪辟"王念孙按。无子，四库本无。 ⑥ 则：四库本、同文本作"且"。 ⑦ 齐（zhāi）洁：即斋戒。

《周礼·秋官·蜡氏》“凡国人之大祭祀”贾公彦疏:“祭者皆齐,齐者,洁净不欲见秽恶也。”

[通解] 子夏问孔子说:“居丧的时候,凡是服小功以上的丧服的,举行虞祭、祔祭、练祭、祥祭时,都需洗头洗身。服三年之丧,孝子可以尽情悲痛。是这样吗?”

孔子说:“哪里只是在祭祀的时候这样啊! 居三年之丧的人,身上长疮就要洗身,头上长疮就要洗头,有病的就可以喝酒吃肉。如果因悲伤过度而使身体极其虚弱,君子是不会这么做的。因悲伤过度而死去,君子认为会绝嗣。所以,祭祀时洗头洗身,是为了斋戒,而不是为了修饰容貌。”

[原文] 子夏问于孔子曰:“客至无所舍,而夫子曰:‘生,于我乎馆。’客死无所殡矣,夫子曰:‘于我乎殡。’①敢问礼与? 仁者之心与?”

孔子曰:“吾闻诸老聃曰:‘馆人,使若有之,恶有有之②而不得殡乎?’夫仁者,制礼者也。故礼者不可不省③也。礼不同不异,不丰不杀④,称其义以为之宜。故曰:‘我战则克,祭则受福’,盖得其道矣。”

[注释] ① 客至无所舍……于我乎殡:本句《礼记·檀弓上》作:“宾客至,无所馆。夫子曰:‘生于我乎馆,死于我乎殡。’”四库本、同文本“客死无所殡”后无“矣”字。此记载又见于《礼记·檀弓上》《礼记·礼器》。② 恶有有之:原作“恶有之,恶有之”,据四库本删改。 ③ 省:省察。 ④ 不丰不杀(shài):不增加不减少。丰,增加。杀,减少。

[通解] 子夏问孔子说:“宾客来到了,没有住宿的地方,而先生您说:‘就住在我家里。’宾客死了,没处殡殓,先生您说:‘就在

我家里殡殓吧。'请问这是礼制的规定呢,还是您的仁爱之心使然呢?"

孔子说:"我听老聃说过:'招待宾客,就要使他觉得好像住在自己家里。哪有住在自己家而不能殡殓呢?'仁者是制定礼制的人。因此仁者对于礼制不能不多加省察。礼制不能随便混同,也不可随便别异,不可擅自增加,也不能擅自减损,只有合乎其主旨才算适宜。所以说:'我征战就能胜利,祭祀就能获得福祉。'大概是由于掌握其中的道理了吧。"

[原文] 孔子食于季氏,食祭①,主人不辞。不食亦②不饮而飡③。子夏问曰:"礼也④?"

孔子曰:"非礼也,从主人也。吾食于少施氏⑤而饱,少施氏食我以礼,吾食祭,作⑥而辞曰:'疏食,不足祭也。'吾飡,而作辞曰:'疏食,不敢以伤吾子之性。'主人不以礼,客不敢尽礼;主人尽礼,则客不敢不尽礼也。"

[注释] ① 食祭:古时,依礼凡饮食必祭。将食,取所食之物祭先,示不忘本。此记载又见于《礼记·玉藻》《礼记·杂记下》。 ② 亦:四库本、同文本作"客"。 ③ 飡(cān):同"餐"。此处指赞美主人的饭食。《文选·王俭〈褚渊碑文〉》"餐东野之秘宝"李善注:"餐,美也。" ④ 也:四库本、同文本作"与"。 ⑤ 少施氏:春秋时期鲁国贵族,为鲁惠公之子施父之后。 ⑥ 作:起。《礼记》本句孔疏:"作,起也。"

[通解] 孔子在季孙氏家吃饭,进行食祭,季氏失礼没有说祝辞。孔子没吃也没喝就赞美主人的饭食。子夏问:"您这样做合乎礼制吗?"

孔子说:"不合乎礼,只不过随从主人做罢了。我曾经在少施氏家吃过饭,吃得很饱,是因为少施氏招待我吃饭时很有礼，我进行食祭，他就起身辞谢道：‘粗食淡饭，不值得行祭啊。’我称赞饭食的美味时，他又起身辞谢说：‘粗食淡饭，本不该拿来损伤您的身体。’主人不以礼招待，宾客也不敢尽礼相还；如果主人尽礼待客，那么客人不敢不尽礼相还。”

［原文］

子夏问曰：“官于大夫①，既升②于公，而反为之服③，礼与？”

孔子曰：“管仲遇盗，取二人焉，上之为公臣④，曰：‘所以游，辟者⑤，可人⑥也。’公许。管仲卒，桓公使为之服⑦。官于大夫者为之服，自管仲始也，有君命焉。”

［注释］

① 官于大夫：在大夫手下做官，即做大夫的家臣。此记载又见于《礼记·杂记下》。　② 升：进献，引申为推荐。《吕氏春秋·孟夏》“农乃升麦”高诱注：“升，献也。”《吕氏春秋·孟秋》“农乃升谷”高诱注：“升，进也。”同文本、万有本作“外”。　③ 服：服丧。　④ 上之为公臣：上，进献，送上。公，四库本、同文本无。　⑤ 所以游，辟者：和他交游的是一些邪辟之人。以，同“与”。见孙星衍《尚书今古文注疏·召诰》“太保乃以庶邦君出取币”。《礼记·杂记下》本句作“其所与游，辟也”，于义较长。辟，原作“僻”，据四库本、同文本改。　⑥ 可人：令人满意的人，能干的人。一说为令人可怜的人，见俞樾《诸子平议·礼记三》本句按：“可人者，可哀怜也。”　⑦ 服：原脱，据四库本、同文本补。

［通解］

子夏问道：“曾经做过大夫的家臣，而后来被推荐给国君的人，要为从前的主人服丧，这合乎礼制吗？”

孔子说：“从前管仲遇到了盗贼，制服他们之后，从中选出两个做了自己的家臣，后来又献给齐桓公做臣子，说：‘这两个人是因为与邪辟之人交游才做了强盗，他们是有才能的人。’

桓公答应了。管仲死后，桓公就让那两个人为管仲服丧。曾做过大夫的家臣的人，又为大夫服丧，是从管仲开始的，因为这是国君的命令啊。”

［原文］

子贡问居父母丧。

孔子曰：“敬为上，哀次之，瘠为下，颜色称情，戚容[1]称服。”

曰：“请问居兄弟之丧。”

孔子曰：“则存乎书筴[2]已[3]。”

［注释］

① 戚容：哀戚的表情。此记载又见于《礼记·杂记下》。　② 书筴（cè）：书册。筴，同“策”。　③ 已：语辞，见《礼记·祭统》“弗可得已”孔疏。四库本、同文本作“矣”。

［通解］

子贡向孔子问如何处理父母的丧事。

孔子说：“敬重是最重要的，哀伤是次要的，只是弄得面目憔悴为最下。脸色要合于真实的情感，悲伤的容貌要符合丧服的等次。”

子贡又问：“请问如何对待兄弟的丧事啊？”

孔子说：“这些礼仪，已经写在书本上了。”

［原文］

子贡问于孔子曰：“殷人既窆[1]而吊于圹[2]，周人反[3]哭而吊于家，如之何？”

孔子曰：“反哭之吊也，丧之至也。反而亡矣，失之矣。于斯为甚，故吊之。死，人卒事也。殷以悫[4]，吾从周。殷人既练之明日而祔于祖，周人既卒哭之明日祔于祖。祔，祭神之始事[5]也。周以戚[6]，吾从殷。”

[注释] ① 窆(biǎn):下葬,棺椁入葬于墓穴。原作“定”,据陈本、文献集本改。此记载又见于《礼记·檀弓下》。 ② 吊于圹:在墓穴旁吊念死者,慰问生者。吊,悼念死者,引申为慰问。圹,墓穴,亦指坟墓。 ③ 反:同“返”。自墓地返回家中。 ④ 悫(què):朴实,谨慎。 ⑤ 始事:根本、首要大事。《国语·晋语二》“夫坚树在始”韦昭注:“始,根本也。”盖“始”有树木之根的意思,本句用引申义。《吕氏春秋·无义》“故义者百事之始也”高诱注:“始,首也。” ⑥ 戚(cù):促迫,仓促。王肃注:“戚,犹促也。”朱骏声《说文通训定声·孚部第六》曰:“戚,假借为族……又为促。”

[通解] 子贡问孔子说:“殷人在下葬后就在墓地吊唁、慰问孝子,周人则是在葬后返回祖庙痛哭时才去吊唁、慰问孝子,这是怎么回事啊?”

孔子说:“在送葬回到祖庙痛哭时前去吊唁,实际是在丧事中最为悲痛的时候。回来后,先人不见了,一切都已消逝,感到哀痛极了,所以在此时去吊唁。死,是人最后的事了。殷人的做法太直率质朴了,我赞同周人的礼俗。殷人在练祭的第二天在祖庙举行祔祭,周人则是在卒哭的次日在祖庙举行祔祭。祔祭,是祭祀神明的头等大事,周人的做法太仓促了,我赞同殷人的做法。”

[原文] 子贡问曰:“闻诸晏子,少连、大连[①]善居丧,其有异称[②]乎?”

孔子曰:“父母之丧,三日不怠,三月不解[③],期[④]悲哀,三年忧。东夷[⑤]之子,达于礼者也。”

[注释] ① 少连、大连:皆人名,按下文应为东夷人。此记载又见于《礼记·杂记下》,稍异。 ② 异称:特别的名声。 ③ 解(xiè):通“懈”,懈怠。 ④ 期(jī):一周年。 ⑤ 东夷:古代华夏族对东方诸民族

的称呼。

[通解]

子贡问道:“我听晏子说过,少连、大连两个人善于处理丧事,他们有何特别的名声吗?”

孔子说:“他们为父母服丧,头三天沐浴、穿衣、小敛、大殓,毫不怠慢,停殡的三个月期间,朝夕哭奠,悲至则哭,毫不松懈,周年时仍然心怀悲哀,到了第三年时还是满脸忧戚。他们是东夷人的子弟,却也是很懂得礼的人啊!”

[原文]

子游问曰:“诸侯之世子,丧慈母①如母,礼与?”

孔子曰:“非礼也。古者男子②外有傅父③,内有慈母,君命所使教子者也。何服之有?昔鲁孝公④少丧其母,其慈母良。及其死也,公弗忍,欲丧之。有司曰:‘礼,国君慈母无服,今也君为之服,是逆古之礼,而乱国法也。若终行之,则有司将书之,以示后世,无乃不可乎⑤?’公曰:‘古者,天子丧慈母,练冠以燕居⑥。’遂练⑦以丧慈母。丧慈母如母,始则鲁孝公之为也。”

[注释]

① 慈母:古时称抚育自己成长的庶母或保母为慈母。此记载又见于《礼记·曾子问》。 ② 男子:此处指国君之子。 ③ 傅父:古时称保育、辅导贵族子女的老年男子为傅父。 ④ 鲁孝公:西周时期的鲁国第十二位国君,在位28年(前796—前769年)。《礼记》记为鲁昭公。 ⑤ 无乃不可乎:恐怕不行吧?无乃,表示委婉反问,犹言“岂不是”。 ⑥ 练冠以燕居:在日常生活中戴着练冠为亲人服丧。王肃注:“谓庶子。王为其母也。”练冠,丧周年小祥祭之冠。冠用练治之布为之,故称。燕居,即闲居。避人独居,又指退朝而处。 ⑦ 练:四库本、同文本此后有“冠”字。

［通解］

子游问道:“诸侯的太子,像为自己的生母一样为慈母服丧,这合乎礼吗?”

孔子说:“这不合礼。古时候,国君之子在宫外有傅父,在宫里有慈母,他们是受国君之命来教育孩子的,对他们哪里会要服丧服呢?从前,鲁孝公少年丧母,他的慈母待他很好。后来她死了,孝公不忍心,想为她服丧服。有关的官吏说:‘按照礼制,国君不能为慈母服丧服。现在您要为慈母服丧服,这是违背古礼而变乱国家的法度啊。如果您真的这样做,有关的官吏必将把它记录下来,流传后世,难道不可以吗?’孝公说:‘古时候天子为慈母办丧事,戴练冠而不改变日常生活。’于是,孝公就戴着练冠为慈母服丧。像为自己的生母一样为慈母服丧这种情况,始于鲁孝公。”

［原文］

孔子适①卫,遇旧馆人②之丧,入而哭之哀。出,使子贡脱骖③以赠之。

子贡曰:“于所识④之丧,不能有所赠。赠于旧馆,不已多⑤乎?”

孔子曰:“吾向⑥入哭之,遇一哀而出涕⑦。吾恶夫涕而无以将⑧之。小子行焉。”

［注释］

① 适:之,到。此记载又见于《礼记·檀弓上》。 ② 旧馆人:从前孔子在卫国时的馆舍的主人。 ③ 骖(cān):驾车时在两边的马。 ④ 于所识:原作“所于识”,据四库本、备要本、同文本改。 ⑤ 多:重。《礼记》作“重”。 ⑥ 向:刚才。 ⑦ 遇一哀而出涕:赶上触动了哀情而流下了眼泪。 ⑧ 将:奉送。《周礼·春官·小宗伯》“以时将瓒果”郑玄注:“将,送也,犹奉也。”

［通解］ 孔子到卫国去，遇到以前的馆舍主人的丧事，就进去吊唁，哭得很哀痛。出来后，命子贡解下一匹在边上拉车的马赠给丧主。

子贡说："对于交情一般的人的丧事，不必有什么赠送。将马赠送给从前住过的馆舍主人，礼不是太重了吗？"

孔子说："我刚才进去哭丧，正好赶上触动了哀情而流下了眼泪。我讨厌那种只是流泪而没有任何表示的做法，你就按我说的去做吧。"

［原文］ 子路问于孔子曰："鲁大夫练而杖①，礼也②？"

孔子曰："吾不知也。"

子路出，谓子贡曰："吾以为夫子无所不知，夫子亦徒③有所不知也。"

子贡曰："子所问何哉？"

子路曰："由问：'鲁大夫练而杖，礼与？'夫子曰：'吾不知也。'"

子贡曰④："止⑤，吾将为子问之。"遂趋⑥而进，曰："练而杖，礼与？"

孔子曰："非礼也。"

子贡出，谓子路曰："子谓夫子而弗知之乎？夫子徒无所不知也。子问非也。礼，居是邦，则不非⑦其大夫。"

［注释］ ① 杖：守丧时所用的丧棒，有苴杖与削杖之分。孝子守丧用杖，意在悲哀过度，以扶病体。此处用作动词，指手持丧杖。此记载又见于《荀子·子道》。 ② 也：四库本、同文本作"与"。 ③ 徒：犹"乃"，意为却、可是。参见王引之《经传释词》卷六："徒，犹乃也。" ④ 由问：……子贡曰：此二十字原无，据陈本、文献集本、燕山本及《荀

子》补。 ⑤ 止：等一下。《尔雅·释诂下》："止，待也。" ⑥ 趋：古代的一种礼节，小步快走，表示恭敬。 ⑦ 非：非议，非难，讥讽，诋毁。

［通解］

子路问孔子说："鲁国的大夫在练祭时还拿着丧棒，这合乎礼吗？"

孔子说："我不知道。"

子路出来，对子贡说："我以为咱老师无所不知，但现在看来老师也有不知道的。"

子贡说："你问的是什么事啊？"

子路说："我问：'鲁国的大夫举行练祭时还拿着丧棒，这合乎礼吗？'老师说：'我不知道。'"

子贡说："你等等，我进去再替你问问。"于是就快步而入，说道："练祭时拿着丧棒，这合乎礼吗？"

孔子说："这不合礼。"

子贡出来对子路说："你不是说咱老师也有不知道的事吗？老师实际是无所不知啊，只是你问法不对。按照礼，居住在一个国家，就不能非议这个国家的大夫。"

［原文］

叔孙武叔①之母死，既小敛②，举尸者出户，武叔③从之，出户，乃袒④，投其冠⑤而括发⑥。子路⑦叹之。

孔子曰："是礼也。"

子路问曰："将小敛则变服，今乃出户，而夫子以为知礼。何也？"

孔子曰："由⑧，汝问非也。君子不举人以质⑨士⑩。"

[注释] ① 叔孙武叔：名州仇，春秋末期鲁国大夫。武，原作“母”，据四库本、同文本、备要本改。此记载又见于《礼记·檀弓上》。 ② 小敛：丧礼，死之第二日，于室中为死者加衣衾，谓之小敛。小敛加衣十九称，外加绞，扎紧。 ③ 武叔：原作“武孙”，据四库本、陈本改。 ④ 袒：脱去左袖，露出胳膊。这是古代哀悼死者的一种表示。 ⑤ 投其冠：扔掉丧冠。投，扔。冠，丧冠。 ⑥ 括发：在小敛后，紧接着用麻绳束发，以示服丧。 ⑦ 子路：《礼记》记为子游事。 ⑧ 由：四库本、同文本无。 ⑨ 质：质正，就正。王肃注：“质，犹正也。” ⑩ 士：四库本、同文本作“事”。

[通解] 叔孙武叔的母亲去世，小敛之后，抬尸体的人把尸体抬出寝门，叔孙武叔跟在后边也出了门，然后将左袖脱去，并将素冠扔掉，用麻绳束头。子路见了，摇头叹息。

孔子却说：“这是合乎礼制的。”

子路问道：“在准备小敛的时候，就应该更换丧服，现在他在走出寝门后才更换，老师您却认为是合乎礼制的。这是为何啊？”

孔子说：“仲由，你问得不对，君子是不拿一般人的标准来质正士的。”

[原文] 齐晏桓子[①]卒，平仲粗衰斩[②]，苴绖、带、杖[③]，以菅屦[④]，食粥[⑤]，居傍庐[⑥]，寝苫枕草。其老[⑦]曰：“非大夫丧父之礼也。”晏子曰：“唯卿大夫[⑧]。”

曾子以问孔子。孔子曰：“晏平仲可谓能远害矣。不以己之[⑨]是驳人之非，愻辞[⑩]以避咎，义也夫[⑪]。”

[注释] ① 晏桓子：晏弱，春秋时期齐国卿，晏婴之父。此记载又见于《左传》襄公十七年、《晏子春秋·杂篇上》。 ② 粗衰斩：用粗布做成的

斩衰。衰斩，即斩衰。古时，子为父服斩衰三年。 ③ 苴绖（dié）、带、杖：苴绖、苴带、苴杖皆服丧时所用。苴绖，即首绖，古代丧服上的麻带，系在头上。苴带，系在腰间的麻带。苴杖，丧棒，用竹做成。 ④ 菅（jiān）屦：服丧时穿的草鞋。菅，同文本、万有本作“管”，误。 ⑤ 食粥：按丧礼，未葬之前孝子食粥。 ⑥ 傍庐：居丧时，临时所搭的草棚。倚木为庐，在中门外东墙下，以草夹障，不涂泥，向北开户。既葬之后，再加高，于内涂泥，向西开户。 ⑦ 其老：指晏婴家中总管家务的家臣。 ⑧ 唯卿大夫：只有诸侯之卿才相当于天子的大夫，而晏婴此时非卿。郑玄以为此乃晏氏自谦之辞。 ⑨ 之：原作“知”，据四库本、同文本改。 ⑩ 愻（xùn）辞：谦逊的言辞。愻，同“逊”。 ⑪ 义也夫：王肃注：“记者乃举人避害之愻以辞，而谓大夫、士丧父母有异，亦怪也。”

［通解］

齐国的晏桓子去世，他儿子晏婴服丧，穿着粗麻布做的斩衰丧服，头扎麻带，腰系麻绳，手持竹杖，脚穿草鞋，喝稀粥，住草棚，睡草垫，枕干草。他的家臣说：“这样不合大夫为父亲服丧的礼仪。”晏子说：“只有卿才算大夫，我算不上大夫。”

曾子就此向孔子请教。孔子说：“晏平仲可以说是善于远离祸害了，不用自己的是来驳别人的非，而是用谦逊的言辞来避免别人的责难，这是非常适宜的啊。”

［原文］

季平子①卒，将以君之玙璠②敛，赠以珠玉。孔子初为中都宰③，闻之，历级④而救⑤焉，曰：“送而以宝玉，是犹曝尸于中原⑥也，其示民以奸利之端，而有害于死者，安用之？且孝子不顺情以危亲，忠臣不兆奸⑦以陷君。”乃止。

［注释］

① 季平子：季孙意如，春秋时期鲁国大夫，季桓子之父。曾逐鲁昭公，其卒在鲁定公五年。此记载略见于《左传》定公五年、《吕氏春秋·

安死》。 ② 玙(yú)璠(fán):美玉。《吕氏春秋》高诱注:"玙璠,君佩玉也。昭公在外,平子行君事,入宗庙,佩玙璠,故用之。" ③ 中都宰:《史记·孔子世家》记孔子为中都宰在定公九年,与此相左。 ④ 历级:王肃注:"历级,遽登阶,不聚足。" ⑤ 救:阻止,纠正。《说文》:"救,止也。" ⑥ 曝(pù)尸于中原:暴露尸骸于原野之中。中原,原野,平原。 ⑦ 兆奸:王肃注:"兆奸,为奸之兆成(成,四库本作'臣')也。"

[通解] 季平子去世,家里准备以国君佩带的玙璠殡殓,同时还要用许多珠宝美玉随葬。孔子当时刚刚担任中都宰,听说以后,就到了季氏家里,匆匆忙忙登上台阶,加以制止,说:"以珠宝美玉随葬,犹如将尸体暴露于旷野。这样不仅向老百姓昭示了可以谋取私利的迹象,而且同时对于死者也有害处。为何还要用这些随葬呢?况且孝子不会放纵自己的性情以危害双亲,忠臣不会使奸邪阴谋得逞以陷害君主。"于是季氏家便没有那么做。

[原文] 孔子之弟子琴张①,与宗鲁②友。卫齐豹见宗鲁于公子孟絷③,孟絷以为参乘④焉。及齐豹将杀⑤孟絷,告宗鲁,使行。宗鲁曰:"吾由子而事之,今闻难而逃,是僭⑥子也。子行事乎,吾将死以周事⑦子,而归死于公孟,可也。"

齐氏用戈击公孟,宗鲁⑧以背蔽之,断肱⑨,中公孟、宗鲁,皆死。

琴张闻宗鲁死,将往吊之。

孔子曰:"齐豹之盗,孟絷之贼也,汝何吊焉?君子不食奸⑩,不受乱⑪,不为利病于回⑫,不以回事人,不盖⑬非义,不犯非礼,汝何吊焉?"琴张乃止。

[注释] ① 琴张：即琴牢，孔子弟子。见本书《七十二弟子解第三十八》。此记载又见于《左传》昭公二十年。 ② 宗鲁：人名，有勇力。事迹不详。鲁，原脱，据四库本补。 ③ 齐豹见（xiàn）宗鲁于公子孟絷：齐豹把宗鲁推荐给公子孟絷。齐豹，春秋时卫国大夫，曾为卫司寇。齐恶之子。见，通“现”，介绍，推荐。孟絷，又称公孟絷、公孟。卫灵公之兄。

④ 参乘：又作“骖乘”，陪乘或陪乘的人。古时乘车，尊者在左，御者在中，又一人在右，称车右或骖乘，由武士充任，负责警卫。 ⑤ 杀：四库本、同文本作“煞”。煞，杀之俗体。 ⑥ 僭（jiàn）：王肃注：“僭，不信。使子言不信。” ⑦ 周事：原作“事周”，据陈本、《左传》改。周，《左传》杜预注曰：“周犹终竟也。”意为使齐豹杀公孟之事成功。俞樾《诸子平议》以“周”为密，意为不泄露此事。亦通。 ⑧ 鲁：原脱，据四库本、同文本补。 ⑨ 肱（gōng）：胳膊由肘到肩的部分。⑩ 君子不食奸：不食用奸邪之人的俸禄。子，原脱，据《左传》补。⑪ 受乱：允许、应和暴乱。杜注：“许豹行事，是受乱也。”受，应，承。《吕氏春秋·本生》“其于物无不受之也”高诱注：“受，犹承也。”《吕氏春秋·圜道》“此所以无不受也”高注：“受，亦应也。” ⑫ 不为利病于回：王肃注：“回，邪也。不以利放而病于邪也。” ⑬ 盖：掩盖，隐藏。王肃注：“盖，掩。”

[通解] 孔子的弟子琴张，和宗鲁是朋友。卫国的齐豹把宗鲁推荐给公子孟絷，孟絷让宗鲁做自己的参乘。到了齐豹打算杀害孟絷的时候，告诉宗鲁趁早离开，以免祸端。宗鲁说：“我是因为你的推荐才得以侍奉公孟的，现在听说有难而独自逃走，这是让您失信啊。您不是要杀他吗？那我将会以死来成全您，等我回到公孟那里，和他一起去死，就行了。”

齐豹用戈猛击公孟，宗鲁用自己的背来掩护，胳膊被砍断，公孟、宗鲁都被戈击中，结果二人都死了。

琴张听说宗鲁死了，打算前往吊唁。

孔子说：“齐豹之所以作乱，孟絷之所以被害，都是因为他,你为何还要去吊唁呢?君子不食用奸人的俸禄,不听许暴乱,不为私利而自堕于邪恶,不以邪念待人,不掩盖不义的事情,不做出违礼的举动,你为何还要去吊唁呢?"于是琴张就没有去。

[原文] **郕人子蒲[1]卒,哭之,呼灭[2]。子游曰:"若是哭也,其野哉[3]!孔子恶野哭者。"哭者闻之,遂改之。**

[注释] ① 郕人子蒲:郕,鲁孟氏邑。本古国,在今山东东平。蒲,原作"革",据四库本、同文本、王注及《礼记》改。此记载又见于《礼记·檀弓上》。 ② 呼灭:王肃注:"旧说,以灭子蒲名,人少名灭者。又哭名,其父不近人情。疑以孤穷,自谓亡灭也。" ③ 若是哭也,其野哉:野,不合于礼制。四库本、同文本作"若哭其野"。

[通解] 郕人子蒲死了,家人哭丧,呼号着说自己也将死掉。子游说:"像这样的哭号,恐怕是违背礼仪的吧?孔子讨厌哭丧不合礼仪的人。"哭的人听了这番话立即改正过来了。

[原文] **公父文伯卒,其妻妾皆行哭失声。敬姜戒之曰:"吾闻好外[1]者,士死之;好内[2]者,女死之。今吾子早殀[3],吾恶其以好内闻也。二三妇人之欲供先祀者[4],请无瘠色,无挥涕,无拊膺[5],无哀容,无加服,有降服,从礼而静[6],是昭[7]吾子也。"**

孔子闻之,曰:"女智无若妇,男智莫若夫。公父氏[8]之妇,智矣。剖情[9]损礼,欲以明[10]其子为令德[11]也。"

[注释] ① 好外:喜欢结交朋友。此记载又见于《国语·鲁语下》《列女传·母仪》。 ② 好内:喜欢女色。 ③ 殀:四库本、同文本作"夭"。二字通假。 ④ 欲供先祀者:王肃注:"言欲留不改嫁,供奉

先人之祀。” ⑤ 无挥涕，无拊膺：王肃注：“挥涕，不哭，流涕以手挥之。拊，犹抚也。膺，谓胸也。”拊膺，捶胸，以示哀痛。 ⑥ 从礼而静：依从礼仪，安安静静。 ⑦ 昭：昭明，显扬。 ⑧ 公父氏：原作“公文氏”，据四库本、陈本及《国语》改。 ⑨ 剖情：剖析人情。剖，剖析，分析。情，人情世故。 ⑩ 明：彰明，显明。 ⑪ 令德：美好的德行。令，美善。

［通解］

公父文伯死了，他的妻妾都痛哭失声。他母亲敬姜听到后，告诫她们说：“我听说喜欢在外边结交朋友的人，士愿意为他去死；喜好女色的人，女人甘愿为他去死。现在我儿子过早地死去，我很不愿意他得到一个贪恋女色的名声。你们这些人，如果想留下来奉祀祖先，那就不要搞得容貌憔悴，不要痛哭流涕，不要捶胸哭号，不要满面哀容，不要加重丧服，要减损，遵从礼仪，安安静静，只有这样才是显扬我儿的好名声啊。”

孔子听说后，说：“年轻女子不如年长的妇女聪明，年轻的男孩不如年长的男子聪明。公父氏家的这个妇人真是聪明啊！剖析人情世故，减损礼仪，这是打算彰显她儿子的美好德行啊。”

［原文］

子路与子羔仕于卫，卫有蒯聩①之难。孔子在鲁，闻之，曰：“柴也其来，由也死矣。”既而卫使②至，曰：“子路死焉③。”夫子哭之于中庭④。有人吊者，而夫子拜之。已哭，进⑤使者而问故⑥，使者曰：“醢⑦之矣。”遂令左右皆覆醢，曰：“吾何忍食此！”

［注释］

① 蒯（kuǎi）聩（kuì）：卫灵公太子，因与灵公夫人有恶，出奔，灵公死后，蒯聩之子辄被立为出公。后蒯聩回国发动政变，出公奔鲁，蒯聩即位为庄公。此记载又见于《左传》哀公十五年、《史记·卫康叔世家》、

《礼记·檀弓上》。 ② 卫使:卫国派来报丧的使者。 ③ 子路死焉:子路时为卫大夫孔悝邑宰。蒯聩之乱时,子路为救孔悝而入城。然其时孔悝已被蒯聩胁迫立盟,子路欲杀蒯聩及孔悝,结果被杀。后孔悝立蒯聩为君,是为卫庄公。 ④ 中庭:正室的厅堂。 ⑤ 进:招进。 ⑥ 故:事故,变故。此指当时的详情。 ⑦ 醢(hǎi):肉酱,此作动词,把人杀死,剁成肉酱。

［通解］ 子路和子羔都在卫国做官,卫国发生了蒯聩之乱。孔子在鲁国听说后,说:“高柴会安全回来,仲由则会死在那里。”不久卫国报丧的使者到了,说:“子路死在卫国的这场政变中了。”孔子就在正室的厅堂中哭子路。有人前来吊唁,孔子就以主人的身份拜谢。哭罢,召进卫国的那位使者,询问当时的详情。使者说:“子路被剁成肉酱了。”于是孔子就让身边的人把家里的肉酱倒掉,说:“我怎忍心吃这些东西呢!”

［原文］ 季桓子死,鲁大夫朝服而吊。子游问于孔子曰:“礼乎?”夫子不答。他日,又问①。夫子曰:“始死则矣②,羔裘、玄冠③者,易之④而已,汝何疑焉?”⑤

［注释］ ① 又问:此下原有“墓而不坟……十日过禫而成笙歌”,据四库本、同文本移补至《曲礼公西赤问第四十四》“孔子之母既丧……遂合葬于防。曰:‘吾闻之,古者墓而不坟’”后。此记载略见于《礼记·檀弓上》。

② 始死则矣:《礼记》无“则矣”二字。矣,四库本作“已”。 ③ 羔裘、玄冠:古时诸侯、卿、大夫所穿的朝服。羔裘,用紫羔皮做成的皮衣。玄冠,黑色的冠。《论语·乡党》记载:孔子“羔裘、玄冠不以吊”。因羔裘、玄冠皆黑色,古代用做吉服。丧事是凶事,因此不能穿着去吊丧。 ④ 易之:改穿平时闲居时所穿的素冠、深衣。 ⑤ 子曰:“始死则矣……汝何疑焉”:此十九字原在本篇“原思言于曾子”章“知丧道也”后。曰,原脱。据四库本、同文本移改。

[通解]

季桓子死了，鲁国的大夫穿着朝服去吊唁。子游问孔子说："这合乎礼吗？"孔子没做回答。过了几天，又问。孔子说："人刚死的时候，穿着皮衣、黑帽这种吉服的人，改穿素冠、深衣就行了。这又有何值得怀疑的？"

[原文]

孔子有母之丧，既练，阳虎吊焉，私于孔子曰："今季氏将大飨①境内之士，子闻诸？"

孔子答②曰："丘弗闻也。若闻之，虽在衰绖，亦欲与往。"

阳虎曰："子谓不然乎？季氏飨士，不及子也。"

阳虎出，曾点③问曰："语④之何谓也？"

孔子曰："己则衰⑤服，犹应其言，示所以不非也⑥。"

[注释]

① 飨：设盛宴待宾客。本章，四库本、同文本在《曲礼公西赤问第四十四》。 ② 答：四库本、同文本无。 ③ 曾点：四库本、同文本作"曾参"，误。 ④ 语：原作"吾"，据四库本、同文本改。 ⑤ 衰：四库本、同文本作"丧"。 ⑥ 示所以不非也：王肃注："孔子衰服，阳虎之言犯礼。故孔子答之，以示不非其言者也。"

[通解]

孔子为母亲服丧，练祭之后，阳虎前来吊唁。他私下对孔子说："季氏准备在家里举行盛大的宴会宴请鲁国境内的士人，您听说了吗？"

孔子答道："孔丘我没听说。如果得知这个消息，虽然在服丧期间，我也会前往参加。"

阳虎说："您以为不会吗？季氏宴请的人中不包括您啊。"

阳虎出去了，曾点问孔子说："您说那些是什么意思呢？"

孔子说:“我在服丧期间,还回答他的话,是为表示我没有责怪他的非礼言行。”

[原文] 颜回死,鲁定公[①]吊焉,使人访于孔子。孔子对曰:“凡在封内[②],皆臣子也。礼,君吊其臣,升自东阶[③],向[④]尸而哭,其恩赐之施,不有笇也[⑤]。”

[注释] ① 鲁定公:春秋时期鲁国国君,在位15年(前509—前495年)。据《史记·仲尼弟子列传》《家语·七十二弟子解第三十八》,颜回少孔子三十岁,死时四十一岁,应在鲁哀公十五年,此作定公误。本章,四库本、同文本在《曲礼公西赤问第四十四》。 ② 封内:天子或诸侯的领地之内。 ③ 升自东阶:东阶,阼阶,主人之阶。升,同文本、万有本作“外”,误。 ④ 向:面朝,面对。 ⑤ 不有笇(suàn)也:没办法计算啊。笇,同“算”。王肃注:“笇,计也。又竹器也。”四库本无注。

[通解] 颜回去世,鲁定〔哀〕公前来吊唁,并派人就有关的礼仪向孔子请教。孔子回答:“凡是在君主的封域之内,都是国君的臣子。按照礼,国君吊唁他的臣子,要从东阶上去,进到室内,对着尸体哭,这样的恩赐是无法计算的啊。”

[原文] 原思[①]言于曾子曰:“夏后氏之送葬也,用盟器[②],示[③]民无知也;殷人用祭器,示民有知也;周人兼而用之,示民疑也[④]。”

曾子曰:“其不然矣,夫以盟器,鬼器也;祭器,人器也。古之人胡为而死其亲也?”

子游问于孔子,曰:“之死而致死乎[⑤],不仁,不可为也;之死而致生乎[⑥],不智,不可为也。凡为盟器者,知丧道也[⑦]。有备物而不可用也[⑧]。是故竹不成用[9],而瓦不成膝[10],琴瑟张而不平[11],笙竽备而不和[12],有钟磬而无簨簴[13]。其曰盟器,神明[14]之也。哀哉!死者而用生者之器,不殆而[15]用殉[16]也。”

［注释］

① 原思:即原宪,字子思,又称仲宪。本章,四库本、同文本在《曲礼公西赤问第四十四》。此记载又分见于《礼记·檀弓上》《礼记·檀弓下》。 ② 盟器:又作“明器”“冥器”。古代陪葬的器物。四库本、同文本作“明器”,下同。 ③ 示:指示,让人看,把事物摆出来或指出来让人知道。 ④ 示民疑也:让百姓知道他们对死者有无知觉疑惑不定。 ⑤ 之死而致死乎:送走死去的亲人而确认他们毫无知觉。之死,送葬死者。致死,以死者之礼待死者,即确认其毫无知觉。 ⑥ 之死而致生乎:送葬死者而认为他们与生者一样有知觉。致生,以生者之礼对待死者,即认为死者像活着时一样,仍有知觉。 ⑦ 也:四库本、同文本作“矣”。 ⑧ 有备物而不可用也:此句至本章末原窜入《曲礼公西赤问第四十四》,今依陈本、《礼记》移此,上下文意方得贯通。有,四库本、同文本无。 ⑨ 竹不成用:王肃注:“谓笾之无缘(四库本此后有‘也’字)。” ⑩ 膝:《礼记》作“味”,按郑玄注应作“沫”。沫,同“昧”,意指没有光泽。疑此“膝”,当作“漆”,不成漆意为未曾上漆,没有光泽。王肃注:“膝,镔。”不可解。 ⑪ 琴瑟张而不平:琴和瑟张弦而没有调平,没法弹。 ⑫ 笙竽备而不和:笙和竽徒具外形而不和音律,没法吹。 ⑬ 有钟磬而无簨(sǔn)簴(jù):有钟有磬却没有悬挂钟磬的木架。簨簴,王肃注:“簨簴可以悬钟磬也。” ⑭ 神明:此处用为动词,意为奉若神明。 ⑮ 而:四库本、同文本作“于”。当是。 ⑯ 殉:人殉。王肃注:“杀人以从死谓之殉。”

［通解］

原思对曾子说:“夏朝时送葬,用死者不能用的明器,以使人知道死者是没有知觉的。殷代送葬用死者能使用的祭器,以使人知道死者是有知觉的。周人送葬两者兼用,以使人知道他们对死者有无知觉疑惑不定。”

曾子说:“恐怕不是这样吧。明器,是鬼魂所用的器具;祭器，是人们自己用的器具。古代的人怎么会认为死去的亲人毫无知觉呢？”

子游向孔子请教这事。孔子说：“为死者送葬，就认定死者没有知觉，这是不仁爱，不能做；为死者送葬，而就认定死者和活着时一样仍有知觉，这是不明智，也不能做。凡是用明器送葬的人，就是懂得丧礼的人。备置了很多器物却都不能实用。因此，竹器不加边，瓦器不施光泽，琴瑟张着弦但是没法弹，笙竽徒具外形却没法吹，有钟磬却没有挂的木架。这些器物之所以叫做‘明器’，就是将死者奉若神明的意思。可悲啊！埋葬死者用活人的器具来随葬，这不是近乎用活人来殉葬吗？”

［原文］

子罕①问于孔子曰：“始死之设重②也，何为？”

孔子曰：“重，主道③也，殷主缀重焉④，周人彻重焉⑤。”

“请问丧朝⑥。”

子曰：“丧之朝也，顺死者之孝心，故至于祖考⑦庙而后行。殷朝而后殡于祖⑧，周朝而后遂葬。”

［注释］

① 子罕：春秋末年宋国执政。罕，四库本、同文本作“罕”。详见《曲礼子贡问第四十二》注。此记载又见于《礼记·檀弓下》。 ② 重（chóng）：古丧礼暂代木主依神者。《礼记》郑玄注：“始死未作主，以重主其神。” ③ 主道：与神主的道理是一样的。主，神主，木主，为死者立的牌位。道，道理。 ④ 殷主缀重焉：王肃注：“缀，连也。殷人作主而连其重，悬诸庙也。” ⑤ 周人彻重焉：王肃注：“周人作主，彻重，就所倚处而治。” ⑥ 丧朝：王肃注：“丧，将葬，朝于庙而后行焉。” ⑦ 考：原讹作“者”，据四库本、同文本改。 ⑧ 殡于祖：灵柩停放在祖庙。殡，停放灵柩或把灵柩送到墓地去。祖，此指祖庙。

[通解]

子罕问孔子:“人刚死的时候,而设重,这是为何啊?”

孔子说:“重,与神主的道理是一样的。殷人做了神主牌位后,还要将之与重连在一起,周人则是做了神主就将重撤掉。”

子罕又问:“请问在即将下葬的时候,还要在祖庙祭拜,是为什么啊?”

孔子说:“在下葬之前祭拜于祖庙,这是顺从死者的孝心,因此要到祖父、父亲的宗庙里告辞,然后才上路。殷人是在祭拜宗庙以后,还要把灵柩停放于庙中一段时间,而周人则是祭拜祖庙后就出葬。”

[原文]

孔子之守狗①死,谓子贡曰:“路马②死,则藏之以帷,狗则藏之以盖③。汝往埋之。吾闻弊帏④不弃,为埋马也;弊盖不弃,为埋狗也。今吾贫,无盖。于其封⑤也,与之席,无使其首陷于土⑥焉。”

[注释]

① 守狗:看家的狗。此记载又见于《礼记·檀弓下》。 ② 路马:为国君驾车的马。《礼记·曲礼上》:“大夫、士下公门,式路马。”王肃注:“路马,常所乘马。”不知何据。常,或为“君”之讹。 ③ 盖:车盖,车篷。 ④ 弊帏:破旧的帷幔。帏,同“帷”,四库本作“帷”,帷帐,帷幔。 ⑤ 封:埋后封土筑坟,借为埋葬。 ⑥ 陷于土:指直接埋在土里。

[通解]

孔子的看家狗死了,孔子对子贡说:“国君的驾车的马死了,要用帷幔包裹好再埋掉,狗死了,要用车篷盖包裹好再埋掉。你去把狗埋了吧。我听说,破旧的帷幔不丢掉,为的是可以来埋马;破旧的车篷盖不丢掉,为的是可以用来埋狗。现在我很贫穷,连车篷都没有,你在埋它的时候,也得用张席子把它裹起来，不能让它的头直接埋在土里。”

曲礼公西赤问第四十四

［序说］

本篇集中记载了孔子对丧葬、祭祀礼仪的见解和具体处理方式，这些事情都属于曲礼的范围，又因所记第一件事为公西赤所问，故以“曲礼公西赤问”名篇。

本篇共叙述了七件事情：第一，去职的大夫死后以何等礼仪葬祭；第二，嫡子死，立谁为继嗣；第三，孔子如何葬母；第四，陪葬是否应用木偶；第五，孔子如何对待祥祭颜渊的祭肉；第六，孔子为何祭祀时没有做到“济济漆漆”；第七，祭祀时间怎么安排。

丧礼和祭礼是周礼的核心，作为礼学宗师，孔子一生都在研磨古礼。从本篇看，孔子维护周制较多，主张丧葬祭祀要与人的身份地位相称，以人当前的身份地位为准。本篇中孔子说：“大夫废其事，终身不仕，死则葬之以士礼。老而致仕者，死则从其列。”《礼记·中庸》：“父为大夫，子为士，葬以大夫，祭以士；父为士，子为大夫，葬以士，祭以大夫。”这种礼制影响可谓深远。孔子认为虽然天子诸侯之祭与平民百姓之祭在礼仪上有隆杀之分，但其背后所蕴含的礼义是相通的，尤其丧祭之礼，发自内心的哀痛和恭敬才是最重要的。

关于具体的礼制，由于人们理解各异而存在不同看法。《家语》的记载，对于正确理解这些制度十分有益。例如“孔子之母既丧”一节：“及二十五月而大祥，五日而弹琴不成声，十日过禫而成笙歌。”对于此处，学者译注往往有误。《曲礼子贡问》：“鲁人有朝祥而暮歌者，子路笑之。……孔子曰：‘又多乎哉！逾月则其善也。’”对此，人们多理解为“假若能过一个月再唱歌，就好了”，事实上，这里涉及王肃、郑玄之学论争的一个焦点：郑玄认为大祥与禫祭不同月，三年之丧二十七个月，而王肃认为大祥与禫祭同月，三年之丧二十五个月。孔子以为大祥后“逾月则其善也”，若是按传统理解，大祥后再过一个月才可唱歌，则孔子大祥后五天而弹琴就违礼。如果大祥后五天举行禫祭，十天后已过本月，则孔子吹笙亦不违礼。所以，大祥与禫祭应为同月，大祥后唱歌只要逾过这一个月就可以，并不是再过一个月。总之，并不是十天后禫祭，而是禫祭后十天已出去了这个月，因此可以吹笙唱歌。

又如，“孔子尝”一节中的“反馈乐成，进则燕俎”，有的解释“燕俎”为宴饮、宴席。“进则燕俎”译为进而宴饮，恐误。《礼记·祭义》曰：“仲尼尝……反馈乐成，荐其荐俎，序其礼乐，备其百官，君子致其济济漆漆。”又曰：“孝子将祭……荐其荐俎，序其礼乐，备其百官，奉承而进之。”“荐其荐俎”，意思是进献笾豆和肉俎。“反馈乐成”，是说天子诸侯的宗庙大祭，先在庙堂之上荐血腥，向尸主献酒，再返于庙室中举行馈食礼。既然庙堂之祭已完，这时的血腥牲体要“退而合亨，体其犬豕牛羊，实其簠簋笾豆铏羹”（《问礼》），所以“进则燕俎”应为庙堂之祭的血腥牲体，退而合亨，实其簠簋笾豆铏羹，为馈食宾客宴饮做准备。《国语·周语中》记定王享随会以肴烝，说“唯是先王之宴礼，欲以贻女”，并进一步解释为“于是乎有折俎加豆”，折俎，肴烝，将牲体折骨割肉置于俎案上。因此这里的“燕俎”或即“折俎”，俱为“宴礼”所用。由此我们知道“进则燕俎”意思是进献宴飨用的肉俎。

本篇个别记载的可靠性也存在争议。比如孔子丧母，《史记》云在孔子十七岁前,《家语》与《礼记》却说孔子如何令门人修墓起坟。本篇内容皆见于《礼记》,以丛刊本为底本,由于有些内容与前面几章混杂,意义不连贯,故据四库本、同文本、陈本及《礼记》作了个别调整。四库本、同文本等在篇末比丛刊本多出三章,今依丛刊本,未录。

[原文] 公西赤问于孔子曰:"大夫以罪免①,卒,其葬也,如之何?"孔子曰:"大夫废其事,终身不仕,死则葬之以士礼。老而致仕②者,死则从其列③。"

[注释] ① 以罪免:因为获罪而被免职。免,罢免,免职。 ② 致仕:致,原讹为"政",据四库本改。四库本、同文本作"致事"。 ③ 列:位次,行列,引申为等级。

[通解] 公西赤问孔子说:"大夫因为获罪而被免职,死了以后,他的葬礼该怎么安排呢?"孔子说:"大夫被免职以后,就终身不能再被任用,死后按士礼规格安葬。因年老而退休的,死后可以按原来的等级安葬。"

[原文] 公仪仲子①嫡子②死,而立其弟③。檀弓④问子服伯子⑤曰:"何居⑥?我未之前闻也。"子服伯子曰:"仲子亦犹行古人之道。昔者文王舍伯邑考而立武王⑦,微子舍其孙腯,立其弟衍。"

子游以问⑧诸孔子,子曰:"否!周制立孙。"

[注释] ① 公仪仲子:春秋时期鲁国宗室,公仪氏,字仲子。此记载又见于《礼记·檀弓上》。 ② 嫡子:正妻所生的儿子,有时也指正妻所生的长子。 ③ 立其弟:立嫡子的弟弟。这里指公仪仲子的庶子。 ④ 檀弓:鲁国士人,以精通礼仪著称。 ⑤ 子服伯子:即子服景伯,子服氏,名何。鲁国宗室,孟孙氏的支系,时为鲁国大夫。 ⑥ 居:表

语气,同“乎”。《诗·邶风·日月》:“日居月诸,照临下土。”《左传》襄公二十三年:“谁居?其孟椒乎!” ⑦ 文王舍伯邑考而立武王:王肃注:“伯邑考,文王之长子也。言文王亦立子而不立孙也。” ⑧ 问:原作“闻”,据四库本、同文本改。

[通解]

公仪仲子的嫡子死了,仲子立了嫡子的弟弟也就是他的庶子作为自己的继承人。檀弓问子服伯子说:“这是为什么呢?我以前还从来没听说过这样的事情。”子服伯子说:“仲子也还是遵照古人的规矩行事。从前周文王舍弃他的长子伯邑考而立了武王,微子启不立他的嫡长孙腯而立了他的弟弟衍。”

子游就这事请教孔子,孔子说:“不对!根据周代的制度,应该立他的嫡孙。”

[原文]

孔子之母既丧[①],将合[②]葬焉,曰:“古者不祔[③]葬,为不忍先死者之复见也。《诗》云:‘死则同穴[④]。’自周公已来,祔葬矣。故卫人之祔也,离之[⑤],有以间[⑥]焉。鲁人之祔也,合之[⑦],美夫!吾从鲁。”遂合葬于防[⑧]。曰:“吾闻之,古者墓而不坟[⑨]。今丘也[⑩],东西南北之人[⑪],不可以弗识也。吾见封之若堂[⑫]者矣,又见若坊[⑬]者矣,又见覆夏屋[⑭]者矣,又见若斧形者矣。吾从斧者焉。”于是封之,崇[⑮]四尺。

孔子先反虞[⑯],门人后,雨甚至,墓崩,修之而归[⑰]。孔子问焉,曰:“尔来何迟?”对曰:“防墓崩。”孔子不应,三云,孔子泫然[⑱]而流涕,曰:“吾闻之,古不修墓。”及二十五月而大祥,五日而弹琴不成声,十日过禫而成笙歌⑲。

[注释]

① 丧:原作“葬”,据四库本、同文本、陈本改。此记载又见于《礼记·檀弓上》。 ② 合:原作“立”,据四库本、同文本、陈本改。 ③ 祔(fù):合葬。《礼记·檀弓上》:“周公盖祔。”孔颖达疏:“周公以来,盖始祔葬,祔即合也,言将后丧合前丧。” ④ 死则同穴:语出《诗·王风·大车》:“谷则异室,死则同穴。”穴,墓穴。 ⑤ 离之:指夫妻合葬时,棺椁分为两个墓穴下葬,但两个墓穴并排。 ⑥ 间:原作“闻”,据四库本、同文本改。 ⑦ 合之:指夫妻合葬时,棺椁葬在同一个墓穴。 ⑧ 防:即防山,位于今山东曲阜市东二十里。 ⑨ 古者墓而不坟:原作“墓而不坟”,自此以至于章末,丛刊本出现在《曲礼子夏问第四十三》“季桓子死”章“又问”之后,今据四库本、同文本、陈本等移补。此处原有“有备物而不可用也,是故……不殆而用殉也”,已据四库本、同文本移至《曲礼子夏问第四十三》“原思言于曾子”章之“知丧道也”后。 ⑩ 今丘也:此前原有“孔子曰”三字,据四库本、同文本删。

⑪ 东西南北之人:意谓居无定所的人。 ⑫ 若堂:王肃注:“堂形,四方若高者。” ⑬ 若坊:王肃注:“坊形,旁杀,平上而长。”坊,同“防”,堤防。 ⑭ 夏屋:大屋。《诗·秦风·权舆》:“夏屋渠渠。”《楚辞·招魂》:“夏室寒些。”又《九章·哀郢》:“曾不知夏之为丘兮。”王逸注:“夏,大殿也。” ⑮ 崇:高。《考工记·匠人》:“堂崇三尺。” ⑯ 虞:古时既葬而祭称作虞。《释名·释丧制》:“既葬,还祭于殡宫曰虞。” ⑰ 归:四库本、同文本脱。 ⑱ 泫(xuàn)然:伤心流泪的样子。《韩非子·外储说右上》:“公泫然出涕曰:‘不亦悲乎!’” ⑲ 及二十五月而大祥,五日而弹琴不成声,十日过禫(dàn)而成笙歌:王肃注:“孔子大祥二十五月,禫而十日,逾月而歌也。”大祥,父母死后二十五月而祭称为大祥,表示丧服期已满。大,四库本、同文本无。禫,除丧服之祭。此处为禫祭与大祥在同一个月。但是,《仪礼·士虞礼·记》有“中月而禫”句,郑玄注:“中,犹间也。禫,祭名也。与大祥间一月。自丧至此凡二十七月。禫之言淡淡然平安意也。”

[通解]

孔子的母亲死了以后,准备与父亲合葬在一起,孔子说:

“古时没有合葬的习俗，是因为不忍心见到先去世的亲人。《诗》上说：‘死了和你埋在一个墓穴里。’从周公以来开始实行合葬。卫国人的合葬，是分在两个墓穴里，死者还是有间隔的。鲁国人的合葬，才是两人的棺椁合葬在一个墓穴里，这种方式太好啦！我要遵从鲁国人的方式。”于是将母亲与早先去世的父亲合葬在防山。下葬以后孔子说：“我听说，古时的墓地是不起坟头的，而今我孔丘是个居无定所的人，不可以不在墓地上做些标记。我见过坟头筑成四方而高似厅堂的样子的，见过斜面平平而上，狭长如堤防的样子的，也见过如同上面盖有大殿的样子的，还见过像斧形的样子的。我就按斧形的那种去做。”于是在墓坑上面堆土为坟，有四尺高。

孔子先返回家举行安魂的虞祭，门人留在墓地处理善后事宜。这时下了一场大雨，坟墓被冲塌了，他们修好以后才回去。孔子问他们说：“你们怎么回来这么晚呢？”回答说：“防地的坟墓被冲塌了。”孔子没有应声，门人又说了三遍，孔子的泪水哗哗地流了下来，说：“我听说，古人是不在墓地上堆土为坟的啊！”二十五个月后，孔子丧服期已满，举行了大祥祭，又过了五天开始弹琴，但不成声调，接着举行了旨在除服从吉的禫祭，十天后，开始吹笙，这才能吹成歌曲。

[原文]

子游问于孔子曰：“葬者涂车刍灵①，自古有之。然今人或有偶②，是无益于丧。”孔子曰：“为刍灵者善矣，为偶者不仁，不殆于用人乎？”

[注释]

① 涂车刍灵：《礼记・檀弓下》：“涂车、刍灵，自古有之，明器之道也。”孙希旦集解：“涂车、刍灵，皆送葬之物也。涂车即遣车，以采色涂饰之，以象金玉。”刍灵，郑玄注：“刍灵，束茅为人马；谓之灵者，神之类。”此记载又见于《礼记・檀弓下》。 ② 偶：王肃注：“偶亦人也。”即土、木制成的偶像。《国策・齐策三》：“今臣来过于淄上，有土偶人与

桃梗相与语。”

［通解］ 子游向孔子请教说：“随葬的泥做的车，草扎的人马，自古就有了。然而如今有人制作土、木偶像来陪葬，这样做对丧事没有什么好处。”孔子说：“扎草人、草马的人心地善良，制作土偶、木偶的人居心不仁，用制作的惟妙惟肖的偶像陪葬，这不是接近于用真人来殉葬了吗？”

［原文］ **颜渊之丧，既祥①，颜路馈②祥肉③于孔子。孔子自出而受之，入，弹琴以散情，而后乃食之。**

［注释］ ① 祥：此处指大祥之祭，凡礼，对小祥不单言祥。此记载又见于《礼记·檀弓上》。 ② 馈：泛指赠送。《论语·乡党》：“朋友之馈，虽车马，非祭肉，不拜。”《孟子·公孙丑下》：“前日于齐，王馈兼金一百而不受。” ③ 祥肉：祥祭时所供之肉。

［通解］ 颜渊的那次丧事，大祥祭过后，颜路给孔子送来祥祭时所供的肉。孔子亲自到门口接受了，回到屋里，先弹琴以排遣哀痛之情，然后才开始吃肉。

［原文］ **孔子尝①，奉荐②而进，其亲也悫③，其行也趋趋以数④。已祭，子贡问曰：“夫子之言祭也，济济漆漆⑤焉。今夫子之祭⑥，无济济漆漆，何也？”**

孔子曰：“济济⑦者，容也远也；漆漆者，自反⑧。容以远，若⑨容以自反，夫何神明之及交？必如此，则何济济漆漆之有？反馈⑩乐成⑪，进则燕俎⑫，序其礼乐，备其百官，于是君子致其济济漆漆焉。夫言岂一端而已哉？亦各有所当也⑬。”

［注释］ ① 尝：王肃注：“尝，秋祭也。”此记载又见于《礼记·祭义》。

② 荐：祭品。《周礼·天官·庖人》："以共王之膳，与其荐羞之物。"郑玄注："荐，亦进也，备品物曰荐，致滋味乃为羞。"又《周礼·天官·笾人》："凡祭祀，共其笾荐羞之实。"郑玄注："荐、羞，皆进也，未食未饮曰荐，既食既饮曰羞。" ③ 其亲也悫（què）：王肃注："悫，亲之奉荐也。悫，质也。"悫，诚笃，忠厚。《史记·孝文本纪》："法正则民悫。" ④ 趋（cù）趋以数（shuò）：王肃注："言少威仪。"即匆忙貌。数，频繁。指举步频繁，步履急速。 ⑤ 济（qí）济漆（qiè）漆：王肃注："威仪容止。"济济，庄严恭敬貌。《礼记·玉藻》："朝廷济济翔翔。"漆漆，恭敬貌。《礼记·祭义》："漆漆者，容也，自反也。"孔颖达疏："谓容貌自反复而修正也。"按，反复修整容貌，以示祭祀的虔诚。 ⑥ 子之祭：原无"子之祭……亦各有所当也"一段，今据四库本、同文本、陈本、文献集本及《礼记·祭义》补。 ⑦ 济济：四库本、同文本此后有"漆漆"二字。

⑧ 自反：回过来要求自己，反躬自问。《礼记·学记》："知不足，然后能自反也。"此为自我修整，做到仪容矜持。四库本、同文本此前有"以"字。 ⑨ 若：而，又。 ⑩ 反馈：天子诸侯的宗庙大祭，先在庙堂之上荐血腥，向尸主献酒，再返于庙室举行馈食礼。 ⑪ 乐成：指乐舞合成，音乐由舞蹈伴随着奏响。 ⑫ 进则燕俎：进献宴飨用的肉俎。燕，通"宴"。俎，古代祭祀、设宴时用以载牲的礼器。 ⑬ 也：四库本、同文本无。

［通解］

孔子为亡亲举行秋祭，手捧祭品上前进献，他亲自做这些事情时显得非常质朴，走起路来也步伐急促。祭祀结束后，子贡问道："先生您以前谈到祭祀的时候，要求祭祀时做到仪态庄严恭敬，仪容端庄恭谨，可是如今先生您祭祀，却没有做到仪态庄严恭敬，仪容修整恭谨，这是为什么呢？"

孔子说："所谓仪态庄严恭敬，表情是疏远的；所谓仪容修整恭谨，神情是自我矜持的。疏远的表情，自我矜持的神情，那怎么能与亲人的神灵交互感应呢？假若真是这样，哪里还会有仪态庄严恭敬，仪容修整恭谨呢？这就完全失去了原有的意义。天子诸侯的宗庙大祭,先在庙堂之上荐血腥,向尸主献酒,再返于庙室中举行馈食礼,一时间,乐舞合成,接着进献宴飨用的肉俎,有顺序地安排礼乐,备具助祭的百官,这些助祭的君子身处这种隆重的场面,自然应该仪态庄严恭敬,仪容端庄恭谨。所以我那话怎么能只从一个方面理解呢?也是各有其适当的场合的。”

[原文]

子路为季氏宰。季氏祭,逮①昏而奠②,终日不足,继以烛。虽有强力之容,肃敬之心,皆倦怠矣。有司跛倚③以临事④,其为不敬也大矣。他日⑤,子路与焉。室事交于户⑥,堂事⑦当于阶。质明⑧而始行事,晏朝⑨而彻⑩。

孔子闻之,曰:“以此观之⑪,孰谓由也而不知礼⑫?”

[注释]

① 逮(dài):及,到。《左传·哀公六年》:“逮夜至于齐。”此记载又见于《礼记·礼器》。 ② 奠:祭,向鬼神献上祭品。《诗·召南·采蘋》:“于以奠之,宗室牖下。” ③ 跛(bì)倚:靠着他物歪斜地站立,一种不庄重的样子。《礼记·礼器》:“有司跛倚以临祭,其为不敬也大矣。”郑玄注:“偏任为跛,依物为倚。” ④ 事:原无,据四库本、同文本、陈本补。 ⑤ 他日:四库本、同文本此后有“祭”字。 ⑥ 室事交于户:《礼记·礼器》:“室事交乎户。”孔颖达疏:“谓正祭之事,事尸在室。”室事,在室内举行的正祭,有充当祖先神像的尸。户,本指单扇的门,引申为出入口的通称。交,授受。 ⑦ 堂事:《礼记·礼器》:“堂事当于阶。”孔颖达疏:“正祭后傧尸之事,事尸于堂。”指正祭过后,在厅堂举行的款待尸的祭祀。 ⑧ 质明:犹黎明,天刚亮时。《仪礼·士冠礼》:“宰告曰:‘质明行事。’”郑玄注:“质,正也。宰告曰:‘旦日正明行冠事。’”程大昌《演繁露》卷十:“质明,则已晓也。” ⑨ 晏朝(zhāo):黄昏,日落时。晏,晚。 ⑩ 彻:完,结束。 ⑪ 以此观

之：原无，今据四库本、同文本、陈本补。 ⑫ 孰谓由也而不知礼：原作“孰为士也而不知礼”，今据陈本及《礼记·礼器》改。谓，四库本、同文本作“为”。

[通解] 子路当了鲁国大夫季氏的家宰。从前季氏举行宗庙祭祀，天还没亮的时候就开始陈列祭品，一整天时间还不够，晚上又点燃蜡烛，继续进行。即使有强壮的体力，严肃恭敬的心意，也都疲倦懈怠了。执事人员都歪斜着身子，依靠着他物，来应付祭祀的各种仪式。那真是对神灵极大的不恭敬。另有一天，举行庙祭，子路参与了有关的司礼工作，室内举行正祭，有充当祖先神像的尸，所需的各种祭品在内室门口交接，正祭完毕，在堂上款待尸，所需的食物在西阶之上交接。从天亮开始进行，到傍晚就结束了。

孔子听说了这件事，说：“就这件事看来，谁说仲由不懂得礼呢？”

附录

孔安国《孔子家语后序》[①]

［原文］

《孔子家语》者，皆当时公卿士大夫及七十二弟子之所谘访交相对问言语也[②]。既而诸弟子各自记其所问焉，与《论语》《孝经》并时。弟子取其正实而切事者，别出为《论语》，其余则都集录之[③]，名之曰《孔子家语》。凡所论辨[④]，流[⑤]判较归，实自夫子本旨也。属文下辞，往往颇有浮说、烦而不要者，亦犹七十二子各共叙述首尾，加之润色，其材或有优劣，故使之然也。

孔子既没而微言绝，七十二弟子终而大义乖，六国之世，儒道分散，游说之士各以巧意而为枝叶，唯孟轲、孙[⑥]卿守其所习。当秦昭王时，孙卿入秦，昭王从之问儒术。孙卿以孔子之语及诸国事、七十二弟子之言凡百余篇与之，由此秦悉有焉。始皇之世，李斯焚书，而《孔子家语》与诸子同列，故不见灭。高祖克秦，悉敛得之，皆载于二尺竹简，多有古文字。及吕氏专汉，取归藏之，其后被诛亡，而《孔子家语》乃散在人间。好事者或[⑦]各以意增损其言，故使同是一事而辄异辞。孝景皇帝末年，募求天下礼书，于时士大夫[⑧]皆送官，得吕氏之所传《孔子家语》，而与诸国事及七十二子[9]辞妄相错杂，不可得知，以付掌书，与《曲礼》众篇乱简合而藏之秘府。

元封之时，吾仕京师，窃惧先人之典辞将遂泯灭[10]，于是因诸公卿士[11]大夫，私以人事，募求其副，悉得之，乃以事类相次，撰集为四十四篇。又有《曾子问礼》一篇，自别属《曾子问》，故不复录。其诸弟子书所称引孔子之言者，本不存乎《家语》，亦以其已自有所传也，是以皆不取也，将来君子不可不鉴。

[注释]

① 本序以四库本为底本，校以马端临《文献通考·经籍考·经部》所载此序。 ② 也：原作"者"，据《文献通考》改。 ③ 之：原无，据《文献通考》补。 ④ 辨：《文献通考》作"辩"。 ⑤ 流：《文献通考》作"疏"。 ⑥ 孙：《文献通考》作"荀"。 ⑦ 者或：原作"亦"，据《文献通考》改。 ⑧ 士大夫：《文献通考》作"京师士大夫"。 ⑨ 七十二子：《文献通考》作"七十子"。 ⑩ 灭：《文献通考》作"没"。 ⑪ 士：《文献通考》无。

《孔子家语》后孔安国序[1]

[原文]

孔安国，字子国，孔子十二世孙也。孔子生伯鱼。鱼生子思，名伋。伋常遭困于宋，作《中庸》之书四十七篇，以述圣祖之业，授弟子孟轲之徒数百人,年六十二而卒。子思生子上,名白,年四十七而卒。自叔梁纥始出妻,及伯鱼亦出妻,至子思又出妻,故称孔氏三世出妻。

子上生子家,名傲,后名永,年四十五而卒。子家生子直,名榼,年四十六而卒。子直生子高,名穿,亦著儒家语十二篇,名曰《谳言》,年五十七而卒。子高生武,字子顺,名微,后名斌,为魏文王相,年五十七而卒。子武生子鱼,名鲋;及子襄,名腾;子文,名祔。子鱼后名甲。子襄以好经书博学,畏秦法峻急,乃壁藏其家语《孝经》、《尚书》及《论语》于夫子之旧堂壁中。子鱼为陈王涉博士、太师,卒陈下,生元路,一字元生,名育,后名随。

子文生最,字子产。子产后从高祖,以左司马将军从韩信破楚于垓下,以功封蓼侯,年五十三而卒,谥曰夷侯。长子灭嗣,官至太常。次子襄,字子士,后名让,为孝惠皇帝博士,迁长沙王太傅,年五十七而卒。生季中,名员,年五十七而卒。生武及子国。

子国少学《诗》于申公,受《尚书》于伏生,长则博览经传,问无常师,年四十为谏议大夫,迁侍中博士。天汉后,鲁恭王坏夫子故宅,得壁中《诗》《书》,悉以归子国。子国乃考论古今文字,撰众师之义,为《古文论语训》十一篇、《孝经传》二篇、《尚书传》五十八篇,皆所得壁中科斗本也。又集录《孔氏家语》为四十四篇,既成,会值巫蛊事,寝不施行。

子国由博士为临淮太守，在官六年，以病免，年六十卒于家。其后，孝成皇帝诏光禄大夫刘向校定众书，都记录名古今文书论语别录。子国孙衍为博士，上书辨之曰：

臣闻明王不掩人之功，大圣不遗人小善，所以能其明圣也。陛下发明诏，谘群儒，集天下书籍，无言不悉，命通才大夫校定其义，使遐载之，文以大著于今日。立言之士垂于不朽，此则蹈明王之轨，遵大圣之风者也。虽唐帝之焕然、周王之彧彧，未若斯之极也。故述作之士莫不乐测大伦焉。

臣祖故临淮太守安国，逮[②]仕于孝武皇帝之世，以经学为名，以儒雅为官，赞明道义，见称前朝。时鲁恭王[③]坏孔子故宅，得古文科斗《尚书》《孝经》《论语》，世人莫有能言者，安国为之今文，读而训传其义。又撰次[④]《孔子家语》。既毕讫[⑤]，会值巫蛊事起，遂各废不行于时。然其典雅正实，与世所[⑥]传者不可[⑦]同日而论也。光禄大夫向以为其时所未施之，故《尚书》则不记于《别录》，《论语》则不使名家也。臣窃惜之。且百家章句，无不毕记，况孔子家[⑧]古文正实而疑之哉！又戴圣[⑨]近世小儒，以《曲礼》不足，而乃取《孔子家语》杂乱者，及子思、孟轲、孙卿之书以裨益之，总名曰《礼记》。今尚见其已在《礼记》者，则便除《家语》之本篇，是为[⑩]灭其原而存其末也[⑪]，不亦难乎？臣之愚，以为宜如此为例，皆记录别见，故敢冒昧以闻。

奏上，天子许之。未即论定而遇帝崩，向又病亡，遂不果立。

[注释]

① 本序以四部丛刊本为底本,《家语》后所附《后序》,暂名之曰“后孔安国序”,而以《文献通考》相校。《文献通考》只载录孔衍奏言。② 逮:原作“建”,据《文献通考》改。 ③ 鲁恭王:《文献通考》作“鲁共王”。 ④ 次:原无,据《文献通考》补。 ⑤ 讫:原无,据《文献通考》补。 ⑥ 所:《文献通考》作“相”。 ⑦ 可:原无,据《文献通考》补。 ⑧ 家:原作“家语”,据《文献通考》改。 ⑨ 戴圣:《文献通考》此后有“皆”字。 ⑩ 为:原无,据《文献通考》补。 ⑪ 也:原无,据《文献通考》补。

王肃《孔子家语序》[①]

[原文]

郑氏学行五十载矣,自肃成童,始志于学,而学郑氏学矣。然寻文责实,考其上下,义理不安,违错者多,是以夺而易之。然世未明其款情,而[②]谓其苟驳前师,以见异于前人[③]。乃慨然而叹曰:予[④]岂好难哉?予不得已也。圣人之门,方壅不通,孔氏之路,枳棘充焉,岂得不开而辟之哉?若无由之者,亦非予之罪也。是以撰经礼,申明其义,及朝论制度,皆据所见而言。

孔子二十二世孙有孔猛者,家有其先人之书。昔相从学,顷还家,方取已来。与予所论,有若重规叠矩。昔仲尼[⑤]曰:“文王既没[⑥],文不在兹乎?天之将丧斯文也,后死者不得与于斯文也。天之未丧斯文也[7],匡人其如予何!"言天丧斯文,故令己传斯文于天下[8]。今或者天未欲乱斯文,故令从予学,而予从猛得斯论,以明相与孔氏之无违也。斯皆圣人实事之论,而恐其将绝,故特为解,以贻好事之君子。

《语》云:"牢曰:子云,吾不试,故艺。"谈者不知为谁,多妄为之说。《孔子家语》弟子有琴张,一名牢,字子开,亦字张[9],卫人也。宗鲁死,将往吊,孔子止焉。《春秋外传》曰:"昔尧临民以五。"说者曰:"尧五载一巡狩。"五载一巡狩,不得称临民以五也[10]。经曰"五载一巡狩",此乃说舜之文,非说尧。孔子说论五帝,各道其异事。于舜云:"巡狩天下,五载一始。"则尧之巡狩,年数未明。周十二岁一巡,宁可言周临民[11]十二乎?孔子曰:"尧以火[12]德王天下,而色[13]尚黄。"黄,土德;五,土之数。故曰临民以五,此其义也。

[注释]

① 本序以丛刊本为底本,据四库本校。 ② 而:原作"不",据四库本改。 ③ 前人:四库本作"人"。 ④ 予:四库本无。 ⑤ 仲尼:原作"仲由",据四库本改。 ⑥ 没:四库本作"殁"。 ⑦ 也:四库本无。 ⑧ 天下:原作"天也",据四库本改。 ⑨ 亦字张:原作"子张",据四库本改。 ⑩ 也:四库本无。 ⑪ 临民:四库本此后有"以"字。 ⑫ 火:四库本作"土"。今考《五帝》篇,孔子曰:"尧以火德王。"故下文两处"土"字,或当为"火"。暂存疑。 ⑬ 色:原无,据四库本补。

后记

《孔子家语》的价值决不在《论语》之下，但由于被误认为出于三国时期王肃伪造，其中大量的珍贵资料长期被弃置不用，至为可惜！由于学术的发展，人们逐步认识到《孔子家语》的重要价值。当人们欲利用《孔子家语》研究相关历史问题时，却发现并没有合适的版本可资利用，仅有的个别译注本也存在种种问题，因此，学术界迫切需要一个精良的《孔子家语》通行本，以适应学术发展的新形势。《孔子家语通解》将在坚持学术性第一的原则下，充分考虑现状，进行序说、分段、注释、翻译以适应更多的读者，进而有利于推动孔子、早期儒学和中国“元典”文化的研究。

本书以“通解”为名，首先有通盘解说全书的意思。其次，我们认为，《孔子家语》中不少篇的“解”出于后人，而“解”《家语》自然不会是有意“作伪”，而应该是让人们更容易了解该书。我们所做的工作也是如此。

本书的《代前言》是对《家语》成书、流传及真伪等问题的梳理，体现了我们对《家语》相关问题的基本看法，将它置于书前，是为了简要说明人们认识《家语》的过程。每篇正文之前以“序说”通说全篇，帮助读者理解全文，而后按段落分为“原文”“注释”“通解”三部分。

本《通解》注意学术性与普及性的结合。今天，《家语》的许多学术问题还没有得到统一认识，基于此，本书立足学术前沿、展示研究成果，注意序说与注、解的科学严谨，同时也力求观点平实，注意读者的适用范围。在深入研究《家语》全书及各篇的基础上，本书的“序说”认真、细致、准确、条理，“注释”与“通解”则网罗、综合各家，充分吸收现有注解成果，既做到择善而从，不标新立异，又爬梳剔抉，陶冶浑成。

各篇的“序说”应该是学术界第一次对《家语》的认真梳理。分析其与相关材料的异同,“序说”各篇章的结构,进而指出其价值,将十分有助于我们理解《家语》的文本,有助于我们利用本书继续研究《孔子家语》及相关学术问题。

需要特别说明的是,本书是集体合作的产物,包含了大家的密切协作,是友谊的结晶。在共同的学习中,大家对学界《孔子家语》的研究现状深有感触,都认为应当有一部更为优良的《家语》读本贡献给学界,因此,大家分工协作,积一年之力,终于完成此书初稿。

由于所用时间不同,研究深度不一,参加者所倾注的力量也有差别。暑假期间,不少人在酷热中连续工作多天。尤其是在几次的统稿中,有的参加者不在曲阜,因而另外许多人不计得失,认真检查,遇到问题细致研究,直到圆满解决。为了本书,他们耗费了大量精力和时间,这种认真、严谨的态度,这种团结协作的精神,是本书质量的重要保障。

本书虽由我提出编撰思路,但大家都贡献了不少好的意见和建议。本书的初步工作具体分工如下:

孙海辉:相鲁第一、始诛第二、王言解第三、大婚解第四、观周第十一

化　涛:儒行解第五

王　青:问礼第六、哀公问政第十七、郊问第二十九、庙制第三十四、曲礼子贡问第四十二、曲礼公西赤问第四十四

李　燕:五仪解第七、辩物第十六

张　磊:致思第八、本命解第二十六

孔德立:三恕第九、好生第十、辩政第十四

刘　萍:弟子行第十二、七十二弟子解第三十八

陈　霞:贤君第十三、子路初见第十九、在厄第二十、辩乐解第三十五

王红霞:六本第十五、论礼第二十七

刘淑强:颜回第十八、五刑解第三十、刑政第三十一、礼运第三十二、屈节解第三十七、终记解第四十

崔冠华：入官第二十一、困誓第二十二

刘义峰：五帝德第二十三、五帝第二十四、问玉第三十六

杨朝明：执辔第二十五、代前言：《孔子家语》的成书与可靠性研究

宋立林：观乡射第二十八、冠颂第三十三、本姓解第三十九、曲礼子夏问第四十三

王政之：正论解第四十一

本书曾在台湾万卷楼出版，由于大陆很少见到该书，征得各方同意，我们又进行了大量修订。此次修改，刘淑强重新修正了其中的不少篇章，其中多篇几乎重做；宋立林通改全书，做了大量工作；魏衍华、魏玮、王冉冉、卢梅也提供了重要帮助。尤其值得提出的是，齐鲁书社的几位编辑同仁尤其是孟晓彬女士，认真负责，细心校改，指出了书稿中的许多缺点错误。没有他们的艰辛付出，本书还会存在更多问题。我十分感谢他们！

杨朝明

2008 年 9 月 28 日

于曲阜师范大学孔子文化学院

［补记］本次修订，吸收了学术界不少最新成果。在此感谢诸多师友的批评指正，特别是萧旭、陈东诸先生指正了诸多讹误；还有其他一些语法及标点问题，亦借机修正。

编者

2017年7月